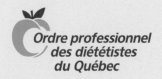
**Ordre professionnel
des diététistes
du Québec**

Incontournables dans le domaine

Les **diététistes/nutritionn**

contribuent au quotidien à promouvoir

de vivre par la saine alimentation et le plaisir de

manger. Par leur solide bagage scientifique

en alimentation et en nu-

trition ainsi que leurs

compétences en

relation d'aide,

les diététistes/

nutritionnistes

participent

activement au

maintien et au

rétablissement

de la santé de

la population.

Faites partie

de cette profes-

sion en évolution.

Ouvrez-vous des

portes à de multiples

possibilités d'emploi, en milieu

scolaire, en milieu sportif, en

communication, en gestion, et

plus encore !

UN PR()
c'est
un PR()

DIÉTÉTISTE/
NUTRITIONNISTE

→| L'orientation,
un défi tout au long de la vie.

Que voulez-vous faire plus tard ?

Parlez-en avec un conseiller d'orientation,
il peut vous aider !

Ordre des conseillers
et conseillères d'orientation
du Québec

www.orientation.qc.ca

¡Ci, le savoir jaillit !

Salon Éducation Emploi de Québec

Le rendez-vous de l'automne !

Centre de foires de Québec

Entrée gratuite

SalonEducationEmploi.com

**ASSOCIATION QUÉBÉCOISE D'INFORMATION
SCOLAIRE ET PROFESSIONNELLE**

Notre spécialité
L'INFORMATION SCOLAIRE
ET PROFESSIONNELLE

Choix de carrière

Métiers et professions
Marché du travail

Approche orientante

Retour aux études
Insertion professionnelle

ASSURE-TOI D'ÊTRE BIEN OUTILLÉ !

www.aqisep.qc.ca

POUR RÉUSSIR TA CARRIÈRE
SCOLAIRE ET PROFESSIONNELLE

Consulte un conseiller d'**information
scolaire et professionnelle** !

2011
LE GUIDE

10e édition

CHOISIR

UNIVERSITÉ

Tout ce qu'il faut savoir pour franchir les portes de l'université

Septembre éditeur

SEPTEMBRE ÉDITEUR

Président-directeur général et éditeur
Martin Rochette

Production

Recherche
 Lise Levasseur
logisep@videotron.ca

Coordination du projet
Lise Turgeon

Collaboration spéciale
Dossier Cote de rendement au collégial
Dominique Saucier

Gestion, révision et mise à jour des données
Lise Levasseur
Annie Pelletier
Lise Turgeon

Page couverture
Francine Bélanger

Infographie
Francine Bélanger
Nathalie Perreault

Publicité
Catherine Brochu
Lyse Blais

Remerciements

Nous tenons à remercier **les personnes-ressources des établissements collégiaux et universitaires** qui ont participé à la validation des données qui sont présentées dans cette édition.

Note de l'éditeur

Dans le présent ouvrage, le genre masculin est utilisé sans aucune discrimination.

Pour la mise à jour, nous utilisons habituellement les données reçues des valideurs dans les établissements d'enseignement collégial et universitaire ainsi que la carte des enseignements du ministère de l'Éducation, du Loisir et du Sport.

Des commentaires?

C'est avec plaisir que nous recevons vos commentaires et vos suggestions.

Veuillez nous les faire parvenir à l'attention de Johanne Asselin, chargée de projet du Guide Choisir (johanne.asselin@septembre.com)

Dépôt légal – 4e trimestre 2010
Dépôt légal – Bibliothèque et Archives nationales du Québec, 2010
Dépôt légal – Bibliothèque et Archives Canada, 2010

ISBN 978-2-89471-361-7
Imprimé et relié au Canada

Septembre
éditeur

2825, chemin des Quatre-Bourgeois
C. P. 9425, succursale Sainte-Foy
Québec (Québec) G1V 4B8

Téléphone : 418 658-9123
Sans frais : 1 800 361-7755
Télécopieur : 418 652-0986
editions@septembre.com

www.septembre.com

Le Guide Choisir – Université 2011

Toute personne qui désire entreprendre des études universitaires doit d'abord trouver les renseignements requis pour effectuer correctement son choix de carrière, son choix de programme et d'établissement et par la suite sa démarche d'admission. Pour y parvenir, elle devra aussi, fort probablement, consulter une multitude de documents, toute l'information fournie sur le sujet étant dispersée dans les divers guides d'admission publiés par les établissements universitaires, sur les sites Internet dont **monemploi.com**, dans le logiciel **REPÈRES** et dans la Relance du ministère de l'Éducation, du Loisir et du Sport. Le **Guide Choisir – Université** s'adresse non seulement aux candidats aux études universitaires, mais également aux spécialistes de l'orientation et de l'information scolaire et professionnelle qui soutiennent la démarche exploratoire des élèves du secondaire et du collégial et qui viennent en aide chaque année aux personnes désireuses de formuler une demande d'admission à l'université.

Cet ouvrage traite notamment des étapes de l'admission à l'université, des conditions d'admission aux différents programmes de baccalauréat, ainsi que de l'admission dans les programmes contingentés. On y aborde également les questions relatives au coût et au financement des études de même que celles concernant l'hébergement. Des dossiers traitant de la cote de rendement au collégial, des passerelles entre les DEC techniques et les programmes de baccalauréat, des programmes DEC-BAC ainsi que des structures offertes pour faciliter les études à l'étranger sont également présentés. Nous souhaitons que ce Guide soit pour les utilisateurs un outil d'information de premier choix.

Dans la section « **Admission** » des fiches techniques du présent Guide, nous référons à des codes de cours et à des objectifs. Voici un tableau de leurs équivalences.

Tableau des équivalences – Cours / Objectifs

Discipline	Code de cours dans les collèges	Sujet	OBJECTIFS DEC SCIENCES		
			de la nature	lettres et arts	humaines
Biologie	301 ou NYA	Évolution du vivant	00UK	01Y5	
	401 ou NYB	Organismes pluricellulaires / Évolution et diversité du vivant	00XU	01YJ	022V
	901	Biologie humaine			022V
	911	Biologie humaine I			022V
	921	Biologie humaine II			022V
Chimie	101 ou NYA	Chimie générale	00UL	01Y6	
	201 ou NYB	Chimie des solutions	00UM	01YH	
	202 ou DYD	Chimie organique	00XV		
Mathématiques	103 ou NYA	Calcul différentiel	00UN	01Y1	022X
	203 ou NYB	Calcul intégral	00UP	01Y2	022Y
	105 ou NYC	Algèbre linéaire et géométrie vectorielle	00UQ	01Y4	022Z
	307	Probalité et statistique			022W-022P
	257	Statistique			022P
	300 ou 337	Statistique avancée		01Y3	022W
Physique	101 ou NYA	Mécanique	00UR	01Y7	
	201 ou NYB	Électricité et magnétisme	00US		
	301 ou NYC	Ondes et physique moderne	00UT	01YG	
Psychologie	102	Psychologie générale		01Y9	022K

Sommaire

PAGES

Le Guide Choisir – Université 2011 3
Tableau des équivalences – Cours / Objectifs 3
Nos annonceurs 6

Le monde universitaire 7
L'année universitaire 7
Les catégories d'étudiants 7
Le régime des études 7
La structure des programmes universitaires 7
    Études de premier cycle 7
    Études de deuxième cycle 8
    Études de troisième cycle 8
Les catégories de baccalauréat 8
L'admission et l'inscription 9
Les étapes de l'admission 10
    Étape 1 : La préparation 10
    Étape 2 : L'admission 10
    Étape 3 : La sélection 13
    Étape 4 : La réponse des universités 14
    Étape 5 : L'inscription 14
Les programmes contingentés 15
    Les critères de sélection 15
L'enseignement coopératif 16
L'aide financière et l'hébergement 16
    Le coût des études 16
    Le financement des études 17
    L'hébergement 18

**Les fiches descriptives des programmes de baccalauréat
par domaines d'études et par disciplines** 20
Comment lire une fiche de programme universitaire 21
« Lauréat » du *Palmarès des carrières 2010* 22
Index alphabétique des programmes de baccalauréat 25
Arts 36
    Beaux-arts et arts appliqués 37
Droit 50
    Droit 51
Lettres 54
    Lettres et langues 55
Sciences appliquées 68
    Agriculture, foresterie et géomatique 69
    Architecture, urbanisme et design 77
    Génie 85
    Informatique 109
Sciences de l'administration 122
    Sciences de l'administration 123
Sciences de l'éducation 158
    Sciences de l'éducation 159
Sciences de la santé 172
    Sciences de la santé humaine et animale 173
Sciences humaines 196
    Sciences humaines et sciences sociales 197
Sciences pures 244
    Biologie, microbiologie, biochimie 245
    Mathématiques, statistiques, actuariat 254
    Sciences physiques 259
Études plurisectorielles 266
    Études plurisectorielles 267

PAGES

Programmes DEC-BAC 287
Qu'est-ce qu'un DEC-BAC? 287
Quels sont les avantages de ce type de programme? 287
Comment lire une fiche de programme DEC-BAC 289
Index des programmes DEC-BAC 290
Index alphabétique des établissements d'enseignement collégial
    et leurs programmes DEC-BAC 345

**Passerelles entre les programmes techniques et
les programmes universitaires** 355
Passerelles entre les programmes techniques (DEC) et les programmes
    de baccalauréat en génie de l'École de technologie supérieure (ÉTS) 356
Passerelles entre les programmes techniques (DEC) et les programmes
    de baccalauréat en génie de l'École Polytechnique de Montréal 358
Passerelles entre les programmes techniques (DEC) et les programmes
    de baccalauréat de l'Université Bishop's 361
Passerelles entre les programmes techniques (DEC) et les programmes
    de baccalauréat de l'Université de Montréal 362
Passerelles entre les programmes techniques (DEC) et les programmes
    de baccalauréat l'Université de Sherbrooke 364
Passerelles entre les programmes techniques (DEC) et les programmes
    de baccalauréat de l'Université du Québec à Chicoutimi (UQAC) 365
Passerelles entre les programmes techniques (DEC) et les programmes
    de baccalauréat de l'Université du Québec à Montréal (UQAM) 371
Passerelles entre les programmes techniques (DEC) et les programmes
    de baccalauréat de l'Université du Québec à Rimouski (UQAR) 378
Passerelles entre les programmes techniques (DEC) et les programmes
    de baccalauréat de l'Université du Québec à Trois-Rivières (UQTR) 383
Passerelles entre les programmes techniques (DEC) et les programmes
    de baccalauréat de l'Université du Québec en Outaouais (UQO) 387
Passerelles entre les programmes techniques (DEC) et les programmes
    de baccalauréat de l'Université Laval 388

La cote de rendement au collégial 411
Ce qu'est la cote « R » 411
Le calcul de la cote de rendement au collégial 412
Où peut-on obtenir sa cote de rendement au collégial? 412
Une cote qui situe l'élève par rapport à la moyenne du groupe 412
Les risques associés à une mauvaise compréhension de la cote R 412
La cote R et l'élaboration de son projet professionnel 413
La cote R et le passage du secondaire au collégial 413
Les éléments à ne pas confondre avec la cote R 414
La cote R et la réalisation du projet professionnel 415
Réagir à un refus à la suite d'une demande d'admission dans un programme contingenté . . . 415
Accéder à un programme contingenté par un changement de programme 415
La condition d'admission incontournable 416

Étudier ailleurs dans le monde 417
Les programmes d'études universitaires à l'étranger 417
Les modalités de fonctionnement 417
Les avantages d'un séjour d'études à l'étranger 418
Les conditions de participation 418
Les destinations 418
Les modalités d'inscription 419
La carte des pays participants 419
Les coûts et l'aide financière 420
Les adresses utiles 421
Index alphabétique des établissements d'enseignement universitaire 422

Bon de commande 343

Nos annonceurs

École nationale d'administration publique (ÉNAP) .... Couverture intérieure avant

Ordre professionnel des diététistes du Québec .... Encart publicitaire du début

Ordre des conseillers et conseillères d'orientation du Québec .... Encart publicitaire du début

Salon Éducation Emploi .... Encart publicitaire du début

Association québécoise d'information scolaire et professionnelle (AQISEP) ...... Encart publicitaire du début

Ordre des conseillers en ressources humaines agréés .... Page 23

Institut national de recherche scientifique (INRS) .... Page 24

Université du Québec à Trois-Rivières (UQTR) .... 1er carton / recto après page 24

Université du Québec à Montréal (UQAM) .... 1er carton / verso après page 24

École de technologie supérieure (ÉTS) .... 2e carton / recto après page 344

Université Laval .... 2e carton / verso après page 344

Université d'Ottawa .... Encart publicitaire (4 pages) après page 424

Université de Sherbrooke .... Couverture intérieure arrière

Université de Montréal .... Couverture arrière

Le monde universitaire

L'année universitaire

L'année universitaire est divisée en trois trimestres, appelés aussi sessions. Généralement, seuls ceux d'automne et d'hiver sont considérés comme des trimestres réguliers d'enseignement pour le premier cycle. Ils s'étendent respectivement du début de septembre à la fin de décembre et du début de janvier à la fin d'avril. Chacun de ces trimestres compte 15 semaines d'études. Le nombre de cours au trimestre d'été est plus limité qu'aux deux trimestres précédents.

Les catégories d'étudiants

Les personnes inscrites dans un établissement universitaire sont administrativement regroupées selon les trois catégories suivantes :

– l'**étudiant régulier** est une personne admise dans un programme d'enseignement en vue d'obtenir une sanction des études et inscrite à une ou à plusieurs activités de ce programme;
– l'**étudiant libre** est une personne qui, sans être admise dans un programme d'enseignement, est inscrite à une ou à plusieurs activités de l'enseignement ordinaire et doit se soumettre au processus d'évaluation prévu pour ces activités;
– l'**auditeur** est une personne qui, sans être admise à un programme d'enseignement, est inscrite à une ou à plusieurs activités de l'enseignement ordinaire. Elle n'est pas soumise au processus d'évaluation prévu pour ces activités et ne reçoit aucun crédit de formation.

Le régime des études

Les universités accueillent des étudiants qui poursuivent des études à temps plein ou à temps partiel. À chacune des activités (cours, laboratoires, etc.) sont rattachées des unités appelées « crédits ». Chaque crédit requiert des étudiants quelque 45 heures de travail personnel. La plupart des programmes peuvent être suivis à temps plein ou à temps partiel. Le critère qui détermine le régime des études est le nombre de crédits auquel s'inscrit l'étudiant :

– le régime d'études à **temps plein** correspond à une charge d'activités de 12 crédits ou plus pour un trimestre;
– le régime d'études à **temps partiel** correspond à une charge d'activités de moins de 12 crédits pour un trimestre.

La structure des programmes universitaires

Le système universitaire comporte trois cycles d'études, dont voici une brève description.

Études de premier cycle

Premier niveau de l'enseignement universitaire qui fait habituellement suite aux études collégiales. Les principaux programmes d'études universitaires de premier cycle se divisent en trois catégories.

• **Les microprogrammes ou programmes courts de perfectionnement**

Il s'agit de programmes comportant un minimum de 6 crédits et un maximum de 18 crédits portant sur un thème donné.

• **Les programmes de certificat**

Il s'agit de programmes courts de 30 crédits conduisant, en deux trimestres, à l'obtention d'un certificat. Dans certains cas, le certificat peut constituer la mineure d'un baccalauréat.

• **Les programmes de diplôme**

Il s'agit de programmes uniques de cours de 60 crédits conduisant, en quatre trimestres, à l'obtention d'un diplôme. Dans certains cas, le diplôme peut constituer la majeure d'un baccalauréat.

• **Les programmes de baccalauréat**

Il s'agit de programmes totalisant de 90 à 120 crédits (le nombre pouvant varier d'un programme à l'autre et d'une université à l'autre) conduisant à l'obtention du grade de bachelier. Il existe différents types de baccalauréat et les cheminements proposés pour accumuler le nombre de crédits requis sont très diversifiés (voir page suivante).

• **Les programmes de doctorat**

Il s'agit de programmes de premier cycle d'une durée variant entre 8 et 11 trimestres et conduisant à l'obtention d'un doctorat. On dénombre six programmes de doctorat de premier cycle. Ce sont : Chiropratique, Médecine, Médecine dentaire, Médecine vétérinaire, Optométrie et Podiatrie.

Études de deuxième cycle

Deuxième niveau de l'enseignement universitaire. Les programmes d'études de 2e cycle, d'une durée de un à deux ans, comportent entre 45 et 60 crédits et conduisent à l'obtention d'une maîtrise.

Études de troisième cycle

Troisième niveau de l'enseignement universitaire. Les programmes d'études de 3e cycle, d'une durée de deux ans et plus, comportent entre 60 et 90 crédits et conduisent à l'obtention d'un doctorat.

Les catégories de baccalauréat

• **Baccalauréat spécialisé ou disciplinaire**

Programme d'études universitaires de premier cycle totalisant de 90 à 120 crédits portant sur une même discipline ou un même champ d'études et d'une durée de trois à quatre ans.

• **Baccalauréat « Honours »**

Dans les universités anglophones, l'appellation « Honours » désigne l'équivalent du baccalauréat spécialisé. Cependant, ce programme n'est accessible qu'après une première année d'études réussie avec des résultats supérieurs.

• **Baccalauréat avec majeure ou mineure**

Programme universitaire de premier cycle totalisant 60 crédits dans une discipline ou un champ d'études, ce qui constitue la majeure (deux ans), et 30 crédits dans une autre discipline ou un autre champ d'études, ce qui constitue la mineure (un an). Une mineure peut également être remplacée par un bloc complémentaire. Il est à noter que le nombre de crédits pour une mineure ou une majeure est variable dans les universités anglophones.

• **Baccalauréat général ou multidisciplinaire ou par cumul**

Programme universitaire de premier cycle comprenant trois mineures ou trois certificats de 30 crédits chacun et portant sur trois disciplines ou champs d'études différents **ou** deux mineures et un bloc complémentaire de 30 crédits répartis dans différentes disciplines.

- **Baccalauréat personnalisé ou individualisé ou sur mesure**

  Programme universitaire de premier cycle comprenant 90 crédits choisis par l'étudiant et lui permettant d'acquérir une formation conçue en fonction de ses propres champs d'intérêts et des objectifs qu'il s'est fixés lorsque aucun autre programme ni aucune autre combinaison de programmes ne peut répondre à son besoin. Les choix de l'étudiant doivent être préalablement approuvés par les autorités compétentes.

- **Baccalauréat bidisciplinaire**

  Programme universitaire de premier cycle offrant un contenu portant en parts égales (au moins 42 crédits chacun) sur deux disciplines ou deux champs d'études apparentés.

- **Baccalauréat intégré**

  Programme universitaire de premier cycle permettant d'acquérir une formation dans au moins deux domaines ou une formation générale à l'intérieur d'un domaine (ex. : baccalauréat intégré en langue française et en rédaction professionnelle ou baccalauréat intégré en sciences humaines).

- **Baccalauréat avec concentration ou cheminement**

  Programme universitaire de premier cycle composé de cours conduisant à des études plus poussées dans un champ d'études ou une discipline (ex. : baccalauréat en administration des affaires – concentration comptabilité).

L'admission et l'inscription

L'admission constitue la première étape administrative préalable à la poursuite des études universitaires. Pour pouvoir s'inscrire à un trimestre d'études ou à des cours, une personne doit d'abord avoir été admise officiellement par l'université. Elle y sera dûment inscrite lorsqu'elle aura satisfait à toutes les exigences qui se rapportent, par exemple, aux études, au choix de cours et au paiement des frais de scolarité.

Pour être admise à un programme de premier cycle universitaire, une personne doit normalement être titulaire d'un diplôme d'études collégiales (DEC). Par ailleurs, un adulte peut également y avoir accès s'il fait preuve de connaissances qui lui permettent de poursuivre des études universitaires et s'il est en mesure de répondre aux exigences propres à l'établissement d'enseignement où il veut s'inscrire. Ces exigences ont généralement trait à un âge minimal (en général 21 ans) et à une expérience pertinente sur le marché du travail.

> ## Le DEC en Sciences, lettres et arts
>
> **Les titulaires d'un DEC intégré en Sciences, lettres et arts sont admissibles à tous les programmes universitaires de premier cycle, exception faite de certains programmes en arts, en musique et en danse. Voilà pourquoi cette exigence ne figure pas à la rubrique ADMISSION des fiches descriptives des programmes.**

L'admission au deuxième cycle exige un grade de baccalauréat ou l'équivalent. Pour être admise à un programme de troisième cycle, une personne doit, en général, avoir un grade de deuxième cycle, soit une maîtrise.

Les titulaires de titres étrangers peuvent être admis après étude de leur dossier scolaire. Chaque université détermine les équivalences s'appliquant au diplôme en fonction du programme dans lequel la personne demande d'être admise. Il faut noter que les équivalences peuvent varier d'une université à une autre.

Les étapes de l'admission

Étape 1 : La préparation

Les documents de référence à consulter

Voici les principales sources de renseignements à consulter au centre de documentation et d'information scolaire et professionnelle des établissements d'enseignement :

- Les **guides d'admission des universités**. Préparés par chacune des universités, ces guides contiennent principalement de l'information sur les conditions d'admission et les critères de sélection.
- Les **annuaires des universités**. Chacun de ces annuaires fournit divers renseignements sur le contenu des programmes et une description des cours offerts. On y trouve de l'information sur les services et sur certaines particularités propres à chaque université.
- Le **réseau Internet**. La plupart des établissements universitaires ont maintenant un site Web (voir l'index alphabétique des établissements d'enseignement universitaire, page 422). Il s'agit là d'une bonne source d'information, constamment mise à jour, portant sur les programmes, les cours et les services offerts. Certains sites offrent même la possibilité de remplir une demande d'admission.
- Le **système REPÈRES**. Le système REPÈRES permet de mieux connaître les programmes de formation et fournit des données sur le marché du travail, les établissements, les professions, etc. Développé sous Windows, REPÈRES est maintenant accessible sur le Web lorsque l'établissement est abonné à ce service.

Étape 2 : L'admission

Il va sans dire que l'admission est une étape de la plus grande importance, puisque c'est à ce moment que se prennent effectivement les décisions relatives aux choix des programmes et des établissements.

Les décisions importantes à prendre au cours de cette étape doivent tenir compte de nombreux éléments, entre autres des dates limites d'admission, des conditions d'admission et du contingentement de certains programmes.

Les dates limites pour les demandes d'admission

• L'admission aux trimestres d'automne et d'hiver

Dans la majorité des établissements universitaires, la date limite pour déposer une demande d'admission pour le trimestre d'automne est le 1er mars et pour le trimestre d'hiver, le 1er novembre (sauf McGill et l'ÉTS). On peut consulter à ce sujet les publications ou les sites Web des universités ou s'informer auprès des spécialistes de l'information et de l'orientation scolaires et professionnelles des établissements scolaires. Il est à noter que tous les programmes ne sont pas nécessairement offerts à la session d'hiver.

• Prolongation de la période d'admission

Certains établissements, notamment l'Université Concordia, l'Université de Montréal, l'Université du Québec à Chicoutimi, l'Université du Québec à Montréal et l'Université Laval, prolongent parfois les périodes d'admission en reportant la date limite pour le dépôt des demandes d'admission dans les programmes où il n'y a pas de contingentement.

Les conditions d'admission

Les conditions d'admission varient selon que les candidats appartiennent à la catégorie « candidats réguliers » ou à la catégorie « candidats adultes ». Pour les candidats réguliers, c'est-à-dire ceux qui proviennent de la formation collégiale (secteur préuniversitaire, secteur technique ou secteur de la formation continue) et qui n'ont jamais interrompu leurs études, les conditions d'admission sont les suivantes :

- avoir terminé un diplôme d'études collégiales (DEC) en formation préuniversitaire ou technique;
- respecter les exigences spécifiques d'admission aux programmes choisis;
- satisfaire, s'il y a lieu, aux critères de sélection;
- réussir l'épreuve uniforme de français.

De plus en plus d'établissements universitaires québécois ouvrent leurs portes aux titulaires d'un diplôme d'études collégiales techniques. Ils accueillent ces diplômés non seulement dans les programmes de spécialisation ou de formation continue, mais également dans des programmes de baccalauréat de l'enseignement régulier réservés auparavant aux titulaires d'un diplôme d'études collégiales préuniversitaires. Pour en savoir plus, consulter le dossier Passerelles entre les programmes techniques (DEC) et les programmes universitaires de baccalauréat à la page 355 du présent document.

Pour les candidats adultes, c'est-à-dire ceux qui ont interrompu leurs études (en général depuis plus de deux ans) ou qui ont un âge déterminé, habituellement 21 ans ou plus, les conditions d'admission sont différentes. Le diplôme d'études collégiales ne constitue pas nécessairement un critère d'admission pour ces candidats. Les conditions d'admission, qui peuvent varier d'une université à l'autre, tiennent compte de différents facteurs dont la formation, les connaissances et l'expérience des candidats. Comme chaque université possède ses critères particuliers, il est suggéré de s'adresser au service de l'admission des adultes ou de consulter la brochure de l'université concernée pour obtenir plus d'information.

L'exception à la règle : l'admission conditionnelle

Depuis l'automne 1997, après entente entre les universités, l'étudiant doit avoir obtenu le diplôme d'études collégiales pour pouvoir entreprendre des études universitaires. Il existe cependant des cas d'exception à cette règle. À la suite d'un énoncé de politique générale commune en matière d'admission conditionnelle qui a été établi en mai 1998 entre les universités, il a été convenu que des cas d'exception valables pourraient être considérés pour des personnes ne pouvant faire la preuve de l'obtention du DEC au moment de leur première inscription à l'université. L'étudiant est alors admis à certaines conditions déterminées par l'université. C'est ce que l'on appelle une admission conditionnelle.

La demande d'admission : les formulaires d'admission

Chaque université possède un formulaire d'admission qui lui est propre. Une demande d'admission peut être présentée dans plusieurs universités et, de façon générale, il est possible de faire plus d'un choix de programme par université. De plus, les universités ont parfois des formulaires spéciaux pour certains programmes. Ainsi, l'Université McGill possède des formulaires particuliers pour les programmes en médecine dentaire, droit, études religieuses, médecine et musique. Bien qu'elles soient affiliées à l'Université de Montréal, l'École des Hautes Études Commerciales et l'École Polytechnique possèdent leurs propres formulaires. À l'Université Concordia, trois départements (Journalism, Communications et Early Childhood) exigent d'autres documents en plus du formulaire de demande d'admission. Dans plusieurs universités, il est possible de faire sa demande d'admission en ligne.

Pour l'admission à une université ontarienne consulter le site du Centre au http://centre.ouac.on.ca.

En formation continue (adultes, programmes du soir, étudiants libres, auditeurs libres), les formulaires diffèrent généralement de ceux de l'enseignement régulier, sauf à l'École Polytechnique et à l'Université du Québec à Chicoutimi (UQAC). Pour l'admission à l'Université du Québec à Rimouski (UQAR), les candidats peuvent utiliser le formulaire Admission-Inscription.

• Où se les procurer?

- Le centre de documentation et d'information scolaire et professionnelle des collèges dispose, à compter du mois de janvier, de la majorité des formulaires de demande d'admission des universités québécoises, ontariennes et des autres provinces. Le cas échéant, une personne-ressource pourra fournir l'information sur la façon de se procurer les formulaires non disponibles sur place.
- Il est également possible de se procurer les formulaires sur le site Internet des universités et, dans certains cas, de faire sa demande en ligne.

N. B. : Pour l'Université de Montréal, l'Université du Québec en Outaouais et l'Université du Québec à Trois-Rivières, il est suggéré de faire la demande d'admission en ligne, car des frais supplémentaires sont ajoutés pour les demandes faites sur formulaire papier.

• Comment les remplir?

Certains formulaires de demande d'admission sont accompagnés d'un guide et d'indications pour aider l'étudiant à les remplir. Il importe donc de prendre connaissance de ces instructions. Il est suggéré de remplir d'abord le brouillon lorsque ce dernier est disponible.

Le tableau qui suit indique, pour chacune des universités, le nombre de choix de programmes qui peuvent être inscrits sur le formulaire ainsi que le type d'analyse auquel ces choix sont soumis. Une règle à suivre concernant les choix de programmes : placer le choix « coup de cœur » en premier, même si le traitement des choix varie d'une université à l'autre.

Universités	Nombre de choix	Analyse des choix
Bishop's	2	a
Concordia	3	a
École de technologie supérieure (ÉTS)	1	
École Polytechnique de Montréal	1	a
HEC Montréal	1	
Laval	2	b
McGill*	2 c	b
Montréal	3	d e
Sherbrooke	2	b
Université du Québec :		
à Chicoutimi (UQAC)	2 f	b
à Montréal (UQAM)	3	b g
à Rimouski (UQAR)	2 f	f
à Trois-Rivières (UQTR)	2 f	f
en Abitibi-Témiscamingue (UQAT)	2 f	f
en Outaouais (UQO)	2 f	f
Universités ontariennes	3	b

Légende

a. Le deuxième choix est analysé s'il y a refus au premier. Dans le cas de l'Université Concordia et de l'Université de Montréal, le troisième choix est analysé s'il y a refus au premier et au deuxième. Dans le cas de l'Université du Québec à Chicoutimi, l'étudiant qui se voit refuser son premier choix est invité à communiquer avec l'université pour demander l'étude de son deuxième choix.

b. Tous les choix inscrits sont analysés et une réponse est acheminée pour chacun des choix.

c. Sauf pour les formulaires spécifiques où un seul choix de programme est requis (médecine dentaire, droit, études religieuses, médecine, musique).

d. Il est important d'inscrire ses choix par ordre d'importance.

e. Tous les choix sont analysés. Toutefois, dès qu'une offre est émise et que le candidat est admis, il y a fermeture des choix que l'université considère moins prioritaires.

f. Indiquer un deuxième choix si le premier porte sur un programme où l'admission est contingentée.

g. Le troisième choix doit obligatoirement être fait parmi les programmes non contingentés, sinon il sera refusé.

* L'Université McGill possède des formulaires distincts pour certaines facultés et écoles.

• Quelles pièces joindre?

– Le **certificat de naissance ou carte de l'état civil**. Les photocopies sont acceptées.

– Le **bulletin d'études collégiales (relevé de notes)**. Les candidats qui ont terminé leur cours doivent annexer des photocopies de leur bulletin et demander au registraire de faire parvenir à l'université de leur choix leur bulletin officiel portant le sceau de l'établissement. Si le cours suivi se termine en mai, par exemple, il est suggéré de joindre au formulaire des photocopies du bulletin sans le sceau de l'établissement. Si le DEC est en cours, joindre des photocopies du relevé de notes sans le sceau du collège. Les registraires verront à obtenir la version finale et officielle de celui-ci.

– Le **relevé des cours suivis actuellement ou à suivre durant l'été**. Un candidat peut faire une photocopie de son choix de cours (formulaire d'inscription ou horaire) ou joindre au formulaire d'admission tout autre document qu'il aura préparé ou qui aura été préparé par l'établissement.

– Les **frais d'admission**. Les frais d'admission doivent être acquittés par mandat-poste, mandat bancaire, carte de crédit ou chèque certifié. Ils ne sont pas remboursables.

Ce tableau des pièces requises par université est sujet à changement. Certaines facultés peuvent demander d'autres pièces. Vérifiez dans les guides d'admission des universités lors de la demande d'admission.

Universités	Certificat de naissance ou carte de l'état civil	Bulletin cumulatif collégial
Bishop's	1 A ou 2 A	B
Concordia	B	B
École de technologie supérieure (ÉTS)	1 A	
HEC Montréal (pour B.A.A.)	1 A	
Laval	B ou 2 A ou 1 A	
McGill		
Montréal	B ou 1A	B
Polytechnique de Montréal	1 A	C
Sherbrooke	B ou 1 A	B
Université du Québec à Chicoutimi (UQAC)	1 A	
Université du Québec à Montréal (UQAM)	B ou 1 A	B
Université du Québec à Rimouski (UQAR)	1A	
Université du Québec à Trois-Rivières (UQTR)	1 A	B
Université du Québec en Abitibi-Témiscamingue (UQAT)	1 A ou 2 A	A
Université du Québec en Outaouais (UQO)	B ou 1 A	B ou D
Universités ontariennes	2 A	A

Légende

1. Certificat de naissance, carte de citoyenneté canadienne ou de résidence permanente pour les personnes nées hors Québec.
2. Certificat de naissance.
A. Photocopie acceptée. Recto verso lorsque requis.
B. Si vous fournissez votre code permanent, aucune pièce à fournir.
C. Seulement pour les candidats nés hors Québec.
D. Relevés de note officiels portant le sceau de l'établissement et la mention du diplôme obtenu, si l'étudiant n'étudie ou n'a pas étudié au Québec.

Étape 3 : La sélection

Une fois que les formulaires d'admission, dûment remplis, ont été acheminés aux universités concernées, il ne reste plus qu'à attendre une réponse. Un délai est à prévoir, puisque chaque demande doit faire l'objet d'une analyse.

• L'accusé de réception

Certaines universités n'expédient pas d'accusé de réception (ÉTS, UQAR, UQAT et UQTR). D'autres le font, habituellement dans un délai de deux à trois semaines. D'autres le feront uniquement si la pièce qui accompagne le formulaire d'admission a été retournée dûment remplie et affranchie.

Au cours de cette étape, les agents d'admission vérifient si le dossier est complet. Certaines universités rejettent automatiquement les dossiers qui ne comportent pas toutes les pièces requises.

• L'analyse du dossier

Les universités procèdent à l'analyse du dossier en fonction des diverses conditions d'admission et des divers critères de sélection énoncés dans la section « Conditions d'admission » de la fiche descriptive du programme.

La majorité des universités utilisent la cote de rendement au collégial (CRC) comme méthode d'évaluation des dossiers scolaires pour l'admission dans les programmes contingentés. Pour plus d'information sur cette méthode d'évaluation, consulter le dossier **La cote de rendement au collégial** (page 411).

Selon l'université et le programme choisis, il se peut que d'autres critères s'ajoutent à la cote de rendement au collégial pour effectuer la sélection. Ces critères seront considérés dans l'évaluation de chaque dossier dans des proportions variables selon l'université concernée. La section concernant les programmes contingentés fournit une énumération plus exhaustive de ces critères.

Étape 4 : La réponse des universités

De façon générale, les universités expédient les réponses aux demandes d'admission entre le 1er mars et le 15 mai. Cependant, pour certains programmes contingentés, les réponses peuvent être expédiées après cette période.

• **Réponses possibles :**

- **Admission conditionnelle.** La demande d'admission est acceptée à la condition d'obtenir le diplôme d'études collégiales (DEC) dans les délais prévus et de satisfaire, s'il y a lieu, aux conditions d'admission.
- **Admission définitive.** La demande d'admission est acceptée car le candidat a satisfait aux formalités et aux conditions d'admission.
- **Jugement différé.** La décision de l'université est reportée pour certaines raisons qui sont fournies dans l'avis.
- **Liste d'attente.** La décision d'admission est positive, mais le nombre de places disponibles est insuffisant. Une offre d'admission pourra être acheminée ultérieurement à la condition que des candidats déjà admis se désistent ou ne franchissent pas toutes les étapes.
- **Refus.** Les raisons du refus sont fournies dans l'avis.

• **Suite à donner :**

- **Admission conditionnelle ou définitive :**
  - le candidat reçoit une offre d'admission correspondant à son premier choix ou une réponse positive;
  - le candidat accepte l'offre de l'université selon la procédure exigée. Il doit respecter les délais mentionnés dans l'avis, sans quoi l'offre d'admission risque d'être annulée;
  - le candidat reçoit deux offres d'admission pour deux programmes différents pour une même université. Il faut faire un choix et n'accepter qu'une seule offre d'admission;
  - le candidat reçoit deux offres d'admission pour deux programmes différents mais dans deux universités différentes. Il fait un choix et n'accepte qu'une seule offre d'admission.

Advenant le cas où, après avoir accepté une offre d'admission dans une université, le candidat décide de changer son choix pour une autre université, il doit alors en aviser par écrit l'université concernée et confirmer son choix auprès de l'autre université.

- **Refus d'admission**
  Trois possibilités sont offertes :
  - accepter la décision et ne poser aucun geste;
  - faire un nouveau choix de programme selon les places disponibles;
  - décider d'aller en appel ou de faire une demande de révision de décision auprès du service des admissions de l'université. Le candidat doit exposer, par écrit, les motifs qui justifient cet appel. Il doit également respecter les délais prescrits par l'université pour la présentation de sa demande. Il est préférable de consulter un conseiller ou une conseillère en information scolaire et professionnelle ou de vous adresser à l'agent d'admission qui a traité votre demande.

- **Admission sur liste d'attente ou par jugement différé.** L'offre peut être acceptée en étant conscient qu'il n'y a pas de date limite pour une liste d'attente. Il arrive même que des candidats se voient offrir une offre d'admission quelques jours avant le début du trimestre. **Il est important de répondre à l'offre dans les délais prescrits sinon l'université peut l'annuler.** Un candidat peut autoriser, par procuration écrite, une autre personne à répondre à l'offre s'il prévoit s'absenter.

Étape 5 : L'inscription

Après avoir été accepté dans un programme, le candidat n'a plus qu'à effectuer son choix de cours. Cette étape est comparable à celle faite au cégep.

La documentation nécessaire pour l'inscription et le choix de cours sera expédiée par l'université concernée. La période d'inscription s'étend généralement du mois de juin au mois d'août, échéance qu'il est important de respecter, à défaut de quoi l'offre d'admission peut être annulée. Il est suggéré de communiquer avec le service d'admission de l'université concernée lorsqu'un doute persiste quant à la procédure.

Il est très important de respecter les dates limites car l'admission à un programme n'est valide que si elle est suivie d'une inscription à la session pour laquelle elle a été prononcée. Cela signifie que l'étudiant qui a été admis, mais qui ne s'est pas inscrit, doit présenter une nouvelle demande d'admission pour une session ultérieure et reprendre le processus comme s'il n'y avait jamais eu de demande.

Les programmes contingentés

Un programme est dit « contingenté » lorsque la capacité d'accueil est limitée et que, de ce fait, on ne peut accueillir tous ceux qui en font la demande. Dans ce cas, on doit procéder à une sélection parmi les candidats admissibles. Cette sélection est effectuée à partir de critères variés qui méritent une attention particulière.

Les critères de sélection

La plupart des universités québécoises ont recours à la cote de rendement au collégial (CRC) comme méthode d'évaluation de l'excellence du dossier scolaire en vue d'une admission à un programme contingenté. Pour en savoir plus, consulter le dossier **La cote de rendement au collégial** (page 411).

Les critères de sélection autres que la Cote R sont :

– le dossier scolaire;
– l'entrevue;
– l'expérience pertinente;
– la présélection;
– le test d'admission;
– les références et recommandations;
– les tests d'aptitude physique;
– le curriculum vitæ;
– l'appréciation par simulation (APS);
– la lettre autobiographique;
– la lettre de motivations personnelles;
– le portfolio;
– l'audition.

• L'entrevue

L'entrevue permet notamment :
– de vérifier si le candidat connaît l'université et les objectifs du programme pour lequel il a fait une demande d'admission;
– de cerner l'intérêt réel et les motivations du candidat relativement au programme choisi;
– de mieux connaître et d'évaluer la capacité du candidat de réussir des études universitaires au moyen de questions portant sur ses études, ses expériences et ses réalisations;
– de vérifier si le candidat connaît la profession et la nature du travail auquel prépare le programme d'études;
– de faire ressortir les traits de personnalité, les points forts dont les qualités liées à la profession visée, les points faibles, les valeurs, les aptitudes et les aspirations professionnelles du candidat.

• Le questionnaire

Même si le questionnaire comporte parfois des questions de type « vrai ou faux » ou de type « oui ou non », il se caractérise principalement par des questions ouvertes appelant des réponses plus approfondies. Pour s'assurer de fournir une bonne performance, il est recommandé de bien se documenter sur le programme d'études concerné et sur les professions auxquelles il mène.

– **Le test.** Le test est composé d'un ensemble de questions auxquelles le candidat doit répondre et de problèmes qui doivent être régler le plus souvent à l'intérieur d'un temps limité. Ces activités consistent en des exercices de jugement, de raisonnement, d'habileté verbale, etc.

- **L'appréciation par simulation (APS).** L'appréciation par simulation se déroule en groupe. Elle consiste à évaluer les caractéristiques personnelles d'un candidat au moyen de mises en situation.
- **Le portfolio.** Le portfolio exigé pour certains programmes doit contenir un certain nombre de recherches ou de réalisations personnelles ou scolaires, pouvant parfois aller jusqu'à une vingtaine de travaux.

Lorsqu'une demande d'admission est présentée pour un programme dont l'admission est contingentée, il est fortement suggéré de prendre les mesures suivantes :

– faire plus d'un choix de programme (deux ou trois);
– faire le même choix de programme dans plusieurs universités;
– faire un deuxième ou troisième choix dans un programme dont l'admission n'est pas contingentée;
– faire un choix de programme technique directement lié au premier choix.

L'enseignement coopératif

Les programmes offerts en régime coopératif se caractérisent par l'alternance de trimestres d'études et de stages rémunérés en milieu de travail. Un programme de baccalauréat peut comprendre jusqu'à quatre stages. La personne qui choisit un de ces programmes a la chance d'acquérir une expérience de travail équivalant à une année tout en recevant au cours de cette période un salaire des plus intéressants. Le régime coopératif constitue donc un mode d'organisation de la formation à considérer au moment de l'admission.

L'aide financière et l'hébergement

Le coût des études

Les études universitaires entraînent différents frais qui peuvent être regroupés selon quatre catégories :

– les frais de scolarité;
– les frais afférents;
– les dépenses générales;
– les dépenses personnelles.

• Les frais de scolarité

Les montants relatifs aux frais de scolarité sont établis par le gouvernement du Québec. Actuellement, sur la base de 30 crédits répartis sur deux trimestres, il faut prévoir au moins 1 970 $ par année pour couvrir l'ensemble des frais de scolarité. Ce montant peut varier d'un établissement à l'autre et s'applique aux étudiants québécois.

Le montant est différent dans le cas des étudiants non résidents du Québec, des étudiants étrangers et des étudiants provenant d'une autre région. Pour plus de précision à ce sujet, il est suggéré de consulter les publications des universités concernées.

• Les frais afférents.

Les frais afférents sont constitués principalement des frais relatifs aux assurances, aux frais généraux et aux diverses cotisations. On compte également parmi ces frais la cotisation que prélève l'université à chaque étudiant et qui est par la suite versée à l'association étudiante, tel que l'impose la loi sur la reconnaissance des associations étudiantes.

Le total des frais afférents peut varier quelque peu d'une université à l'autre. Il faut habituellement prévoir environ entre 325 $ et 1 500 $ pour couvrir l'ensemble de ces frais, sur la base de 30 crédits répartis sur deux trimestres. Le montant varie d'une université à l'autre. Il est préférable de vérifier auprès de l'université.

• **Les dépenses générales**

Les dépenses générales sont liées à l'achat du matériel scolaire et aux frais de logement et d'alimentation. Ces dépenses varient évidemment selon les besoins de chacun. Dans le cas des étudiants hébergés gratuitement chez leurs parents, on doit prévoir un montant d'environ 500 $ pour l'achat de matériel scolaire pour un trimestre. Pour les étudiants qui doivent assumer le coût de leur alimentation et de leur logement, on estime que le total des dépenses générales peut varier entre 1 550 $ et 2 000 $ par trimestre.

• **Les dépenses personnelles.**

Les dépenses personnelles comprennent les frais reliés aux loisirs, au transport, etc. Il va sans dire que ces dépenses varient beaucoup selon les besoins de chacun. Aux fins de calcul, on estime généralement le montant de ces dépenses à environ 1 600 $ pour deux trimestres.

Le financement des études

Il existe diverses possibilités de financement pour les étudiants inscrits à temps complet à un programme de baccalauréat. Les principales sources de ce financement sont les prêts et les bourses, qui comprennent le régime des prêts et bourses du gouvernement et les bourses d'études, et les ressources personnelles, qui comprennent le travail rémunéré et la contribution des parents.

• **Le régime des prêts et bourses du gouvernement du Québec.**

En vertu de ce régime, une aide est accordée à des étudiants selon leurs besoins financiers. Ce programme est donc conçu pour permettre aux étudiants de disposer des ressources financières nécessaires à la poursuite de leurs études à temps complet. Ce régime d'aide financière est cependant supplétif, en ce sens qu'il revient d'abord à l'étudiant, à son conjoint ou à ses parents d'assurer le financement de ses études, l'aide gouvernementale ne venant que compléter les ressources financières de ceux dont les revenus sont insuffisants.

Pour être admissible à un prêt ou à une bourse, la personne doit poursuivre des études à temps complet. Si elle se qualifie pour une aide financière, elle reçoit d'abord un prêt dont le montant peut atteindre 3 260 $ pour chacune des années du baccalauréat. Toute aide additionnelle est ensuite versée sous forme de bourse.

Les services de l'aide financière des universités, à l'instar de ceux des cégeps et des collèges, jouent un rôle d'intermédiaire entre la population étudiante et le Ministère, que ce soit pour la présentation des demandes ou pour y apporter des modifications. Ces services ont le mandat, pour le ministère de l'Éducation, du Loisir et du Sport, de remettre les certificats de prêts et les chèques de bourses selon les modalités de la Loi sur l'aide financière aux études, son règlement et ses règles d'attribution. Le personnel de l'aide financière fournit donc toute l'assistance nécessaire aux étudiants dans leurs démarches pour assurer le financement de leurs études.

Pour toute demande de renseignements concernant les formulaires, les dates limites et les formalités entourant les demandes d'aide financière, il est suggéré de s'adresser au service de l'aide financière de son établissement scolaire. On peut également consulter le site Web du Ministère : www.afe.gouv.qc.ca

• **Les bourses d'études ou bourses d'entrée.**

Outre l'aide accordée aux étudiants par le régime des prêts et bourses du ministère de l'Éducation, du Loisir et du Sport, il existe une autre source importante de financement pour l'ensemble des étudiants. Il s'agit des programmes de bourses d'études offertes par la plupart des universités, soit des bourses d'études octroyées par voie de concours, le plus souvent selon l'excellence du dossier scolaire des candidats.

Les personnes intéressées peuvent obtenir de l'information auprès de l'université concernée ou par le biais des sites Web des diverses universités.

L'hébergement

Toutes les universités offrent des services afin d'aider les étudiants dans leur recherche de logement. La plupart disposent de résidences et d'appartements sur le campus et elles tiennent à jour des listes de logements hors-campus disponibles pour les étudiants. Dans ce dernier cas, il faut communiquer avec les services aux étudiants des universités pour obtenir ces listes par la poste ou encore se rendre sur place.

Chaque université fonctionne selon ses propres critères, ses dates limites et ses formulaires d'inscription pour le logement. Dans tous les cas, cependant, il est important de procéder très tôt, avant le 1er mars. Il est suggéré de communiquer avec le service de logement de l'université dès le dépôt du formulaire de demande d'admission.

Les services de logement

Votre démarche doit être entreprise en même temps que votre demande d'admission. Chaque université a ses propres critères, ses dates et ses formulaires d'inscription pour le logement.

ÉCOLE DE TECHNOLOGIE SUPÉRIEURE (ÉTS)
• **Secrétariat des résidences de l'ÉTS**
255, rue Peel
Montréal (Québec) H3C 3R9
Téléphone : 514 396-8561
Télécopieur : 514 396-8610
residences@etsmtl.ca
www.etsmtl.ca/residences
• **Hors campus**
Service aux étudiants, local A- 0130
Téléphone : 514 396-8942
nancy.lavoie@etsml.ca
www.etsmtl.ca/zone3/actuel_etu/hors_campus.htm
(Consultation d'annonces en ligne)

MACDONALD CAMPUS RESIDENCE
(Université McGill)
• **Résidences campus**
Agricultural and Environment
Laird Hall, Room 107, 21111
Sainte-Anne-de-Bellevue (Québec) H9X 3V9
Téléphone : 514 398-7716
Télécopieur : 514 398-7953
francais.mcgill.ca/macdonald-residences
• **Hors campus**
www.mcgill.ca/offcampus/macdonald/

UNIVERSITÉ BISHOP'S
• **Résidences campus**
2600, College Street
Sherbrooke (Québec) J1M 1Z7
Téléphone : 819 822-9600, poste 2685
Sans frais : 1 877 622-4900
Télécopieur : 819 822-9615
residences@ubishops.ca
www.ubishops.ca/residence/index.html

UNIVERSITÉ CONCORDIA
• **Résidences campus**
Pavillon Hingston, bureau 157
7141, Sherbrooke Ouest
Montréal (Québec) H4B 1R6
Téléphone : 514 848-2424, poste 4755
Réservation : residenceinfo@concordia.ca
http://residence.concordia.ca
• **Hors campus**
http://hojo.csu.qc.ca ou
www.515stecatherine.com/fr/index.php

UNIVERSITÉ D'OTTAWA
• **Résidences campus**
100, Thomas More Street, Room 308
Ottawa (Ontario) K1N 6N5
Téléphone : 613 562-5885
Télécopieur : 613 562-5109
residence@ottawa.ca
www.residence.uottawa.ca/fr/index.html
• **Hors campus**
90, rue Université, bureau 145
Ottawa (Ontario) K1N 1H3
Téléphone : 613 564-5400, poste 5061
Télécopieur : 613 782-6104
offcamp1@uottawa.ca
www.residence.uottawa.ca/fr/och/index.html ou
https://web5.uottawa.ca/rezweb/searchf.php
(Consultation d'un babillard électronique)

UNIVERSITÉ DE MONTRÉAL
• **Résidences campus**
Service des résidences
2350, boul. Édouard-Montpetit
Montréal, (Québec) H3T 1J4
Téléphone : 514 343-6531
Télécopieur : 514 343-2353
residences@umontreal.ca
www.residences.umontreal.ca
• **Hors campus**
2332, boul. Édouard-Montpetit
Pavillon J.-A. De Sève
3e étage, local B-3429
(métro Édouard-Monpetit ou autobus 51)
Téléphone : 514 343-6533
logement@sae.umontreal.ca
www.logement.umontreal.ca

UNIVERSITÉ DE SHERBROOKE
• **Résidences campus**
2500, boul. de l'Université
Sherbrooke (Québec) J1K 2R1
Téléphone: 819 821-7663
residence@usherbrooke.ca
www.usherbrooke.ca/hebergement
• **Hors campus**
www.usherbrooke.ca/hebergement/hebergement-hors-campus/

UNIVERSITÉ DU QUÉBEC À CHICOUTIMI (UQAC)
• **Service de résidences**
Bureau administratif
555, boul. de l'Université
Chicoutimi (Québec) G7H 2B1
Responsable : Hirlse Dufour
Téléphone : 418 545-5016
Info_Logement@uqac.ca
www.uqac.ca/direction_services/sae/logement

UNIVERSITÉ DU QUÉBEC À MONTRÉAL (UQAM)
• **Résidences campus**
303, boul. René-Lévesque Est
Montréal (Québec) H2X 3Y3
Téléphone : 514 987-6669
Télécopieur : 514 987-0344
uqamres@netrevolution.com
www.residences-uqam.qc.ca
• **Résidences campus des sciences biologiques**
2100, Saint-Urbain
Montréal (Québec) H2X 4E1
Téléphone : 514 987-7747
Télécopieur : 514 987-0159
delouest-residences@uqam.ca
http://residences-uqam.qc.ca/univ/accueil-ouest/?
residence=ouest

UNIVERSITÉ DU QUÉBEC À RIMOUSKI (UQAR)
• **Résidences campus**
329-A, Allée des Ursulines
Rimouski (Québec) G5L 8X3
Téléphone : 418 723-4311
Télécopieur : 418 721-2817
logeuqar@uqar.qc.ca
http://logement.uqar.ca
• **Hors campus – Rimouski**
http://hebergement.uqar.ca/
• **Hors campus – Lévis**
www.lelhc.qc.ca

UNIVERSITÉ DU QUÉBEC À TROIS-RIVIÈRES (UQTR)
• **Résidences du chemin Michel-Sarrazin :**
3351, boul. des Forges, C. P. 500
Trois-Rivières (Québec) G9A 5H7
Téléphone : 819 376-5016 ou 376-5011, poste 2508
Télécopieur : 819 376-5061
www.uqtr.ca/etudiant/logement.shtml

UNIVERSITÉ DU QUÉBEC EN
ABITIBI TÉMISCAMINQUE (UQAT)
• **Résidences campus Rouyn-Noranda**
445, boul. de l'Université
Rouyn-Noranda (Québec) J9X 5E4
Téléphone : 819 762-0971, poste 4395
Sans frais : 1 877 870-8728, poste 4395
residences-rn@uqat.ca
www.uqat.ca/services/residences
• **Résidences campus de Val-d'Or**
residences-vd@uqat.ca
www.uqat.ca/services/residences
• **Hors campus**
Rouyn-Noranda
Nadine Neveu
Téléphone : 819 762-0971, poste 2210
Sans frais : 1 877 870-8728, poste 2210
nadine.neveu@uqat.ca

Val-d'Or
Christine Desrochers
Téléphone : 819 874-3837, poste 329
Sans frais : 1 866 891-8728, poste 329
Christine.desrochers2@uqat.ca
Amos
Maryline Arcand
Téléphone : 819 732-8809, poste 8221
Sans frais : 1 866 798-8728, poste 8221
maryline.arcand@uqat.ca

UNIVERSITÉ DU QUÉBEC EN OUTAOUAIS (UQO)
• **Résidences campus**
283, boul. Alexandre-Taché, bureau C-0340
C. P. 1250, succ. Hull
Gatineau (Québec) J9A 1L8
Téléphone : 819 595-2393
Sans frais : 1 800 567-1283, poste 2393
Télécopieur : 819 595-2214
residences@uqo.ca
www.uqo.ca/direction-services/sae/logements-campus-
etudiants.asp
• **Hors campus**
Téléphone: 819 773-1680
Sans frais : 1 800 567-1283, poste 1680
(Autorisation requise, contacter Sylvie Duguay)
sylvie.duguay@uqo.ca
www.uqo.ca/direction-services/sae/logements-horscampus-
etudiants.asp

UNIVERSITÉ LAVAL
• **Résidences campus**
Téléphone : 418 656-2921, poste 4444
Télécopieur : 418 656-2801
sres@sres.ulaval.ca
www.residences.ulaval.ca
(Demande de formulaires disponible à la fin du guide
d'admission)
• **Service des résidences**
Pavillon Alphonse-Marie-Parent
2255, rue de l'Université, local 1604
Québec (Québec) G1K 7P4
• **Hors campus**
www.residences.ulaval.ca/logement_hors_campus
(Pour consulter les annonces ou faire une recherche)

UNIVERSITÉ McGILL
• **Résidences campus**
Le bureau de logement des étudiants
3473, rue Université
Montréal (Québec) H3A 2A8
Téléphone : 514 398-6368
Télécopieur : 514 398-2305
housing.residences@mcgill.ca
http://francais.mcgill.ca/residences/undergraduate/admissions
(Demande de logement : cocher la case dans le formulaire de
demande d'admission ou remplir la demande sur le site Web)
• **Hors campus**
offcampus.housing@mcgill.ca
http://francais.mcgill.ca/offcampu

Les fiches descriptives des programmes de Baccalauréat par domaines d'études et par disciplines

15110 **Médecine dentaire / Dental Medicine**

DOCTORAT 1er CYCLE 10 TRIMESTRES   CUISEP 353-810

Compétences à acquérir

- Dépister et soigner toute déficience des dents, de la bouche, des maxillaires ou des tissus avoisinants chez l'être humain.
- Prescrire et administrer des soins préventifs.
- Examiner les dents, les gencives et les arcades dentaires.
- Prendre des radiographies au besoin.
- Établir un diagnostic et appliquer le traitement approprié.
- Restaurer la structure des dents atteintes.
- Effectuer une chirurgie.
- Procéder à l'extraction de dents.
- Remplacer les dents manquantes à l'aide de ponts ou de prothèses partielles ou complètes.

Éléments du programme

- Dentisterie opératoire pratique
- Matériaux dentaires
- Occlusion pratique
- Orthodontie
- Pathologie générale
- Prothèse partielle fixe pratique

Admission (voir p. 21 G)

DEC ou l'équivalent et Mathématiques 103, 203; Physique 101, 201, 301; Chimie 101, 201, 202; Biologie 301, 401.
OU
DEC en Sciences de la nature et Chimie 202 (00XV); Bologie 401 (00XU).
OU
Laval : DEC en Sciences de la nature et Chimie 202; Biologie 401 **OU** DEC ou l'équivalent et Mathématiques NYA, NYB (103-77, 203-77); Physique NYA, NYB, NYC (101, 201, 301); Chimie NYA, NYB (101, 201, 202); Biologie NYA (301, 401) **OU** DEC technique en Techniques d'hygiène dentaire et Mathématiques NYA, NYB (103-77, 203-77); Physique NYA, NYB, NYC (101, 201, 301); Chimie NYA, NYB (101, 201, 202) **ET** test de perception visuelle et se présenter obligatoirement aux tests d'aptitudes de l'Association dentaire canadienne. *N.B. : Les titulaires d'un baccalauréat international (B.I.), option Sciences de la nature, sont dispensés du cours de Physique NYC ou 301 et entrevue.*
Montréal : DEC en Sciences de la nature et avoir atteint les objectifs suivants : Chimie 00XV et Biologie 00XU **OU** DEC ou l'équivalent et Mathématiques 103, 203; Physique 101, 201, 301; Chimie 101, 201, 202; Biologie 301, 401 ou deux cours de biologie humaine **OU** avoir réussi 48 crédits de cours universitaires autres que des crédits obtenus dans le cadre de cours préparatoires aux études universitaires **ET** réussir le test de l'Association dentaire canadienne, soumettre une lettre de motivation, se présenter à une entrevue, subir un examen médical.

McGill : Entrevue, autobiographie et se présenter obligatoirement aux tests d'aptitudes de l'Association dentaire canadienne.

Endroits de formation (voir p. 422)

	Contingentement	Coop	Cote R*
Laval	■	☐	32.000
McGill**	■	☐	32.000
Montréal	■	☐	32.937

* Le nombre inscrit indique la **Cote R** qui a été utilisée pour l'**admission de l'année 2009 ou 2010** par l'université concernée.
** Cote R minimale de 34.000 et cote R moyenne de 35.500 pour être convoqué à une entrevue.

Professions reliées

C.N.P.
3113	Chirurgien buccal et maxillo-facial
3113	Dentiste
3113	Dentiste en santé publique
3113	Endodontiste
3113	Orthodontiste
3113	Parodontiste
3113	Pédodontiste
3113	Prosthodontiste
3113	Spécialiste en médecine buccale

Endroits de travail

- À son compte
- Cabinets de dentistes
- Centres hospitaliers
- Établissements d'enseignement universitaire
- Forces armées canadiennes

Salaire

Le salaire hebdomadaire moyen est de 1 986 $ (janvier 2009).

Remarques

- Le programme comprend une année préparatoire.
- Pour exercer la profession et porter le titre de dentiste, il faut être membre de l'Ordre des dentistes du Québec.
- Des études de 2e cycle sont nécessaires pour exercer les professions suivantes : chirurgien buccal et maxillo-facial, endodontiste, orthodontiste, parodontiste, pédodontiste, prosthodontiste, spécialiste en médecine buccale.
- À l'Université de Montréal, une année préparatoire s'ajoute au programme de médecine dentaire.

STATISTIQUES D'EMPL			
	2005	2007	2009
Nb de personnes diplômées	67	147	148
% en emploi	85,0 %	85,4 %	84,1 %
% à temps plein	85,3 %	75,0 %	89,2 %
% lié à la formation	100 %	100 %	98,5 %

R SCIENCES DE LA SANTÉ

SCIENCES DE LA SANTÉ HUMAINE ET ANIMALE   185

Comment lire une fiche de programme universitaire

A **Numéro d'identification** du programme permettant l'accès à certains fichiers du système REPÈRES.

B **Titre du programme francophone et anglophone, s'il y a lieu.** Un même programme peut porter plus d'un titre, selon l'université.

C Identification de la **filière de formation** (sanction) – **BAC :** baccalauréat et **nombre total de trimestres requis** pour compléter le programme d'études (cette durée exclut le travail personnel de l'étudiant).

D **Code CUISEP.** Ce code est tiré de la Classification uniforme en information scolaire et professionnelle. Il sera fort utile dans la recherche d'information complémentaire à partir de documents ou pour accéder à certains fichiers du système REPÈRES.

E Identification des **compétences à acquérir** dans le cadre du programme. Cette rubrique décrit les habiletés et les aptitudes que le programme développera chez l'étudiant.

F Liste **non exhaustive** des **principaux cours** offerts dans le programme.

G Liste des **préalables** exigés par les **établissements universitaires** offrant le programme. **Il est à noter que les titulaires d'un DEC intégré en Sciences, lettres et arts sont admissibles dans tous les programmes universitaires de premier cycle,** exception faite de quelques programmes en arts, en musique et en danse. Voilà pourquoi cette exigence ne figure pas dans les fiches descriptives. Consulter le **tableau des équivalences – Cours / Objectifs** à la page 3.

H Liste des **établissements universitaires** offrant le programme de formation. Pour connaître les coordonnées des établissements, consulter l'**Index alphabétique des établissements d'enseignement universitaire** à la page 422.

I Les cases noircies indiquent les **établissements** où l'**admission** est **contingentée**.

J Les cases noircies indiquent les **établissements** où le **programme** est offert en **enseignement coopératif**.

K Le nombre inscrit indique la **cote R** qui a été utilisée pour l'**admission de l'année précédente** par l'université concernée. Pour connaître la cote R exigée pour l'admission 2011, communiquer avec les établissements concernés ou consulter un conseiller en orientation ou en information scolaire et professionnelle.

L Liste sommaire de **professions reliées**, c'est-à-dire de professions qui peuvent être exercées après avoir complété le programme avec succès.

M Liste sommaire des types d'**employeurs éventuels** des personnes qui ont complété le programme avec succès.

N **Indication du salaire.** Le salaire est, dans la majorité des cas, présenté sur une **base hebdomadaire.** Il correspond à la moyenne des sommes reçues en guise de rémunération pour un emploi occupé à temps plein pendant une semaine. Les données fournies sont tirées de «*La Relance à l'université*» publiée par le ministère de l'Éducation, du Loisir et du Sport.

O **Remarques.** On trouve sous cette rubrique des renseignements complémentaires relatifs au programme, à l'exercice de la profession – appartenance à un ordre professionnel, par exemple – ou aux établissements d'enseignement. Les critères d'admission à l'entrée de la profession sont également fournis.

P **Statistiques d'emploi.** Les années indiquées dans les tableaux (2005-2007-2009) correspondent aux années ou la relance a été effectuée faite auprès des personnes diplômées deux ans auparavant (ex. : **2009 :** Promotion des élèves de l'**année scolaire 2007-2008**).

Le tableau indique donc pour ces années de relance :
- le **nombre de personnes diplômées;**

De ce nombre :
- % *en emploi* = le **pourcentage des personnes diplômées qui ont obtenu un emploi;**
- % *à temps plein* = le **pourcentage de celles qui ont obtenu un emploi et qui travaillent à temps plein;**
- % *lié à la formation* = le **pourcentage des personnes qui travaillent à temps plein et qui jugent que leur travail correspond à leur formation.**

Certaines statistiques d'emploi sont manquantes en raison de la non-disponibilité des données correspondantes.

Les statistiques proviennent des données recueillies par les responsables du MELS de *La Relance à l'université.*

N. B. : Les statisques peuvent être consultées sur le site du MELS : **www.mels.gouv.qc.ca/Relance/Relance.htm**

Q Nom de la **discipline**.

R Nom du **domaine d'études**.

S Programme désigné «Lauréat» dans le *Palmarès des carrières 2010*. Voir la liste complète des programmes concernés à la page suivante.

« Lauréat » du *Palmarès des carrières* 2010

Septembre éditeur publie depuis 2002 le *Guide Choisir – Université* qui permet de connaître tous les programmes et les établissements d'enseignement universitaire du Québec.

Fort de son expertise, Septembre éditeur vous offre un nouvel outil pour vous aider dans votre démarche de choix de formation, le *Palmarès des carrières*.

Cet ouvrage se veut un exercice de stratégie quant à l'avenir : comment évaluer chaque métier et profession en fonction des contextes et des conditions qui lui sont associés et qui sont favorables à la carrière ouverte, évolutive, adaptable aussi bien aux besoins personnels qu'aux exigences de la conjoncture économique.

L'exercice permet donc à des programmes de formation de se distinguer davantage par rapport à d'autres. On découvrira ainsi des programmes « lauréats ».

Nous sommes heureux de vous faire profiter de cette recherche en identifiant dans le *Guide Choisir – Université* tous les programmes porteurs d'opportunités pour l'avenir!

Pour ce faire, vous trouverez dans les fiches des programmes concernés une pastille « Lauréat du *Palmarès des carrières 2010* ».

Pour en savoir davantage, nous vous invitons à vous procurer à chaque année le *Palmarès des carrières* sur le site www.septembre.com ou en composant le 1 800 361-7755. Cet ouvrage est en vente dans toutes les librairies.

Liste des programmes lauréats

CODE	PROGRAMME LAURÉAT	PAGE
15571	Traduction	66
15358	Génie civil	91
15358	Génie de la construction	93
15359	Génie électrique	101
15373	Génie informatique	113
15340	Génie logiciel	115
15340	Imagerie et médias numérique	117
15340	Informatique	118
15340	Informatique de gestion	120
15802	Administration : Sciences comptable	130
15816	Relations industrielles	155
15380	Éducation physique	174
12123	Audiologie / Orthophonie	176
13580	Intervention en activité physique	182
15110	Médecine dentaire	185
15180	Médecine vétérinaire	186
15112	Pharmacie	188
15420	Psychologie	229
15473	Psychoéducation	231
15477	Service social	240
15234	Actuariat	255

UNIVERSITÉ DU QUÉBEC À TROIS-RIVIÈRES

UQTR

une
université
pour **MOI**

VIVRE une expérience
d'apprentissage enrichissante.

RÉUSSIR dans un milieu
de vie convivial.

> 150 programmes aux trois cycles d'études

> Stage dans 90 % des baccalauréats

> Interactions privilégiées entre étudiants et professeurs

> Formation enrichie d'échanges interculturels

> Centre sportif de haut calibre

> Nature, boisés et piste cyclable directement
sur le campus

> Université certifiée « Campus durable »

CERTIFICATION
Campus durable

Émilie V. Ouellet
Doctorat de premier cycle
en chiropratique

Tous nos programmes sur **www.uqtr.ca**
Infoprogramme@uqtr.ca

Index alphabétique des programmes de baccalauréat

PROGRAMMES UNIVERSITAIRES

A	PAGE

A

Accountancy	130
Accounting	130
Activité physique	174
Actuarial Mathematics	255
Actuariat	255
Adaptation scolaire et sociale	160
Administration	124
Administration : Affaires électroniques et systèmes d'information	128
Administration : Affaires internationales	129
Administration : Comptabilité	130
Administration : Développement international et action humanitaire	132
Administration : Entrepreneuriat et gestion de PME	133
Administration : Entrepreneuriat et management innovateur	134
Administration : Finance	135
Administration : Gestion de l'aéronautique	137
Administration : Gestion de l'information et des systèmes	138
Administration : Gestion de la chaîne d'approvisionnement	139
Administration : Gestion des ressources humaines	140
Administration : Gestion des risques et assurance	142
Administration : Gestion du tourisme	143
Administration : Gestion publique	144
Administration : Gestion urbaine et immobilière	145
Administration : Management	146
Administration : Marketing	147
Administration : Méthodes quantitatives de gestion	149
Administration : Option individuelle / Individualisée / Généraliste / Sur mesure	150
Administration : Option mixte	151
Administration : Planification financière / Services financiers	152
Administration des affaires	124
Administration des affaires : Économie	126
Administration des arts	127
Administration générale bilingue	124
Administration générale trilingue	124
Affaires publiques et relations internationales	198
African Studies	199
Agricultural Science	70
Agroéconomie	200
Agronomie	70
Allemand	56
Aménagement du territoire et développement durable	201
Aménagement et environnement forestiers (Génie forestier)	71
Anatomy and Cell Biology	246
Anglais	57

BACCALAURÉAT

Anglais, langue et littérature comparée (linguistique) 57
Animation 3D et design numérique 38
Animation et recherche culturelles 202
Animation spirituelle et engagement communautaire 203
Anthropologie 204
Anthropologie et ethnologie 204
Anthropology and Sociology 204
Archéologie 58, 204
Architecture 78
Architecture de paysage 79
Art dramatique 40, 161
Art Education 41, 47, 169
Art Education – Visual Arts 41
Art et science de l'animation 41
Art History 47
Art History and Film Studies 44
Art History and Studio Art 47
Arts 268
Arts (interdisciplinaire) 43
Arts Administration 127
Arts et design 41
Arts et pratique de l'image 38
Arts plastiques 41
Arts visuels 41
Arts visuels et médiatiques 41
Atmospheric Science 264
Atmospheric Science and Physics 264
Audiologie 176

B

Bio-informatique 269
Biochemistry 247
Biochimie 247
Biochimie de la santé 247
Biochimie et biotechnologie 247
Biochimie et médecine moléculaire 247
Biologie 249
Biologie en apprentissage par problèmes 249
Biologie médicale 177
Biologie moléculaire et cellulaire 249
Biology 249
Biomedical Sciences 177
Biophysique 251
Bioresource Engineering 72
Broadcast Journalism 212
Building Engineering 99
Business Administration 124
Business and Science 270

BACCALAURÉAT

C

C

Carrière internationale 129
Cell and Molecular Biology 249
Chemical Engineering 89
Chemistry 260
Chimie 260
Chimie analytique 260
Chimie biopharmaceutique 260
Chimie de l'environnement 260
Chimie de l'environnement et des bioressources 260
Chimie des matériaux 260
Chimie pharmaceutique 260
Chiropratique 178
Cinéma 44
Civil Engineering 91
Civil Law 52
Classical Studies 58
Classics 58
Commerce international 129
Common Law 52
Communication 212
Communication (cinéma) 205
Communication (médias interactifs) 206
Communication (relations humaines) 207, 208
Communication (relations publiques) 209
Communication (stratégies de productions culturelles et médiatiques) ... 210
Communication (télévision) 211
Communication and Journalism 212
Communication et journalisme 212
Communication et politique 214
Communication graphique 38
Communication marketing 271
Communication, politique et société 214
Communication publique 212
Communication, rédaction et multimédia 59, 212
Communication sociale 208
Communication Studies 212
Comptabilité de management 130
Comptabilité générale 130
Comptabilité professionnelle 130
Computation Arts 117
Computer Engineering 113
Computer Science 113, 118
Computer Science Software Application 115
Conception de jeux vidéo (BAC majeure) 110
Conception et création visuelle 41
Contemporary Danse 45
Création 3D 110
Création en multimédia interactif 38
Criminologie 215

D

Danse	45
Démographie et anthropologie	216
Démographie et géographie	217
Démographie et statistiques	218
Dental Medicine	185
Design	38, 41
Design architectural	78
Design d'intérieur	80
Design de l'environnement	81
Design for the Theater	40
Design graphique	38
Design industriel	82
Développement de carrière	219
Développement social et analyse des problèmes	220
Diététique	179
Drama	40
Droit	52

E

Early Childhood and Elementary Education	163
Earth and Planetary Sciences	263
Earth, Atmosphere and Ocean Sciences	263
Earth Sciences	263
Earth System Sciences	262
East Asian Studies	224
Écologie	249
Ecology	249
Economics	126, 221
Économie	221
Économie appliquée	126
Économie appliquée à la gestion	126
Économie de gestion	126
Économie et mathématiques	221
Économie et politique	223
Économie locale et gestion des ressources naturelles	126
Économique	221
Écriture de scénario et création littéraire	44
Education and Music	162
Éducation musicale	162
Éducation physique	174
Éducation physique et santé	174
Éducation préscolaire et enseignement au primaire	163
Electrical Engineering	101
Electroacoustic Studies	48
Elementary Education	163
English and Creative Writing	57
Enseignement au préscolaire et au primaire	163
Enseignement au secondaire	164
Enseignement d'une langue seconde	166

PROGRAMMES UNIVERSITAIRES

BACCALAURÉAT

Enseignement de l'anglais, langue seconde 166
Enseignement – Art dramatique 161
Enseignement de la danse 168
Enseignement de la musique 162
Enseignement des arts 169
Enseignement des arts plastiques 169
Enseignement des arts visuels 169
Enseignement des arts visuels et médiatiques 169
Enseignement des langues secondes 166
Enseignement du français, langue seconde 166
Enseignement en adaptation scolaire et sociale 160
Enseignement en éducation physique et à la santé 174
Enseignement en formation professionnelle 170
Enseignement professionnel 170
Enseignement professionnel et technique 170
Entrepreneuriat et management innovateur 146
Entrepreneurship 134
Entrepreneurship et PME 134
Environment 272
Environmental Geography 201, 262
Environmental Science 272
Environmental Studies 272
Environnement marin 262
Environnements naturels et aménagés 272
Ergothérapie 180
Espagnol 60
Ethnologie 204
Ethnologie et patrimoine 204
Études allemandes 56
Études allemandes et histoire 56
Études anciennes (grecques et latines) 58
Études anciennes, langues modernes et linguistique 58
Études anglaises 57
Études anglaises et interculturelles 57
Études anglaises et littérature comparée 57
Études bibliques 203
Études canadiennes 61
Études canadiennes-françaises 61
Études cinématographiques 44
Études cinématographiques et littérature comparée 44
Études classiques 58
Études de l'environnement 272
Études des femmes 273
Études environnementales et géographie 201
Études est-asiatiques 224
Études féministes 273
Études françaises 61
Études françaises et linguistique 61
Études françaises et philosophie 61
Études françaises et québécoises 61

PROGRAMMES UNIVERSITAIRES

BACCALAURÉAT

Études françaises, langue et communication 59
Études hispaniques 60
Études internationales 274
Études internationales et langues modernes 274
Études latino-américaines 60
Études littéraires 62
Études littéraires et culturelles 62
Études littéraires françaises 62
Études nord-américaines 61
Études politiques appliquées 225
Études québécoises 61
Études théâtrales 40
Études urbaines 83
Exercise science 191

F

Film Animation 44
Film Production 44
Film Studies 44
Fine Arts 41, 47
Food Science 76
Français langue seconde 63
Français, langue et littérature 61

G

Génie aérospatial 86
Génie agroenvironnemental (Génie rural) 72
Génie alimentaire 73
Génie biomédical 87
Génie biotechnologique 88
Génie chimique 89
Génie civil 91
Génie de la construction 93
Génie de la production automatisée 94
Génie des eaux 95
Génie des matériaux et de la métallurgie 96
Génie des mines 97
Génie des mines et de la minéralurgie 97
Génie des opérations et de la logistique 111
Génie des systèmes électromécaniques 98
Génie des technologies de l'information 112
Génie du bâtiment 99
Génie du bois 100
Génie électrique 101
Génie électromécanique 98
Génie géologique 103
Génie géomatique 74
Génie industriel 104
Génie informatique 113
Génie logiciel 115
Génie mécanique 105

PROGRAMMES UNIVERSITAIRES

BACCALAURÉAT

Génie microélectronique 107
Génie minier 97
Génie physique 108
Géographie 201
Géographie environnementale 201
Géographie et aménagement 201
Géographie physique 262
Geography 201, 262
Geography – Urban Systems 83
Géologie 263
Géomatique appliquée à l'environnement 74, 201
German Litterature and Culture 56
German Studies 56
Gestion des opérations 139
Gestion des opérations en logistique et en transport routier 139
Gestion des opérations et de la logistique 139
Gestion des organisations 134
Gestion des personnes 140
Gestion des systèmes d'information organisationnels 138
Gestion du milieu naturel 262
Gestion du tourisme et de l'hôtellerie 153
Gestion et design de la mode 46
Gestion internationale 129

H
Hispanic Studies 60
Histoire 226
Histoire de l'art 47
Histoire et études classiques 275
Histoire, culture et société 226
History 226
Human Relations 208, 240
Human Resources and Business Management 140
Humanistic Studies 208
Humanities 208

I
Imagerie et médias numériques 117
Imaging and Digital Media 117
Immunologie 252
Immunology 252
Industrial Engineering 104
Industrial Relations 155
Information Systems 118, 120, 138
Informatique 118
Informatique de génie 113
Informatique de gestion 120
Informatique et génie logiciel 115
Informatique et recherche opérationnelle 118
Integrative Music Studies 48
International Business 129

PROGRAMMES UNIVERSITAIRES

International Political Economy 223
Intervention en activité physique 174, 182
Intervention sportive 174
Interventions culturelles 226

J

Jazz Studies 48
Jewish Studies 227
Judaic Studies 227

K

Kindergarden and Elementary Education 163
Kinésiologie 182
Kinésiologie et massokinésiothérapie 182

L

Labour-Management Relations 140, 155
Langue et littérature françaises 62
Langue française et rédaction professionnelle 59
Langues modernes 64
Leisure Sciences 228
Lettres et sciences humaines 276
Linguistics 65
Linguistique 65
Linguistique et langue française 65
Linguistique et psychologie 277
Littérature comparée 62
Littérature comparée et philosophie 62, 278
Littérature de langue française 57, 62
Littérature de langue française et linguistique 278
Littérature et philosophie 278
Littérature de langues anglaise et française 57
Logistique 139
Loisir, culture et tourisme 228

M

Management 134, 146
Management Information Systems 138
Marketing et relations publiques 147
Materials Engineering 96
Mathematics 256
Mathematics and Computer Science 280
Mathématiques 256
Mathématiques appliquées 256
Mathématiques et économie 279
Mathématiques et informatique 280
Mechanical Engineering 105
Médecine 183
Médecine dentaire 185
Médecine vétérinaire 186
Météorologie 264
Meteorology 264

BACCALAURÉAT

Méthodes quantitatives 149
Microbiologie 252
Microbiology and Immunology 252
Microélectronique 121
Mining Engineering 97
Modern Languages 64
Music 48
Music History 48
Music Performance 48
Music Theory 48
Musique 48
Musique interprétation 48
Musique composition électroacoustique 48
Musique composition instrumentale 48
Musique écriture 48
Musique musicologie 48

N

Neuroscience 229
Nutrition 179

O

Occupational Therapy 180
Opérations et logistique 139
Opérations forestières (Génie forestier) 75
Operations Management 139
Optométrie 187
Orientation 219
Orientation-psychoéducation 231
Orthophonie 176

P

Pharmacie 188
Pharmacologie 189
Philosophie 232
Philosophie et études classiques 281
Philosophie et science politique 282
Philosophy 232
Physical and Health Education 174
Physical Education 174
Physical Therapy 191
Physics 265
Physics and Computer Science 283
Physiologie 190
Physiology 190
Physiothérapie 191
Physique 265
Physique et informatique 284
Planetary Sciences 263
Playwriting 40
Plein air et tourisme d'aventure 233

PROGRAMMES UNIVERSITAIRES

BACCALAURÉAT

Podiatrie 192
Political Economy 223
Political Science 225
Political Studies 225
Pratique des arts visuels et médiatiques 41
Pratique sage-femme 193
Print Media 38
Probability and Statistics 258
Psychoéducation 231
Psychoéducation et psychologie 284
Psychologie 229
Psychologie et sociologie 285
Psychology 229
Pure and Applied Mathematics 256

R
Réalisation de systèmes d'information organisationnels 138
Réadaptation occupationnelle 191
Réadaptation physique 191
Recherche opérationnelle 154
Relations de travail 155
Relations humaines 208
Relations industrielles 155
Relations industrielles et ressources humaines 155
Relations internationales et droit international 274
Religion 234
Religious Studies 203, 234

S
Science and Human Affairs 208
Science des produits naturels 260
Science politique 225
Science politique et philosophie 282
Science, technologie et société 282
Sciences 286
Sciences biologiques 249
Sciences biologiques et écologiques 249
Sciences biomédicales 177
Sciences biopharmaceutiques 253
Sciences comptables 130
Sciences de la communication 212
Sciences de la consommation 235
Sciences de la santé (ergothérapie) 180
Sciences de la terre et de l'atmosphère 263
Sciences des religions 234
Sciences des religions appliquées 234
Sciences des produits naturels 260
Sciences du langage 65
Sciences économiques 221
Sciences et technologie des aliments 76
Sciences géomatiques 74

PROGRAMMES UNIVERSITAIRES

BACCALAURÉAT

Sciences historiques et études patrimoniales 236
Sciences infirmières 194
Sciences religieuses 234
Sciences sociales 237
Sciences sociales et humanités 208
Secondary Education 164
Sécurité et études policières 238
Sécurité publique 239
Service social 240
Sexologie 242
Social Sciences 237
Social Work 240
Sociologie 220
Sociology 220
Software Engineering 115
Spanish 60
Statistics 258
Statistiques 258
Studio Art 43
Supply Chain Operations Management 139
Systèmes d'information 138
Systèmes d'information organisationnels 138

T

Teaching English or French as a Second Language 166
Technologie et systèmes d'information 138
Technologies de l'information 138
Théâtre 40
Theatre and Development 40
Theatre Performance, Scenography 40
Theological Studies 203
Théologie 203
Theology 203
Therapeutic Recreation 228
Traduction 66
Traduction et rédaction 66
Traduction professionnelle 66
Translation 66
Transport maritime 139
Travail social 240

U

Urban Planning 83
Urban Studies 83
Urbanisme 83

V

Visual Art 41

W

Western Society and Culture 273
Women Studies 273

BACCALAURÉAT

DOMAINE D'ÉTUDES

ARTS

Discipline

Beaux-arts et arts appliqués 37

PROGRAMMES D'ÉTUDES   PAGES

Animation 3D et design numérique / Arts et pratique de l'image / Communication graphique /
   Création en multimédia interactif / Design / Design graphique / Print Media   38

Art dramatique / Études théâtrales / Théâtre / Design for the Theater / Drama / Playwriting /
   Theatre and Development / Theatre Performance, Scenography   40

Art et science de l'animation / Arts et design / Arts plastiques / Arts visuels /
   Arts visuels et médiatiques / Conception et création visuelle /
   Pratique des arts visuels et médiatiques / Art Education – Visual Arts / Design / Fine Arts   41

Arts (interdisciplinaire) / Studio Art   43

Cinéma / Écriture de scénario et création littéraire / Études cinématographiques /
   Études cinématographiques et littérature comparée / Art History and Film Studies /
   Film Animation / Film Production / Film Studies   44

Danse / Contemporary Danse   45

Gestion et design de la mode   46

Histoire de l'art / Art Education / Art History / Art History and Studio Art / Fine Arts   47

Musique / Musique composition électroacoustique / Musique composition instrumentale /
   Musique écriture / Musique interprétation / Musique musicologie / Electroacoustic Studies /
   Integrative Music Studies / Jazz Studies / Music / Music History / Music Performance /
   Music Theory   48

15971 Animation 3D et design numérique / Arts et pratique de l'image / Communication graphique / Création en multimédia interactif / Design / Design graphique / Print Media

BAC 6 TRIMESTRES   CUISEP 217-500

Compétences à acquérir

- Créer des images, des illustrations, des maquettes en vue de traduire des idées ou des messages.
- Concevoir des images de kiosques, de la publicité ou des films animés.
- Développer un langage visuel, logique, raffiné, esthétique et original.
- Comprendre les différents courants artistiques et leur impact sur le langage visuel actuel.
- Utiliser le potentiel des techniques artistiques dans la création.
- Utiliser le potentiel des technologies pour orienter et développer sa créativité.

Éléments du programme

- Analyse critique du design
- Créativité et images
- Design de produits
- Design graphique
- Dessin d'observation
- Idéation publicitaire
- Illustration
- Langage graphique
- Multimédia
- Processus de design
- Scénarisation

Admission (voir p. 21 G)

Concordia : DEC ou l'équivalent, lettre explicative et soumission de travaux personnels.

Laval : DEC dans le domaine des arts plastiques et avoir réussi un cours d'initiation à l'informatique ou un cours à forte concentration technologique **OU** DEC technique en Graphisme **OU** DEC préuniversitaire ou technique et avoir réussi les cours de niveau collégial suivants : deux cours d'histoire de l'art, un cours d'initiation à l'informatique, deux cours de dessin, un cours de pictural, un cours de sculptural ou 3D ou un cours à forte concentration technologique et présenter un dossier visuel conforme aux normes fixées par le programme **OU** certificat universitaire en Arts plastiques et avoir réussi un cours d'initiation à l'informatique ou un cours à forte concentration technologique **ET** entrevue et portfolio.

UQAC : DEC ou l'équivalent et présenter un portfolio, une lettre d'intention et se soumettre à une entrevue si nécessaire. *N. B. : Des études collégiales dans le secteur touchant les arts et le multimédia seront naturellement privilégiées. Cependant, tout profil étudiant possédant un DEC autre mais faisant valoir un esprit créateur fort sera également considéré.*

UQAM : DEC ou l'équivalent, portfolio et questionnaire. Consulter le site Web de l'université pour plus de détails.

UQAT : DEC ou l'équivalent **OU** DEC en Arts, en Bureautique, en Cinéma, en Communication et documentation, en Électronique, en Informatique, en Lettres, en Sciences humaines **OU** DEC technique parmi les suivants : Graphisme, Techniques d'intégration multimédia, Techniques de design de présentation, Techniques de design industriel, Technologie des médias ou tout autre domaine nécessitant l'intégration des NTIC **OU** détenir un diplôme universitaire.

UQO : DEC dans un domaine des arts ou l'équivalent et soumettre un portfolio **ET** lettre de motivation de 250 mots obligatoire pour tous les étudiants.

Endroits de formation (voir p. 422)

	Contingentement	Coop	Cote R*
Concordia**	■	■	27.000
Laval	□	□	—
UQAC***	■	□	25.810
UQAM	■	□	—
UQAT	■	□	—
UQO	■	□	23.000

** Le nombre inscrit indique la **Cote R** qui a été utilisée pour l'admission de l'année 2009 ou 2010 par l'université concernée.*
** La Cote R ne s'applique que pour le régime coopératif.
*** Le programme s'offre au Centre NAD de Montréal.

Professions reliées

C.N.P.

5241	Bédéiste
5241	Caricaturiste
0213	Chargé de projet multimédia
5241	Concepteur d'animation 2D et 3D
5243	Concepteur-designer d'expositions
5241	Concepteur-idéateur de jeux électroniques
5241	Concepteur-idéateur de produits multimédias
5241	Designer graphique
5241	Dessinateur d'animation
5241	Dessinateur d'animation 2D et 3D
5131	Directeur artistique
5241	Graphiste
5243	Héraldiste
5121	Idéateur
5241	Illustrateur
5121	Scénariste en multimédia
5241	Web designer

ARTS

Animation 3D et design numérique / Arts et pratique de l'image / Communication gr aphique / Création en multimédia interactif / Design / Design graphique / Print Media

(SUITE)

Endroits de travail

– À son compte
– Agences de communication
– Agences de publicité
– Éditeurs de jounaux
– Firmes d'informatique
– Industrie du multimédia
– Maisons d'édition
– Studios de design

Salaire

Le salaire hebdomadaire moyen est de 631 $ (janvier 2009).

Remarques

– L'Université Laval offre un certificat en Art et science de l'animation et un certificat en Arts plastiques.
– L'Université du Québec à Chicoutimi (UQAC) offre le baccalauréat en Animation 3D et design numérique (en collaboration avec le centre NAD de Montréal), ainsi qu'un certificat et une mineure en Arts numériques.
– L'Université du Québec en Abitibi-Témiscamingue (UQAT) offre un baccalauréat de 90 crédits composé d'une majeure et d'une mineure au choix : Arts plastiques; Cinéma; Création 3D; Gestion; Journalisme; Personnalisée; Production artistique; Programmation multimédia.
– L'Université du Québec en Outaouais (UQO) offre différentes majeures : Arts visuels; Bande dessinée; Design graphique; Muséologie et patrimoines. Elle offre également quatre certificats et quatre mineures : Arts visuels; Bande dessinée; Cybermuséologie; Design graphique.

ARTS

STATISTIQUES D'EMPLOI			
	2005	2007	2009
Nb de personnes diplômées	208	181	195
% en emploi	75,2 %	79,4 %	73,9 %
% à temps plein	80,7 %	89,0 %	85,9 %
% lié à la formation	65,9 %	83,1 %	85,9 %

15907

Art dramatique / Études théâtrales / Théâtre / Design for the theatre / Drama / Playwriting / Theatre and Development / Theatre Performance, Scenography

BAC 6 TRIMESTRES   **CUISEP 223-100**

Compétences à acquérir

– Interpréter des rôles.
– Diriger des acteurs.
– Faire la mise en scène.
– Coordonner les activités liées à la réalisation d'un spectacle, d'une pièce de théâtre, etc.

Éléments du programme

– Création dramatique
– Critique et représentation
– Dramaturgie
– Espace scénique
– Formation d'acteurs
– Histoire du théâtre
– Production de spectacles
– Techniques scéniques

Admission (voir p. 21 G)

DEC ou l'équivalent.
OU
Concordia : DEC ou l'équivalent, entrevues/auditions, lettre explicative et/ou soumission de travaux personnels.
UQAM : DEC ou l'équivalent et questionnaire, audition, entrevue.

Endroits de formation (voir p. 422)

	Contingentement	Coop	Cote R
Bishop's	☐	☐	—
Concordia	■	☐	—
Laval	☐	☐	—
UQAM	■	☐	—

Professions reliées

C.N.P.
5135   Acteur
5121   Auteur dramatique
5123   Critique d'art
5131   Directeur artistique
5131   Directeur technique de productions artistiques
5131   Metteur en scène de théâtre
5135   Narrateur
5131   Producteur (cinéma, radio, télévision, théâtre)
5135   Professeur d'art dramatique (collège ou université)
5226   Régisseur

Endroits de travail

– Compagnies théâtrales
– Éditeurs de journaux et revues
– Établissements d'enseignement
– Maisons de production
– Télédiffuseurs

Salaire

Le salaire hebdomadaire moyen est de 645 $ (janvier 2009).

Remarques

– Pour enseigner au primaire et au secondaire, il faut être titulaire d'un permis ou d'un brevet d'enseignement permanent émis par le ministère de l'Éducation, du Loisir et du Sport.
– Il est préférable de faire partie d'une union ou d'une association d'artistes professionnels reconnue pour exercer ces professions.
– L'Université Laval offre un diplôme de 1er cycle ainsi qu'un certificat en Théâtre.
– L'Université du Québec à Chicoutimi (UQAC) offre un certificat et une mineure en Théâtre.
– L'Université du Québec à Montréal (UQAM) offre quatre concentrations : Enseignement; Études théâtrales; Jeu; Scénographie.

STATISTIQUES D'EMPLOI			
	2005	2007	2009
Nb de personnes diplômées	91	109	141
% en emploi	59,6 %	63,8 %	65,0 %
% à temps plein	64,3 %	67,6 %	67,3 %
% lié à la formation	50,0 %	40,0 %	54,3 %

ARTS

Art et science de l'animation / Arts et design / Arts plastiques / Arts visuels / Arts visuels et médiatiques / Conception et création visuelle / Pratique des arts visuels et médiatiques / Art Education – Visual Arts / Design / Fine Arts

BAC 6 TRIMESTRES   **CUISEP 214-000**

Compétences à acquérir

– Utiliser divers médiums de production artistique (huile, acrylique, encres, bois, terre, plâtre, etc.) pour créer des œuvres originales.
– Développer des modes d'expression personnelle.
– Produire des œuvres en vue de préparer des expositions.
– Améliorer ses dispositions à percevoir et à s'exprimer.
– Renforcer sa dextérité dans la manipulation d'instruments et accroître la souplesse et la précision du geste artistique.

Éléments du programme

– Art actuel au Québec
– Arts médiatiques
– Arts visuels actuels
– Atelier
– Dessin
– Fondements de la sculpture
– Histoire de l'art
– Images et idées
– Lithographie
– Procédés photographiques et vidéographiques
– Sérigraphie
– Sociologie de l'art
– Techniques de fabrication

Admission (voir p. 21 G)

Bishop's : DEC ou l'équivalent. *N. B. : Possibilité d'exonération de cours sur présentation du portfolio (10 œuvres).*
Concordia : DEC ou l'équivalent, lettre explicative, soumission de travaux personnels, entrevues/auditions.
Laval : Art et science de l'animation : DEC ou l'équivalent **OU** certificat en Arts plastiques **OU** DEC et avoir réussi les cours suivants: deux cours d'histoire de l'art; deux cours de dessin, un cours de pictural, un cours de sculptural ou 3D **OU** certificat en Arts **OU** autre DEC technique jugé équivalent **ET** dossier visuel conforme aux normes fixées. Consulter le site Web de l'université pour plus de détails.
UQAM : DEC ou l'équivalent et dossier visuel obligatoire.
UQO : DEC dans un domaine des arts ou l'équivalent et soumettre un portfolio.
UQTR : DEC en Arts et lettres ou en Arts plastiques, deux cours d'histoire de l'art **OU** DEC technique ou tout autre DEC **ET** présenter un dossier visuel de travaux personnels en arts plastiques et se soumettre à une entrevue.

Endroits de formation (voir p. 422)

	Contingentement	Coop	Cote R*
Bishop's	☐	☐	—
Concordia	■	☐	—
Laval	☐	☐	—
UQAM	■	☐	—
UQO	■	☐	23.000
UQTR	☐	☐	—

* *Le nombre inscrit indique la **Cote R** qui a été utilisée pour l'admission de l'année 2009 ou 2010 par l'université concernée.*

Professions reliées

C.N.P.
5136	Artiste peintre
5241	Bédéiste
5241	Caricaturiste
5243	Concepteur de décors
5121	Concepteur scénariste en multimédia
5243	Concepteur-designer d'expositions
5241	Designer graphique
5241	Dessinateur d'animation
5131	Directeur artistique
5136	Graveur d'art
5221	Photographe
5136	Professeur d'arts plastiques
5136	Professeur d'arts plastiques à l'université
5121	Scénariste en multimédia
5136	Sculpteur
5136	Sérigraphiste
5244	Souffleur de verre (artisan)

Endroits de travail

– À son compte
– Entreprises en multimédia
– Établissements d'enseignement
– Galeries d'art
– Gouvernements fédéral et provincial
– Maisons d'édition (journaux et revues)
– Municipalités (services des loisirs)

Salaire

Le salaire hebdomadaire moyen est de 606 $ (janvier 2009).

15902

Art et science de l'animation / Arts et design / Arts plastiques / Arts visuels / Arts visuels et médiatiques / Conception et création visuelle / Pratique des arts visuels et médiatiques / Art Education – Visual Arts / Design / Fine Arts

(SUITE)

Remarques

– Pour enseigner au primaire et au secondaire, il faut être titulaire d'un permis ou d'un brevet d'enseignement permanent émis par le ministère de l'Éducation, du Loisir et du Sport.

– Il est préférable de faire partie d'une union ou d'une association d'artistes professionnels reconnue pour exercer ces professions.

– L'Université Bishop's offre un certificat en Studio Arts.

– L'Université Concordia offre une majeure en Computation Arts.

– L'Université Laval offre un certificat en Art et science de l'animation et un certificat en Arts plastiques.

– L'Université du Québec à Chicoutimi (UQAC) offre un certificat et une mineure en Arts plastiques ainsi qu'un certificat en Animation 3D et design numérique, en collaboration avec le Centre NAD de Montréal.

– L'Université du Québec à Montréal (UQAM) offre deux profils : Enseignement des arts visuels et médiatique et Pratique artistique. Elle offre également un certificat en Arts plastiques.

– L'Université du Québec à Trois-Rivières (UQTR) offre des certificats en Arts plastiques, en Histoire de l'art et en Interprétation théâtrale.

– L'Université du Québec en Outaouais (UQO) offre les majeures suivantes : Arts visuels; Bande dessinée; Design graphique; Muséologie et patrimoines. Elle offre également quatre mineures et quatre certificats : Arts visuels; Bande dessinée; Cybermuséologie; Design graphique. Le baccalauréat en Arts et design offre des concentrations en Arts visuels, en Bande dessinée et en Design graphique.

ARTS

STATISTIQUES D'EMPLOI	2005	2007	2009
Nb de personnes diplômées	200	218	188
% en emploi	46,2 %	57,3 %	60,3 %
% à temps plein	70,0 %	69,3 %	68,6 %
% lié à la formation	40,5 %	46,2 %	64,6 %

Compétences à acquérir

– Concevoir, gérer et diffuser des projets de création liés à plusieurs domaines de l'art et à diverses techniques.
– Selon les concentrations choisies, acquérir les habiletés relatives au travail de création artistique (peinture, sculpture, céramique, etc.), à la gestion de projets artistiques, au design d'aménagements, à la réalisation de projets cinématographiques, à la mise en scène, etc.

Cinq cheminements sont offerts :
Arts numériques; Arts plastiques; Cinéma-vidéo; Design; Théâtre.

Éléments du programme

– Conception et techniques du son au cinéma et au théâtre
– Création d'images numériques
– Dessin
– Dramaturgie et mise en scène
– Histoire de l'interdisciplinarité
– Jeu et direction d'acteur au cinéma
– Modelage
– Montage
– Peinture
– Production en cinéma et vidéo
– Projets
– Sculpture

Admission (voir p. 21 G)

Concordia : DEC ou l'équivalent, lettre d'intention et portfolio.
UQAC : DEC en Arts et lettres ou en Arts plastiques ou tout autre DEC ayant un rapport avec la concentration choisie dans le baccalauréat interdisciplinaire en Arts **OU** être âgé d'au moins vingt et un ans, posséder des connaissances appropriées et une expérience pertinente, présenter un dossier et se soumettre à une entrevue **OU** avoir complété un minimum de quinze crédits universitaires avec une moyenne de 2,3/4,3, présenter un dossier et se soumettre à une entrevue.

Endroits de formation (voir p. 422)

	Contingentement	Coop	Cote R
Concordia	☐	☐	—
UQAC	☐	☐	—

Professions reliées

C.N.P.
—	Animateur d'activités socio-culturelles
5136	Artiste peintre
5227	Assistant à la réalisation
5243	Concepteur de décors
5243	Concepteur-designer d'expositions
5123	Critique d'art
5242	Décorateur-ensemblier
5241	Designer visuel en multimédia
5241	Dessinateur d'animation 2D et 3D
5131	Directeur artistique
5131	Directeur technique de productions artistiques
5136	Graveur d'art
5244	Graveur d'art (orfèvrerie)
5131	Metteur en scène de théâtre
5136	Peintre-scénographe
5136	Professeur d'arts plastiques
5136	Sculpteur
5241	Web designer

Endroits de travail

– À son compte
– Établissements d'enseignement
– Industrie du multimédia
– Maisons de production cinématographique
– Télédiffuseurs
– Théâtres

Salaire

Le salaire hebdomadaire moyen est de 716 $ (janvier 2009).

Remarques

– Pour enseigner au primaire et au secondaire, il faut être titulaire d'un permis ou d'un brevet d'enseignement permanent émis par le ministère de l'Éducation, du Loisir et du Sport.
– L'Université Bishop's offre un certificat en Studio Arts.
– L'Université Concordia offre des majeures en Ceramics, Drawing, Fibres, Intermedia/Cyberarts, Painting, Photography, Print media et Sculpture.
– L'Université du Québec à Chicoutimi (UQAC) offre des certificats en Animation 3D et design numérique (en collaboration avec le Centre NAD de Montréal), en Arts numériques, en Arts plastiques, en Cinéma et vidéo, en Enseignement des arts, en Théâtre et en Théorie et histoire de l'art.
– L'Université du Québec à Montréal (UQAM) offre le baccalauréat ès arts par cumul de certificats ou de mineures.

ARTS

STATISTIQUES D'EMPLOI			
	2005	2007	2009
Nb de personnes diplômées	—	132	108
% en emploi	—	82,4 %	83,3 %
% à temps plein	—	95,1 %	89,1 %
% lié à la formation	—	74,1 %	83,7 %

Cinéma / Écriture de scénario et création littéraire / Études cinématographiques / Études cinématographiques et littérature comparée / Art history and Film studies / Film animation / Film Production / Film Studies

BAC 6 TRIMESTRES CUISEP 213-100

Compétences à acquérir

– Analyser les films et leur rapport à la société.
– Connaître et utiliser les diverses techniques et les divers équipements de tournage, d'éclairage, de sonorisation et de montage de films.
– Rédiger des textes et des scénarios.
– Réaliser et faire le montage de films.
– Préparer, organiser et coordonner la production de films.
– Faire le choix d'acteurs, de costumes, de décors et de lieux de tournage.

Éléments du programme

– Communication et médias de masse
– Histoire du cinéma
– Montage
– Production
– Recherches en communication
– Techniques cinématographiques
– Théories du cinéma

Admission (voir p. 21 G)

Concordia : DEC ou l'équivalent, lettre explicative et soumission de travaux personnels.
Montréal : DEC ou l'équivalent **OU** avoir réussi 24 crédits de niveau universitaire autres que des crédits obtenus dans le cadre de cours préparatoires aux études universitaires.

Endroits de formation (voir p. 422)

	Contingentement	Coop	Cote R*
Concordia	■	☐	—
Montréal	■	☐	20.000 et 23.000

** Le nombre inscrit indique la **Cote R** qui a été utilisée pour l'**admission de l'année 2009 ou 2010** par l'université concernée.*

Professions reliées

C.N.P.
5123 Critique de cinéma
5131 Directeur artistique
5131 Directeur de la distribution
5131 Directeur de la photographie
5131 Directeur de production (cinéma, télévision)
5131 Directeur technique de productions artistiques
5131 Monteur de films
5131 Producteur (cinéma, radio, télévision, théâtre)
5131 Réalisateur (cinéma, radio, télévision)
5226 Régisseur
5121 Scénariste-dialoguiste

Endroits de travail

– Établissements d'enseignement
– Industrie du multimédia
– Maisons de production cinématographiques et de matériel visuel
– Télédiffuseurs

Salaire

Le salaire hebdomadaire moyen est de 596 $ (janvier 2009).

Remarques

– Le département d'anglais de l'Université Bishop's offre une mineure en Film Studies.
– L'Université Laval offre un certificat en Études cinématographiques.
– L'Université du Québec à Chicoutimi (UQAC) offre un certificat et une mineure en Cinéma et vidéo ainsi qu'un programme court en Production audiovisuelle des Premières Nations.
– L'Université du Québec à Montréal (UQAM) offre un certificat en Scénarisation cinématographique.

STATISTIQUES D'EMPLOI			
	2005	2007	2009
Nb de personnes diplômées	134	151	176
% en emploi	69,1 %	62,3 %	76,4 %
% à temps plein	83,9 %	83,3 %	79,8 %
% lié à la formation	61,7 %	55,0 %	46,3 %

BAC 6 TRIMESTRES

CUISEP 216-000

Compétences à acquérir

– Développer sa créativité et ses habiletés corporelles.
– Concevoir ou exécuter des chorégraphies.
– Enseigner la danse.

Éléments du programme

– Création
– Danse et musique
– Esthétique chorégraphique
– Histoire de la danse
– Interprétation
– Intervention pédagogique en danse
– Stages

Admission (voir p. 21 G)

Concordia : DEC ou l'équivalent et entrevue/audition.
UQAM : DEC en Danse ou l'équivalent **OU** DEC dans une autre concentration et avoir suivi une formation soutenue et régulière en danse **ET** audition.

Endroits de formation (voir p. 422)

	Contingentement	Coop	Cote R
Concordia	■	☐	—
UQAM	■	☐	—

Professions reliées

C.N.P.
5131 Chorégraphe
5134 Danseur
5131 Producteur d'événements artistiques
5134 Professeur de danse

Endroits de travail

– À son compte
– Écoles de danse
– Entreprises de production de films
– Établissements d'enseignement
– Troupes de danse

Salaire

Le salaire hebdomadaire moyen est de 558 $ (janvier 2007).

Remarques

– Pour enseigner au primaire et au secondaire, il faut être titulaire d'un permis ou d'un brevet d'enseignement permanent émis par le ministère de l'Éducation, du Loisir et du Sport.
– L'Université Concordia offre la majeure.
– L'Université du Québec à Montréal (UQAM) offre deux concentrations : Enseignement de la danse et Pratiques artistiques. Elle offre également un certificat en Pédagogie de la danse en milieu du loisir.

ARTS

STATISTIQUES D'EMPLOI			
	2005	2007	2009
Nb de personnes diplômées	28	22	—
% en emploi	61,1 %	60,0 %	—
% à temps plein	45,5 %	33,3 %	—
% lié à la formation	40,0 %	33,3 %	—

BAC 6 TRIMESTRES   CUISEP 215-000

Compétences à acquérir

– Concevoir une collection de vêtements.
– Intégrer les valeurs de l'esthétique industrielle.
– Diriger la production d'une collection de vêtements.
– Respecter les normes de productivité et de qualité.
– Coordonner un programme de commercialisation d'une collection de vêtements.
– Considérer les données concurrentielles des marchés.

Trois concentrations sont offertes :
Commercialisation de la mode; Design et stylisme de mode; Gestion industrielle de la mode.

Éléments du programme

– Commerce international
– Comptabilité et financement de la PME
– Design informatisé
– Marketing de mode
– Psychosociologie de la mode et du vêtement
– Stylisme de mode
– Technologie et équipement

Admission (voir p. 21 G)

Concentration **Design et stylisme de mode :** DEC technique parmi les suivants : Design et stylisme, Dessin de mode ou Mode féminine ou en mode masculine. *N. B. : Les programmes collégiaux actuellement offerts (2010) sont : Commercialisation de la mode (571.C0); Design de mode (517.A0); Gestion de la production de vêtements (571.B0).* Concentrations **Commercialisation de la mode** et **Gestion industrielle de la mode :** DEC ou l'équivalent et avoir réussi un cours de mathématiques de niveau collégial.

Endroit de formation (voir p. 422)

	Contingentement	Coop	Cote R*
UQAM	■	☐	22.000

** Le nombre inscrit indique la **Cote R** qui a été utilisée pour l'admission de l'année 2009 ou 2010 par l'université concernée.*

Professions reliées

C.N.P.
0611	Coordonnateur de la commercialisation
5243	Créateur de costumes
5243	Designer de mode
0611	Gérant des ventes
5243	Modéliste de chaussures
5243	Modéliste en textiles
5243	Modéliste en vêtements
5243	Styliste de mode

Endroits de travail

– À son compte
– Industrie de la mode
– Industrie manufacturière

Salaire

Le salaire hebdomadaire moyen est de 664 $ (janvier 2007).

Remarques

– La concentration Commercialisation de la mode est contingentée.
– Ce programme est offert à l'École supérieure de mode de Montréal.

STATISTIQUES D'EMPLOI			
	2005	2007	2009
Nb de personnes diplômées	71	132	—
% en emploi	62,5 %	82,4 %	—
% à temps plein	96,7 %	95,1 %	—
% lié à la formation	65,5 %	74,1 %	—

Histoire de l'art / Art Education / Art History / Art History and Studio Art / Fine Arts

BAC 6 TRIMESTRES

CUISEP 218-000

Compétences à acquérir

– Faire montre d'un discours critique et analytique sur les divers types d'arts et d'œuvres au cours des âges.
– Faire des recherches pour approfondir la compréhension de l'art et des œuvres dans un domaine en particulier.
– Assurer la conservation et la diffusion d'œuvres d'art.
– Rédiger des textes sur l'art.

Éléments du programme

– Approches historiques de l'objet d'art
– Architecture
– Historiographie critique
– Initiation au musée d'art
– Lecture et analyse d'œuvres d'art
– Perception visuelle
– Sociologie de l'art
– Théories de l'art

Admission (voir p. 21 G)

DEC ou l'équivalent.
OU
Concordia : DEC ou l'équivalent, lettre explicative et soumission de travaux.
Montréal : DEC ou l'équivalent **OU** avoir réussi 24 crédits de cours universitaires autres que des crédits obtenus dans le cadre de cours préparatoires aux études universitaires.

Endroits de formation (voir p. 422)

	Contingentement	Coop	Cote R*
Concordia**	■	■	27.000
Laval	☐	☐	—
McGill	☐	☐	—
Montréal	■	☐	26.000
UQAM	☐	☐	—

*Le nombre inscrit indique la **Cote R** qui a été utilisée pour l'**admission de l'année 2009 ou 2010** par l'université concernée.*
** La Cote R ne s'applique que pour le régime coopératif.*

Professions reliées

C.N.P.
5112 Conservateur de musée
5123 Critique d'art
5123 Critique de cinéma
5123 Critique littéraire
5124 Éducateur dans les musées
4169 Historien de l'art

Endroits de travail

– Bibliothèques
– Établissements d'enseignement collégial et universitaire
– Galeries d'art
– Maisons de la culture
– Médias d'information
– Musées

Salaire

Le salaire hebdomadaire moyen est de 748 $ (janvier 2009).

Remarques

– L'Université Bishop's offre un « Honours » : Art History.
– L'Université Laval offre un diplôme de 1er cycle et un certificat en Histoire de l'art.
– L'Université du Québec à Chicoutimi (UQAC) offre une mineure et un certificat en Théorie et histoire de l'art.
– L'Université du Québec à Montréal (UQAM) offre une majeure, une mineure et un certificat en Histoire. Elle offre également une majeure en Histoire, culture et société.
– L'Université du Québec en Abitibi-Témiscamingue (UQAT) offre un certificat et une mineure en Production artistique.
– L'Université du Québec en Outaouais (UQO) offre un certificat et une mineure en Cybermuséologie.

ARTS

STATISTIQUES D'EMPLOI			
	2005	2007	2009
Nb de personnes diplômées	139	144	138
% en emploi	37,9 %	46,9 %	42,9 %
% à temps plein	69,7 %	80,4 %	72,2 %
% lié à la formation	17,4 %	13,5 %	30,8 %

Musique / Musique composition électroacoustique / Musique composition instrumentale / Musique écriture / Musique interprétation / Musique musicologie / Electroacoustic Studies / Integrative Music Studies / Jazz Studies / Music / Music History / Music Performance / Music Theory

BAC 6 TRIMESTRES   **CUISEP 221-000**

Compétences à acquérir

– Interpréter, créer et arranger des œuvres musicales.
– Diriger des ensembles musicaux.
– Enseigner la musique ou le chant.
– Accompagner des musiciens ou des chanteurs.

Éléments du programme

– Analyse et écriture
– Formation auditive
– Grands ensembles
– Harmonie
– Histoire de la musique
– Instrument principal
– Musicothérapie
– Rythmique

Admission (voir p. 21 G)

Bishop's : DEC ou l'équivalent et audition.
Concordia : DEC ou l'équivalent, lettre explicative, soumission de travaux personnels et/ou entrevues, auditions, test théorique.
Laval : DEC en Musique ou l'équivalent **OU** DEC en Techniques professionnelles de musique et chanson ou l'équivalent **ET** réussir l'audition instrumentale. Pour plus d'information, consulter le site Web de la Faculté de musique.
McGill : DEC en Musique ou l'équivalent et audition.
Montréal : DEC ou l'équivalent et réussir les tests d'admission en savoir théorique, en solfège et en dictée musicale (niveau collégial), faire la preuve de ses qualités musicales au cours d'une audition et se présenter à une entrevue.
Sherbrooke : DEC en Musique ou l'équivalent et audition instrumentale ou vocale et examens théoriques de qualification (dictée, harmonie).
UQAM : Musique 101, 201, 301, 401; 111, 211, 311, 411; 121, 221, 321, 421 (ou 131, 231, 331, 431) **ET** entrevue, tests d'admission, examen instrumental de qualification, test de classement **OU** DEC dans une autre discipline et posséder des compétences musicales adéquates et tests d'entrée.

Endroits de formation (voir p. 422)

	Contingentement	Coop	Cote R
Bishop's	☐	☐	—
Concordia	■	☐	—
Laval	☐	☐	—
McGill	■	☐	—
Montréal	☐	☐	—
Sherbrooke	■	☐	—
UQAM*	■	☐	—

* Contingenté seulement pour la concentration Enseignement.

Professions reliées

C.N.P.

5132	Auteur-compositeur-interprète
5133	Chanteur de concert
5132	Chef d'orchestre
5133	Choriste
5123	Critique d'art
5132	Directeur musical
5133	Instrumentiste
5133	Musicien
5133	Musicologue
3144	Musicothérapeute
5132	Orchestrateur
5131	Producteur de disques
5133	Professeur de chant
5133	Professeur de musique
4121	Professeur de musique instrumentale à l'université

Endroits de travail

– À son compte
– Conservatoires de musique
– Établissements d'enseignement
– Orchestres
– Organismes divers (SOCAM, Conseils des arts du Canada, etc.)
– Télédiffuseurs

Salaire

Le salaire hebdomadaire moyen est de 656 $ (janvier 2009).

15905

Musique / Musique composition électroacoustique / Musique composition instrumentale / Musique écriture / Musique interprétation / Musique musicologie / Electroacoustic Studies / Integrative Music Studies / Jazz Studies / Music / Music History / Music Performance / Music Theory

(SUITE)

Remarques

– Différentes options sont offertes selon les établissements : Composition; Éducation musicale; Histoire de la musique; Interprétation; Jazz; Multimédia; Musicologie; Musique et culture; Pédagogie musicale; etc.
– Pour enseigner au primaire et au secondaire, il faut détenir un permis ou un brevet d'enseignement permanent émis par le ministère de l'Éducation, du Loisir et du Sport.
– Pour obtenir l'accréditation de musicothérapeute (MTA) auprès de l'Association de musicothérapeute du Canada, le candidat doit faire la preuve qu'il possède une expérience de travail d'au moins 1 000 heures sous supervision d'un musicothérapeute accrédité.
– L'Université Bishop's offre un certificat en Musical Studies.
– L'Université Laval offre un diplôme de 1er cycle en Jazz et musique populaire ainsi qu'un certificat en Culture musicale. Le baccalauréat en Musique comporte cinq cheminements : Mentions en composition; Histoire; Interprétation (classique); Interprétation (jazz et musique populaire); Sans mention.
– L'Université de Montréal offre une mineure en Musique, art et société et une autre en Musiques numériques.

– L'Université de Sherbrooke offre cinq cheminements : Interprétation musicale classique; Interprétation musicale jazz; Multimédia; Musique et culture; Pédagogie musicale. Elle offre également la possibilité de faire deux baccalauréats simultanément : Musique et Éducation musicale, en collaboration avec l'Université Laval.
– L'Université du Québec à Montréal (UQAM) offre deux concentrations : Enseignement et Pratique artistique. Elle offre également une majeure en Musique qui, combinée à une mineure ou un certificat dans un domaine d'études approprié, mène à de semblables emplois que le baccalauréat en Musique. L'étudiant a ainsi la possibilité de compléter sa formation musicale par des cours dans le domaine de l'administration des arts, des communications, des nouvelles technologies multimédia, de la littérature, etc., en fonction du milieu professionnel qu'il veut joindre.

ARTS

STATISTIQUES D'EMPLOI			
	2005	2007	2009
Nb de personnes diplômées	297	309	345
% en emploi	54,4 %	52,6 %	54,2 %
% à temps plein	44,9 %	47,5 %	53,0 %
% lié à la formation	59,1 %	56,3 %	53,2 %

DOMAINE D'ÉTUDES

DROIT

Discipline

Droit 51

PROGRAMME D'ÉTUDES	PAGE
Droit / Civil Law / Common Law	52

Droit / Civil Law / Common Law

BAC 6 TRIMESTRES   CUISEP 531-000

Compétences à acquérir

– Connaître et appliquer les principes fondamentaux du droit.
– Appliquer les règles de droit à des situations concrètes.
– S'exprimer en termes juridiques oralement ou par écrit.
– Intervenir dans la défense et la promotion des droits.
– Représenter une personne ou un groupe devant les tribunaux.
– Rédiger des actes juridiques.
– Informer le client de ses droits et obligations.
– Conseiller les personnes désireuses de signer des actes, des conventions ou des contrats de toutes sortes.
– Conférer aux contrats une authenticité légale.
– Assurer la conservation des documents légaux.
– Travailler au financement et à l'administration d'immeubles, à la planification successorale et fiscale et aux règlements de successions.

Éléments du programme

– Droit commercial
– Droit constitutionnel et administratif
– Droit international
– Droit pénal
– Droit social et du travail
– Exécution et extinction des obligations
– Interprétation des lois
– La preuve
– Recherche et rédaction juridiques

Admission (voir p. 21 G)

DEC ou l'équivalent.

OU

Montréal : Avoir complété le certificat en Droit général et pouvoir se qualifier à titre de candidat de transfert **OU** avoir réussi 48 crédits de cours universitaires autres que des crédits obtenus dans le cadre de cours préparatoires aux études universitaires.

Sherbrooke : DEC ou l'équivalent pour le baccalauréat en Droit avec cheminement en Sciences de la vie **OU** DEC ou l'équivalent et Mathématiques NYA, NYB (00UN, 00UP); Physique NYA, NYB, NYC (00UR, 00US, 00UT); Chimie NYA, NYB (00UL, 00UM); Biologie NYA (00UK) **OU** DEC dans la famille des techniques biologique ou l'équivalent et Mathématiques NYA, NYB (00UN, 00UP ou 022X ou 022Y); Chimie NYA, NYB (00UL, 00UM) ou leur équivalent. *N. B. : Des conditions particulières peuvent s'appliquer à certaines catégories de candidats détendeurs de diplômes en Droit étrangers et autres. Les clientèles adultes doivent se présenter à une entrevue d'admission.*

ET/OU

Entrevues, tests d'admission, excellence du dossier scolaire et lettre de motivation personnelle selon les établissements.

Endroits de formation (voir p. 422)

	Contingentement	Coop	Cote R*
Laval	■	☐	28.500
McGill	■	☐	—
Montréal	■	☐	30.000
Sherbrooke	■	■	27.500 à 33.100
UQAM	■	☐	29.000

* *Le nombre inscrit indique la **Cote R** qui a été utilisée pour l'admission de l'année 2009 ou 2010 par l'université concernée.*

Professions reliées

C.N.P.	
4168	Agent du service extérieur diplomatique
4112	Avocat
4112	Avocat de la Couronne
4112	Conseiller juridique
4165	Coroner
1221	Curateur public
4111	Juge
1227	Juge de paix
4112	Légiste
1121	Médiateur
4112	Notaire
0012	Protecteur du citoyen
1227	Protonotaire

Endroits de travail

– À son compte
– Bureaux de l'aide juridique
– Cabinets d'avocats
– Cabinets de notaires
– Gouvernements fédéral et provincial
– Grandes entreprises
– Institutions financières
– Municipalités
– Sociétés de fiducie

Salaire

Le salaire hebdomadaire moyen est de 898 $ (janvier 2009).

Remarques

– Pour exercer les professions citées et porter le titre, il faut être membre du Barreau du Québec ou de la Chambre des notaires du Québec.
– Des études de 2e cycle sont nécessaires pour exercer les professions suivantes : notaire et coroner.
– La profession de juge est une nomination donnée par les autorités responsables aux personnes d'expérience considérées aptes à exercer cette fonction.
– L'Université Laval offre un certificat en Droit.
– L'Université McGill offre une mineure en Jewish Law et des majeures en Commercial Negociation, Dispute Resolution, International Governance and Development, Trial and Appellate Practice.
– En vertu d'une entente conclue entre l'Université de Sherbrooke et l'Université Queen's de Kingston (Ontario), les étudiants de l'Université de Sherbrooke peuvent obtenir un baccalauréat en Droit civil et un autre en Common Law en quatre années d'études.

– L'Université de Sherbrooke offre une formule conjuguant un diplôme en Droit et un diplôme en Biologie. Au terme de neuf sessions de cours, l'étudiant obtient un baccalauréat en Droit avec cheminement en Sciences de la vie et une maîtrise en Biologie, cheminement en Sciences de la vie et Droit.
– Les étudiants de l'Université du Québec à Montréal (UQAM) peuvent obtenir, en vertu d'une entente avec l'Université de Windsor (Ontario), un baccalauréat en Droit civil et un autre en Common Law en quatre années d'études. L'université offre également un certificat en Droit social et du travail.
– L'Université du Québec en Outaouais (UQO) offre un certificat en Droit de l'entreprise et du travail.

DROIT

S T A T I S T I Q U E S D ' E M P L O I			
	2005	2007	2009
Nb de personnes diplômées	772	859	1 027
% en emploi	55,3 %	60,5 %	61,8 %
% à temps plein	93,4 %	94,1 %	97,3 %
% lié à la formation	88,1 %	91,0 %	89,9 %

DOMAINE D'ÉTUDES

LETTRES

Discipline

Lettres et langues 55

LETTRES ET LANGUES

PROGRAMMES D'ÉTUDES   PAGES

Allemand / Études allemandes / Études allemandes et histoire /
German Litterature and Culture / German Studies 56

Anglais / Anglais, langue et littérature comparée (linguistique) / Études anglaises /
Études anglaises et interculturelles / Études anglaises et littérature comparée /
Littérature de langue française / Littérature de langues anglaise et française /
English and Creative Writing 57

Archéologie / Études anciennes (grecques et latines) / Études anciennes,
langues modernes et linguistique / Études classiques / Classical Studies / Classics 58

Communication, rédaction et multimédia / Études françaises, langue et communication /
Langue française et rédaction professionnelle 59

Espagnol / Études hispaniques / Études latino-américaines / Hispanic Studies / Spanish 60

Études canadiennes / Études canadiennes-françaises / Études françaises / Études françaises
et linguistique / Études françaises et philosophie / Études françaises et québécoises /
Études nord-américaines / Études québécoises / Français, langue et littérature 61

Études littéraires / Études littéraires et culturelles / Études littéraires françaises /
Langue et littérature françaises / Littérature comparée / Littérature comparée et
philosophie / Littérature de langue française 62

Français langue seconde 63

Langues modernes / Modern Languages 64

Linguistique / Linguistique et langue française / Sciences du langage / Linguistics 65

Traduction / Traduction et rédaction / Traduction professionnelle / Translation 66

Allemand / Études allemandes / Études allemandes et histoire / German Litterature and Culture / German Studies

BAC 6 TRIMESTRES   CUISEP 251-510

Compétences à acquérir

– Comprendre, lire, parler et écrire l'allemand.
– Connaître la littérature et la culture germanique.
– Traduire ou rédiger des textes.
– Faire de l'interprétation.
– Enseigner l'allemand.

Éléments du programme

– Actualités allemandes
– Cours pratiques de langue allemande
– Étude de textes
– Grammaire avancée
– Littérature contemporaine
– Notions générales de linguistique
– Rédaction
– Société et culture allemandes
– Traduction

Admission (voir p. 21 G)

McGill : DEC ou l'équivalent **OU** avoir une formation équivalant aux cours d'allemand du niveau collégial 101, 201.

Montréal : DEC ou l'équivalent **OU** avoir réussi 24 crédits de cours universitaires autres que des crédits obtenus dans le cadre de cours préparatoires aux études universitaires **ET** attester d'une connaissance élémentaire de l'allemand en ayant réussi deux cours de niveau collégial.

Endroits de formation (voir p. 422)

	Contingentement	Coop	Cote R
McGill	☐	☐	—
Montréal	☐	☐	—

Professions reliées

C.N.P.
4168   Diplomate
5122   Directeur littéraire
5125   Interprète
4169   Linguiste
4131   Professeur de langues modernes

Endroits de travail

– À son compte
– Établissements d'enseignement
– Firmes de traduction
– Gouvernements
– Maisons d'édition
– Médias d'information
– Organismes internationaux

Salaire

Le salaire hebdomadaire moyen est de 673 $ (janvier 2009).

Remarques

– Pour enseigner au primaire et au secondaire, il faut détenir un permis ou un brevet d'enseignement permanent émis par le ministère de l'Éducation, du Loisir et du Sport.
– L'Université Laval offre un certificat en Langue allemande.
– L'Université du Québec à Montréal (UQAM) offre un certificat, un programme court et une concentration de 1er cycle en allemand.

STATISTIQUES D'EMPLOI	2005	2007	2009
Nb de personnes diplômées	114	117	105
% en emploi	56,3 %	56,2 %	55,7 %
% à temps plein	83,3 %	75,6 %	70,6 %
% lié à la formation	40,0 %	22,6 %	16,7 %

LETTRES

Anglais / Anglais, langue et littérature comparée (linguistique) / Études anglaises / Études anglaises et interculturelles / Études anglaises et littérature comparée / Littérature de langue française / Littérature de langues anglaise et française / English and Creative Writing

BAC 6 TRIMESTRES

CUISEP 251-200

Compétences à acquérir

– Comprendre, lire, parler et écrire la langue anglaise.
– Connaître la littérature et la culture anglophones.
– Traduire ou rédiger des textes.
– Faire de l'interprétation.
– Enseigner.

Éléments du programme

– Analyse de textes
– Genres littéraires
– Grammaire pratique : le verbe
– Introduction à la linguistique
– Polymécanique du langage
– Rédaction
– Sociolinguistique et analyse du discours
– Traduction

Admission (voir p. 21 G)

Bishop's : DEC ou l'équivalent.
Concordia : DEC ou l'équivalent et lettre explicative et soumission de travaux personnels.
Laval : DEC ou l'équivalent et pour les candidats dont la langue maternelle n'est pas l'anglais, réussir le niveau avancé II d'un test d'anglais standardisé. Une cote R minimum de 22 est exigée pour l'admission au programme. *N. B. : Une exception au test d'admission d'anglais est possible pour tout candidat ayant fait ses études primaire et secondaire ou collégial dans une école anglophone ou ayant suivi une année d'études dans une université de langue anglaise.*
McGill : Test de classement obligatoire.
Montréal : DEC ou l'équivalent **OU** avoir réussi 24 crédits de niveau universitaire autres que des crédits obtenus dans le cadre de cours préparatoires aux études universitaires **ET** tests de connaissance de l'anglais oral et écrit.
Sherbrooke : DEC ou l'équivalent pour les personnes provenant d'un collège de langue anglaise **OU** avoir atteint, en anglais langue seconde, la formation équivalent à un cours de niveau avancé (ou 0008, 0009, ou 000N, 000P, 01P4) pour les personnes provenant d'un collège de langue française.

Endroits de formation (voir p. 422)

	Contingentement	Coop	Cote R*
Bishop's	☐	☐	—
Concordia	■	☐	—
Laval	☐	☐	—
McGill	☐	☐	—
Montréal	☐	☐	—
Sherbrooke	■	■	21.700

** Le nombre inscrit indique la **Cote R** qui a été utilisée pour l'admission de l'année 2009 ou 2010 par l'université concernée.*

Professions reliées

C.N.P.
5122 Directeur littéraire
5121 Écrivain
5125 Interprète
4169 Linguiste
5121 Scénariste-dialoguiste

Endroits de travail

– Agences de publicité
– Établissements d'enseignement
– Gouvernements fédéral et provincial
– Grandes entreprises
– Maisons d'édition
– Médias

Salaire

Le salaire hebdomadaire moyen est de 650 $ (janvier 2009).

Remarques

– Pour enseigner au primaire et au secondaire, il faut être titulaire d'un permis ou d'un brevet d'enseignement permanent émis par le ministère de l'Éducation, du Loisir et du Sport.
– Pour porter le titre d'interprète agréé, il faut être membre de l'Ordre professionnel des traducteurs, terminologues et interprètes agréés du Québec.
– L'Université Bishop's offre quatre concentrations : Culturel and Media Studies; Film Studies; Literature; Popular Narrative. Elle offre également un certificat en Anglais langue seconde et un certificat en Cultural and Media Studies.
– L'Université Concordia offre également un baccalauréat en English and History.
– L'Université Laval offre un diplôme, un certificat et un microprogramme de 1er cycle en Études anglaises ainsi qu'un certificat en Langue anglaise.
– L'Université de Sherbrooke offre un certificat en Histoire du livre et de l'édition.
– L'Université du Québec à Chicoutimi (UQAC) offre un certificat et un programme court en Anglais langue seconde.
– L'Université du Québec à Montréal (UQAM) offre un certificat, un programme court et une concentration de 1er cycle en anglais.

STATISTIQUES D'EMPLOI			
Nb de personnes diplômées	2005	2007	2009
	—	154	252
% en emploi	—	53,8 %	54,3 %
% à temps plein	—	69,8 %	90,0 %
% lié à la formation	—	30,0 %	36,5 %

LETTRES

15584 Archéologie / Études anciennes (grecques ou latines) / Études anciennes, langues modernes et linguistique / Études classiques / Classical Studies / Classics

BAC 6 TRIMESTRES   CUISEP 251/252-000

Compétences à acquérir

– Développer un esprit critique et analytique par rapport aux civilisations grecque et latine (histoire, évolution, réalisations artistiques, etc.).
– Posséder une bonne connaissance de la langue grecque ancienne ou latine.
– Connaître l'histoire des littératures grecque et latine, la géographie méditerranéenne.
– Connaître et utiliser les outils utiles à l'étude de l'antiquité grecque ou romaine.
– Appliquer une méthode de recherche en bibliothèque.
– Élaborer et rédiger des travaux.

Éléments du programme

– Archéologie hellénistique et romaine
– Crise agraire et révolution à Rome
– Histoire de la Grèce ancienne
– Initiation au grec ancien
– Initiation au latin
– Littérature et mythologie grecques
– Magistratures romaines

Admission (voir p. 21 G)

DEC ou l'équivalent.
OU
Montréal : DEC ou l'équivalent **OU** avoir réussi 24 crédits de niveau universitaire autres que des crédits obtenus dans le cadre de cours préparatoires aux études universitaires.

Endroits de formation (voir p. 422)

	Contingentement	Coop	Cote R
Bishop's	☐	☐	—
Concordia	☐	☐	—
Laval	☐	☐	—
McGill	☐	☐	—
Montréal	☐	☐	—

Professions reliées

C.N.P.
4169   Archéologue
4169   Ethnologue
4169   Historien

Endroits de travail

– À son compte
– Établissements d'enseignement
– Gouvernements fédéral et provincial
– Musées

Salaire

Le salaire hebdomadaire moyen est de 710 $ (janvier 2009).

Remarques

– Différentes options sont offertes selon les établissements : Études anciennes; Études classiques; Philologie, etc.
– Des études de 2e ou 3e cycle peuvent être exigées pour travailler dans le domaine de la recherche scientifique.
– L'Université Laval offre également un certificat en Études classiques et en archéologie.
– L'Université du Québec à Montréal (UQAM) offre une concentration de 1er cycle en Études anciennes ainsi qu'un certificat, un programme court et une concentration de 1er cycle en Allemand, en Anglais, en Espagnol et en Italien. Elle offre également un certificat en Langue et culture arabes et en Langues et cultures d'Asie.

LETTRES

STATISTIQUES D'EMPLOI			
	2005	2007	2009
Nb de personnes diplômées	52	42	46
% en emploi	32,4 %	37,5 %	48,5 %
% à temps plein	83,3 %	77,8 %	75,0 %
% lié à la formation	20,0 %	42,9 %	33,3 %

15590 Communication, rédaction et multimédia / Études françaises, langue et communication / Langue française et rédaction professionnelle

BAC 6 TRIMESTRES

CUISEP 511-000

Compétences à acquérir

- Concevoir et gérer des projets dans les domaines de la langue et des communications.
- Maîtriser la langue, l'écriture et les divers types de rédaction professionnelle et s'initier à diverses pratiques langagières (audio, visuelle, etc.).
- Se familiariser avec le contexte de communication dans ses dimensions sociale, institutionnelle, politique et éthique.
- Développer une attitude critique par l'étude des principaux modèles théoriques et l'analyse de discours spécialisés.
- Exploiter les ressources informatiques dans une perspective de traitement, de mise en forme et de diffusion de l'information.

Éléments du programme

- Communication informatique et multimédia
- Documentation et multimédia
- Enjeux sociaux du multimédia
- Internet et multimédia
- Plans de communication
- Rédaction
- Rédaction technique et promotionnelle
- Révision de textes

Admission (voir p. 21 G)

DEC ou l'équivalent.

Endroits de formation (voir p. 422)

	Contingentement	Coop	Cote R*
Laval	☐	☐	—
Sherbrooke	■	■	24.100
UQTR	☐	☐	—

** Le nombre inscrit indique la **Cote R** qui a été utilisée pour l'**admission de l'année 2009 ou 2010** par l'université concernée.*

Professions reliées

C.N.P.
5124	Agent d'information
5124	Agent de communication
5121	Rédacteur en multimédia
5121	Rédacteur technique
5124	Relationniste
5122	Réviseur

Endroits de travail

- À son compte
- Agences de publicité
- Gouvernements fédéral et provincial
- Grandes entreprises
- Industrie du multimédia
- Maisons d'édition
- Médias

Salaire

Le salaire hebdomadaire moyen est de 628 $ (janvier 2007).

Remarques

- L'Université Laval offre également un certificat en Rédaction professionnelle.
- L'Université de Sherbrooke offre également un cheminement intégré BAC – Maîtrise en Communication marketing.
- L'Université du Québec à Chicoutimi (UQAC) offre un certificat en Rédaction-communications.
- L'Université du Québec à Trois-Rivières (UQTR) offre un certificat en Communication écrite.

LETTRES

STATISTIQUES D'EMPLOI			
	2005	2007	2009
Nb de personnes diplômées	386	399	—
% en emploi	44,8 %	49,8 %	—
% à temps plein	77,5 %	80,3 %	—
% lié à la formation	53,8 %	61,3 %	—

Espagnol / Études hispaniques / Études latino-américaines / Hispanic Studies / Spanish

BAC 6 TRIMESTRES

CUISEP 251-200

Compétences à acquérir

– Comprendre la langue espagnole (parlée et écrite).
– S'exprimer en langue espagnole (oralement et par écrit).
– Connaître la réalité hispanique à travers la littérature et la civilisation.
– Traduire ou rédiger des textes.
– Faire de l'interprétation.
– Enseigner l'espagnol.

Éléments du programme

– Cinéma et littérature hispaniques
– Civilisation espagnole
– Civilisation hispano-américaine
– Composition espagnole
– Cours pratiques d'espagnol
– Grammaire avancée
– Stylistique hispanique

Admission (voir p. 21 G)

Bishop's, Concordia : DEC ou l'équivalent.
Laval : DEC et test d'équivalence (compétences en espagnol de niveau intermédiaire II).
McGill : DEC ou l'équivalent **OU** avoir réussi 24 crédits de cours universitaires autres que des crédits obtenus dans le cadre de cours préparatoires aux études universitaires **ET** avoir une formation équivalant aux cours de niveau collégial en espagnol 101 et 201.
Montréal : DEC ou l'équivalent et avoir une formation équivalant aux cours de niveau collégial en espagnol 101 et 201.

Endroits de formation (voir p. 422)

	Contingentement	Coop	Cote R
Bishop's	☐	☐	—
Concordia	☐	☐	—
Laval	☐	☐	—
McGill	☐	☐	—
Montréal	☐	☐	—

Professions reliées

C.N.P.
5122 Directeur littéraire
5125 Interprète
4131 Professeur de langues modernes
5125 Traducteur

Endroits de travail

– Agences de publicité
– Établissements d'enseignement
– Gouvernements fédéral et provincial
– Industrie touristique
– Maisons d'édition
– Médias

Salaire

Le salaire hebdomadaire moyen est de 651 $ (janvier 2007).

Remarques

– Pour porter le titre de traducteur ou d'interprète agréé, il faut être membre de l'Ordre professionnel des traducteurs, terminologues et interprètes agréés du Québec.
– L'Université Bishop's offre un certificat en Études hispaniques.
– L'Université Laval offre un certificat en Langue espagnole.
– L'Université du Québec à Chicoutimi (UQAC) offre un certificat, une mineure et un programme court de premier cycle en Langue espagnole.
– L'Université du Québec à Montréal (UQAM) offre un certificat, un programme court et une concentration de 1er cycle en Espagnol.

STATISTIQUES D'EMPLOI			
	2005	2007	2009
Nb de personnes diplômées	114	117	—
% en emploi	56,3 %	56,2 %	—
% à temps plein	83,3 %	75,6 %	—
% lié à la formation	40,0 %	22,6 %	—

15590 Études canadiennes / Études canadiennes-françaises / Études françaises / Études françaises et linguistique / Études françaises et philosophie / Études françaises et québécoises / Études nord-américaines / Études québécoises / Français, langue et littérature

BAC 6-9 TRIMESTRES

CUISEP 251-000

Compétences à acquérir

- Maîtriser la langue française.
- Développer des habiletés en recherche, en création et en communication.
- Analyser des textes.
- Suivre l'évolution des genres et des formes de lecture et d'écriture.
- Produire des écrits.
- Réviser ou réécrire des textes issus de traductions.

Éléments du programme

- Création littéraire
- Étude de textes
- Genres littéraires
- Histoire de la langue française
- Langage dramatique
- Psychocritique
- Sémantique
- Stylistique

Admission (voir p. 21 G)

DEC ou l'équivalent.
OU
Concordia : DEC et l'équivalent de deux cours de niveau collégial dans la langue qui sera étudiée.
Montréal : Avoir réussi 24 crédits de cours universitaires autres que des crédits obtenus dans le cadre de cours préparatoires aux études universitaires.

Endroits de formation (voir p. 422)

	Contingentement	Coop	Cote R
Bishop's	☐	☐	—
Concordia	☐	☐	—
McGill	☐	☐	—
Montréal	☐	☐	—
UQTR	☐	☐	—

Professions reliées

C.N.P.
5122	Directeur littéraire
5121	Écrivain
5121	Lexicographe
5122	Réviseur
5121	Scénariste-dialoguiste

Endroits de travail

- Établissements d'enseignement
- Gouvernements fédéral et provincial
- Maisons d'édition
- Office de la langue française

Salaire

Le salaire hebdomadaire moyen est de 628 $ (janvier 2007).

Remarques

- L'Université Laval offre un diplôme et un certificat en Ethnologie du Québec.
- L'Université du Québec à Montréal (UQAM) offre une concentration de 1er cycle en Études québécoises.

STATISTIQUES D'EMPLOI			
	2005	2007	2009
Nb de personnes diplômées	386	54	—
% en emploi	44,8 %	45,5 %	—
% à temps plein	77,5 %	73,3 %	—
% lié à la formation	53,8 %	61,3 %	—

LETTRES

15590 / 15583 Études littéraires / Études littéraires et culturelles / Études littéraires françaises / Langue et littérature françaises / Littérature comparée / Littérature comparée et philosophie / Littérature de langue française

BAC 6 TRIMESTRES   **CUISEP 251-400**

Compétences à acquérir

– Étudier des œuvres littéraires afin d'y poser un regard critique.
– Écrire des nouvelles, des contes, de la poésie, etc.
– Analyser et interpréter des textes.
– Produire des études claires, rigoureuses et bien documentées sur des sujets littéraires.
– Utiliser les diverses méthodes d'étude littéraire.
– Maîtriser l'expression orale et écrite en français.

Éléments du programme

– Corpus étranger
– Corpus français
– Création littéraire
– Linguistique
– Littérature et langage
– Littérature populaire et culture
– Rhétorique
– Sémiologie

Admission (voir p. 21 G)

DEC ou l'équivalent.
OU
Concordia : DEC ou l'équivalent et deux cours du cégep ou l'équivalent dans la langue qui sera étudiée.
Laval : DEC ou l'équivalent d'un cégep francophone **OU** DEC d'un cégep anglophone **ET** avoir réussi un cours de français de la série 900 ou l'équivalent.
Montréal : DEC ou l'équivalent **OU** avoir réussi 24 crédits de cours universitaires autres que des crédits obtenus dans le cadre préparatoire aux études universitaires.
UQAC, UQAM : Réussite d'un test de français.

Endroits de formation (voir p. 422)

	Contingentement	Coop	Cote R
Concordia	☐	☐	—
Laval	☐	☐	—
McGill	☐	☐	—
Montréal	☐	☐	—
Sherbrooke	■	☐	—
UQAC	☐	☐	—
UQAM	☐	☐	—
UQAR	☐	☐	—
UQTR	☐	☐	—

Professions reliées

C.N.P.
5123   Critique littéraire
5122   Directeur littéraire
5121   Écrivain
0016   Éditeur
4169   Philosophe
4121   Professeur de littérature
5121   Scénariste-dialoguiste

Endroits de travail

– À son compte
– Maisons d'édition
– Maisons de productions cinématographiques
– Médias d'information

Salaire

Le salaire hebdomadaire moyen est de 704 $ (janvier 2009).

Remarques

– L'Université Laval offre un diplôme de 1er cycle en Études littéraires et des certificats en Création littéraire, en Littérature française et en Littérature québécoise.
– L'Université du Québec à Chicoutimi (UQAC) offre un certificat et une mineure en Études littéraires françaises.
– L'Université du Québec à Montréal (UQAM) offre quatre profils : Création; Études québécoises; Perspectives critiques; Pratiques littéraires et culturelles.
– L'Université du Québec à Rimouski (UQAR) offre un certificat en Productions textuelles, ainsi que divers programmes courts en Arts et lettres.
– L'Université du Québec à Trois-Rivières (UQTR) offre un certificat en Littérature de jeunesse.

LETTRES

STATISTIQUES D'EMPLOI	2005	2007	2009
Nb de personnes diplômées	386	399	388
% en emploi	44,8 %	49,8 %	47,2 %
% à temps plein	77,5 %	80,3 %	74,3 %
% lié à la formation	53,8 %	61,3 %	70,3 %

BAC 5 TRIMESTRES

Compétences à acquérir

– Acquérir une connaissance théorique et pratique de la langue française.
– Acquérir et approfondir des connaissances en culture et civilisation françaises.
– Acquérir et approfondir des connaissances en culture et civilisation québécoises.

Éléments du programme

– Civilisation française
– Communication orale
– Grammaire pratique
– Phonétique pratique
– Textes littéraires

Admission (voir p. 21 G)

DEC délivré par un collège anglophone du Québec ou l'équivalent avec une concentration en français (Français 601 ou 602 pour un candidat provenant d'un collège du Québec) ou des sessions intensives en français **ET** réussir le test de classement obligatoire pour les candidats admis et faire la preuve d'avoir atteint des compétences de niveau avancé.

Endroit de formation (voir p. 422)

	Contingentement	Coop	Cote R
Laval	☐	☐	—

Profession reliée

C.N.P.
5125 Traducteur

Endroits de travail

– À son compte
– Gouvernements fédéral et provincial
– Grandes entreprises

Salaire

Le salaire hebdomadaire moyen est de 865 $ (janvier 2007).

Remarques

– L'Université Bishop's offre une majeure et une mineure.
– L'Université Laval offre un diplôme et un certificat en Français langue seconde ainsi que des certificats de base et intermédiaire-avancé en Français langue étrangère ou seconde.
– L'Université du Québec à Montréal (UQAM) offre un certificat en Français écrit pour non-francophones.

STATISTIQUES D'EMPLOI			
Nb de personnes diplômées	2005	2007	2009
	7	7	—
% en emploi	40 %	50 %	—
% à temps plein	100 %	100 %	—
% lié à la formation	100 %	100 %	—

LETTRES

Compétences à acquérir

- Comprendre, lire, parler et écrire une langue étrangère (russe, italien, espagnol, japonais, etc.).
- Connaître l'histoire des civilisations (russe, italienne).
- Traduire ou rédiger des textes.
- Faire de l'interprétation.
- Enseigner la langue étudiée.

Éléments du programme

- Composition
- Espagnol, anglais, italien, allemand, russe, etc. (selon les établissements et les options)
- Grammaire
- Linguistique
- Littérature

Admission (voir p. 21 G)

DEC ou l'équivalent.

OU

Concordia : DEC ou l'équivalent et deux cours du cégep ou l'équivalent dans la langue qui sera étudiée.

Montréal : Avoir réussi 24 crédits de cours universitaires autres que des crédits obtenus dans le cadre de cours préparatoires aux études universitaires et avoir complété la formation équivalant à deux cours de niveau collégial dans la langue qui sera étudiée. *N. B. : Si cette formation n'a pu être assurée dans un collège, l'université peut y suppléer.*

UQAC : Pour le candidat issu d'un collège francophone : DEC ou l'équivalent ou avoir un niveau de formation équivalent **ET** avoir atteint en espagnol, la formation équivalente à deux cours de niveau collégial. **Pour le candidat issu d'un collège anglophone :** DEC ou l'équivalent **ET** avoir atteint en espagnol, la formation équivalente à deux cours de niveau collégial. *N. B. : Si cette formation n'a pu être assurée dans un collège, l'université peut y suppléer. Lorsque le dossier n'en fait pas mention, les connaissances et l'expérience pourront être évaluées lors d'une entrevue auprès d'un jury formé de deux professeurs, dont le directeur du module.*

Endroits de formation (voir p. 422)

	Contingentement	Coop	Cote R
Bishop's	☐	☐	—
Concordia	☐	☐	—
McGill	☐	☐	—
Montréal	☐	☐	—
UQAC	☐	☐	—

Professions reliées

C.N.P.
4168	Diplomate
5122	Directeur littéraire
5125	Interprète
4131	Professeur de langues modernes
5125	Traducteur

Endroits de travail

- À son compte
- Agences de publicité
- Établissements d'enseignement
- Gouvernements fédéral et provincial
- Grandes entreprises
- Maisons d'édition
- Médias d'information
- Office de la langue française

Salaire

Le salaire hebdomadaire moyen est de 651 $ (janvier 2007).

Remarques

- Pour enseigner au primaire et au secondaire, il faut être titulaire d'un permis ou d'un brevet d'enseignement permanent émis par le ministère de l'Éducation, du Loisir et du Sport.
- Pour porter le titre de traducteur ou d'interprète, il faut être membre de l'Ordre des traducteurs, terminologues et interprètes agréés du Québec.
- L'Université Bishop's offre un certificat en Langues modernes.
- L'Université Laval offre un certificat en Études russes.
- L'Université du Québec à Chicoutimi (UQAC) offre un certificat en Langues modernes.

STATISTIQUES D'EMPLOI			
	2005	2007	2009
Nb de personnes diplômées	114	117	—
% en emploi	56,3 %	56,2 %	—
% à temps plein	83,3 %	75,6 %	—
% lié à la formation	40,0 %	22,6 %	—

LETTRES

Linguistique / Linguistique et langue française / Sciences du langage / Linguistics

BAC 6 TRIMESTRES

CUISEP 253-000

Compétences à acquérir

- Étudier l'origine, la structure et l'évolution des langues.
- Étudier divers aspects de l'acquisition et de l'apprentissage des langues, du fonctionnement des langues (phonologie, morphologie, sémantique et syntaxe et du langage humain).
- Appliquer des théories linguistiques à l'enseignement, à la traduction et à la communication en général.
- Analyser et décrire les langues anciennes et modernes.
- Analyser et interpréter des caractéristiques linguistiques en tenant compte des régions, des niveaux de langue et des époques.

Éléments du programme

- Analyse de textes
- Grammaire générative
- Linguistique
- Morphologie et syntaxe
- Phonologie
- Psycholinguistique et neurolinguistique
- Sémantique et paradigmatique

Admission (voir p. 21 G)

DEC ou l'équivalent.

OU

Montréal : Avoir réussi 24 crédits de cours universitaires autres que des crédits obtenus dans le cadre de cours préparatoires aux études universitaires.

Laval : Pour les candidats issus d'un collège anglophone, être titulaire d'un DEC comprenant un cours de français de la série 900 ou l'équivalent.

ET

UQAM : Test de grammaire française et test d'anglais.

Endroits de formation (voir p. 422)

	Contingentement	Coop	Cote R
Concordia	☐	☐	—
Laval	☐	☐	—
McGill	☐	☐	—
Montréal	☐	☐	—
UQAC	☐	☐	—
UQAM	☐	☐	—

Professions reliées

C.N.P.

5121	Lexicographe
4169	Linguiste
4169	Philologue
5122	Réviseur
5125	Terminologue

Endroits de travail

- À son compte
- Établissements d'enseignement
- Gouvernements fédéral et provincial
- Maisons d'édition

Salaire

Le salaire hebdomadaire moyen est de 652 $ (janvier 2009).

Remarques

- Pour enseigner au primaire et au secondaire, il faut être titulaire d'un permis ou d'un brevet d'enseignement permanent émis par le ministère de l'Éducation, du Loisir et du Sport.
- Pour porter le titre de terminologue, il faut être membre de l'Ordre professionnel des traducteurs, terminologues et interprètes agréés du Québec.
- L'Université Laval offre un certificat en Linguistique.
- L'Université du Québec à Chicoutimi (UQAC) offre le baccalauréat en Linguistique et langue française.
- L'Université du Québec à Montréal (UQAM) offre trois concentrations en Linguistique : Linguistique appliquée à l'acquisition du français langue seconde; Linguistique générale; Rédaction et révision de textes. Elle offre également une majeure et une mineure en Linguistique, ainsi qu'un programme court et une concentration de 1er cycle en Linguistique appliquée à l'étude de la grammaire.

STATISTIQUES D'EMPLOI			
	2005	2007	2009
Nb de personnes diplômées	74	79	75
% en emploi	40,0 %	36,7 %	44,4 %
% à temps plein	66,7 %	83,3 %	80,0 %
% lié à la formation	41,7 %	46,7 %	50,0 %

LETTRES

Compétences à acquérir

– Maîtriser la langue française et anglaise.
– Transposer un texte d'une langue à une autre.
– Faire de la traduction technique, commerciale et littéraire ainsi que de la révision et de la correction d'épreuves.
– Faire de la recherche terminologique et utiliser les ouvrages de référence.

Éléments du programme

– Grammaire différentielle et stylistique comparée
– Grammaire et lexique
– Langue anglaise et traduction
– Lexicologie et terminologie différentielles
– Rédaction professionnelle
– Terminologie et terminographie
– Thème
– Version

Admission (voir p. 21 G)

DEC ou l'équivalent.
OU
Concordia : DEC et l'équivalent de deux cours de niveau collégial ou l'équivalent dans la langue qui sera étudiée; lettre explicative et, au besoin, test de placement.
Laval : DEC ou l'équivalent et test d'aptitude obligatoire à l'admission pour vérifier la compréhension de l'anglais et les aptitudes de rédaction en français et en anglais.
Montréal : Avoir réussi 24 crédits de cours universitaires autres que des crédits obtenus dans le cadre de cours préparatoires aux études universitaires et réussir un test d'anglais et de français oral et écrit.
Sherbrooke : DEC ou l'équivalent pour les personnes provenant d'un collège de langue anglaise **OU** avoir atteint, en anglais langue seconde, la formation équivalent à un cours de niveau avancé (ou 0008, 000N, 000P, 01P4) pour les personnes provenant d'un collège de langue française.
UQO : Diplôme d'un cégep francophone : DEC et un cours d'anglais avancé de niveau collégial de la série 600 **OU** posséder un degré équivalent de formation. **Diplôme d'un cégep anglophone :** DEC et un cours de français avancé de niveau collégial de la série 600 ou posséder un degré équivalent de formation **ET** examen d'admission évaluant le niveau d'anglais et de français du candidat.

Endroits de formation (voir p. 422)

	Contingentement	Coop	Cote R*
Concordia	■	■	25.000
Laval	☐	☐	—
McGill	☐	☐	—
Montréal	■	■	24.309
Sherbrooke	■	■	—
UQO	☐	☐	—

** Le nombre inscrit indique la **Cote R** qui a été utilisée pour l'admission de l'année 2009 ou 2010 par l'université concernée.*

Professions reliées

C.N.P.
5125   Interprète
5125   Terminologue
5125   Traducteur

Endroits de travail

Données non disponibles.

Salaire

Le salaire hebdomadaire moyen est de 858 $ (janvier 2009).

Remarques

– Pour porter le titre de traducteur, de terminologue ou d'interprète agréé, il faut être membre de l'Ordre professionnel des traducteurs, terminologues et interprètes agréés du Québec.
– À l'Université Laval, le programme vise à former des traducteurs francophones qui traduiront surtout de l'anglais au français.
– L'Université du Québec en Outaouais (UQO) offre un certificat en Initiation à la traduction professionnelle.

STATISTIQUES D'EMPLOI	2005	2007	2009
Nb de personnes diplômées	239	223	264
% en emploi	77,4 %	87,1 %	89,6 %
% à temps plein	90,3 %	89,6 %	90,3 %
% lié à la formation	78,4 %	79,6 %	82,1 %

LETTRES

DOMAINE D'ÉTUDES

SCIENCES APPLIQUÉES

Disciplines

Agriculture, foresterie et géomatique 69

Architecture, urbanisme et design 77

Génie 85

Informatique 109

AGRICULTURE, FORESTERIE ET GÉOMATIQUE

PROGRAMMES D'ÉTUDES   PAGES

Agronomie / Agricultural Science 70

Aménagement et environnement forestiers (Génie forestier) 71

Génie agroenvironnemental (Génie rural) / Bioresource Engineering 72

Génie alimentaire 73

Génie géomatique / Géomatique appliquée à l'environnement / Sciences géomatiques 74

Opérations forestières (Génie forestier) 75

Sciences et technologie des aliments / Food Science 76

Agronomie / Agricultural Science

BAC 8 TRIMESTRES

CUISEP 311-100

Compétences à acquérir

- Assurer une saine gestion et utilisation des ressources vouées à la production agricole et alimentaire.
- Assurer la vulgarisation des sciences agronomiques.
- Résoudre des problèmes agricoles par l'application des sciences biologiques.
- Améliorer la productivité des sols, des plantes et des animaux.
- Veiller à la protection et à la conservation des ressources biologiques ou biophysiques agricoles.

Éléments du programme

- Anatomie et physiologie animales
- Comptabilité des entreprises
- Fertilisation des sols
- Genèse et classification des sols
- Génétique
- Nutrition animale
- Physiologie végétale
- Sciences du sol

Admission (voir p. 21 G)

Laval : DEC en Sciences de la nature **OU** tout autre DEC et Mathématiques NYA (103-77); Physique NYA (101); Chimie NYA, NYB (101, 201); Biologie NYA (301). La réussite du cours de Chimie organique est recommandée pour bien réussir le programme. *N. B. : Pour connaître les passerelles entre un DEC technique et ce programme, contacter la Faculté des sciences de l'agriculture et de l'alimentation.*

McGill : DEC ou l'équivalent et Mathématiques 201-NYA, 201-NYB; Physique 203-NYA, 203-NYB, 203-NYC; Chimie 202-NYA, 202-NYB; Biologie 101-NYA.

Endroits de formation (voir p. 422)

	Contingentement	Coop	Cote R*
Laval	☐	☐	—
McGill	☐	☐	24.000

** Le nombre inscrit indique la **Cote R** qui a été utilisée pour l'admission de l'année 2009 ou 2010 par l'université concernée.*

Professions reliées

C.N.P.

2123	Agronome
2123	Agronome-dépisteur
2123	Agronome des services de vulgarisation
2123	Agronome en agriculture biologique
2123	Agronome en production animale
2123	Agronome en production végétale
2115	Agronome pédologue
2121	Bactériologiste des sols
2121	Entomologiste
2123	Malherbologiste
2121	Phytobiologiste
2121	Zoologiste

Endroits de travail

- Bureaux d'experts-conseils en gestion agricole
- Coopératives agricoles
- Entreprises agricoles
- Gouvernements fédéral et provincial
- Organismes internationaux

Salaire

Le salaire hebdomadaire moyen est de 783 $ (janvier 2009).

Remarques

- Pour exercer la profession et porter le titre d'agronome, il faut être membre de l'Ordre des agronomes du Québec.
- Des études de 2e cycle sont nécessaires pour exercer les professions suivantes : agronome pédologue, bactériologiste des sols, entomologiste, malherbologiste, phytopathologiste.
- L'Université Laval offre un certificat en Horticulture et gestion d'espaces verts ainsi qu'en Productions animales – production laitière et bovine.
- L'Université McGill offre une majeure d'une durée de trois ans ainsi qu'une mineure et un certificat en Ecological Agriculture.

STATISTIQUES D'EMPLOI			
	2005	2007	2009
Nb de personnes diplômées	181	131	133
% en emploi	69,3 %	53,3 %	70,5 %
% à temps plein	95,5 %	97,9 %	97,0 %
% lié à la formation	88,1 %	91,5 %	92,3 %

Aménagement et environnement forestiers (Génie forestier)

BAC 8 TRIMESTRES   CUISEP 315-100

Compétences à acquérir

– Assurer l'aménagement et la protection des forêts.
– Assurer le renouvellement naturel ou artificiel de la forêt.
– Veiller à la protection de l'environnement et des habitats fauniques.
– Effectuer des études d'impact de différents projets sur les écosystèmes.
– Aménager de façon intégrée les différentes ressources forestières.
– Planifier les interventions forestières.

Éléments du programme

– Aménagement forestier
– Dendrométrie
– Écologie forestière
– Évaluation forestière
– Gestion de projets forestiers
– Stages pratiques rémunérés et crédités
– Sylviculture
– Systématique et dendrologie

Admission (voir p. 21 G)

DEC en Sciences de la nature **OU** tout autre DEC et Mathématiques NYA, NYB, NYC (103, 105, 203 ou 00UN, 00UP 00UQ); Physique NYA, NYB, NYC (101, 201, 301 ou 00UR, 00US, 00UT); Chimie NYA, NYB (101, 201 ou 00UL, 00UM); Biologie NYA (301 ou 00UK) **OU** DEC technique en Technologie forestière et Mathématiques NYA, NYB, NYC (103, 105, 203 ou 00UN, 00UP, 00UQ); Physique NYA (101 ou 00UR); Chimie NYA (101 ou 0UL). *N.B.: Les titulaires d'un DEC dans la famille des techniques biologiques sont dispensés du cours de Biologie NYA ou 301.*
OU
Laval: *N.B.: Les titulaires du DEC technique Technologie forestière sont dispensés des cours de Physique NYB, NYC (00US, 00UT); Chimie NYB (00UM); Biologie NYA (00UK). Les titulaires d'un DEC en Techniques biologiques sont dispensés du cours Biologie NYA.*

Endroits de formation (voir p. 422)

	Contingentement	Coop	Cote R
Laval	☐	☐	—
UQAT	☐	☐	—

Professions reliées

C.N.P.
2122   Ingénieur forestier
2122   Sylviculteur

Endroits de travail

– Bureaux d'ingénieurs forestiers
– Centres de recherche forestière
– Consultants forestiers
– Entrepreneurs forestiers
– Entreprises de transformation du bois
– Firmes d'exploitation forestière
– Gouvernements fédéral et provincial
– Municipalités
– Organismes de forêt privée

Salaire

Le salaire hebdomadaire moyen est de 855 $ (janvier 2009).

Remarques

– Pour exercer la profession et porter le titre d'ingénieur forestier, il faut être membre de l'Ordre des ingénieurs forestiers du Québec.
– L'Ordre des ingénieurs forestiers du Québec requiert de compléter une période de formation pratique de 32 semaines sous la surveillance d'un membre de l'Ordre.
– L'Université Laval offre un certificat interuniversitaire Gestion en foresterie.
– L'Université du Québec en Abitibi-Témiscamingue (UQAT) offre les deux premières années du programme de l'Université Laval.

SCIENCES APPLIQUÉES

STATISTIQUES D'EMPLOI			
	2005	2007	2009
Nb de personnes diplômées	78	62	70
% en emploi	52,7 %	69,8 %	61,0 %
% à temps plein	96,6 %	96,7 %	97,2 %
% lié à la formation	92,9 %	93,1 %	85,7 %

Compétences à acquérir

– Résoudre divers problèmes liés à l'exploitation agricole et à l'industrie alimentaire.
– Concevoir et superviser la fabrication de bâtiments, de machines et d'outils agricoles, de machines destinées à la mécanisation des travaux et des procédés de manutention.
– Concevoir des systèmes pour le traitement, la conservation et la transformation des produits agricoles et alimentaires ainsi que des systèmes de drainage, d'irrigation et d'utilisation de l'énergie.

Éléments du programme

– Chimie des aliments
– Concepts de génie agroalimentaire
– Hydrologie agricole
– Manutention et séchage
– Mathématiques
– Systèmes environnementaux

Admission (voir p. 21 G)

Laval : DEC en Sciences de la nature **OU** tout autre DEC et Mathématiques NYA, NYB, NYC (103-77, 105-77, 203-77); Physique NYA, NYB, NYC (101, 201, 301); Chimie NYA, NYB (101, 201); Biologie NYA (301). *N.B. : Pour connaître les passerelles entre un DEC technique et ce programme, contacter la Faculté des sciences de l'agriculture et de l'alimentation.*
McGill : DEC ou l'équivalent et Mathématiques 201-NYA, 201-NYB; Physique 203-NYA, 203-NYB, 203-NYC; Chimie 202-NYA, 202-NYB; Biologie 101-NYA.

Endroits de formation (voir p. 422)

	Contingentement	Coop	Cote R*
Laval	☐	☐	—
McGill	☐	☐	25.000

* Le nombre inscrit indique la **Cote R** qui a été utilisée pour l'**admission de l'année 2009 ou 2010** par l'université concernée.

Professions reliées

C.N.P.
2123	Agronome
2123	Agronome des services de vulgarisation
4163	Expert-conseil en commercialisation
2148	Ingénieur agricole
2148	Ingénieur en système aquicole
2148	Ingénieur spécialiste de l'installation des systèmes (industrie agroalimentaire)
2148	Ingénieur spécialiste de la qualité des procédés (industrie agroalimentaire)
2222	Inspecteur en environnement agricole

Endroits de travail

– Entreprises agricoles
– Entreprises de fabrication de matériel agricole
– Entreprises en construction
– Firmes d'experts-conseils
– Gouvernements fédéral et provincial
– Industrie agroalimentaire
– Municipalités

Salaire

Le salaire hebdomadaire moyen est de 733 $ (janvier 2009).

Remarques

– Pour exercer la profession et porter le titre d'agronome, il faut être membre de l'Ordre des agronomes du Québec.
– Pour exercer la profession et porter le titre d'ingénieur, il faut être membre de l'Ordre des ingénieurs du Québec.
– L'Université McGill offre une majeure et une mineure.

STATISTIQUES D'EMPLOI			
	2005	2007	2009
Nb de personnes diplômées	16	16	12
% en emploi	50,0 %	70,0 %	50,0 %
% à temps plein	83,3 %	100 %	100 %
% lié à la formation	80,0 %	87,5 %	60,0 %

BAC 8 TRIMESTRES   CUISEP 312-000

Compétences à acquérir

– Appliquer les principes et les concepts du génie alimentaire à la manutention, à la fabrication, au traitement,
à la transformation et à la distribution des aliments.
– Connaître les divers systèmes et procédures de la
chaîne alimentaire, du producteur agricole jusqu'au
consommateur.
– Concevoir des procédés et des équipements alimentaires.
– Établir un système de contrôle de la qualité.
– Se familiariser avec l'évaluation et l'installation de
systèmes.

Éléments du programme

– Analyse économique en ingénierie
– Biochimie structurale
– Chimie des aliments
– Concepts de génie alimentaire
– Dynamique et contrôle des procédés
– Mathématiques

Admission (voir p. 21 G)

DEC en sciences de la nature.
OU
Tout autre DEC et Mathématiques NYA, NYB, NYC (103-
77, 105-77, 203-77); Physique NYA, NYB, NYC (101,
201, 301); Chimie NYA, NYB (101, 201); Biologie NYA
(301). *N. B.: Pour connaître les passerelles entre un DEC
technique et ce programme, contacter la Faculté des
sciences de l'agriculture et de l'alimentation.*

Endroit de formation (voir p. 422)

	Contingentement	Coop	Cote R
Laval	☐	☐	—

Professions reliées

C.N.P.
2148	Ingénieur alimentaire (représentation technique et vente)
2134	Ingénieur chimiste de la production
2148	Ingénieur-concepteur dans l'industrie alimentaire
2141	Ingénieur des méthodes de production
2141	Ingénieur des techniques de fabrication
2148	Ingénieur en recherche et développement alimentaire
2148	Ingénieur en transport alimentaire
2148	Ingénieur spécialiste de l'installation des systèmes (industrie agroalimentaire)
2148	Ingénieur spécialiste de la gestion des procédés alimentaires
2148	Ingénieur spécialiste de la qualité des procédés (industrie agroalimentaire)
2112	Scientifique en produits alimentaires

Endroits de travail

– Bureaux d'ingénieurs
– Centres de recherche
– Entreprises de distribution des aliments
– Entreprises de fabrication d'équipements d'usines
alimentaires
– Entreprises de fabrication des aliments
– Laboratoires

Salaire

Le salaire hebdomadaire moyen est de 795 $ (janvier
2007).

Remarque

Pour exercer la profession et porter le titre d'ingénieur,
il faut être membre de l'Ordre des ingénieurs du Québec.

SCIENCES APPLIQUÉES

STATISTIQUES D'EMPLOI			
	2005	2007	2009
Nb de personnes diplômées	7	10	—
% en emploi	83,3 %	100 %	—
% à temps plein	100 %	100 %	—
% lié à la formation	100 %	87,5 %	—

15371 Génie géomatique / Géomatique appliquée à l'environnement / Sciences géomatiques

BAC 7-8 TRIMESTRES **CUISEP 432-100**

Compétences à acquérir

- Développer des outils informatiques facilitant la connaissance et la gestion des territoires.
- Acquérir des données à partir d'images satellitaires, de photographies aériennes, de relevés, etc.
- Exécuter les travaux d'arpentage de terrains et de mesurage (bornes, bornages et levés de plans) nécessaires à l'établissement du droit de propriété et à l'aménagement des territoires urbains, ruraux, forestiers et miniers.
- Produire des certificats de localisation et des relevés des lacs, des rivières et des fleuves.
- Faire la représentation cartographique du territoire et des cours d'eau.

Éléments du programme

- Géodésie
- Mathématiques
- Photogrammétrie
- Physique géomatique
- Positionnement par satellites GPS
- Stages pratiques rémunérés et crédités
- Statistique
- Télédétection
- Topométrie

Admission (voir p. 21 G)

Laval : DEC en Sciences de la nature **OU** DEC en Sciences informatiques et mathématiques **OU** tout autre DEC et Mathématiques NYA, NYB, NYC (103-77, 105-77, 203-77); Physique NYA, NYB, NYC (101, 201, 301).

Sherbrooke : DEC en Sciences de la nature **OU** DEC technique en Technologie de la géomatique, spécialisations *Cartographie* (230.AA) ou *Géodésie* (230.AB) **OU** DEC ou l'équivalent et Mathématiques NYA ou 103 (00UN ou 022X ou 01Y1) et s'engager à suivre les activités de mise à niveau déterminées par le Département et offerts parallèlement au programme régulier d'études à partir de la première session.

Endroits de formation (voir p. 422)

	Contingentement	Coop	Cote R*
Laval	☐	☐	—
Sherbrooke	■	■	20.000

** Le nombre inscrit indique la **Cote R** qui a été utilisée pour l'admission de l'année 2009 ou 2010 par l'université concernée.*

Professions reliées

C.N.P.

2154	Arpenteur-géomètre
2154	Géomaticien
2154	Ingénieur en géomatique

Endroits de travail

- Bureaux de consultants en développement de systèmes
- Entreprises privées dans tous les domaines
- Firmes d'arpentage
- Gouvernements fédéral et provincial
- Municipalités

Salaire

Le salaire hebdomadaire moyen est de 867 $ (janvier 2009).

Remarques

- Pour exercer la profession et porter le titre d'arpenteur-géomètre, il faut être membre de l'Ordre professionnel des arpenteurs-géomètres du Québec.
- Le baccalauréat en Génie géomatique de l'Université Laval donne accès à l'Ordre des ingénieurs du Québec.
- À l'Université de Sherbrooke, ce programme relève du Département de géomatique appliquée, de la Faculté des lettres et sciences humaines et du Département de biologie de la Faculté des sciences.

STATISTIQUES D'EMPLOI			
	2005	2007	2009
Nb de personnes diplômées	33	22	29
% en emploi	91,7 %	68,2 %	90,9 %
% à temps plein	100 %	100 %	95,0 %
% lié à la formation	86,4 %	100 %	100 %

Compétences à acquérir

– Assurer la gestion des ressources humaines, financières et matérielles d'entreprises forestières.
– Planifier et superviser la récolte et le transport de la matière ligneuse.
– Assurer l'approvisionnement des usines de transformation.
– Veiller à la protection des sites forestiers.
– Voir à la régénération des forêts.

Éléments du programme

– Anatomie et structure du bois
– Botanique forestière
– Dépôts et sols forestiers
– Mécanique appliquée au génie forestier
– Opérations forestières
– Probabilités et statistiques
– Protection des forêts
– Récolte, transport et équipement forestier
– Stages coopératifs rémunérés
– Sylviculture

Admission (voir p. 21 G)

DEC en Sciences de la nature **OU** tout autre DEC et Mathématiques NYA, NYB, NYC (103-77, 105-77, 203-77); Physique NYA, NYB, NYC (101, 201, 301); Chimie NYA, NYB (101, 201); Biologie NYA (301) **OU** DEC technique en Technologie forestière et Mathématiques NYA, NYB, NYC (103, 105, 203 ou 00UN, 00UP, 00UQ); Physique NYA (101 ou 00UR); Chimie NYA (101 ou 00UL). *N.B.: Les titulaires d'un DEC dans la famille des techniques biologiques sont dispensés du cours de Biologie NYA ou 301.*

OU

Laval : *N.B.: Les titulaires d'un DEC technique en Technologie forestière sont dispensés des cours de Physique NYB, NYC (201, 301 ou 00US, 00UT); Chimie NYB (201 ou 00UM); Biologie NYA (301 ou 00UK). Les titulaires d'un DEC en Techniques biologiques sont dispensés du cours Biologie NYA.*

Endroits de formation (voir p. 422)

	Contingentement	Coop	Cote R
Laval	☐	■	—
UQAT	☐	■	—

Professions reliées

C.N.P.
2122   Exploitant forestier
2122   Ingénieur forestier
2122   Spécialiste des opérations forestières
2122   Sylviculteur

Endroits de travail

– À son compte
– Consultants forestiers
– Entrepreneurs forestiers
– Gouvernements fédéral et provincial
– Industrie forestière
– Pépinières

Salaire

Le salaire hebdomadaire moyen est de 855 $ (janvier 2009).

Remarques

– Pour exercer la profession d'ingénieur forestier et porter le titre, il faut être membre de l'Ordre des ingénieurs forestiers du Québec.
– L'Ordre des ingénieurs forestiers du Québec exige de compléter une période de formation pratique de 32 semaines sous la surveillance d'un membre de l'Ordre.
– Le régime coopératif est obligatoire.
– L'Université Laval offre un certificat interuniversitaire de Gestion en foresterie.
– L'Université du Québec en Abitibi-Témiscamingue (UQAT) offre les deux premières années du programme de l'Université Laval.

SCIENCES APPLIQUÉES

STATISTIQUES D'EMPLOI			
	2005	2007	2009
Nb de personnes diplômées	78	62	70
% en emploi	52,7 %	69,8 %	61,0 %
% à temps plein	96,6 %	96,7 %	97,2 %
% lié à la formation	92,9 %	93,1 %	85,7 %

Sciences et technologie des aliments / Food Science

BAC 8 TRIMESTRES

CUISEP 312-500

Compétences à acquérir

– Concevoir et mettre au point de nouveaux produits alimentaires.
– Créer des nouvelles techniques de fabrication et de transformation.
– Assurer une production efficace et respectueuse de l'environnement.
– Veiller à la qualité des produits.
– Préparer la mise en marché.

Trois options sont offertes à Laval :
Conservation des aliments; Distribution des aliments; Transformation industrielle des aliments.

Trois options sont offertes à McGill :
Chimie alimentaire; Industrie alimentaire; Science de l'alimentation.

Éléments du programme

– Chimie des aliments
– Contrôle de la qualité
– Méthodes d'analyse des aliments
– Microbiologie alimentaire
– Principes de conservation
– Procédés de transformation alimentaire

Admission (voir p. 21 G)

Laval : DEC en Sciences de la nature **OU** tout autre DEC et Mathématiques NYA, NYB (103, 105); Physique NYA, NYB, NYC (101, 201, 301); Chimie NYA, NYB (101, 201); Biologie NYA (301). *N. B. : Pour connaître les passerelles entre un DEC technique et ce programme, contacter la Faculté des sciences de l'agriculture et de l'alimentation. Les candidats admis avec un DEC en Science de la nature qui n'auraient pas suivi et réussi le cours de Chimie organique 202 devront suivre son équivalent au cours de la première année d'inscription.*

McGill : DEC en Sciences de la nature **OU** tout autre DEC avec un minimum de Mathématiques NYA et deux cours de sciences : Physique NYA, NYB ou NYC; Chimie NYA ou NYB; Biologie NYA.

Endroits de formation (voir p. 422)

	Contingentement	Coop	Cote R*
Laval	☐	☐	
McGill	☐	☐	25.000

* Le nombre inscrit indique la Cote R qui a été utilisée pour l'admission de l'année 2009 ou 2010 par l'université concernée.

Professions reliées

C.N.P.
2123 Agronome
2123 Agronome des services de vulgarisation
2112 Chimiste en sciences des aliments
2112 Chimiste spécialiste du contrôle de la qualité
1473 Coordonnateur de la production
0911 Directeur de la production alimentaire
0412 Directeur des ventes à l'exportation
4163 Expert-conseil en commercialisation
2134 Ingénieur chimiste de la production
2121 Microbiologiste industriel
2112 Scientifique en produits alimentaires

Endroits de travail

– Centres de recherche
– Gouvernements fédéral et provincial
– Industrie des produits alimentaires

Salaire

Le salaire hebdomadaire moyen est de 832 $ (janvier 2009).

Remarques

– Les professionnels en sciences alimentaires peuvent devenir membre de l'Ordre des agronomes du Québec, de l'Ordre des chimistes du Québec et de l'Ordre des ingénieurs du Québec.
– L'Université Laval offre un certificat en Sciences et technologie des aliments et des microprogrammes de 1er cycle en Sciences et technologie des aliments – produits alimentaires et nouveau aliments et en Sciences et technologie des aliments – qualité et salubrité des aliments.
– L'Université McGill offre un certificat en Science de l'alimentation. Les diplômés des options Science de l'alimentation et Chimie alimentaire de l'Université McGill sont accrédités par l'Institute Food Technologists (IFT) et l'Institut canadien des sciences et technologie alimentaire (ICSTA).

STATISTIQUES D'EMPLOI			
	2005	2007	2009
Nb de personnes diplômées	40	22	33
% en emploi	64,3 %	75,0 %	83,3 %
% à temps plein	100 %	91,7 %	100 %
% lié à la formation	94,4 %	100 %	80,0 %

ARCHITECTURE, URBANISME ET DESIGN

PROGRAMMES D'ÉTUDES	PAGES
Architecture / Design architectural	78
Architecture de paysage	79
Design d'intérieur	80
Design de l'environnement	81
Design industriel	82
Études urbaines / Urbanisme / Geography – Urban Systems / Urban Planning / Urban Studies	83

BAC 6-8 TRIMESTRES CUISEP 453-100

Compétences à acquérir

– Analyser, concevoir et réaliser des édifices, des complexes urbains et ruraux conformes aux besoins et aux ressources de la société.
– Monter et dessiner des plans de divers édifices selon des besoins précis.
– Aménager les espaces intérieurs et extérieurs d'une maison ou d'un ensemble de construction.
– Surveiller les travaux de mise en chantier et leur évolution conformément aux plans et devis.

Éléments du programme

– Atelier de design
– Charpente appliquée
– Climat et physique du bâtiment
– Conception assistée par ordinateur (CAO)
– Construction
– Mécanique, électricité et éclairage
– Stratégie de design

Admission (voir p. 21 G)

Laval : DEC en Sciences de la nature ou en Sciences informatiques et mathématiques **OU** DEC technique en Technologie de l'architecture **OU** tout autre DEC et Mathématiques NYA (103-RE ou 103-77) et Physique NYA (101). *N. B. : Bien que le programme soit contingenté, les places sont attribuées en fonction de la qualité du dossier scolaire du candidat. L'étudiant doit acquérir, dès la première session, un équipement configuré selon les directives émises. L'étudiant doit obligatoirement être inscrit à temps complet durant les deux premières années du programme.*

McGill : DEC en Sciences de la nature **OU** DEC intégré ou l'équivalent et Mathématiques NYA, NYB, NYC (00UN, 00UP, 00UQ); Physique NYA, NYB, NYC (00UR, 00US, 00UT); Chimie NYA, NYB (00UL, 00UM).

Montréal : DEC en Sciences de la nature, en Sciences humaines, en Sciences informatiques et mathématiques ou en Histoire et civilisation et avoir atteint l'objectif 022P (Méthodes quantitatives) **OU** DEC technique en Technologie de l'architecture ou en Technologie du génie civil **OU** DEC ou l'équivalent et Mathématiques 337 (103 et 203 ou 103 et 307 ou 360-300) **OU** avoir réussi 24 crédits de niveau universitaire autres que des crédits obtenus dans le cadre de cours préparatoires aux études universitaires.

Endroits de formation (voir p. 422)

	Contingentement	Coop	Cote R*
Laval	■	☐	28.664
McGill	■	☐	—
Montréal	■	☐	29.947

** Le nombre inscrit indique la **Cote R** qui a été utilisée pour l'admission de l'année 2009 ou 2010 par l'université concernée.*

Profession reliée

C.N.P.
2151 Architecte

Endroits de travail

– À son compte
– Bureaux d'architectes
– Bureaux d'ingénieurs
– Gouvernements fédéral et provincial
– Municipalités

Salaire

Le salaire hebdomadaire moyen est de 704 $ (janvier 2009).

Remarques

– Pour exercer la profession et porter le titre d'architecte, il faut être titulaire d'une maîtrise, détenir un permis d'exercice et être membre de l'Ordre des architectes du Québec.
– Pour obtenir une reconnaissance professionnelle, les candidats devront, pendant deux ans, travailler sous la surveillance d'architectes approuvés par l'Ordre. Après leur stage, ils devront réussir les examens de pratique requis par l'Ordre.

SCIENCES APPLIQUÉES

STATISTIQUES D'EMPLOI	2005	2007	2009
Nb de personnes diplômées	200	155	197
% en emploi	50,0 %	38,5 %	34,2 %
% à temps plein	95,5 %	87,5 %	74,0 %
% lié à la formation	85,7 %	94,3 %	94,6 %

BAC 8 TRIMESTRES

CUISEP 217-100

Compétences à acquérir

– Concevoir des plans d'aménagements paysagers et intervenir sur leurs différentes composantes à l'échelle microlocale, locale et régionale.
– Protéger et gérer les milieux naturels comme les champs, les rivières et les littoraux.
– Mettre en valeur les caractéristiques précises d'un paysage.
– Valoriser les aspects culturels d'un site.
– Faire des études d'impacts visuels et environnementaux de grands projets.

Éléments du programme

– Design avec les végétaux
– Dimension psychosociologique
– Géomatique et paysage
– Matériaux et assemblage
– Méthodologie et processus
– Nivellement et drainage
– Problématique et enjeux du paysage
– Processus et design

Admission (voir p. 21 G)

DEC en Sciences de la nature, en Sciences humaines, en Sciences informatiques et mathématiques ou en Histoire et civilisation **ET** avoir atteint l'objectif 022P (méthodes quantitatives).
OU
DEC technique parmi les suivants : Horticulture ornementale, Techniques d'aménagement du territoire, Technologie de l'architecture, Technologie du bâtiment et des travaux publics, Technologie du génie civil ou Technologie forestière.
OU
DEC ou l'équivalent et Mathématiques 337 ou (103 et 203) ou (103 et 307) ou 360-300.
OU
Avoir réussi 24 crédits de niveau universitaire autres que des crédits obtenus dans le cadre de cours préparatoires aux études universitaires.

Endroit de formation (voir p. 422)

	Contingentement	Coop	Cote R*
Montréal	■	☐	25.045

* Le nombre inscrit indique la **Cote R** qui a été utilisée pour l'**admission de l'année 2009 ou 2010** par l'université concernée.

Professions reliées

C.N.P.
2152   Architecte paysagiste
2153   Designer de l'environnement

Endroits de travail

– À son compte
– Bureaux d'architectes
– Entrepreneurs paysagistes
– Municipalités

Salaire

Le salaire hebdomadaire moyen est de 638 $ (janvier 2009).

Remarque

Pour devenir membre de l'Association des architectes paysagistes du Québec, il faut avoir compléter deux années de stage chez un architecte paysagiste.

SCIENCES APPLIQUÉES

STATISTIQUES D'EMPLOI	2005	2007	2009
Nb de personnes diplômées	13	32	25
% en emploi	75,0 %	66,7 %	70,6 %
% à temps plein	100 %	91,7 %	83,3 %
% lié à la formation	83,3 %	90,9 %	80,0 %

15909 Design d'intérieur

BAC 6 TRIMESTRES

CUISEP 217-300

Compétences à acquérir

– Comprendre et appliquer les notions relatives aux interrelations personnes et éléments physiques du milieu.
– Concevoir des aménagements à la fois esthétiques et fonctionnels.
– Résoudre les problèmes d'occupation et de transformation de l'espace.
– Superviser la réalisation des travaux et s'assurer de leur conformité avec les plans.

Éléments du programme

– Climat et physique du bâtiment
– Conception assistée par ordinateur (CAO)
– Couleur et lumière en design industriel
– Ergonomie
– Expression 2D et 3D
– Fondements conceptuels
– Formes et couleurs
– Histoire du design d'intérieur
– Matériaux et méthodes
– Stage
– Stratégies de design

Admission (voir p. 21 G)

DEC en Sciences de la nature, en Sciences humaines, en Sciences informatiques et mathématiques ou en Histoire et civilisation **ET** avoir atteint l'objectif 022P (Méthodes quantitatives).

OU

DEC technique parmi les suivants : Techniques de design d'intérieur, Techniques de design industriel ou Technologie de l'architecture.

OU

DEC ou l'équivalent et Mathématiques 337 ou (103 et 307) ou (103 et 203) ou 360-300.

OU

Avoir réussi 24 crédits de niveau universitaire autres que des crédits obtenus dans le cadre de cours préparatoires aux études universitaires.

ET

Présenter un portfolio, un curriculum vitæ et une lettre de motivation personnelle. Se soumettre, s'il y a lieu, à toute entrevue d'admission exigée par l'École de design industriel.

Endroit de formation (voir p. 422)

	Contingentement	Coop	Cote R*
Montréal	■	☐	26,417

* Le nombre inscrit indique la **Cote R** qui a été utilisée pour l'**admission de l'année 2009 ou 2010** par l'université concernée.

Profession reliée

C.N.P.
5242   Designer d'intérieur

Endroits de travail

– À son compte
– Entreprises de décoration intérieure
– Firmes d'architectes

Salaire

Le salaire hebdomadaire moyen est de 634 $ (janvier 2007).

Remarque

L'adhésion à la Société des designers d'intérieur du Québec est fortement recommandée.

STATISTIQUES D'EMPLOI	2005	2007	2009
Nb de personnes diplômées	127	145	—
% en emploi	60,0 %	67,9 %	—
% à temps plein	84,4 %	87,7 %	—
% lié à la formation	63,2 %	62,0 %	—

BAC 6 TRIMESTRES

Compétences à acquérir

– Résoudre les problèmes d'occupation et de transformation de l'espace.
– Comprendre et appliquer les notions relatives aux interrelations personnes et éléments physiques du milieu dans le but de concevoir des aménagements harmonieux, qu'il s'agisse d'un environnement urbain, scolaire, hospitalier, commercial, résidentiel ou autre.

Éléments du programme

– Design architectural, industriel et urbain
– Design et informatique
– Design international
– Dessin d'observation
– Dessin et conception
– Espace humain
– Formes et composition

Admission (voir p. 21 G)

DEC ou l'équivalent.

Endroit de formation (voir p. 422)

	Contingentement	Coop	Cote R*
UQAM	■	☐	24.600

** Le nombre inscrit indique la **Cote R** qui a été utilisée pour l'admission de l'année 2009 ou 2010 par l'université concernée.*

Professions reliées

C.N.P.
2152	Architecte paysagiste
2242	Conseiller en gestion de l'espace
2153	Designer architectural
5242	Designer d'intérieur
2153	Designer de l'environnement
5254	Dessinateur de parcours équestres
4161	Ergonomiste

Endroits de travail

– À son compte
– Ateliers de design
– Bureaux d'architectes
– Entreprises diverses
– Gouvernements fédéral et provincial
– Industrie du meuble
– Municipalités

Salaire

Le salaire hebdomadaire moyen est de 673 $ (janvier 2009).

Remarques

– L'adhésion à la Société des designers d'intérieur du Québec est fortement recommandée.
– Le programme, lorsque combiné à une maîtrise professionnelle en Architecture, permet l'accès à l'Ordre des architectes du Québec.
– L'Université de Montréal offre une mineure en Design des jardins.

SCIENCES APPLIQUÉES

STATISTIQUES D'EMPLOI	2005	2007	2009
Nb de personnes diplômées	127	145	172
% en emploi	60,0 %	67,9 %	64,9 %
% à temps plein	84,4 %	87,7 %	87,8 %
% lié à la formation	63,2 %	62,0 %	76,9 %

Compétences à acquérir

– Concevoir des objets variés (meubles, accessoires ménagers, véhicules, emballages) qui seront fabriqués en série.
– Déterminer les besoins et les objectifs de la clientèle.
– Faire des études de marché.
– Réaliser les dessins et les prototypes.
– Établir le choix des matériaux en fonction de buts visés.

Éléments du programme

– Design
– Dessin et infographie
– Écologie industrielle
– Ergonomie
– Géométrie
– Matériaux
– Méthodologie du design

Admission (voir p. 21 G)

DEC en Sciences de la nature, en Sciences humaines, en Sciences informatiques et mathématiques ou en Histoire et civilisation **ET** avoir atteint l'objectif 022P (Méthodes quantitatives).
OU
DEC technique parmi les suivants : Techniques de design d'intérieur, Techniques de design industriel ou Technologie de l'architecture.
OU
DEC ou l'équivalent et Mathématiques 337 ou (103 et 203) ou (103 et 307) ou 360-300.
OU
Avoir réussi 24 crédits de niveau universitaire autres que des crédits obtenus dans le cadre de cours préparatoires aux études universitaires.
ET
Présenter un curriculum vitæ et une lettre de motivation personnelle. S'il y a lieu, se présenter à toute entrevue exigée par l'École de design industriel.

Endroit de formation (voir p. 422)

	Contingentement	Coop	Cote R*
Montréal	■	☐	23.762

* Le nombre inscrit indique la **Cote R** qui a été utilisée pour l'admission de l'année **2009 ou 2010** par l'université concernée.

Profession reliée

C.N.P.
2252   Designer industriel

Endroits de travail

– À son compte
– Bureaux d'architectes
– Entreprises diverses (transport, signalisation, etc.)
– Établissements d'enseignement collégial
– Firmes spécialisées dans la réalisation d'expositions
– Industrie manufacturière
– Municipalités

Salaire

Le salaire hebdomadaire moyen est de 625 $ (janvier 2003).

Statistiques d'emploi

Données non disponibles.

Études urbaines / Urbanisme / Geography – Urban Systems / Urban Planning / Urban Studies

BAC 6 TRIMESTRES   **CUISEP 621-000**

Compétences à acquérir

– Analyser et synthétiser des problématiques urbaines.
– Analyser l'impact des projets urbains sur l'environnement naturel et sur la santé financière des collectivités.
– Élaborer des politiques et des projets d'aménagement et de développement.
– Concevoir des processus de consultation et de concertation avec divers intervenants.
– Mettre au point des outils et des stratégies de protection du patrimoine architectural, de revitalisation des quartiers, de conservation de l'environnement, de mise en valeur des ressources du milieu.
– Tracer des plans et des schémas d'aménagement.
– Assister à l'élaboration d'instruments d'application tels que les réglementations d'urbanisme et la planification de programmes d'équipements collectifs.

Éléments du programme

– Cadre législatif en urbanisme
– Économie et aménagement
– Étude du milieu urbain
– Géomatique
– Techniques de représentation
– Techniques statistiques en urbanisme

Admission (voir p. 21 G)

Concordia, UQAM : DEC ou l'équivalent.
Montréal : DEC ou l'équivalent **OU** avoir réussi 24 crédits de niveau universitaire autres que des crédits obtenus dans le cadre de cours préparatoires aux études universitaires.

Endroits de formation (voir p. 422)

	Contingentement	Coop	Cote R*
Concordia	☐	☐	—
Montréal	■	☐	25.084
UQAM	☐	☐	—

*Le nombre inscrit indique la **Cote R** qui a été utilisée pour l'admission de l'année 2009 ou 2010 par l'université concernée.*

Professions reliées

C.N.P.
6463   Inspecteur municipal
2153   Urbaniste

Endroits de travail

– Établissements d'enseignement universitaire
– Firmes d'urbanisme
– Gouvernements fédéral et provincial
– Municipalités

Salaire

Le salaire hebdomadaire moyen est de 763 $ (janvier 2009).

Remarques

– Pour porter le titre d'urbaniste, il faut être membre de l'Ordre des urbanistes du Québec.
– L'Université de Montréal offre également une mineure en Urbanisme.
– L'Université du Québec à Montréal (UQAM) offre deux concentrations : Formation régulière et Formation internationale. Elle offre également une majeure et une mineure en Études urbaines, une mineure en Urbanisme opérationnel et une mineure en Patrimoine urbain.

STATISTIQUES D'EMPLOI			
	2005	2007	2009
Nb de personnes diplômées	45	70	98
% en emploi	66,7 %	55,0 %	80,3 %
% à temps plein	85,0 %	90,9 %	91,2 %
% lié à la formation	58,8 %	55,0 %	73,1 %

PROGRAMMES D'ÉTUDES	PAGES
Génie aérospatial	86
Génie biomédical	87
Génie biotechnologique	88
Génie chimique / Chemical Engineering	89
Génie civil / Civil Engineering	91
Génie de la construction	93
Génie de la production automatisée	94
Génie des eaux	95
Génie des matériaux et de la métallurgie / Materials Engineering	96
Génie des mines / Génie des mines et de la minéralurgie / Génie minier / Mining Engineering	97
Génie des systèmes électromécaniques / Génie électromécanique	98
Génie du bâtiment / Building Engineering	99
Génie du bois	100
Génie électrique / Electrical Engineering	101
Génie géologique	103
Génie industriel / Industrial Engineering	104
Génie mécanique / Mechanical Engineering	105
Génie microélectronique	107
Génie physique	108

Compétences à acquérir

– Participer aux phases de conception, de développement, d'essai et de production d'aéronefs et de véhicules spatiaux ainsi que des pièces associées.
– Développer des produits et des systèmes aéronautiques complexes.
– Concevoir des systèmes d'ingénierie en utilisant les techniques et les outils les plus récents.
– Gérer des projets d'ingénierie.
– Concevoir, réaliser et analyser des essais expérimentaux.

Éléments du programme

– Calcul scientifique pour ingénieur
– Probabilités et statistiques
– Structure aéronautique

Admission (voir p. 21 G)

DEC en Sciences appliquées, en Sciences de la nature ou en Sciences informatiques et mathématiques.
OU
DEC dans la famille des techniques physiques et Mathématiques NYA (cours de mise à niveau disponible à l'université); Physique NYA, NYB; Chimie NYA.
OU
DEC et Mathématiques NYA, NYB, NYC; Physique NYA, NYB; Chimie NYA.

Endroit de formation (voir p. 422)

	Contingentement	Coop	Cote R*
Polytechnique	■	☐	29.300

** Le nombre inscrit indique la **Cote R** qui a été utilisée pour l'admission de l'année 2009 ou 2010 par l'université concernée.*

Professions reliées

C.N.P.
2133   Ingénieur électricien (électronique)
2146   Ingénieur en aéronautique
2146   Ingénieur en aérospatiale
2132   Ingénieur en mécanique

Endroits de travail

– Compagnies aériennes
– Établissements d'enseignement universitaire
– Gouvernement fédéral
– Industrie aérospatiale
– Industrie des aéronefs et des pièces d'aéronefs

Salaire

Donnée non disponible.

Statistiques d'emploi

Données non disponibles.

Compétences à acquérir

– Appliquer des principes du génie à l'étude, la modification et le contrôle des systèmes biologiques, ainsi qu'à la conception et la fabrication de produits pour la surveillance des fonctions physiologiques et pour l'assistance au diagnostic et au traitement de patients.
– Travailler en étroite collaboration avec des professionnels de plusieurs disciplines : médecins, chirurgiens, biologistes, biochimistes, pharmacologistes, physiothérapeutes, dentistes, infirmières, etc.

Éléments du programme

– Algèbre linéaire
– Biochimie pour l'ingénieur
– Biologie moléculaire et cellulaire pour l'ingénieur
– Calcul 1 et 2
– Circuits électriques
– Équations différentielles
– Introduction aux projets de génie biomédical
– Matériaux
– Mécanique pour l'ingénieur
– Programmation procédurale

Admission (voir p. 21 G)

DEC en Sciences, en Sciences appliquées, en Sciences de la nature ou en Sciences informatiques et mathématiques.
OU
DEC dans la famille des techniques physiques et Mathématiques NYB, NYC (cours de mise à niveau disponible à l'université); Physique NYA et NYB; Chimie NYA.
OU
DEC et Mathématiques NYA, NYB, NYC; Physique NYA, NYB; Chimie NYA, NYB.

Endroit de formation (voir p. 422)

	Contingentement	Coop	Cote R*
Polytechnique	■	☐	31.600

** Le nombre inscrit indique la **Cote R** qui a été utilisée pour l'admission de l'année 2009 ou 2010 par l'université concernée.*

Profession reliée

C.N.P.
2148   Ingénieur biomédical

Endroits de travail

– Agences gouvernementales
– Centres de recherche
– Fabricants d'appareils biomédicaux
– Firmes de génie-conseil
– Hôpitaux
– Universités

Salaire

Le salaire hebdomadaire moyen est de 780 $ (janvier 2009).

Remarques

– L'École de technologie supérieure (ÉTS) offre un certificat en Génie des technologies de la santé et un certificat en Technologies biomédicales – Instrumentation électronique.
– L'Université McGill offre une mineure en Biomedical Engineering.

STATISTIQUES D'EMPLOI	2005	2007	2009
Nb de personnes diplômées	—	—	13
% en emploi	—	—	77,8 %
% à temps plein	—	—	85,7 %
% lié à la formation	—	—	66,7 %

SCIENCES APPLIQUÉES

Compétences à acquérir

- Développer et mettre en pratique des procédés bio-industriels en tenant compte des exigences liées à la culture des organismes vivants et des produits qu'ils synthétisent.
- Acquérir une formation de base en mathématiques, en physique, en chimie, en biochimie, en biologie des organismes, en microbiologie, en biologie cellulaire et moléculaire.
- Acquérir en biologie moléculaire et en biochimie la formation pratique nécessaire à une conception juste de l'approche expérimentale.
- Acquérir une formation scientifique approfondie sur les propriétés des organismes utilisés en biotechnologie ainsi que sur les propriétés des molécules d'intérêt biotechnologique.
- Comprendre et analyser d'un point de vue mathématique les phénomènes physicochimiques ayant lieu dans des processus et des procédés biotechnologiques.
- Analyser, simuler, concevoir, mettre à l'échelle et opérer des procédés en biotechnologie.
- Intégrer les connaissances dictées par la nature biologique des organismes et des produits qu'ils synthétisent dans la conception des procédés biotechnologiques.
- Participer aux étapes de la conception des organismes recombinants ou des molécules à produire dans l'esprit du génie simultané.
- Agir d'une manière créative sur des problèmes de procédés biotechnologiques concrets et les appliquer en recherche ou sur le marché du travail.
- Prendre conscience des implications légales et éthiques de la biotechnologie et du génie biotechnologique.
- Être sensibilisé aux aspects économiques du génie biotechnologique.

Éléments du programme

- Biochimie générale I
- Biochimie métabolique
- Biologie cellulaire
- Biologie des organismes
- Biologie moléculaire
- Chimie des macromolécules
- Design des procédés biotechnologiques
- Génétique et biologie moléculaire
- Informatique pour ingénieurs
- Introduction à la chimie organique
- Introduction en génie biotechnologique
- Matériaux et biomatériaux
- Microbiologie
- Normes BPF-BPL, sécurité et biosécurité
- Phénomènes d'échanges
- Projets d'intégration
- Régulation des procédés biotechnologiques
- Simulation des procédés biotechnologiques
- Thermodynamique
- Travaux pratiques

Admission (voir p. 21 G)

DEC ou l'équivalent et Mathématiques NYA, NYB, NYC (00UN, 00UP, 00UQ); Physique NYA, NYB, NYC (00UR, 00US, 00UT); Chimie NYA, NYB (00UL, 00UM); Biologie NYA (00UK).

OU

DEC dans la famille des techniques physiques ou l'équivalent et Mathématiques NYA, NYB, NYC (00UN, 00UP, 00UQ); Physique NYA, NYB, NYC (00UR, 00US, 00UT); Chimie NYA (00UL), Biologie NYA (00UK).

OU

DEC technique parmi les suivants : Assainissement de l'eau, Techniques de génie chimique, Techniques de laboratoire avec spécialisation *Biotechnologie* ou *Chimie analytique* ou Techniques de procédés chimiques. *N.B. : Dans ce cas, à la suite de l'analyse du dossier, les étudiants pourront se voir attribuer des substitutions ou allocations de crédits.*

Endroit de formation (voir p. 422)

	Contingentement	Coop	Cote R
Sherbrooke	■	■	—

Professions reliées

C.N.P.
- 2134 Ingénieur chimiste
- 2134 Ingénieur chimiste de la production
- 2131 Ingénieur de l'environnement
- 2134 Ingénieur en biotechnologie

Endroits de travail

- Centres de recherche
- Entreprises de distribution
- Firmes de génie-conseil
- Industrie agroalimentaire
- Industrie de la pétrochimie
- Industrie des pâtes et papiers
- Industrie des produits chimiques
- Industrie pharmaceutique

Salaire

Le salaire hebdomadaire moyen est de 1 036 $ (janvier 2009).

Remarque

Pour exercer la profession et porter le titre d'ingénieur, il faut être membre de l'Ordre des ingénieurs du Québec.

STATISTIQUES D'EMPLOI			
	2005	2007	2009
Nb de personnes diplômées	129	146	138
% en emploi	75,0 %	80,0 %	70,7 %
% à temps plein	96,7 %	97,5 %	100 %
% lié à la formation	75,9 %	82,1 %	77,4 %

BAC 7-8 TRIMESTRES   CUISEP 413/414-000

Compétences à acquérir

– Comprendre et appliquer les principes chimiques et la dynamique des réactions dans la transformation de la matière.
– Appliquer les connaissances relatives au design, à la réalisation, au fonctionnement et à la supervision d'une usine en ce qui concerne les procédés de transformation chimique.
– Gérer et optimiser les procédés de fabrication sur le plan économique et de la logistique.
– Concevoir, calculer, élaborer, mettre au point et diriger la construction et le fonctionnement d'équipements de production de produits chimiques.
– Résoudre les problèmes inhérents aux transformations chimiques.
– Contrôler la production et la qualité des produits.

Éléments du programme

– Assainissement industriel
– Calcul des réacteurs chimiques
– Matériaux de l'ingénieur
– Mathématiques de l'ingénieur
– Mécanique des fluides
– Statistiques
– Transfert de chaleur

Admission (voir p. 21 G)

DEC ou l'équivalent et Mathématiques 103, 105, 203; Physique 101, 201, 301; Chimie 101, 201; Biologie 301. **OU**
Laval : DEC en Sciences de la nature **OU** DEC et Mathématiques NYA, NYB, NYC ou 103-77, 105-77, 203-77; Physique NYA, NYB ou 101, 201; Chimie NYA, NYB ou 101, 201; Biologie NYA ou 301. *N. B. : Pour connaître les passerelles entre un DEC technique et ce programme, contacter la Faculté des sciences et de génie.*
McGill : DEC ou l'équivalent et Mathématiques NYA, NYB, NYC (00UN, 00UP, 00UQ); Physique NYA, NYB, NYC (00UR, 00US, 00UT); Chimie NYA, NYB (00UL, 00UM) **OU** DEC technique ou l'équivalent dans certaines spécialisations et avoir réussi certains cours de niveau collégial.
Polytechnique : DEC en Sciences, en Sciences appliquées, en Sciences de la nature ou en Sciences informatiques et mathématiques **OU** DEC dans la famille des techniques physiques et Mathématiques NYB, NYC (cours de mise à niveau disponible à l'université); Physique NYA et NYB; Chimie NYA **OU** DEC avec Mathématiques NYA, NYB, NYC; Physique NYA,NYB; Chimie NYA, NYB.

Sherbrooke : DEC en Sciences de la nature, cheminement baccalauréat international **OU** DEC ou l'équivalent et Mathématiques NYA, NYB, NYC (00UN, 00UP, 00UQ); Physique NYA, NYB, NYC (00UR, 00US, 00UT); Chimie NYA, NYB (00UL, 00UM); Biologie NYA (00UK) **OU** DEC dans la famille des techniques physiques ou l'équivalent et Mathématiques NYA, NYB, NYC (00UN, 00UP, 00UQ); Physique NYA, NYB, NYC (00UR, 00US, 00UT); Chimie NYA (00UL) **OU** DEC technique parmi les suivants : Assainissement de l'eau, Techniques de génie chimique, Techniques de laboratoire avec spécialisation en *Biotechnologie* ou *Chimie analytique*, Techniques de procédés chimiques ou Technologies des pâtes et papiers. *N. B. : Dans ce cas, à la suite de l'analyse du dossier, les étudiants pourront se voir attribuer des exemptions avec substitutions.* **OU** avoir complété une année en préingénierie à l'Université Bishop's.
UQTR : DEC en Sciences de la nature **OU** DEC ou l'équivalent et Mathématiques 103, 105, 203 (00UN, 00UQ, 00UP); Physique 101, 201, 301-78 (00UR, 00US, 00UT); Chimie 101, 201 (00UL, 00UM); Biologie 301 (00UK) **OU** DEC dans la famille des techniques physiques et Mathématiques 103, 105, 203 (00UN, 00UQ, 00UP); Physique 101, 201 (00UR, 00US); Chimie 101 (00UL) **OU** DEC technique et Mathématiques 103, 105, 203 (00UN, 00UQ, 00UP); Physique 101, 201 (00UR, 00US); Chimie 101, 201 (00UL, 00UM).

Endroits de formation (voir p. 422)

	Contingentement	Coop	Cote R*
Laval	☐	☐	
McGill	■	☐	27.500
Polytechnique	☐	☐	26.000
Sherbrooke	■	■	—
UQTR	☐	☐	—

** Le nombre inscrit indique la **Cote R** qui a été utilisée pour l'admission de l'année 2009 ou 2010 par l'université concernée.*

Professions reliées

C.N.P.
2134 Ingénieur chimiste
2134 Ingénieur chimiste de la production
2134 Ingénieur chimiste en recherche
2134 Ingénieur chimiste spécialiste des études et projets
2131 Ingénieur civil en écologie générale
2131 Ingénieur de l'environnement
2145 Ingénieur du pétrole
2148 Ingénieur du textile
2115 Ingénieur en transformation des matériaux composites

SCIENCES

Endroits de travail

– Bureaux d'ingénieurs
– Centres de recherche
– Établissements d'enseignement
– Gouvernements fédéral et provincial
– Industrie chimique
– Industrie des pâtes et papiers
– Industrie des produits en matière plastique
– Industrie manufacturière
– Industrie pétrolière

Salaire

Le salaire hebdomadaire moyen est de 1 036 $ (janvier 2009).

Remarques

– Différentes options sont offertes selon les établissements : Agroindustrie; Biopharmaceutique; Biotechnologie; Énergie et environnement biomédical; Génie pharmaceutique; Plasturgie; etc.
– Pour exercer la profession et porter le titre d'ingénieur, il faut être membre de l'Ordre des ingénieurs du Québec.
– Des études de 2e cycle sont nécessaires pour exercer les professions suivantes : ingénieur chimiste spécialiste des études et projets, ingénieur en écologie générale.
– L'École Polytechnique de Montréal offre le programme coopératif pour la concentration Génie biomédical. Les stages rémunérés sont obligatoires (4 mois minimum). Elle offre également un baccalauréat-maîtrise intégré (BMI) et un passage direct du baccalauréat au doctorat.
– L'Université de Sherbrooke offre les baccalauréats Génie chimique et Génie biotechnologique. Elle offre également le double baccalauréat Génie chimique et Liberal Arts offert conjointement avec l'Université Bishop's, d'une durée de quatre ans. Le régime coopératif est obligatoire. Pour le baccalauréat en Génie biotechnologique, le régime coopératif est à temps complet. L'Université offre un nouveau cheminement intégré baccalauréat-maîtrise : après la troisième année du baccalauréat, les étudiants ayant réussi 105 crédits peuvent poursuivre à la maîtrise et obtenir leur diplôme en complétant une formation de 2e cycle de 45 crédits.

STATISTIQUES D'EMPLOI			
	2005	2007	2009
Nb de personnes diplômées	129	146	138
% en emploi	75,0 %	80,0 %	70,7 %
% à temps plein	96,7 %	97,5 %	100 %
% lié à la formation	75,9 %	82,1 %	77,4 %

BAC 7-8 TRIMESTRES   CUISEP 453-000

Compétences à acquérir

– Concevoir, rénover et entretenir les routes, les structures pour les ponts, les aéroports, les voies de circulation ou les édifices.
– Concevoir des aménagements pour les cours d'eau ou les réseaux d'eau potable et construire des infrastructures qui ont une incidence sur la qualité de vie des gens.
– Proposer l'utilisation de nouveaux matériaux.
– Planifier, diriger et superviser la réalisation des travaux.
– Gérer des projets.
– Faire des recherches et des études dans le but d'améliorer les méthodes de travail et de favoriser l'emploi de procédés et de matériaux nouveaux.

Éléments du programme

– Charpentes métalliques
– Fondations
– Hydrologie
– Mécanique des sols
– Structures
– Topométrie appliquée au génie

Admission (voir p. 21 G)

DEC ou l'équivalent et Mathématiques 103, 105, 203; Physique 101, 201, 301; Chimie 101, 201; Biologie 301. **OU**

Concordia : DEC ou l'équivalent et Mathématiques 103 ou 201-NYA, 203 ou 201-NYB, 105 ou 201-NYC; Physique 101 ou 203-NYA, 201 ou 203-NYB; Chimie 101 ou 202-NYA.

Laval : DEC en Sciences de la nature ou en Sciences informatiques et mathématiques **OU** DEC et Mathématiques NYA, NYB, NYC ou 103-77, 105-77, 203-77; Physique NYA, NYB, NYC ou 101, 201, 301; Chimie NYA ou 101; Biologie NYA ou 301. *N.B. : Pour connaître les passerelles entre un DEC technique et ce programme, contacter la Faculté des sciences et de génie.*

McGill : DEC ou l'équivalent et Mathématiques NYA, NYB, NYC (00UN, 00UP, 00UQ); Physique NYA, NYB, NYC (00UR, 00US, 00UT); Chimie NYA, NYB (00UL, 00UM) **OU** DEC technique ou l'équivalent dans certaines spécialisations et avoir réussi certains cours de niveau collégial.

Polytechnique : DEC en Sciences, en Sciences appliquées, en Sciences de la nature ou en Sciences informatiques et mathématiques **OU** DEC dans la famille des techniques physiques et Mathématiques NYA, NYB, NYC; Physique NYA, NYB NYC; Chimie NYA, NYB (cours de mise à niveau disponible à l'université) **OU** DEC technique et Mathématiques NYA, NYB, NYC; Physique NYA, NYB; Chimie NYA.

Sherbrooke : DEC en Sciences informatiques et mathématiques **OU** DEC ou l'équivalent et Mathématiques NYA, NYB, NYC (00UN, 00UP, 00UQ); Physique NYA, NYB, NYC (00UR, 00US, 00UT); Chimie NYA, NYB (00UL, 00UM); Biologie NYA (00UK) **OU** DEC dans la famille des techniques physiques ou l'équivalent et Mathématiques NYA, NYB, NYC (00UN, 00UP, 00UQ); Physique NYA, NYB, NYC (00UR, 00US, 00UT); Chimie NYA (00UL) **OU** DEC technique parmi les suivants : Assainissement de l'eau, Exploitation, Géologie appliquée, Minéralurgie, Techniques d'aménagement et d'urbanisme, Technologie de l'architecture, Technologie de l'estimation et de l'évaluation en bâtiment, Technologie de la géomatique ou Technologie du génie civil. *N.B. : Dans ce cas, à la suite de l'analyse du dossier, les étudiantes et étudiants pourront se voir attribuer des substitutions **OU** avoir complété une année en préingénierie à l'Université Bishop's.*

UQAC : DEC en Sciences de la nature **OU** DEC ou l'équivalent et Mathématiques NYA, NYB, NYC; Physique NYA, NYB, NYC; Chimie NYA, NYB, NYC; Biologie NYA **OU** DEC dans la famille des techniques physiques. *N.B. : Les étudiants admis sur cette base seront soumis à un cheminement particulier. Se référer au site Web de l'université.*

Endroits de formation (voir p. 422)

	Contingentement	Coop	Cote R*
Concordia	■	■	24.000
Laval	☐	☐	—
McGill	■	☐	27.800
Polytechnique	☐	☐	26.000
Sherbrooke	■	■	26.000
UQAC	☐	☐	—

* Le nombre inscrit indique la Cote R qui a été utilisée pour l'admission de l'année 2009 ou 2010 par l'université concernée.

SCIENCES APPLIQUÉES

(SUITE)

Professions reliées

C.N.P.

0711	Entrepreneur en travaux publics
2131	Ingénieur civil
2131	Ingénieur civil des ressources hydriques
2131	Ingénieur civil en écologie générale
2131	Ingénieur de l'environnement
2131	Ingénieur hydraulicien
2131	Officier de génie militaire

Endroits de travail

– Entrepreneurs en construction
– Entrepreneurs en travaux publics
– Établissements d'enseignement
– Firmes d'ingénieurs
– Firmes d'urbanistes
– Forces armées canadiennes
– Gouvernements fédéral et provincial
– Municipalités

Salaire

Le salaire hebdomadaire moyen est de 1 011 $ (janvier 2009).

Remarques

– Différentes options sont offertes selon les établissements : Charpente et génie géotechnique; Environnement et ressources hydriques; Informatique; Infrastructure routière; Qualité, structure et construction; Systèmes urbains et environnement; etc.
– Pour exercer la profession et porter le titre d'ingénieur, il faut être membre de l'Ordre des ingénieurs du Québec.
– Des études de 2e cycle sont nécessaires pour exercer la profession suivante : ingénieur civil en écologie générale.
– L'École Polytechnique de Montréal offre un baccalauréat-maîtrise intégré (BMI) et un passage direct du baccalauréat au doctorat. Les stages rémunérés sont obligatoires (4 mois).
– L'Université de Sherbrooke offre un double baccalauréat en Génie civil et Liberal Arts, offert conjointement avec l'Université Bishop's. Le baccalauréat en Génie civil permet quatre types de cheminements : sans concentration en Génie de l'environnement, avec concentration en Ouvrages d'art et bâtiment et le quatrième conduisant à un double diplôme avec l'Université Bishop's. L'Université offre un nouveau cheminement intégré baccalauréat-maîtrise : après la troisième année du baccalauréat, les étudiants ayant réussi 105 crédits peuvent poursuivre à la maîtrise et obtenir leur diplôme en complétant une formation de 2e cycle de 45 crédits.
– L'Université du Québec à Chicoutimi (UQAC) offre la possibilité de faire des stages rémunérés dans le cadre de ce programme.

SCIENCES APPLIQUÉES

STATISTIQUES D'EMPLOI			
	2005	2007	2009
Nb de personnes diplômées	178	268	403
% en emploi	85,0 %	81,1 %	88,3 %
% à temps plein	100 %	97,9 %	100 %
% lié à la formation	90,2 %	96,4 %	93,1 %

BAC 7 TRIMESTRES

CUISEP 453-000

Compétences à acquérir

- Analyser, concevoir, planifier et contrôler les opérations des projets de construction.
- Diriger et gérer les travaux de construction.
- Faire la conception de solutions et de procédés techniques liés à la réalisation de projets de construction (structures, routes, bâtiments, hydraulique, géotechnique, etc.) et à la gestion des travaux.

Éléments du programme

- Calcul différentiel et intégral
- Chimie et matériaux
- Construction lourde
- Électricité et magnétisme
- Résistances des matériaux et des structures
- Statistique et dynamique
- Structures métalliques

Admission (voir p. 21 G)

DEC technique parmi les suivants : Assainissement de l'eau, Environnement, hygiène et sécurité au travail, Exploitation, Géologie appliquée, Minéralurgie, Techniques d'aménagement et d'urbanisme, Techniques de transformation des matériaux composites, Technologie d'architecture navale, Technologie de l'architecture, Technologie de l'estimation et de l'évaluation en bâtiment, Technologie de la géomatique, Technologie de la mécanique du bâtiment, Technologie du génie agromécanique ou Technologie du génie civil. *N.B. : L'étudiant se verra prescrire un cheminement personnalisé en mathématiques et en sciences à la suite d'un test diagnostique.*

Endroit de formation (voir p. 422)

	Contingentement	Coop	Cote R
ÉTS	☐	■	—

Professions reliées

C.N.P.

2131	Ingénieur civil
2131	Ingénieur civil des ressources hydriques
2131	Ingénieur civil en écologie générale
2131	Officier de génie militaire

Endroits de travail

- À son compte
- Entrepreneurs en construction
- Firmes de consultants
- Gouvernements fédéral et provincial
- Municipalités

Salaire

Le salaire hebdomadaire moyen est de 1 011 $ (janvier 2009).

Remarque

Pour exercer la profession et porter le titre d'ingénieur, il faut être membre de l'Ordre des ingénieurs du Québec.

SCIENCES APPLIQUÉES

STATISTIQUES D'EMPLOI	2005	2007	2009
Nb de personnes diplômées	178	268	403
% en emploi	85,6 %	81,1 %	88,3 %
% à temps plein	100 %	97,9 %	100 %
% lié à la formation	90,2 %	96,4 %	93,1 %

Compétences à acquérir

– Concevoir et modifier les systèmes de production en vue d'informatiser et d'automatiser la production de façon partielle ou totale.
– Superviser la production.
– Planifier l'aménagement sur tous les plans, incluant l'aspect économique.
– Appliquer les techniques d'automatisation mécanique, informatique et électronique.

Quatre concentrations sont offertes :
Informatique industrielle; Production aéronautique; Système manufacturier; Technologie de la santé.

Éléments du programme

– Assurance de la qualité
– Conception et simulation de circuits électroniques
– Ergonomie et sécurité en milieu de travail
– Fabrication assistée par ordinateur (FAO)
– Rentabilité des projets
– Robots industriels

Admission (voir p. 21 G)

Pour le profil d'accueil « Électricité » : DEC technique parmi les suivants : Techniques de l'avionique, Technologie de conception en électronique, Technologie de l'électronique, Technologie de l'électronique industrielle, Technologie des systèmes ordinés ou Technologie physique.

Pour le profil d'accueil « Informatique » : DEC technique en Techniques de l'informatique.

N. B. : L'étudiant se verra prescrire un cheminement personnalisé en mathématiques et en sciences à la suite d'un test diagnostique.

Pour le profil d'accueil « Mécanique » : DEC technique parmi les suivants : Techniques d'orthèses et de prothèses orthopédiques, Techniques de construction aéronautique, Techniques de génie mécanique, Techniques de génie mécanique de marine, Techniques de maintenance d'aéronefs, Technologie d'architecture navale, Technologie de maintenance industrielle, Transformation des matériaux composites ou Transformation des matières plastiques.

Pour le profil d'accueil « Production » : DEC technique parmi les suivants : Techniques de procédés chimiques, Techniques de la production manufacturière, Techniques du meuble et de l'ébénisterie, Technologie de la transformation des aliments, Technologie de la transformation des produits forestiers, Technologie du génie agromécanique ou Technologie du génie industriel.

Endroit de formation (voir p. 422)

	Contingentement	Coop	Cote R
ÉTS	☐	■	—

Professions reliées

C.N.P.
2141	Auditeur – qualité
0911	Directeur de production des matières premières
0911	Directeur de production industrielle
2148	Ingénieur-conseil
2141	Ingénieur de la production automatisée
2141	Ingénieur des méthodes de production
2141	Ingénieur des techniques de fabrication
2141	Ingénieur du contrôle de la qualité industrielle
2146	Ingénieur en aérospatiale
2141	Ingénieur industriel

Endroits de travail

– Firmes d'ingénieurs
– Gouvernements fédéral et provincial
– Industrie aéronautique
– Industrie de l'automobile
– Industrie de la robotique
– Industrie manufacturière

Salaire

Le salaire hebdomadaire moyen est de 983 $ (janvier 2009).

Remarques

– Pour exercer la profession et porter le titre d'ingénieur, il faut être membre de l'Ordre des ingénieurs du Québec.
– Des études de 2e cycle sont nécessaires pour exercer la profession suivante : ingénieur en aérospatiale.

SCIENCES APPLIQUÉES

STATISTIQUES D'EMPLOI			
	2005	2007	2009
Nb de personnes diplômées	191	223	228
% en emploi	85,5 %	84,9 %	92,7 %
% à temps plein	100 %	98,3 %	99,3 %
% lié à la formation	85,0 %	85,3 %	90,6 %

BAC 6 TRIMESTRES

Compétences à acquérir

– Participer activement à la gestion intégrée des ressources en eau dans un but de protection de la santé, de la sécurité et du bien-être du public.
– Protéger, réhabiliter, exploiter, gérer et préserver les ressources en eau et du milieu aquatique, à court et à long terme.
– Prévenir la pollution et l'altération de l'environnement.
– Travailler en étroite collaboration avec les différents spécialistes.
– Participer au développement et à l'application de politiques et de réglementations dans le domaine de l'eau et de l'environnement, et ce, à l'échelle locale, régionale, nationale et internationale.

Éléments du programme

– Chimie des eaux
– Écologie et environnement
– Hydrogéologie
– Hydrologie
– Impacts environnementaux
– Mathématiques de l'ingénieur
– Mécanique des sols
– Microbiologie de l'ingénieur
– Probabilités et statistiques
– Traitement de l'eau

Admission (voir p. 21 G)

DEC en Sciences de la nature **OU** tout autre DEC et Mathématiques 103, 105, 203 (NYA, NYB, NYC); Physique 101, 201 (NYA, NYB); Chimie 101, 201 (NYA, NYB); Biologie 301 (NYA) **OU** DEC technique comportant une spécialisation dans le domaine des sciences appliquées, des sciences pures ou du génie, une combinaison particulière de cours préalables.

Endroit de formation (voir p. 422)

	Contingentement	Coop	Cote R
Laval	☐	☐	—

Professions reliées

C.N.P.
2131   Ingénieur de l'environnement
2131   Ingénieur des eaux
2131   Ingénieur en gestion des eaux
2131   Officier de génie militaire

Endroits de travail

– Firmes d'ingénieurs-conseils
– Gouvernements fédéral et provincial
– Hydro-Québec
– Industrie alimentaire
– Municipalités
– Usines d'épuration des eaux usées
– Usines de filtration des eaux potables

Salaire

Le salaire hebdomadaire moyen est de 1 011 $ (janvier 2009).

STATISTIQUES D'EMPLOI			
	2005	2007	2009
Nb de personnes diplômées	—	—	403
% en emploi	—	—	88,3 %
% à temps plein	—	—	100 %
% lié à la formation	—	—	77,4 %

Génie des matériaux et de la métallurgie / Materials Engineering

BAC 8 TRIMESTRES   CUISEP 436-000

Compétences à acquérir

– Appliquer les connaissances acquises sur les matériaux (propriétés, caractéristiques, structure, etc.) aux choix des matériaux en fonction des diverses contraintes auxquelles ils seront soumis au cours des traitements ou des transformations.
– Étudier les relations existant entre les propriétés et les comportements en service des matériaux, c'est-à-dire leur structure et les procédés de mise en œuvre.
– Travailler à la production, à la transformation, à la mise au point, à la conception et à l'utilisation de divers matériaux aux diverses étapes de réalisation (l'extraction, l'élaboration et l'utilisation), qu'il s'agisse de métaux, d'alliages divers ou de matériaux plus modernes tels que les céramiques polymères et composites.

Éléments du programme

– Calcul
– Contrôle de la qualité des matériaux et des assemblages
– Mécanique des fluides
– Métallurgie mécanique
– Probabilités et statistiques
– Recherche opérationnelle
– Résistance des matériaux
– Techniques de caractérisation des matériaux
– Thermodynamique
– Transfert de chaleur de la matière

Admission (voir p. 21 G)

DEC ou l'équivalent et Mathématiques 103, 105, 203; Physique 101, 201, 301; Chimie 101, 201; Biologie 301. **OU**
Laval : DEC en Sciences de la nature **OU** DEC et Mathématiques NYA, NYB, NYC (103-77, 105-77, 203-77); Physique NYA, NYB, NYC (101, 201, 301); Chimie NYA, NYB (101, 201). *N.B. : Pour connaître les passerelles entre un DEC technique et ce programme, contacter la Faculté des sciences et de génie.*
McGill : DEC ou l'équivalent et Mathématiques NYA, NYB, NYC (00UN, 00UP, 00UQ); Physique NYA, NYB, NYC (00UR, 00US, 00UT); Chimie NYA, NYB (00UL, 00UM) **OU** DEC technique ou l'équivalent dans certaines spécialisations et avoir réussi certains cours de niveau collégial.

Endroits de formation (voir p. 422)

	Contingentement	Coop	Cote R*
Laval	☐	◼	—
McGill	◼		26.000

** Le nombre inscrit indique la **Cote R** qui a été utilisée pour l'**admission de l'année 2009 ou 2010** par l'université concernée.*

Professions reliées

C.N.P.
2142 Ingénieur en matériaux et en métallurgie
2115 Ingénieur en métallurgie physique
2142 Ingénieur métallurgiste

Endroits de travail

– Entreprises de fabrication de produits métalliques
– Établissements d'enseignement
– Firmes d'ingénieurs
– Forces armées canadiennes
– Gouvernements fédéral et provincial
– Industrie de l'aluminium
– Industrie manufacturière
– Industrie minière
– Industrie sidérurgique
– Laboratoires

Salaire

Le salaire hebdomadaire moyen est de 1 092 $ (janvier 2009).

Remarques

– Pour exercer la profession et porter le titre d'ingénieur, il faut être membre de l'Ordre des ingénieurs du Québec.
– À l'Université Laval, le régime coopératif est obligatoire. L'université offre un certificat en Génie de la plasturgie.
– L'Université du Québec à Chicoutimi (UQAC) offre une concentration en Génie métallurgique dans le cadre du BAC en Génie unifié (ingénierie).

STATISTIQUES D'EMPLOI			
	2005	2007	2009
Nb de personnes diplômées	40	39	58
% en emploi	48,0 %	52,2 %	73,7 %
% à temps plein	100 %	100 %	100 %
% lié à la formation	75,0 %	83,3 %	82,1 %

15368 Génie des mines / Génie des mines et de la minéralurgie / Génie minier / Mining Engineering

BAC 8 TRIMESTRES CUISEP 438-000

Compétences à acquérir

– Déterminer à l'aide d'études et d'estimations la rentabilité de nouveaux gisements de minerais.
– Concevoir les plans d'aménagement des mines et des installations.
– Coordonner et superviser l'aménagement et l'exploitation des sites miniers.
– Gérer les ressources humaines et matérielles.
– Analyser les méthodes de production.
– Participer à la réalisation de grands projets de construction (métro, routes, tunnels, etc.).

Éléments du programme

– Analyse numérique
– Géomécanique
– Mathématiques de l'ingénieur
– Mécanique des roches
– Probabilités et statistiques
– Soutènement minier
– Ventilation minière

Admission (voir p. 21 G)

DEC ou l'équivalent et Mathématiques 103, 105, 203; Physique 101, 201, 301; Chimie 101, 201; Biologie 301.
OU
Laval : DEC en Sciences de la nature **OU** DEC et Mathématiques NYA, NYB, NYC (103-77, 105-77, 203-77); Physique NYA, NYB, NYC (101, 201, 301); Chimie NYA, NYB (101, 201). *N. B.: Pour connaître les passerelles entre un DEC technique et ce programme, contacter la Faculté des sciences et de génie.*
McGill : DEC ou l'équivalent et Mathématiques NYA, NYB, NYC (00UN, 00UP, 00UQ); Physique NYA, NYB, NYC (00UR, 00US, 00UT); Chimie NYA, NYB (00UL, 00UM) **OU** DEC technique ou l'équivalent dans certaines spécialisations et avoir réussi certains cours de niveau collégial.
Polytechnique : DEC en Sciences appliquées, en Sciences de la nature ou en Sciences informatiques et mathématiques **OU** DEC dans la famille des techniques physiques et Mathématiques NYA (cours de mise à niveau disponible à l'université); Physique NYA, NYB, NYC; Chimie NYA **OU** DEC et Mathématiques NYA, NYB, NYC; Physique NYA, NYB; Chimie NYA.

Endroits de formation (voir p. 422)

	Contingentement	Coop	Cote R*
Laval	☐	☐	—
McGill	■	■	26.000
Polytechnique	☐	■	26.000

** Le nombre inscrit indique la **Cote R** qui a été utilisée pour l'admission de l'année 2009 ou 2010 par l'université concernée.*

Professions reliées

C.N.P.
0911   Directeur de production des matières premières
2143   Ingénieur minier

Endroit de travail

Industrie minière

Salaire

Le salaire hebdomadaire moyen est de 1 427 $ (janvier 2009).

Remarques

→ Pour exercer la profession et porter le titre d'ingénieur, il faut être membre de l'Ordre des ingénieurs du Québec.
– L'École Polytechnique de Montréal offre un baccalauréat-maîtrise intégré (BMI) et un passage direct du baccalauréat au doctorat. Le régime coopératif est obligatoire pour le baccalauréat en Génie minier.
– À l'Université Laval, le régime coopératif est obligatoire.
– L'Université du Québec en Abitibi-Témiscamingue (UQAT) offre la première année du programme de l'École Polytechnique. Elle offre également un certificat en Électromécanique minière.

STATISTIQUES D'EMPLOI	2005	2007	2009
Nb de personnes diplômées		9	15
% en emploi	—	100 %	100 %
% à temps plein	—	100 %	100 %
% lié à la formation	—	100 %	88,9 %

Génie des systèmes électromécaniques / Génie électromécanique

BAC 8 TRIMESTRES   CUISEP 400-000

Compétences à acquérir

– Concevoir, réaliser et analyser des éléments et des systèmes du milieu industriel.
– Mesurer l'impact de la technologie et de la production industrielle sur l'homme et son environnement.

Éléments du programme

– Commandes et automatismes
– Électronique de puissance
– Éléments de robotique
– Éléments finis en mécanique des solides
– Fabrication assistée par ordinateur (FAO)
– Ingénierie, design et communication
– Réseaux de distribution électrique
– Systèmes hydrauliques et pneumatiques

Admission (voir p. 21 G)

UQAR : DEC dans la famille des techniques physiques ou l'équivalent et Mathématiques 103, 105, 203 et un cours de physique **OU** DEC ou l'équivalent et Mathématiques 103, 105, 203; Physique 101, 201, 301; Chimie 101, 201; Biologie 301.

UQAT : DEC en Sciences et les cours de la structure d'accueil en ingénierie : 101-NYA-05, 201-NYA-05, 201-NYC-05, 201-NYB-05, 203-NYA-05, 203-NYB-05, 203-NYC-05, 202-NYC-05, 202-NYB-05 **OU** DEC technique et Algèbre 201-NYC-05; Calcul différentiel 201-NYA-05; Calcul intégral 201-NYB-05; Électricité et magnétisme 203-NYC-05; Mécanique 203-NYA-05 **OU** DEC dans une discipline connexe et Calcul intégral 201-NYB-05; Chimie 202-NYA-05 ou 202-NYB-05; Électricité et magnétisme 203-NYB-05; Ondes et physique moderne 203-NYC-05; Mécanique 203-NYA-05.

Endroits de formation (voir p. 422)

	Contingentement	Coop	Cote R
UQAR	☐	☐	—
UQAT	☐	☐	—

Professions reliées

C.N.P.
4161	Agent des brevets
2141	Ingénieur des méthodes de production
2133	Ingénieur électricien (énergie)
2132	Ingénieur en mécanique (énergie)
2132	Ingénieur mécanicien
0643	Officier en génie électrique et mécanique

Endroits de travail

Différents secteurs de l'activité industrielle.

Salaire

Consulter les fiches des programmes Génie électrique (page 101) et Génie mécanique (page 105).

Remarque

Pour exercer la profession et porter le titre d'ingénieur, il faut être membre de l'Ordre des ingénieurs du Québec.

Statistiques d'emploi

Consulter les fiches des programmes Génie électrique (page 101) et Génie mécanique (page 105).

BAC 8 TRIMESTRES   CUISEP 453-000

Compétences à acquérir

– Concevoir, analyser et planifier les nombreux aspects de la construction : plans, charpentes, structures, climatisation, chauffage, éclairage et matériaux.
– Superviser la construction, la rénovation, l'exploitation ou la démolition d'ouvrages.
– Faire l'analyse et la conception des charpentes, l'estimation des coûts et la gestion des travaux.
– Travailler au contrôle du bruit, à l'isolation thermique, à l'économie des ressources, à l'énergie solaire, à la structure, aux matériaux et aux systèmes mécaniques des bâtiments.

Éléments du programme

– Acoustique du bâtiment
– Dessin de structure
– Éclairage du bâtiment
– Mécanique des fluides
– Méthodes de construction
– Statistiques
– Thermodynamique

Admission (voir p. 21 G)

DEC en Sciences de la nature **OU** DEC ou l'équivalent et Mathématiques 103 ou 201-NYA, 203 ou 201-NYB, 105 ou 201-NYC; Physique 101 ou 203-NYA, 201 ou 203-NYB; Chimie 101 ou 202-NYA.

Endroit de formation (voir p. 422)

	Contingentement	Coop	Cote R*
Concordia	■	■	24.000

* Le nombre inscrit indique la **Cote R** qui a été utilisée pour l'**admission de l'année 2009 ou 2010** par l'université concernée.

Professions reliées

C.N.P.
1235   Évaluateur agréé
2131   Ingénieur civil
2132   Ingénieur en mécanique du bâtiment

Endroits de travail

– À son compte
– Entrepreneurs en construction
– Firmes d'architectes
– Firmes d'ingénieurs
– Gouvernements fédéral et provincial
– Municipalités

Salaire

Le salaire hebdomadaire moyen est de 1 011 $ (janvier 2009).

Remarques

– Pour exercer la profession et porter le titre d'ingénieur, il faut être membre de l'Ordre des ingénieurs du Québec.
– Pour porter le titre d'évaluateur agréé, il faut être membre de l'Ordre des évaluateurs agréés du Québec.

STATISTIQUES D'EMPLOI	2005	2007	2009
Nb de personnes diplômées	178	268	403
% en emploi	85,0 %	81,1 %	88,3 %
% à temps plein	100 %	97,9 %	100 %
% lié à la formation	90,2 %	96,4 %	93,1 %

BAC 8 TRIMESTRES

Compétences à acquérir

- Planifier et diriger des travaux d'entreprises industrielles en transformation du bois.
- Travailler à la création de nouveaux produits.
- Transformer des ressources forestières en produits utilitaires.
- Appliquer des principes d'ingénierie à la transformation du bois.
- Optimiser des procédés de transformation ou d'amélioration du bois par des techniques modernes de contrôle et de gestion.
- Concevoir et commercialiser de nouveaux produits.

Éléments du programme

- Anatomie et structure du bois
- Botanique forestière
- Laboratoire de physique et mécanique du bois
- Sciages, placages et contreplaqués
- Séchage et préservation
- Stages coopératifs rémunérés (4 sessions)
- Statique et résistance des matériaux
- Transformation du bois

Admission (voir p. 21 G)

DEC en Sciences de la nature **OU** tout autre DEC et Mathématiques NYA, NYB, NYC (103-77, 105-77, 203-77); Physique NYA, NYB, NYC (101, 201, 301); Chimie NYA, NYB (101, 201); Biologie NYA (301). *N. B. : Les titulaires d'un DEC en technologie forestière ou d'un DEC de la famille des techniques biologiques sont dispensés du cours de Biologie NYA (301).*

Endroit de formation (voir p. 422)

	Contingentement	Coop	Cote R
Laval	☐	■	—

Professions reliées

C.N.P.
0911 Directeur de production des matières premières
2122 Ingénieur forestier en sciences du bois

Endroits de travail

- Centres de recherche
- Firmes de consultation en ingénierie
- Gouvernements fédéral et provincial
- Industrie de la transformation du bois

Salaire

Le salaire hebdomadaire moyen est de 855 $ (janvier 2009).

Remarques

- Pour exercer la profession et porter le titre d'ingénieur forestier, il faut être membre de l'Ordre des ingénieurs forestiers du Québec.
- À l'Université Laval, le régime coopératif est obligatoire.

STATISTIQUES D'EMPLOI			
	2005	2007	2009
Nb de personnes diplômées	78	62	70
% en emploi	52,7 %	69,8 %	61,0 %
% à temps plein	96,6 %	96,7 %	97,2 %
% lié à la formation	92,9 %	93,1 %	85,7 %

Compétences à acquérir

- Concevoir et dessiner des plans d'équipements électriques.
- Analyser, concevoir et réaliser des systèmes électriques et informatiques.
- Superviser la construction, l'installation et le fonctionnement des équipements électriques.
- Évaluer le coût de la construction d'ouvrages et prévoir les coûts de la main-d'œuvre.
- Surveiller et coordonner le travail des divers techniciens.

Éléments du programme

- Analyse numérique pour l'ingénieur
- Électromagnétisme
- Électronique
- Mathématiques de l'ingénieur
- Physique des composantes électroniques
- Signaux et systèmes directs

Admission (voir p. 21 G)

Concordia : DEC ou l'équivalent et Mathématiques 103 ou 201-NYA, 203 ou 201-NYB,105 ou 201-NYC; Physique 101 ou 203-NYA, 201 ou 203-NYB, 301 ou 301-NYC; Chimie 101 ou 202-NYA.

ÉTS : Pour le profil d'accueil « Électrique » DEC technique parmi les suivants : Avionique, Technologie de conception électronique, Technologie de l'électronique, Technologie de l'électronique industrielle, ou Technologie physique; **Pour le profil d'accueil « Électrique et informatique » :** DEC technique en Technologie des systèmes ordinés; **Pour le profil d'accueil « Informatique » :** DEC technique en Techniques de l'informatique. *N. B. : L'étudiant se verra prescrire un cheminement personnalisé en mathématiques et en sciences à la suite d'un test diagnostique.*

Laval : DEC en Sciences de la nature **OU** DEC en Sciences informatiques et mathématiques **OU** DEC ou l'équivalent et Mathématiques NYA, NYB, NYC (103-77, 105-77, 203-77); Physique NYA, NYB, NYC (101, 201, 301); Chimie NYA (101); Biologie NYA (301). *N. B. : Pour connaître les passerelles entre un DEC technique et ce programme, contacter la Faculté des sciences et de génie.*

McGill : DEC ou l'équivalent et Mathématiques NYA, NYB, NYC (00UN, 00UP, 00UQ); Physique NYA, NYB, NYC (00UR, 00US, 00UT); Chimie NYA, NYB (00UL, 00UM) **OU** DEC technique ou l'équivalent dans certaines spécialisations et avoir réussi certains cours de niveau collégial.

Polytechnique : DEC en Sciences de la nature ou en Sciences informatiques et mathématiques **OU** DEC dans la famille des techniques physiques et Mathématiques NYA (cours de mise à niveau à l'université); Physique NYA, NYB; Chimie NYA **OU** DEC et Mathématiques NYA, NYB, NYC; Physique NYA, NYB, NYC; Chimie NYA.

Sherbrooke : DEC en Sciences informatiques et mathématiques **OU** DEC ou l'équivalent et Mathématiques NYA, NYB, NYC (00UN, 00UP, 00UQ); Physique NYA, NYB, NYC (00UR, 00US, 00UT); Chimie NYA, NYB (00UL, 00UM); Biologie NYA (00UK) **OU** DEC dans la famille des techniques physiques ou l'équivalent et Mathématiques NYA, NYB, NYC (00UN, 00UP, 00UQ), Physique NYA, NYB, NYC (00UR, 00US, 00UT), Chimie NYA (00UL) **OU** DEC technique parmi les suivants : Techniques de l'avionique, Technologie de conception électronique, Technologie de l'électronique, Technologie de l'électronique industrielle, Technologie de systèmes ordinés, Technologie physique ou l'équivalent.

UQAC : DEC en Sciences de la nature **OU** DEC ou l'équivalent et Mathématiques NYA, NYB, NYC; Physique NYA, NYB, NYC; Chimie NYA, NYB **OU** DEC dans la famille des techniques physiques. *N. B. : Les étudiants admis sur cette base seront soumis à un cheminement particulier. Se référer au site Web de l'université.*

UQAR : DEC en Sciences de la nature **OU** DEC ou l'équivalent et Mathématiques 103, 105, 203; un cours de physique; Chimie 101, 201; Biologie 301 **OU** DEC dans la famille des techniques physiques ou l'équivalent et Mathématiques 103, 105 et 203 et un cours de physique.

UQTR : DEC en Sciences de la nature **OU** DEC ou l'équivalent et Mathématiques 103, 105, 203 (00UN, 00UQ, 00UP); Physique 101, 201, 301 (00UR, 00US, 00UT); Chimie 101, 201 (00UL, 00UM); Biologie 301 (00UK) **OU** DEC dans la famille des techniques physiques et Mathématiques 103, 105, 203 (00UN, 00UQ, 00UP); Physique 101, 201 (00UR, 00US); Chimie 101, 201 (00UL, 00UM).

SCIENCES APPLIQUÉES

Endroits de formation (voir p. 422)

	Contingentement	Coop	Cote R*
Concordia	■	■	24.000
ÉTS	☐	■	—
Laval	☐	☐	—
McGill	■	☐	26.000
Polytechnique	☐	☐	26.000
Sherbrooke	■	■	—
UQAC	☐	☐	—
UQAR	☐	☐	—
UQTR	☐	☐	—

** Le nombre inscrit indique la **Cote R** qui a été utilisée pour l'admission de l'année 2009 ou 2010 par l'université concernée.*

Professions reliées

C.N.P.

2133	Ingénieur électricien (énergie)
2133	Ingénieur électronicien
2146	Ingénieur en aérospatiale
2133	Ingénieur en électrotechnique
2147	Ingénieur en informatique
2147	Ingénieur en intelligence artificielle
2132	Ingénieur en sciences nucléaires
2147	Ingénieur en télécommunication
2132	Ingénieur spécialiste des installations d'énergie
2131	Officier de génie militaire
2146	Officier en génie aérospatial
2147	Spécialiste en télécommunications (informatique)

Endroits de travail

– Centrales électriques
– Fabricants d'appareil audio et vidéo
– Firmes d'ingénieurs
– Forces armées canadiennes
– Gouvernements fédéral et provincial
– Industrie de l'avionique
– Industrie de l'informatique
– Industrie des télécommunications

Salaire

Le salaire hebdomadaire moyen est de 977 $ (janvier 2009).

Remarques

– Plusieurs concentrations sont offertes selon les établissements : Avionique; Commande industrielle; Énergie électrique; Génie biomédical; Informatique; Mécatronique; Technologie de l'information; Technologie de la santé; Télécommunications.
– Pour exercer la profession et porter le titre d'ingénieur, il faut être membre de l'Ordre des ingénieurs du Québec.
– Des études de 2e cycle sont nécessaires pour exercer les professions suivantes : ingénieur biomédical, ingénieur en aérospatiale, ingénieur en sciences nucléaires et ingénieur spécialiste des installations d'énergie.
– Le régime coopératif est obligatoire à l'École de technologie supérieure (ÉTS).
– L'École Polytechnique de Montréal offre un baccalauréat-maîtrise intégré (BMI) et un passage direct du baccalauréat au doctorat. Les stages rémunérés sont obligatoires (4 mois).
– L'Université de Sherbrooke offre un cheminement intégré baccalauréat-maîtrise : après la troisième année du baccalauréat, les étudiants ayant réussi 105 crédits peuvent poursuivre à la maîtrise et obtenir leur diplôme en complétant une formation de 2e cycle de 45 crédits. Elle offre également un cheminement en Bioingénierie à l'intérieur du baccalauréat en Génie électrique.
– L'Université du Québec à Chicoutimi (UQAC) offre la possibilité de faire des stages rémunérés dans le cadre de ce programme.

STATISTIQUES D'EMPLOI			
	2005	2007	2009
Nb de personnes diplômées	586	652	604
% en emploi	70,9 %	76,8 %	79,7 %
% à temps plein	96,3 %	98,2 %	99,0 %
% lié à la formation	72,3 %	78,8 %	84,9 %

BAC 8 TRIMESTRES

Compétences à acquérir

– Trouver des solutions aux problèmes de l'industrie minérale, de la construction et de la protection de l'environnement.
– Rechercher et évaluer les ressources minérales et énergétiques ainsi que les eaux souterraines.
– Rassembler et étudier des données relatives aux gisements de minerais, guider le choix des techniques liées à leur exploitation et des méthodes d'exploration.
– Évaluer l'impact des projets et des activités humaines sur l'environnement.
– Faire l'étude du sol et du socle en prévision de grands projets de construction (routes, tunnels, barrages et édifices).

Éléments du programme

– Géologie minière et de l'exploration
– Hydrogéologie
– Mécanique des roches appliquée
– Minéralogie
– Résistance des matériaux

Admission (voir p. 21 G)

DEC ou l'équivalent et Mathématiques 103, 105, 203; Physique 101, 201, 301; Chimie 101, 201; Biologie 301 **OU**

Laval : DEC en Sciences de la nature **OU** tout autre DEC et Mathématiques NYA, NYB, NYC (103-77, 105-77, 203-77); Physique NYA, NYB (101, 201); Chimie NYA, NYB (101, 201). *N. B. : Pour connaître les passerelles entre un DEC technique et ce programme, contacter la Faculté des sciences et de génie.*

Polytechnique : DEC en Sciences appliquées, en Sciences de la nature ou en Sciences informatiques et mathématiques **OU** DEC dans la famille des techniques physiques et Mathématiques NYA (cours de mise à niveau disponible à l'université) **OU** DEC et Mathématiques NYA, NYB, NYC; Physique NYA, NYB, NYC; Chimie NYA.

UQAC : DEC en Sciences de la nature ou l'équivalent et Mathématiques NYA, NYB, NYC; Physique NYA, NYB, NYC; Chimie NYA, NYB; Biologie NYA **OU** DEC dans la famille des Techniques physiques et Mathématiques NYA, NYB, NYC; Physique NYA, NYB; un cours de chimie et un cours de géologie ou Physique NYC.

Endroits de formation (voir p. 422)

	Contingentement	Coop	Cote R*
Laval	☐	☐	—
Polytechnique	☐	■	26.000
UQAC	☐	☐	—

** Le nombre inscrit indique la **Cote R** qui a été utilisée pour l'admission de l'année 2009 ou 2010 par l'université concernée.*

Professions reliées

C.N.P.

0911	Directeur de production des matières premières
2113	Géophysicien
2113	Géophysicien-prospecteur
2144	Hydrogéologue
2144	Ingénieur en mécanique des sols
2144	Ingénieur géologue

Endroits de travail

– Entrepreneurs en construction
– Firmes d'ingénieurs
– Gouvernements fédéral et provincial
– Industrie minière
– Industrie pétrolière

Salaire

Le salaire hebdomadaire moyen est de 950 $ (janvier 2009).

Remarques

– Pour exercer la profession et porter le titre d'ingénieur, il faut être membre de l'Ordre des ingénieurs du Québec.
– Des études de 2e cycle sont nécessaires pour exercer les professions suivantes : géophysicien, géophysicien-prospecteur.
– L'École Polytechnique de Montréal offre un baccalauréat-maîtrise intégré (BMI) et un passage direct du baccalauréat au doctorat. Elle offre également les concentrations suivantes : Environnement; Géologie informatique; Ouvrages et construction. Le régime coopératif est obligatoire pour le baccalauréat en Génie géologique.
– L'Université du Québec à Chicoutimi (UQAC) offre la possibilité de faire des stages rémunérés dans le cadre de ce programme.
– L'Université du Québec en Abitibi-Témiscamingue (UQAT) offre la première année du programme de l'Université du Québec à Chicoutimi (UQAC).

SCIENCES APPLIQUÉES

STATISTIQUES D'EMPLOI			
	2005	2007	2009
Nb de personnes diplômées	45	35	30
% en emploi	41,4 %	64,0 %	78,9 %
% à temps plein	100 %	93,8 %	100 %
% lié à la formation	100 %	86,7 %	93,3 %

BAC 8 TRIMESTRES — CUISEP 455-410/420

Compétences à acquérir

– Concevoir, organiser, intégrer et analyser des systèmes de production dans les diverses composantes : main-d'œuvre, matériaux, machines et capitaux.
– Optimiser le système de production, l'efficacité et la productivité d'une entreprise.
– Instaurer l'utilisation de nouvelles technologies telles que la conception et la fabrication par ordinateur, la robotique ou l'automatisation programmée.
– Assurer l'emploi efficace, sûr et économique du personnel, des matériaux et des équipements d'une entreprise.

Éléments du programme

– Aménagement d'usine et manutention
– Analyse des tâches et conception de produits
– Design mécanique et mécanisation
– Mathématiques appliquées
– Planification d'installations industrielles
– Probabilités et statistiques
– Sécurité et hygiène industrielles

Admission (voir p. 21 G)

DEC en Sciences de la nature.
OU
Concordia : DEC ou l'équivalent et Mathématiques 103, 203, 105 (201-NYA, 201-NYB, 201-NYC); Physique 101 (203-NYA, 201 203-NYB); Chimie 101 (202-NYA).
Laval, UQTR : DEC en Sciences de la nature **OU** DEC ou l'équivalent et Mathématiques 103, 105, 203 (00UN, 00U, 00UP); Physique 101, 201, 301-78 (00UR, 00US, 00UT); Chimie 101, 201 (00UL, 00UM); Biologie 301 (00UK) **OU** DEC dans la famille des techniques physiques ou tout autre DEC technique ou l'équivalent et Mathématique 103, 105, 203 (00UN, 00UQ, 00UP); Physique 101, 201 (00UR, 00US); Chimie 101 (00UL).
Polytechnique : DEC en Sciences appliquées, en Sciences de la nature ou en Sciences informatiques et mathématiques **OU** DEC dans la famille des techniques physiques et Mathématiques NYA (cours de mise à niveau disponible à l'université); Physique NYA, NYB; Chimie NYA **OU** DEC et Mathématiques NYA, NYB, NYC; Physique NYA, NYB; Chimie NYA.

Endroits de formation (voir p. 422)

	Contingentement	Coop	Cote R*
Concordia	■	■	24.000
Laval	☐	☐	—
Polytechnique	☐	☐	26.000
UQTR	☐	☐	—

** Le nombre inscrit indique la **Cote R** qui a été utilisée pour l'admission de l'année 2009 ou 2010 par l'université concernée.*

Professions reliées

C.N.P.
2141 Auditeur – qualité
0911 Directeur de production des matières premières
0911 Directeur de production industrielle
4161 Ergonomiste
4161 Hygiéniste industriel
2141 Ingénieur des méthodes de production
2141 Ingénieur des techniques de fabrication
2141 Ingénieur du contrôle de la qualité industrielle
2141 Ingénieur industriel
2148 Ingénieur-conseil

Endroits de travail

– Firmes d'ingénieurs
– Gouvernements fédéral et provincial
– Industrie de l'automobile
– Industrie de la fabrication de produits en matière plastique
– Industrie forestière
– Industrie manufacturière
– Industrie minière
– Industrie pétrolière

Salaire

Le salaire hebdomadaire moyen est de 931 $ (janvier 2007).

Remarques

– Pour exercer la profession et porter le titre d'ingénieur, il faut être membre de l'Ordre des ingénieurs du Québec.
– Des études de 2e cycle sont nécessaires pour exercer les professions suivantes : ergonomiste et hygiéniste industriel.
– L'École Polytechnique de Montréal offre un baccalauréat-maîtrise intégré (BMI) et un passage direct du baccalauréat au doctorat. Elle offre également les concentrations suivantes : Informatique; Innovation technologique; Orientation personnalisée. Stages rémunérés et obligatoires (4 mois).
– L'Université du Québec à Trois-Rivières (UQTR) offre un certificat en Santé et sécurité au travail.

STATISTIQUES D'EMPLOI			
	2005	2007	2009
Nb de personnes diplômées	191	223	—
% en emploi	85,5 %	84,9 %	—
% à temps plein	100 %	98,3 %	—
% lié à la formation	85,0 %	85,3 %	—

SCIENCES APPLIQUÉES

GÉNIE

Compétences à acquérir

- Concevoir ou améliorer des systèmes mécaniques (moteur, transmission, turbines) utilisés dans la fabrication de machines et appareils de toutes sortes en production industrielle ou dans le domaine du bâtiment.
- Superviser la réalisation des plans.
- Choisir les matériaux et la méthode de fabrication.
- Diriger les travaux de fabrication et les essais de prototypes.
- Évaluer les installations et les procédés mécaniques de fabrication et s'assurer du respect des normes de sécurité.
- Recommander des méthodes d'entretien.

Éléments du programme

- Dessin de machines
- Mathématiques du génie mécanique
- Probabilités et statistiques
- Production industrielle
- Thermodynamique technique

Admission (voir p. 21 G)

Concordia : DEC ou l'équivalent et Mathématiques 103, 203, 105 (201-NYA, 201-NYB, 201-NYC); Physique 101, 201 (203-NYA, 203-NYB); Chimie 101 (202-NYA).

ÉTS : DEC technique parmi les suivants : Techniques de construction aéronautique, Techniques de design industriel, Techniques de génie mécanique de marine, Techniques de génie métallurgique, Techniques de maintenance d'aéronefs, Techniques de procédés chimiques, Techniques de production manufacturière, Techniques de transformation des matériaux composites, Techniques de transformation des matières plastiques, Techniques du meuble et de l'ébénisterie, Technologie de l'architecture navale, Technologie de la mécanique du bâtiment, Technologie de la production textile, Technologie de maintenance industrielle, Technologie du génie agromécanique, Technologie du génie industriel, Technologie du génie mécanique ou Technologie physique. *N.B. : L'étudiant se verra prescrire un cheminement personnalisé en mathématiques et en sciences à la suite à d'un test diagnostique.*

Laval : DEC en Sciences de la nature **OU** DEC en Sciences informatiques et mathématiques **OU** DEC ou l'équivalent et Mathématiques NYA, NYB, NYC (103-77, 105-77, 203-77); Physique NYA, NYB, NYC (101, 201, 301); Chimie NYA (101); Biologie NYA (301). *N.B. : Pour connaître les passerelles entre un DEC technique et ce programme, contacter la Faculté des sciences et de génie.*

McGill : DEC ou l'équivalent et Mathématiques NYA, NYB, NYC (00UN, 00UP, 00UQ); Physique NYA, NYB, NYC (00UR, 00US, 00UT); Chimie NYA, NYB (00UL,

00UM) **OU** DEC technique ou l'équivalent dans certaines spécialisations et avoir réussi certains cours de niveau collégial.

Polytechnique : DEC en Sciences appliquées, en Sciences de la nature ou en Sciences informatiques et mathématiques **OU** DEC dans la famille des techniques physiques et Mathématiques NYA (cours de mise à niveau disponible à l'université); Physique NYA, NYB; Chimie NYA **OU** DEC et Mathématiques NYA, NYB, NYC; Physique NYA, NYB; Chimie NYA.

Sherbrooke : DEC en Sciences de la nature, cheminement baccalauréat international **OU** DEC en Sciences informatiques et mathématiques (200.C0) **OU** DEC ou l'équivalent et Mathématiques NYA, NYB, NYC (00UN, 00UP, 00UQ); Physique NYA, NYB, NYC (00UR, 00US, 00UT); Chimie NYA, NYB (00UL, 00UM), Biologie NYA (00UK) **OU** DEC dans la famille des techniques physiques ou l'équivalent et Mathématiques NYA, NYB, NYC (00UN, 00UP, 00UQ); Physique NYA, NYB, NYC (00UR, 00US, 00UT); Chimie NYA (00UL) **OU** DEC techniques en Techniques de construction aéronautique ou en Techniques de génie mécanique. *N.B. : Dans ce cas, à la suite de l'analyse du dossier, les étudiants pourront se voir attribuer des exemptions avec substitutions.*

UQAC : DEC en Sciences de la nature **OU** DEC ou l'équivalent et Mathématiques NYA, NYB, NYC; Physique NYA, NYB, NYC; Chimie NYA, NYB **OU** DEC dans la famille des techniques physiques. *N.B. : Les étudiants admis sur cette base seront soumis à un cheminement particulier. Se référer au site web de l'université.*

UQAR : DEC en Sciences de la nature **OU** DEC ou l'équivalent et Mathématiques 103, 105, 203; un cours de physique; Chimie 101, 201; Biologie 301 **OU** DEC dans la famille des techniques physiques ou l'équivalent et Mathématiques 103, 105, 203 et un cours de physique.

UQAT : DEC en Sciences et les cours de la structure d'accueil en ingénierie : Algèbre 201-NYC-05; Calcul différentiel 201-NYA-05; Calcul intégral 201-NYB-05; Chimie 202-NYA-05 ou Mathématiques 201-NYA-05, 201-NYb-05, 201-NYC-05; Électricité et magnétisme 203-NYB-05; Évolution et diversité du vivant 101-NYA-05; Mécanique 203-NYA-05; Ondes et physique moderne 203-NYC-05; Physique 203-NYA-05, 203-NYB-05 **OU** DEC dans une discipline connexe et Mathématiques 201-NYA-05, 201-NYB-05, 201-NYC-05; Physique 203-NYA-05, 203-NYB-05, 203-NYC-05; Chimie 202-NYA-05 ou 202-NYB-05.

UQTR : DEC en Sciences de la nature **OU** DEC dans la famille des techniques physiques et Mathématiques 103, 105, 203 (00UN, 00UQ, 00UP); Physique 101, 201 (00UR, 00US); Chimie 101 (00UL) **OU** DEC ou l'équivalent et Mathématiques 103, 105, 203 (00UN, 00UQ, 00UP); Physique 101, 201, 301-78 (00UR, 00US, 00UT); Biologie 301 (00UK).

Endroits de formation (voir p. 422)

	Contingentement	Coop	Cote R*
Concordia	■	■	24.000
ÉTS	☐	■	—
Laval	☐	☐	—
McGill	■	☐	28.000
Polytechnique	☐	☐	26.000
Sherbrooke	■	■	24.000
UQAC	☐	☐	—
UQAR	☐	☐	—
UQAT	☐	☐	—
UQTR	☐	☐	—

** Le nombre inscrit indique la **Cote R** qui a été utilisée pour l'admission de l'année 2009 ou 2010 par l'université concernée.*

Professions reliées

C.N.P.

2141	Ingénieur du contrôle de la qualité industrielle
2146	Ingénieur en aérospatiale
2148	Ingénieur en construction navale
2148	Ingénieur en génie maritime
2132	Ingénieur en mécanique du bâtiment
2141	Ingénieur industriel
2132	Ingénieur mécanicien
2132	Ingénieur spécialiste des installations d'énergie
2146	Officier en génie aérospatial

Endroits de travail

– Centres de recherche
– Firmes d'ingénieurs
– Gouvernements fédéral et provincial
– Industrie de l'aérospatiale
– Industrie de la robotique
– Industrie des pâtes et papiers
– Industrie manufacturière
– Industrie maritime

Salaire

Le salaire hebdomadaire moyen est de 993 $ (janvier 2009).

Remarques

– Différentes options sont offertes selon les établissements : Aéronautique; Conception mécanique; Design; Énergie; Fabrication; Génie automobile; Génie biomédical; Génie ferroviaire; Mécanique du bâtiment; Mécatronique; Plasturgie; etc.
– Pour exercer la profession et porter le titre d'ingénieur, il faut être membre de l'Ordre des ingénieurs du Québec.
– Des études de 2e cycle sont nécessaires pour exercer les professions suivantes : ingénieur en aérospatiale, ingénieur spécialiste des installations d'énergie.
– L'École Polytechnique de Montréal offre un baccalauréat-maîtrise intégré (BMI) et un passage direct du baccalauréat au doctorat. Stages rémunérés et obligatoires (4 mois).
– L'Université de Sherbrooke offre trois cheminements : régulier, avec concentration en Génie aéronautique et avec concentration en Bioingénierie. Cet établissement offre également un cheminement intégré baccalauréat-maîtrise : après la troisième année du baccalauréat, les étudiants ayant réussi 105 crédits peuvent poursuivre à la maîtrise et obtenir leur diplôme en complétant une formation de 2e cycle de 45 crédits.
– L'Université du Québec à Chicoutimi (UQAC) offre la possibilité de faire des stages rémunérés dans le cadre de ce programme.

SCIENCES APPLIQUÉES

STATISTIQUES D'EMPLOI	2005	2007	2009
Nb de personnes diplômées	731	750	781
% en emploi	78,3 %	83,0 %	81,7 %
% à temps plein	99,2 %	98,3 %	98,8 %
% lié à la formation	83,7 %	85,5 %	89,6 %

BAC 8 TRIMESTRES

CUISEP 455-350

Compétences à acquérir

– Programmer des éléments logiciels.
– Concevoir des systèmes et des composantes micro-électroniques (puces).
– Acquérir des connaissances en génie électrique et en télécommunications.
– Maîtriser les concepts et les lois fondamentales qui entourent les propriétés des matériaux.
– Utiliser diverses techniques de fabrication des composantes miniaturisées.

Éléments du programme

– Algèbre
– Génie
– Microélectronique
– Physique
– Stages

Admission (voir p. 21 G)

DEC en Sciences de la nature.
OU
DEC en Sciences et Mathématiques 103, 105, 203; Physique 101, 201, 301; Chimie 101, 201; Biologie 301.
OU
DEC technique parmi les suivants : Techniques de l'avionique, Technologie de l'électronique avec spécialisation *Audiovisuel*, Technologie de l'électronique industrielle, Technologie de systèmes ordinés ou Technologie physique **ET** Mathématiques 105, 203; Physique 101, 201, 301.
OU
DEC technique dans le domaine de l'informatique ou l'équivalent et Mathématiques 103, 105, 203; Physique 101, 201 et 301.

Endroit de formation (voir p. 422)

	Contingentement	Coop	Cote R
UQAM	☐	■	—

Professions reliées

C.N.P.
2173 Concepteur de logiciels
2133 Designer de circuits intégrés
2133 Ingénieur électronicien
2133 Ingénieur en microélectronique
2147 Ingénieur en télécommunication

Endroits de travail

– À son compte
– Fabricants d'appareils de télécommunications
– Fabricants d'ordinateurs
– Industrie de l'aérospatiale
– Industrie de l'automobile

Salaire

Le salaire hebdomadaire moyen est de 977 $ (janvier 2009).

Remarques

– Pour exercer la profession et porter le titre d'ingénieur, il faut être membre de l'Ordre des ingénieurs du Québec.
– Programme agréé menant à la profession d'ingénieur.
– L'Université Concordia offre une spécialisation en Microélectronique dans le cadre du programme Computer Science (Software Systems).
– L'École Polytechnique de Montréal et l'Université de Sherbrooke offrent une concentration en Microélectronique à l'intérieur du BAC en Génie électrique.

SCIENCES APPLIQUÉES

STATISTIQUES D'EMPLOI	2005	2007	2009
Nb de personnes diplômées	589	652	604
% en emploi	70,9 %	76,8 %	79,7 %
% à temps plein	96,3 %	98,2 %	99,0 %
% lié à la formation	72,3 %	78,8 %	84,9 %

BAC 8 TRIMESTRES   CUISEP 455/456-000

Compétences à acquérir

– Concevoir, expérimenter et mettre au point des outils de haute technologie pour la fabrication d'instruments de précision et l'analyse des objets (aérospatial, optique, nucléaire, biomédical).
– Diriger des équipes de spécialistes en vue de réaliser des projets.
– Travailler à l'élaboration et à la recherche de nouvelles techniques de production et de nouveaux produits (métallurgie, mines, informatique, météorologie, etc.).

Éléments du programme

– Circuits logiques
– Électromagnétisme
– Optique instrumentale
– Physique atomique et nucléaire
– Résistance des matériaux
– Thermodynamique

Admission (voir p. 21 G)

Laval : DEC en Sciences de la nature ou en Sciences informatiques et mathématiques **OU** DEC et Mathématiques NYA, NYB, NYC (103-77, 105-77 et 203-77); Physique NYA, NYB, NYC (101, 201, 301); Chimie NYA (101); Biologie NYA (301). *N. B. : Pour connaître les passerelles entre un DEC technique et ce programme, contacter la Faculté des sciences et de génie.*

Polytechnique : DEC en Sciences, en Sciences appliquées, en Sciences de la nature ou en Sciences informatiques et mathématiques **OU** DEC dans la famille des techniques physiques et Mathématiques NYA (cours de mise à niveau disponible à l'université); Physique NYA, NYB; Chimie NYA **OU** DEC et Mathématiques NYA, NYB, NYC; Physique NYA, NYB, NYC; Chimie NYA.

Endroits de formation (voir p. 422)

	Contingentement	Coop	Cote R
Laval	☐	☐	—
Polytechnique	☐	☐	—

Professions reliées

C.N.P.
2148	Ingénieur biomédical
2147	Ingénieur de l'implantation des nouveaux produits (photonique)
2141	Ingénieur de la production automatisée
2141	Ingénieur des méthodes de production
2147	Ingénieur en optique
2132	Ingénieur en sciences nucléaires
2148	Ingénieur physicien
2131	Officier de génie militaire
2211	Technologue en génie pétrochimique

Endroits de travail

– Centres de recherche
– Établissements d'enseignement universitaire
– Fabricants d'ordinateurs et de périphériques
– Gouvernements fédéral et provincial
– Industrie du nucléaire
– Industrie métallurgique
– Industrie minière

Salaire

Le salaire hebdomadaire moyen est de 888 $ (janvier 2009).

Remarques

– Pour exercer la profession et porter le titre d'ingénieur, il faut être membre de l'Ordre des ingénieurs du Québec.
– Des études de 2e cycle sont nécessaires pour exercer les professions suivantes : ingénieur biomédical et ingénieur en sciences nucléaires.
– L'École Polytechnique de Montréal offre un baccalauréat-maîtrise intégré (BMI) et un passage direct du baccalauréat au doctorat. Elle offre également les concentrations en Génie biomédical, Génie micro et nanotechnologies et Génie photonique. Les stages rémunérés sont obligatoires (4 mois minimum).

STATISTIQUES D'EMPLOI	2005	2007	2009
Nb de personnes diplômées	73	80	56
% en emploi	35,8 %	42,3 %	24,4 %
% à temps plein	89,5 %	95,5 %	100 %
% lié à la formation	64,7 %	76,2 %	72,7 %

PROGRAMMES D'ÉTUDES	PAGES
Conception de jeux vidéo (BAC avec majeure) / Création 3D	110
Génie des opérations et de la logistique	111
Génie des technologies de l'information	112
Génie informatique / Informatique de génie / Computer Engineering / Computer Science	113
Génie logiciel / Informatique et génie logiciel / Computer Science Software Application / Software Engineering	115
Imagerie et médias numériques / Computation Arts / Imaging and Digital Media	117
Informatique / Informatique et recherche opérationnelle / Computer Science / Information Systems	118
Informatique de gestion / Information Systems	120
Microélectronique	121

BAC 6 TRIMESTRES   CUISEP 153-340

Compétences à acquérir

- Solutionner des problèmes relevant du domaine de la conception de jeux vidéo, particulièrement la programmation C++, l'infographie 2D et 3D, l'intelligence artificielle, le multimédia, les réseaux, le génie logiciel et la gestion de projet.
- Concevoir et réaliser des logiciels fiables, généraux et lisibles.
- Acquérir une expérience de l'utilisation de logiciels moderne et de laboratoires adaptés.
- Réaliser toutes les étapes de la création d'un jeu vidéo.
- Définir, gérer et mettre en œuvre des projets dans le domaines des jeux vidéo.

Éléments du programme

- Algèbre linéaire
- Algorithmique et structures de données
- Animation et images par ordinateur
- Atelier de production de jeux vidéo
- Éléments de programmation
- Intelligence artificielle

Admission (voir p. 21 G)

UQAC : DEC ou l'équivalent et Mathématiques NYA, NYB, NYC.

UQAT : DEC préuniversitaires, profils en Art visuel, en Cinéma, en Communication, en Design graphique, en Histoire de l'art, en Informatique, en Lettres ou dans un domaine connexe et posséder de bonnes bases en imagerie numérique et modélisation 3D et déposer un curriculum vitæ ainsi qu'un portfolio **OU** DEC technique en Animation 3D et synthèse d'images ou en Techniques d'intégration multimédia.

Endroits de formation (voir p. 422)

	Contingentement	Coop	Cote R
UQAC	☐	☐	—
UQAT	☐	☐	—

Professions reliées

C.N.P.

5241	Assembleur-intégrateur en multimédia
0213	Chargé de projet multimédia
5241	Concepteur-idéateur de jeux électroniques
5241	Concepteur-idéateur de produits multimédias
2173	Concepteur de logiciels
2174	Développeur de jeux d'ordinateur
2174	Développeur de logiciels d'animation

Endroits de travail

- Industrie du jeu vidéo
- Industrie du multimédia
- Moyennes et grandes entreprises

Salaire

Le salaire hebdomadaire moyen est de 966 $ (janvier 2009).

Remarques

- L'Université McGill offre l'option Computer Games dans le cadre du baccalauréat en Computer Sciences.
- L'Université du Québec à Chicoutimi (UQAC) offre le baccalauréat en Animation 3D et design numérique en collaboration avec le Centre NAD de Montréal. Elle offre également un certificat et une mineure en Arts numériques.
- L'Université du Québec en Abitibi-Témiscamingue (UQAT) offre également le programme à Québec et à Longueuil.

STATISTIQUES D'EMPLOI			
	2005	2007	2009
Nb de personnes diplômées	1 160	740	701
% en emploi	76,3 %	82,8 %	85,3 %
% à temps plein	96,1 %	96,2 %	98,7 %
% lié à la formation	80,4 %	84,5 %	94,4 %

Compétences à acquérir

– Concevoir, organiser, coordonner, améliorer et contrôler des organisations de services, de logistique et des organisations manufacturières.
– Définir des critères de performance, effectuer l'évaluation des opérations, poser un diagnostic et apporter les correctifs nécessaires aux activités de l'entreprise.
– Réviser les processus d'affaires ou opérationnels et apporter les améliorations nécessaires.
– Concevoir de nouveaux systèmes d'entreprises, en faire l'évaluation coût/bénéfices et les implanter.
– Concevoir et implanter des réseaux d'entreprise visant l'offre de services spécialisés ou la transformation de matières premières en produits finis.
– Concevoir les centres de production et de distribution et en assurer le fonctionnement.
– Concevoir et assurer le bon fonctionnement des chaînes logistiques et d'approvisionnement.

Deux concentrations sont offertes :
Produits; Services.

Éléments du programme

– Gestion des opérations, des flux et des stocks
– Méthodes quantitatives en logistique
– Outils de conception et d'analyse de produits et de services
– Probabilités et statistiques
– Projet synthèse
– Simulation des opérations
– Stages industriels
– Systèmes de distribution

Admission (voir p. 21 G)

Pour le profil Administration : DEC technique parmi les suivants : Conseil en assurances et services financiers, Gestion de commerce, Techniques de comptabilité et de gestion ou Techniques de la logistique du transport.
Pour le profil Génie de la production : DEC technique parmi les suivants : Techniques de production manufacturière, Techniques de transformation des matériaux composites ou Technologie du génie industriel.
Pour le profil Informatique : DEC technique en Techniques de l'informatique, spécialisation *Informatique de gestion* ou *Informatique industrielle*.
Pour le profil Réseaux : DEC technique en Techniques de l'informatique, spécialisation *Gestion de réseaux informatiques*.
OU
DEC technique équivalent tel qu'établi par le comité d'admission.

OU
DEC en Sciences de la nature (200.B0) **OU** DEC techniques autres que ceux énumérés précédemment **ET** avoir réussi un minimum de 30 crédits dans un des programmes d'accueil précédemment mentionnés. Les cours doivent avoir été préalablement approuvés par les autorités compétentes à l'École.

Endroit de formation (voir p. 422)

	Contingentement	Coop	Cote R
ÉTS	☐	■	—

Professions reliées

C.N.P.
2141 Ingénieur de la production automatisée
2141 Ingénieur des méthodes de production
2141 Ingénieur industriel
2141 Ingénieur-spécialiste du rendement

Endroits de travail

– Entreprises manufacturières
– Institutions financières
– Secteurs de la santé
– Secteurs des services

Salaire

Donnée non disponible.

Remarque

Pour exercer la profession et porter le titre d'ingénieur, il faut être membre de l'Ordre des ingénieurs du Québec.

Statistiques d'emploi

Données non disponibles.

SCIENCES APPLIQUÉES

BAC 7 TRIMESTRES   CUISEP 153-000

Compétences à acquérir

– Planifier, organiser, diriger et contrôler la mise en œuvre de systèmes complexes intégrant plusieurs technologies de l'information.
– Communiquer efficacement avec les ingénieurs et les professionnels spécialisés en technologies de l'information rattachés à la mise en œuvre de projets.
– Intervenir dans tous les types d'entreprises et tous les secteurs d'activités (primaire, secondaire, tertiaire).
– Travailler dans un environnement d'affaires où les technologies de l'information, notamment Internet et le multimédia, sont omniprésentes.
– Jouer le rôle d'intégrateurs de systèmes et de technologies et d'ingénieurs d'applications.
– Assumer la responsabilité de projets de grande envergure.
– Instaurer, dans une entreprise de taille moyenne, des activités de commerce électronique.
– Analyser les besoins de l'entreprise en ce qui a trait aux nouvelles technologies et jouer auprès d'elle un rôle de conseiller.
– Négocier avec les firmes qui fournissent produits et services technologiques.

Éléments du programme

– Base de données multimédia
– Calcul différentiel et intégral
– Commerce électronique
– Conception de logiciels
– Réseaux de télécommunication

Admission (voir p. 21 G)

DEC technique parmi les suivants : Techniques d'intégration multimédia, Techniques de l'informatique ou Technologie de systèmes ordinés. *N. B. : L'étudiant se verra prescrire un cheminement personnalisé en mathématiques et en sciences à la suite d'un test diagnostique.*

Endroit de formation (voir p. 422)

	Contingentement	Coop	Cote R
ÉTS	☐	■	—

Professions reliées

C.N.P.
2147	Architecte de systèmes informatiques
2171	Expert-conseil en technologie de l'information
2163	Gestionnaire des systèmes
2171	Ingénieur en développement technologique
2147	Ingénieur en informatique
2162	Intégrateur des technologies

Endroits de travail

– À son compte
– Firmes d'experts-conseils
– Industrie du multimédia
– Moyennes et grandes entreprises

Salaire

Le salaire hebdomadaire moyen est de 966 $ (janvier 2009).

Remarque

Pour exercer la profession et porter le titre d'ingénieur, il faut être membre de l'Ordre des ingénieurs du Québec.

SCIENCES APPLIQUÉES

STATISTIQUES D'EMPLOI			
Nb de personnes diplômées	2005	2007	2009
	1 160	740	701
% en emploi	76,3 %	82,8 %	85,3 %
% à temps plein	96,1 %	96,2 %	98,7 %
% lié à la formation	80,4 %	84,5 %	94,4 %

15373 Génie informatique / Informatique de génie / Computer Engineering / Computer Science

BAC 8-12 TRIMESTRES | CUISEP 455-353

Compétences à acquérir

– Concevoir, mettre au point et modifier des appareils et des installations informatiques.
– Élaborer des plans et estimer les coûts de fabrication d'appareils.
– Superviser le montage de prototype et de circuits électroniques.
– Surveiller la fabrication, la vérification et l'essai de nouveaux dispositifs.
– Intégrer les différents aspects informatiques (logiciels et appareils) de façon à assurer les diverses activités de l'entreprise telles que la conception, la gestion, la fabrication et la production.

Éléments du programme

– Architecture des systèmes numériques
– Calcul matriciel en génie
– Circuits logiques
– Électronique
– Mathématiques de l'ingénieur
– Systèmes logiques – microprocesseurs

Admission (voir p. 21 G)

DEC ou l'équivalent et Mathématiques 103, 105, 203; Physique 101, 201, 301; Chimie 101, 201; Biologie 301. **OU**

Concordia : DEC ou l'équivalent et Mathématiques 103, 203, 105 (201-NYA, 201-NYB, 201-NYC); Physique 101, 201 (203-NYA, 203-NYB); Chimie 101 (202-NYA).

Laval : DEC en Sciences de la nature **OU** DEC en Sciences informatiques et mathématiques **OU** DEC et Mathématiques NYA, NYB, NYC (103-77, 105-77, 203-77); Physique NYA, NYB, NYC (101, 201, 301); Chimie NYA (101); Biologie NYA (301). *N. B. : Pour connaître les passerelles entre un DEC technique et ce programme, contacter la Faculté des sciences et de génie.*

McGill : DEC ou l'équivalent et Mathématiques NYA, NYB, NYC (00UN, 00UP, 00UQ); Physique NYA, NYB, NYC (00UR, 00US, 00UT); Chimie NYA, NYB (00UL, 00UM) **OU** DEC technique ou l'équivalent dans certaines spécialisations et avoir réussi certains cours de niveau collégial.

Polytechnique : DEC en Sciences de la nature, en Sciences informatiques et mathématiques ou en Sciences appliquées **OU** DEC dans la famille des techniques physiques et Mathématiques NYA (cours de mise à niveau disponible à l'université); Physique NYA, NYB; Chimie NYA **OU** DEC et Mathématiques NYA, NYB NYC; Physique NYA, NYB; Chimie NYA.

Sherbrooke : DEC en Sciences de la nature, cheminement baccalauréat international **OU** DEC en Sciences informatiques et mathématiques (200.C0) **OU** DEC ou l'équivalent et Mathématiques NYA, NYB, NYC (00UN, 00UP, 00UQ); Physique NYA, NYB, NYC (00UR, 00US, 00UT); Chimie NYA, NYB (00UL, 00UM); Biologie NYA (ou 00UK) **OU** DEC dans la famille des techniques physiques ou l'équivalent et Mathématiques NYA, NYB, NYC (00UN, 00UP, 00UQ); Physique NYA, NYB, NYC (00UR, 00US, 00UT); Chimie NYA (00UL) **OU** DEC technique parmi les suivants: Techniques de l'avionique, Technologie de conception électronique, Technologie de l'électronique, Technologie de l'électronique industrielle, Technologie des systèmes ordinés ou Technologie physique ou l'équivalent **OU** DEC en Techniques de l'informatique et avoir complété les cours de niveau collégial suivants ou leur équivalent : Mathématiques NYA, NYC; Physique NYA, NYB; Chimie NYA.

UQAC : DEC en Sciences de la nature ou l'équivalent et Mathématiques NYA, NYB, NYC; Physique NYA, NYB, NYC; Chimie NYA, NYB; **OU** DEC dans la famille des techniques physiques. *N. B. : Les étudiants admis sur cette base seront soumis à un cheminement particulier. Se référer au site Web de l'université.*

UQO : DEC en Sciences de la nature ou l'équivalent **OU** DEC techniques ou l'équivalent et Mathématiques 00UN (01Y1 ou 022X ou le cours 103) et 00UP (01Y2 ou 022Y ou le cours 203) et 00UQ (01Y4 ou 022Z ou le cours 105 ou 122); Physique 00UR (01Y7 ou le cours 101) et 00US (01YF ou le cours 201) et 00UT (01YG ou le cours 301); Chimie 00UL (01Y6 ou le cours 101) et 00UM (01YH ou le cours 201); Biologie 00UK (01Y5 ou 022V ou le cours 301).

UQTR : DEC en Sciences de la nature ou l'équivalent **OU** DEC et Mathématiques 103, 105, 203 (00UN, 00UQ, 00UP); Physique 101, 201, 301-78 (00UR, 00US, 00UT); Chimie 101, 201 (00UL, 00UM); Biologie 301 (00UK) **OU** DEC dans la famille des techniques physiques et Mathématiques 103, 105, 203 (00UN, 00UQ, 00UP); Physique 101, 201 (00UR, 00US); Chimie 101 (00UL).

Endroits de formation (voir p. 422)

	Contingentement	Coop	Cote R*
Concordia	■	□	24.000
Laval	□	□	—
McGill	■	□	26.000
Polytechnique	□	□	26.000
Sherbrooke	■	■	—
UQAC	□	□	—
UQO	□	□	—
UQTR	□	□	—

** Le nombre inscrit indique la **Cote R** qui a été utilisée pour l'admission de l'année 2009 ou 2010 par l'université concernée.*

SCIENCES APPLIQUÉES

(SUITE)

Professions reliées

C.N.P.

2147 Architecte de systèmes informatiques
2147 Ingénieur en informatique
2147 Ingénieur en intelligence artificielle

Endroits de travail

– Entreprises spécialisées dans les services informatiques
– Fabricants d'ordinateurs et de périphériques
– Firmes d'ingénieurs
– Gouvernements fédéral et provincial
– Grossistes d'ordinateurs et de matériel connexe

Salaire

Le salaire hebdomadaire moyen est de 949 $ (janvier 2009).

Remarques

– Pour exercer la profession et porter le titre d'ingénieur, il faut être membre de l'Ordre des ingénieurs du Québec.
– Le régime coopératif est obligatoire à l'Université de Sherbrooke.
– L'Université McGill offre les options suivantes : Computation Arts; Computer Application; Computer Games; Computer Systems; Information Systems; Mathematics and Statistics; Software Systems et Web Services and Applications.
– L'École Polytechnique de Montréal offre un baccalauréat-maîtrise intégré (BMI) et un passage direct du baccalauréat au doctorat. Elle offre également les concentrations suivantes : Informatique embarquée et Génie biomédical. Il est aussi possible de suivre l'orientation Multimédia. Les stages rémunérés sont obligatoires.
– L'Université de Sherbrooke offre un cheminement avec concentration en Génie logiciel. Cet établissement offre également un cheminement intégré baccalauréat-maîtrise : après la troisième année du baccalauréat, les étudiants ayant réussi 105 crédits peuvent poursuivre à la maîtrise et obtenir leur diplôme en complétant une formation de 2e cycle de 45 crédits.
– L'Université du Québec à Chicoutimi (UQAC) offre la possibilité d'effectuer des stages rémunérés.
– L'Université du Québec en Outaouais (UQO) offre un cheminement de formation pratique et intégré (stages rémunérés et non crédités).
– L'Université du Québec à Trois-Rivières (UQTR) offre le baccalauréat en Génie électrique, concentration Génie informatique

STATISTIQUES D'EMPLOI			
	2005	2007	2009
Nb de personnes diplômées	519	461	236
% en emploi	76,2 %	81,3 %	88,0 %
% à temps plein	96,9 %	99,1 %	100 %
% lié à la formation	79,8 %	87,7 %	92,3 %

SCIENCES APPLIQUÉES

15340

Génie logiciel / Informatique et génie logiciel / Computer Science
Software Application / Software Engineering

BAC 7 TRIMESTRES   CUISEP 455-353

Compétences à acquérir

– Concevoir et développer de nouveaux systèmes ou de nouveaux logiciels selon les principes de l'ingénierie.
– Analyser les problèmes en vue de l'implantation de solutions logicielles économiques.
– Établir des objectifs mesurables sur le plan de la sécurité, de l'utilisation, de l'impact sur la productivité, de la maintenance, de la fiabilité, de l'adaptabilité et de la viabilité économique.
– Implanter les solutions par des programmes bien structurés.
– Vérifier que les logiciels répondent aux objectifs.
– Gérer et coordonner efficacement des projets logiciels et des équipes.

Éléments du programme

– Analyse et conception des interfaces usagers
– Architecture et conception de logiciels
– Base de données de haute performance
– Conception de logiciels
– Conception de systèmes informatiques en temps réel
– Concepts avancés en programmation orientée objet
– Langages formels et semi-formels
– Sécurité des systèmes

Admission (voir p. 21 G)

Concordia : DEC ou l'équivalent et Mathématiques 103, 203, 105 (201-NYA, 201-NYB, 201-NYC); Physique 101, 201, 301 (203-NYA, 203-NYB, 203-NYC); Chimie 101 (202-NYA).

ÉTS : DEC technique parmi les suivants : Techniques d'intégration multmédia, Techniques de l'informatique ou Technologie des systèmes ordinés. *N. B. : L'étudiant se verra prescrire un cheminement personnalisé en mathématiques et en sciences à la suite à d'un test diagnostique.*

Laval : DEC en Sciences de la nature ou en Sciences informatiques et mathématiques **OU** DEC et Mathématiques NYA, NYB, NYC (103-77, 105-77, 203-77); Physique NYA, NYB, NYC (101, 201, 301); Chimie NYA (101); Biologie NYA (301). *N. B. : Le titulaire d'un DEC en Techniques de l'informatique bénéficie d'une dispense pour certains cours. Pour connaître les passerelles entre un DEC technique et ce programme, contacter la Faculté des sciences et de génie.*

McGill : DEC ou l'équivalent et Mathématiques NYA, NYB, NYC (00UN, 00UP, 00UQ); Physique NYA, NYB, NYC (00UR, 00US, 00UT); Chimie NYA, NYB (00UL, 00UM) **OU** DEC technique ou l'équivalent dans certaines spécialisations et avoir réussi certains cours de niveau collégial.

Polytechnique : DEC en Sciences appliquées, en Sciences de la nature ou en Sciences informatiques et mathématiques **OU** DEC dans la famille des techniques physiques et Mathématiques NYA (cours de mise à niveau disponible à l'université); Physique NYA, NYB; Chimie NYA **OU** DEC et mathématiques; Physique NYA, NYB; Chimie NYA.

UQAM : DEC ou l'équivalent et Mathématiques 103, 105, 203 **OU** DEC technique ou l'équivalent.

Endroits de formation (voir p. 422)

	Contingentement	Coop	Cote R*
Concordia	■	■	24.000
ÉTS	☐	■	—
Laval	☐	☐	—
McGill	■	☐	26.000
Polytechnique	☐	☐	26.000
UQAM	☐	■	—

** Le nombre inscrit indique la **Cote R** qui a été utilisée pour l'admission de l'année 2009 ou 2010 par l'université concernée.*

Professions reliées

C.N.P.
2173   Architecte d'applications
2173   Concepteur de logiciels
2173   Ingénieur-concepteur en logiciels
2173   Ingénieur en logiciels

Endroits de travail

– Firmes d'ingénieurs
– Firmes de consultants en informatique
– Gouvernements fédéral et provincial

Salaire

Le salaire hebdomadaire moyen est de 966 $ (janvier 2009).

SCIENCES APPLIQUÉES

(SUITE)

Remarques

– Pour exercer la profession et porter le titre d'ingénieur, il faut être membre de l'Ordre des ingénieurs du Québec.
– Le régime coopératif est obligatoire à l'École de technologie supérieure (ÉTS).
– L'École Polytechnique de Montréal offre un baccalauréat-maîtrise intégré (BMI) et un passage direct du baccalauréat au doctorat. Elle offre également l'orientation Multimédia dans le cadre du baccalauréat en Génie logiciel. Les stages rémunérés sont obligatoires (4 mois minimum).
– L'Université Laval offre le baccalauréat avec ou sans les concentrations suivantes : Conception et développements multimédias; Logiciels industriels; Sécurité et fiabilité des logiciels.

– L'Université McGill permet aux étudiants de changer leur programme Software Engineering (BSE) pour Electrical or Computer Engineering (BENG) avec l'autorisation du Coordonnateur des programmes du Department of Electrical and Computer Engineering. Les étudiants peuvent également obtenir une expérience de travail durant leur études grâce aux programme IYES (Internshio Program) et IP (Industrial Practicum).
– L'Université du Québec à Montréal (UQAM) est accrédité par le Conseil d'accréditation des programmes d'informatique de l'Association canadienne d'informatique (ACI).

STATISTIQUES D'EMPLOI			
	2005	2007	2009
Nb de personnes diplômées	1 160	740	701
% en emploi	76,3 %	82,8 %	85,3 %
% à temps plein	96,1 %	96,2 %	98,7 %
% lié à la formation	80,4 %	84,5 %	94,4 %

Imagerie et médias numériques / Computation Arts / Imaging and Digital Media

BAC 8 TRIMESTRES   CUISEP 153-340

Compétences à acquérir

– Définir, gérer et mettre en œuvre des projets d'envergure intégrant un ou plusieurs supports numériques d'information.
– Définir, gérer et mettre en œuvre des projets spécifiques à l'infographie, au traitement d'images, à la vision par ordinateur, aux interfaces, à la réalité virtuelle et à la réalité augmentée.
– Développer sa capacité à concevoir et à réaliser des logiciels fiables, généraux et lisibles et acquérir une expérience de l'utilisation de logiciels modernes et de laboratoires adaptés.

Éléments du programme

– Acquisition des médias numériques
– Analyse et programmation
– Calcul différentiel et intégral
– Gestion des médias numériques
– Infographie
– Structures de données
– Traitement de l'audionumérique
– Transmission et codage des médias numériques

Admission (voir p. 21 G)

Bishop's : DEC ou l'équivalent et Mathématiques NYA, NYB; Physique NYA, NYB.
Concordia : DEC ou l'équivalent et fournir une lettre d'intention et un portfolio.
Sherbrooke : DEC en Sciences informatiques et mathématiques **OU** DEC ou l'équivalent et Mathématiques NYA , NYB, NYC (103, 105, 203 ou 00UN, 00UP, 00UQ ou 022X, 022Y, 022Z ou 01Y1, 01Y2, 01Y4).

Endroits de formation (voir p. 422)

	Contingentement	Coop	Cote R*
Bishop's	☐	■	—
Concordia**	☐	☐	27.000
Sherbrooke	■	■	—

* Le nombre inscrit indique la **Cote R** qui a été utilisée pour l'**admission de l'année 2009 ou 2010** par l'université concernée.
** La Cote R ne s'applique que pour le régime coopératif.

Professions reliées

C.N.P.
2174	Développeur de jeux d'ordinateur
2174	Développeur de logiciels d'animation
2174	Développeur de logiciels d'imagerie médicale
2174	Développeur de médias interactifs
2162	Gestionnaire de projet multimédia
2147	Programmeur-analyste

Endroits de travail

– À son compte
– Firmes d'experts-conseils
– Industrie du logiciel
– Industrie du multimédia
– Moyennes et grandes entreprises

Salaire

Le salaire hebdomadaire moyen est de 966 $ (janvier 2009).

STATISTIQUES D'EMPLOI			
Nb de personnes diplômées	2005	2007	2009
	1 160	740	701
% en emploi	76,3 %	82,8 %	85,3 %
% à temps plein	96,1 %	96,2 %	98,7 %
% lié à la formation	80,4 %	84,5 %	94,4 %

BAC 6 TRIMESTRES | CUISEP 153-000

Compétences à acquérir

– Étudier un problème informatique précis en déterminant les besoins des usagers, la nature des tâches que devra effectuer le système, les coûts de conception et de réalisation et proposer un programme informatique (logiciel) approprié.
– Concevoir un logiciel et encoder le programme.
– Assurer la formation des usagers, l'installation et l'entretien du logiciel.

Éléments du programme

– Algèbre linéaire
– Architecture des ordinateurs
– Méthode de construction de logiciels
– Probabilités
– Programmation structurée
– Structures de données
– Structures internes des ordinateurs
– Systèmes d'exploitation
– Systèmes d'information
– Télé-informatique et réseaux d'ordinateurs

Admission (voir p. 21 G)

Bishop's : DEC ou l'équivalent **ET** Mathématique 103, 203 (201-NYA, 201-NYB); Physique 203-NYA-05 et 203-NYB-05.

Concordia : DEC ou l'équivalent et Mathématiques 103 (201-NYA), 203 ou 201.

Laval : DEC en Sciences de la nature ou en Sciences informatiques et mathématiques **OU** DEC ou l'équivalent et Mathématiques NYA, NYB, NYC (103-77, 105-77, 203-77 ou 103-RE, 203-RE, 105-RE). *N.B. : Pour connaître les passerelles entre un DEC technique et ce programme, contacter la Faculté des sciences et de génie.*

McGill : DEC ou l'équivalent et Mathématiques NYA, NYB, NYC (00UN, 00UP, 00UQ); Physique NYA, NYB, NYC (00UR, 00US, 00UT); Chimie NYA, NYB (00UL, 00UM) **OU** DEC technique ou l'équivalent dans certaines spécialisations et avoir réussi certains cours de niveau collégial.

Montréal : DEC en Sciences de la nature ou en Sciences informatiques et mathématiques **OU** DEC technique en Techniques de l'informatique **OU** DEC ou l'équivalent et Mathématiques 103, 105 et 203 **OU** avoir réussi 24 crédits de niveau universitaire autres que des crédits obtenus dans le cadre de cours préparatoires aux études universitaires.

Sherbrooke : DEC en Sciences informatiques et mathématiques (200.C0) **OU** DEC ou l'équivalent et Mathématiques NYA, NYB, NYC (103, 105, 203 ou 00UN, 00UP, 00UQ ou 022X, 022Y, 022Z ou 01Y1, 01Y2, 01Y4).

UQAC : DEC ou l'équivalent et Mathématiques NYA, NYB, NYC. *N.B. : Les étudiants n'ayant pas atteint ces objectifs et standards collégiaux pourront être admis au programme moyennant la réussite de un ou deux cours d'appoint.*

UQAR : DEC en Sciences de la nature **OU** DEC techniques en Techniques de l'informatique et Mathématiques 103, 105, 203 ou l'équivalent **OU** DEC ou l'équivalent et Mathématiques 103, 105, 203. *N.B. : Les candidats ne possédant pas les connaissances suffisantes en mathématiques devront réussir un ou plusieurs cours d'appoint.*

UQO : DEC ou l'équivalent et selon le DEC obtenu : Algèbre linéaire et géométrie vectorielle (objectifs 00UQ ou 01Y4 ou 022Z ou le cours 105 et 122) et Calcul différentiel (00UN ou 01Y1 ou 022X ou le cours 103) ou Calcul intégral et Mathématiques appliquées 302 (00UP ou 01Y2 ou 022Y ou le cours 203) ou Statistiques (01Y3 ou 022P ou 022W ou le cours 257 ou 307 ou 337).

UQTR : DEC ou l'équivalent et Mathématiques 103, 105, 203 (00UN, 00UQ, 00UP) **OU** DEC technique en Techniques de l'informatique ou l'équivalent et Mathématique 103, 203 (00UN, 00UP).

Endroits de formation (voir p. 422)

	Contingentement	Coop	Cote R*
Bishop's	☐	■	—
Concordia	■	■	24.000
Laval	☐	☐	—
McGill	☐	☐	—
Montréal	■	☐	25.050
Sherbrooke	■	■	—
UQAC	☐	☐	—
UQAR	☐	☐	—
UQO	☐	☐	—

** Le nombre inscrit indique la **Cote R** qui a été utilisée pour l'admission de l'année 2009 ou 2010 par l'université concernée.*

SCIENCES APPLIQUÉES

(SUITE)

Professions reliées

C.N.P.

2172	Administrateur de bases de données
2147	Administrateur de systèmes informatiques
2171	Analyste en informatique
2171	Analyste en informatique de gestion
2147	Architecte de systèmes informatiques
5241	Assembleur-intégrateur en multimédia
0213	Chargé de projet multimédia
2173	Concepteur de logiciels
5241	Concepteur-idéateur de produits multimédias
2174	Développeur de jeux d'ordinateur
2162	Ergonome des interfaces
2171	Expert-conseil en informatique
2162	Gestionnaire de projet multimédia
0213	Gestionnaire de réseaux informatiques
2174	Programmeur
2147	Programmeur-analyste
2171	Spécialiste en sécurité de systèmes informatiques
5241	Web designer
2175	Webmestre

Endroits de travail

– À son compte
– Centres de recherche
– Compagnies d'assurances
– Entreprises de services informatiques
– Établissements d'enseignement
– Firmes d'experts-conseils
– Gouvernements fédéral et provincial
– Industrie aérospatiale
– Industrie des jeux vidéo
– Industrie du multimédia
– Institutions financières
– Moyennes et grandes entreprises
– Municipalités

Salaire

Le salaire hebdomadaire moyen est de 966 $ (janvier 2009).

Remarques

– L'Université Bishop's offre également un certificat en Computer Science et trois autres majeures : Computer imaging; Decision Science; Digital Media and Information.
– L'Université de Montréal offre un cheminement intensif.
– À l'Université de Sherbrooke, les titulaires d'un DEC en Techniques de l'informatique ont la possibilité de faire un cheminement accéléré. Cet établissement offre également quatre cheminements : sans concentration; avec concentration en Génie logiciel; avec concentration en Systèmes et réseaux; avec concentration en Systèmes intelligents.
– L'Université Laval offre un certificat en Informatique, ainsi qu'un baccalauréat avec ou sans concentrations : Affaires électroniques; Génie logiciel; Internet et application Web; Multimédia et développement de jeux vidéo; Sécurité informatique; Systèmes d'information organisationnels; Systèmes intelligents.
– L'Université du Québec à Chicoutimi (UQAC) offre des certificats et des mineures en Informatique et en Informatique appliquée.
– L'Université du Québec à Montréal (UQAM) offre le programme Informatique dans le cadre du baccalauréat en Mathématiques.
– L'Université du Québec à Rimouski (UQAR) offre une orientation en Génie logiciel de l'Internet ainsi qu'un certificat en Commerce électronique.
– L'Université du Québec en Outaouais (UQO) offre un certificat en Informatique de gestion et un certificat en Technologies de l'information.

SCIENCES APPLIQUÉES

STATISTIQUES D'EMPLOI	2005	2007	2009
Nb de personnes diplômées	1 160	740	701
% en emploi	76,3 %	82,8 %	85,3 %
% à temps plein	96,1 %	96,2 %	98,7 %
% lié à la formation	80,4 %	84,5 %	94,4 %

BAC 6 TRIMESTRES

CUISEP 153-300

Compétences à acquérir

– Élaborer et mettre en œuvre des solutions informatiques afin de répondre aux besoins de traitement de l'information des entreprises.
– Appliquer les techniques de l'informatique et des sciences administratives à la résolution de problèmes de gestion (facturation, contrôle des stocks, fichiers divers, archives, numération, etc.).
– Analyser les besoins d'information aux différents niveaux administratifs et construire des systèmes informatiques répondant à des besoins précis.

Éléments du programme

– Comptabilité générale
– Conception de bases de données
– Développement des systèmes informatiques
– Langages de programmation
– Modèles décisionnels en sciences de la gestion
– Modèles et langages des bases de données
– Principes des systèmes d'exploitation

Admission (voir p. 21 G)

McGill : DEC ou l'équivalent et Mathématiques NYA, NYB, NYC (00UN, 00UP, 00UQ ou 022X, 022Y, 022Z ou 01Y1, 01Y2, 01Y4).

Sherbrooke : DEC en Sciences informatiques et mathématiques **OU** DEC ou l'équivalent et Mathématiques NYA, NYB, NYC (103, 105, 203 ou 00UN, 00UP, 00UQ ou 022X, 022Y, 022Z ou 01Y1, 01Y2, 01Y4) **OU** DEC dans la famille des techniques administratives ou DEC technique en Techniques de l'informatique ou en Technologie des systèmes ordinés et Mathématiques NYA (00UN ou 022X ou 01Y1) ou 271.

UQAC : DEC ou l'équivalent et Mathématiques 103.

Endroits de formation (voir p. 422)

	Contingentement	Coop	Cote R
McGill	■	☐	—
Sherbrooke	■	■	—
UQAC	☐	☐	—

Professions reliées

C.N.P.
2172	Administrateur de bases de données
2171	Analyste en informatique
2171	Analyste en informatique de gestion
2171	Expert-conseil en informatique
2162	Gestionnaire de projet multimédia
2174	Programmeur
5121	Rédacteur technique

Endroits de travail

– Établissements d'enseignement
– Firmes de service-conseil en gestion d'entreprise
– Gouvernements fédéral et provincial
– Grandes entreprises
– Hôpitaux
– Institutions financières
– Municipalités

Salaire

Le salaire hebdomadaire moyen est de 966 $ (janvier 2009).

Remarques

– Voir aussi la fiche du programme Administration (page 124).
– Trois options sont offertes selon les établissements : Développement de logiciels; Ingénierie de la connaissance; Systèmes d'information.
– La plupart des universités offrent l'option Gestion-informatique et systèmes dans le cadre du BAC en Administration.
– À l'Université de Sherbrooke, les titulaires d'un DEC en Techniques de l'informatique ont la possibilité de faire un cheminement accéléré. Cet établissement offre également quatre cheminements : sans concentration; avec concentration en Commerce électronique; avec concentration en Génie logiciel; avec concentration en Intelligence d'affaires.
– L'Université du Québec à Chicoutimi (UQAC) offre un certificat et une mineure en Informatique de gestion.
– Le programme de l'Université du Québec à Montréal (UQAM) est accrédité par l'Association canadienne d'informatique. Il ne conduit pas au titre d'ingénieur.
– L'Université du Québec en Outaouais (UQO) offre un certificat en Informatique de gestion.

SCIENCES APPLIQUÉES

STATISTIQUES D'EMPLOI

	2005	2007	2009
Nb de personnes diplômées	1 160	740	701
% en emploi	76,3 %	82,8 %	85,3 %
% à temps plein	96,1 %	96,2 %	98,7 %
% lié à la formation	80,4 %	84,5 %	94,4 %

Compétences à acquérir

– Comprendre les phénomènes physiques.
– Comprendre la microélectronique et ses applications dans les domaines des ordinateurs et des télécommunications.

Éléments du programme

– Algèbre
– Analyse de circuits
– Circuits logiques
– Microélectronique
– Microprocesseurs
– Physique
– Programmation scientifique

Admission (voir p. 21 G)

DEC en Sciences de la nature.
OU
DEC en Sciences et Mathématiques 103, 105, 203; Physique 101, 201, 301; Chimie 101, 201; Biologie 301.
OU
DEC technique parmi les suivants : Électrodynamique, Électronique, Équipement audiovisuels, Instrumentation et contrôle, Techniques de l'avionique, Technologie de systèmes ordinés ou Technologie physique **ET** Mathématiques 103, 105, 203; Physique 101, 201, 301.
OU
DEC technique en Techniques de l'informatique et Mathématiques 103, 105, 203; Physique 101, 201, 301.

Endroit de formation (voir p. 422)

	Contingentement	Coop	Cote R
UQAM	☐	☐	—

Professions reliées

Données non disponibles.

Endroits de travail

– Bureaux d'études
– Centres de recherche
– Entreprises de haute technologie
– Services privés
– Services publics

Salaire

Donnée non disponible.

Remarque

Ce programme conduit au grade de bachelier ès Sciences appliquées. Il ne donne pas accès à la pratique du génie.

SCIENCES APPLIQUÉES

STATISTIQUES D'EMPLOI	2005	2007	2009
Nb de personnes diplômées	20	11	—
% en emploi	100 %	100 %	—
% à temps plein	100 %	100 %	—
% lié à la formation	84,6 %	100 %	—

DOMAINE D'ÉTUDES

SCIENCES DE L'ADMINISTRATION

Discipline

Sciences de l'administration 123

PROGRAMMES D'ÉTUDES	PAGES
Administration / Administration des affaires / Administration générale bilingue / Administration générale trilingue / Business Administration	124
Administration des affaires : Économie / Économie appliquée / Économie appliquée à la gestion / Économie de gestion / Économie locale et gestion des ressources naturelles / Economics	126
Administration des arts / Arts Administration	127
Administration : Affaires électroniques et systèmes d'information	128
Administration : Affaires internationales / Carrière internationale / Commerce international / Gestion internationale / International Business	129
Administration : Comptabilité / Comptabilité de management / Comptabilité générale / Comptabilité professionnelle / Sciences comptables / Accountancy / Accounting	130
Administration : Développement international et action humanitaire	132
Administration : Entrepreneuriat et gestion de PME	133
Administration : Entrepreneuriat et management innovateur / Entrepreneurship / Entrepreneurship et PME / Gestion des organisations / Management	134
Administration : Finance	135
Administration : Gestion de l'aéronautique	137
Administration : Gestion de l'information et des systèmes / Gestion des systèmes d'information organisationnels / Réalisation de systèmes d'information organisationnels / Systèmes d'information / Systèmes d'information organisationnels / Technologie et systèmes d'information / Technologies de l'information / Information Systems / Management Information Systems	138
Administration : Gestion de la chaîne d'approvisionnement / Gestion des opérations / Gestion des opérations en logistique et en transport routier / Gestion des opérations et de la logistique / Logistique / Opérations et logistique / Transport maritime / Operations Management / Supply Chain Operations Management	139
Administration : Gestion des ressources humaines / Gestion des personnes / Human Resources and Business Management / Labour-Management Relations	140
Administration : Gestion des risques et assurance	142
Administration : Gestion du tourisme	143
Administration : Gestion publique	144
Administration : Gestion urbaine et immobilière	145
Administration : Management / Entrepreneuriat et management innovateur / Management	146
Administration : Marketing / Marketing et relations publiques	147
Administration : Méthodes quantitatives de gestion / Méthodes quantitatives	149
Administration : Option individuelle / Individualisée / Généraliste / Sur mesure	150
Administration : Option mixte	151
Administration : Planification financière / Services financiers	152
Gestion du tourisme et de l'hôtellerie	153
Recherche opérationnelle	154
Relations de travail / Relations industrielles / Relations industrielles et ressources humaines / Industrial Relations / Labour-Management Relations	155

15800 Administration / Administration des affaires / Administration générale bilingue / Administration générale trilingue / Business Administration

BAC 6 TRIMESTRES   **CUISEP 111/112-000**

Compétences à acquérir

– Participer à l'établissement, à la direction et à la gestion d'organismes publics ou privés.
– Déterminer ou refaire les structures de ces organismes.
– Coordonner leur mode de production ou de distribution et leurs politiques économiques et financières.
– Élaborer les objectifs et les buts de l'entreprise en tenant compte des facteurs humains, financiers, environnementaux, matériels et conjoncturels.
– Contrôler et évaluer les rendements de l'entreprise et déterminer les actions correctives qui s'imposent.

Éléments du programme

– Comptabilité de gestion
– Gestion des opérations et de la technologie
– Gestion des ressources humaines
– Gestion financière
– Principes et décisions de marketing
– Statistiques en gestion

Admission (voir p. 21 G)

Bishop's : DEC ou l'équivalent et Mathématiques 103, 203.

Concordia : DEC ou l'équivalent et Mathématiques 103 (201-NYA), 105 (201-NYC); Économique 920, 921 plus une certaine culture informatique : tous cours de niveau 420. *N. B. : Une cote R de 24.5 en mathématiques est exigée pour Administration et une cote R de 26.0 pour Commerce. Une cote R de 26.0 est exigée pour le régime coopératif ainsi qu'une entrevue.*

HEC Montréal : DEC ou l'équivalent et Mathématiques 103, 105, 203 **OU** DEC dans la famille des techniques administratives et Mathématiques 103, 105 et les cours obligatoires de mathématiques du programme révisé.

Laval : DEC en Sciences informatiques et mathématiques **OU** DEC ou l'équivalent et Mathématiques NYA, NYB, NYC (103-RE, 105-RE, 203-RE) **OU** DEC dans la famille des techniques administratives et Mathématiques NYA, NYC (103-RE ou 105-RE ou 00UN, 00UQ ou 022X, 022Z ou 01Y1, 01Y4) et les cours de mathématiques et de statistique obligatoire du DEC. *N. B. : Si la cote R est inférieure à 22, une scolarité d'appoint est exigée. La possession d'un ordinateur portatif est obligatoire pour tout étudiant admis à ce programme. Pour en savoir plus : www.fsa.ulaval.ca/ulysse.*

McGill : DEC ou l'équivalent et Mathématiques 103, 105, 203.

Sherbrooke : DEC en Sciences informatiques et mathématiques (200.C0) **OU** DEC ou l'équivalent et Mathématiques NYA, NYB, NYC (103, 105, 203 ou 00UN, 00UP, 00UQ ou 022X, 022Y, 022Z ou 01Y1, 01Y2, 01Y4) **OU** DEC en techniques administratives et avoir réussi Mathématiques NYA (00UN ou 022X ou 01Y1), NYC ou 302 (00UQ ou 022Z ou 01Y4 ou 01HE ou 01Y3 ou 00UV), 307 ou 337 (022P ou 022Q ou 022W) ou 201 Statistiques appliquées à la gestion ou autres cours équivalents approuvés par la Faculté.

TÉLUQ : DEC en Sciences humaines ou tout autre DEC général ou technique ou l'équivalent **ET** connaissance des mathématiques du collégial ou réussite du test de mathématiques ou du cours d'appoint **ET** maîtrise du français **ET** niveau de classement II en anglais ou l'équivalent (pour le cheminement Administration générale bilingue).

UQAC : DEC ou l'équivalent et un cours de mathématiques de niveau collégial.

UQAM : DEC en Sciences de la nature ou en Sciences humaines ou DEC dans la famille des techniques administratives ou l'équivalent. *N. B. : Le candidat admissible dont on aura établi, à l'aide du dossier, qu'il n'a pas les connaissances requises en mathématiques et en informatique sera admis conditionnellement à la réussite de cours d'appoint dont il pourra être dispensé s'il réussit des tests d'évaluation des connaissances dans ces domaines.*

UQAR : DEC et un cours de mathématiques.

UQAT : DEC en Sciences ou en Sciences humaines **OU** DEC technique en Techniques de comptabilité et de gestion ou l'équivalent. *N. B. : Les détenteurs d'un DEC qui ne comporte pas au moins un cours de Mathématiques (201-AAF-04, 201-NYA-05, 201-NYC-05 ou 201-131-AT) peuvent être admis au programme moyennant la réussite du cours d'appoint MAT1014 (hors programme).*

UQO : DEC en Sciences ou en Sciences humaines **OU** DEC dans la famille des techniques administratives ou l'équivalent **ET** avoir complété en Mathématiques les objectifs suivants : Algèbre linéaire et géométrie vectorielle (00UQ ou 01Y4 ou 022Z ou les cours 105 ou 122) ou Calculs différentiels (00UN ou 01Y1 ou 022X ou le cours 103) ou Compléments mathématiques 302 ou Statistiques (01Y3 ou 022P ou 022W ou les cours 257 ou 300 ou 307 ou 337) **OU** la réussite d'un test ou du cours d'appoint MAT0102.

UQTR : DEC ou l'équivalent **OU** DEC technique ou son équivalent.

Endroits de formation (voir p. 422)

	Contingentement	Coop	Cote R*
Bishop's	☐	■	—
Concordia	■	☐	24.500 ou 26.000
HEC Montréal	■	☐	26.500
Laval	☐	■	—
McGill	☐	☐	28.000
Sherbrooke	■	☐	23.500
TÉLUQ	☐	☐	
UQAC	☐	☐	
UQAM	■	☐	24.500
UQAR	☐	☐	—
UQAT	☐	☐	—
UQO	■	☐	—
UQTR	☐	☐	—

** Le nombre inscrit indique la **Cote R** qui a été utilisée pour l'admission de l'année 2009 ou 2010 par l'université concernée.*

SCIENCES DE L'ADMINISTRATION

15800

Administration / Administration des affaires / Administration générale bilingue / Administration générale trilingue / Business Administration

(SUITE)

Professions reliées

C.N.P.

C.N.P.	
1222	Adjoint administratif
0012	Administrateur agréé
1221	Agent d'administration
1228	Agent d'assurance-emploi
1223	Agent de dotation
1223	Agent des ressources humaines
1121	Analyste des emplois
1122	Analyste des méthodes et procédures
1122	Analyste en procédés administratifs
1112	Analyste financier
1113	Cambiste
1111	Comptable de succursale de banque
1122	Conseiller en management
1122	Conseiller en organisation du travail
1121	Conseiller en relations industrielles
4153	Conseiller en retraite et pré-retraite
1113	Conseiller en valeurs mobilières
1122	Consultant en gestion
1113	Courtier en valeur mobilières
0114	Directeur administratif
0621	Directeur d'agence de voyages
0513	Directeur d'établissement de loisirs
0511	Directeur d'établissement touristique
0513	Directeur d'hippodrome
0122	Directeur d'institution financière
0911	Directeur d'usine de production de textiles
0713	Directeur de l'exploitation des transports routiers
0911	Directeur de production des matières premières
0911	Directeur de production industrielle
0113	Directeur des achats de marchandises
0112	Directeur des ressources humaines
0312	Directeur des services aux étudiants
0611	Directeur des ventes
0611	Directeur du marketing
0014	Directeur général de centre hospitalier
1235	Évaluateur agréé
1235	Évaluateur commercial
4163	Expert-conseil en commercialisation
0632	Exploitant de terrain de camping
1111	Fiscaliste
0016	Gérant d'imprimerie
1114	Planificateur financier
0312	Registraire de collège ou d'université
0412	Surintendant de parc
1111	Vérificateur des impôts

Endroits de travail

Consulter les fiches des différentes concentrations.

Salaire

Le salaire hebdomadaire moyen est de 848 $ (janvier 2009).

Remarques

– Plusieurs cheminement, concentrations ou spécialisations sont offerts selon les établissements.

– Pour porter le titre d'administrateur agréé, il faut être membre de l'Ordre des administrateurs agréés du Québec.
– Le diplôme de maîtrise en Administration des affaires peut être un atout pour occuper certains postes d'administration publique.
– L'Université Bishop's offre un certificat en Business Administration.
– L'Université Concordia offre deux baccalauréats : Administration; Commerce. Les conditions d'admission sont plus élevées pour le BAC en Commerce. Ce dernier permet aux étudiants de se spécialiser (en complétant une majeure).
– À l'Université Laval, l'étudiant peut choisir trois cheminements : **Général** dans lequel l'étudiant doit choisir 12 cours ans plus de deux concentration des cheminements mixte ou spécialisé; **Mixte** (avec concentrations en Affaires électroniques et systèmes d'information; Comptabilité; Développement international et action communautaire; Entrepreneuriat et gestion des PME; Finance; Gestion des ressources humaines; Gestion des risques et assurance; Gestion des systèmes d'information organisationnels; Gestion du tourisme; Gestion internationale; Gestion urbaine et immobilière; Marketing; Opération et logistique; Réalisation de systèmes d'information organisationnels; Sur mesure); **Spécialisé** (avec concentrations en Comptabilité de management; Comptabilité générale; Finance; Gestion de la chaîne d'approvisionnement; Gestion internationale; Gestion urbaine et immobilière; Management; Marketing; Opérations et logistique; Services financiers; Systèmes d'information organisationnels). Elle offre également des certificats en Administration des affaires, en Affaires électroniques, en Assurances et rentes collectives, en Comptabilité, en Développement international et action humanitaire, en Gestion du développement touristique, en Gestion urbaine et immobilière, en Marketing et en Services financiers.
– À l'Université de Sherbrooke, le baccalauréat en Administration des affaires est offert exclusivement en régime coopératif.
– La Télé-université (TÉLUQ) offre le cheminement général bilingue dans le cadre d'une entente avec Arthabaska University. Ce programme est offert à distance, à temps plein et à temps partiel. Elle offre aussi un certificat en Administration.
– L'Université du Québec à Chicoutimi (UQAC) offre une double diplomation (diplôme canadien et américain) dans le cadre d'une entente avec la San Diego University en Californie. L'UQAC offre également plusieurs certificats en Sciences de l'administration.
– L'Université du Québec à Montréal (UQAM) offre sept concentrations ainsi que différents certificats en Administration. Elle offre également le baccalauréat en Administration et le baccalauréat ès Sciences de la gestion par cumul de certificats ou de mineures.
– L'Université du Québec à Rimouski (UQAR) offre cinq certificats en Sciences de la gestion.
– L'Université du Québec à Trois-Rivières (UQTR) offre un programme double concentration ainsi que des certificats en Administration, en Gestion des ressources humaines et en Marketing.
– L'Université du Québec en Outaouais (UQO) offre un cheminement international régulier. Elle offre également un certificat en Administration. Ce baccalauréat est également offert au campus de Saint-Jérôme.

STATISTIQUES D'EMPLOI

Nb de personnes diplômées	2005	2007	2009
	2 007	2 206	2 209
% en emploi	80,4 %	83,6 %	83,8 %
% à temps plein	96,1 %	97,0 %	96,8 %
% lié à la formation	83,7 %	85,0 %	87,3 %

SCIENCES DE L'ADMINISTRATION

15800/15806

Administration des affaires : Économie / Économie appliquée / Économie appliquée à la gestion / Économie de gestion / Économie locale et gestion des ressources naturelles / Economics

BAC 6 TRIMESTRES   CUISEP 111-600

Compétence à acquérir

Analyser l'environnement économique dans les secteurs public et privé.

Éléments du programme

– Économétrie
– Économie de l'entreprise
– Économie du travail
– Évaluation économique des projets d'investissement
– Management stratégique
– Micro et macroéconomie

Admission (voir p. 21 G)

DEC préuniversitaire et Mathématiques 103, 105, 203 **OU** DEC dans la famille des techniques administratives et avoir réussi les cours de Mathématiques 103, 302 et 337.
OU

Concordia : DEC ou l'équivalent et Mathématiques 103, 105 (201-NYA, 201-NYC); Économique 920, 921 plus une certaine culture informatique : tous cours de niveau 420. *N. B. : Une cote R de 25.0 en mathématiques est exigée.*

HEC Montréal : DEC général et Mathématiques 103, 105, 203 **OU** DEC dans la famille des techniques administratives et avoir réussi les cours de Mathématiques 103, 105 et les cours obligatoires de mathématiques du programme révisé.

TÉLUQ : DEC en Sciences humaines **OU** tout autre DEC préuniversitaire ou technique ou l'équivalent **ET** connaissance des mathématiques du collégial ou réussite du test de mathématiques ou du cours d'appoint **ET** maîtrise du français.

Endroits de formation (voir p. 422)

	Contingentement	Coop	Cote R*
Concordia	■	☐	26.000
HEC Montréal	■	☐	26.500
McGill	■	☐	—
TÉLUQ	☐	☐	—
UQAM	☐	☐	—

* Le nombre inscrit indique la Cote R qui a été utilisée pour l'admission de l'année 2009 ou 2010 par l'université concernée.

Professions reliées

C.N.P.
0012	Administrateur
4162	Analyste de l'environnement économique et industriel
4163	Analyste des marchés
1112	Conseiller en investissements
1122	Conseiller en management

Endroits de travail

– À son compte
– Firmes d'experts-conseils en management
– Gouvernements fédéral et provincial
– Moyennes et grandes entreprises
– Municipalités

Salaire

Le salaire hebdomadaire moyen est de 826 $ (janvier 2007).

Remarques

– L'Université Laval offre un certificat en Assurances et rentes collectives.
– La Télé-Université (TELUQ) offre l'option Économie dans le cadre du baccalauréat en Administration des affaires. Cette option permet à l'étudiant de faire 15 crédits à l'intérieur du programme.
– L'Université du Québec à Montréal (UQAM) offre une concentration en Économie et gestion dans le cadre du programme Économique.

STATISTIQUES D'EMPLOI	2005	2007	2009
Nb de personnes diplômées	93	109	—
% en emploi	80,9 %	76,4 %	—
% à temps plein	89,5 %	90,5 %	—
% lié à la formation	67,6 %	78,9 %	—

BAC 6 TRIMESTRES   CUISEP 111/112-000

Compétences à acquérir

– Intégrer le monde des affaires et le monde culturel.
– Se familiariser avec l'administration des arts, en inté-
  grant les éléments et les méthodes d'une approche.
Trois orientations sont offertes :
Beaux-arts; Musique; Théâtre.

Éléments du programme

– Administration des arts
– Arts visuels
– Comptabilité
– Histoire de l'art
– Histoire de la musique
– Littérature dramatique et histoire du théâtre
– Littérature musicale
– Management
– Production
– Ressources humaines

Admission (voir p. 21 G)

DEC ou l'équivalent et Mathématiques 103, 203.

Endroit de formation (voir p. 422)

	Contingentement	Coop	Cote R
Bishop's	■	■	—

Professions reliées

C.N.P.
0014   Directeur administratif d'association vouée aux
       arts
0511   Directeur de galerie d'art
0511   Directeur de musée
0512   Directeur de salles de spectacles
0512   Directeur de théâtre
0511   Galériste

Endroits de travail

– Agences
– Compagnies théâtrales
– Événements culturels et festivals
– Galeries d'art
– Magazines culturels
– Orchestres symphoniques

Salaire

Consulter la fiche du programme Administration (page
124).

Remarques

– L'intégration des arts et de l'administration des affaires
  permet à l'étudiant d'étudier dans des domaines variés
  et d'acquérir des compétences qui répondent aux
  exigences du marché du travail.
– L'Université offre également un certificat en Arts
  Management.

Statistiques d'emploi

Consulter la fiche du programme Administration (page
124).

SCIENCES DE L'ADMINISTRATION

BAC 6 TRIMESTRES | CUISEP 111/112-000

Compétences à acquérir

– Acquérir une connaissance de l'évolution organisationnelle, technique et économique des affaires électroniques.
– Comprendre les enjeux de la culture Internet.
– Développer des stratégies et des habiletés d'intervention.
– Intégrer les principes généraux de conception de systèmes informatisés, de technologies de l'information
et des télécommunications et de gestion des opérations.

Éléments du programme

– Achat et approvisionnement électroniques
– Conception globale et détaillée des systèmes d'infor-
mation organisationnels
– Introduction à la gestion de projets
– Sécurité, contrôle et gestion du risque
– Séminaire en systèmes d'information
– Stratégies d'affaires électroniques

Admission (voir p. 21 G)

Consulter la fiche du programme Administration (page
124).

Endroits de formation (voir p. 422)

	Contingentement	Coop	Cote R
Laval	☐	■	—
UQAM	☐	☐	—

Professions reliées

C.N.P.
1122   Consultant en gestion des affaires
       électroniques
1122   Consultant en gestion des opérations
0213   Directeur de projets informatiques
0611   Directeur du commerce électronique
0213   Gestionnaire en technologies de l'information
0213   Responsable du traitement de l'information

Endroits de travail

– À son compte
– Compagnies d'assurances
– Firmes d'experts-conseils
– Firmes de courtage
– Gouvernements fédéral et provincial
– Institutions financières
– Moyennes et grandes entreprises

Salaire

Consulter la fiche du programme Administration (page
124).

Remarques

– À l'Université Laval, il s'agit d'une concentration du
cheminement mixte du baccalauréat en Administration
des affaires. Un certificat en Affaires électroniques est
également offert.
– À l'Université du Québec à Montréal (UQAM), il s'agit
d'une concentration du baccalauréat en Administration.

Statistiques d'emploi

Consulter la fiche du programme Administration (page
124).

SCIENCES DE L'ADMINISTRATION

Administration : Affaires internationales / Carrière internationale / Commerce international / Gestion internationale / International Business

BAC 6 TRIMESTRES   CUISEP 111/112-000

Compétences à acquérir

– Être familier avec l'environnement international.
– Être en mesure de réussir des activités commerciales à l'étranger.

Éléments du programme

– Commerce international
– Économie internationale
– Environnement économique international
– Gestion internationale
– Introduction aux relations internationales

Admission (voir p. 21 G)

Consulter la fiche du programme Administration (page 124).
OU
Bishop's : DEC ou l'équivalent et mathématiques 103, 203.
Concordia : DEC ou l'équivalent et Mathématiques 103, 105 (203-NYA, 201-NYC); Économie 920 et 921 et une certaine culture informatique (tout cours de niveau 420) **ET** entrevue pour le régime coopératif seulement.
N. B. : Une cote R de 26.0 est exigée.
TELUQ : DEC en Sciences humaines **OU** tout autre DEC ou l'équivalent et connaissance des mathématiques du collégial ou réussite du test de mathématique ou du cours d'appoint **ET** maîtrise du français.

Endroits de formation (voir p. 422)

	Contingentement	Coop	Cote R*
Bishop's	☐	■	—
Concordia	■	■	27.000
HEC Montréal	■	☐	26.500
Laval	☐	■	—
McGill	■	☐	—
TÉLUQ	☐	☐	—
UQAC	☐	☐	—
UQAM	■	☐	24.500
UQO	☐	☐	

** Le nombre inscrit indique la **Cote R** qui a été utilisée pour l'admission de l'année 2009 ou 2010 par l'université concernée.*

Professions reliées

C.N.P.
4164   Agent de développement international
4163   Analyste des marchés
4162   Conseiller en importation et exportation
6411   Importateur-exportateur
4163   Spécialiste de la commercialisation internationale

Endroits de travail

– Gouvernements fédéral et provincial
– Moyennes et grandes entreprises
– Organisations internationales
– Organisations non gouvernementales œuvrant sur le plan international
– Secteurs industriels divers

Salaire

Le salaire hebdomadaire moyen est de 800 $ (janvier 2009).

Remarques

– À l'Université Laval, il s'agit d'une concentration du cheminement spécialisé ou du cheminement mixte du baccalauréat en Administration des affaires.
– La Télé-université (TÉLUQ) offre l'option Gestion internationale. Cette option permet à l'étudiant de faire 15 crédits à l'intérieur du programme.
– À l'Université du Québec à Montréal (UQAM), le baccalauréat en administration offre les concentrations Gestion internationale et Carrière internationale. L'UQAM offre également un certificat en Commerce international.

SCIENCES DE L'ADMINISTRATION

STATISTIQUES D'EMPLOI			
Nb de personnes diplômées	**2005**	**2007**	**2009**
	114	101	92
% en emploi	73,3 %	86,2 %	76,0 %
% à temps plein	93,2 %	98,0 %	89,5 %
% lié à la formation	58,5 %	57,1 %	44,1 %

Administration : Comptabilité / Comptabilité de management / Comptabilité générale / Comptabilité professionnelle / Sciences comptables / Accountancy / Accounting

BAC 6 TRIMESTRES   **CUISEP 111-100**

Compétences à acquérir

- Appliquer les connaissances acquises dans les domaines de la comptabilité, de la fiscalité et de la vérification.
- Participer à l'élaboration des objectifs, des politiques et de la stratégie globale de l'entreprise ainsi qu'à la gestion de ses ressources.
- Déterminer ou négocier les modes de financement.
- Procéder au contrôle des opérations comptables.
- Élaborer des budgets.
- Planifier, diriger et contrôler de façon stratégique les affaires financières.
- Conseiller l'administration sur les nouvelles mesures fiscales.
- Établir des états financiers.
- Être apte à passer les examens des ordres comptables (CA, CGA, CMA).

Éléments du programme

- Analyse économique
- Compréhension et analyse des états financiers
- Comptabilité
- Fiscalité
- Statistiques
- Vérification des systèmes comptables
- Vérification externe

Admission (voir p. 21 G)

Bishop's : DEC ou l'équivalent et Mathématiques NYA, NYB;.

Concordia : DEC ou l'équivalent et Mathématiques 103, 105 (201-NYA,201-NYC); Économique 920, 921 plus une certaine culture informatique : tout cours de niveau 420. *N. B. : Une cote R de 25.0 en mathématiques est exigée.*

HEC Montréal : DEC ou l'équivalent et Mathématiques 103, 105, 203 **OU** DEC dans la famille des techniques administratives et Mathématiques 103, 105 et les cours obligatoires de mathématiques du programme révisé.

Laval : Consulter la fiche du programme Administration, page 124.

McGill : DEC ou l'équivalent et Mathématiques 103, 105, 203.

Sherbrooke : DEC en Sciences informatiques et mathématiques (200.C0) **OU** DEC ou l'équivalent et Mathématiques NYA, NYB, NYC (103, 105, 203 ou 00UN, 00UP, 00UQ ou 022X, 022Y, 022Z ou 01Y1, 01Y2, 01Y4) **OU** DEC en techniques administratives et avoir réussi Mathématiques NYA (00UN ou 022X ou 01Y1) et NYC ou 302 (00UQ ou 022Z ou 01Y4 ou 01HE ou 01Y3 ou 00UV) et 307 ou 337 (022P ou 022Q ou 022W) ou 201 Statistiques appliquées à la gestion ou autres cours équivalents approuvés par la Faculté.

TELUQ DEC en Sciences humaines **OU** tout autre DEC ou l'équivalent et connaissance des mathématiques du collégial ou réussite du test de mathématique ou du cours d'appoint **ET** maîtrise du français.

UQAC : DEC en Sciences de la nature **OU** DEC ou l'équivalent et un cours de mathématiques de niveau collégial.

UQAM : DEC en Sciences de la nature, en Sciences humaines **OU** DEC dans la famille des techniques administratives ou l'équivalent. *N. B. : Le candidat admissible dont on aura établi, à l'aide du dossier, qu'il n'a pas les connaissances requises en mathématiques et en informatique sera admis conditionnellement à la réussite de cours d'appoint dont il pourra être dispensé s'il réussit des tests d'évaluation des connaissances dans ces domaines.*

UQAR : DEC ou l'équivalent et un cours de mathématiques de niveau collégial ou l'équivalent.

UQAT : DEC en Sciences ou en Sciences humaines **OU** DEC technique en Techniques de comptabilité et de gestion ou l'équivalent. *N. B. : Les détenteurs d'un DEC qui ne comporte pas au moins un cours de mathématiques (201-AAF-04, 201-NYA-05, 201-NYC-05, ou 201-131-AT) peuvent être admis au programme moyennant la réussite du cours d'appoint MAT1014 (hors programme.*

UQO : DEC en Sciences ou en Sciences humaines **OU** DEC dans la famille des techniques administratives ou l'équivalent **ET** avoir complété en Mathématiques les objectifs suivants : Algèbre linéaire et géométrie vectorielle (00UQ ou 01Y4 ou 022Z ou les cours 105 ou 122) ou Calculs différentiels (00UN ou 01Y1 ou 022X ou le cours 103) ou Compléments Mathématiques 302 ou Statistiques (01Y3 ou 022P ou 022W ou les cours 257 ou 300 ou 307 ou 337) **OU** la réussite d'un test ou du cours d'appoint MAT0102.

UQTR : DEC en Sciences humaines ou l'équivalent.

Administration : Comptabilité / Comptabilité de management / Comptabilité générale / Comptabilité professionnelle / Sciences comptables / Accountancy / Accounting

(SUITE)

Endroits de formation (voir p. 422)

	Contingentement	Coop	Cote R*
Bishop's	■	■	—
Concordia	■	■	26.000
HEC Montréal	■	□	26.500
Laval	□	■	—
McGill	■	□	—
Sherbrooke	■	■	—
TÉLUQ	□	□	—
UQAC	□	□	—
UQAM	■	□	24.500
UQAR	□	□	—
UQAT	□	□	—
UQO	□	□	—
UQTR	□	■	—

** Le nombre inscrit indique la **Cote R** qui a été utilisée pour l'admission de l'année 2009 ou 2010 par l'université concernée.*

Professions reliées

C.N.P.

1114	Administrateur fiduciaire
1212	Comptable adjoint
1111	Comptable agréé (CA)
1111	Comptable de succursale de banque
1111	Comptable en management accrédité (CMA)
1111	Comptable général licencié (CGA)
1122	Conseiller en management
0114	Directeur administratif
1111	Fiscaliste
1111	Syndic
1111	Vérificateur des impôts

Endroits de travail

– À son compte
– Cabinets comptables
– Gouvernements fédéral et provincial
– Grandes entreprises
– Institutions financières
– Municipalités
– Secteurs industriels divers

Salaire

Le salaire hebdomadaire moyen est de 824 $ (janvier 2009).

Remarques

– Consulter la fiche du programme Administration (page 124).
– Pour exercer la profession et porter le titre de comptable agréé, il faut être membre de l'Ordre des comptables agréés du Québec.
– Pour porter le titre de comptable en management accrédité, il faut être membre de l'Ordre des comptables en management accrédités du Québec.
– Pour porter le titre de comptable général accrédité, il faut être membre de l'Ordre des comptables généraux accrédités du Québec.
– Les universités suivantes offrent un cheminement en Comptabilité dans le cadre du BAC en Administration : Bishop's, HEC Montréal, Sherbrooke, McGill.
– À l'Université de Sherbrooke, le baccalauréat en Administration des affaires est offert exclusivement en régime coopératif.
– À la Télé-université (TÉLUQ), cette option permet à l'étudiant de faire 27 crédits à l'intérieur du programme de baccalauréat des affaires.
– À l'Université Laval, il s'agit de concentrations du cheminement spécialisé pour Comptabilité générale et Comptabilité de management et d'une concentration du cheminement mixte pour Comptabilité du baccalauréat en Administration des affaires. Un certificat en Comptabilité est également offert.
– L'Université du Québec à Chicoutimi (UQAC) offre un certificat et une mineure en Sciences comptables.
– L'Université du Québec à Montréal (UQAM) offre un baccalauréat en Sciences comptables et une concentration en Comptabilité de management (CMA), en Expertise comptable (CA) et en Expertise professionnelle (CGA). Elle offre également des certificats en Comptabilité générale et en Sciences comptables.
– L'Université du Québec à Rimouski (UQAR) offre des certificats en Sciences comptables et en Planification financière.
– L'Université du Québec en Outaouais (UQO) offre un cheminement de formation pratique intégrée (stages rémunérés et non crédités). Elle offre aussi des certificats en Comptabilité générale et en Sciences comptables.
– L'Université du Québec à Trois-Rivières (UQTR) offre une formule intensive du programme s'échelonnant sur deux ans ainsi qu'un programme coopératif offert sur trois ans.

STATISTIQUES D'EMPLOI			
	2005	2007	2009
Nb de personnes diplômées	910	911	977
% en emploi	89,2 %	89,3 %	90,5 %
% à temps plein	99,5 %	97,3 %	99,0 %
% lié à la formation	93,0 %	93,2 %	94,8 %

SCIENCES DE L'ADMINISTRATION

BAC 6 TRIMESTRES   **CUISEP 111/112-000**

Compétences à acquérir

– Assurer la gestion administrative et financière des projets d'organisations humanitaires.
– Connaître les problèmes liés au sous-développement et les principaux acteurs en ce domaine.

Éléments du programme

– Développement international : acteurs et processus
– Éthique des relations Nord-Sud
– Fondements du management international
– Gestion de projets internationaux
– Gestion interculturelle des ressources humaines
– Stage interculturel humanitaire

Admission (voir p. 21 G)

DEC ou l'équivalent et Mathématiques NYA, NYB, NYC (103-RE, 105-RE, 203-RE) **OU** DEC dans la famille des techniques administratives et Mathématiques NYA, NYC (103-RE, 105-RE ou 00UN, 00UQ ou 022X, 022Z ou 01Y1, 01Y4) et avoir réussi les cours de mathématiques et de statistique obligatoires du DEC.

N.B. : Si la cote R est inférieure à 22, une scolarité d'appoint est exigée. La possession d'un ordinateur portatif est obligatoire pour tout étudiant admis à ce programme. Pour en savoir plus : www.fsa.ulaval.ca/ulysse.
ET
Lettre de motivation et curriculum vitæ; détaillé.

Endroit de formation (voir p. 422)

	Contingentement	Coop	Cote R
Laval	■	☐	—

Professions reliées

C.N.P.
4163 Administrateur de projets de coopération
4164 Agent de développement international
4163 Agent de programme d'organisme international
4163 Chef de mission humanitaire

Endroits de travail

– Gouvernements (ACDI)
– Organisations internationales
– Organisations non gouvernementales étrangères
– Organisations non gouvernementales (ONG) œuvrant sur le plan international

Salaire

Le salaire hebdomadaire moyen est de 822 $ (janvier 2007).

Remarques

– Il s'agit d'une mineure du baccalauréat en Administration des affaires.
– À l'Université Laval, il s'agit d'une concentration du cheminement mixte du baccalauréat en Administration des affaires. Un certificat en Développement international et action communautaire est également offert.

STATISTIQUES D'EMPLOI	2005	2007	2009
Nb de personnes diplômées	114	101	—
% en emploi	73,3 %	86,2 %	—
% à temps plein	93,2 %	98,0 %	—
% lié à la formation	58,5 %	57,1 %	—

BAC 6 TRIMESTRES   CUISEP 111/112-000

Compétences à acquérir

– Comprendre le milieu de la PME.
– Conseiller les entreprises.
– Gérer une PME.
– Démarrer une entreprise.

Éléments du programme

– Entreprenariat, PME et société
– Gestion de la croissance d'une PME
– Monde des affaires
– Stratégies spécifiques à l'entrepreneuriat et aux PME

Admission (voir p. 21 G)

Bishop's : DEC ou l'équivalent et Mathématiques 103 et 203.

Laval : DEC ou l'équivalent et Mathématiques NYA, NYB, NYC (103-RE, 105-RE, 203-RE) **OU** DEC dans la famille des techniques administratives et Mathématiques NYA, NYC (103-RE, 105-RE ou 00UN, 00UQ ou 022X, 022Z ou 01Y1, 01Y4) et avoir réussi les cours de mathématiques et de statistique obligatoires du DEC. *N.B. : Si la cote R est inférieure à 22, une scolarité d'appoint est exigée. La possession d'un ordinateur portatif est obligatoire pour tout étudiant admis à ce programme. Pour en savoir plus : www.fsa.ulaval.ca/ulysse.*

UQO : DEC en sciences ou en sciences humaines **OU** DEC dans la familles des techniques administratives ou l'équivalent **ET** Mathématiques 103 (00UN ou 01Y1 ou 022X) ou 105 (00UQ ou 01Y4 ou 022Z) ou 302 ou Statistiques 257 ou 300 ou 307 ou 337 (01Y3 ou 022P ou 022W).

Endroits de formation (voir p. 422)

	Contingentement	Coop	Cote R
Bishop's	☐	☐	—
Laval	☐	■	—
UQO	☐	☐	—

Professions reliées

C.N.P.
1122   Conseiller en démarrage d'entreprise
0111   Directeur de comptes (services aux entreprises)
0014   Dirigeant d'entreprise
0651   Propriétaire d'entreprise de services
0621   Propriétaire de commerce de détail

Endroits de travail

Consulter la fiche du programme Administration (page 124).

Salaire

Consulter la fiche du programme Administration (page 124).

Remarque

À l'Université Laval, il s'agit d'une concentration du cheminement mixte du baccalauréat en Administration des affaires.

Statistiques d'emploi

Consulter la fiche du programme Administration (page 124).

SCIENCES DE L'ADMINISTRATION

15800/ 15806 — Administration : Entrepreneuriat et management innovateur / Entrepreneurship / Entrepreneurship et PME / Gestion des organisations / Management

BAC 6 TRIMESTRES | **CUISEP 111/112-000**

Compétence à acquérir

Aborder le développement et la création d'entreprise.

Éléments du programme

– Comptabilité
– Entrepreneuriat et démarrage d'entreprises
– Gestion financière appliquée aux entreprises
– Gestion stratégique des entreprises
– Management des organisations
– Politiques de gestion des ressources humaines et de l'organisation du travail
– Recherche commerciale
– Stratégie marketing

Admission (voir p. 21 G)

Consulter la fiche du programme Administration (page 124).

OU

TÉLUQ : DEC en Sciences humaines **OU** tout autre DEC ou l'équivalent et connaissance des mathématiques du collégial ou réussite du test de mathématique ou du cours d'appoint **ET** maîtrise du français.

UQAC : DEC en Sciences humaines **OU** en Sciences humaines **OU** DEC dans la famille des techniques administratives ou l'équivalent **ET** avoir complété en Mathématiques les objectifs suivants : Algèbre linéaire et géométrie vectorielle (00UQ ou 01Y4 ou 022Z ou les cours 105 ou 122) ou Calculs différentiels (00UN ou 01Y1 ou 022X ou le cours 103) ou Compléments mathématiques 302 ou Statistiques (01Y3 ou 022P ou 022W ou les cours 257 ou 300 ou 307 ou 337) **OU** la réussite d'un test ou du cours d'appoint MAT0102.

Endroits de formation (voir p. 422)

	Contingentement	Coop	Cote R*
HEC Montréal	☐	☐	26.500
Laval	☐	☐	—
McGill	■	☐	—
TÉLUQ	☐	☐	—
UQAR	☐	☐	—
UQO	☐	■	—
UQTR	☐	☐	—

* Le nombre inscrit indique la **Cote R** qui a été utilisée pour l'**admission de l'année 2009 ou 2010** par l'université concernée.

Professions reliées

C.N.P.
1122	Conseiller en démarrage d'entreprise
1122	Consultant en gestion des affaires
0014	Dirigeant d'entreprise
0711	Entrepreneur
—	Travailleur autonome

Endroit de travail

À son compte

Salaire

Le salaire hebdomadaire moyen est de 826 $ (janvier 2007).

Remarques

– L'Université Bishop's offre une mineure en Entrepreneurship.
– À l'Université Laval, il s'agit d'une concentration avec cheminement spécialisé du baccalauréat en Administration des affaires.
– À la Télé-université (TÉLUQ), l'option Gestion des organisations permet à l'étudiant de faire 27 crédits à l'intérieur du baccalauréat en Administration des affaires.

S T A T I S T I Q U E S D ' E M P L O I			
	2005	2007	2009
Nb de personnes diplômées	93	109	—
% en emploi	80,9 %	76,4 %	—
% à temps plein	89,5 %	90,5 %	—
% lié à la formation	67,6 %	78,9 %	—

BAC 6 TRIMESTRES

Compétences à acquérir

– Effectuer différentes tâches liées à la gestion des fonds de roulement de l'entreprise, au financement à long terme, au placement et à la gestion de portefeuilles d'actifs.
– Assurer la relation entre une institution et les sources de financement.
– Assumer la gestion des coûts des opérations d'une institution et assurer leur rentabilité.
– Analyser le rendement d'une entreprise et déterminer, s'il y a lieu, les causes des baisses de rendement.
– Conseiller des clients sur le placement de leurs épargnes.
– Effectuer des placements et négocier l'achat ou la vente de valeurs.
– Vérifier et étudier les états financiers d'une entreprise.
– Gérer le portefeuille de plusieurs clients.

Éléments du programme

– Comptabilité générale
– Finance
– Fiscalité
– Gestion de la liquidité
– Gestion financière internationale
– Marché des capitaux
– Marché monétaire
– Principes de gestion du portefeuille

Admission (voir p. 21 G)

DEC et mathématiques 103, 105 et 203 **OU** DEC dans la famille des techniques administratives et Mathématiques 103, 302, 337.
OU
Bishop's : DEC ou l'équivalent et Mathématiques 103, 203.
Concordia : DEC ou l'équivalent et Mathématiques 103, 105 (201-NYA, 201-NYC); Économique 920, 921, plus une certaine culture informatique : tout cours de niveau 420. *N. B. : Une cote R de 25.0 en mathématiques est exigée.*
HEC Montréal : DEC et Mathématiques 103, 105, 203 **OU** DEC dans la famille des techniques administratives et Mathématiques 103, 105 et les cours obligatoires de mathématiques du programme révisé.
Laval : DEC ou l'équivalent et Mathématiques NYA, NYB, NYC (103-RE, 105-RE, 203-RE) **OU** DEC dans la famille des techniques administratives et Mathématiques NYA, NYC (103-RE, 105-RE ou 00UN, 00UQ ou 022X, 022Z ou 01Y1, 01Y4) et avoir réussi les cours de mathématiques et de statistique obligatoires du DEC. *N. B. : Si la cote R est inférieure à 22, une scolarité d'appoint est exigée. La possession d'un ordinateur portatif est obligatoire pour tout étudiant admis à ce programme. Pour en savoir plus : www.fsa.ulaval.ca/ulysse.*

Sherbrooke : DEC en Sciences informatiques et mathématiques (200.C0) **OU** DEC ou l'équivalent et Mathématiques NYA, NYB, NYC (103, 105, 203 ou 00UN, 00UP, 00UQ ou 022X, 022Y, 022Z ou 01Y1, 01Y2, 01Y4) **OU** DEC en techniques administratives et avoir réussi Mathématiques NYA (00UN ou 022X ou 01Y1) et NYC ou 302 (00UQ ou 022Z ou 01Y4 ou 01HE ou 01Y3 ou 00UV) et 307 ou 337 (022P ou 022Q ou 022W) ou 201 Statistiques appliquées à la gestion ou autres cours équivalents approuvés par la Faculté.
TÉLUQ : DEC en Sciences humaines **OU** tout autre DEC ou l'équivalent et connaissance des mathématiques du collégial ou réussite du test de mathématiques ou du cours d'appoint **ET** maîtrise du français.
UQAC, UQAR : DEC ou l'équivalent et un cours de mathématiques de niveau collégial ou l'équivalent.
UQAM : DEC en Sciences de la nature ou en Sciences humaines **OU** DEC dans la famille des techniques administratives ou l'équivalent. *N. B. : Le candidat admissible dont on aura établi, à l'aide du dossier, qu'il n'a pas les connaissances requises en mathématiques et en informatique sera admis conditionnellement à la réussite de cours d'appoint dont il pourra être dispensé s'il réussit des tests d'évaluation des connaissances dans ces domaines.*
UQTR : DEC ou l'équivalent ou DEC technique.
UQO : DEC en Sciences humaines **OU** DEC dans la famille des techniques administratives ou l'équivalent **ET** avoir réussi un des cours ou des objectifs suivants en mathématiques : 00UN (01Y1 ou 022X ou le cours 103) ou 00UQ (01Y4 ou 022Z ou le cours 105 ou 122) ou le cours 302 (01Y3 ou 022P ou 022W) ou le cours 257 ou 300 ou 307 ou 337 **OU** la réussite d'un test ou du cours d'appoint MAT0102.

Endroits de formation (voir p. 422)

	Contingentement	Coop	Cote R*
Bishop's	☐	■	—
Concordia	■	■	26.000
HEC Montréal	■	☐	26.500
Laval	☐	■	—
McGill	☐	☐	—
Sherbrooke	■	■	—
TÉLUQ	☐	☐	—
UQAC	☐	☐	—
UQAM	■	☐	24.000
UQAR	☐	☐	—
UQAT	☐	☐	—
UQO	☐	■	—
UQTR	☐	☐	—

** Le nombre inscrit indique la **Cote R** qui a été utilisée pour l'**admission de l'année 2009 ou 2010** par l'université concernée.*

SCIENCES DE L'ADMINISTRATION

Professions reliées

C.N.P.

1114	Administrateur fiduciaire
1112	Analyste financier
1113	Cambiste
1112	Conseiller en financement
1112	Conseiller en placement (sociétés)
1113	Conseiller en valeurs mobilières
0122	Directeur d'institution financière
1235	Évaluateur agréé
1235	Évaluateur commercial
1111	Fiscaliste
1112	Gestionnaire de portefeuille
1113	Négociateur en bourse
1114	Planificateur financier
1111	Vérificateur des impôts

Endroits de travail

– À son compte
– Compagnies d'assurances
– Gouvernements fédéral et provincial
– Institutions financières
– Maisons de courtage
– Sociétés de fiducie

Salaire

Le salaire hebdomadaire moyen est de 941 $ (janvier 2009).

Remarques

– Pour porter le titre d'administrateur agréé, il faut être membre de l'Ordre des administrateurs agréés du Québec.
– Pour porter le titre de cambiste ou de conseiller en valeurs mobilières, il faut avoir réussi l'examen de l'Autorité des marchés financiers.
– Pour porter le titre d'évaluateur agréé, il faut être membre de l'Ordre des évaluateurs agréés du Québec.
– Pour exercer et porter le titre de planificateur financier, il faut avoir réussi l'examen de l'Institut québécois de planification financière.
– À l'Université Laval, il s'agit d'une concentration du cheminement spécialisé ou du cheminement mixte du baccalauréat en Administration des affaires.
– À l'Université de Sherbrooke, le baccalauréat en Administration des affaires est offert exclusivement en régime coopératif.
– À la Télé-université (TÉLUQ), cette option permet à l'étudiant de faire 27 crédits en planification financière à l'intérieur du baccalauréat en Administration des affaires.
– À l'Université du Québec à Montréal (UQAM), il s'agit d'une concentration du baccalauréat en Administration. L'UQAM offre également un certificat en Finance.

STATISTIQUES D'EMPLOI			
	2005	2007	2009
Nb de personnes diplômées	411	428	461
% en emploi	79,9 %	80,1 %	76,1 %
% à temps plein	99,0 %	96,0 %	91,7 %
% lié à la formation	76,2 %	75,3 %	76,5 %

BAC 6 TRIMESTRES   CUISEP 111/112-000

Compétences à acquérir

- Développer l'expertise requise pour intervenir avec une vision systémique et stratégique au niveau de la gestion d'une entreprise en aéronautique.
- Appliquer les connaissances acquises en gestion des ressources humaines.
- Se familiariser avec l'importance d'une vision stratégique de la gestion financière.
- Développer les habiletés requises d'un gestionnaire, tant auprès d'un aéroport local que régional ou international.
- Se familiariser avec la réglementation nationale et internationale dans le domaine de l'aviation civile.
- S'initier à un modèle théorique de planification et d'organisation des activités reliées à la gestion d'une flotte aérienne.

Éléments du programme

- Activité de vol
- Administration et gestion aéronautique
- Administration et gestion aéroportuaire
- Gestion d'entreprise en transport aérien
- Gestion des ressources humaines en aéronautique
- Gestion et logistique de la flotte aérienne
- Réglementation et associations aéronautiques
- Stratégie avancée de marketing aéronautique
- Système de gestion de la sécurité et gestion des risques

Admission (voir p. 21 G)

DEC technique en Techniques de pilotage d'aéronefs ou l'équivalent relié au champ d'études relatif à l'aéronautique.
ET
Un cours de mathématiques de niveau collégial ou l'équivalent.

Endroit de formation (voir p. 422)

	Contingentement	Coop	Cote R
UQAC	☐	☐	—

Professions reliées

C.N.P.
5124	Agent d'information touristique
4163	Agent de développement touristique
4163	Agent de promotion touristique
6216	Conseiller en voyages en chef
4163	Consultant en tourisme
4163	Coordonnateur des services de tourisme
1226	Directeur d'activités spéciales
0621	Directeur d'agence de voyages
0014	Directeur d'association touristique
0511	Directeur d'établissement touristique
0713	Directeur de compagnie aérienne
0713	Directeur des activités de croisière
0651	Directeur des jeux (casino)
0713	Directeur des opérations aériennes
0014	Directeur du développement touristique
0632	Directeur général d'un établissement hôtelier
4131	Formateur en tourisme
0015	Gestionnaire d'entreprise touristique
1226	Organisateur de congrès et d'événements spéciaux

Endroits de travail

- À son compte
- Compagnies aériennes régionales ou internationales
- Entreprises de transport aérien ou aéroportuaire

Salaire

Donnée non disponible.

Remarque

Ce programme est unique au Québec et ouvre des portes sur des études de deuxième cycle. L'Université du Québec à Chicoutimi (UQAC) offre également un programme court de premier cycle en Gestion du transport aérien et un programme court en Gestion stratégique du transport aérien. Ces deux programmes sont offerts à Dorval (Montréal).

Statistiques d'emploi

Nouveau programme. Données non disponibles.

SCIENCES DE L'ADMINISTRATION

15803

Administration : Gestion de l'information et des systèmes / Gestion des systèmes d'information organisationnels / Réalisation de systèmes d'information organisationnels / Systèmes d'information / Systèmes d'information organisationnels / Technologie et systèmes d'information / Technologies de l'information / Information Systems / Management Information Systems

BAC 6 TRIMESTRES   CUISEP 111-820

Compétences à acquérir

– Élaborer et implanter un système d'information.
– Analyser les problèmes.
– Résoudre les problèmes liés au système d'information.
– Appliquer des connaissances technologiques au service de l'organisation.

Éléments du programme

– Commerce électronique
– Droit corporatif
– Gestion des données organisationnelles
– Implantation des technologies de l'information
– Outils informatiques du gestionnaire
– Solutions d'affaires intégrées
– Structure des systèmes fonctionnels

Admission (voir p. 21 G)

Consulter la fiche du programme Administration (page 124).
OU
Bishop's : DEC ou l'équivalent et Mathématiques 103, 203.
Concordia : DEC ou l'équivalent et Mathématiques 103, 105 (203-NYA, 201-NYC); Économie 920 et 921 et une certaine culture informatique (tout cours de niveau 420) **ET** entrevue pour le régime coopératif seulement. *N.B. : Une cote R de 26.0 est exigée.*
Sherbrooke : DEC en Sciences informatiques et mathématiques (200.C0) **OU** DEC ou l'équivalent et Mathématiques NYA, NYB, NYC (103, 105, 203 ou 00UN, 00UP, 00UQ ou 022X, 022Y, 022Z ou 01Y1, 01Y2, 01Y4) **OU** DEC en techniques administratives et avoir réussi Mathématiques NYA (00UN ou 022X ou 01Y1) et NYC ou 302 (00UQ ou 022Z ou 01Y4 ou 01HE ou 01Y3 ou 00UV) et 307 ou 337 (022P ou 022Q ou 022W) ou 201 Statistiques appliquées à la gestion ou autres cours équivalents approuvés par la Faculté.
TELUQ : DEC en Sciences humaines **OU** tout autre DEC ou l'équivalent et connaissance des mathématiques du collégial ou réussite du test de mathématique ou du cours d'appoint **ET** maîtrise du français.

Endroits de formation (voir p. 422)

	Contingentement	Coop	Cote R*
Bishop's	☐	☐	—
Concordia	■	■	27.000
HEC Montréal	■	☐	26.500
Laval	☐	■	—
McGill	■	☐	—
Sherbrooke	■	■	—
TÉLUQ	☐	☐	—
UQAM	■	☐	24.000
UQO	☐	■	—

** Le nombre inscrit indique la **Cote R** qui a été utilisée pour l'**admission de l'année 2009 ou 2010** par l'université concernée.*

Professions reliées

C.N.P.
2172	Administrateur de bases de données
1221	Agent d'administration
2171	Analyste des système d'information
2171	Analyste en architecture de données
1122	Conseiller en management
0114	Directeur administratif
0213	Directeur de projets informatiques
0611	Directeur du commerce électronique
0213	Gestionnaire en technologies de l'information

Endroits de travail

– Compagnies d'assurances
– Firmes d'experts-conseils
– Gouvernements fédéral et provincial
– Industries diverses
– Institutions financières
– Maisons de courtage
– Moyennes et grandes entreprises
– Secteurs industriels divers

Salaire

Le salaire hebdomadaire moyen est de 937 $ (janvier 2009).

Remarques

– À l'Université Laval, les programmes Gestion des systèmes d'information organisationnels et Réalisation de systèmes d'information organisationnels sont des concentrations du cheminement mixte du baccalauréat en Administration des affaires; le programme Systèmes d'information organisationnels est une concentration du cheminement spécialisé.
– À l'Université de Sherbrooke, le baccalauréat en Administration des affaires est offert exclusivement en régime coopératif.
– À la Télé-université (TÉLUQ), l'option Technologies et systèmes d'information permet à l'étudiant de faire 18 crédits à l'intérieur du baccalauréat en Administration des affaires.
– À l'Université du Québec à Montréal (UQAM), il s'agit d'une concentration du baccalauréat en Administration.

STATISTIQUES D'EMPLOI			
	2005	2007	2009
Nb de personnes diplômées	265	124	63
% en emploi	84,9 %	83,6 %	83,7 %
% à temps plein	97,7 %	91,1 %	97,2 %
% lié à la formation	57,9 %	90,2 %	71,4 %

15871

Administration : Gestion de la chaîne d'approvisionnement / Gestion des opérations / Gestion des opérations en logistique et en transport routier / Gestion des opérations et de la logistique / Logistique / Opérations et logistique / Transport maritime / Operations Management / Supply Chain Operations Management

BAC 6 TRIMESTRES   **CUISEP 111/112-000**

Compétence à acquérir

Analyser et apporter des solutions aux problèmes de gestion de production et des opérations.

Éléments du programme

– Gestion des approvisionnements
– Planification et contrôle de la production et des stocks
– Qualité totale
– Stratégie d'opération

Admission (voir p. 21 G)

Consulter la fiche du programme Administration (page 124).

Endroits de formation (voir p. 422)

	Contingentement	Coop	Cote R*
Concordia	☐	☑	27.000
HEC Montréal	☑	☐	26.500
Laval	☐	☑	—
UQAM	☑	☐	24.000
UQAR	☐	☐	—
UQTR	☐	☐	—

** Le nombre inscrit indique la **Cote R** qui a été utilisée pour l'admission de l'année 2009 ou 2010 par l'université concernée.*

Professions reliées

C.N.P.
6233	Acheteur
4163	Agent de développement industriel
0713	Armateur
1122	Consultant en logistique
0113	Directeur de l'approvisionnement
0713	Directeur de l'exploitation des transports routiers
5131	Directeur de la distribution
0713	Directeur de parc de véhicules
5131	Directeur de production
0113	Directeur des achats de marchandises
0114	Gestionnaire d'inventaire
1215	Responsable de la gestion des stocks

Endroits de travail

– À son compte
– Centres de distribution
– Entreprises de transport
– Firmes de consultants
– Secteurs industriels divers

Salaire

Le salaire hebdomadaire moyen est de 721 $ (janvier 2007).

Remarques

– L'École des hautes études commerciales de Montréal (HEC) offre un certificat en Gestion des opérations et de la production.
– À l'Université Laval, il s'agit de concentrations du cheminement mixte ou du cheminement spécialisé du baccalauréat en Administration des affaires.
– À l'Université du Québec à Montréal (UQAM), il s'agit d'une concentration du baccalauréat en Administration.
– L'Université du Québec à Rimouski (UQAR) offre la majeure en Transport maritime. Ce programme est réservé aux diplômés de l'Institut maritime du Québec et aux détenteurs de brevets de capitaine au long cours ou de mécanicien de 1re classe émis par Transport Canada.

STATISTIQUES D'EMPLOI

	2005	2007	2009
Nb de personnes diplômées	—	12	—
% en emploi	—	88,9 %	—
% à temps plein	—	87,5 %	—
% lié à la formation	—	71,4 %	—

15800/ 15815	**Administration : Gestion des ressources humaines / Gestion des personnes / Human Resources and Business Management / Labour-Management Relations**

BAC 6 TRIMESTRES   **CUISEP 111-400**

Compétences à acquérir

– Assurer la gestion des programmes pour les employés.
– Assurer les activités de recrutement, de sélection et d'embauche du personnel.
– Évaluer et planifier les besoins du personnel, collaborer à la mise sur pied des services et coordonner les activités de formation.
– Évaluer le rendement du personnel.
– Élaborer les politiques de recrutement et vérifier les besoins en personnel.
– Établir les programmes de rémunération.

Éléments du programme

– Analyse économique
– Comportement organisationnel
– Comptabilité de gestion
– Fondements en dotation
– Gestion des opérations
– Lois du travail
– Statistiques en gestion

Admission (voir p. 21 G)

DEC en Sciences de la nature ou en Sciences humaines ou l'équivalent et Mathématiques 103, 105, 203.
OU
DEC dans la famille des techniques administratives et Mathématiques 103, 105 ou 302 et 307 ou 337.
OU
Bishop's : DEC ou l'équivalent et Mathématiques 103, 203.
Concordia : DEC ou l'équivalent et Mathématiques 103, 105 (201-NYA, 201-NYC); Économie 920, 921, plus une certaine culture informatique : tous cours de niveau 420. *N. B. : Une cote R de 25.0 en mathématiques est exigée. Une cote R de 26.0 est exigée pour le régime coopératif.*
HEC Montréal : DEC ou l'équivalent et Mathématiques 103, 105, 203 **OU** DEC dans la famille des techniques administratives et Mathématiques 103, 105 et les cours obligatoires de mathématiques du programme révisé.
Laval : Consulter la fiche Administration (page X).
Sherbrooke : DEC en Sciences informatiques et mathématiques (200.C0) **OU** DEC ou l'équivalent et Mathématiques NYA, NYB, NYC (103, 105, 203 ou 00UN, 00UP, 00UQ ou 022X, 022Y, 022Z ou 01Y1, 01Y2, 01Y4) **OU** DEC en techniques administratives et avoir réussi Mathématiques NYA (00UN ou 022X ou 01Y1) et NYC ou 302 (00UQ ou 022Z ou 01Y4 ou 01HE ou 01Y3 ou 00UV) et 307 ou 337 (022P ou 022Q ou 022W) ou 201 Statistiques appliquées à la gestion ou autres cours équivalents approuvés par la Faculté.

TÉLUQ : DEC en Sciences humaines **OU** tout autre DEC général ou technique ou l'équivalent **ET** connaissance des mathématiques du collégial ou réussite du test de mathématiques ou du cours d'appoint **ET** maîtrise du français.
UQAC, UQAR : DEC ou l'équivalent et un cours de mathématiques de niveau collégial.
UQAM : DEC en Sciences de la nature ou en Sciences humaines **OU** DEC dans la famille des techniques administratives ou l'équivalent. *N. B. : Le candidat admissible dont on aura établi, à l'aide du dossier, qu'il n'a pas les connaissances requises en mathématiques et en informatique sera admis conditionnellement à la réussite de cours d'appoint dont il pourra être dispensé s'il réussit des tests d'évaluation des connaissances dans ces domaines.*
UQO : DEC en Sciences ou en Sciences humaines **OU** DEC dans la famille des techniques administratives ou l'équivalent **ET** avoir complété en mathématiques les objectifs suivants : Algèbre linéaire et géométrie vectorielle (00UQ ou 01Y4 ou 022Z ou les cours 105 ou 122) ou Calculs différentiels (00UN ou 01Y1 ou 022X ou le cours 103) ou Compléments mathématiques 302 ou Statistiques (01Y3 ou 022P ou 022W ou les cours 257 ou 300 ou 307 ou 337) **OU** la réussite d'un test ou du cours d'appoint MAT0102.
UQTR : DEC ou l'équivalent **OU** DEC technique.

Endroits de formation (voir p. 422)

	Contingentement	Coop	Cote R*
Bishop's	☐	■	—
Concordia	■	■	27.000
HEC Montréal	■	☐	26.500
Laval	☐	■	—
McGill	☐	■	—
Sherbrooke	■	■	—
TÉLUQ	☐	☐	—
UQAC	☐	☐	—
UQAM	■	☐	24.750
UQAR	☐	☐	—
UQAT	☐	☐	—
UQO	☐	■	—
UQTR	☐	☐	—

** Le nombre inscrit indique la **Cote R** qui a été utilisée pour l'admission de l'année 2009 ou 2010 par l'université concernée.*

Administration : Gestion des ressources humaines / Gestion des personnes / Human Resources and Business Management / Labour-Management Relations

(SUITE)

Professions reliées

C.N.P.

1223	Agent de dotation
1223	Agent des ressources humaines
1121	Analyste des emplois
4213	Chasseur de têtes
1121	Conseiller en relations industrielles
1121	Conseiller en ressources humaines
0112	Coordonnateur de la formation du personnel
0112	Directeur des ressources humaines
1223	Spécialiste en recrutement et en sélection

Endroits de travail

– À son compte
– Agences de placement
– Centres hospitaliers
– Commissions scolaires
– Firmes de consultants en ressources humaines
– Gouvernements fédéral et provincial
– Institutions financières
– Moyennes et grandes entreprises
– Municipalités

Salaire

Le salaire hebdomadaire moyen est de 926 $ (janvier 2009).

Remarques

– Consulter la fiche du programme Administration (page 124).
– Pour porter le titre de conseiller en ressources humaines ou de conseiller en relations industrielles, il faut être membre de l'Ordre des conseillers en ressources humaines et en relations industrielles du Québec.
– L'option Ressources humaines est offerte dans la plupart des universités dans le cadre du BAC en Administration.
– L'Université Bishop's offre également un certificat en Human Resources.
– À l'Université Laval, il s'agit d'une concentration du cheminement mixte du baccalauréat en Administration des affaires. L'Université offre également un certificat en Leadership du changement.
– À l'Université de Sherbrooke, le baccalauréat en Administration des affaires est offert exclusivement en régime coopératif.
– La Télé-université (TÉLUQ) offre ce programme à distance, à temps plein et à temps partiel. Elle offre aussi un certificat.
– L'Université du Québec à Chicoutimi (UQAC) offre un certificat et une mineure en Gestion des ressources humaines.
– L'Université du Québec à Montréal (UQAM) offre également un baccalauréat spécialisé, d'une durée de trois ans, en Gestion des ressources humaines et un certificat en Gestion des ressources humaines.

SCIENCES DE L'ADMINISTRATION

STATISTIQUES D'EMPLOI			
	2005	2007	2009
Nb de personnes diplômées	250	205	216
% en emploi	86,7 %	84,0 %	84,1 %
% à temps plein	97,8 %	95,0 %	97,3 %
% lié à la formation	83,6 %	81,1 %	83,3 %

Administration : Gestion des risques et assurance

BAC 6 TRIMESTRES   **CUISEP 111/112-000**

Compétences à acquérir

– Reconnaître les risques, choisir des moyens de contrôler et de financer ces risques.
– Élaborer, implanter et réviser un programme de gestion des risques.

Éléments du programme

– Assurance-vie et planification successorale
– Gestion de la liquidité
– Gestion des institutions de dépôts
– Gestion des risques et assurance
– Marché des capitaux
– Principe de gestion de portefeuille
– Produits dérivés

Admission (voir p. 21 G)

DEC ou l'équivalent et Mathématiques NYA, NYB, NYC (103-RE, 105-RE, 203-RE).

OU

DEC dans la famille des techniques administratives et Mathématiques NYA, NYC (103-RE, 105-RE ou 00UN, 00UQ ou 022X, 022Z ou 01Y1, 01Y4) et avoir réussi les cours de mathématiques et de statistique obligatoire du DEC. *N. B. : Si la cote R est inférieure à 22, une scolarité d'appoint est exigée. La possession d'un ordinateur portatif est obligatoire pour tout étudiant admis à ce programme. Pour en savoir plus : www.fsa.ulaval.ca/ulysse.*

Endroit de formation (voir p. 422)

	Contingentement	Coop	Cote R
Laval	☐	■	—

Professions reliées

C.N.P.
1234   Analyste en gestion des risques
1112   Analyste financier
1234   Conseiller en sécurité financière
1114   Conseiller en services financiers
6231   Courtier d'assurances
0122   Directeur d'institution financière
1233   Examinateur des réclamations d'assurances
1233   Expert en sinistres (assurances)
1114   Planificateur financier
6231   Représentant en assurances de personnes
6411   Représentant en services financiers

Endroits de travail

– À son compte
– Compagnies d'assurances
– Firmes de courtage
– Gouvernements fédéral et provincial
– Institutions financières

Salaire

Le salaire hebdomadaire moyen est de 941 $ (janvier 2009).

Remarques

– Pour porter le titre de courtier d'assurance, il faut détenir un certificat de courtier en assurance de dommages émis par l'Autorité des marchés financiers et avoir été courtier pendant 2 ans (www.autorite.qc.ca).
– Pour porter le titre de planificateur financier, il faut avoir réussi l'examen de l'examen de l'Institut québécois de planification financière.
– À l'Université Laval, il s'agit d'une concentration du cheminement mixte du baccalauréat en Administration des affaires.
– L'Université du Québec à Montréal (UQAM) offre un certificat en Assurance et produits financiers.

STATISTIQUES D'EMPLOI			
	2005	2007	2009
Nb de personnes diplômées	411	428	461
% en emploi	79,9 %	80,1 %	76,1 %
% à temps plein	99,0 %	96,0 %	91,7 %
% lié à la formation	76,2 %	75,3 %	76,5 %

BAC 6 TRIMESTRES   CUISEP 111/112-000

Compétences à acquérir

- Analyser l'industrie touristique.
- Comprendre la dynamique du secteur des services touristiques.
- Créer, commercialiser et gérer les produits et les services touristiques.

Éléments du programme

- Applications en gestion du tourisme
- Développement et aménagement touristiques
- Introduction à la gestion de projets
- Marketing relationnel
- Système touristique : offre, demande et acteurs

Admission (voir p. 21 G)

DEC ou l'équivalent et Mathématiques NYA, NYB, NYC (103-RE, 105-RE, 203-RE).
OU
DEC dans la famille des techniques administratives et Mathématiques NYA, NYC (103-RE, 105-RE ou 00UN, 00UQ ou 022X, 022Z ou 01Y1, 01Y4) et avoir réussi les cours de mathématiques et de sta*tistique obligatoire du DEC. N. B. : Si la cote R est inférieure à 22, une scolarité d'appoint est exigée. La possession d'un ordinateur portatif est obligatoire pour tout étudiant admis à ce programme. Pour en savoir plus : www.fsa.ulaval.ca/ulysse.*

Endroit de formation (voir p. 422)

	Contingentement	Coop	Cote R
Laval	☐	■	—

Professions reliées

C.N.P.
5124	Agent d'information touristique
4163	Agent de développement touristique
4163	Agent de promotion touristique
6216	Conseiller en voyages en chef
4163	Consultant en tourisme
4163	Coordonnateur des services de tourisme
1226	Directeur d'activités spéciales
0621	Directeur d'agence de voyages
0014	Directeur d'association touristique
0511	Directeur d'établissement touristique
0713	Directeur de compagnie aérienne
0713	Directeur des activités de croisière
0651	Directeur des jeux (casino)
0713	Directeur des opérations aériennes
0014	Directeur du développement touristique
0632	Directeur général d'un établissement hôtelier
4131	Formateur en tourisme
0015	Gestionnaire d'entreprise touristique
1226	Organisateur de congrès et d'événements spéciaux

Endroits de travail

- Agences de voyages
- Associations touristiques
- Centres d'interprétation
- Centres de congrès
- Centres de plein air
- Centres de villégiature
- Compagnies aériennes
- Gouvernements fédéral et provincial
- Grossistes en voyage
- Hôtels
- Industrie touristique

Salaire

Consulter la fiche du programme Administration (page 124).

Remarques

- À l'Université Laval, il s'agit d'une concentration du cheminement mixte du baccalauréat en Administration des affaires.
- L'Université du Québec à Montréal (UQAM) offre un baccalauréat en Gestion du tourisme et de l'hôtellerie.

Statistiques d'emploi

Consulter la fiche du programme Administration (page 124).

SCIENCES DE L'ADMINISTRATION

BAC 6 TRIMESTRES   **CUISEP 116-000**

Compétences à acquérir

– Acquérir des connaissances dans les domaines de la gestion et de la science politique, afin de bien comprendre les principaux enjeux de la gestion publique.
– Développer certaines connaissances et compétences de gestionnaire : gestion des ressources humaines, gestion de projet, comptabilité, etc.
– Connaître le réseau public fédéral, provincial, municipal dans ses différentes sphères d'activités (ministères, établissements scolaires ou de santé, administrations municipales, etc.).

Éléments du programme

– Comptabilité du secteur public
– Droit
– Économie
– Études urbaines
– Gestion des organisations
– Gestion des ressources humaines
– Science politique
– Stage de travail / Activité de synthèse

Admission (voir p. 21 G)

DEC en Sciences de la nature ou en Sciences humaines.
OU
DEC dans la famille des techniques administratives ou l'équivalent.
OU
Avoir réussi dix cours universitaires.
OU
Avoir une expérience professionnelle jugée pertinente.

Endroit de formation (voir p. 422)

	Contingentement	Coop	Cote R*
UQAM	■	☐	24.000

** Le nombre inscrit indique la **Cote R** qui a été utilisée pour l'admission de l'année 2009 ou 2010 par l'université concernée.*

Professions reliées

C.N.P.
0012	Administrateur d'organisme public
0411	Administrateur de programmes sociaux
4163	Agent de développement économique
4165	Agent de recherche en santé publique
4168	Attaché politique
0011	Conseiller municipal
4168	Conseiller politique
0411	Coordonnateur de programmes publics
0313	Directeur d'école
0513	Directeur du service des loisirs
0014	Directeur général de centre hospitalier
0014	Directeur général de l'enseignement
0012	Protecteur du citoyen
0012	Sous-ministre

Endroits de travail

– Établissements d'enseignement
– Établissements de santé
– Gouvernements fédéral et provincial
– Municipalités
– Partis politiques
– Sociétés d'État

Salaire

Donnée non disponible.

Remarque

Ce programme multidisciplinaire axé sur la gestion publique est unique au premier cycle au Québec.

Statistiques d'emploi

Données non disponibles.

BAC 6 TRIMESTRES   CUISEP 111/112-000

Compétences à acquérir

- Planifier, analyser et évaluer des décisions urbaines et immobilières.
- Acquérir une connaissance théorique et pratique des facteurs de localisation et des marchés urbains et immobiliers.
- Connaître le système de production immobilière et de gestion des actifs immobiliers.
- Maîtriser les méthodes et les techniques actuelles et avancées en évaluation immobilière.
- Analyser l'efficacité et l'équité des instruments de financement des municipalités et des communautés urbaines.
- Maîtriser les méthodes d'analyse du rendement et des investissements immobiliers.

Éléments du programme

- Analyse urbaine et immobilière
- Droit du patrimoine privé
- Droit immobilier
- Évaluation immobilière : principes et pratiques
- Gestion municipale et finances locales
- Investissement immobilier
- Production et gestion immobilières
- Séminaire en gestion urbaine et immobilière
- Théorie générale des biens

Admission (voir p. 21 G)

Consulter la fiche du programme Administration (page 124).

Endroit de formation (voir p. 422)

	Contingentement	Coop	Cote R
Laval	☐	■	—

Professions reliées

C.N.P.
1235	Analyste en évaluation immobilière
1235	Évaluateur agréé
1235	Évaluateur commercial
6232	Gérant immobilier
0721	Gestionnaire immobilier
0121	Promoteur immobilier

Endroits de travail

- Firmes d'experts-conseils
- Firmes en évaluation et en gestion immobilière
- Gouvernements fédéral et provincial
- Institutions financières
- Ministère des Affaires municipales
- Municipalités
- Municipalités régionales de comté (MRC)
- Organismes internationaux
- Promoteurs immobiliers
- Société canadienne d'hypothèques et de logement
- Société d'habitation du Québec
- Société immobilière du Québec

Salaire

Consulter la fiche du programme Administration (page 124).

Remarques

- Il s'agit d'une concentration du cheminement spécialisé ou du cheminement mixte du baccalauréat en Administration des affaires.
- Pour porter le titre d'évaluateur agréé, il faut être membre de l'Ordre des évaluateurs agréés du Québec.
- L'Université Laval offre également un certificat en Gestion urbaine et immobilière.

Statistiques d'emploi

Consulter la fiche du programme Administration (page 124).

SCIENCES DE L'ADMINISTRATION

Administration : Management / Entrepreneuriat et management innovateur / Management

BAC 6 TRIMESTRES   **CUISEP 111/112-000**

Compétence à acquérir

Prendre des décisions et mettre en œuvre des stratégies d'action orientées vers la solution de problèmes à multiples dimensions (en comptabilité de gestion, en financement de l'entreprise, en gestion des ressources humaines et en marketing).

Éléments du programme

– Analyse de marchés
– Droit des affaires
– Gestion financière
– Management stratégique

Admission (voir p. 21 G)

Consulter la fiche du programme Administration.
OU
Bishop's : DEC ou l'équivalent et Mathématiques 103, 203.
Concordia : DEC ou l'équivalent et Mathématiques 103, 105 (201-NYA, 201-NYC); Économie 920, 921, plus une certaine culture informatique : tous cours de niveau 420.
N. B. : Une cote R de 25.0 en mathématiques est exigée.
McGill : DEC ou l'équivalent et Mathématiques 103, 105, 203 (NYA, NYB, NYC ou 022X, 022Y, 022Z).
Sherbrooke : DEC en Sciences informatiques et mathématiques (200.C0) **OU** DEC ou l'équivalent et Mathématiques NYA, NYB, NYC (103, 105, 203 ou 00UN, 00UP, 00UQ ou 022X, 022Y, 022Z ou 01Y1, 01Y2, 01Y4) **OU** DEC en techniques administratives et avoir réussi Mathématiques NYA (00UN ou 022X ou 01Y1) et NYC ou 302 (00UQ ou 022Z ou 01Y4 ou 01HE ou 01Y3 ou 00UV) et 307 ou 337 (022P ou 022Q ou 022W) ou 201 Statistiques appliquées à la gestion ou autres cours équivalents approuvés par la Faculté.

Endroits de formation (voir p. 422)

	Contingentement	Coop	Cote R*
Bishop's	☐	■	—
Concordia	■	☐	26.000
HEC Montréal	■	☐	26.500
Laval	☐	■	—
McGill	■	☐	—
Sherbrooke	■	■	—
UQO	☐	■	—

** Le nombre inscrit indique la **Cote R** qui a été utilisée pour l'admission de l'année 2009 ou 2010 par l'université concernée.*

Professions reliées

C.N.P.
0012   Administrateur agréé
1122   Analyste en gestion d'entreprises
1122   Conseiller en démarrage d'entreprise
1122   Conseiller en management
0112   Directeur des ressources humaines
1122   Spécialiste en analyse organisationnelle

Endroits de travail

– À son compte
– Compagnies d'assurances
– Firmes de courtage
– Gouvernements fédéral et provincial
– Institutions financières
– Secteurs industriels divers

Salaire

Consulter la fiche du programme Administration (page 124).

Remarques

– À l'Université Laval, il s'agit d'une concentration du cheminement spécialisé du baccalauréat en Administration des affaires.
– À l'Université de Sherbrooke, le baccalauréat en Administration des affaires est offert exclusivement en régime coopératif.
– La Télé-université (TÉLUQ) offre un certificat en Communication organisationnelle.

Statistiques d'emploi

Consulter la fiche du programme Administration (page 124).

SCIENCES DE L'ADMINISTRATION

15800/ 15809 Administration : Marketing / Marketing et relations publiques

BAC 6 TRIMESTRES   CUISEP 111-700

Compétences à acquérir

– Assurer la relation entre une entreprise et ses marchés.
– Déterminer les marchés à viser à court ou à long terme, avec quel produit, à quel prix, avec quel système de distribution, dans quelles conditions de vente et avec quelles actions de communication (publicité, promotion des ventes, relations publiques).
– Effectuer des études de marché.
– Élaborer des stratégies de marketing.
– Étudier les contraintes économiques générales et leur impact sur le marché.
– Superviser et coordonner le travail d'une équipe de vente.
– Superviser la conception et la réalisation des activités publicitaires.

Éléments du programme

– Administration des ventes
– Commerce au détail
– Comportement du consommateur
– Comptabilité générale
– Études de marché
– Gestion des opérations et de la technologie
– Marketing

Admission (voir p. 21 G)

DEC dans la famille des techniques administratives et Mathématiques 103, 302 (105), 337 (203 ou 307)
OU
DEC ou l'équivalent et mathématiques 103, 105 et 203.
OU
Bishop's : DEC ou l'équivalent et Mathématiques 103, 203.

Concordia : DEC ou l'équivalent et Mathématiques 103, 105 (203-NYA, 201-NYC); Économique 920, 921 plus une certaine culture informatique : tout cours de niveau 420. *N. B. : Une cote R de 25.0 en mathématiques est exigée. Pour le régime coopératif, une cote R de 26.0 est exigée ainsi qu'une entrevue.*

HEC Montréal : DEC ou l'équivalent et Mathématiques 103, 105 et 203 **OU** DEC dans la famille des techniques administratives et Mathématiques 103, 105 et les cours obligatoires de mathématiques du programme révisé.

Laval : Consulter la fiche du programme Administration (page 124).

Sherbrooke : DEC en Sciences informatiques et mathématiques (200.C0) **OU** DEC ou l'équivalent et Mathématiques NYA, NYB, NYC (103, 105, 203 ou 00UN, 00UP, 00UQ ou 022X, 022Y, 022Z ou 01Y1, 01Y2, 01Y4) **OU** DEC en techniques administratives et avoir réussi Mathématiques NYA (00UN ou 022X ou 01Y1) et NYC ou 302 (00UQ ou 022Z ou 01Y4 ou 01HE ou 01Y3 ou 00UV) et 307 ou 337 (022P ou 022Q ou 022W) ou 201

Statistiques appliquées à la gestion ou autres cours équivalents approuvés par la Faculté.

TÉLUQ : DEC en Sciences humaines **OU** tout autre DEC ou l'équivalent et connaissance des mathématiques du collégial ou réussite du test de mathématique ou du cours d'appoint **ET** maîtrise du français.

UQAC, UQAR : DEC ou l'équivalent et un cours de mathématiques de niveau collégial.

UQAM : DEC en Sciences de la nature ou en Sciences humaines **OU** DEC dans la famille des techniques administratives ou l'équivalent. *N. B. : Le candidat admissible dont on aura établi, à l'aide du dossier, qu'il n'a pas les connaissances requises en mathématiques et en informatique sera admis conditionnellement à la réussite de cours d'appoint dont il pourra être dispensé s'il réussit des tests d'évaluation des connaissances dans ces domaines.*

UQO : DEC en Sciences ou en Sciences humaines **OU** DEC dans la famille des techniques administratives ou l'équivalent **ET** avoir complété en Mathématiques les objectifs suivants : Algèbre linéaire et géométrie vectorielle (00UQ ou 01Y4 ou 022Z ou les cours 105 ou 122) ou Calculs différentiels (00UN ou 01Y1 ou 022X ou le cours 103) ou Compléments mathématiques 302 ou Statistiques (01Y3 ou 022P ou 022W ou les cours 257 ou 300 ou 307 ou 337). Dans le cas contraire, l'admission sera prononcée moyennant la réussite d'un test ou du cours d'appoint MAT0102.

UQTR : DEC ou l'équivalent **OU** DEC technique.

Endroits de formation (voir p. 422)

	Contingentement	Coop	Cote R*
Bishop's	☐	☐	
Concordia	■	■	27.000
HEC Montréal	■	☐	26.500
Laval	☐	■	—
McGill	■	☐	—
Sherbrooke	■	■	—
TÉLUQ	☐	☐	—
UQAC	☐	☐	—
UQAM	■	☐	29.000
UQAR	☐	☐	—
UQAT	☐	☐	—
UQO	☐	■	—
UQTR	☐	☐	—

** Le nombre inscrit indique la **Cote R** qui a été utilisée pour l'admission de l'année 2009 ou 2010 par l'université concernée.*

SCIENCES DE L'ADMINISTRATION

Professions reliées

C.N.P.

4163	Analyste de la mise en marché
4163	Chargé de veille stratégique
1122	Chef du service de promotion des ventes
1122	Conseiller en solutions d'affaires
4163	Consultant en marketing
0611	Directeur de campagne de financement
0611	Directeur de la publicité
0113	Directeur des achats de marchandises
0611	Directeur des ventes
0611	Directeur du marketing
0015	Directeur général des ventes et de la publicité
4163	Expert-conseil en commercialisation
6211	Superviseur de télémarketing

Endroits de travail

– Agences de marketing
– Agences de publicité
– Agences de relations publiques
– Agences de voyages
– Compagnies d'assurances
– Compagnies de transport
– Gouvernements fédéral et provincial
– Grandes entreprises
– Institutions financières

Salaire

Le salaire hebdomadaire moyen est de 863 $ (janvier 2009).

Remarques

– À l'Université Laval, il s'agit d'une concentration du cheminement spécialisé ou du cheminement mixte du baccalauréat en Administration des affaires.
– À l'Université de Sherbrooke, le baccalauréat en Administration des affaires est offert exclusivement en régime coopératif.
– À la Télé-université (TÉLUQ), l'option Marketing permet à l'étudiant de faire 12 crédits à l'intérieur du baccalauréat en Administration des affaires.
– L'Université du Québec à Chicoutimi (UQAC) offre un certificat en Marketing.
– À l'Université du Québec à Montréal (UQAM), il s'agit d'une concentration du baccalauréat en Administration. L'UQAM offre également un certificat en Marketing.

SCIENCES DE L'ADMINISTRATION

STATISTIQUES D'EMPLOI			
	2005	2007	2009
Nb de personnes diplômées	359	374	380
% en emploi	83,1 %	84,6 %	84,7 %
% à temps plein	95,5 %	94,7 %	97,6 %
% lié à la formation	68,0 %	69,6 %	71,6 %

Administration : Méthodes quantitatives de gestion / Méthodes quantitatives

BAC 6 TRIMESTRES · **CUISEP 111/112-000**

Compétence à acquérir

Utiliser les méthodes quantitatives pour la solution analytique des problèmes des entreprises.

Éléments du programme

– Analyse de marchés
– Analyse de régression
– Bases de données de l'entreprise
– Économétrie
– Mathématiques linéaires
– Recherche opérationnelle
– Systèmes d'aide à la décision

Admission (voir p. 21 G)

HEC Montréal : DEC ou l'équivalent et Mathématiques 103, 105, 203 **OU** DEC dans la famille des techniques administratives et Mathématiques 103, 105 et les cours obligatoires de mathématiques du programme révisé.
TELUQ : DEC en Sciences humaines **OU** tout autre DEC ou l'équivalent et connaissance des mathématiques du collégial ou réussite du test de mathématique ou du cours d'appoint **ET** maîtrise du français.

Endroits de formation (voir p. 422)

	Contingentement	Coop	Cote R*
HEC Montréal	■	☐	26.500
TÉLUQ	☐	☐	—

** Le nombre inscrit indique la **Cote R** qui a été utilisée pour l'admission de l'année 2009 ou 2010 par l'université concernée.*

Professions reliées

C.N.P.
4163   Analyste des marchés
4163   Analyste des opérations de gestion
2161   Interprète statistique des résultats de sondages

Endroits de travail

– Entreprises de sondages
– Gouvernements fédéral et provincial
– Institutions financières
– Moyennes et grandes entreprises
– Secteurs industriels divers

Salaire

Consulter la fiche du programme Administration (page 124).

Remarque

À la Télé-université (TÉLUQ), cette option permet à l'étudiant de faire 9 crédits à l'intérieur du baccalauréat en Administration des affaires.

Statistiques d'emploi

Consulter la fiche du programme Administration (page 124).

SCIENCES DE L'ADMINISTRATION

Compétence à acquérir

Permettre à l'étudiant dont les objectifs de carrière ne peuvent être satisfaits par une option mixte ou une concentration de se tracer un programme de cours adapté à sa perspective de vie professionnelle.

Éléments du programme

– L'étudiant établit un programme de cours comportant un minimum de 33 ou 36 crédits et le soumet à l'approbation d'un comité présidé par le directeur du programme.
– L'étudiant peut également choisir un certain nombre de cours dans une autre faculté.

Admission (voir p. 21 G)

DEC ou l'équivalent et Mathématiques NYA, NYB, NYC (103-77, 105-77, 203-77 ou 103-RE ou 105-RE, 203-RE).
OU
DEC dans la famille des techniques administratives et Mathématiques (NYA ou 103-RE ou 103-77), (302 ou 105-RE ou NYC ou 105-77), (337 ou 307 ou 203-RE ou NYB ou 203-77).

Endroit de formation (voir p. 422)

	Contingentement	Coop	Cote R*
HEC Montréal	■	☐	26.500

* Le nombre inscrit indique la **Cote R** qui a été utilisée pour l'**admission de l'année 2009 ou 2010** par l'université concernée.

Profession reliée

C.N.P.
0012   Administrateur agréé

Endroits de travail

Entreprises et industries diverses

Salaire

Consulter la fiche du programme Administration (page 124).

Remarque

Pour porter le titre d'administrateur agréé, il faut être membre de l'Ordre des administrateurs agréés du Québec.

Statistiques d'emploi

Consulter la fiche du programme Administration (page 124).

SCIENCES DE L'ADMINISTRATION

BAC 6 TRIMESTRES

CUISEP 111/112-000

Compétence à acquérir

Acquérir un minimum de spécialisation dans deux domaines de la gestion.

Quatre spécialisations sont offertes :
Accounting; Business; Economics; Finance.
OU
Deux options parmi les suivantes :
HEC Montréal : Développement durable; Économie appliquée; Finance; Gestion de projets; Gestion des opérations et de la production; Gestion des ressources humaines; Gestion du commerce de détail; Gestion internationale; Information comptable et gestion; Management; Marketing; Méthodes quantitatives; Technologies de l'information.
McGill : Accounting; Entrepreneurship; Finance; Information Systems; International Business; Labour-Management Relations; Marketing; Operations Management; Organizational Behavior; Strategic Management **OU** une concentration plus une mineure de la faculté des arts (sciences humaines, arts et lettres).

Élément du programme

L'étudiant doit établir et soumettre un programme de cours comportant un minimum de 33 crédits dont un minimum de 3 cours dans 2 domaines de son choix.

Admission (voir p. 21 G)

Bishop's : DEC ou l'équivalent et Mathématiques 103, 203.
HEC Montréal : DEC ou l'équivalent et Mathématiques 103, 105, 203 **OU** DEC dans la famille des techniques administratives et Mathématiques 103, 105 et les cours de mathématiques du programme révisé.
McGill : Consulter l'établissement (études du dossier).

Endroits de formation (voir p. 422)

	Contingentement	Coop	Cote R*
Bishop's	☐	■	—
HEC Montréal	■	☐	26.500
McGill	■	☐	—

** Le nombre inscrit indique la **Cote R** qui a été utilisée pour l'admission de l'année 2009 ou 2010 par l'université concernée.*

Profession reliée

C.N.P.
0012   Administrateur agréé

Endroits de travail

Consulter la fiche du programme Administration (page 124) ainsi que les fiches des différentes options.

Salaire

Consulter la fiche du programme Administration (page 124).

Remarque

Pour porter le titre d'administrateur agréé, il faut être membre de l'Ordre des administrateurs agréés du Québec.

Statistiques d'emploi

Consulter la fiche du programme Administration (page 124).

SCIENCES DE L'ADMINISTRATION

Administration : Planification financière / Services financiers

BAC 6 TRIMESTRES   **CUISEP 111/112-000**

Compétence à acquérir

Effectuer différentes tâches liées à la planification des finances personnelles.

Éléments du programme

– Fiscalité
– Gestion du portefeuille
– Intégration en planification financière personnelle
– Marché des capitaux
– Mathématiques financières et gestion de la dette
– Produits financiers : assurances et rentes
– Retraite et planification successorale
– Utilisation des états financiers

Admission (voir p. 21 G)

DEC et Mathématiques NYA, NYB, NYC (103-77, 105-77, 203-77 ou 103-RE ou 105-RE ou 203-RE).

OU

DEC dans la famille des techniques administratives et Mathématiques (NYA ou 103-RE ou 103-77), (302 ou 105-RE ou NYC ou 105-77), (337 ou 307 ou 203-RE ou NYB ou 203-77).

OU

DEC technique en Technologie du génie industriel et Mathématiques (NYA ou 103-RE ou 103-77), (302 ou 105-RE ou NYC ou 105-77), (NYB ou 203-RE ou 203-77). *N.B. : Si la cote R est inférieure à 22, une scolarité d'appoint est exigée.*

OU

Laval : DEC ou l'équivalent et Mathématiques NYA, NYB, NYC (103-RE, 105-RE, 203-RE) **OU** DEC dans la famille des techniques administratives et Mathématiques NYA, NYC (103-RE, 105-RE ou 00UN, 00UQ ou 022X, 022Z ou 01Y1, 01Y4) et avoir réussi les cours de mathématiques et de statistique obligatoire du DEC. *N.B. : Si la cote R est inférieure à 22, une scolarité d'appoint est exigée. La possession d'un ordinateur portatif est obligatoire pour tout étudiant admis à ce programme. Pour en savoir plus : www.fsa.ulaval.ca/ulysse.*

Endroits de formation (voir p. 422)

	Contingentement	Coop	Cote R
Laval	☐	■	—
UQAR	☐	☐	—

Professions reliées

C.N.P.

0012	Administrateur agréé
1232	Agent-conseil de crédit
1234	Analyste en gestion des risques
1114	Analyste en placements financiers
1112	Analyste financier
1234	Assureur-vie agréé
1112	Conseiller en placements financiers
1234	Conseiller en sécurité financière
1114	Conseiller en services financiers
6231	Courtier d'assurances
0122	Directeur d'institution financière
1233	Examinateur des réclamations d'assurances
1112	Gestionnaire de portefeuille
1114	Inspecteur d'institutions financières
1114	Planificateur financier
6231	Représentant en assurances de personnes

Endroits de travail

– À son compte
– Compagnies d'assurances
– Coopératives de services financiers
– Firmes de courtage
– Gouvernements fédéral et provincial
– Institutions financières

Salaire

Le salaire hebdomadaire moyen est de 941 $ (janvier 2009).

Remarques

– Pour obtenir le titre d'assureur-vie agréé, il faut réussir le cours « Les concepts en assurance de personnes » offert par la Chambre de la sécurité financière.
– Pour porter le titre de courtier d'assurance, il faut détenir un certificat de courtier en assurances de dommages émis par l'Autorité des marchés financiers et avoir été courtier pendant 2 ans (www.autorite.qc.ca).
– Pour porter le titre de planificateur financier, il faut réussir l'examen de l'Institut québécois de planification financière (www.iqpf.org).
– À l'Université Laval, il s'agit d'une concentration du cheminement spécialisé du baccalauréat en Administration des affaires. Cet établissement offre également un certificat en Services financiers.
– L'Université du Québec à Chicoutimi (UQAC) offre un certificat en Planification financière.

STATISTIQUES D'EMPLOI			
	2005	2007	2009
Nb de personnes diplômées	411	428	461
% en emploi	79,9 %	80,1 %	76,1 %
% à temps plein	99,0 %	96,0 %	91,7 %
% lié à la formation	76,2 %	75,3 %	76,5 %

BAC 6 TRIMESTRES   CUISEP 123-000

Compétences à acquérir

- Gérer le phénomène touristique et les entreprises qui y sont liées.
- Contribuer au développement et à la planification touristiques (produits et services, clientèles, projets, événements).
- Diriger une unité hôtelière ou de restauration.
- Promouvoir les attraits touristiques d'une région.
- Acquérir les habiletés liées à la gestion dans le but d'offrir des produits de qualité, des services efficaces et du personnel productif.
- Faire preuve d'autonomie, de leadership, d'habileté de communication et d'esprit méthodique.

Éléments du programme

- Comptabilité de gestion
- Gestion de l'hébergement
- Gestion de la restauration
- Gestion des organisations
- Planification et contrôle des projets
- Prévision et prospective du tourisme
- Publicité
- Relations de travail
- Stage
- Statistiques
- Tourisme et société

Admission (voir p. 21 G)

DEC ou l'équivalent.
ET
Cours d'appoint en mathématiques si aucune connaissance en mathématiques.

Endroit de formation (voir p. 422)

	Contingentement	Coop	Cote R*
UQAM	■	☐	23.000

* Le nombre inscrit indique la **Cote R** qui a été utilisée pour l'**admission de l'année 2009 ou 2010** par l'université concernée.

Professions reliées

C.N.P.
4163	Agent de développement touristique
6453	Capitaine de banquet
1226	Coordonnateur de congrès et de réunions (hôtels et centres de congrès)
4163	Coordonnateur des services de tourisme
0621	Directeur d'agence de voyages
0511	Directeur d'établissement touristique
0621	Directeur d'une agence de guides
0631	Directeur de la restauration
0632	Directeur général d'un établissement hôtelier
0632	Exploitant de terrain de camping
0015	Gestionnaire d'entreprise touristique
1226	Organisateur de congrès et d'événements spéciaux

Endroits de travail

- Agences de voyages
- Associations touristiques
- Centres de congrès
- Chambres de commerce
- Gouvernements fédéral et provincial
- Hôtels
- Industrie touristique
- Municipalités
- Restaurants
- Traiteurs

Salaire

Consulter la fiche du programme Administration (page 124).

Remarques

- L'Université du Québec à Chicoutimi (UQAC) offre un certificat en Gestion de l'hôtellerie et de la restauration des terroirs.
- L'Université du Québec à Montréal (UQAM) offre deux concentrations : Gestion hôtelière et de restauration et Gestion du tourisme.

Statistiques d'emploi

Consulter la fiche du programme Administration (page 124).

SCIENCES DE L'ADMINISTRATION

BAC 6 TRIMESTRES

CUISEP 111-850

Compétences à acquérir

– Comprendre et apporter une solution scientifique aux problèmes de gestion.
– Élaborer, à partir d'une analyse logique des problèmes de gestion, un modèle mathématique qui sera transposé sur ordinateur.
– Contrôler les opérations et les résultats afin d'établir le modèle adéquat.
– Proposer la ou les solutions au problème posé en précisant les avantages et les probabilités de réussite.
– Gérer, concevoir et exploiter des systèmes d'information.
– Analyser des phénomènes et des processus organisationnels.
– Maximiser l'efficience et l'efficacité des décisions par des techniques analytiques et numériques.
– Faire des études de rentabilité, des descriptions de tâches, des horaires de travail, assurer la gestion des opérations et l'allocation de ressources.

Éléments du programme

– Administration financière
– Analyse statistique
– Comptabilité de management
– Gestion des stocks
– Principes de management
– Programmation linéaire et en nombres entiers
– Systèmes d'information

Admission (voir p. 21 G)

DEC ou l'équivalent.
OU
DEC en Sciences humaines.
OU
DEC technique en Techniques de l'informatique ou l'équivalent et Mathématiques 103, 105 (00UN, 00UQ).

Endroit de formation (voir p. 422)

	Contingentement	Coop	Cote R
UQTR	☐	☐	—

Profession reliée

C.N.P.
2161   Spécialiste de la recherche opérationnelle

Endroits de travail

– À son compte
– Firmes d'experts-conseils
– Gouvernements fédéral et provincial
– Moyennes et grandes entreprises
– Secteurs industriels divers

Salaire

Donnée non disponible.

SCIENCES DE L'ADMINISTRATION

STATISTIQUES D'EMPLOI			
Nb de personnes diplômées	2005	2007	2009
	7	—	—
% en emploi	33,3 %	—	—
% à temps plein	100 %	—	—
% lié à la formation	100 %	—	—

Relations de travail / Relations industrielles / Relations industrielles et ressources humaines / Industrial Relations / Labour-Management Relations

BAC 6 TRIMESTRES CUISEP 633-000

Compétences à acquérir

– Gérer des ressources humaines, diriger la sélection, la formation et l'évaluation du personnel et appliquer les différentes politiques s'y rapportant.
– Représenter son employeur dans les relations avec les employés.
– Analyser les conditions de travail et mettre en œuvre des mesures favorisant une certaine qualité de vie au travail.
– Représenter la partie patronale ou syndicale au cours de négociations collectives.
– Participer aux processus de conciliation et d'arbitrage.

Éléments du programme

– Convention et négociation collectives
– Développement en ressources humaines
– Fondements en dotation
– Fondements en rémunération
– Gestion des ressources humaines
– Mouvement syndical et travail
– Principes de gestion
– Psychologie
– Psychologie et travail
– Relations industrielles
– Sociologie des organisations
– Statistiques

Admission (voir p. 21 G)

Laval : DEC en Sciences de la nature **OU** DEC en Sciences humaines et avoir réussi le cours Formation complémentaire en méthodes quantitatives 201-300 (ou Statistiques en sciences humaines 952-024 et Biologie humaine 921) **OU** DEC en Histoire et civilisation **OU** tout autre DEC et avoir réussi les cours Méthodes quantitatives en sciences humaines 360-300 et Formation complémentaires en méthodes quantitatives 201-300 (ou Statistiques en sciences humaines 952-024 ou MAT-337 (022W) ou NYA et 307 (00UN) ou 103-RE, 105-RE et 203-RE (022X, 022Y, 022Z) ou NYA, NYB, NYC (00UN, 00UP, 00UQ). *N.B. : Si la cote R est inférieure à 22, une scolarité d'appoint est exigée.*
McGill : Industrial Relations B.A. : DEC ou l'équivalent; **Labor-Management Relations B.Com :** DEC et Mathématiques 103, 105, 203 (022X, 022Y, 022Z) ou NYA, NYB et NYC (00UN, 00UP, 00UQ).
Montréal : DEC en Sciences humaines ou en Sciences de la nature **OU** DEC en Histoire et civilisation et avoir atteint l'objectif 022P (méthodes quantitatives) **OU** DEC ou l'équivalent **OU** avoir réussi 24 crédits de cours universitaires autres que des crédits obtenus dans le cadre de cours préparatoires aux études universitaires **ET** un cours préalable en statistique (lequel peut être suivi à l'université).
UQAM : DEC ou l'équivalent et cours d'appoint en mathématiques si aucune connaissance en mathématiques.
UQO : DEC en Sciences humaines **OU** DEC ou l'équivalent **OU** DEC dans la famille des techniques administratives.

Endroits de formation (voir p. 422)

	Contingentement	Coop	Cote R*
Laval	☐	☐	—
McGill	■	☐	—
Montréal	■	☐	24.004
UQAM	■	☐	26.000
UQO	☐	☐	—

** Le nombre inscrit indique la **Cote R** qui a été utilisée pour l'**admission de l'année 2009 ou 2010** par l'université concernée.*

Professions reliées

C.N.P.
1223	Agent de dotation
1223	Agent des ressources humaines
1121	Agent syndical
4213	Chasseur de têtes
1121	Conciliateur en relations de travail
1121	Conseiller en relations industrielles
1121	Conseiller en ressources humaines
2263	Conseiller en santé et sécurité au travail
1121	Conseiller syndical
0112	Directeur des ressources humaines
1121	Spécialiste en relations ouvrières

Endroits de travail

– À son compte
– Agences de placement
– Établissements d'enseignement
– Firmes d'experts-conseils
– Gouvernements fédéral et provincial
– Moyennes et grandes entreprises
– Secteurs industriels divers

Salaire

Le salaire hebdomadaire moyen est de 884 $ (janvier 2009).

SCIENCES DE L'ADMINISTRATION

Relations de travail / Relations industrielles / Relations industrielles et ressources humaines / Industrial Relations / Labour-Management Relations

(SUITE)

Remarques

- Pour porter le titre de conseiller en ressources humaines, de conseiller en relations industrielles ou de conciliateur en relations du travail, il faut être membre de l'Ordre des conseillers en ressources humaines et en relations industrielles agréés du Québec.
- L'Université Laval offre trois certificats : Gestion des ressources humaines; Relations de travail, Relations industrielles.
- L'Université McGill offre le Faculty Program.
- L'Université du Québec à Chicoutimi (UQAC) offre un certificat en Santé et sécurité au travail.
- L'Université du Québec en Outaouais (UQO) offre les certificats suivants : Droit de l'entreprise et du travail; Politiques publiques du travail; Psychologie du travail et des organisations; Relations industrielles et ressources humaines; Santé et sécurité au travail.

STATISTIQUES D'EMPLOI			
	2005	2007	2009
Nb de personnes diplômées	348	472	447
% en emploi	83,9 %	84,3 %	81,4 %
% à temps plein	96,1 %	98,1 %	97,9 %
% lié à la formation	75,9 %	78,6 %	81,8 %

DOMAINE D'ÉTUDES

SCIENCES DE L'ÉDUCATION

Discipline

Sciences de l'éducation 159

PROGRAMMES D'ÉTUDES   PAGES

Adaptation scolaire et sociale / Enseignement en adaptation scolaire et sociale 160

Art dramatique / Enseignement – art dramatique 161

Éducation musicale / Enseignement de la musique / Education and Music 162

Éducation préscolaire et enseignement au primaire /
   Enseignement au préscolaire et au primaire / Early Childhood and Elementary Education /
   Elementary Education / Kindergarden and Elementary Education 163

Enseignement au secondaire / Secondary Education 164

Enseignement d'une langue seconde / Enseignement de l'anglais, langue seconde /
   Enseignement des langues secondes / Enseignement du français, langue seconde /
   Teaching English or French as a Second Language 166

Enseignement de la danse 168

Enseignement des arts / Enseignement des arts plastiques / Enseignement des arts visuels /
   Enseignement des arts visuels et médiatiques / Art Education 169

Enseignement en formation professionnelle / Enseignement professionnel /
   Enseignement professionnel et technique 170

Adaptation scolaire et sociale / Enseignement en adaptation scolaire et sociale

BAC 8 TRIMESTRES CUISEP 552-510

Compétences à acquérir

– Enseigner à des clientèles particulières (enfants souffrant de déficience légère et moyenne, intellectuelle ou physique ou de troubles d'apprentissage, mésadaptation socioaffective).
– Observer et analyser les diverses composantes des problèmes psychopédagogiques.
– Faire des interventions correctives individualisées ou de groupe afin de favoriser l'atteinte les objectifs des programmes réguliers d'enseignement.

Éléments du programme

– Didactique
– Difficultés d'ordre comportemental en milieu scolaire
– Éducation psychomotrice et adaptation scolaire
– Orthopédagogie de la lecture, de l'écriture et des mathématiques
– Psychologie du développement
– Relation d'aide dans l'enseignement
– Stages
– Stratégies d'enseignement et capacités intellectuelles

Admission (voir p. 21 G)

Montréal : DEC ou l'équivalent et entrevue.
Sherbrooke, UQAR : DEC ou l'équivalent.
UQAC : DEC ou l'équivalent **OU** DEC technique en Éducation spécialisée ou d'une discipline connexe ou l'équivalent.
UQAM : DEC en Sciences humaines ou en Sciences de la nature **OU** DEC dans la famille des techniques administratives **OU** tout autre DEC **ET** avoir réussi un cours de mathématiques.
UQO : DEC ou l'équivalent.
UQTR : DEC en Sciences humaines **OU** tout autre DEC.

Endroits de formation (voir p. 422)

	Contingentement	Coop	Cote R*
Montréal	☐	☐	23.015
Sherbrooke	■	☐	21.500
UQAC	■	☐	26.620
UQAM	■	☐	23.000 et 24.700
UQAR	■	☐	26.086** et 25.135
UQO	■	☐	21.000
UQTR	■	☐	20.000 à 23.440

** Le nombre inscrit indique la **Cote R** qui a été utilisée pour l'admission de l'année 2009 ou 2010 par l'université concernée.*
** Campus de Lévis.

Professions reliées

C.N.P.
4166	Conseiller pédagogique
4142	Enseignant en adaptation scolaire
4142	Orthopédagogue
4215	Professeur pour personnes déficientes intellectuelles
4215	Professeur pour personnes handicapées de la vue
4166	Spécialiste de l'adaptation scolaire
4166	Spécialiste de la mesure et de l'évaluation en éducation
4166	Spécialiste des techniques et des moyens d'enseignement

Endroits de travail

– À son compte
– Centres d'accueil
– Établissements d'enseignement
– Ministère de l'Éducation, du Loisir et du Sport

Salaire

Le salaire hebdomadaire moyen est de 772 $ (janvier 2009).

Remarques

– Pour enseigner au primaire et au secondaire, il faut être titulaire d'un permis ou d'un brevet d'enseignement permanent émis par le ministère de l'Éducation, du Loisir et du Sport.
– Des études de 2e cycle sont nécessaires pour exercer les professions suivantes : spécialiste de la mesure et de l'évaluation en éducation et spécialiste des techniques et des moyens d'enseignement.
– L'Université de Sherbrooke offre deux profils de formation : Primaire; Secondaire.
– L'Université du Québec à Chicoutimi (UQAC) offre deux profils : Enseignement au primaire; Enseignement au secondaire et aux jeunes adultes.
– L'Université du Québec à Montréal (UQAM) offre deux profils : Intervention au primaire; Intervention préscolaire-primaire. Elle offre également un certificat en Intervention éducative en milieu familial et communautaire.
– L'Université du Québec à Rimouski (UQAR) offre deux profils : Préscolaire; Secondaire – éducation des adultes.
– L'Université du Québec à Trois-Rivières (UQTR) offre un baccalauréat au niveau du primaire et un autre au niveau du secondaire.

STATISTIQUES D'EMPLOI

	2005	2007	2009
Nb de personnes diplômées	481	419	381
% en emploi	92,6 %	93,4 %	88,6 %
% à temps plein	87,7 %	90,0 %	87,6 %
% lié à la formation	98,9 %	97,5 %	96,3 %

SCIENCES DE L'ÉDUCATION

BAC 8 TRIMESTRES

CUISEP 552-000

Compétences à acquérir

– Enseigner le théâtre au préscolaire, au primaire et au secondaire.
– Développer les compétences techniques inhérentes au théâtre.
– Développer des habiletés pédagogiques.

Éléments du programme

– Didactique de l'art dramatique
– Dramaturgie
– Histoire de théâtre
– Jeu
– Méthodologie en art dramatique
– Psychologie du développement
– Scénographie
– Stages

Admission (voir p. 21 G)

DEC ou l'équivalent
ET
Bishop's : Lettre de motivation et curriculum vitæ.
UQAM : Audition.
OU
UQAC : DEC en Arts plastiques ou l'équivalent, en Sciences, lettre et arts ou en Liberal Arts d'un collège anglophone ou l'équivalent **ET** avoir complété les activités d'apprentissage visant les objectifs de formation suivants ou leur équivalent : 0161, 0162, 0165, 0168, 016B et 016D; une activité d'apprentissage relative à l'appréciation dans le domaine des arts visuels **OU** DEC en Arts et lettres, profil Arts plastiques ou Théâtre ou l'équivalent, et avoir complété deux activités d'apprentissage portant sur le langage visuel bidimensionnel et tridimensionnel **OU** DEC technique ou tout autre DEC ou l'équivalent **ET** présenter un dossier visuel de travaux personnels en arts plastiques et se soumettre à une entrevue.

Endroits de formation (voir p. 422)

	Contingentement	Coop	Cote R*
Bishop's	■	☐	—
UQAC	■	☐	25.550
UQAM	■	☐	—

** Le nombre inscrit indique la **Cote R** qui a été utilisée pour l'admission de l'année 2009 ou 2010 par l'université concernée.*

Professions reliées

C.N.P.
4142   Enseignant au préscolaire
4142   Enseignant au primaire
4141   Professeur au secondaire

Endroit de travail

Établissements d'enseignement (privés et publics)

Salaire

Le salaire hebdomadaire moyen est de 762 $ (janvier 2009).

Remarques

– Pour enseigner au primaire et au secondaire, il faut être titulaire d'un permis ou d'un brevet d'enseignement permanent émis par le ministère de l'Éducation, du Loisir et du Sport. La réussite du programme permet d'obtenir ce permis.
– L'Université du Québec à Chicoutimi (UQAC) offre deux profils : Enseignement de l'art dramatique au primaire ou au secondaire et Enseignement de l'art plastique au primaire ou au secondaire. Elle offre également un certificat en Enseignement des arts.

STATISTIQUES D'EMPLOI			
	2005	2007	2009
Nb de personnes diplômées	643	695	648
% en emploi	86,6 %	90,5 %	89,9 %
% à temps plein	73,7 %	79,8 %	73,4 %
% lié à la formation	91,6 %	92,8 %	91,4 %

Éducation musicale / Enseignement de la musique / Education and Music

BAC 8 TRIMESTRES CUISEP 552-130

Compétences à acquérir

- Enseigner la musique au primaire ou au secondaire.
- Enseigner la théorie musicale : solfège, histoire de la musique, rythmique, etc.
- Apprendre aux élèves à jouer d'un instrument de musique (flûte, trompette, guitare, etc.).
- Évaluer les apprentissages.

Éléments du programme

- Analyse et écriture
- Didactique au primaire et au secondaire
- Formation auditive
- Grands ensembles
- Histoire de la musique
- Instrument principal
- Psychologie de l'apprentissage
- Rythmique
- Système scolaire du Québec

Admission (voir p. 21 G)

Bishop's : DEC ou l'équivalent **ET** audition, curriculum vitæ et lettre de motivation.

Laval : DEC en Musique **OU** DEC en Techniques professionnelles de musique et chanson **ET** test d'admission (audition) **ET** test de français Laval-Montréal (TFLM). *N.B. : Les personnes n'ayant pas obtenu 75 % devront se soumettre à des mesures d'appoint. L'admission est conditionnelle à l'audition.*

McGill : DEC en Musique ou en Musique professionnelle du Conservatoire de musique de Québec **OU** DEC ou l'équivalent et l'une des deux séries de cours suivant : Musique 101, 201, 301, 401 ; Musique 111, 211, 311, 411 ; Musique 121, 221, 321, 421 **OU** Musique 131, 231, 331, 431 **ET** tests d'admission (audition) **ET** faire la preuve de sa connaissance générale orale et écrite du français **ET** excellence du dossier scolaire.

Sherbrooke : Pour Éducation musicale : DEC ou l'équivalent **ET** audition et examen. Programme offert par l'Université Laval. Être inscrit à l'Université de Sherbrooke. **Pour Musique :** DEC en Musique ou l'équivalent **ET** audition et examen théorique.

UQAM : DEC en Musique ou l'équivalent **OU** DEC dans une autre discipline et posséder des compétences musicales adéquates et tests d'entrée.

UQAR : DEC en Musique du Conservatoire de musique et d'art dramatique du Québec.

Endroits de formation (voir p. 422)

	Contingentement	Coop	Cote R
Bishop's	■	☐	—
Laval	■	☐	—
McGill	☐	☐	—
Sherbrooke	■	☐	—
UQAM	■	☐	—
UQAR	☐	☐	—

Profession reliée

C.N.P.
5133   Professeur de musique

Endroits de travail

- À son compte
- Écoles de musique
- Établissements d'enseignement

Salaire

Le salaire hebdomadaire moyen est de 762 $ (janvier 2009).

Remarques

- Pour enseigner au primaire et au secondaire, il faut être titulaire d'un permis ou d'un brevet d'enseignement permanent émis par le ministère de l'Éducation, du Loisir et du Sport.
- L'Université du Québec à Rimouski (UQAR) offre la concentration Enseignement de la musique dans le cadre du baccalauréat en Enseignement au secondaire.

STATISTIQUES D'EMPLOI			
	2005	2007	2009
Nb de personnes diplômées	643	695	648
% en emploi	86,6 %	90,5 %	89,9 %
% à temps plein	73,1 %	79,8 %	73,4 %
% lié à la formation	91,6 %	92,8 %	91,4 %

Éducation préscolaire et enseignement au primaire / Enseignement au préscolaire et au primaire / Early Childhood and Elementary Education / Elementary Education / Kindergarden and Elementary Education

15703/ 15704

BAC 8 TRIMESTRES

CUISEP 552-100

Compétences à acquérir

- Planifier et animer des jeux et des activités pédagogiques pour les enfants d'âge préscolaire en vue de les préparer à la formation au primaire.
- Comprendre et favoriser le développement physique, mental et social des enfants.
- Enseigner diverses matières à des enfants du primaire.
- Planifier, appliquer et évaluer les diverses activités d'enseignement.
- Organiser et diriger l'activité des enfants en garderie.

Éléments du programme

- Apprentissage de la lecture et de l'écriture
- Aspects sociaux de l'éducation
- Développement humain et apprentissage
- Didactique de la mathématique au primaire
- Didactique des sciences de la nature
- Didactique du français
- Éveil spirituel au préscolaire
- Expression artistique
- Fondements de l'éducation
- Organisation scolaire et profession enseignante
- Stages

Admission (voir p. 21 G)

DEC ou l'équivalent.
ET
Bishop's : Lettre de motivation et curriculum vitæ.
Concordia : Entrevue/audition et lettres de recommandation.
Laval : Test de français Laval-Montréal (TFLM). *N. B. : Les personnes n'ayant pas obtenu 75 % devront se soumettre à des mesures d'appoint. Test de certification en français obligatoire. Le titulaire d'un DEC en Techniques d'éducation à l'enfance ou en Techniques d'éducation spécialisée est invité à s'informer s'il peut être admis sur la base d'ententes passerelles en consultant le site www.dectechniques.ulaval.ca ou la section Passerelles de ce guide.*
UQAC : Réussite du test de français obligatoire.
UQAR, UQAT, UQTR : Réussite du test de français obligatoire et, au besoin, entrevue.
UQO : Les candidats doivent se soumettre, au besoin, à un questionnaire de sélection.
OU
McGill : DEC en Sciences humaines.
Montréal : Avoir réussi 24 crédits de cours universitaires autres que des crédits obtenus dans le cadre de cours préparatoires aux études universitaires et réussite du test de français obligatoire et entrevues.

Endroits de formation (voir p. 422)

	Contingentement	Coop	Cote R*
Bishop's	■	☐	—
Concordia	■	☐	22.000

Laval	■	☐	22.018
McGill	■	☐	25.700
Montréal	■	☐	24.015
Sherbrooke	■	☐	22.000
UQAC	■	☐	25.950
UQAM	■	☐	25.900
UQAR	■	☐	24.641 **
			et 24.812
UQAT	■	☐	—
UQO	■	☐	21.000
UQTR	■	☐	22.010

** Le nombre inscrit indique la **Cote R** qui a été utilisée pour l'admission de l'année 2009 ou 2010 par l'université concernée.*
** Campus de Lévis.

Professions reliées

C.N.P.
4166	Conseiller pédagogique
4142	Enseignant au préscolaire
4142	Enseignant au primaire
4166	Spécialiste de la mesure et de l'évaluation en éducation
4166	Spécialiste des techniques et des moyens d'enseignement

Endroits de travail

- Établissements d'enseignement
- Garderies

Salaire

Le salaire hebdomadaire moyen est de 775 $ (janvier 2009).

Remarques

- Pour enseigner au primaire, il faut détenir un permis ou un brevet d'enseignement permanent émis par le ministère de l'Éducation, du Loisir et du Sport.
- Des études de 2e cycle sont nécessaires pour exercer les professions suivantes : spécialiste de la mesure et de l'évaluation en éducation, spécialiste des techniques et des moyens d'enseignement.
- L'Université Laval offre un certificat en Sciences de l'éducation.
- L'Université de Sherbrooke offre un profil international à partir de la 3e année du baccalauréat.
- L'Université du Québec à Montréal (UQAM) offre un certificat en Éducation à la petite enfance et un certificat en Soutien pédagogique dans les centres de la petite enfance.
- L'Université du Québec à Rimouski (UQAR) offre un certificat en Technologie de l'information et des communications en éducation, ainsi que divers programmes courts reliés.

STATISTIQUES D'EMPLOI

Nb de personnes diplômées	2005	2007	2009
	1 609	1 482	1 415
% en emploi	91,6 %	92,7 %	88,6 %
% à temps plein	70,9 %	74,3 %	68,6 %
% lié à la formation	94,9 %	94,6 %	95,0 %

BAC 8 TRIMESTRES   CUISEP 552-200

Compétences à acquérir

– Planifier les activités d'enseignement et d'apprentissage selon des objectifs pédagogiques précis.
– Élaborer des stratégies d'enseignement.
– Choisir et utiliser diverses ressources didactiques.
– Enseigner une ou deux matières au secondaire.
– Maîtriser la langue d'enseignement.
– Favoriser l'acquisition des connaissances.
– Procéder à l'évaluation sommative et formative des apprentissages.

Éléments du programme

– Adolescents en difficulté d'adaptation et d'apprentissage
– Cours liés aux diverses options offertes par chacun des établissements
– École secondaire dans le système scolaire québécois
– Évaluation des apprentissages
– Fondements de l'éducation et de l'enseignement au secondaire
– Gestion des situations d'apprentissage
– Initiation à la démarche didactique
– Philosophie de l'éducation
– Stages

Admission (voir p. 21 G)

Preuve de la connaissance du français (test du ministère de l'Éducation ou autre).
ET
Bishop's : DEC ou l'équivalent, curriculum vitæ et lettre de motivation.
Laval : Cet établissement offre les cheminements suivants : **Enseignement de l'univers social** (Histoire et géographie); **Enseignement de l'univers social et du développement personnel** (Éthique et culture religieuse, Histoire) : DEC ou l'équivalent; **Enseignement des mathématiques, concentration Approfondissement des mathématiques :** DEC en Sciences de la nature ou en Sciences informatiques et mathématiques **OU** tout autre DEC et Mathématiques NYA, NYB, NYC (103-77, 105-77, 203-77 ou 103-RE, 105-RE, 203-RE), **Enseignement des mathématiques, concentration Relation entre les mathématiques et les sciences :** DEC en Sciences de la nature **OU** tout autre DEC et Mathématiques NYA, NYB, NYC (103-77, 105-77, 203-77); Physique NYA, NYB, NYC (101, 102, 103); Chimie NYA, NYB (101, 201); Biologie NYA (301); **Enseignement des sciences et de la technologie :** DEC en Sciences de la nature **OU** autre DEC et Mathématiques NYA, NYB, NYC (103-77, 105-77, 203-77); Physique NYA, NYB, NYC (101, 201, 301); Chimie NYA, NYB (101, 201); Biologie NYA (301); **Enseignement du français, langue première :** DEC ou l'équivalent.
McGill : DEC ou l'équivalent.

Montréal : Cet établissement offre six profils de formation : **Enseignement de l'éducation physique et santé; Enseignement de l'univers social** (Éducation à la citoyenneté, Géographie, Histoire); **Enseignement de l'éthique et de la culture religieuse :** DEC ou l'équivalent; **Enseignement des mathématiques :** DEC en Sciences de la nature **OU** DEC ou l'équivalent et Mathématiques 103, 105, 203; **Enseignement des sciences et des technologies :** DEC en Sciences de la nature et Chimie 00XV; Biologie 00XU **OU** DEC ou l'équivalent et Mathématiques 103, 105, 203; Physique 101, 201, 301; Chimie 101, 201, 202; Biologie 301, 401 ou deux cours de Biologie humaine; **Enseignement du français :** DEC ou l'équivalent. *N. B. : Un test d'aptitudes motrices est exigé pour les candidats inscrits à l'enseignement de l'éducation physique et santé* **ET** *entrevue.*
Sherbrooke : Cet établissement offre quatre cheminements : **Français langue d'enseignement, Univers social :** DEC ou l'équivalent; **Mathématiques :** DEC en Sciences de la nature, cheminement baccalauréat international **OU** DEC en Sciences informatiques et mathématiques (200.C0) **OU** DEC ou l'équivalent et Mathématiques NYA, NYB, NYC (103, 105, 203 ou 00UN, 00UP, 00UQ ou 022X, 022Y, 022Z ou 01Y1, 01Y2, 01Y4); **Sciences et technologies : Blocs biologie et chimie :** DEC en Sciences de la nature, cheminement baccalauréat international **OU** DEC ou l'équivalent et Mathématiques NYA, NYB (00UN, 00UP); Physique NYA, NYB, NYC (00UR, 00US, 00UT); Chimie NYA, NYB (00UL, 00UM); Biologie NYA (00UK). Pour les programmes de biologie, biotechnologie, écologie et microbiologie, les standards 00UN ou 022X, 00UP ou 022Y seront acceptés.
Bloc physique : DEC en Sciences de la nature, cheminement baccalauréat international **OU** DEC ou l'équivalent et Mathématiques NYA, NYB, NYC (00UN, 00UP, 00UQ); Physique NYA, NYB, NYC (00UR, 00US, 00UT); Chimie NYA, NYB (00UL, 00UM); Biologie NYA (00UK).
UQAC : Cet établissement offre cinq profils de formation : **Français, Univers social, Univers social et développement personnel :** DEC en Lettres, en Sciences humaines ou l'équivalent pour le profil français uniquement. DEC ou l'équivalent pour les autres profils; **Mathématiques :** DEC en Sciences de la nature ou en Sciences humaines **OU** tout autre DEC et Mathématiques NYA, NYB, NYC; **Sciences et technologies :** DEC en Sciences de la nature, en Sciences humaines ou tout autre DEC et Mathématiques NYA; Physique NYA; Chimie NYA, NYB; Biologie NYA.
UQAM : Cet établissement offre cinq concentrations : **Français langue première, Formation éthique et culture religieuse, Sciences humaines et univers social :** DEC ou l'équivalent; **Mathématiques :** DEC en Sciences ou en Sciences humaines et Mathématiques 103,105, 203 **OU** DEC dans la famille des techniques

SCIENCES DE L'ÉDUCATION

(SUITE)

physiques **OU** DEC technique en Techniques de design industriel et Mathématiques 103, 105, 203; **Science et technologie** : DEC ou l'équivalent et Mathématiques 103, 203; Physique 101, 201, 301 (ou 102, 202, 302); Chimie 101, 201; Biologie 301 (ou 911) **OU** DEC technique et un cours de niveau collégial dans chacune des disciplines suivantes : mathématiques (calcul), physique, chimie et biologie.

UQAR : Cet établissement offre six profils de formation : **Français, Univers social, Univers social et développement personnel** : DEC ou l'équivalent; **Mathématiques** : DEC ou l'équivalent et Mathématiques 103, 105, 203 ou l'équivalent; **Musique** : DEC en Musique du Conservatoire de musique et d'arts dramatique du Québec; **Sciences et technologie** : DEC en Sciences de la nature **OU** DEC technique et Mathématiques 103, 105, 203; Physique 101, 201, 301; Chimie 101, 201; Biologie 301.

UQAT : Cet établissement offre trois cheminements : **Français, Univers social** : DEC préuniversitaire ou technique ou l'équivalent et, au besoin, entrevue; **Mathématiques** : DEC préuniversitaire ou technique dans un programme pertinent ou l'équivalent et Mathématiques 103, 105, 203 **OU** DEC en Sciences de la nature ou l'équivalent.

UQO : Cet établissement offre trois cheminements : **Français** (langue d'enseignement); **Mathématiques** : DEC ou l'équivalent et les cours ou objectifs suivants en mathématiques : 00UN (ou 01Y1 ou 022X ou le cours 103); 00UQ (ou 01Y4 ou 022Z ou le cours 105 ou 122); 00UP (ou 01Y2 ou 022Y ou les cours 203 ou 01Y3 ou 022P ou 022W ou les cours 307 ou 337); **Univers social** (Histoire et géographie) : DEC ou l'équivalent **ET** questionnaire de sélection au besoin.

UQTR : Cet établissement offre les profils de formation suivants : **Développement personnel** : DEC ou l'équivalent; **Mathématiques** : DEC ou l'équivalent et Mathématiques 103, 105, 203 (00UN, 00UQ, 00UP); **Sciences et technologie** : DEC ou l'équivalent et Mathématiques 103, 105, 203 (00UN, 00UQ, 00UP); Physique 101, 201, 301-78 (00UR, 00US, 00UT); Chimie 101, 201 00UL, 00UM); Biologie 301 (00UK).
ET/OU
Entrevue.

Endroits de formation (voir p. 422)

	Contingentement	Coop	Cote R*
Bishop's	■	☐	—
Laval	■	☐	21.851 à 25.717
McGill	■	☐	26.500
Montréal	■	☐	21.189 à 23.610
Sherbrooke	■	☐	21.400 à 23.200

UQAC**	■	☐	24.070 à 33.700
UQAM	■	☐	20.000 à 25.000
UQAR	■	☐	21.121 à 27.100
UQAT	■	☐	—
UQO	■	☐	20.000
UQTR	■	☐	20.000

** Le nombre inscrit indique la **Cote R** qui a été utilisée pour l'admission de l'année 2009 ou 2010 par l'université concernée.*
** Selon la discipline choisie, consulter également le système REPÈRES pour plus d'information.

Professions reliées

C.N.P.
4166	Conseiller pédagogique
4141	Enseignant aux adultes
4141	Professeur au secondaire
4141	Professeur d'histoire
4141	Professeur de français
4141	Professeur de physique
4141	Professeur en enseignement moral et religieux
4166	Spécialiste de la mesure et de l'évaluation en éducation
4166	Spécialiste des techniques et des moyens d'enseignement

Endroits de travail

– À son compte
– Centres d'aide aux études
– Établissements d'enseignement

Salaire

Le salaire hebdomadaire moyen est de 790 $ (janvier 2009).

Remarques

– Pour enseigner au secondaire, il faut détenir un permis ou un brevet d'enseignement permanent émis par le ministère de l'Éducation, du Loisir et du Sport.
– Ce programme bidisciplinaire permet d'acquérir une formation en enseignement pour certaines disciplines offertes au secondaire.
– L'Université du Québec à Trois-Rivières (UQTR) offre un double baccalauréat en Enseignement des mathématiques au secondaire et en Mathématiques.

STATISTIQUES D'EMPLOI			
	2005	2007	2009
Nb de personnes diplômées	887	760	769
% en emploi	91,0 %	93,4 %	90,4 %
% à temps plein	85,8 %	88,3 %	83,9 %
% lié à la formation	94,2 %	94,8 %	94,7 %

SCIENCES DE L'ÉDUCATION

Enseignement d'une langue seconde / Enseignement de l'anglais, langue seconde / Enseignement des langues secondes / Enseignement du français, langue seconde / Teaching English or French as a Second Language

BAC 8 TRIMESTRES   **CUISEP 552-210**

Compétences à acquérir

- Enseigner une langue seconde (français ou anglais) à des élèves du primaire ou du secondaire, dans les classes d'immersion et les classes d'accueil.
- Préparer, animer et évaluer les diverses activités pédagogiques en fonction des objectifs du programme.
- Favoriser l'apprentissage d'une langue seconde à l'aide de diverses activités (travaux, exposés, examens, etc.).
- Préparer les élèves aux évaluations.

Éléments du programme

- Acquisition d'une langue seconde
- Allemand fondamental
- Analyse de textes
- Anglais fondamental
- Éducation des minorités au Québec
- Espagnol fondamental
- Évaluation des habiletés langagières
- Expression écrite
- Expression verbale
- Français fondamental
- Grammaire
- Initiation à l'étude du langage
- Interventions pédagogiques adaptées
- Italien fondamental
- Langage et communication orale
- Psychologie de l'apprentissage en milieu scolaire
- Stages
- Technologie et enseignement des langues

Admission (voir p. 21 G)

Bishop's : DEC ou l'équivalent, curriculum vitæ et lettre de motivation.

Concordia : DEC ou l'équivalent et lettre explicative, entrevue, test de classement ou d'aptitudes linguistiques en anglais et en français, deux lettres de recommandation.

Laval : Enseignement de l'anglais, langue seconde : DEC et test de français Laval-Montréal (TFLM) **ET/OU** réussir un test d'anglais standardisé de niveau avancé II. L'admission est conditionnelle au résultat du test d'anglais. Test de certification en français obligatoire. **Enseignement du français, langue seconde :** DEC ou l'équivalent et test de français Laval-Montréal (TFLM). Test de certification en français obligatoire.

McGill, UQAT : DEC ou l'équivalent et un cours d'Anglais avancé 604-102-03 ou 604-103-03 de niveau collégial **ET** entrevue, test d'admission ou test de classement.

Montréal : DEC ou l'équivalent **OU** avoir réussi 24 crédits de cours universitaires autres que des crédits obtenus dans le cadre de cours préparatoires aux études universitaires **ET** test de français et épreuve diagnostique en mathématiques; à la demande de la Faculté se présenter en entrevue.

Sherbrooke : DEC ou l'équivalent et deux cours d'anglais de niveau collégial si fréquentation d'un collège francophone.

UQAC : DEC ou l'équivalent et posséder une compétence de niveau intermédiaire avancé en anglais, test de français et d'admission en anglais.

UQAM : DEC ou l'équivalent et un cours d'Anglais avancé 604-102-03 ou 604-103-03 de niveau collégial, tests de français et d'anglais obligatoires.

UQTR : DEC ou l'équivalent et test d'admission en anglais.

Endroits de formation (voir p. 422)

	Contingentement	Coop	Cote R*
Bishop's	■	☐	26.000 ou plus
Concordia	■	☐	20.000
Laval	■	☐	23.140**
McGill	■	☐	24.000
Montréal	■	☐	21.784**
Sherbrooke	■	☐	21,500
UQAC	■	☐	23.210
UQAM	■	☐	17.000
UQAT	■	☐	—
UQTR	■	☐	20.000

*Le nombre inscrit indique la **Cote R** qui a été utilisée pour l'admission de l'année 2009 ou 2010 par l'université concernée.*
**Pour Enseignement du français, langue seconde.*

Professions reliées

C.N.P.
4142   Enseignant au primaire
4141   Professeur au secondaire
4131   Professeur de langues modernes

Endroits de travail

- À son compte
- Écoles de langues
- Établissements d'enseignement

15705

Enseignement d'une langue seconde / Enseignement de l'anglais, langue seconde / Enseignement des langues secondes / Enseignement du français, langue seconde / Teaching English or French as a Second Language

(SUITE)

Salaire

Le salaire hebdomadaire moyen est de 762 $ (janvier 2009).

Remarques

– Pour enseigner au primaire et au secondaire, il faut détenir un permis ou un brevet d'enseignement permanent émis par le ministère de l'Éducation, du Loisir et du Sport.

– L'Université Laval offre un certificat en Aptitude à l'enseignement spécialisé d'une langue seconde.

– L'Université du Québec à Montréal (UQAM) offre un certificat en Enseignement de l'anglais langue seconde et un certificat en Enseignement du français langue seconde.

– L'Université du Québec à Trois-Rivières (UQTR) offre un certificat en Anglais et un certificat en Traduction. Ce dernier est offert exclusivement en ligne.

SCIENCES DE L'ÉDUCATION

STATISTIQUES D'EMPLOI			
	2005	2007	2009
Nb de personnes diplômées	643	695	648
% en emploi	86,6 %	90,5 %	89,9 %
% à temps plein	73,1 %	79,8 %	73,4 %
% lié à la formation	91,6 %	92,8 %	91,4 %

BAC 8 TRIMESTRES   CUISEP 552-000

Compétences à acquérir

– Enseigner la danse au primaire et au secondaire.
– Enseigner les diverses techniques.
– Préparer, donner et évaluer les activités pédagogiques.

Éléments du programme

– Didactique de la danse
– Entraînement avancé
– Histoire de la danse
– Psychologie du développement
– Stages
– Techniques en danse

Admission (voir p. 21 G)

DEC en Danse ou l'équivalent **OU** DEC dans une autre concentration et avoir suivi une formation soutenue et régulière en danse.
ET
Audition.

Endroit de formation (voir p. 422)

	Contingentement	Coop	Cote R
UQAM	■	☐	—

Professions reliées

C.N.P.
4142   Enseignant au primaire
4141   Professeur au secondaire
5134   Professeur de danse

Endroits de travail

– À son compte
– Établissements d'enseignement (privés et publics)

Salaire

Le salaire hebdomadaire moyen est de 762 $ (janvier 2009).

Remarque

Pour enseigner au primaire et au secondaire, il faut être titulaire d'un permis ou d'un brevet d'enseignement permanent émis par le ministère de l'Éducation, du Loisir et du Sport. La réussite du programme permet d'obtenir ce permis.

STATISTIQUES D'EMPLOI	2005	2007	2009
Nb de personnes diplômées	643	695	648
% en emploi	86,6 %	90,5 %	89,9 %
% à temps plein	73,1 %	79,8 %	73,4 %
% lié à la formation	91,6 %	92,8 %	91,4 %

15705 Enseignement des arts / Enseignement des arts plastiques / Enseignement des arts visuels / Enseignement des arts visuels et médiatiques / Art Education

BAC 8 TRIMESTRES CUISEP 552-000

Compétences à acquérir

- Enseigner les arts plastiques au préscolaire, au primaire ou au secondaire.
- Enseigner les diverses techniques ou médiums (huile, aquarelle, sérigraphie, sculpture, etc.) utilisés pour réaliser les projets éducatifs.
- Préparer, donner et évaluer les activités pédagogiques visant le développement de la créativité.

Éléments du programme

- Dessin
- Didactique des arts
- Histoire de l'art
- Programmes et méthodologie en arts plastiques au primaire et au secondaire
- Psychologie de l'enfance et de l'adolescence
- Psychologie et pédagogie de la créativité
- Stages
- Théorie de la couleur

Admission (voir p. 21 G)

Bishop's : DEC ou l'équivalent **ET** portfolio, curriculum vitæ et lettre de motivation.

Concordia : DEC ou l'équivalent et lettre explicative, soumission de travaux personnels.

Laval : DEC en Arts plastiques **OU** DEC et avoir suivi un cours de 45 heures en dessin, deux cours de 45 heures en pictural, en sculptural et en histoire de l'art **OU** être titulaire du certificat en Arts plastiques **ET** test de français Laval-Montréal (TFLM). *N. B. : Les personnes n'ayant pas obtenu 75 % devront se soumettre à des mesures d'appoint.*

UQAC : DEC en Arts plastiques (510.A0) ou l'équivalent, en Liberal Arts (710.B0) d'un collège anglophone ou l'équivalent **OU** DEC ou l'équivalent et avoir complété les activités d'apprentissage visant les objectifs de formation suivants ou leur équivalent : 0161, 0162, 0165, 0168, 016B et 016D, une activité d'apprentissage relative à l'appréciation dans le domaine des arts visuels **OU** DEC en Arts et Lettres (500.A1), profil Arts plastiques ou profil Théâtre, ou l'équivalent, et avoir complété deux cours portant sur le langage visuel bidimensionnel et tridimensionnel **OU** DEC technique ou tout autre DEC ou l'équivalent **ET** présenter un dossier visuel de travaux personnels en arts plastiques et se soumettre à une entrevue.

UQAM : DEC ou l'équivalent et dossier visuel.

UQO : DEC ou l'équivalent, en Arts plastiques ou l'équivalent. *N. B. : Les candidats doivent se soumettre, au besoin, à un questionnaire de sélection.*

UQTR : DEC en Arts plastiques, en Arts et lettres, profil Arts visuels ou Théâtre et avoir complété un cours portant sur le langage bidimensionnel et un cours portant sur le langage plastique tridimensionnel **OU** DEC technique ou tout autre DEC **ET** présenter un dossier visuel de travaux personnels en arts plastiques et se soumettre à une entrevue.

Endroits de formation (voir p. 422)

	Contingentement	Coop	Cote R*
Bishop's	■	☐	—
Concordia	■	☐	—
Laval	■	☐	—
UQAC	■	☐	25.550
UQAM	■	☐	—
UQO	■	☐	24.000
UQTR	■	☐	20.000

* Le nombre inscrit indique la Cote R qui a été utilisée pour l'admission de l'année 2009 ou 2010 par l'université concernée.

Professions reliées

C.N.P.
4142 Enseignant au préscolaire
4142 Enseignant au primaire
4141 Professeur au secondaire
5136 Professeur d'arts plastiques

Endroits de travail

- À son compte
- Établissements d'enseignement
- Services des loisirs municipaux

Salaire

Le salaire hebdomadaire moyen est de 762 $ (janvier 2009).

Remarques

- Pour enseigner au primaire et au secondaire, il faut détenir un permis ou un brevet d'enseignement permanent émis par le ministère de l'Éducation, du Loisir et du Sport.
- L'Université Laval offre un certificat en Arts plastiques.
- L'Université du Québec à Chicoutimi (UQAC) offre deux profils : Enseignement de l'art dramatique au primaire ou au secondaire; Enseignement de l'art plastique au primaire ou au secondaire. Elle offre également un certificat en Enseignement des arts.

STATISTIQUES D'EMPLOI			
	2005	2007	2009
Nb de personnes diplômées	643	695	648
% en emploi	86,6 %	90,5 %	89,9 %
% à temps plein	73,1 %	79,8 %	73,4 %
% lié à la formation	91,6 %	92,8 %	91,4 %

SCIENCES DE L'ÉDUCATION

Enseignement en formation professionnelle / Enseignement professionnel / Enseignement professionnel et technique

BAC 8 TRIMESTRES

CUISEP 552-200

Compétences à acquérir

– Préparer des plans de cours.
– Enseigner à l'aide d'exposés, de démonstrations, d'ateliers, de travaux de laboratoire, etc.
– Favoriser l'intégration des connaissances et le développement des habiletés professionnelles et techniques.
– Procéder à l'évaluation sommative et formative des apprentissages.
– Être à l'affût des progrès liés à la discipline enseignée.

Éléments du programme

– Didactique
– Intégration scolaire et modèles d'intervention
– Méthodes et techniques d'enseignement professionnel
– Psychologie de l'apprentissage d'un métier, d'une technique et d'une profession
– Psychologie sociale
– Stages

Admission (voir p. 21 G)

Laval : DEC technique dans une discipline liée à l'enseignement professionnel ou technique **OU** posséder 3 000 heures d'exercice du métier à l'admission **OU** détenir un diplôme universitaire lié à l'enseignement professionnel ou technique **OU** cumuler 800 heures d'enseignement à la leçon **ET** test de français Laval-Montréal (TFLM). Test de certification en français obligatoire.

Sherbrooke : DEP ou DEC ou BAC ou son équivalent et une expérience pertinente en entreprise d'au moins deux ans (3 000 heures) attestée par d'anciens employeurs ou l'employeur actuel. *N. B. : Les personnes qui ne sont pas à l'emploi d'un établissement d'enseignement secondaire en formation professionnelle devront passer une entrevue.*

UQAC : DEP et avoir 21 ans **OU** DEC technique dans un champ correspondant à la formation professionnelle **OU** détenir un diplôme universitaire dans un champ correspondant à la formation professionnelle **OU** avoir entrepris un programme de baccalauréat dans un champ correspondant à la formation professionnelle **ET** avoir réussi l'épreuve de français langue d'enseignement et littérature du MELS dans un collège ou une université.

UQAM : Être titulaire d'un diplôme d'études professionnelles (DEP), être âgé d'au moins 21 ans et posséder une expérience de 3 000 heures dans l'exercice du métier à enseigner.

UQAR : Diplôme d'études professionnelles (DEP) et avoir 21 ans **OU** DEC dans un champ disciplinaire relié à la profession.

UQAT : DEP et avoir 21 ans **OU** DEC dans un champ correspondant à la formation professionnelle **OU** avoir entrepris ou détenir un baccalauréat dans un champ correspondant à la formation professionnelle.

N. B. : Les candidats déjà en exercice, à l'emploi d'un centre de formation professionnelle, qui répondent aux conditions d'admission seront admis directement. Les autres auront à se présenter à une entrevue.

Endroits de formation (voir p. 422)

	Contingentement	Coop	Cote R
Laval	☐	☐	—
Sherbrooke	☐	·	—
UQAC	☐	☐	—
UQAM	☐	☐	—
UQAR	☐	☐	—
UQAT	☐	☐	—

Professions reliées

C.N.P.
4131 Coordonnateur de département dans un collège
4141 Enseignant aux adultes
4131 Formateur en entreprise
4131 Professeur d'enseignement professionnel au secondaire
4131 Professeur en formation technique au collégial

Endroit de travail

Établissements d'enseignement

Salaire

Le salaire hebdomadaire moyen est de 1 195 $ (janvier 2009).

Remarques

– Pour enseigner au secondaire, il faut détenir un permis ou un brevet d'enseignement permanent émis par le ministère de l'Éducation, du Loisir et du Sport.
– L'Université Laval offre deux certificats : Enseignement professionnel et technique; Formation des adultes en milieu de travail.
– L'Université de Sherbrooke offre également la formation aux enseignants des commissions scolaires anglophones.
– L'Université du Québec à Montréal (UQAM) offre deux concentrations : Formation professionnelle au secondaire; Formation technique au collégial.
– L'Université du Québec à Rimouski (UQAR) est la seule université à offrir le programme en formation à distance. Le programme est également offert à temps partiel.

STATISTIQUES D'EMPLOI			
	2005	2007	2009
Nb de personnes diplômées	74	99	93
% en emploi	90,4 %	95,6 %	97,3 %
% à temps plein	66,0 %	89,2 %	94,4 %
% lié à la formation	80,6 %	86,2 %	89,6 %

SCIENCES DE L'ÉDUCATION

DOMAINE D'ÉTUDES

SCIENCES DE LA SANTÉ

Discipline

Sciences de la santé humaine et animale 173

SCIENCES DE LA SANTÉ HUMAINE ET ANIMALE

PROGRAMMES D'ÉTUDES	PAGES
Activité physique / Éducation physique / Éducation physique et santé / Enseignement en éducation physique et à la santé / Intervention en activité physique / Intervention sportive / Physical and Health Education / Physical Education	174
Audiologie / Orthophonie	176
Biologie médicale / Sciences biomédicales / Biomedical Sciences	177
Chiropratique	178
Diététique / Nutrition	179
Ergothérapie / Sciences de la santé (ergothérapie) / Occupational Therapy	180
Intervention en activité physique / Kinésiologie / Kinésiologie et massokinésiothérapie	182
Médecine	183
Médecine dentaire / Dental Medicine	185
Médecine vétérinaire	186
Optométrie	187
Pharmacie	188
Pharmacologie	189
Physiologie / Physiology	190
Physiothérapie / Réadaptation occupationnelle / Réadaptation physique / Exercises Science / Physical Therapy	191
Podiatrie	192
Pratique sage-femme	193
Sciences infirmières	194

Lauréat
2010
Palmarès des carrières

15380/ 15705

Activité physique / Éducation physique / Éducation physique et santé / Enseignement en éducation physique et à la santé / Intervention en activité physique / Intervention sportive / Physical and Health Education / Physical Education

BAC 6-8 TRIMESTRES   **CUISEP 581-000**

Compétences à acquérir

- Planifier des activités sportives ou physiques adaptées aux capacités de la clientèle.
- Entraîner des athlètes et préparer des programmes d'entraînement.
- Enseigner au primaire, au secondaire ou au collégial le conditionnement physique ou diverses activités sportives.
- Travailler à la rééducation ou la réhabilitation auprès de clientèles particulières.
- Faciliter le développement des qualités organiques et musculaires, des habiletés motrices et sportives.
- Permettre l'acquisition ou le renforcement d'attitudes positives au regard de l'activité physique ainsi que l'acquisition d'habitudes liées au bien-être physique et mental.

Éléments du programme

- Alimentation et activité physique
- Anatomie fonctionnelle
- Condition physique et santé
- Croissance et valeur physique
- Didactique de l'activité physique
- Éducation à la santé
- Physiologie de l'exercice
- Programmation en éducation physique
- Psychologie de l'enfance et de l'adolescence
- Stages
- Systèmes d'entraînement

Admission (voir p. 21 G)

Laval : Pour l'enseignement de l'éducation physique et à la santé : DEC ou l'équivalent, test de français Laval-Montréal (TFLM). Test de certification en français obligatoire. *N. B. : Les personnes n'ayant pas obtenu 75 % devront se soumettre à des mesures d'appoint.*
McGill : DEC en Sciences ou l'équivalent.
Montréal : DEC ou l'équivalent **OU** avoir réussi 24 crédits de cours universitaires autres que des crédits obtenus dans le cadre de cours préparatoires aux études universitaires **ET** entrevue.
Sherbrooke : DEC ou l'équivalent et réussir le test d'aptitudes physiques.
UQAC : DEC ou l'équivalent.
UQAM : DEC ou l'équivalent et test et entrevue.
UQTR : DEC ou l'équivalent et test d'habiletés motrices.

Endroits de formation (voir p. 422)

	Contingentement	Coop	Cote R*
Laval	■	☐	24.443 et 26.409
McGill	■	☐	25.700
Montréal	■	☐	25.542
Sherbrooke	■	☐	24.700
UQAC	■	☐	23.970
UQAM	■	☐	—
UQTR**	■	☐	23.500

* *Le nombre inscrit indique la* **Cote R** *qui a été utilisée pour l'admission de l'année 2009 ou 2010 par l'université concernée.*
** *Contingenté en Enseignement de l'éducation physique et à la santé seulement.*

Professions reliées

C.N.P.
4167	Conseiller en conditionnement physique
5252	Dépisteur en sport professionnel
0513	Directeur d'équipe de sport professionnel
3142	Éducateur physique en réadaptation
4167	Éducateur physique kinésiologique
4141	Éducateur physique pleinairiste
4142	Enseignant au primaire
5252	Entraîneur d'athlètes
5252	Entraîneur d'équipes de sport amateur
5252	Entraîneur d'équipes sportives
5254	Instructeur de conditionnement physique aérobique
4141	Professeur au secondaire

Endroits de travail

- À son compte
- Bases de plein air
- Centres de conditionnement physique
- Clubs sportifs
- Établissements d'enseignement
- Municipalités

Salaire

Le salaire hebdomadaire moyen est de 688 $ (janvier 2009).

174   SCIENCES DE LA SANTÉ HUMAINE ET ANIMALE

SCIENCES DE LA SANTÉ

15380/ 15705

Activité physique / Éducation physique / Éducation physique et santé / Enseignement en éducation physique et à la santé / Intervention en activité physique / Intervention sportive / Physical and Health Education / Physical Education

(SUITE)

Remarques

– Pour enseigner au primaire et au secondaire, il faut détenir un permis ou un brevet d'enseignement permanent émis par le ministère de l'Éducation, du Loisir et du Sport.

– L'Université Laval offre un baccalauréat en Enseignement de l'éducation physique et à la santé, ainsi qu'un baccalauréat en Intervention sportive.

– L'Université du Québec à Chicoutimi (UQAC) offre un certificat et une mineure en Sciences de l'activité physique ainsi qu'une mineure en Activité physique et éducation à la santé.

– L'Université du Québec à Montréal (UQAM) offre deux profils : Enseignement de l'éducation physique et à la santé; Kinésiologie.

– L'Université du Québec à Trois-Rivières (UQTR) offre un baccalauréat en Enseignement de l'éducation physique et à la santé ainsi qu'un baccalauréat ès Science avec majeure en Kinésiologie. Une mineure en Masso-kinésiothérapie est également offerte.

STATISTIQUES D'EMPLOI

Nb de personnes diplômées	2005	2007	2009
	295	362	427
% en emploi	62,8 %	67,1 %	63,4 %
% à temps plein	78,8 %	70,3 %	72,8 %
% lié à la formation	69,9 %	78,9 %	76,3 %

Audiologie / Orthophonie

BAC 6 TRIMESTRES

CUISEP 354-550

Compétences à acquérir

- Travailler à la prévention, à l'évaluation et à la correction des troubles d'élocution, de prononciation, de la voix et de l'ouïe.
- Étudier, examiner, évaluer et traiter les troubles de l'audition, de la voix, de la parole et du langage.
- Étudier, évaluer et corriger les défauts de l'ouïe à l'aide d'instruments électro-acoustiques.
- Stimuler le code oral.
- Évaluer et élaborer des plans d'intervention.
- Donner des traitements individuels ou de groupe.

Éléments du programme

- Perception de la parole
- Phonétique expérimentale
- Physiologie de l'audition
- Psycho-acoustique
- Psychologie de l'apprentissage
- Trouble de l'audition
- Trouble de la parole

Admission (voir p. 21 G)

DEC en Sciences de la nature et avoir atteint l'objectif 00XU en biologie.
OU
DEC ou l'équivalent et Mathématiques 103; Physique 101, 201, 301; Chimie 101, 201; Biologie 301, 401 ou deux cours de biologie humaine.
OU
Avoir réussi 24 crédits de cours universitaires autres que des crédits obtenus dans le cadre de cours préparatoires aux études universitaires.
ET
Excellence du dossier scolaire.

Endroit de formation (voir p. 422)

	Contingentement	Coop	Cote R*
Montréal	■	☐	30.200 et 32.000

** Le nombre inscrit indique la **Cote R** qui a été utilisée pour l'admission de l'année 2009 ou 2010 par l'université concernée.*

Professions reliées

C.N.P.
3141   Audiologiste
3141   Orthophoniste

Endroits de travail

- À son compte
- Centres de réadaptation
- Centres hospitaliers
- Centres locaux de services communautaires (CLSC)
- Centres spécialisés de l'ouïe et de la parole
- Cliniques médicales
- Commission de la santé et de la sécurité au travail (CSST)
- Établissements d'enseignement

Salaire

Le salaire hebdomadaire moyen est de 848 $ (janvier 2009).

Remarques

- Pour porter le titre d'orthophoniste ou d'audiologiste, il faut avoir une formation de 2e cycle et être membre de l'Ordre des orthophonistes et audiologistes du Québec.
- L'Université Laval offre une maîtrise en Orthophonie aux étudiants possédant un baccalauréat en Sciences de la santé, en Linguistique ou en Psychologie et ayant maintenu une moyenne égale ou supérieure à 3.33.

SCIENCES DE LA SANTÉ

STATISTIQUES D'EMPLOI	2005	2007	2009
Nb de personnes diplômées	60	62	64
% en emploi	87,0 %	89,7 %	94,3 %
% à temps plein	85,0 %	88,6 %	88,0 %
% lié à la formation	97,1 %	100 %	100 %

Biologie médicale / Sciences biomédicales / Biomedical Sciences

BAC 6 TRIMESTRES   **CUISEP 353-610**

Compétences à acquérir

– Acquérir une connaissance approfondie du corps humain et du fonctionnement de ses systèmes.
– Comprendre les systèmes normaux et pathologiques humains.
– Développer les aptitudes requises sur le plan de l'expérimentation et des techniques de laboratoire pour travailler dans des laboratoires médicaux et pharmaceutiques.

Éléments du programme

– Anatomie descriptive
– Biochimie
– Hématologie
– Hystologie
– Microbiologie
– Pharmacologie
– Physiologie humaine
– Stage en biologie médicale

Admission (voir p. 21 G)

Laval : DEC en sciences de la nature et Biologie 401 (00XU); Chimie 202 (00XV) **OU** DEC ou l'équivalent et Mathématiques NYA, NYB (103-77, 203-77 ou 00UN, 00UP); Physique NYA, NYB, NYC (101, 201 et 301 ou 00UR, 00US, 00UT); Chimie NYA, NYB (101, 201, 202 ou 00UL, 00UM, 00XV); Biologie NYA (301, 401 ou 00UK, 00XU).

Montréal : DEC en Sciences de la nature et avoir atteint les objectifs 00XV en Chimie et 00XV en Biologie **OU** DEC ou l'équivalent et Mathématiques 103, 203 (00UN, 00UP); Physique 101, 201, 301 (00UR, 00XS, 00UT); Chimie 101, 201, 202 (00UL, 00UM, 00XV); Biologie 301, 401 (00UK, 00XU) ou deux cours de biologie humaine **OU** avoir réussi 24 crédits de cours universitaires autres que des crédits obtenus dans le cadre de cours préparatoires aux études universitaires.

UQTR : DEC en Sciences de la nature ou l'équivalent et Mathématiques 103 (00UN), 203 (00UP); Physique 101 (00UR), 201 (00US), 301-78 (00UT); Chimie 101 (00UL), 201 (00UM), 202 (OOXV); Biologie 301 (00UK) **OU** DEC dans la famille des techniques biologiques (laboratoire médical, analyse biomédicale, santé animale) et Mathématiques 103 (00UN) **OU** DEC technique en Soins infirmiers et Mathématiques 103 (00UN); Chimie 101 (00UL), 201 (00UM).

Endroits de formation (voir p. 422)

	Contingentement	Coop	Cote R*
Laval	■	☐	—
Montréal	■	☐	28.915
UQTR	☐	☐	—

** Le nombre inscrit indique la **Cote R** qui a été utilisée pour l'admission de l'année 2009 ou 2010 par l'université concernée.*

Professions reliées

C.N.P.

2112	Biochimiste clinique
2112	Biochimiste en parasitologie
2121	Biologiste médical
2121	Biologiste moléculaire
2121	Physiologiste

Endroits de travail

– Centres hospitaliers,
– Établissements d'enseignement universitaire
– Gouvernements fédéral et provincial
– Industrie pharmaceutique
– Laboratoires de recherche

Salaire

Le salaire hebdomadaire moyen est de 675 $ (janvier 2009).

Remarques

– Des études de 2e cycle sont nécessaires pour exercer la profession suivante : biologiste moléculaire.
– L'Université McGill offre une majeure en Biomedical Sciences.
– L'Université de Montréal offre sept orientations au baccalauréat en Sciences biomédicales : Pathologie et biologie cellulaire; Perfusion extracorporelle; Pharmacologie; Physiologie intégrée; Sciences biomédicales; Sciences de la vision; Sciences neurologiques.
– L'Université du Québec à Trois-Rivières (UQTR) offre un certificat en Biologie médicale.

SCIENCES DE LA SANTÉ

STATISTIQUES D'EMPLOI	2005	2007	2009
Nb de personnes diplômées	120	51	49
% en emploi	38,9 %	32,3 %	39,5 %
% à temps plein	89,3 %	100 %	100 %
% lié à la formation	60,0 %	50,0 %	66,7 %

DOCTORAT 1er CYCLE 11 TRIMESTRES — CUISEP 354-310

Compétences à acquérir

– Établir un diagnostic précis de l'état du patient.
– Déterminer l'approche thérapeutique appropriée.
– Exécuter des traitements selon les procédures et les techniques reconnues (ajustements et techniques manuelles de corrections).

Éléments du programme

– Anatomie
– Biochimie clinique
– Biomécanique
– Dermatologie
– Diagnostic physique, clinique et de laboratoire
– Éthique et pratique professionnelle
– Gynécologie et obstétrique
– Imagerie diagnostique
– Internat
– Microbiologie
– Neurologie
– Pathologie osseuse
– Physiologie
– Psychologie
– Santé publique
– Soins d'urgence
– Stage d'observation et d'intervention
– Techniques d'ajustement

Admission (voir p. 21 G)

DEC ou l'équivalent et Mathématiques 103, 203 (00UN, 00UP); Physique 101, 201, 301-78 (00UR, 00US, 00UT); Chimie 101, 201, 202 (00UL, 00UM, 00XV); Biologie 301, 401 (00UK, 00XU).
ET
Entrevue, lettre de recommandation.

Endroit de formation (voir p. 422)

	Contingentement	Coop	Cote R*
UQTR	■	☐	28.300

* Le nombre inscrit indique la **Cote R** qui a été utilisée pour l'**admission de l'année 2009 ou 2010** par l'université concernée.

Profession reliée

C.N.P.
3122   Chiropraticien

Endroits de travail

– À son compte
– Cliniques chiropratiques (associé ou à salaire)

Salaire

Le salaire hebdomadaire moyen est de 600 $ (janvier 2009).

Remarque

Pour exercer la profession et porter le titre de chiropraticien, il faut être membre de l'Ordre des chiropraticiens du Québec.

STATISTIQUES D'EMPLOI

	2005	2007	2009
Nb de personnes diplômées	41	42	48
% en emploi	89,7 %	96,0 %	100 %
% à temps plein	96,2 %	66,7 %	73,1 %
% lié à la formation	100 %	100 %	100 %

BAC 7 TRIMESTRES

CUISEP 312-300

Compétences à acquérir

– Évaluer le comportement alimentaire et l'état de nutrition de personnes ou de groupes.
– Analyser les principaux facteurs de l'état nutritionnel.
– Prévenir ou corriger l'état de nutrition.
– Informer et guider les personnes dans leur alimentation.
– Gérer des services d'alimentation.
– Élaborer des régimes alimentaires selon les principes de la nutrition et surveiller leur application.

Éléments du programme

– Études des aliments
– Gestion des coûts et du service des repas
– Microbiologie générale
– Nutrition humaine
– Pathologie de la malnutrition
– Préparation des aliments
– Système digestif

Admission (voir p. 21 G)

Laval : DEC en Sciences de la nature et Chimie 202; Biologie 401 **OU** DEC technique en Techniques de diététique et Mathématiques NYA (103-77); Chimie NYB (201) et deux cours de Chimie parmi les suivants : NYA (101, 105 ou 202) **OU** autre DEC et Mathématiques NYA (103-77); Physique NYA (101); Chimie NYA, NYB (101, 201, 202); Biologie 301, 401 (911, 921).
McGill : DEC en Sciences de la nature ou l'équivalent et Mathématiques NYA, NYB (00UN, 00UP ou 01Y1, 01Y2); Physique NYA, NYB, NYC (00UR, 00US, 00UT ou 01Y7, 01YF, 01YG); Chimie NYA, NYB, Chimie organique I (00UL, 00UM, 00XV ou 01Y6, 01YH); Biologie NYA, Biologie générale II (00UK, 00XU ou 01Y5).
Montréal : DEC en Sciences de la nature et avoir atteint les objectifs suivants : Chimie 00XV et Biologie 00XU **OU** DEC technique en Techniques de diététique et Mathématiques 103 et 203; Physique 101, 201 et 301; Chimie 201 et 202 **OU** DEC ou l'équivalent **OU** avoir réussi 24 crédits de cours universitaires autres que des crédits obtenus dans le cadre de cours préparatoires aux études universitaires **ET** entrevue.

Endroits de formation (voir p. 422)

	Contingentement	Coop	Cote R*
Laval	■	☐	32.310
McGill**	■	☐	30.000 et 30.500
Montréal	■	☐	30.886

** Le nombre inscrit indique la **Cote R** qui a été utilisée pour l'admission de l'année 2009 ou 2010 par l'université concernée.*
** La cote R est 30.000 pour Diététique et 30.500 pour Nutrition.

Professions reliées

C.N.P.
3132   Diététiste
3132   Diététiste clinicien
3132   Diététiste en nutrition communautaire
0311   Directeur du service de diététique
2112   Scientifique en produits alimentaires

Endroits de travail

– À son compte
– Centres d'accueil
– Centres de conditionnement physique
– Centres hospitaliers
– Centres locaux de services communautaires (CLSC)
– Cliniques médicales
– Forces armées canadiennes
– Gouvernements fédéral et provincial
– Industrie alimentaire
– Industrie pharmaceutique
– Télédiffuseurs

Salaire

Le salaire hebdomadaire moyen est de 764 $ (janvier 2009).

Remarque

Pour porter le titre de diététiste ou de nutritionniste, il faut être membre de l'Ordre des diététistes du Québec.

SCIENCES DE LA SANTÉ

S T A T I S T I Q U E S D ' E M P L O I			
	2005	**2007**	**2009**
Nb de personnes diplômées	96	123	141
% en emploi	77,9 %	79,5 %	78,7 %
% à temps plein	73,6 %	71,4 %	64,3 %
% lié à la formation	94,9 %	94,0 %	95,6 %

15120 Ergothérapie / Sciences de la santé (ergothérapie) / Occupational Therapy

BAC 7 TRIMESTRES   CUISEP 354-350

Compétences à acquérir

– Améliorer l'indépendance fonctionnelle des personnes par diverses activités.
– Apprendre ou réapprendre à des personnes à utiliser au maximum leurs capacités physiques et mentales.
– Proposer à une personne des moyens pour retrouver son autonomie.
– Évaluer le fonctionnement de la personne (déficit, capacités potentielles, motivation).
– Participer à l'établissement d'un diagnostic et du pronostic.
– Identifier les moyens thérapeutiques appropriés et les appliquer.
– Effectuer les traitements.

Éléments du programme

– Activité, jeu et travail
– Anatomie de l'appareil locomoteur
– Corps et thérapeutique
– Ergothérapie et périnatalité
– Physiologie générale
– Psychopathologie
– Système nerveux

Admission (voir p. 21 G)

Laval : DEC ou l'équivalent et Mathématiques NYA, NYB (103-77, 203-77); Physique NYA, NYB, NYC (101, 201, 301); Chimie NYA, NYB (101, 201); Biologie NYA (301, 401) **OU** DEC technique en Techniques de réadaptation physique ou en Techniques d'orthèses et de prothèses et Mathématiques NYA (103-77); Chimie NYA, NYB (101, 201). *N. B. : Les titulaires d'un baccalauréat international (B.I.), option Sciences de la nature, sont dispensés du cours de Physique NYC ou 301.*

McGill : DEC en Sciences de la nature ou l'équivalent et Mathématiques NYA, NYB (00UN, 00UP ou 01Y1, 01Y2); Physique NYA, NYB, NYC (00UR, 00US, 00UT ou 01Y7, 01YF, 01YG); Chimie NYA, NYB Chimie organique I (00UL, 00UM, 00XV ou 01Y6, 01YH); Biologie générale II (00UK, 00XU ou 01Y5 01YJ) **ET** 50 heures de travail thérapeutique bénévole ou rémunéré dans un établissement de soins de santé ou milieu approprié.

Montréal : DEC en Sciences de la nature et avoir atteint les objectifs suivants : Chimie 00XV et Biologie 00XU **OU** DEC technique en Techniques de réadaptation physique et Mathématiques 103; Chimie 101, 201 ou 202 **OU** DEC ou l'équivalent et Mathématiques 103, 105, 203; Physique 101, 201, 301; Chimie 101, 202; Biologie 301, 401 ou deux cours de biologie humaine **ET** entrevue, lettre de motivation (au besoin).

Sherbrooke : DEC en Sciences de la nature **OU** DEC ou l'équivalent et Mathématiques NYA, NYB (00UN, 00UP), Physique NYA, NYB, NYC (00UR, 00US, 00UT), Chimie NYA, NYB (00UL, 00UM), Biologie NYA (ou 00UK). Pour les programmes de biologie, biotechnologie, écologie et microbiologie, les standards 00UN ou 022X, 00UP ou 022Y seront acceptés **OU** DEC technique en Techniques de réadaptation physique (144.A0) **OU** avoir acquis au moins 45 crédits universitaires dans un même programme à grade à la date limite fixée pour le dépôt de la demande d'admission et avoir obtenu une moyenne cumulative d'au moins 3,0 / 4,3.

UQTR : DEC en Sciences de la nature et Chimie 202 (00XV); Biologie 401 (00XU) **OU** DEC technique en Techniques d'orthèses et de prothèses ou en Techniques de réadaptation physique ou et Mathématiques NYA ou 103 (00UN); Chimie NYA, NYB (101, 201 ou 00UL, 00UM) **OU** DEC ou l'équivalent et Mathématique NYA, NYB (103, 203 ou 00UN, 00UP); Physique NYA, NYB, NYC (101, 201, 301 ou 00UR, 00US, 00UT); Chimie NYA, NYB (101, 201, 202 ou 00UL, 00UM, 00XV); Biologie NYA (301, 401 ou 00UK, 00XU).

Endroits de formation (voir p. 422)

	Contingentement	Coop	Cote R*
Laval	■	☐	30.652
McGill	■	☐	28.500
Montréal	■	☐	28.750
Sherbrooke	■	☐	30.200
UQTR	☐	☐	29.500

** Le nombre inscrit indique la **Cote R** qui a été utilisée pour l'admission de l'année 2009 ou 2010 par l'université concernée.*

Profession reliée

C.N.P.
3143   Ergothérapeute

Endroits de travail

– Centres d'hébergement et de soins de longue durée (CHSLD)
– Centres de réadaptation
– Centres de services sociaux et de santé
– Centres hospitaliers
– Centres locaux de services communautaires (CLSC)
– Établissements d'enseignement
– Firmes d'experts-conseil
– Grandes entreprises
– Organismes communautaires
– Secteurs industriels divers

Salaire

Le salaire hebdomadaire moyen est de 785 $ (janvier 2009).

Remarques

– Pour porter le titre d'ergothérapeute, il faut être membre de l'Ordre des ergothérapeutes du Québec.
– L'Université Laval modifie présentement le programme Ergothérapie. Tout candidat déposant une demande d'admission au programme de baccalauréat en Ergothérapie de 107 crédits sera affecté au nouveau continuum de formation baccalauréat-maîtrise de 144 crédits.
– L'Université de Sherbrooke offre une formation intégrée baccalauréat-maîtrise.

SCIENCES DE LA SANTÉ

STATISTIQUES D'EMPLOI			
	2005	2007	2009
Nb de personnes diplômées	183	165	191
% en emploi	89,5 %	88,3 %	86,3 %
% à temps plein	94,6 %	90,8 %	93,5 %
% lié à la formation	100 %	98,9 %	99,0 %

15380

Intervention en activité physique / Kinésiologie / Kinésiologie et massokinésiothérapie

BAC 6 TRIMESTRES

CUISEP 581-000

Compétences à acquérir

– Évaluer la capacité physique du client.
– Prescrire des programmes d'activités physiques adaptés à des fins préventives, de réadaptation ou de recherche de performance.
– Établir des programmes de réadaptation.
– Susciter un intérêt durable pour l'activité physique.
– Établir des choix d'activités en relation avec les besoins et capacités de populations particulières.
– Proposer des choix d'activités.
– Structurer et enchaîner logiquement les pratiques.
– Assurer le suivi d'un engagement face à l'activité physique.
– Assurer la survie des initiatives ou des entreprises d'activité physique, de conditionnement, de performance.

Éléments du programme

– Activité physique
– Anatomie fonctionnelle
– Biomécanique
– Croissance et développement du système moteur
– Nutrition
– Stages

Admission (voir p. 21 G)

Laval : DEC en Sciences de la nature et Biologie 401 **OU** DEC technique en Techniques de réadaptation et Mathématiques NYA (103-77); Chimie NYA, NYB (101, 201) **OU** DEC et Mathématiques NYA, NYB (103-77, 203-77); Physique NYA, NYB, NYC (101, 201, 301); Chimie NYA, NYB (101, 201); Biologie NYA (301, 401). *N. B. : Les titulaires d'un baccalauréat international (B.I.), option Sciences de la nature, sont dispensés du cours de Physique NYC ou 301.*
McGill : DEC en Sciences de la nature ou l'équivalent et Mathématiques NYA, NYB (00UN, 00UP ou 01Y1, 01Y2); Physique NYA, NYB, NYC (00UR, 00US, 00UT ou 01Y7, 01YF, 01YG); Chimie NYA, NYB, Chimie organique I (00UL, 00UM, 00XV ou 01Y6, 01YH); Biologie générale II (00UK, 00XU ou 01Y5 01YJ).
UQAC, UQAM : DEC ou l'équivalent.
Montréal : DEC en Sciences de la nature ou en Sciences humaines et avoir atteint l'objectif 022V en Biologie **OU** DEC ou l'équivalent et Mathématiques 360-300 ou 103 ou 307 ou 337 et un cours de Biologie humaine **OU** avoir réussi 24 crédits de cours universitaires autres que des crédits obtenus dans le cadre de cours préparatoires aux études universitaires.
Sherbrooke : DEC ou l'équivalent et réussir le test d'aptitudes physiques.
UQTR : Kinésiologie : DEC en Sciences de la nature ou l'équivalent **OU** DEC ou l'équivalent et Biologie humaine 921 (022V) ou l'équivalent; **Kinésiologie et massokinésiothérapie :** DEC ou l'équivalent et Biologie humaine 921 (022V) ou l'équivalent.

Endroits de formation (voir p. 422)

	Contingentement	Coop	Cote R*
Laval	■	☐	27.367
McGill	■	☐	26.500
Montréal	■	☐	28.000
Sherbrooke	■	■	25.800
UQAC	☐	☐	24.520
UQAM	■	☐	—
UQTR	■	☐	23.090 et 21.970

** Le nombre inscrit indique la **Cote R** qui a été utilisée pour l'**admission de l'année 2009 ou 2010** par l'université concernée.*

Professions reliées

C.N.P.
4167	Conseiller en conditionnement physique
5252	Entraîneur d'athlètes
5252	Entraîneur d'équipes sportives
4167	Kinésiologue

Endroits de travail

– À son compte
– Centres de conditionnement physique
– Centres hospitaliers
– Centres locaux de services communautaires (CLSC)
– Centres médico-sportifs
– Cliniques de physiothérapie
– Cliniques médicales
– Clubs sportifs
– Établissements d'enseignement universitaire
– Fédérations sportives
– Gouvernements fédéral et provincial
– Municipalités

Salaire

Le salaire hebdomadaire moyen est de 688 $ (janvier 2009).

Remarques

– Le régime coopératif est obligatoire à l'Université de Sherbrooke. L'Université de Sherbrooke offre deux concentrations : Activité physique / mieux-être; Encadrement sportif.
– L'Université du Québec à Chicoutimi (UQAC) offre un baccalauréat avec majeure en Kinésiologie.
– L'Université du Québec à Trois-Rivières (UQTR) offre le baccalauréat ès Sciences avec majeure en Kinésiologie et mineure en Massokinésiothérapie.

STATISTIQUES D'EMPLOI	2005	2007	2009
Nb de personnes diplômées	295	362	427
% en emploi	62,8 %	67,1 %	63,4 %
% à temps plein	78,8 %	70,3 %	72,8 %
% lié à la formation	69,9 %	78,9 %	76,3 %

SCIENCES DE LA SANTÉ

DOCTORAT 1er CYCLE 8-10-11 TRIMESTRES CUISEP 353-310

Compétences à acquérir

– Maîtriser la démarche clinique.
– Faire des examens cliniques et des investigations de cas.
– Poser des diagnostics et proposer des traitements.
– Donner des soins de santé, des conseils et promouvoir les moyens favorisant la santé.

Éléments du programme

– Anatomie générale
– Appareil cardio-vasculaire
– Biochimie
– Médecine préventive
– Microbiologie, immunologie et infectiologie
– Pharmacologie
– Physiologie humaine
– Psychisme

Admission (voir p. 21 G)

McGill : DEC ou l'équivalent et Mathématiques 00UN, 00UP; Physique 00UR, 00US, 00UT; Chimie 00UL, 00UM; Biologie 00UK, 00XU et entrevue, appréciation par simulation et notice autobiographique.

Montréal : DEC en Sciences de la nature et avoir atteint les objectifs 00XV (chimie) et 00XU (biologie) **OU** DEC ou l'équivalent et Mathématiques 103, 203; Physique 101, 201, 301; Chimie 101, 201, 202; Biologie 301, 401 ou deux cours de biologie humaine **ET** examen médical et entrevue.

Laval : DEC en Sciences de la nature et Chimie 202; Biologie 401 **OU** DEC ou l'équivalent et Mathématiques NYA, NYB (103-77, 203-77); Physique NYA, NYB, NYC (101, 201, 301); Chimie NYA, NYB (101, 201, 202); Biologie NYA (301, 401) **OU** Baccalauréat international – option Sciences de la nature **ET** appréciation par simulation et notice autobiographique. *N. B. : Les titulaires d'un baccalauréat international (B.I.), option Sciences de la nature, sont dispensés du cours de Physique NYC ou 301.*

Sherbrooke : DEC en Sciences de la nature, cheminement baccalauréat international **OU** DEC ou l'équivalent et Mathématiques NYA, NYB (00UN, 00UP); Physique NYA, NYB, NYC (00UR, 00US, 00UT); Chimie NYA, NYB, 202 (00UL, 00UM, 00XV); Biologie NYA, 401 (00UK, 00XU) **ET** test d'aptitudes (TAAMUS), entrevues (MEM) et immatriculation au Collège des médecins au cours du 1er trimestre.

Endroits de formation (voir p. 422)

	Contingentement	Coop	Cote R*
Laval	■	☐	33.317
McGill**	■	☐	33.400
Montréal***	■	☐	33.801
Sherbrooke****	■	☐	33.600

** Le nombre inscrit indique la **Cote R** qui a été utilisée pour l'admission de l'année 2009 ou 2010 par l'université concernée.*
** Cote R minimale de 32.100 et cote R moyenne de 35.100 pour être convoqué à une entrevue.
*** Extension à l'UQTR. Dernier convoqué à l'entrevue.
**** Extension à l'UQAC.

Professions reliées

C.N.P.
3111	Allergologue
3111	Anatomo-pathologiste
3111	Anesthésiste réanimateur
2112	Biochimiste clinique
3111	Cardiologue
3111	Chirurgien cardio-vasculaire et thoracique
3111	Chirurgien général
3111	Chirurgien orthopédiste
3111	Chirurgien plasticien
3111	Chirurgien thoracique
4165	Coroner
3111	Dermatologue
0311	Directeur de département de soins hospitaliers
0014	Directeur général de centre hospitalier
3111	Endocrinologue
3111	Expert médico-légal
3111	Gastro-entérologue
3111	Gériatre
3111	Hématologue
2121	Immunologue
3111	Interniste
3111	Médecin de santé publique
3111	Médecin en médecine d'urgence
0411	Médecin hygiéniste
3111	Médecin légiste
3112	Médecin militaire
3111	Médecin spécialiste en biochimie médicale
3111	Médecin spécialiste en génétique médicale
3111	Médecin spécialiste en médecine nucléaire
3111	Médecin spécialiste en microbiologie médicale et infectiologie
3111	Médecin spécialiste en radio-oncologie
3111	Médecin spécialiste en radiologie diagnostique
3111	Microbiologiste médical
3111	Néphrologue
3111	Neurochirurgien
3111	Neurologue

SCIENCES DE LA SANTÉ

3111	Obstétricien-gynécologue
3112	Omnipraticien
3111	Oncologue médical
3111	Ophtalmologiste
3111	Orthopédiste
3111	Oto-rhino-laryngologiste
3111	Pathologiste médical
3111	Pédiatre
3111	Physiatre
3111	Pneumologue
3111	Proctologue
3111	Psychiatre
3111	Radio-oncologue
3111	Rhumatologue
3111	Urologue

Endroits de travail

– À son compte
– Centres hospitaliers
– Centres locaux de services communautaires (CLSC)
– Cliniques médicales
– Forces armées canadiennes

Salaire

Donnée non disponible.

Remarques

– Pour exercer les professions citées, il faut être membre du Collège des médecins du Québec.
– Pour devenir directeur général de centre hospitalier, des études en administration peuvent être exigées.
– Pour devenir homéopathe, il n'existe pas de formation reconnue mais une solide base en sciences de la santé est nécessaire.
– Des études de 2e cycle dans la spécialité appropriée sont nécessaires pour exercer la plupart des professions mentionnées.
– Le programme comprend une année préparatoire.
– Deux formations différentes peuvent conduire à la profession de coroner, soit Médecine ou Droit, selon le domaine d'activités.
– L'Université Laval offre deux certificats : Études sur la toxicomanie; Surveillance épidémiologique.
– À l'Université de Montréal, c'est le Comité d'admission qui décide si le candidat qui a fait une demande d'admission en médecine est admis à l'année préparatoire ou en première année du programme. L'université offre également le programme à l'Université du Québec à Trois-Rivières.
– L'Université de Sherbrooke offre également le programme à l'Université du Québec à Chicoutimi.

Statistiques d'emploi

Données non disponibles.

15110 | Médecine dentaire / Dental Medicine

DOCTORAT 1er CYCLE 10 TRIMESTRES

CUISEP 353-810

Compétences à acquérir

- Dépister et soigner toute déficence des dents, de la bouche, des maxillaires ou des tissus avoisinants chez l'être humain.
- Prescrire et administrer des soins préventifs.
- Examiner les dents, les gencives et les arcades dentaires.
- Prendre des radiographies au besoin.
- Établir un diagnostic et appliquer le traitement approprié.
- Restaurer la structure des dents atteintes.
- Effectuer une chirurgie.
- Procéder à l'extraction de dents.
- Remplacer les dents manquantes à l'aide de ponts ou de prothèses partielles ou complètes.

Éléments du programme

- Dentisterie opératoire pratique
- Matériaux dentaires
- Occlusion pratique
- Orthodontie
- Pathologie générale
- Prothèse partielle fixe pratique

Admission (voir p. 21 G)

DEC ou l'équivalent et Mathématiques 103, 203; Physique 101, 201, 301; Chimie 101, 201, 202; Biologie 301, 401.

OU

DEC en Sciences de la nature et Chimie 202 (00XV); Bologie 401 (00XU).

OU

Laval : Les titulaires d'un baccalauréat international (B.I.), DEC en Sciences de la nature et Chimie 202; Biologie 401 **OU** DEC ou l'équivalent et Mathématiques NYA, NYB (103-77, 203-77); Physique NYA, NYB, NYC (101, 201, 301); Chimie NYA, NYB (101, 201, 202); Biologie NYA (301, 401) **OU** DEC technique en Techniques d'hygiène dentaire et Mathématiques NYA, NYB (103-77, 203-77); Physique NYA, NYB, NYC (101, 201, 301); Chimie NYA, NYB (101, 201, 202) **ET** test de perception visuelle et se présenter obligatoirement aux tests d'aptitudes de l'Association dentaire canadienne. *N. B. : les titulaires d'un baccalauréat international (B.I.), option Sciences de la nature, sont dispensés du cours de Physique NYC ou 301 et entrevue.*

Montréal : DEC en Sciences de la nature et avoir atteint les objectifs suivants : Chimie 00XV et Biologie 00XU **OU** DEC ou l'équivalent et Mathématiques 103, 203; Physique 101, 201, 301; Chimie 101, 201, 202; Biologie 301, 401 ou deux cours de biologie humaine **OU** avoir réussi 48 crédits de cours universitaires autres que des crédits obtenus dans le cadre de cours préparatoires aux études universitaires **ET** réussir le test de l'Association dentaire canadienne, soumettre une lettre de motivation, se présenter à une entrevue, subir un examen médical.

McGill : Entrevue, autobiographie et se présenter obligatoirement aux tests d'aptitudes de l'Association dentaire canadienne.

Endroits de formation (voir p. 422)

	Contingentement	Coop	Cote R*
Laval	■	☐	32.000
McGill**	■	☐	32.000
Montréal	■	☐	32.937

* *Le nombre inscrit indique la **Cote R** qui a été utilisée pour l'**admission de l'année 2009 ou 2010** par l'université concernée.*
** *Cote R minimale de 34.000 et cote R moyenne de 35.500 pour être convoqué à une entrevue.*

Professions reliées

C.N.P.

3113	Chirurgien buccal et maxillo-facial
3113	Dentiste
3113	Dentiste en santé publique
3113	Endodontiste
3113	Orthodontiste
3113	Parodontiste
3113	Pédodontiste
3113	Prosthodontiste
3113	Spécialiste en médecine buccale

Endroits de travail

- À son compte
- Cabinets de dentistes
- Centres hospitaliers
- Établissements d'enseignement universitaire
- Forces armées canadiennes

Salaire

Le salaire hebdomadaire moyen est de 1 986 $ (janvier 2009).

Remarques

- Le programme comprend une année préparatoire.
- Pour exercer la profession et porter le titre de dentiste, il faut être membre de l'Ordre des dentistes du Québec.
- Des études de 2e cycle sont nécessaires pour exercer les professions suivantes : chirurgien buccal et maxillo-facial, endodontiste, orthodontiste, parodontiste, pédodontiste, prosthodontiste, spécialiste en médecine buccale.
- À l'Université de Montréal, une année préparatoire s'ajoute au programme de médecine dentaire.

STATISTIQUES D'EMPLOI	2005	2007	2009
Nb de personnes diplômées	67	147	148
% en emploi	85,0 %	85,4 %	84,1 %
% à temps plein	85,3 %	75,0 %	89,2 %
% lié à la formation	100 %	100 %	98,5 %

SCIENCES DE LA SANTÉ

DOCTORAT 1er CYCLE 10 TRIMESTRES

CUISEP 351-100

Compétences à acquérir

– Établir des diagnostics, prévenir et traiter les maladies des animaux.
– Prescrire les traitements et les médicaments appropriés.
– Établir des programmes de prévention des maladies des troupeaux.
– Conseiller les producteurs agricoles sur l'hygiène, l'alimentation, l'élevage et les soins des animaux.
– Voir à la salubrité et à l'innocuité des aliments d'origine animale.

Éléments du programme

– Anatomie vétérinaire
– Anesthésiologie
– Chirurgie générale
– Génétique médicale
– Nutrition animale
– Ophtalmologie vétérinaire
– Toxicologie clinique

Admission (voir p. 21 G)

DEC en Sciences de la nature et avoir atteint les objectifs 00XV (Chimie) ou 00XU (Biologie).
OU
DEC technique en Techniques de santé animale et Physique 101, 201, 301.
OU
DEC technique en Technologie des productions animales et Physique 101, 201 et 301; Chimie organique 202; Biologie 401 ou un cours de biologie humaine.
OU
DEC ou l'équivalent et Mathématiques 103, 203; Physique 101, 201, 301; Chimie 101, 201, 202; Biologie 301, 401 ou deux cours de biologie humaine **OU** avoir réussi 48 crédits de cours universitaires autres que des crédits obtenus dans le cadre de cours préparatoires aux études universitaires.
ET
Se présenter à une entrevue.

Endroit de formation (voir p. 422)

	Contingentement	Coop	Cote R*
Montréal	■	☐	32.389

** Le nombre inscrit indique la **Cote R** qui a été utilisée pour l'admission de l'année 2009 ou 2010 par l'université concernée.*

Professions reliées

C.N.P.
6463   Inspecteur en protection animale
2121   Pathologiste vétérinaire
3114   Vétérinaire

Endroits de travail

– À son compte
– Établissements d'enseignement
– Gouvernements fédéral et provincial
– Hôpitaux et cliniques vétérinaires
– Laboratoires de recherche
– Usines de transformation des viandes

Salaire

Le salaire hebdomadaire moyen est de 1 190 $ (janvier 2009).

Remarques

– Pour exercer la profession et porter le titre de médecin vétérinaire, il faut avoir réussi les examens de l'Ordre des médecins vétérinaires du Québec.
– Des études de 2e cycle sont nécessaires pour exercer la profession de pathologiste vétérinaire.

STATISTIQUES D'EMPLOI			
	2005	2007	2009
Nb de personnes diplômées	—	—	84
% en emploi	—	—	81,7 %
% à temps plein	—	—	91,8 %
% lié à la formation	—	—	97,8 %

DOCTORAT 1ᵉʳ CYCLE 10 TRIMESTRES

Compétences à acquérir

– Observer les réflexes pupillaires.
– Vérifier l'alignement des yeux.
– Utiliser des instruments spéciaux pour examiner l'intérieur et l'extérieur de l'œil.
– Évaluer l'acuité visuelle de près et de loin.
– Émettre un diagnostic, prescrire et exécuter le traitement approprié.

Éléments du programme

– Anatomie et biologie de l'oeil
– Anatomie humaine
– Déséquilibres oculo-moteurs
– Lentilles cornéennes
– Pathologie oculaire
– Pédo-optométrie
– Physiologie optique

Admission (voir p. 21 G)

DEC en Sciences de la nature et avoir réussi les objectifs suivants : Chimie 00XV et Biologie 00XU.
OU
DEC ou l'équivalent et Mathématiques 103, 203; Physique 101, 201, 301; Chimie 101, 201, 202; Biologie 301, 401 ou deux cours de Biologie humaine.
OU
Avoir réussi 48 crédits de cours universitaires autres que des crédits obtenus dans le cadre de cours préparatoires aux études universitaires.
ET
Pour les candidats présélectionnés : Se présenter à une entrevue et, sur demande de l'École, soumettre un curriculum vitæ.

Endroit de formation (voir p. 422)

	Contingentement	Coop	Cote R*
Montréal	■	☐	33.014

** Le nombre inscrit indique la **Cote R** qui a été utilisée pour l'admission de l'année 2009 ou 2010 par l'université concernée.*

Profession reliée

C.N.P.
3121   Optométriste

Endroits de travail

– À son compte
– Centres locaux de services communautaires (CLSC)
– Cliniques d'optométrie
– Cliniques médicales
– Lunetteries

Salaire

Le salaire hebdomadaire moyen est de 1 154 $ (janvier 2007).

Remarques

– Le programme comprend une année préparatoire. Tous les candidats doivent faire une demande d'admission à l'année préparatoire pour accéder au doctorat en Optométrie.
– Pour exercer la profession et porter le titre d'optométriste, il faut être titulaire d'un permis d'exercice de l'Ordre des optométristes du Québec.

SCIENCES DE LA SANTÉ

STATISTIQUES D'EMPLOI	2005	2007	2009
Nb de personnes diplômées	—	43	38
% en emploi	—	100 %	92,6 %
% à temps plein	—	95,8 %	96,0 %
% lié à la formation	—	100 %	100 %

15112 Pharmacie

BAC 8 TRIMESTRES

CUISEP 353-400

Compétences à acquérir

– Promouvoir et assurer l'usage optimal des médicaments dans le but d'améliorer la qualité de vie des patients.
– Identifier le patient, vérifier l'authenticité de l'ordonnance et analyser le dossier du patient.
– Évaluer les interactions médicamenteuses, vérifier la concentration de substances médicamenteuses, la posologie et la forme pharmaceutique.
– Évaluer la durée du traitement, contrôler l'étiquetage de l'ordonnance et l'identité du médicament.
– Inscrire l'information au dossier et donner les renseignements sur l'usage des médicaments.
– Assurer la conservation des médicaments.

Éléments du programme

– Anatomie humaine
– Biologie clinique
– Biopharmacie
– Chimie médicinale
– Pathologie générale
– Pharmacologie
– Physique pharmaceutique

Admission (voir p. 21 G)

Laval : DEC ou l'équivalent et Mathématiques NYA, NYB (103-77, 203-77); Physique NYA, NYB, NYC (101, 201, 301); Chimie NYA, NYB (101, 201, 202); Biologie NYA (301, 401) **OU** DEC en Sciences de la nature et Chimie 202 (objectif 00XV); Biologie 401 (00XU). *N. B. : Les titulaires d'un baccalauréat international (B.I.), option Sciences de la nature, sont dispensés du cours de Physique NYC ou 301.*

Montréal : DEC en Sciences de la nature et avoir atteint les objectifs suivants : Chimie 00XV et Biologie 00XU **OU** DEC ou l'équivalent et Mathématiques 103, 203; Physique 101, 201, 301; Chimie 101, 201, 202; Biologie 301, 401 ou deux cours de biologie humaine **OU** avoir réussi 48 crédits de cours universitaires autres que des crédits obtenus dans le cadre de cours préparatoires aux études universitaires **ET** à la demande de la Faculté, remplir un questionnaire, fournir des lettres de recommandation et se présenter à une entrevue.

Endroits de formation (voir p. 422)

	Contingentement	Coop	Cote R*
Laval	■	☐	33.000
Montréal	■	☐	33.522

* Le nombre inscrit indique la Cote R qui a été utilisée pour l'admission de l'année 2009 ou 2010 par l'université concernée.

Professions reliées

C.N.P.
3131 Pharmacien
3131 Pharmacien communautaire
3131 Pharmacien d'hôpital
3131 Pharmacien industriel
6221 Représentant pharmaceutique

Endroits de travail

– Centres hospitaliers
– Compagnies pharmaceutiques
– Établissements d'enseignement universitaire
– Laboratoires médicaux
– Pharmacies

Salaire

Le salaire hebdomadaire moyen est de 1 583 $ (janvier 2009).

Remarques

– Pour exercer la profession et porter le titre de pharmacien, il faut être membre de l'Ordre des pharmaciens du Québec.
– L'Université Laval offre un certificat en Études sur la toxicomanie.

STATISTIQUES D'EMPLOI	2005	2007	2009
Nb de personnes diplômées	228	334	317
% en emploi	88,8 %	80,2 %	75,7 %
% à temps plein	96,5 %	94,3 %	99,3 %
% lié à la formation	100 %	98,8 %	98,0 %

SCIENCES DE LA SANTÉ

BAC 8 TRIMESTRES

Compétences à acquérir

– Maîtriser les approches scientifiques propres à la pharmacologie.
– Résoudre des problèmes d'ordre multidisciplinaire.
– Formuler et vérifier des hypothèses.
– Faire des recherches sur les médicaments et autres produits pharmaceutiques (leur action, leur mécanisme d'action).

Éléments du programme

– Biochimie générale
– Biologie cellulaire et moléculaire
– Chimie analytique et organique
– Cytophysiologie
– Génétique
– Immunologie
– Pharmacoéconomie
– Pharmacoépidémiologie
– Pharmacologie

Admission (voir p. 21 G)

DEC ou l'équivalent et Mathématiques NYA, NYB (00UN, 00UP); Physique NYA, NYB, NYC (00UR, 00US, 00UT); Chimie NYA, NYB (00UL, 00UM); Biologie NYA (00UK). Pour les programmes de biologie, biotechnologie, écologie et microbiologie, les standards 00UN ou 022X, 00UP, 022Y seront acceptés.
OU
DEC en techniques biologiques ou en techniques physiques ou l'équivalent et Mathématiques NYA, NYB (00UN, 00UP), Chimie NYA, NYB (00UL, 00UM), Biologie NYA (00UK) et un cours de physique parmi 00UR, 00US ou 00UT.
OU
DEC technique parmi les suivants :
Environnement, hygiène et sécurité au travail (260.B0) et Biologie 101 (NYA ou 00UK), Techniques de laboratoire, spécialisation *Chimie analytique* (210.AB) ou Technologie des pâtes et papiers (232.A0); Techniques d'inhalothérapie (141.A0) et Mathématiques 103; Chimie 210 (NYB ou 00UM ou NYA ou 00UN ou 022X); Techniques de bioécologie (145.C0) et Mathématiques *103 (NYA ou 00UN ou 022X) et Chimie 101 (NYA ou 00UL);* Techniques de diététique (120.A0); Techniques de santé animale (145.A0) et Mathématiques 103 (NYA ou 00UN ou 022X) et Chimie 101, 201 (NYA, NYB ou 00UL, 00UM); Techniques de laboratoire, spécialisation *Biotechnologie (210.AA);* Technologie d'analyses biomédicales et Mathématiques 103 (NYA ou 00UN ou 022X).
OU
Avoir atteint les objectifs et standards suivants : 00UK, 00UL, 00UM, 00UN, 00UP et un parmi 00UR, 00US ou 00UT.

McGill : DEC en Sciences de la nature ou l'équivalent et Mathématiques NYA, NYB, NYC (00UN, 00UP, 00UQ ou 01Y1, 01Y2, 01Y4); Physique NYA, NYB, NYC (00UR, 00US, 00UT ou 01Y7, 01YF, 01YG); Chimie NYA, NYB (00UL, 00UM ou 01Y6, 01YH); Biologie NYA, Biologie générale II (00UK, 00XU ou 01Y5, 01YJ).

Endroits de formation (voir p. 422)

	Contingentement	Coop	Cote R*
McGill	■	■	—
Sherbrooke	■		24.800

** Le nombre inscrit indique la **Cote R** qui a été utilisée pour l'admission de l'année 2009 ou 2010 par l'université concernée.*

Profession reliée

C.N.P.
2121   Pharmacologue

Endroits de travail

– Compagnies pharmaceutiques
– Établissements d'enseignement universitaire
– Laboratoires industriels
– Laboratoires universitaires

Salaire

Le salaire hebdomadaire moyen est de 1 583 $ (janvier 2009).

Remarque

La spécialisation Pharmacologie (maîtrise) est nécessaire pour devenir pharmacologue.

SCIENCES DE LA SANTÉ

STATISTIQUES D'EMPLOI	2005	2007	2009
Nb de personnes diplômées	228	334	317
% en emploi	88,8 %	80,2 %	75,7 %
% à temps plein	96,5 %	94,3 %	99,3 %
% lié à la formation	100 %	98,8 %	98,0 %

BAC 6 TRIMESTRES

CUISEP 353-616

Compétences à acquérir

- Acquérir et appliquer les connaissances relatives au corps humain et aux mammifères telles que les diverses fonctions corporelles et leurs interactions (fonctions endocriniennes, cardiovasculaires, respiratoires, nerveuses, gastro-intestinales, etc.).
- Connaître les disciplines biomédicales (biochimie, anatomie, microbiologie et pharmacologie).
- Participer aux projets de recherche en laboratoire.
- Analyser et interpréter des textes scientifiques et des rapports de recherche.

Éléments du programme

- Biologie
- Chimie
- Physique

Admission (voir p. 21 G)

DEC ou l'équivalent et Mathématiques 103, 203; Physique 101, 201, 301; Chimie 101, 201 (202 recommandé); Biologie 301 (401 recommandé).

OU

McGill : DEC en Sciences de la nature ou l'équivalent et Mathématiques NYA, NYB, NYC (00UN, 00UP, 00UQ ou 01Y1, 01Y2, 01Y4); Physique NYA, NYB, NYC (00UR, 00US, 00UT ou 01Y7, 01YF, 01YG); Chimie NYA, NYB (0UL, 00UM ou 01Y6, 01YH); Biologie NYA (00UK ou 01Y5).

Endroits de formation (voir p. 422)

	Contingentement	Coop	Cote R*
Concordia	■	☐	22.000
McGill	☐	☐	28.000

* Le nombre inscrit indique la **Cote R** qui a été utilisée pour l'**admission de l'année 2009 ou 2010** par l'université concernée.

Professions reliées

C.N.P.

2121	Généticien
2121	Immunologue
3111	Neurophysiologiste
3111	Pathologiste médical
2121	Pathologiste vétérinaire
2121	Pharmacologue
2121	Physiologiste
2121	Phytopathologiste
2121	Virologiste

Endroits de travail

- Centres hospitaliers
- Compagnies pharmaceutiques
- Établissements d'enseignement universitaire
- Gouvernements fédéral et provincial

Salaire

Le salaire hebdomadaire moyen est de 721 $ (janvier 2009).

Remarques

- Voir aussi la fiche du programme Microbiologie (page 252).
- Des études de 2e cycle sont nécessaires pour travailler dans le domaine de la recherche.
- La maîtrise en Physiologie est généralement exigée pour travailler en recherche.
- L'étudiant peut poursuivre des études dans certains champs de la médecine.

STATISTIQUES D'EMPLOI			
	2005	2007	2009
Nb de personnes diplômées	211	226	302
% en emploi	17,6 %	23,6 %	23,4 %
% à temps plein	90,5 %	82,4 %	87,2 %
% lié à la formation	26,3 %	67,9 %	52,9 %

Physiothérapie / Réadaptation occupationnelle / Réadaptation physique / Exercise Science / Physical Therapy

BAC 6-7 TRIMESTRES   CUISEP 354-350

Compétences à acquérir

- Faire l'évaluation du rendement fonctionnel physique d'un client.
- Poser un diagnostic clinique à la suite à d'une évaluation.
- Faire le suivi des dossiers des patients.
- Concevoir, réviser et adapter un programme de traitement aux personnes ayant des problèmes musculosquelettiques.
- Réaliser des traitements par l'utilisation d'exercices physiques, de thérapies manuelles et de divers autres agents physiques (chaud, froid, ultrasons, etc.).

Éléments du programme

- Anatomie humaine
- Biomécanique
- Électrothérapie
- Kinésithérapie
- Physiothérapie en neurologie
- Posture et locomotion
- Système locomoteur
- Traumatologie sportive

Admission (voir p. 21 G)

Concordia : DEC ou l'équivalent et Mathématiques 103, 203; Physique 101, 201, 301; Chimie 101, 201; Biologie 301.

Laval : DEC en Sciences de la nature et Chimie 202; Biologie 401 **OU** DEC ou l'équivalent et Mathématiques NYA, NYB (103-77, 203-77); Physique NYA, NYB, NYC (101, 201, 301); Chimie NYA, NYB (101, 201, 202); Biologie NYA (301, 401) **OU** DEC technique en Techniques de réadaptation et Mathématiques NYA (103-77); Chimie NYA, NYB (101, 201). *N. B. : Les titulaires d'un baccalauréat international (B.I.), option Sciences de la nature, sont dispensés du cours de Physique NYC ou 301.*

McGill : DEC en Sciences de la nature ou l'équivalent et Mathématiques NYA, NYB (00UN, 00UP ou 01Y1, 01Y2); Physique NYA, NYB, NYC (00UR, 00US, 00UT ou 01Y7, 01YF, 01YG); Chimie NYA, NYB, Chimie organique I (0UL, 00UM, 00XV ou 01Y6, 01YH); Biologie NYA, Biologie générale II (00UK, 00XU ou 01Y5, 01YJ) **ET** 50 heures de travail thérapeutique bénévole ou rémunéré dans un établissement de soins de santé ou milieu approprié.

Montréal : DEC en Sciences de la nature et avoir atteint les objectifs 00XV (Chimie) et 00XU (Biologie) **OU** DEC technique en Techniques de réadaptation physique et Mathématique 103; Chimie 101, 201 ou 202 **OU** DEC ou l'équivalent et Mathématiques 103, 105, 203; Physique 101, 201, 301; Chimie 101, 201 ou 202; Biologie 301, 401 ou deux cours de biologie humaine **OU** avoir réussi 24 crédits de cours universitaires autres que des crédits obtenus dans le cadre de cours préparatoires aux études universitaires **ET** entrevue.

Sherbrooke : DEC en Sciences de la nature, cheminement baccalauréat international **OU** DEC en Techniques de réadaptation physique (144.A0) **OU** DEC ou l'équivalent et Mathématiques NYA, NYB (00UN, 00UP),

Physique NYA, NYB, NYC (00UR, 00US, 00UT), Chimie NYA, NYB (00UL, 00UM), Biologie NYA (00UK). Pour les programmes de biologie, biotechnologie, écologie et microbiologie, les standards 00UN, 022X, 00UP ou 022Y seront acceptés **OU** avoir acquis au moins 45 crédits universitaires dans un même programme à grade à la date limite fixée pour le dépôt de la demande d'admission et avoir obtenu une moyenne cumulative d'au moins 3,0 / 4,3.

Endroits de formation (voir p. 422)

	Contingentement	Coop	Cote R*
Concordia	■	☐	22.000
Laval	■	☐	30.500
McGill	■	☐	30.500
Montréal	■	☐	32.000
Sherbrooke	■	☐	32.100

* Le nombre inscrit indique la Cote R qui a été utilisée pour l'admission de l'année 2009 ou 2010 par l'université concernée.

Professions reliées

C.N.P.
3142   Physiothérapeute
3142   Thérapeute sportif

Endroits de travail

- À son compte
- Centres d'accueil
- Centres d'hébergement et de soins de longue durée (CHSLD)
- Centres de réadaptation
- Centres de services sociaux et de santé
- Centres hospitaliers
- Cliniques médicales
- Clubs sportifs
- Établissements d'enseignement

Salaire

Le salaire hebdomadaire moyen est de 799 $ (janvier 2009).

Remarques

- Pour porter le titre de physiothérapeute, il faut être membre de l'Ordre professionnel de la physiothérapie du Québec.
- L'Université de Sherbrooke offre le baccalauréat-maîtrise intégré.
- À l'Université Laval, tout candidat déposant une demande d'admission au programme de baccalauréat en Physiothérapie de 107 crédits sera affecté au nouveau continuum de formation baccalauréat-maîtrise de 144 crédits.

STATISTIQUES D'EMPLOI			
Nb de personnes diplômées	2005	2007	2009
	185	159	166
% en emploi	83,1 %	89,2 %	91,9 %
% à temps plein	96,9 %	93,9 %	95,6 %
% lié à la formation	98,9 %	100 %	100 %

SCIENCES DE LA SANTÉ

DOCTORAT 1er CYCLE 10 TRIMESTRES   CUISEP 354-340

Compétences à acquérir

– Recourir à la prescription et à l'administration de médicaments.
– Fabriquer, transformer, modifier ou prescrire une orthèse podiatrique.
– Conseiller sur les soins à donner aux pieds, de même que sur les mesures préventives et les mesures d'hygiène à adopter.

Éléments du programme

– Anatomie (humaine, système nerveux central, podiatrique)
– Biochimie clinique
– Chirurgie
– Externat clinique interne et externe
– Histologie
– Pharmacologie
– Physiologie
– Radiologie
– Soins d'urgence

Admission (voir p. 21 G)

DEC et Mathématiques 103 (00UN), 203 (00UP); Physique 101 (00UR), 201 (00US); Chimie 101 (00UL), 201 (00UM) et 202; 301-78 (00UT); Biologie 301 (00UK), 401.
ET
Entrevue.

Endroit de formation (voir p. 422)

	Contingentement	Coop	Cote R*
UQTR	■	☐	30.420

** Le nombre inscrit indique la **Cote R** qui a été utilisée pour l'admission de l'année 2009 ou 2010 par l'université concernée.*

Profession reliée

C.N.P.
3123   Podiatre

Endroits de travail

– À son compte
– Centres hospitaliers
– Cliniques privées

Salaire

Donnée non disponible.

Remarque

Pour porter le titre de podiatre, il faut être membre de l'Ordre des podiatres du Québec.

Statistiques d'emploi

Données non disponibles.

Pratique sage-femme

BAC 9 TRIMESTRES

CUISEP 350-000

Compétences à acquérir

– Assurer la surveillance, les soins et les services de consultation nécessaires aux femmes pendant la grossesse, l'accouchement et le post-partum.
– Prescrire et effectuer tous les tests et les examens nécessaires durant le cycle de la maternité et en interpréter les résultats.
– Reconnaître et diagnostiquer toute condition anormale, suggérer un traitement approprié et, s'il y a lieu, faire les références nécessaires.
– Prescrire et administrer des médicaments autorisés et les autres produits ou accessoires thérapeutiques, pour la mère et le nouveau-né, à l'intérieur du cycle de la maternité.
– Effectuer des accouchements.
– Surveiller l'état du nouveau-né, effectuer un examen physique complet et prendre les décisions et les initiatives nécessaires au besoin.
– Surveiller l'état de la mère pendant la période postnatale, soutenir l'allaitement et accompagner les parents dans cette expérience de vie.
– Informer et conseiller en matière de planification familiale.
– Communiquer de façon efficace et collaborer avec ses collègues et les intervenants de la santé et du milieu communautaire, en respectant les intérêts de la femme et de son bébé.

Éléments du programme

– Anatomie gynéco-obstétricale
– Droit, éthique et déontologie pour les sages-femmes
– Internat en pratique pour les sages-femmes
– Maïeutique
– Pathologies obstétricales et néonatales
– Physiologie de la reproduction
– Physiologie humaine
– Sciences biomédicales pour sages-femmes
– Stages

Admission (voir p. 21 G)

DEC ou l'équivalent ou DEC technique ou l'équivalent.
ET
Chimie 202-NYB (00UM), 202-NYC (00XV); Biologie 101-NYB (00XU) ou 101-921 (022V).
ET
Entrevue, questionnaire de sélection sous surveillance et fournir une lettre attestant une implication communautaire de 50 heures, à titre de bénévole ou de travail rémunéré en lien avec la périnatalité, soit dans le réseau de la santé et des services sociaux ou dans les organismes communautaires.

Endroit de formation (voir p. 422)

	Contingentement	Coop	Cote R
UQTR	■	☐	—

Profession reliée

C.N.P.
3232   Sage-femme

Endroits de travail

– À son compte
– Cabinets de sages-femmes
– Centres locaux de services communautaires (CLSC)
– Maisons de naissance

Salaire

Le salaire hebdomadaire moyen est de 1 030 $ (janvier 2009).

Remarque

Pour porter le titre de sage-femme, il faut être membre de l'Ordre des sages-femmes du Québec.

SCIENCES DE LA SANTÉ

STATISTIQUES D'EMPLOI			
Nb de personnes diplômées	**2005**	**2007**	**2009**
	—	7	7
% en emploi	—	100 %	100 %
% à temps plein	—	66,7 %	50,0 %
% lié à la formation	—	100 %	100 %

BAC 6-10 TRIMESTRES

Compétences à acquérir

– Identifier les besoins en santé des personnes.
– Participer aux méthodes de diagnostic.
– Prodiguer et contrôler les soins infirmiers.
– Prodiguer des soins selon une ordonnance médicale.
– Favoriser la promotion de la santé, la prévention de la maladie, le recouvrement et la réadaptation.
– Encourager la prise en charge de la santé sur les plans individuel, familial et communautaire.
– Aider les personnes à utiliser les ressources de l'environnement en matière de promotion de la santé.

Éléments du programme

– Fondements en sciences biomédicales
– Gestion des environnements de soins
– Méthodes d'évaluation de la santé
– Méthodologie et pratique des soins infirmiers
– Principes de base en développement, famille, apprentissage et collaboration

Admission (voir p. 21 G)

Laval : DEC en Sciences de la nature et Chimie 202; Biologie 401 ou 921 **OU** autre DEC et Méthodes quantitatives en sciences humaines 360-300 OU Mathématiques NYA (103-77); Physique NYA (101); Chimie NYA, NYB (101, 201, 202); Biologie 921 (NYA ou 301 ou 401) **OU** DEC technique en Soins infirmiers (180.01) ou l'équivalent et avoir son permis de pratique **OU** DEC en Soins infirmiers (180.A0). *N. B. : Les titulaires d'un DEC en Soins infirmiers (180.01 ou 180.A0) devront fournir la preuve de leur inscription au tableau de l'Ordre des infirmières et des infirmiers du Québec au moment des stages.*

McGill : DEC en Sciences de la nature ou l'équivalent et Mathématiques NYA, NYB (00UN, 00UP ou 01Y1, 01Y2); Physique NYA, NYB, NYC (00UR, 00US, 00UT ou 01Y7, 01YF, 01YG); Chimie NYA, NYB, Chimie organique I (00UL, 00UM, 00XV ou 01Y6, 01YH); Biologie NYA, Biologie générale II (00UK, 00XU ou 01Y5).

Montréal : DEC en Sciences de la nature et avoir atteint les objectifs 00XV (Biologie); 00XV (Chimie) **OU** DEC technique en Soins infirmiers ou l'équivalent, détenir le droit de pratique de la profession et possibilité d'entrevue et d'examen médical **OU** DEC ou l'équivalent et Mathématiques 103, 203; Physique 101, 201, 301; Chimie 101, 201, 202; Biologie 301, 401 ou deux cours de biologie humaine **OU** avoir réussi 48 crédits de cours universitaires autres que des crédits obtenus dans le cadre de cours préparatoires aux études universitaires **ET** entrevue, certificat médical.

Sherbrooke : DEC technique en Soins infirmiers (180.A0 ou 180.B0) et être inscrit au tableau de l'Ordre des infirmières et des infirmiers du Québec. Les candidats en attente de permis peuvent être autorisés à s'inscrire à des cours ne comportant pas d'exercice infirmier.

UQAC : Formation initiale : DEC en Sciences de la nature, en Sciences, lettres et arts, ou tout autre DEC et répondre à la structure d'accueil. **Formation intégrée :** DEC technique en Soins infirmiers ou l'équivalente et détenir une immatriculation de l'OIIQ valide à titre d'étudiante infirmière)et en fournir la preuve ou être autorisé à exercer la profession d'infirmière au Québec et en fournir la preuve. **Cheminement perfectionnement :** DEC technique en Soins infirmiers émis avant février 2004 **OU** diplôme d'infirmier d'une école d'hôpital **ET** être autorisé à exercer la profession et en fournir la preuve.

UQAR : DEC techniique en Soins infirmiers ou l'équivalent.

UQAT : Cheminement de formation continue (8 trimestres) : DEC technique en Soins infirmiers ou l'équivalent **OU** détenir un diplôme d'infirmier d'une école d'hôpital et être autorisé à exercer la profession et en faire la preuve. **Cheminement de formation initiale (DEC-BAC) (6 trimestres) :** DEC technique en Soins infirmiers (180.A0 ou 180.B0).

UQO : Cheminement de formation continue (8 trimestres) : DEC technique en Soins infirmiers ou l'équivalent. *N. B. : Le candidat doit être autorisé à exercer la profession et à en fournir la preuve.* **Cheminement de formation initiale (10 trimestres) :** DEC en Sciences de la nature ou en Sciences humaines **OU** DEC du secteur professionnel dans un domaine connexe. **Cheminement de formation initiale (DEC-BAC) (6 trimestres) :** DEC technique en Soins infirmiers (180.A0) et entrevue au besoin.

UQTR : DEC en Sciences de la nature ou en Sciences humaines **OU** DEC technique et Mathématiques 360-300 ou 103 (00UN) ou 307 ou 337; Chimie 101 (00UL); Biologie 401 (00XU) ou 921 **OU** DEC technique en Soins infirmiers ou l'équivalent et détenir le droit de pratique de la profession (pour la formation continue ou le perfectionnement).

SCIENCES DE LA SANTÉ

(SUITE)

Endroits de formation (voir p. 422)

	Contingentement	Coop	Cote R*
Laval**	■	☐	24.025
McGill	■	☐	24.000 ou 26.000
Montréal	☐	☐	24.000
Sherbrooke	■	☐	22.600à 22.700
UQAC**	■	☐	27.880
UQAR	☐	☐	—
UQAT	☐	☐	—
UQO**	■	☐	21.000
UQTR**	■	☐	23.010 ou 25.010

** Le nombre inscrit indique la **Cote R** qui a été utilisée pour l'**admission de l'année 2009 ou 2010** par l'université concernée.*
** Contingentement pour la formation initiale seulement.

Professions reliées

C.N.P.

0311	Directeur de département de soins hospitaliers
0311	Directeur des soins infirmiers
3152	Infirmier
3152	Infirmier en chirurgie
3152	Infirmier en santé au travail
3152	Infirmier psychiatrique
3152	Infirmier scolaire
3151	Infirmier-chef

Endroits de travail

– Centres hospitaliers
– Centres locaux de services communautaires (CLSC)

Salaire

Le salaire hebdomadaire moyen est de 1 051 $ (janvier 2009).

Remarques

– Pour exercer la profession et porter le titre d'infirmier, il faut être membre de l'Ordre des infirmières et infirmiers du Québec.
– Des études de 2e cycle sont nécessaires pour exercer la profession de directeur des soins infirmiers.
– L'Université de Montréal offre des mineures : Pratique infirmière 1; Profession santé; Pratique infirmière 2 (automne 2011).
– L'Université du Québec à Chicoutimi (UQAC) offre un certificat en Santé mentale et un certificat en Santé communautaire.
– L'Université du Québec à Rimouski (UQAR) offre le baccalauréat de perfectionnement; le cheminement intégré DEC-BAC; un certificat en Santé mentale; un certificat en Toxicomanie; divers programmes courts reliés.
– L'Université du Québec en Outaouais (UQO) offre un certificat en Soins infirmiers.
– L'Université du Québec à Trois-Rivières (UQTR) offre trois certificats en Soins infirmiers.

SCIENCES DE LA SANTÉ

STATISTIQUES D'EMPLOI			
	2005	2007	2009
Nb de personnes diplômées	628	894	1336
% en emploi	88,5 %	91,2 %	92,3 %
% à temps plein	88,3 %	85,6 %	84,7 %
% lié à la formation	93,8 %	97,5 %	96,3 %

DOMAINE D'ÉTUDES

SCIENCES HUMAINES

Discipline

Sciences humaines et sciences sociales 197

SCIENCES HUMAINES ET SCIENCES SOCIALES

PROGRAMMES D'ÉTUDES	PAGES
Affaires publiques et relations internationales	198
African Studies	199
Agroéconomie	200
Aménagement du territoire et développement durable / Études environnementales et géographie / Géographie / Géographie environnementale / Géographie et aménagement / Géomatique appliquée à l'environnement / Environmental Geography	201
Animation et recherche culturelles	202
Animation spirituelle et engagement communautaire / Études bibliques / Théologie / Religious Studies / Theological Studies / Theology	203
Anthropologie / Anthropologie et ethnologie / Archéologie / Ethnologie / Ethnologie et patrimoine / Anthropology and Sociology	204
Communication (cinéma)	205
Communication (médias interactifs)	206
Communication (relations humaines)	207
Communication (relations humaines) / Communication sociale / Relations humaines / Sciences sociales et humanités / Human Relations / Humanistic Studies / Humanities / Science and Human Affairs	208
Communication (relations publiques)	209
Communication (stratégies de productions culturelles et médiatiques)	210
Communication (télévision)	211
Communication / Communication et journalisme / Communication publique / Communication, rédaction et multimédia / Sciences de la communication / Broadcast Journalism / Communication and Journalism / Communication Studies	212
Communication et politique / Communication, politique et société	214
Criminologie	215
Démographie et anthropologie	216
Démographie et géographie	217
Démographie et statistiques	218
Développement de carrière / Orientation	219
Développement social et analyse des problèmes / Sociologie / Sociology	220
Économie / Économie et mathématique / Économique / Sciences économiques / Economics	221
Économie et politique / International Political Economy / Political Economy	223
Études est-asiatiques / East Asian Studies	224
Études politiques appliquées / Science politique / Political Science / Political Studies	225
Histoire / Histoire, culture et société / Interventions culturelles / History	226
Jewish Studies / Judaic Studies	227
Loisir, culture et tourisme / Leisure Sciences / Therapeutic Recreation	228
Neuroscience / Psychologie / Psychology	229
Orientation – psychoéducation / Psychoéducation	231
Philosophie / Philosophy	232
Plein air et tourisme d'aventure	233
Religion / Sciences des religions / Sciences des religions appliquées / Sciences religieuses / Religious Studies	234
Sciences de la consommation	235
Sciences historiques et études patrimoniales	236
Sciences sociales / Social Sciences	237
Sécurité et études policières	238
Sécurité publique	239
Service social / Travail social / Human Relations / Social Work	240
Sexologie	242

BAC 6 TRIMESTRES   CUISEP 632-000

Compétences à acquérir

– Acquérir et intégrer des connaissances générales et scientifiques en affaires publiques et relations internationales sous l'angle du droit, de l'économique et de la science politique.
– Acquérir des connaissances du fonctionnement des principales institutions économiques, juridiques et politiques tant sur le plan national qu'international.
– Acquérir des méthodes et des outils de travail pour recueillir, analyser et traiter l'information.
– Développer ses capacités de synthèse, d'analyse et de critique.
– Acquérir un niveau avancé en anglais et une compétence minimale dans une autre langue étrangère.

Éléments du programme

– Droit constitutionnel
– Droit international public général
– Environnement économique international
– Institutions internationales
– Introduction à l'administration publique
– Introduction aux relations internationales
– Méthode et fondements du droit
– Principes de macroéconomie
– Principes de microéconomie
– Projets d'intégration
– Régimes politiques et sociétés dans le monde

Admission (voir p. 21 G)

DEC ou l'équivalent.

Endroit de formation (voir p. 422)

	Contingentement	Coop	Cote R
Laval	☐	☐	—

Professions reliées

C.N.P.
1221   Agent d'administration
4163   Agent de développement économique
4164   Agent de développement international
4168   Agent du service extérieur diplomatique
4168   Attaché politique
5123   Journaliste
4169   Politicologue
4212   Technicien en réadaptation sociale

Endroits de travail

– Entreprises multinationales
– Firmes d'experts-conseils
– Gouvernements fédéral et provincial
– Médias
– Organismes internationaux
– Partis politiques

Salaire

Le salaire hebdomadaire moyen est de 786 $ (janvier 2009).

Remarques

– Concentrations possibles : Affaires publiques et management; Diplomatie, paix et sécurité; Gouvernance économique internationale; Politiques publiques et environnement. Le programme est aussi offert sans concentration.
– Profil international : Ce programme offre, dans le cadre de ce profil, un certain nombre de places aux étudiants désireux de poursuivre une ou deux sessions d'études dans une université située à l'extérieur du Québec.

STATISTIQUES D'EMPLOI			
	2005	2007	2009
Nb de personnes diplômées	606	764	852
% en emploi	48,9 %	43,5 %	42,7 %
% à temps plein	85,9 %	88,5 %	88,5 %
% lié à la formation	36,6 %	36,7 %	31,0 %

BAC 6 TRIMESTRES

CUISEP 615/627-000

Compétence à acquérir

Connaître la langue, l'histoire et la culture africaines.

Éléments du programme

– Histoire
– Organisation sociale

Admission (voir p. 21 G)

DEC ou l'équivalent.

Endroit de formation (voir p. 422)

	Contingentement	Coop	Cote R
McGill	☐	☐	—

Profession reliée

C.N.P.
5125   Traducteur

Endroits de travail

– Gouvernements fédéral et provincial
– Organismes internationaux

Salaire

Le salaire hebdomadaire moyen est de 803 $ (janvier 2009).

STATISTIQUES D'EMPLOI	2005	2007	2009
Nb de personnes diplômées	—	54	61
% en emploi	—	45,5 %	48,5 %
% à temps plein	—	73,3 %	93,8 %
% lié à la formation	—	9,1 %	26,7 %

BAC 8 TRIMESTRES + 2 SESSIONS DE STAGES — CUISEP 311-100

Compétences à acquérir

– Contribuer au développement de l'économie agroalimentaire et du milieu rural.
– Trouver des solutions aux problèmes vécus dans ces domaines d'activités.
– Conseiller des exploitants agricoles dans le domaine de la gestion et du financement.
– Analyser des politiques et des marchés agroalimentaires.
– Assurer la gestion d'entreprises agroalimentaires.
– Participer au développement international.

Éléments du programme

– Financement agricole
– Gestion agricole
– Macroéconomique
– Méthodes statistiques
– Politiques agricoles
– Sciences des plantes et du sol

Admission (voir p. 21 G)

Laval : DEC en Sciences de la nature **OU** DEC et Mathématiques NYA, NYB (103-77, 203-77); Chimie NYA (101); Biologie NYA (301). *N. B. : Pour connaître les passerelles entre un DEC technique et ce programme, contacter la Faculté des sciences de l'agriculture et de l'alimentation.*

McGill : DEC en Sciences de la nature et Mathématiques 103 et 203 **OU** DEC ou l'équivalent et Mathématiques 103 et 203; suivre un cours de physique (00UR); un cours de chimie (00UL) et un cours de biologie.

Endroits de formation (voir p. 422)

	Contingentement	Coop	Cote R*
Laval	☐	☐	—
McGill	☐	☐	24.000

** Le nombre inscrit indique la **Cote R** qui a été utilisée pour l'admission de l'année 2009 ou 2010 par l'université concernée.*

Professions reliées

C.N.P.

4162	Agroéconomiste
4163	Analyste des marchés
1232	Conseiller en financement agricole
6411	Courtier en denrées alimentaires
0412	Directeur des ventes à l'exportation
4162	Économiste en développement international

Endroits de travail

– Coopératives agricoles
– Entreprises d'exportation
– Gouvernements fédéral et provincial
– Régie de l'assurance agricole du Québec

Salaire

Donnée non disponible.

Remarque

L'Université McGill offre une majeure et une mineure en Agricultural economics au Macdonald Campus.

Statistiques d'emploi

Données non disponibles.

15436 — Aménagement du territoire et développement durable / Études environnementales et géographie / Géographie / Géographie environnementale / Géographie et aménagement / Géomatique appliquée à l'environnement / Environmental Geography

BAC 6-7 TRIMESTRES

CUISEP 626-000

Compétences à acquérir

– Évaluer l'impact de grands projets sur l'environnement naturel et humain.
– Étudier les caractéristiques des diverses régions de la Terre et de ses habitants (la répartition des populations, etc.).
– Observer, rassembler, mesurer et analyser des données et les représenter sur des cartes (caractéristiques politiques, culturelles, socio-économiques, etc.).

Éléments du programme

– Analyse de cartes et de photographies aériennes
– Design cartographique
– Écologie générale
– Études de la population
– Géographie humaine et physique
– Géographie internationale
– Géographie sociale
– Géomorphologie
– Intervention territoriale
– Systèmes d'information géographique
– Télédétection avancée

Admission (voir p. 21 G)

DEC ou l'équivalent.
OU
Concordia : DEC ou l'équivalent et Mathématiques 103, 105, 203 (201-NYA, 201-NYB, 201-NYC); Physique 101, 201, 301 (203-NYA, 203-NYB, 203-NYC); Chimie 101, 201 (202-NYA, 202-NYB); Biologie 301 (101-NYA).
Laval : DEC en Sciences de la nature, en Sciences humaines ou en Sciences informatiques et mathématiques **OU** tout autre DEC et Méthodes quantitatives en sciences humaines 360-300.
McGill : DEC en Sciences de la nature ou en Sciences humaines.
Montréal : DEC ou l'équivalent **OU** avoir réussi 24 crédits de cours universitaires autres que des crédits obtenus dans le cadre de cours préparatoires aux études universitaires.
Sherbrooke : DEC en Sciences de la nature ou l'équivalent **OU** DEC technique en Technologie de la géomatique, spécialisations en *Cartographie* (230.AA) ou en *Géodésie* (230.AB) **OU** DEC ou l'équivalent et Mathématiques NYA (103 ou 00UN, 022X ou 01Y1) et s'engager à suivre toutes les activités de mise à niveau déterminées par le département et offertes en même temps que le programme régulier dès la première session.
UQTR : DEC en Sciences humaines **OU** tout autre DEC ou l'équivalent.

Endroits de formation (voir p. 422)

	Contingentement	Coop	Cote R*
Bishop's	☐	☐	—
Concordia	☐	☐	—
Laval	☐	☐	—
McGill	☐	☐	—
Montréal	☐	☐	—
Sherbrooke	■	■	20.000
UQAC	☐	☐	—
UQAM	☐	☐	—
UQAR	☐	☐	—
UQTR	☐	☐	—

** Le nombre inscrit indique la **Cote R** qui a été utilisée pour l'admission de l'année 2009 ou 2010 par l'université concernée.*

Professions reliées

C.N.P.

2154	Cartographe-hydrographe
2154	Cartographe-urbaniste
4169	Géographe (géographie humaine)
2154	Géomaticien
4169	Spécialiste en information géographique

Endroits de travail

– Bureaux d'ingénieurs-conseils
– Établissements d'enseignement
– Firmes d'urbanisme
– Gouvernements fédéral et provincial
– Organismes internationaux

Salaire

Le salaire hebdomadaire moyen est de 703 $ (janvier 2009).

Remarques

– Différentes options sont offertes selon les établissements : Biologie; Économique; Environnement atmosphérique; Sociologie, etc.
– Des études de 2e ou 3e cycle peuvent être exigées pour travailler dans le domaine de la recherche scientifique.
– L'Université de Sherbrooke offre le baccalauréat en Géomatique appliquée à l'environnement.
– L'Université Laval offre un certificat en Géographie.
– L'Université du Québec à Chicoutimi (UQAC) offre un baccalauréat en Géographie et aménagement durable, ainsi qu'un certificat et une mineure en Géographie.
– L'Université du Québec à Montréal (UQAM) offre également une majeure et une mineure en Géographie, une mineure en Géographie internationale, une mineure en Géographie physique et un certificat en Système d'information géographique.
– L'Université du Québec à Rimouski (UQAR) offre cinq concentrations : Aménagement du territoire et développement durable; Biogéochimie environnementale; Écogéographie; Environnement marin: Gestion des milieux naturels et aménagés.

STATISTIQUES D'EMPLOI	2005	2007	2009
Nb de personnes diplômées	210	208	204
% en emploi	42,5 %	43,1 %	48,2 %
% à temps plein	96,5 %	89,8 %	92,4 %
% lié à la formation	49,1 %	49,1 %	45,9 %

Animation et recherche culturelles

BAC 6 TRIMESTRES

CUISEP 571-000

Compétences à acquérir

– Analyser et comprendre les phénomènes d'action culturelle dans les sociétés modernes.
– Étudier les rapports entre l'animation culturelle, les réalités, les phénomènes culturels actuels (milieu des arts, organismes culturels, industries culturelles, loisirs, etc.).
– Connaître les diverses approches théoriques de la réalité sociale.
– Connaître et appliquer les techniques d'animation et de créativité, les techniques d'enquête et de recherche et les outils culturels visant le développement du potentiel créateur des groupes.

Éléments du programme

– Analyse critique de la société
– Analyse culturelle des mouvements sociaux
– Animation culturelle et créativité
– Éléments de gestion et d'organisation culturelles
– Méthodes d'enquête
– Stages
– Techniques d'animation et d'intervention
– Théories et pratiques culturelles

Admission (voir p. 21 G)

DEC ou l'équivalent.

Endroit de formation (voir p. 422)

	Contingentement	Coop	Cote R
UQAM	☐	☐	—

Professions reliées

C.N.P.
4164 Agent de développement culturel
4212 Animateur de vie étudiante
1226 Coordonnateur de programmes de loisirs culturels et socioculturels
4212 Génagogue
5254 Moniteur d'activités culturelles

Endroits de travail

– À son compte
– Centres d'accueil
– Centres locaux de services communautaires (CLSC)
– Entreprises culturelles
– Établissements d'enseignement
– Gouvernements fédéral et provincial
– Municipalités

Salaire

Le salaire hebdomadaire moyen est de 696 $ (janvier 2009).

Remarque

L'Université du Québec à Montréal (UQAM) est la seule université en Amérique du Nord à offrir ce programme.

SCIENCES HUMAINES

STATISTIQUES D'EMPLOI			
	2005	2007	2009
Nb de personnes diplômées	337	359	397
% en emploi	65,6 %	71,1 %	78,1 %
% à temps plein	84,1 %	85,3 %	91,5 %
% lié à la formation	65,1 %	59,4 %	69,9 %

Animation spirituelle et engagement communautaire / Études bibliques / Théologie / Religious Studies / Theological Studies / Theology

BAC 6 TRIMESTRES

CUISEP 618-000

Compétences à acquérir

– Organiser, surveiller, mettre en œuvre des programmes d'enseignement religieux, des activités de cheminement et d'approfondissement de la foi.
– Préparer, diriger les offices du culte.
– Animer des groupes de pastorale ou d'enseignement religieux et moral.
– Comprendre les structures et les fonctions des symboles religieux et des phénomènes humains liés au sacré.
– Comprendre la quête de sens exprimée dans divers secteurs de l'activité humaine.
– Connaître l'histoire, les croyances, les valeurs et les significations liées aux traditions religieuses.

Éléments du programme

– Dimension religieuse de l'être humain
– Éthique
– Études de textes bibliques
– Fondements de l'agir moral
– Histoire
– Intervention dans les groupes
– Religion et société
– Valeurs et croyances

Admission (voir p. 21 G)

Concordia, Laval, McGill : DEC ou l'équivalent.
OU
Montréal : DEC ou l'équivalent **OU** avoir réussi 12 crédits de cours universitaires autres que des crédits obtenus dans le cadre de cours préparatoires aux études universitaires.
Sherbrooke : DEC ou l'équivalent **OU Cheminement avec mineures en études anglaises ou en traduction :** DEC ou l'équivalent pour les personnes provenant d'un collège de langue anglaise **OU** avoir atteint, en anglais langue seconde, la formation équivalent à un cours de niveau avancé (0008, 000N, 000P, 01P4) pour les personnes provenant d'un collège de langue française.

Endroits de formation (voir p. 422)

	Contingentement	Coop	Cote R
Concordia	☐	☐	—
Laval	☐	☐	—
McGill	☐	☐	—
Montréal	☐	☐	—
Sherbrooke	☐	☐	—

Professions reliées

C.N.P.
4217 Animateur de pastorale
4217 Animateur de vie spirituelle et d'engagement communautaire
4154 Aumônier
4154 Ministre du culte
4217 Organisateur de l'instruction religieuse
4141 Professeur en enseignement moral et religieux
4121 Théologien

Endroits de travail

– Centres de relation d'aide
– Centres hospitaliers
– Écoles primaires
– Médias
– Organismes diocésains
– Prisons

Salaire

Le salaire hebdomadaire moyen est de 782 $ (janvier 2009).

Remarques

– Pour enseigner au secondaire, il faut être titulaire d'un permis ou d'un brevet d'enseignement permanent émis par le ministère de l'Éducation, du Loisir et du Sport.
– Une majeure ou une mineure en Enseignement doit être intégrée au baccalauréat en Théologie pour être professeur.
– Une formation supplémentaire dispensée par les Grands Séminaires de Montréal et de Québec est requise pour être prêtre au sein des églises catholiques.
– L'Université Concordia offre une mineure en Theological Studies.
– L'Université Laval offre un certificat en Études bibliques, un certificat en Études pastorales, un certificat en Philosophie préparatoire aux études théologiques ainsi qu'un certificat en Théologie.
– L'Université du Québec à Chicoutimi (UQAC) offre un programme court en Intervention rituelle et symbolique.

SCIENCES HUMAINES

STATISTIQUES D'EMPLOI			
	2005	2007	2009
Nb de personnes diplômées	108	121	107
% en emploi	43,5 %	45,7 %	36,8 %
% à temps plein	73,3 %	68,8 %	66,7 %
% lié à la formation	72,7 %	45,5 %	50,0 %

Anthropologie / Anthropologie et ethnologie / Archéologie / Ethnologie / Ethnologie et patrimoine / Antropology and Sociology

BAC 6 TRIMESTRES
CUISEP 622-000

Compétences à acquérir

– Acquérir des connaissances et des compétences liées aux phénomènes socioculturels (politique, religion, économie), aux phénomènes biologiques (évolution, langage, etc.) ou à l'étude des civilisations et des sociétés disparues ou actuelles.
– Développer des habiletés et des intérêts pour la recherche.
– Démontrer une ouverture au regard des autres disciplines en sciences sociales.
– Connaître et utiliser les diverses technologies de l'information liées à l'anthropologie.

Éléments du programme

– Anglais
– Culture
– Communication
– Géographie
– Histoire
– Méthodes d'analyse
– Muséologie
– Techniques d'enquête

Admission (voir p. 21 G)

Concordia, McGill : DEC ou l'équivalent **OU** DEC en Sciences humaines.

Laval, UQAC : DEC ou l'équivalent. *N. B. : Les admissions sont suspendues à compter de l'automne 2009 pour le Bac intégré en anthropologie-ethnologie.*

Montréal : DEC ou l'équivalent **OU** avoir réussi 24 crédits de niveau universitaire autres que des crédits obtenus dans le cadre de cours préparatoires aux études universitaires.

Endroits de formation (voir p. 422)

	Contingentement	Coop	Cote R
Concordia	☐	☐	—
Laval	☐	☐	—
McGill	☐	☐	—
Montréal	☐	☐	—
UQAC	☐	☐	—

Professions reliées

C.N.P.
4169 Anthropologue
4169 Archéologue
4169 Ethnolinguiste
4169 Ethnologue

Endroits de travail

– Établissements d'enseignement universitaire
– Gouvernements fédéral et provincial
– Musées

Salaire

Le salaire hebdomadaire moyen est de 663 $ (janvier 2009).

Remarques

– Chacune des universités offre une ou plusieurs spécialités.
– L'Université Laval offre un baccalauréat en Anthropologie, un baccalauréat en Archéologie ainsi qu'un baccalauréat en Ethnologie et patrimoine. Quatre concentrations sont offertes dans le cadre du baccalauréat en Ethnologie et patrimoine : Francophonie nord-américaine; Langue et littérature; Migrations et relations interculturelles; Muséologie et communication culturelle. Elle offre également des certificats en Anthropologie sociale et culturelle, Diversité culturelle et en Études autochtones.
– L'Université du Québec à Chicoutimi (UQAC) offre un baccalauréat avec majeure en Sociologie et anthropologie, ainsi qu'un certificat et une mineure en Archéologie.

STATISTIQUES D'EMPLOI			
	2005	2007	2009
Nb de personnes diplômées	204	187	171
% en emploi	34,7 %	34,2 %	46,5 %
% à temps plein	74,4 %	79,5 %	76,1 %
% lié à la formation	9,4 %	29,0 %	17,1 %

BAC 6 TRIMESTRES

CUISEP 511-000

Compétences à acquérir

– Devenir spécialiste dans le champ de la réalisation, de la direction de la photographie et de la postproduction au cinéma.
– Acquérir une culture cinématographique qui permette à l'étudiant de développer sa créativité, son goût, son sens critique et son jugement.

Éléments du programme

– Conception sonore
– Conception visuelle
– Direction de la photographie
– Histoire et esthétiques du cinéma
– Montage
– Musique et cinéma
– Postproduction
– Production (fiction/documentaire)
– Réalisation
– Scénarisation

Admission (voir p. 21 G)

DEC ou l'équivalent.
OU
Avoir obtenu un minimum de 30 crédits universitaires.
ET
Soumettre une production médiatique numérique et entrevue.

Endroit de formation (voir p. 422)

	Contingentement	Coop	Cote R
UQAM	■	☐	—

Professions reliées

C.N.P.
5131 Coordonnateur
5131 Directeur artistique
5131 Directeur de la photographie
5131 Directeur technique (cinéma, radio, télé, théâtre)
5131 Monteur de films
5225 Monteur de son (cinéma, vidéo)
5131 Réalisateur (cinéma, radio, télévision)
5123 Recherchiste (radio, télévision)
5226 Régisseur
5121 Scénariste-dialoguiste

Endroits de travail

Studios de cinéma

Salaire

Le salaire hebdomadaire moyen est de 731 $ (janvier 2009).

Remarque

L'Université du Québec à Montréal (UQAM) est la seule université en Amérique du Nord à offrir un baccalauréat en cinéma en français. Près de la moitié des cours de ce programme sont axés sur la pratique. Trois axes de formation sont offerts : Direction de la photographie; Postproduction visuelle et sonore; Réalisation.

SCIENCES HUMAINES

STATISTIQUES D'EMPLOI			
	2005	2007	2009
Nb de personnes diplômées	666	729	838
% en emploi	70,0 %	74,7 %	77,5 %
% à temps plein	88,8 %	87,7 %	91,0 %
% lié à la formation	69,7 %	68,7 %	78,1 %

Communication (médias interactifs)

BAC 6 TRIMESTRES   CUISEP 511-000

Compétence à acquérir

Intervenir dans le domaine des communications médiatiques.

Éléments du programme

– Architecture de l'information et des réseaux
– Audio-vidéographie
– Conception visuelle
– Création sonore interactive
– Processus de production et médias interactifs
– Technologie des médias

Admission (voir p. 21 G)

DEC ou l'équivalent.
OU
Avoir obtenu au minimum de 30 crédits universitaires.
ET
Soumettre une production médiatique numérique et entrevue.

Endroit de formation (voir p. 422)

	Contingentement	Coop	Cote R
UQAM	■	☐	—

Professions reliées

C.N.P.
5241	Animateur 2D-3D
5241	Concepteur-idéateur de jeux électroniques
5241	Concepteur-idéateur de produits multimédias
5121	Concepteur scénariste en multimédia
2162	Intégrateur en multimédia et Web
5121	Scénariste de l'interactivité
2175	Webmestre

Endroit de travail

Industrie du multimédia

Salaire

Le salaire hebdomadaire moyen est de 731 $ (janvier 2009).

STATISTIQUES D'EMPLOI			
	2005	2007	2009
Nb de personnes diplômées	666	729	838
% en emploi	70,0 %	74,7 %	77,5 %
% à temps plein	88,8 %	87,7 %	91,0 %
% lié à la formation	69,7 %	68,7 %	78,1 %

BAC 6 TRIMESTRES

CUISEP 511-000

Compétences à acquérir

- Remplir des fonctions variées et changeantes.
- Animer des groupes.
- Intervenir auprès des individus, des groupes et des organisations.
- Appliquer les théories du développement organisationnel, la problématique des communications et des relations humaines, l'écologie humaine et sociale, la théorie des systèmes.
- Appliquer une méthodologie de recherche (sondage, enquête, méthodes d'entrevues et recherche-action).

Éléments du programme

- Animation de groupe
- Communication
- Démarches d'intervention
- Développement social de l'adulte
- Intervention internationale (coopération)
- Psychosociologie des relations humaines
- Relation d'aide (techniques)
- Stages
- Théories de la communication

Admission (voir p. 21 G)

DEC ou l'équivalent.

Endroits de formation (voir p. 422)

	Contingentement	Coop	Cote R*
UQAM	■	☐	23.000
UQAR	☐	☐	—

** Le nombre inscrit indique la **Cote R** qui a été utilisée pour l'admission de l'année 2009 ou 2010 par l'université concernée.*

Professions reliées

C.N.P.
4212	Agent d'aide socio-économique
4213	Conseiller en emploi
—	Conseiller en gestion du changement
1121	Conseiller en relations de travail
4212	Coordonnateur de maisons de jeunes
4212	Intervenant communautaire
4151	Psychosociologue

Endroits de travail

- À son compte
- Agences de publicité
- Bureaux de services-conseils en gestion de personnel
- Organismes d'actions communautaires ou sociales
- Services de recherche

Salaire

Le salaire hebdomadaire moyen est de 696 $ (janvier 2009).

Remarques

- Différentes options sont offertes selon les établissements : Journalisme; Publicité; Relations publiques; etc.
- La formation pratique de l'Université du Québec à Rimouski (UQAR) est axée sur l'intervention des personnes en milieu organisé. Le programme comprend un stage par année.
- L'Université du Québec en Outaouais (UQO) offre une majeure et une mineure en Communication ainsi qu'un certificat en Communication publique.

SCIENCES HUMAINES

STATISTIQUES D'EMPLOI			
	2005	2007	2009
Nb de personnes diplômées	337	359	397
% en emploi	65,6 %	71,1 %	78,1 %
% à temps plein	84,1 %	85,3 %	91,5 %
% lié à la formation	65,1 %	59,4 %	69,9 %

15494

Communication (relations humaines) / Communication sociale / Relations humaines / Sciences sociales et humanités / Human Relations / Humanistic Studies / Humanities / Science and Human Affairs

BAC 6 TRIMESTRES   **CUISEP 571-000**

Compétences à acquérir

- Documenter un diagnostic social.
- Établir un projet d'intervention auprès de groupes, d'organisations et de communautés.
- Intervenir auprès d'acteurs sociaux.
- Acquérir et développer des compétences langagières.
- Démontrer des capacités d'analyse, de synthèse et d'esprit critique, de même que la maîtrise des outils de travail dans le domaine des sciences sociales.

Éléments du programme

- Animation dans les groupes
- Communication et développement international
- Comportements individuels en groupe
- Intervention communautaire
- Mesures de l'interaction sociale
- Méthode de recherche
- Sociologie des médias
- Stage

Admission (voir p. 21 G)

DEC ou l'équivalent.
ET
Concordia : Lettre explicative.

Endroits de formation (voir p. 422)

	Contingentement	Coop	Cote R
Bishop's	☐	☐	—
Concordia	■	☐	—
McGill	☐	☐	—
UQAR	☐	☐	—
UQTR	■	☐	—

Professions reliées

C.N.P.
5124	Agent d'information
4212	Animateur de vie étudiante
5124	Conseiller en communication
4212	Génagogue
4212	Intervenant communautaire
4151	Psychosociologue

Endroits de travail

- Centres hospitaliers
- Établissements d'enseignement
- Firmes en communications
- Municipalités
- Organismes communautaires

Salaire

Le salaire hebdomadaire moyen est de 615 $ (janvier 2007).

Remarque

L'Université du Québec à Rimouski (UQAR) offre une formation pratique axée sur l'intervention des personnes en milieu organisé. Le programme comprend un stage par année.

STATISTIQUES D'EMPLOI	2005	2007	2009
Nb de personnes diplômées	—	6	—
% en emploi	—	100 %	—
% à temps plein	—	100 %	—
% lié à la formation	—	0 %	—

Communication (relations publiques)

BAC 6 TRIMESTRES

CUISEP 514-000

Compétences à acquérir

– Assumer les tâches de relations publiques dans les organisations.
– Identifier les enjeux sociaux auxquels les organisations sont confrontées.
– Influencer les décisions concernant les politiques et les stratégies organisationnelles.
– Définir les responsabilités sociales des organisations envers les parties prenantes.
– Élaborer les politiques et les programmes correspondants.
– Concevoir et gérer les communications internes et externes selon les multiples composantes de l'environnement organisationnel.

Éléments du programme

– Écriture en relations publiques
– Communication organisationnelle
– Marketing
– Méthodes de recherche en communication
– Relations de presse

Admission (voir p. 21 G)

DEC ou l'équivalent.
OU
Avoir obtenu au minimum 30 crédits universitaires.

Endroit de formation (voir p. 422)

	Contingentement	Coop	Cote R*
UQAM	■	☐	29.000

** Le nombre inscrit indique la **Cote R** qui a été utilisée pour l'admission de l'année 2009 ou 2010 par l'université concernée.*

Professions reliées

C.N.P.
5124   Agent d'artiste
5124   Agent d'information
5124   Attaché de presse
5124   Spécialiste des relations publiques

Endroits de travail

– À son compte
– Agences de communication
– Firmes d'experts en communication
– Gouvernements fédéral et provincial
– Multinationales
– Organismes internationaux
– Organismes sans but lucratif

Salaire

Le salaire hebdomadaire moyen est de 731 $ (janvier 2009).

SCIENCES HUMAINES

STATISTIQUES D'EMPLOI			
	2005	2007	2009
Nb de personnes diplômées	666	729	838
% en emploi	70,0 %	74,7 %	77,5 %
% à temps plein	88,8 %	87,7 %	91,0 %
% lié à la formation	69,7 %	68,7 %	78,1 %

BAC 6 TRIMESTRES   **CUISEP 511-000**

Compétences à acquérir

– Œuvrer à la conception, au développement et à la gestion de projets dans les domaines de la production médiatique et culturelle.
– Identifier les différentes étapes du processus de la production médiatique et culturelle et en mesurer les déterminants majeurs.
– Collaborer à la mise en place, au développement, à la gestion et à l'évaluation de ces projets tout en élaborant une réflexion critique sur leur pratique.

Éléments du programme

– Analyse des productions médias
– Gestion des organisations culturelles
– Industrie de la culture et des communications
– Organisation économique des médias
– Pratiques médiatiques
– Stage de production I et II
– Stratégies de mise en marché

Admission (voir p. 21 G)

DEC ou l'équivalent.
OU
Avoir obtenu au minimum 30 crédits universitaires.

Endroit de formation (voir p. 422)

	Contingentement	Coop	Cote R*
UQAM	■	☐	29.800

** Le nombre inscrit indique la **Cote R** qui a été utilisée pour l'admission de l'année 2009 ou 2010 par l'université concernée.*

Professions reliées

C.N.P.
5124   Agent d'artiste
5124   Agent d'information
5226   Chargé de programmation (radio, télévision)
5241   Concepteur-idéateur de jeux électroniques
5241   Concepteur-idéateur de produits multimédias
5131   Directeur de production (cinéma, télévision)
0512   Directeur de production multimédia
5131   Producteur (cinéma, radio, télévision, théâtre)
5123   Recherchiste (radio, télévision)

Endroits de travail

– Industrie du cinéma
– Industrie du multimédia
– Industrie du spectacle
– Ministère de la culture
– Radiodiffuseurs
– Télédiffuseurs

Salaire

Le salaire hebdomadaire moyen est de 731 $ (janvier 2009).

STATISTIQUES D'EMPLOI			
	2005	2007	2009
Nb de personnes diplômées	666	729	838
% en emploi	70,0 %	74,7 %	77,5 %
% à temps plein	88,8 %	87,7 %	91,0 %
% lié à la formation	69,7 %	68,7 %	78,1 %

BAC 6 TRIMESTRES

Compétence à acquérir

Intervenir dans le domaine des communications médiatiques.

Éléments du programme

- Conception sonore
- Conception visuelle
- Enjeux sociaux de la télévision
- Montage
- Production d'une série télévisuelle
- Stage en télévision
- Technologie des médias

Admission (voir p. 21 G)

DEC ou l'équivalent.
OU
Avoir obtenu au minimum 30 crédits universitaires.
ET
Soumettre une production médiatique numérique et entrevue.

Endroit de formation (voir p. 422)

	Contingentement	Coop	Cote R
UQAM	■	☐	—

Professions reliées

C.N.P.
5231 Animateur (radio, télévision)
5226 Chargé de programmation (radio, télévision)
5123 Chroniqueur
5231 Commentateur sportif
5131 Directeur de production (cinéma, télévision)
5123 Journaliste
5123 Journaliste sportif
5131 Producteur (cinéma, radio, télévision, théâtre)
5131 Réalisateur (cinéma, radio, télévision)
5123 Recherchiste (radio, télévision)

Endroits de travail

- Radiodiffuseurs
- Télédiffuseurs

Salaire

Le salaire hebdomadaire moyen est de 731 $ (janvier 2009).

STATISTIQUES D'EMPLOI	2005	2007	2009
Nb de personnes diplômées	666	729	838
% en emploi	70,0 %	74,7 %	77,5 %
% à temps plein	88,8 %	87,7 %	91,0 %
% lié à la formation	69,7 %	68,7 %	78,1 %

SCIENCES HUMAINES

Communication / Communication et journalisme / Communication publique / Communication, rédaction et multimédia / Sciences de la communication / Broadcast Journalism / Communication and Journalism / Communication Studies

BAC 6 TRIMESTRES   **CUISEP 511-000**

Compétences à acquérir

- Participer à l'analyse des besoins en communication d'une organisation.
- Élaborer des stratégies et des techniques d'analyse et de rédaction.
- Analyser l'impact psychosocial des technologies de communication sur les plans organisationnel et social.
- Connaître et utiliser les nouvelles technologies de l'information.
- Approfondir ses connaissances dans un domaine particulier, de même que sa culture générale.

Éléments du programme

- Communications organisationnelles
- Connaissance des médias
- Création publicitaire
- Dossiers d'actualité
- Histoire des communications
- Initiation à la presse audiovisuelle
- Méthodes des médias
- Multimédia interactif
- Plans de communication
- Productions cinématographiques
- Productions télévisuelles
- Rédaction journalistique
- Stages
- Techniques de relations publiques

Admission (voir p. 21 G)

Concordia : DEC ou l'équivalent et entrevues/auditions, lettre explicative, soumission de travaux personnels, deux lettres de recommandation et/ou test de classement ou d'aptitude linguistique en anglais.

Laval : DEC en Sciences humaines ou en Sciences de la nature **OU** DEC ou l'équivalent et Mathématiques 360-300 ou 337 (NYA et 307 ou 103 et 307).

Montréal : DEC ou l'équivalent **OU** avoir réussi 24 crédits de cours universitaires autres que des crédits obtenus dans le cadre de cours préparatoires aux études universitaires.

Sherbrooke : DEC ou l'équivalent.

TÉLUQ : DEC ou l'équivalent et test de français.

UQAM : DEC ou l'équivalent, test de français, excellence du dossier et entrevue.

UQO : DEC en Sciences humaines **OU** DEC ou l'équivalent **OU** DEC technique ou l'équivalent.

Endroits de formation (voir p. 422)

	Contingentement	Coop	Cote R*
Concordia	■	☐	20.000
Laval	■	☐	24.507
Montréal	■	☐	26.292
Sherbrooke	■	■	24.100
TÉLUQ	☐	☐	—
UQAM	■	☐	26.000
UQO	☐	☐	—

** Le nombre inscrit indique la **Cote R** qui a été utilisée pour l'admission de l'année 2009 ou 2010 par l'université concernée.*

Professions reliées

C.N.P.

5124	Agent d'information
5123	Analyste de contenu multimédia
5231	Animateur (radio, télévision)
5124	Attaché de presse
5122	Chef de pupitre
5123	Chef du service des nouvelles
5123	Chroniqueur
5123	Chroniqueur touristique
5231	Commentateur sportif
5121	Concepteur scénariste en multimédia
2171	Conseiller en communication électronique
5123	Critique
5123	Critique littéraire
5123	Cyberjournaliste
0611	Directeur de la publicité
5121	Écrivain
5123	Éditorialiste
5124	Imprésario
5123	Journaliste (presse écrite)
5123	Journaliste (presse parlée)
5123	Journaliste sportif
5231	Lecteur de nouvelles
5124	Officier des affaires publiques
5131	Producteur (cinéma, radio, télévision, théâtre)
5124	Publicitaire
5131	Réalisateur (cinéma, radio, télévision)
5123	Recherchiste (radio, télévision)
5122	Rédacteur en chef de l'information
5121	Rédacteur publicitaire
5121	Scénariste-dialoguiste
5124	Spécialiste des relations publiques

SCIENCES HUMAINES

Communication / Communication et journalisme / Communication publique / Communication, rédaction et multimédia / Sciences de la communication / Broadcast Journalism / Communication and Journalism / Communication Studies

(SUITE)

Endroits de travail

– À son compte
– Firmes-conseils
– Gouvernements fédéral et provincial
– Grandes entreprises
– Industrie du multimédia
– Maisons d'édition (journaux, revues, livres)
– Maisons de publicité
– Télédiffuseurs

Salaire

Le salaire hebdomadaire moyen est de 731 $ (janvier 2009).

Remarques

– L'Université Bishop's offre une mineure en Communication and Cultural Studies.
– L'Université Concordia offre des programmes de Communication ainsi que de Journalisme. Toutefois, le programme conjoint Communication et journalisme est suspendu.
– L'Université Laval offre un certificat en Communication publique ainsi qu'un certificat en Journalisme. Le baccalauréat en Communication publique offre trois concentrations : Journalisme; Publicité sociale; Relations publiques.
– L'Université de Montréal offre un cheminement intensif en Sciences de la communication.
– L'Université de Sherbrooke offre également un cheminement intégré baccalauréat-maîtrise en Communication-Marketing.
– La Télé-université (TÉLUQ) offre ce programme à distance, à temps plein et à temps partiel. Elle offre aussi deux certificats dans ce domaine.
– L'Université du Québec à Montréal (UQAM) offre une majeure en Communication qui peut être combinée à l'une des mineures suivantes : Administration; Études interethniques; Géographie internationale; Histoire de l'art; Langues; Science, technologie et société; Sciences du language; Sociologie.
– L'Université du Québec en Outaouais (UQO) offre un certificat en Communication publique ainsi qu'une majeure et une mineure en Communication.

STATISTIQUES D'EMPLOI			
	2005	2007	2009
Nb de personnes diplômées	666	729	838
% en emploi	70,0 %	74,7 %	77,5 %
% à temps plein	88,8 %	87,7 %	91,0 %
% lié à la formation	69,7 %	68,7 %	78,1 %

SCIENCES HUMAINES

Communication et politique / Communication, politique et société

BAC 6 TRIMESTRES CUISEP 500/600-000

Compétences à acquérir

– Faire la planification et établir des stratégies de communication sur le plan politique.
– Organiser des campagnes électorales.
– Implanter des réformes dans les services publics.
– Formuler des politiques au regard des télécommunications.
– Comprendre comment se bâtit l'opinion publique et connaître l'impact des différents médias sur les décisions politiques.
– Travailler au sein des communications publiques, dans les médias de masse ou le journalisme.

Éléments du programme

– Communication écrite, audiovisuelle, informatisée et médias de masse
– Communication, sens et discours
– Méthodes d'analyse du discours politique
– Méthodes de recherche en politique
– Politiques gouvernementales et sociales
– Principes d'analyse et théories politiques
– Relations internationales
– Théories de la communication

Admission (voir p. 21 G)

DEC ou l'équivalent.
OU
Montréal : Avoir réussi 24 crédits de niveau universitaire autres que des crédits obtenus dans le cadre de cours préparatoires aux études universitaires.

Endroits de formation (voir p. 422)

	Contingentement	Coop	Cote R*
Montréal	■	☐	24.017
UQAM	☐	☐	24.000

** Le nombre inscrit indique la **Cote R** qui a été utilisée pour l'admission de l'année 2009 ou 2010 par l'université concernée.*

Professions reliées

C.N.P.
4168 Attaché politique
0011 Chef de cabinet
5123 Journaliste politique
4169 Lobbyiste
4168 Organisateur de campagne électorale

Endroits de travail

– Compagnies multinationales
– Éditeurs (journaux, revues)
– Gouvernements fédéral et provincial
– Partis politiques

Salaire

Le salaire hebdomadaire moyen est de 922 $ (janvier 2009).

STATISTIQUES D'EMPLOI			
	2005	2007	2009
Nb de personnes diplômées	771	1 004	1 173
% en emploi	69,2 %	65,0 %	65,4 %
% à temps plein	86,1 %	90,7 %	87,5 %
% lié à la formation	76,6 %	72,0 %	72,5 %

Compétences à acquérir

– Intervenir auprès des individus dans les milieux correctionnels ou de réadaptation.
– Aider le criminel et le délinquant à se resocialiser.
– Assumer diverses tâches administratives telles que le classement des prévenus, la sélection et la direction du personnel spécialisé.
– Travailler en prévention, en recherche ou en élaboration de programmes et de politiques.

Éléments du programme

– Délinquance et facteurs criminogènes
– Justice criminelle
– Pénologie
– Prévention criminelle
– Psychocriminologie
– Sociocriminologie
– Stages
– Victimologie

Admission (voir p. 21 G)

DEC en Sciences humaines, en Sciences de la nature
OU
DEC en Histoire et civilisation et avoir atteint l'objectif 022P Méthodes quantitatives.
OU
DEC ou l'équivalent et avoir réussi un cours préalable en statistique (lequel peut être suivi à l'université).
OU
Avoir réussi 24 crédits de cours universitaires autres que des crédits obtenus dans le cadre de cours préparatoires aux études universitaires.

Endroit de formation (voir p. 422)

	Contingentement	Coop	Cote R*
Laval**	☐	☐	—
Montréal	◼	☐	28.040

*Le nombre inscrit indique la **Cote R** qui a été utilisée pour l'admission de l'année 2009 ou 2010 par l'université concernée.*
** Sous réserve de l'approbation du MÉLS. Consulter le site Web de l'université.*

Professions reliées

C.N.P.
4155   Agent au classement des détenus dans les pénitenciers
4155   Agent de libération conditionnelle
4155   Agent de probation
4169   Criminologue

Endroits de travail

– Bureaux de la protection de la jeunesse
– Bureaux de probation
– Centres de détention
– Centres jeunesse
– Maisons de transition
– Services correctionnels
– Services de libération conditionnelle
– Services de police
– Sûreté du Québec

Salaire

Le salaire hebdomadaire moyen est de 740 $ (janvier 2009).

Remarque

L'Université Bishop's offre une mineure en Criminology.

STATISTIQUES D'EMPLOI			
Nb de personnes diplômées	**2005**	**2007**	**2009**
	104	107	95
% en emploi	67,1 %	85,1 %	86,3 %
% à temps plein	93,9 %	93,0 %	90,5 %
% lié à la formation	84,8 %	84,9 %	80,7 %

SCIENCES HUMAINES

Démographie et anthropologie

BAC 6 TRIMESTRES   **CUISEP 620/630-000**

Compétences à acquérir

– Ce programme est bidisciplinaire.
– Consulter la fiche du programme Anthropologie (page 204).

Éléments du programme

– Analyse longitudinale
– Analyse transversale
– Atelier de démographie anthropologie
– Collecte en démographie et anthropologie
– Éléments de démographie
– Initiation à la démarche anthropologique

Admission (voir p. 21 G)

DEC ou l'équivalent.
OU
Avoir réussi 24 crédits de cours universitaires autres que des crédits obtenus dans le cadre de cours préparatoires aux études universitaires.

Endroit de formation (voir p. 422)

	Contingentement	Coop	Cote R
Montréal	☐	☐	—

Professions reliées

C.N.P.
4169   Anthropologue
2161   Démographe

Endroits de travail

– Gouvernements fédéral et provincial
– Municipalités
– Organismes de recherche du réseau de la santé
– Organismes gouvernementaux et internationaux

Salaire

Le salaire hebdomadaire moyen est de 775 $ (janvier 2009).

STATISTIQUES D'EMPLOI	2005	2007	2009
Nb de personnes diplômées	115	253	276
% en emploi	48,6 %	48,5 %	55,0 %
% à temps plein	85,7 %	81,0 %	87,4 %
% lié à la formation	63,3 %	65,6 %	58,8 %

SCIENCES HUMAINES

BAC 6 TRIMESTRES   CUISEP 620/630-000

Compétences à acquérir

– Ce programme est bidisciplinaire.
– Consulter la fiche du programme Géographie (page 201).

Éléments du programme

– Analyse démographique avancée
– Analyse longitudinale
– Calcul différentiel et intégral
– Éléments de démographie
– Géographie et environnement
– Géographie politique, géographie de la santé et de l'environnement, géographie sociale et des populations
– Sociologie
– Sociologie et population
– Statistique pour économistes
– Systèmes d'information géographique

Admission (voir p. 21 G)

DEC ou l'équivalent.
OU
Avoir réussi 24 crédits de cours universitaires autres que des crédits obtenus dans le cadre de cours préparatoires aux études universitaires.

Endroit de formation (voir p. 422)

	Contingentement	Coop	Cote R
Montréal	☐	☐	—

Professions reliées

C.N.P.
2161   Démographe
4169   Géographe (géographie humaine)

Endroits de travail

– Firmes d'urbanisme
– Firmes de sondage
– Gouvernements fédéral et provincial
– Municipalités
– Organismes internationaux

Salaire

Le salaire hebdomadaire moyen est de 775 $ (janvier 2009).

STATISTIQUES D'EMPLOI			
	2005	2007	2009
Nb de personnes diplômées	115	253	276
% en emploi	48,6 %	48,5 %	55,0 %
% à temps plein	85,7 %	81,0 %	87,4 %
% lié à la formation	63,3 %	65,6 %	58,8 %

SCIENCES HUMAINES

BAC 6 TRIMESTRES   CUISEP 620/630-000

Compétences à acquérir

– Ce programme est bidisciplinaire.
– Consulter la fiche du programme Statistiques (page 258).

Éléments du programme

– Analyse longitudinale
– Analyse transversale
– Concepts et méthodes statistiques
– Laboratoire de démographie statistique
– Pratique de la démographie

Admission (voir p. 21 G)

DEC en Sciences de la nature ou en Sciences informatiques et mathématiques.
OU
DEC ou l'équivalent et Mathématiques 103, 105, 203.
OU
Avoir réussi 24 crédits de cours universitaires autres que des crédits obtenus dans le cadre de cours préparatoires aux études universitaires.

Endroit de formation (voir p. 422)

	Contingentement	Coop	Cote R
Montréal	☐	☐	—

Professions reliées

C.N.P.
2161   Démographe
2161   Statisticien

Endroits de travail

– Gouvernements fédéral et provincial
– Municipalités
– Organismes internationaux

Salaire

Le salaire hebdomadaire moyen est de 775 $ (janvier 2009).

STATISTIQUES D'EMPLOI	2005	2007	2009
Nb de personnes diplômées	115	253	276
% en emploi	48,6 %	48,5 %	55,0 %
% à temps plein	85,7 %	81,0 %	87,4 %
% lié à la formation	63,3%	65,6%	58,8 %

SCIENCES HUMAINES

BAC 6 TRIMESTRES

CUISEP 554-000

Compétences à acquérir

– Aider les personnes à faire des choix éclairés en matière d'études et de professions en tenant compte de leurs aptitudes, de leurs intérêts et de leurs valeurs.
– Faire de la consultation individuelle ou de groupe pour assister les personnes dans tous les aspects de la relation dynamique individu-travail (aspects personnels et professionnels) : choix professionnel, intégration au marché du travail, adaptation, réorientation, préparation à la retraite, etc.
– Utiliser et interpréter des tests psychométriques d'intérêts, d'aptitudes ou de personnalité.
– Recueillir les renseignements pertinents au projet de l'individu, en saisir la signification et en évaluer l'influence.
– Donner des renseignements pertinents au regard de la formation professionnelle, du marché du travail, des ressources du milieu, etc.
– Réaliser des programmes d'intervention qui correspondent aux besoins de la clientèle (individus, groupes, organisations, etc.).

Éléments du programme

– Animation de groupes
– Counselling individuel
– Counselling de carrière
– Counselling de groupe
– Développement de carrière
– Identité et concept de soi
– Psychométrie
– Psychopathologie
– Stages

Admission (voir p. 21 G)

Laval : DEC en Sciences humaines et Méthodes quantitatives 201-300 (ou 952-024 ou Statistiques en sciences humaines 201-301-RE) **OU** DEC en Histoire et civilisation **OU** DEC ou l'équivalent et Mathématiques 337 (ou NYA ou 103) et 307 ou Méthodes quantitatives en sciences humaines 360-300 (ou 201-300 ou 201-301-RE ou Statistiques en sciences humaines 952-024) ou Psychologie 102 ou 101. *N. B. : Le titulaire d'un des DEC techniques suivants est dispensé du cours psychologie 101 ou 102 : Éducation à l'enfance; Éducation spécialisée; Intervention en délinquance; Soins infirmiers; Travail social.*
Sherbrooke : DEC ou l'équivalent et Méthodes quantitatives en sciences humaines 360-300-91 (022P) ou Mathématiques 337 (002W ou 01Y3) ou leur équivalent.
UQAM : DEC ou l'équivalent et Mathématiques 337 ou l'équivalent.

Endroits de formation (voir p. 422)

	Contingentement	Coop	Cote R*
Laval	☐	☐	—
Sherbrooke	☐	☐	—
UQAM	■	☐	20.000

** Le nombre inscrit indique la **Cote R** qui a été utilisée pour l'admission de l'année 2009 ou 2010 par l'université concernée.*

Professions reliées

C.N.P.

1223	Agent de dotation
1223	Agent des ressources humaines
4143	Aide pédagogique individuel
1121	Analyste des emplois
4143	Conseiller d'orientation
4213	Conseiller en emploi
4143	Conseiller en gestion de carrière
4143	Conseiller en information scolaire et professionnelle
4213	Conseiller en main-d'œuvre
4153	Conseiller en réadaptation

Endroits de travail

– À son compte
– Agences de placement
– Bureaux de probation
– Carrefours jeunesse emploi (CJE)
– Centres locaux d'emploi (CLE)
– Commission de la santé et de la sécurité du travail(CSST)
– Établissements d'enseignement
– Gouvernements fédéral et provincial
– Moyennes et grandes entreprises (services des ressources humaines)
– Municipalités
– Société de l'assurance automobile du Québec (SAAQ)

Salaire

Le salaire hebdomadaire moyen est de 742 $ (janvier 2009).

Remarques

– Pour porter le titre de conseiller d'orientation, il faut avoir une formation de 2e cycle et être membre de l'Ordre des conseillers et conseillères d'orientation et des psychoéducateurs et psychoéducatrices du Québec.
– L'Université Laval offre un certificat en orientation.
– À l'Université de Sherbrooke, régime coopératif à option pour un certain nombre d'étudiants inscrits à temps complet.
– L'Université du Québec à Montréal (UQAM) offre également un certificat en Développement de carrière.

SCIENCES HUMAINES

STATISTIQUES D'EMPLOI			
	2005	2007	2009
Nb de personnes diplômées	129	145	161
% en emploi	58,2 %	52,9 %	61,2 %
% à temps plein	88,7 %	87,0 %	90,5 %
% lié à la formation	78,7 %	80,9 %	73,1 %

Développement social et analyse des problèmes / Sociologie / Sociology

BAC 6 TRIMESTRES CUISEP 635-000

Compétences à acquérir

– Analyser et expliquer le développement et la structure des sociétés, de leurs institutions et des relations individus-institutions.
– Fournir des analyses qui serviront à l'implantation d'interventions sociales.

Éléments du programme

– Économie et société
– Ethnicité et société
– Méthodologie de recherche
– Psychosociologie
– Sciences et société
– Sociologie des organisations
– Sociologie des sciences et technologies
– Stratification et mobilité

Admission (voir p. 21 G)

Bishop's, Concordia : DEC ou l'équivalent.
Laval, UQAR : DEC ou l'équivalent.
McGill, UQAM : DEC en Sciences humaines **OU** DEC ou l'équivalent.
Montréal : DEC ou l'équivalent **OU** avoir réussi 24 crédits de cours universitaires autres que des crédits obtenus dans le cadre de cours préparatoires aux études universitaires.
UQO : DEC en Sciences humaines **OU** DEC préuniversitaire ou technique ou l'équivalent.

Endroits de formation (voir p. 422)

	Contingentement	Coop	Cote R
Bishop's	☐	☐	—
Concordia	☐	☐	—
Laval	☐	☐	—
McGill	☐	☐	—
Montréal	☐	☐	—
UQAM	☐	☐	—
UQAR	☐	☐	—
UQO	☐	☐	—

Professions reliées

C.N.P.
5124 Agent d'information
4163 Agent de développement
— Agent de recherche
4169 Anthropologue
4169 Ethnologue
1228 Inspecteur de l'immigration
4121 Professeur de sociologie
4169 Sociologue

Endroits de travail

– Établissements d'enseignement collégial
– Gouvernements fédéral et provincial
– Organismes internationaux
– Syndicats

Salaire

Le salaire hebdomadaire moyen est de 689 $ (janvier 2009).

Remarques

– Pour enseigner au secondaire, il faut être titulaire d'un permis ou d'un brevet d'enseignement permanent émis par le ministère de l'Éducation, du Loisir et du Sport.
– Pour être agent de l'immigration, il faut suivre une formation spécialisée offerte par le gouvernement du Canada.
– Des études de 2e ou 3e cycle peuvent être exigées pour travailler dans le domaine de la recherche scientifique.
– L'Université Bishop's offre des majeures en Global Studies and Empire; Criminology, Law and Social Policy; Media Technology.
– L'Université Laval offre un certificat en Sociologie et un certificat en Études sur le Québec contemporain.
– L'Université du Québec à Chicoutimi (UQAC) offre une majeure en Sociologie et en Anthropologie, ainsi qu'un certificat et une mineure en Sociologie et communication appliquée.
– L'Université du Québec à Montréal (UQAM) offre une majeure et une mineure en Sociologie.
– À l'Université du Québec à Rimouski (UQAR), ce programme sert de porte d'entrée vers la maîtrise en Développement régional.
– L'Université du Québec en Outaouais (UQO) offre une majeure et une mineure en Sociologie.

STATISTIQUES D'EMPLOI	2005	2007	2009
Nb de personnes diplômées	267	281	318
% en emploi	40,1 %	53,6 %	52,2 %
% à temps plein	84,1 %	84,4 %	87,1 %
% lié à la formation	35,8 %	40,8 %	25,9 %

SCIENCES HUMAINES

Économie / Économie et mathématiques / Économique / Sciences économiques / Economics

BAC 6 TRIMESTRES   CUISEP 625-000

Compétences à acquérir

– Analyser une situation donnée (contrôle des prix, tarification des services publics, chômage, inflation, pollution, etc.), en dégager des renseignements pertinents et suggérer des politiques à suivre.
– Faire des recherches, des lectures et des enquêtes.
– Compiler et interpréter les données économiques et les statistiques recueillies et prévoir l'évolution des situations en cause.
– Rédiger des rapports incluant des suggestions et des constatations.

Éléments du programme

– Calcul différentiel et intégral
– Commerce international
– Comptabilité
– Économétrie
– Éléments de gestion
– Éléments de macroéconomique
– Éléments de microéconomique
– Finance
– Politiques publiques
– Statistiques et probabilités

Admission (voir p. 21 G)

Bishop's, Concordia, McGill : DEC ou l'équivalent.
Laval : DEC en Sciences informatiques et mathématiques **OU** DEC ou l'équivalent et Mathématiques 103-RE, 105-RE, 203-RE (022X, 022Y, 022Z ou NYA, NYB, NYC ou 00UN, 00UP, 00UQ) ou 103-77, 105-77, 203-77 **OU** DEC dans la famille des techniques administratives et Mathématiques (avant la réforme) (NYA ou 103-RE ou 103-77) (00UN, 00UP, 00UQ ou 022X, 022Y, 022Z), (302 ou 105-RE ou NYC ou 105-77), (337 ou 203-RE ou NYB ou 203-77) **OU** Mathématiques (après la réforme) (NYA ou 103-RE ou 103-77 ou l'un des objectifs : 00UN, 01Y1, 022X), (302 ou 105-RE ou NYC ou 105-77 ou l'un des objectifs : 00UQ, 01Y4, 022Z) et les cours obligatoires de mathématiques et de statistiques du programme révisé.
Montréal : DEC en Sciences de la nature **OU** DEC ou l'équivalent et Mathématiques 103, 105, 203 ou 103 et (307 ou 337 ou 360-300) **OU** avoir réussi 24 crédits de cours universitaires autres que des crédits obtenus dans le cadre de cours préparatoires aux études universitaires.
Sherbrooke : DEC en Sciences informatiques et mathématiques (200.C0) **OU** DEC ou l'équivalent et Mathématiques NYA (ou 00UN ou 022X ou 01Y1) et un autre cours de mathématiques ou de méthodes quantitatives.
UQAM : DEC en Sciences de la nature ou en Sciences humaines **OU** DEC dans la famille des technique administratives ou l'équivalent et Mathématiques 103 ou l'équivalent ou le cours MAT0349 à l'UQAM.

Endroits de formation (voir p. 422)

	Contingentement	Coop	Cote R*
Bishop's	☐	☐	
Concordia**	■	■	22.000
Laval	☐	☐	—
McGill	☐	☐	—
Montréal	☐	☐	—
Sherbrooke	■	■	21.100
UQAM	☐	☐	

*Le nombre inscrit indique la **Cote R** qui a été utilisée pour l'admission de l'année 2009 ou 2010 par l'université concernée.*
** La cote R est de 28.0 pour le régime coopératif.*

Professions reliées

C.N.P.	
5124	Agent d'information
4163	Agent de développement économique
4168	Agent du service extérieur diplomatique
4163	Analyste des marchés
1112	Analyste financier
4162	Conseiller en importation et exportation
4162	Économiste
4162	Économiste des transports
4162	Économiste du travail
4162	Économiste en commerce international
4162	Économiste en développement international
4162	Économiste en organisation des ressources
4162	Économiste financier
4162	Économiste industriel
4131	Professeur d'économique

Endroits de travail

– Établissements d'enseignement collégial et universitaire
– Gouvernements fédéral et provincial
– Institutions financières
– Municipalités
– Organismes internationaux
– Secteurs industriels divers

Salaire

Le salaire hebdomadaire moyen est de 794 $ (janvier 2009).

SCIENCES HUMAINES

Remarques

- Pour enseigner au secondaire, il faut détenir un permis d'enseignement délivré par le ministère de l'Éducation, du Loisir et du Sport.
- Pour être analyste financier, il faut avoir réussi l'examen de la Commission canadienne des valeurs mobilières et y être inscrit ou avoir suivi les cours de l'Institution des analystes financiers agréés.
- L'Université Bishop's, l'Université de Montréal et l'Université Laval offrent le programme bidisciplinaire Économie et Mathématique (Mathematical Economics).
- L'Université de Sherbrooke offre un cheminement accéléré. Le baccalauréat en Économique relève de la Faculté d'administration.
- L'Université Laval offre un baccalauréat en Économique, un baccalauréat en Économie et mathématiques, ainsi qu'un certificat en Économique.
- L'Université du Québec à Montréal (UQAM) offre cinq concentrations : Économie appliquée; Économie et finance; Économie et gestion; Économie et politiques publiques; Économie internationale. Elle offre également un certificat en économique.

SCIENCES HUMAINES

STATISTIQUES D'EMPLOI			
	2005	2007	2009
Nb de personnes diplômées	258	442	329
% en emploi	54,1 %	56,0 %	64,7 %
% à temps plein	83,6 %	93,3 %	95,9 %
% lié à la formation	55,7 %	48,4 %	50,9 %

Économie et politique / International Political Economy / Political Economy
BAC 6 TRIMESTRES

CUISEP 625-000

Compétences à acquérir

– Ce programme est bidisciplinaire.
– Consulter les fiches des programmes Économique (page 221) et Science politique (page 225).

Éléments du programme

– Économie de l'environnement
– Économie du travail
– Économie industrielle
– Économie publique
– Économie urbaine et régionale
– Problèmes économiques

Admission (voir p. 21 G)

DEC ou l'équivalent.
OU
Laval : DEC en Sciences de la nature ou en Sciences humaines **OU** DEC et avoir réussi le cours Méthodes quantitatives en sciences humaines 360-300.
Montréal : DEC ou l'équivalent **OU** avoir réussi 24 crédits de cours universitaires autres que des crédits obtenus dans le cadre de cours préparatoires aux études universitaires.

Endroits de formation (voir p. 422)

	Contingentement	Coop	Cote R*
Bishop's	☐	☐	—
Laval	☐	☐	—
McGill	☐	☐	—
Montréal	☐	☐	22.000
UQAM	☐	☐	—

** Le nombre inscrit indique la **Cote R** qui a été utilisée pour l'**admission de l'année 2009 ou 2010** par l'université concernée.*

Professions reliées

C.N.P.
4163   Agent de développement économique
4164   Agent de développement international
4168   Agent du service extérieur diplomatique
4162   Économiste
4162   Économiste en commerce international
4162   Économiste en développement international

Endroits de travail

– Gouvernements fédéral et provincial
– Médias d'information

Salaire

Consulter les fiches des programmes Économique (page 221) et Science politique (page 225).

Remarque

L'Université du Québec à Montréal (UQAM) offre une concentration en Économie et politiques publiques dans le cadre du baccalauréat en économique.

Statistiques d'emploi

Consulter les fiches des programmes Économique (page 221) et Science politique (page 225).

SCIENCES HUMAINES

Études est-asiatiques / East Asian Studies

BAC 6 TRIMESTRES

CUISEP 620/630-000

Compétences à acquérir

– Comprendre la culture est-asiatique.
– Analyser l'impact des constances culturelles dans le contexte québécois.
– Maîtriser les langues de la Chine, du Japon, de la Corée et du Vietnam.
– Être en mesure d'analyser les problématiques ayant trait aux relations internationales.

Trois spécialisations sont offertes :
Anthropologie; Géographie; Histoire.

Éléments du programme

– Analyse de texte
– Économie
– Histoire
– Littérature

Admission (voir p. 21 G)

McGill : DEC ou l'équivalent.
Montréal : DEC ou l'équivalent **OU** avoir réussi 24 crédits de cours universitaires autres que des crédits obtenus dans le cadre de cours préparatoires aux études universitaires.

Endroits de formation (voir p. 422)

	Contingentement	Coop	Cote R
McGill	☐	☐	—
Montréal	☐	☐	—

Professions reliées

C.N.P.
4168	Diplomate
5125	Interprète
4168	Spécialiste en relations internationales
5125	Traducteur

Endroits de travail

– Gouvernements fédéral et provincial
– Organismes internationaux

Salaire

Le salaire hebdomadaire moyen est de 803 $ (janvier 2009).

Remarque

L'Université du Québec à Montréal (UQAM) offre également un certificat en Langues et cultures d'Asie.

SCIENCES HUMAINES

STATISTIQUES D'EMPLOI	2005	2007	2009
Nb de personnes diplômées	—	54	61
% en emploi	—	45,5 %	48,5 %
% à temps plein	—	73,3 %	93,8 %
% lié à la formation	—	9,1 %	26,7 %

BAC 6 TRIMESTRES

CUISEP 632-000

Compétences à acquérir

– Identifier et expliquer des phénomènes politiques.
– Étudier des attitudes, des comportements et des idéologies.
– Étudier la théorie, l'origine, l'évolution, l'interdépendance et le fonctionnement des institutions et des systèmes politiques.
– Faire l'analyse des renseignements recueillis, en faire la synthèse et l'interprétation.
– Faire part de ses constatations et conclusions aux partis politiques, aux organismes, aux médias, aux gouvernements fédéral et provincial, etc.
– Rédiger des livres et des articles de journaux.

Éléments du programme

– Administration publique et politiques publiques
– Analyse des systèmes internationaux
– Forces politiques
– Géographie politique
– Introduction à l'histoire des idées politiques
– Politique et sociétés dans le monde
– Principes de relations internationales

Admission (voir p. 21 G)

DEC ou l'équivalent.
OU
Montréal : DEC ou l'équivalent **OU** avoir réussi 24 crédits de cours universitaires autres que des crédits obtenus dans le cadre de cours préparatoires aux études universitaires.
Sherbrooke : Cheminement Administration : DEC en Sciences informatiques et mathématiques (200.C0) **OU** DEC ou l'équivalent et Mathématiques NYA, NYB, NYC (103, 105, 203 ou 00UN, 00UP, 00UQ ou 022X, 022Y, 022Z ou 01Y1, 01Y2, 01Y4); **Cheminements Communication, Droit, Poliques publiques ou Relations internationales :** DEC ou l'équivalent.

Endroits de formation (voir p. 422)

	Contingentement	Coop	Cote R*
Bishop's	☐	☐	—
Concordia	☐	☐	—
Laval	☐	☐	—
McGill	☐	☐	—
Montréal	☐	☐	24.000
Sherbrooke	■	☐	—
UQAC	☐	☐	—
UQAM	☐	☐	—
UQO	☐	☐	—

* Le nombre inscrit indique la Cote R qui a été utilisée pour l'admission de l'année 2009 ou 2010 par l'université concernée.

Professions reliées

C.N.P.
4168 Agent du service extérieur diplomatique
4168 Attaché politique
5123 Chroniqueur politique
4168 Conseiller politique
0011 Député
4168 Diplomate
4169 Lobbyiste
4169 Politicologue

Endroits de travail

– Établissements d'enseignement collégial
– Gouvernements fédéral et provincial
– Groupes de pression
– Maisons de sondage
– Médias d'information
– Organismes communautaires
– Organismes internationaux
– Partis politiques

Salaire

Le salaire hebdomadaire moyen est de 786 $ (janvier 2009).

Remarques

– Différentes options sont offertes selon les établissements : Administration publique; Analyse et théories politiques; Relations internationales; Sociologie politique; etc.
– L'Université Concordia offre une majeure en Science politique.
– L'Université de Montréal offre un cheminement intensif.
– L'Université de Sherbrooke offre cinq cheminements : Administration; Communication; Droit; Politiques publiques; Relations internationales.
– L'Université Laval offre un certificat en Science politique. Le baccalauréat en Science politique offre six concentrations : Analyse des politiques et management public; Comportements politiques et dynamiques sociales; Idées politiques, pensée politique; Québec contemporain : politique et société; Relations internationales et politiques étrangères; Sociétés et régimes politiques comparés.
– L'Université du Québec à Chicoutimi (UQAC) offre un baccalauréat avec majeure en Science politique, ainsi qu'un certificat et une mineure en Science politique.
– L'Université du Québec à Montréal (UQAM) offre également une majeure et une mineure en Science politique.
– L'Université du Québec en Outaouais (UQO) offre une mineure et une majeure en Science politique.

STATISTIQUES D'EMPLOI

	2005	2007	2009
Nb de personnes diplômées	606	764	852
% en emploi	48,9 %	43,5 %	42,7 %
% à temps plein	85,9 %	88,5 %	88,5 %
% lié à la formation	36,6 %	36,7 %	31,0 %

Histoire / Histoire, culture et société / Interventions culturelles / History

BAC 6 TRIMESTRES   CUISEP 631-000

Compétences à acquérir

– Faire des recherches sur des périodes ou des aspects de l'activité humaine passée.
– Rédiger des comptes rendus ou des rapports.
– Apprécier l'authenticité et la valeur des renseignements recueillis et présenter le résultat de ses recherches par écrit ou sous d'autres formes.
– Développer ses capacités d'analyse, de synthèse et de transmission des connaissances.
– Acquérir une vision critique des problématiques, des interprétations et des conditions de validation des connaissances historiques.

Éléments du programme

– Analyse critique des sources
– Analyse de textes
– Antiquité
– Culture et société au Moyen Âge
– Initiation à la connaissance historique
– Initiation à la méthode historique
– Interventions culturelles
– Introduction à l'archivistique
– Monde non-occidental
– Période contemporaine
– Période moderne
– Recherche en histoire du Québec et du Canada
– Relations internationales

Admission (voir p. 21 G)

DEC ou l'équivalent.
OU
Laval : DEC ou l'équivalent. *N. B. : Une entente d'arrimage a été conclue avec le Département d'histoire. Le titulaire d'un DEC en Sciences humaines qui a réussi deux cours d'histoire avec une note de 80 % et plus a la possibilité de remplacer un cours obligatoire d'introduction de première année par un cours spécialisé. Ce cours doit être en lien avec le deuxième cours d'histoire fait au cégep. Une lettre signée du professeur avec lequel le deuxième cours a été suivi doit accompagner la demande de modification du cheminement.*
McGill : DEC en Sciences humaines.
Montréal : DEC ou l'équivalent **OU** avoir réussi 24 crédits de cours universitaires autres que des crédits obtenus dans le cadre de cours préparatoires aux études universitaires.
Sherbrooke: DEC ou l'équivalent. **Cheminements avec mineure en études anglaises ou en traduction :** DEC ou l'équivalent pour les personnes provenant d'un collège de langue anglaise **OU** avoir atteint, en anglais langue seconde, la formation équivalent à un cours de niveau avancé (0008, 0009 ou 000N, 000P, 01P4) pour les personnes provenant d'un collège de langue française; **Certificats en analyse économique :** DEC en Sciences de la nature, cheminement baccalauréat international **OU** DEC ou l'équivalent et Mathématiques 103 ou NYA (00UN ou 022X ou 01Y1).

Endroits de formation (voir p. 422)

	Contingentement	Coop	Cote R*
Bishop's	☐	☐	—
Concordia	☐	☐	—
Laval	☐	☐	—
McGill	☐	☐	—
Montréal	☐	☐	—
Sherbrooke	■	☐	—
UQAC	☐	☐	—
UQAM	☐	☐	20.000
UQAR	☐	☐	—
UQO	☐	☐	—
UQTR	☐	☐	—

** Le nombre inscrit indique la **Cote R** qui a été utilisée pour l'admission de l'année 2009 ou 2010 par l'université concernée.*

Professions reliées

C.N.P.
5124	Agent d'information
—	Agent de recherche
5113	Archiviste
2161	Démographe
5212	Guide dans les musées
4169	Historien
4141	Professeur d'histoire

Endroits de travail

– Établissements d'enseignement
– Gouvernements fédéral et provincial
– Médias (journaux, télévision)

Salaire

Le salaire hebdomadaire moyen est de 712 $ (janvier 2009).

Remarques

– Différentes options sont offertes selon les établissements : Géographie; Histoire; Sociologie; etc.
– Pour enseigner au secondaire, il faut être titulaire d'un permis ou d'un brevet d'enseignement permanent émis par le ministère de l'Éducation, du Loisir et du Sport.
– L'Université Laval offre un certificat en Histoire et un certificat en Archivistique.
– L'Université du Québec à Chicoutimi (UQAC) offre un baccalauréat en Histoire avec deux profils : profil général et profil Autochtonie, régions et histoire publique; un certificat et une mineure en Histoire; un certificat et une mineure en Gestion des documents et des archives.
– L'Université du Québec à Montréal (UQAM) offre une majeure et une mineure en Histoire. Le baccalauréat en Histoire, culture et société est contingenté.
– L'Université du Québec à Rimouski (UQAR) offre un baccalauréat à deux volets : une majeure en Histoire et une mineure en Interventions culturelles.
– L'Université du Québec en Outaouais (UQO) offre une mineure et une majeure en Histoire.
– L'Université du Québec à Trois-Rivières (UQTR) offre un certificat en Histoire.

STATISTIQUES D'EMPLOI

	2005	2007	2009
Nb de personnes diplômées	394	385	385
% en emploi	36,7 %	42,0 %	37,2 %
% à temps plein	80,7 %	78,1 %	77,0 %
% lié à la formation	21,1 %	36,6 %	34,3 %

SCIENCES HUMAINES

Jewish Studies / Judaic Studies

BAC 6 TRIMESTRES

Compétence à acquérir

Connaître la langue, l'histoire et la culture juives.

Éléments du programme

– Foi et pratique religieuse
– Histoire du peuple juif
– Judaïsme classique, médiéval ou moderne
– Nouveau Testament
– Pensée et organisation sociale juives
– Textes bibliques hébraïques

Admission (voir p. 21 G)

DEC ou l'équivalent.

Endroits de formation (voir p. 422)

	Contingentement	Coop	Cote R
Concordia	☐	☐	—
McGill	☐	☐	—

Professions reliées

C.N.P.
4121   Professeur en études juives
5125   Traducteur

Endroits de travail

– Gouvernements fédéral et provincial
– Organismes internationaux

Salaire

Le salaire hebdomadaire moyen est de 803 $ (janvier 2009).

Remarque

L'Université Laval offre un certificat en Études juives.

STATISTIQUES D'EMPLOI			
Nb de personnes diplômées	2005	2007	2009
	—	54	61
% en emploi	—	45,5 %	48,5 %
% à temps plein	—	73,3 %	93,8 %
% lié à la formation	—	9,1 %	26,7 %

SCIENCES HUMAINES

Compétences à acquérir

– Diriger un service de loisirs.
– Planifier et organiser les services et les activités de loisirs.
– Animer les activités.
– Appliquer les processus de l'aménagement des espaces et des équipements de loisirs et en comprendre les problématiques.
– Gérer efficacement les organisations en tenant compte des conditions culturelles, sociologiques et économiques de la clientèle ainsi que des ressources humaines, matérielles et financières de l'organisation.
– Acquérir la capacité de travailler seul ou en équipe.

Éléments du programme

– Gestion des organisations de loisirs
– Loisirs et fonctionnement de groupe
– Mise en marché, publicité et promotion en loisirs
– Opérations financières
– Planification et aménagement des espaces et des équipements
– Utilisation thérapeutique du loisir

Admission (voir p. 21 G)

Concordia : Leisure Science : DEC ou l'équivalent et lettre explicative. **Therapeutic recreation :** DEC ou l'équivalent et Biologie 301, 401, 911, 921 ou 101-NYA. **UQTR :** DEC ou l'équivalent et posséder des connaissances suffisantes en mathématiques.

Endroits de formation (voir p. 422)

	Contingentement	Coop	Cote R
Concordia	■	☐	—
UQTR	☐	☐	—

Professions reliées

C.N.P.
4212	Animateur de vie étudiante
4167	Conseiller en loisirs
4167	Coordonnateur de loisirs municipaux
0513	Directeur d'établissement de loisirs
4167	Directeur de camp de vacances
0513	Directeur de programmes de loisirs
0513	Directeur du service des loisirs
3144	Ludothérapeute
4167	Récréologue

Endroits de travail

– À son compte
– Camps de vacances
– Gouvernements fédéral et provincial
– Municipalités
– Organismes communautaires

Salaire

Le salaire hebdomadaire moyen est de 682 $ (janvier 2009).

Remarque

L'Université du Québec à Trois-Rivières (UQTR) offre le baccalauréat en Loisir, culture et tourisme en cheminement régulier ou enrichi pour les étudiants ayant maintenu une moyenne d'au moins 2,8 durant la première année et désireux d'entreprendre des études de 2e cycle.

STATISTIQUES D'EMPLOI			
	2005	2007	2009
Nb de personnes diplômées	116	83	117
% en emploi	70,4 %	80,4 %	79,7 %
% à temps plein	92,0 %	81,1 %	88,9 %
% lié à la formation	73,9 %	73,3 %	85,7 %

Neuroscience / Psychologie / Psychology

BAC 6 TRIMESTRES

CUISEP 576-000

Compétences à acquérir

– Comprendre le comportement et les manifestations de l'être humain.
– Appliquer les principes et les méthodes de la psychologie.
– Pratiquer la consultation et l'entrevue.
– Utiliser et interpréter des tests psychométriques standardisés d'intelligence, d'aptitudes et de personnalité afin de faire des évaluations psychologiques.
– Diagnostiquer, traiter et chercher les moyens de prévenir les troubles de la personnalité et les problèmes d'adaptation de la personne à son milieu.

Éléments du programme

– Mesure en psychologie
– Méthodes d'enquête et de recherche
– Méthodes quantitatives
– Neuropsychologie
– Psychologie sociale
– Psychopathologie
– Techniques d'observation
– Théories de la personnalité
– Théories psychanalytiques

Admission (voir p. 21 G)

Bishops : DEC ou l'équivalent et Mathématiques 103, 203; Psychologie 101 ou 102.
Concordia : BA : DEC ou l'équivalent et Mathématiques 337 (103, 307 ou 201-NYA); Biologie 301, 401, 911, 921 (101-NYA); Psychologie 101 ou 102. **BSc :** DEC ou l'équivalent et Mathématiques 103, 203 (201-NYA, 201-NYB); Physique 101, 201, 301 (203-NYA, 203-NYB, 203-NYC); Chimie 101, 201 (202-NYA, 202-NYB); Biologie 301 (101-NYA).
Laval : DEC en Sciences humaines et Mathématiques 201-300 (952-024 ou 201-301-RE) ou 337 (ou 103 et 307) ou 103-RE, 203-RE, 105-RE (022X, 022Y, 022Z) ; Biologie 921 ou 901 (022V) **OU** DEC en Sciences de la nature et Psychologie 101 ou 102 **OU** DEC en Histoire et civilisation ou tout autre DEC et Méthodes quantitatives 360-300; Méthode quantitatives 201-300 (952-024 ou 201-301-RE) ou Mathématiques 337 (103 et 307) ou 103-RE, 105-RE, 203-RE (022X, 022Y, 022Z); Psychologie 101 ou 102; Biologie 921 ou 901 (022V).
N. B. : Les cours de Biologie NYA ou 301 (00UK) et 401 (00XU) ne sont plus acceptés pour le titulaire d'un DEC autre que celui en Sciences de la nature. Le titulaire d'un des DEC techniques suivants est dispensé du cours psychologie 101 ou 102 : Éducation à l'enfance; Éducation spécialisée; Intervention en délinquance; Soins infirmiers; Travail social.

McGill : DEC en Sciences de la nature ou l'équivalent et Mathématiques NYA, NYB, NYC (00UN, 00UP, 00UQ ou 01Y1, 01Y2, 01Y4); Physique NYA, NYB, NYC (00UR, 00US, 00UT ou 01Y7, 01YF, 01YG); Chimie NYA, NYB (00UL, 00UM ou 01Y6, 01YH); Biologie NYA (00UK ou 01Y5).
Montréal : DEC en Histoire et civilisation et avoir atteint les objectifs 022P (Méthodes quantitatives); 022W (Statistiques avancées); 022V (Biologie) **OU** DEC en Sciences de la nature ou en Sciences humaines et avoir atteint les objectifs 022V (Biologie) et 022W (Statistiques avancées) **OU** DEC ou l'équivalent et Mathématiques 337 (360-300 et 201-300) ou (103 et 307); un cours de biologie; Psychologie 102 **OU** avoir réussi 24 crédits de cours universitaires autres que des crédits obtenus dans le cadre de cours préparatoires aux études universitaires.
Sherbrooke : DEC ou l'équivalent et Mathématiques 337, 022W ou 01Y3 (360-300 et 300); Biologie NYA, 401, 911 ou 921 (00UK ou 00XU ou 022V); Psychologie 101 ou 102 (022K) **OU** DEC ou l'équivalent et Mathématiques NYA, NYB (00UN, 00UP), Physique NYA, NYB, NYC (ou 00UR, 00US, 00UT), Chimie NYA, NYB (ou 00UL, 00UM), Biologie NYA (ou 00UK).
UQAC : DEC en Sciences de la nature ou l'équivalent **OU** DEC en Sciences humaines et Mathématiques NYA; Biologie NYA **OU** DEC ou l'équivalent et Mathématiques NYA; Biologie NYA **OU** être titulaire d'un baccalauréat international.
UQAM : DEC en Sciences humaines et Mathématiques 201-300, 360-300; Biologie 301, 401, 911 ou 921 ou leur équivalent **OU** DEC ou l'équivalent et Mathématiques 201-300; 360-300; Biologie 301, 401, 911 ou 921 **OU** DEC en Sciences de la nature.
UQO: DEC ou l'équivalent et les objectifs ou les cours suivants : Mathématiques 00UN, 01Y1 ou 022X (103), 00UQ, 01Y4 ou 022Z (105,122 ou 302), 00UP, 01Y2 ou 022Y (203) ou Statistiques 01Y3 ou 022P (337, 307, 300 ou 024); Biologie 00UK, 00XU, 01Y5 ou 022V (301, 401, 911 ou 921).
UQTR : DEC en Arts et lettres ou DEC dans la famille des techniques humaines ou de la santé **OU** DEC dans la famille des sciences humaines ou de la santé et Méthodes quatitatives 201-300 (022W); Biologie humaine 921 (022V) **OU** avoir réussi les cours STT1006 Statistiques I et PSL1015 Élément de physiologie humaine ou l'équivalent **OU** Baccalauréat international.

SCIENCES HUMAINES

Endroits de formation (voir p. 422)

	Contingentement	Coop	Cote R*
Bishop's	☐	☐	—
Concordia	■	☐	22.000
Laval	■	☐	24.803
McGill	☐	☐	—
Montréal	■	☐	24.900
Sherbrooke	■	☐	27,400
UQAC	☐	☐	—
UQAM	■	☐	25.000
UQO	■	☐	24.000
UQTR	☐	☐	25.000

** Le nombre inscrit indique la **Cote R** qui a été utilisée pour l'admission de l'année 2009 ou 2010 par l'université concernée.*

Professions reliées

C.N.P.
- 4155 Agent au classement des détenus dans les pénitenciers
- 4155 Agent de probation
- 4151 Expert psycho-légal
- 4151 Neuropsychologue
- 4151 Psychanalyste
- 4151 Psychocogniticien
- 4151 Psychologue
- 4151 Psychologue-clinicien
- 4151 Psychologue du travail et des organisations
- 4151 Psychologue scolaire
- 4151 Psychosociologue
- 4151 Psychothérapeute

Endroits de travail

- À son compte
- Bureaux de probation
- Centres de réadaptation
- Centres de rééducation
- Centres hospitaliers
- Organismes communautaires
- Secteurs industriels divers
- Services correctionnels

Salaire

Le salaire hebdomadaire moyen est de 720 $ (janvier 2009).

Remarques

- Plusieurs champs d'études sont offerts selon les établissements : Neurosciences; Psychologie clinique; Psychologie-conseil; Psychologie expérimentale; Psychologie industrielle; Psychologie scolaire; Ressources humaines.
- Pour porter le titre de psychologue, il faut être membre de l'Ordre des psychologues du Québec.
- Des études de 3e cycle sont nécessaires pour être membre d'un Ordre professionnel.
- L'Université Bishop's offre un certificat en Human Psychology.
- À l'Université Concordia, il est possible de faire un BA ou un BSc en Psychologie. Le programme de BSc offre une option en Neuroscience comportementale.
- L'Université Laval offre un certificat en Psychologie.
- La Télé-université (TÉLUQ) offre un diplôme de premier cycle.
- La Télé-université (TÉLUQ) et l'Université McGill offrent l'option Psychologie dans le cadre du baccalauréat en Administration.
- L'Université du Québec à Chicoutimi (UQAC) offre un certificat et une mineure en Psychologie, ainsi qu'un certificat et une mineure en Psychologie organisationnelle.
- L'Université du Québec à Montréal (UQAM) offre un cheminement continu baccalauréat-doctorat. Elle offre également un certificat en Psychologie.
- L'Université du Québec en Outaouais (UQO) offre le doctorat en Psychologie (en collaboration avec l'Université du Québec à Montréal (UQAM). Elle offre également un certificat en Animation.
- L'Université du Québec à Trois-Rivières (UQTR) offre un certificat en Psychologie et un certificat en Gérontologie.

SCIENCES HUMAINES

STATISTIQUES D'EMPLOI			
	2005	2007	2009
Nb de personnes diplômées	1 020	1 109	1 112
% en emploi	38,9 %	37,2 %	36,6 %
% à temps plein	77,3 %	74,7 %	79,3 %
% lié à la formation	46,4 %	54,8 %	45,5 %

BAC 6 TRIMESTRES   CUISEP 575-000

Compétences à acquérir

– Travailler à la réadaptation des personnes en difficulté d'adaptation et à la prévention de l'inadaptation sociale.
– Aider la personne inadaptée dans toutes les circonstances de sa vie.
– Aider au développement optimal des possibilités physiques, intellectuelles, morales et sociales de la personne.
– Corriger l'orientation des comportements.
– Concevoir, coordonner, réaliser et évaluer des interventions et des stratégies de rééducation.

Éléments du programme

– Développement cognitif
– Développement socioaffectif
– Instruments de mesure et d'évaluation
– Justice des mineurs
– Milieu familial, adaptation sociale
– Observation et évaluation
– Prévention en milieu scolaire
– Processus d'apprentissage

Admission (voir p. 21 G)

Laval : DEC en Sciences humaines et Méthodes quantitatives 201-300 (201-300-RE ou Statistiques en sciences humaines 952-024) **OU** DEC en Histoire et civilisation ou tout autre DEC **ET** Méthodes quantitatives en sciences humaines 360-300 et formation complémentaires 201-300 (201-300-RE ou Statistiques en sciences humaines 952-024 ou Mathématiques 337 ou NYA ou 103 et 307) **ET** Psychologie 101 ou 102. *N. B. : Le titulaire de l'un des DEC techniques suivants est dispensé du cours Psychologie 101 ou 102 : Techniques d'éducation à l'enfance, Techniques d'éducation spécialisée, Techniques d'intervention en délinquance, Soins infirmiers et Techniques de travail social.*

Montréal : DEC en Sciences humaines, en Sciences de la nature ou en Histoire et civilisation et avoir atteint l'objectif 022P en Méthodes quantitatives **OU** DEC ou l'équivalent et avoir réussi un cours préalable en statistique (lequel peut être suivi à l'université) **OU** avoir réussi 24 crédits de cours universitaires autres que des crédits obtenus dans le cadre de cours préparatoires aux études universitaires.

Sherbrooke : DEC ou l'équivalent.

UQAT : DEC ou l'équivalent, questionnaires et entrevue au besoin.

UQO : DEC en Sciences humaines ou l'équivalent **OU** DEC technique en Techniques d'éducation spécialisée, en Travail social ou d'une discipline connexe ou l'équivalent **ET** test d'admission et entrevue au besoin.

UQTR : DEC en Sciences humaines **OU** DEC technique en Techniques d'éducation spécialisée **OU** DEC dans la famille des techniques humaines ou leur équivalent et Mathématiques 360-300 ou l'équivalent **OU** DEC technique ou l'équivalent et Mathématiques 360-300 ou l'équivalent **ET** entrevues et/ou tests d'admission.

Endroits de formation (voir p. 422)

	Contingentement	Coop	Cote R*
Laval	☐	☐	—
Montréal	■	☐	27.492
Sherbrooke	■	☐	25.600
UQAT	☐	☐	—
UQO	■	☐	21.000
UQTR	■	☐	23.501

** Le nombre inscrit indique la **Cote R** qui a été utilisée pour l'admission de l'année 2009 ou 2010 par l'université concernée.*

Professions reliées

C.N.P.
4153	Conseiller en réadaptation
4166	Conseiller pédagogique
4215	Professeur pour personnes déficientes intellectuelles
4215	Professeur pour personnes handicapées de la vue
4151	Psychoéducateur

Endroits de travail

– À son compte
– Centres de la petite enfance (CPE)
– Centres de réadaptation
– Centres de services sociaux
– Centres hospitaliers
– Centres jeunesse
– Commission de la santé et de la sécurité du travail (CSST)
– Établissements d'enseignement
– Société de l'assurance-automobile du Québec (SAAQ)

Salaire

Le salaire hebdomadaire moyen est de 756 $ (janvier 2009).

Remarques

– Pour enseigner au secondaire, il faut être titulaire d'un permis ou d'un brevet d'enseignement permanent émis par le ministère de l'Éducation, du Loisir et du Sport.
– Pour porter le titre de psychoéducateur, il faut être membre de l'Ordre des conseillers et conseillères d'orientation et des psychoéducateurs et psychoéducatrices du Québec.
– L'Université du Québec à Trois-Rivières (UQTR) offre également ce programme au Campus de Québec.

SCIENCES HUMAINES

STATISTIQUES D'EMPLOI	2005	2007	2009
Nb de personnes diplômées	288	276	281
% en emploi	83,2 %	68,6 %	59,6 %
% à temps plein	78,0 %	79,8 %	84,6 %
% lié à la formation	92,4 %	93,2 %	91,8 %

Compétences à acquérir

– Étudier la pensée de l'Homme manifestée soit dans ses connaissances, soit dans ses actions.
– Connaître et appliquer les notions de logique, d'éthique, de métaphysique, etc.
– Réfléchir sur les données de l'existence (perceptions, liberté, responsabilité, etc.).
– Réfléchir sur les sciences (psychologie, sociologie, physique, etc.).
– Réfléchir sur des questions sociales (éducation, éthique, politique).
– Réfléchir sur les diverses réalisations humaines (arts, littérature, technologie, etc.).
– Analyser et synthétiser des textes philosophiques, des thématiques ou des problématiques philosophiques.
– Argumenter, critiquer et interpréter la pensée d'un auteur.
– Communiquer ses réflexions sous forme de conférences, publications, entrevues, cours, etc.

Éléments du programme

– Aristote
– Éthique
– Kant
– L'impact de l'esprit technologique
– La pensée utopique
– Les présocratiques
– Logique symbolique
– Philosophie de la connaissance
– Philosophie du droit, de la culture
– Philosophie politique
– Platon

Admission (voir p. 21 G)

DEC ou l'équivalent.
OU
Montréal : DEC ou l'équivalent **OU** avoir réussi 24 crédits de cours universitaires autres que des crédits obtenus dans le cadre de cours préparatoires aux études universitaires.
Sherbrooke : DEC ou l'équivalent. **Cheminement avec mineures en biologie ou en chimie :** DEC ou l'équivalent et Mathématiques NYA, NYB (00UN, 00UP), Physique NYA, NYB, NYC (00UR, 00US, 00UT), Chimie NYA, NYB (00UL, 00UM), Biologie NYA (00UK). Pour les programmes de biologie, biotechnologie, écologie et microbiologie, les standards 00UN ou 022X, 00UP ou 022Y seront acceptés. **Cheminement avec mineure en économique :** DEC en Sciences informatiques et mathématiques (200.C0) **OU** DEC ou l'équivalent et Mathématiques NYA ou 103 (00UN, 022X ou 01Y1). **Cheminement avec mineures en études anglaises ou en traduction :** DEC ou l'équivalent pour les personnes provenant d'un collège de langue anglaise

OU avoir atteint, en anglais langue seconde, la formation équivalent à un cours de niveau avancé (0008, 0009 ou 000N, 000P ou 01P4) pour les personnes provenant d'un collège de langue française. **Cheminement avec mineure en mathématiques :** DEC en Sciences informatiques et mathématiques (200.C0) **OU** DEC ou l'équivalent et Mathématiques NYA, NYB, NYC (103, 105, 203 ou 00UN, 00UP, 00UQ ou 022X, 022Y, 022Z ou 01Y1, 01Y2, 01Y4). **Cheminement avec mineure en physique :** DEC ou l'équivalent et Mathématiques NYA, NYB, NYC (00UN, 00UP, 00UQ), Physique NYA, NYB, NYC (00UR, 00US, 00UT), Chimie NYA, NYB (00UL, 00UM), Biologie NYA (ou 00UK).

Endroits de formation (voir p. 422)

	Contingentement	Coop	Cote R
Bishop's	☐	☐	—
Concordia	☐	☐	—
Laval	☐	☐	—
McGill	☐	☐	—
Montréal	☐	☐	—
Sherbrooke	☐	☐	—
UQAM	☐	☐	—
UQTR	☐	☐	—

Professions reliées

C.N.P.
4169   Philosophe
4121   Professeur de philosophie

Endroits de travail

– À son compte
– Établissements d'enseignement

Salaire

Le salaire hebdomadaire moyen est de 785 $ (janvier 2009).

Remarques

– L'Université Laval offre un diplôme et un certificat en Philosophie ainsi qu'un certificat en Philosophie pour les enfants.
– L'Université du Québec à Montréal (UQAM) offre une majeure et une mineure en Philosophie.

STATISTIQUES D'EMPLOI			
	2005	2007	2009
Nb de personnes diplômées	142	165	150
% en emploi	14,3 %	31,5 %	28,6 %
% à temps plein	78,6 %	70,6 %	73,1 %
% lié à la formation	27,3 %	29,2 %	31,6 %

Compétences à acquérir

- Gérer et administrer des équipements et des infrastructures de plein air et de tourisme d'aventure.
- Planifier, organiser et réaliser diverses activités de plein air (aquatiques, estivales, hivernales, traditionnelles, etc.).
- Interagir avec la clientèle, lui servir de guide et d'interprète en milieu naturel ou d'éducateur en activités de plein air.
- Informer et éduquer la clientèle en matière de géographie et de vie en milieu naturel.
- Appliquer les mesures d'urgence et de sauvetage.

Éléments du programme

- Activités de plein air d'été et d'hiver
- Géographie du tourisme
- Gestion et administration d'équipements et d'infrastructures
- Orientation et communication en milieu naturel
- Recherche au sol et évacuation
- Sciences naturelles et interprétation de la nature
- Survie en forêt
- Théorie du leadership

Admission (voir p. 21 G)

DEC ou l'équivalent.

ET

Pour tous le candidats : présenter un dossier comprenant une attestation médicale assurant de son excellente condition physique, un curriculum vitæ complet incluant les expériences de plein air, une lettre d'intention faisant état de l'intérêt à poursuivre des études dans ce domaine, deux lettres de recommandation. Au besoin, le candidat peut être tenu de passer une entrevue avec un jury composé d'au moins deux professeurs du programme dont le directeur du module. De plus, les étudiants devront se soumettre à une étape finale de sélection sur le terrain.

Endroit de formation (voir p. 422)

	Contingentement	Coop	Cote R*
UQAC**	■	☐	25.120

** Le nombre inscrit indique la **Cote R** qui a été utilisée pour l'admission de l'année 2009 ou 2010 par l'université concernée.*
** Cote R prise après le stage de sélection en mai 2010.

Professions reliées

C.N.P.

0513	Directeur d'établissement de loisirs
4167	Directeur de camp de vacances
0513	Directeur de centre aquatique
4167	Récréologue

Endroits de travail

- À son compte
- Bases de plein air
- Entreprises spécialisées dans le tourisme d'aventure (rafting, escalade, etc.)
- Municipalités
- Parcs nationaux
- Pourvoiries

Salaire

Le salaire hebdomadaire moyen est de 682 $ (janvier 2009).

SCIENCES HUMAINES

STATISTIQUES D'EMPLOI	2005	2007	2009
Nb de personnes diplômées	116	83	117
% en emploi	70,4 %	80,4 %	79,7 %
% à temps plein	92,0 %	81,1 %	88,9 %
% lié à la formation	73,9 %	73,3 %	85,7 %

Religion / Sciences des religions / Sciences des religions appliquées / Sciences religieuses / Religious Studies

BAC 6 TRIMESTRES　　　　　　　　　　　　　　　**CUISEP 618-000**

Compétences à acquérir

– Avoir une vision générale et synthétique du phénomène religieux.
– Appliquer un ensemble de théories provenant de différents secteurs des sciences humaines (anthropologie, phénoménologie, sociologie, littérature, etc.).
– Comprendre les structures et les fonctions des symboles religieux et des phénomènes humains liés au sacré dans ces diverses manifestations (culture, histoire, sociologie).
– Comprendre la quête de sens exprimée dans divers secteurs de l'activité humaine.

Éléments du programme

– Éthique
– Femmes et religions
– Histoire des religions
– Religions du monde (hindouisme, judaïsme, etc.)

Admission (voir p. 21 G)

DEC ou l'équivalent
OU
Montréal : DEC ou l'équivalent **OU** avoir réussi 12 crédits de cours universitaires autres que des crédits obtenus dans le cadre de cours préparatoires aux études universitaires.

Endroits de formation (voir p. 422)

	Contingentement	Coop	Cote R
Bishop's	☐	☐	—
Concordia	☐	☐	—
Laval	☐	☐	—
McGill	☐	☐	—
Montréal	☐	☐	—
UQAM	☐	☐	—

Professions reliées

C.N.P.
4217　Animateur de pastorale
4217　Animateur de vie spirituelle et d'engagement communautaire
4141　Professeur en enseignement moral et religieux

Endroits de travail

– Centres hospitaliers
– Écoles primaires
– Médias
– Organismes diocésains

Salaire

Le salaire hebdomadaire moyen est de 782 $ (janvier 2009).

Remarques

– Pour enseigner au secondaire, il faut être titulaire d'un permis ou d'un brevet d'enseignement permanent émis par le ministère de l'Éducation, du Loisir et du Sport.
– Ce diplôme offre un nombre important de mineures augmentant ainsi le nombre de possibilités de professions et d'endroits de travail. Il est recommandé de consulter les répertoires de programmes des établissements d'enseignement pour plus de précision.
– L'Université Laval offre des certificats en Études pastorales, en Sciences des religions et en Théologie.
– L'Université du Québec à Chicoutimi (UQAC) offre un programme court de premier cycle en Intervention spirituelle et symbolique.
– L'Université du Québec à Montréal (UQAM) offre une majeure et un certificat en Sciences des religions.

STATISTIQUES D'EMPLOI			
	2005	2007	2009
Nb de personnes diplômées	108	121	107
% en emploi	43,5 %	45,7 %	36,8 %
% à temps plein	73,3 %	68,8 %	66,7 %
% lié à la formation	72,7 %	45,5 %	50,0 %

BAC 6 TRIMESTRES

CUISEP 625-000

Compétences à acquérir

– Maîtriser un ensemble de concepts, de principes et de méthodologies permettant l'analyse approfondie des divers facteurs affectant les comportements de consommation.
– Développer la capacité d'identifier les attentes et analyser la satisfaction du consommateur.
– Acquérir les compétences liées au marketing relationnel permettant d'analyser la relation entreprise-client.
– Intervenir auprès des entreprises, des administrations publiques et des organismes sans but lucratif, afin d'optimiser les relations de ces établissements avec le consommateur.
– Faire preuve d'éthique professionnelle, d'autonomie et de créativité.
– Démontrer une compétence dans les relations interpersonnelles et organisationnelles.
– Accroître les aptitudes de communication orales et écrites.

Éléments du programme

– Consommation et mode de vie
– Économie de la consommation
– Environnement commercial
– Législation et consommation
– Méthodes quantitatives en consommation et en production
– Théories et mesure de la satisfaction

Admission (voir p. 21 G)

DEC en Histoire et civilisation et avoir réussi le cours Méthodes quantitatives en sciences humaines 360-300.
OU DEC en Sciences de la nature et avoir réussi le cours Initiation pratique à la Méthodologie des sciences humaines 300-300.
OU
DEC en Sciences humaines.
OU
Tout autre DEC et avoir réussi les cours initiation pratique à la méthodologie des sciences humaines 300-300 et Méthodes quantitatives en sciences humaines 360-300.

Endroit de formation (voir p. 422)

	Contingentement	Coop	Cote R
Laval	☐	☐	—

Professions reliées

C.N.P.
6233 Acheteur
4164 Conseiller en consommation
6221 Conseiller en consommation d'énergie
6411 Courtier en denrées alimentaires
0114 Directeur du service à la clientèle
4163 Expert-conseil en commercialisation
4164 Intervenant budgétaire

Endroits de travail

– Associations de consommateurs
– Gouvernements fédéral et provincial
– Organismes communautaires

Salaire

Le salaire hebdomadaire moyen est de 730 $ (janvier 2009).

Remarque

L'Université Laval offre un certificat en Sciences de la consommation.

STATISTIQUES D'EMPLOI			
	2005	2007	2009
Nb de personnes diplômées	30	26	26
% en emploi	79,2 %	82,6 %	85,7 %
% à temps plein	84,2 %	94,7 %	100 %
% lié à la formation	62,5 %	55,6 %	61,1 %

BAC 6 TRIMESTRES

Compétence à acquérir

Programme multidisciplinaire : archéologie, archivistique, histoire, histoire de l'art et muséologie.

Éléments du programme

– Analyse critique des sources
– Concepts et méthodes archivistiques
– Lecture critique
– Méthodes et théories de l'archéologie
– Patrimoine et rapports au passé
– Recherche de l'information
– Rédaction de documents

Admission (voir p. 21 G)

DEC ou l'équivalent.

Endroit de formation (voir p. 422)

	Contingentement	Coop	Cote R
Laval	☐	☐	—

Professions reliées

C.N.P.
5113   Archiviste
4169   Historien

Endroits de travail

– Établissements d'enseignement
– Gouvernements fédéral et provincial
– Médias (journaux, télévision)

Salaire

Le salaire hebdomadaire moyen est de 712 $ (janvier 2009).

STATISTIQUES D'EMPLOI			
	2005	2007	2009
Nb de personnes diplômées	394	385	385
% en emploi	36,7 %	42,0 %	37,2 %
% à temps plein	80,7 %	78,1 %	77,0 %
% lié à la formation	21,1 %	36,6 %	34,3 %

BAC 6 TRIMESTRES

CUISEP 635-000

Compétences à acquérir

– Comprendre les divers phénomènes sociaux dans leurs différents aspects et influences.
– Contribuer à l'étude de solutions pouvant être apportées aux différents problèmes sociaux.
– Intervenir auprès de communautés ou de groupes tels que des organisations publiques, parapubliques, privées, etc. dans le but d'apporter des solutions aux problèmes vécus.
– Intégrer les assises méthodologiques, analytiques et humaines nécessaires à l'intervention.

Éléments du programme

– Changement social
– Démographie
– Droit
– Économie du travail
– Groupes de pression
– Sociologie et politique
– Système social

Admission (voir p. 21 G)

DEC ou l'équivalent.

Endroits de formation (voir p. 422)

	Contingentement	Coop	Cote R
Bishop's	☐	☐	—
UQO	☐	☐	—

Professions reliées

C.N.P.
1228 Agent d'assurance-emploi
4164 Agent de développement communautaire
4164 Agent de recherche et de planification socio-économique
4164 Conseiller en développement régional
1228 Inspecteur de l'immigration

Endroits de travail

– Centres culturels
– Centres de main-d'œuvre
– Commissariats industriels
– Coopératives
– Gouvernements fédéral et provincial
– Médias d'information
– Syndicats

Salaire

Le salaire hebdomadaire moyen est de 875 $ (janvier 2009).

Remarques

– Pour être agent de l'immigration, il faut suivre une formation spécialisée offerte par le gouvernement du Canada.
– L'Université Laval offre un certificat en Gérontologie.
– La Télé-université (TÉLUQ), l'Université du Québec à Montréal (UQAM), l'Université du Québec en Abitibi-Témiscamingue (UQAT) offrent un certificat en Sciences sociales.
– L'Université du Québec à Chicoutimi (UQAC) offre un certificat et une mineure en Sociologie et communication appliquée.
– L'Université du Québec en Outaouais (UQO) offre des majeures en Communication, en Histoire, en Sciences politique et en Sociologie, ainsi que des certificats en Communication publique et en Histoire.

STATISTIQUES D'EMPLOI	2005	2007	2009
Nb de personnes diplômées	—	—	6
% en emploi	—	—	100 %
% à temps plein	—	—	100 %
% lié à la formation	—	—	33,3 %

SCIENCES HUMAINES

BAC 6 TRIMESTRES

CUISEP 121-000

Compétence à acquérir

– Analyser et résoudre les problèmes en sécurité intérieu-
re, spécialement les problèmes criminels.
– Proposer des solutions aux problèmes de sécurité.
– Gérer les services de sécurité publique ou privée.
Deux voies de spécialisation sont offertes :
Analyse; Intervention.

Éléments du programme

– Analyse stratégique en criminologie
– Délinquance et facteurs criminogènes
– Droit constitutionnel
– Méthodologie en criminologie
– Organisation de l'enquête
– Résolution de problèmes en sécurité et études poli-
cières
– Stage

Admission (voir p. 21 G)

Montréal : DEC en Sciences humaines, en Sciences de la
nature ou en Histoire et civilisation et avoir atteint
l'objectif 022P en méthodes quantitatives **OU** DEC ou
l'équivalent et un cours de statistiques **OU** avoir réussi
24 crédits de cours universitaires autres que des crédits
obtenus dans le cadre de cours préparatoires aux études
universitaires et avoir réussi un cours préalable en
statistique.

Endroit de formation (voir p. 422)

	Contingentement	Coop	Cote R*
Montréal	■	☐	26.010

** Le nombre inscrit indique la **Cote R** qui a été utilisée pour l'admission de l'année 2009 ou 2010 par l'université concernée.*

Profession reliée

C.N.P.
6261   Agent de la protection civile

Endroits de travail

– Agences de sécurité
– Corps policiers municipaux
– Gendarmerie Royale du Canada (GRC) – Fonction
publique
– Gouvernements fédéral et provincial
– Services de sécurité des grandes entreprises

Salaire

Donnée non disponible.

Statistiques d'emploi

Données non disponibles.

BAC 6 TRIMESTRES

Compétences à acquérir

– Poursuivre une formation fondamentale en puisant, entre autres, à même les sciences sociales, le droit, la psychologie, la gestion, la criminologie, la philosophie et les méthodologies de recherche.
– Enrichir la pratique professionnelle actuelle.
– Acquérir de nouvelles connaissances et développer des habiletés dans différents domaines de la gestion, des enquêtes et de l'intervention policière.
– Développer une capacité de synthèse, d'autonomie et une imputabilité dans la pratique professionnelle.

Deux cheminements sont offerts :
Enquête; Gestion.

Éléments du programme

– Enquête sur le crime économique
– Enquête sur le crime organisé
– Entrevue filmée d'un suspect
– Investigation d'une scène d'incendie
– Méthodes et techniques d'enquêtes avancées
– Processus d'enquête
– Renseignement criminel

Admission (voir p. 21 G)

UQTR : DEC technique en Techniques policières ou l'équivalent et être à l'emploi d'un corps de police à titre de policier. *N. B. : Le formulaire d'admission est disponible sur le site Internet de l'École nationale de police du Québec.*

Endroit de formation (voir p. 422)

	Contingentement	Coop	Cote R
UQTR	☐	☐	—

Professions reliées

C.N.P.
0641   Directeur des services de polices
6261   Enquêteur
0641   Inspecteur-chef de police
0641   Lieutenant-détective

Endroits de travail

– Corps policiers municipaux
– Gendarmerie Royale du Canada (GRC)
– Sûreté du Québec

Salaire

Donnée non disponible.

Remarque

À l'Université du Québec à Trois-Rivières (UQTR), ce programme est offert en partenariat avec onze universités.

Statistiques d'emploi

Données non disponibles.

Service social / Travail social / Human Relations / Social Work

BAC 6 TRIMESTRES

CUISEP 634-000

Compétences à acquérir

– Intervenir auprès de personnes ou de groupes dans le but de solutionner des difficultés, prévenir des problèmes ou faciliter l'adaptation des personnes ou des groupes à leur environnement.
– Intervenir auprès de personnes, couples, familles ou groupes afin de les aider à atteindre un mieux-être.
– Travailler à l'amélioration du bien-être individuel et collectif.
– Améliorer la qualité de vie des enfants et des adolescents aux prises avec des difficultés familiales.
– Aider les personnes en perte d'autonomie, psychiatrisées ou malades à se réadapter.

Éléments du programme

– Analyse des problèmes sociaux
– Droits des personnes
– Éthique
– Études des communautés
– Habiletés en évaluation et en intervention
– Législation et sécurité sociales
– Organisation communautaire
– Politiques sociales
– Situations d'intervention
– Stages

Admission (voir p. 21 G)

DEC ou l'équivalent
ET
McGill : Fournir une lettre de recommandation.
OU
Laval : DEC en Sciences de la nature et Psychologie 101 ou 102 **OU** DEC en Histoire et civilisation ou en Sciences humaines ou tout autre DEC et Mathématiques 337 ou NYA ou 103 et 307 ou Méthodes quantitatives 360-300, Psychologie 101 ou 102. *N. B. : Le titulaire d'un des DEC techniques suivants est dispensé du cours psychologie 101 ou 102 : Éducation à l'enfance; Éducation spécialisée; Intervention en délinquance; Soins infirmiers; Travail social.*
Montréal : DEC en Sciences de la nature, en Sciences humaines ou en Histoire et civilisation et avoir atteint l'objectif 022P **OU** DEC ou l'équivalent et avoir réussi un cours préalable en statistiques **OU** avoir réussi 24 crédits de cours universitaires autres que des crédits obtenus dans le cadre de cours préparatoires aux études universitaires.
UQAC : Test de français.
UQO : DEC en Sciences humaines **OU** DEC technique en Technique d'éducation spécialisée ou en Techniques de travail social ou d'une discipline connexe ou l'équivalent **ET** questionnaire et entrevue au besoin.

Endroits de formation (voir p. 422)

	Contingentement	Coop	Cote R*
Laval	■	☐	25.426
McGill	■	☐	24.000
Montréal	■	☐	28.339
Sherbrooke	■	☐	26.500
UQAC	■	☐	25.210
UQAM	■	☐	28.500
UQAT	☐	☐	—
UQO	■	☐	23.000

** Le nombre inscrit indique la **Cote R** qui a été utilisée pour l'admission de l'année 2009 ou 2010 par l'université concernée.*

Professions reliées

C.N.P.
4155	Agent au classement des détenus dans les pénitenciers
1228	Agent d'assurance-emploi
4212	Agent d'attribution de la sécurité du revenu
1228	Agent de l'immigration
4155	Agent de libération conditionnelle
4155	Agent de probation
4153	Conseiller en toxicomanie
4212	Travailleur de rue
4152	Travailleur social
4152	Travailleur social en service collectif

Endroits de travail

– À son compte
– Bureaux de probation
– Centres d'accueil
– Centres de détention
– Centres de services sociaux
– Centres hospitaliers
– Centres locaux de services communautaires (CLSC)
– Gouvernements fédéral et provincial
– Organismes communautaires
– Services correctionnels

Salaire

Le salaire hebdomadaire moyen est de 791 $ (janvier 2009).

SCIENCES HUMAINES

Remarques

– Pour porter le titre de travailleur social, il faut être membre de l'Ordre professionnel des travailleurs sociaux du Québec.
– Pour être agent de l'immigration, il faut suivre une formation spécialisée offerte par le gouvernement du Canada. Ce programme ne donne pas accès à l'Ordre professionnel des travailleurs sociaux.
– L'Université Concordia offre un baccalauréat avec majeure en Child Studies (Le programme offert par Concordia n'y donne pas accès).
– L'Université Laval offre un certificat en Service social.
– L'Université du Québec à Montréal (UQAM) offre deux concentrations : Intervention auprès des communautés; Intervention auprès des individus, des groupes et des familles.

– L'Université du Québec en Outaouais (UQO) offre un certificat en Travail social.
– L'Université du Québec à Chicoutimi (UQAC) offre un certificat en Intervention communautaire, un certificat et une mineure en Intervention jeunesse, un certificat en Toxicomanies et autres dépendances, ainsi que deux programmes courts : Intervention jeunesse autochtone et Prévention des dépendances chez les jeunes des Premières Nations.

SCIENCES HUMAINES

STATISTIQUES D'EMPLOI

Nb de personnes diplômées	2005	2007	2009
	603	645	688
% en emploi	86,3 %	86,5 %	85,7 %
% à temps plein	88,6 %	90,1 %	90,9 %
% lié à la formation	91,2 %	93,9 %	93,1 %

Compétences à acquérir

– Informer, faire de la prévention et de l'éducation sur tous les aspects de la sexualité.
– Recevoir des personnes ou des couples en consultation.
– Donner des conseils sur l'éducation sexuelle.
– Évaluer, diagnostiquer et traiter des problèmes affectifs et relationnels, des dysfonctions sexuelles, des déviances, des problèmes d'orientation et d'identité sexuelles.

Éléments du programme

– Histoire de la pensée sexologique
– Langage non verbal et messages érotiques
– Religion et sexualité
– Réponse sexuelle humaine
– Sexologie et condition féminine
– Sexualité et contrôle social
– Variations de la fonction et de l'orientation sexuelle

Admission (voir p. 21 G)

DEC ou l'équivalent.

Endroit de formation (voir p. 422)

	Contingentement	Coop	Cote R*
UQAM	■	☐	25.000

* Le nombre inscrit indique la **Cote R** qui a été utilisée pour l'**admission de l'année 2009 ou 2010** par l'université concernée.

Profession reliée

C.N.P.
4153   Sexologue

Endroits de travail

– À son compte
– Clinique de planification des naissances
– Établissements d'enseignement
– Médias d'information
– Organismes communautaires

Salaire

Le salaire hebdomadaire moyen est de 669 $ (janvier 2009).

Remarque

Le diplôme de maîtrise est exigé pour faire de la consultation clinique ou thérapeutique ainsi que pour travailler en recherche.

SCIENCES HUMAINES

STATISTIQUES D'EMPLOI	2005	2007	2009
Nb de personnes diplômées	85	74	67
% en emploi	61,4 %	66,0 %	57,1 %
% à temps plein	80,0 %	74,3 %	87,5 %
% lié à la formation	57,1 %	65,4 %	60,7 %

DOMAINE D'ÉTUDES

SCIENCES PURES

Discipline

Biologie, microbiologie, biochimie 245
Mathématiques, statistiques, actuariat 254
Sciences physiques 259

BIOLOGIE, MICROBIOLOGIE, BIOCHIMIE

PROGRAMMES D'ÉTUDES   PAGES

Anatomy and Cell Biology 246

Biochimie / Biochimie de la santé / Biochimie et biotechnologie /
   Biochimie et médecine moléculaire / Biochemistry 247

Biologie / Biologie en apprentissage par problèmes / Biologie moléculaire et cellulaire /
   Écologie / Sciences biologiques / Sciences biologiques et écologiques / Biology /
   Cell and Molecular Biology / Ecology 249

Biophysique 251

Immunologie / Microbiologie / Immunology / Microbiology and Immunology 252

Sciences biopharmaceutiques 253

BAC 6 TRIMESTRES   CUISEP 353-611

Compétences à acquérir

– Étudier le développement et l'évolution de l'anatomie.
– Effectuer des recherches au niveau des sciences biomédicales et médicales.

Éléments du programme

– Biologie cellulaire
– Embryologie
– Histologie
– Neuroanatomie

Admission (voir p. 21 G)

DEC en Sciences de la nature ou l'équivalent et Mathématiques NYA, NYB, NYC (00UN, 00UP, 00UQ ou
01Y1, 01Y2, 01Y4); Physique NYA, NYB, NYC (00UR,
00US, 00UT ou 01Y7, 01YF, 01YG); Chimie NYA, NYB
(00UL, 00UM ou 01Y6, 01YH); Biologie NYA (00UK ou
01Y5).

Endroit de formation (voir p. 422)

	Contingentement	Coop	Cote R*
McGill	☐	☐	28.000

** Le nombre inscrit indique la **Cote R** qui a été utilisée pour l'**admission de l'année 2009 ou 2010** par l'université concernée.*

Profession reliée

C.N.P.
2121   Anatomiste

Endroits de travail

– Centres de recherche
– Établissements d'enseignement universitaire
– Gouvernements fédéral et provincial
– Laboratoires médicaux

Salaire

Le salaire hebdomadaire moyen est de 721 $ (janvier
2009).

Remarque

Un diplôme de maîtrise ou de doctorat peut être
nécessaire pour certains emplois.

STATISTIQUES D'EMPLOI	2005	2007	2009
Nb de personnes diplômées	211	226	302
% en emploi	17,6 %	23,6 %	23,4 %
% à temps plein	90,5 %	82,4 %	87,2 %
% lié à la formation	26,3 %	67,9 %	52,9 %

SCIENCES PURES

Biochimie / Biochimie de la santé / Biochimie et biotechnologie / Biochimie et médecine moléculaire / Biochemistry

BAC 6 TRIMESTRES CUISEP 411-000

Compétences à acquérir

– Appliquer les différentes techniques de laboratoire.
– Utiliser l'appareillage courant en recherche de pointe.
– Mettre au point des pesticides, des hormones végétales et animales, des insecticides, des antibiotiques et divers produits pharmaceutiques.
– Étudier les réactions biochimiques et la nature des constituants chimiques des êtres vivants et des substances qu'ils produisent.
– Faire des recherches sur la culture de tissus humains en laboratoire.
– Faire des recherches sur les mécanismes biologiques comme le sommeil, la division cellulaire et l'hérédité.
– Produire des rapports de travaux, d'expertises ou d'analyses.
– Déterminer la composition et la qualité de biens produits, de matériaux, de procédés et d'appareils en vue d'assurer le contrôle de la qualité ou d'établir un diagnostic.

Éléments du programme

– Biochimie
– Biologie cellulaire
– Chimie organique
– Enzymologie
– Éthique scientifique
– Immunologie
– Microbiologie
– Normes environnementales
– Stage

Admission (voir p. 21 G)

Bishop's : DEC ou l'équivalent et Mathématiques 103, 203; Physique 101, 201; Chimie 101, 201; Biologie 301.
Concordia : DEC ou l'équivalent et Mathématiques 103, 203 (201-NYA, 201-NYB); Physique 101, 201, 301 (203-NYA, 203-NYB, 203-NYC; Chimie 101, 201 (202-NYA, 202-NYB; Biologie 301 (101-NYA).
Laval : DEC en Sciences de la nature **OU** DEC ou l'équivalent et Mathématiques NYA, NYB (103-77, 203-77); Physique NYA, NYB (101, 201); Chimie NYA, NYB (101, 201); Biologie NYA (301). *N. B. : Pour connaître les passerelles entre un DEC technique et ce programme, contacter la Faculté des sciences et de génie.*
McGill : DEC en Sciences de la nature ou l'équivalent et Mathématiques NYA, NYB, NYC (00UN, 00UP, 00UQ ou 01Y1, 01Y2, 01Y4); Physique NYA, NYB, NYC (00UR, 00US, 00UT ou 01Y7, 01YF, 01YG); Chimie NYA, NYB (00UL, 00UM ou 01Y6, 01YH); Biologie NYA (00UK ou 01Y5).

Montréal : DEC en Sciences de la nature et avoir atteint les objectifs 00XV (Chimie) et 00XU (Biologie) **OU** DEC technique en Techniques de laboratoire, spécialisation en *Biotechnologie* **OU** DEC ou l'équivalent et Mathématiques 103, 203; Physique 101, 201, 301; Chimie 101, 201, 202; Biologie 301, 401 ou deux cours de biologie humaine **OU** avoir réussi 24 crédits de niveau universitaire autres que des crédits obtenus dans le cadre de cours préparatoires aux études universitaires.
Sherbrooke : DEC ou l'équivalent et Mathématiques NYA, NYB (00UN, 00UP), Physique NYA, NYB, NYC (00UR, 00US, 00UT), Chimie NYA, NYB (00UL, 00UM), Biologie NYA (00UK). *N. B. : Pour les programmes de biologie, biologie moléculaire et cellulaire, écologie et microbiologie, les standards 00UN ou 022X, 00UP ou 022Y seront acceptés* **OU** DEC en techniques biologiques ou en techniques physiques ou l'équivalent et Mathématiques NYA, NYB (00UN, 00UP), Chimie NYA, NYB (00UL, 00UM), Biologie NYA (00UK) et un cours de physique parmi 00UR, 00US ou 00UT **OU** DEC techniques en Techniques d'analyses biomédicales (140.B0) et Mathématiques NYA, NYB (00UN, 00UP); en Techniques d'inhalothérapie (141.A0) et Mathématiques NYA, NYB (00UN, 00UP); et Chimie (00UM); en Techniques de bioécologie (145.C0) et Mathématiques NYA, NYB (00UN, 00UP) et Chimie NYA (00UL); en Techniques de diététique (120.A0) ou en Technique de santé animale (145.A0) et Mathématiques NYA, NYB (00UN, 00UP) et Chimie NYA, NYB (00UL, 00UM); en Techniques de laboratoire, spécialisation en *Biotechnologie* (210.AA) et Mathématiques NYA, NYB (00UN, 00UP); en Techniques de laboratoire, spécialisation en *Chimie analytique* (210.AB), en Technologie des pâtes et papiers (232.A0) ou en Environnement, hygiène et sécurité au travail (260.B0) et Mathématiques NYA, NYB (00UN, 00UP) et Biologie NYA (00UK).
UQAM : DEC en Sciences de la nature **OU** DEC ou l'équivalent et Mathématiques 103, 203; Physique 101, 201, 301; Chimie 101, 201; Biologie 301 **OU** DEC technique ou l'équivalent dans certaines spécialisations et avoir réussi certains cours de niveau collégial.
UQTR : DEC en Sciences de la nature **OU** DEC ou l'équivalent et Mathématiques 103, 203, (00UN, 00UP); Physique 101, 201, 301 (00UR, 00US, 00UT); Chimie 101, 201 (00UL, 00UM); Biologie 301 (00UK) **OU** DEC technique en Techniques de laboratoire, spécialisation en *Biotechnologie* ou l'équivalent et Mathématiques 103 (00UN).

SCIENCES PURES

Biochimie / Biochimie de la santé / Biochimie et biotechnologie / Biochimie et médecine moléculaire / Biochemistry

(SUITE)

Endroits de formation (voir p. 422)

	Contingentement	Coop	Cote R*
Bishop's	☐	☐	—
Concordia	☐	■	20.000
Laval	☐	☐	—
McGill	☐	☐	28.000
Montréal	■	☐	25.049
Sherbrooke	■	■	—
UQAM	☐	☐	—
UQTR	☐	☐	—

** Le nombre inscrit indique la **Cote R** qui a été utilisée pour l'admission de l'année 2009 ou 2010 par l'université concernée.*

Professions reliées

C.N.P.
2112	Biochimiste
2112	Biochimiste clinique
2121	Biologiste moléculaire
—	Contrôleur de la qualité
2121	Généticien
2121	Immunologue
—	Représentant
2112	Scientifique en produits alimentaires
2121	Virologiste

Endroits de travail

– Centres de recherche
– Centres hospitaliers universitaires
– Établissements d'enseignement universitaire
– Gouvernements fédéral et provincial
– Industrie alimentaire
– Industrie de produits chimiques
– Industrie pharmaceutique
– Laboratoires médicaux
– Municipalités (services des eaux)

Salaire

Le salaire hebdomadaire moyen est de 705 $ (janvier 2009).

Remarques

– Pour exercer la profession et porter le titre de biochimiste, il faut être membre de l'Ordre des chimistes du Québec.
– Pour exercer et porter le titre de biochimiste clinique, il faut être titulaire d'un certificat de spécialiste émis par l'Ordre des chimistes du Québec.
– Des études de 2e cycle sont nécessaires pour exercer les professions suivantes : biologiste moléculaire, généticien et virologiste.
– Des études de 3e cycle sont nécessaires pour exercer la profession de biochimiste clinique.
– L'Université de Montréal offre trois orientations : Biochimie; Génétique et génomique humaine; Médecine moléculaire.

STATISTIQUES D'EMPLOI			
	2005	2007	2009
Nb de personnes diplômées	303	294	267
% en emploi	24,6 %	38,7 %	30,5 %
% à temps plein	90,2 %	88,9 %	98,1 %
% lié à la formation	60,9 %	60,9 %	66,0 %

Biologie / Biologie en apprentissage par problèmes / Biologie moléculaire et cellulaire / Écologie / Sciences biologiques / Sciences biologiques et écologiques / Biology / Cell and Molecular Biology / Ecology

BAC 6 TRIMESTRES

CUISEP 313-000/110

Compétences à acquérir

– Étudier des phénomènes de la vie végétale ou animale (structures, fonctions, réactions et comportements) et procéder à l'analyse des données recueillies.
– Étudier les relations entre les êtres vivants et leur milieu.
– Travailler à la protection de l'environnement ainsi qu'à l'utilisation et à la conservation des ressources naturelles.
– Travailler à l'aménagement des lieux et de la faune.

Éléments du programme

– Biotechnologie
– Écologie générale et végétale
– Génétique
– Gestion de la faune
– Méthodes quantitatives
– Mycologie
– Phycologie
– Physiologie animale et végétale
– Structure et fonctions des végétaux
– Toxicologie environnementale

Admission (voir p. 21 G)

Bishop's : DEC ou l'équivalent et Mathématiques NYA, NYB; Physique NYA, NYB; Chimie NYA, NYB; Biologie NYA ou 101 BCF (fortement recommandé).

Concordia : DEC ou l'équivalent et Mathématiques 103, 203 (201-NYA, 202-NYB); Physique 101, 201, 301 (203-NYA, 203-NYB, 203-NYC); Chimie 101, 201 (202-NYA, 202-NYB); Biologie 301 (101-NYA).

Laval : DEC en Sciences de la nature **OU** DEC ou l'équivalent et Mathématiques NYA, NYB (103-77, 203-77); Physique NYA, NYB (101, 201); Chimie NYA, NYB (101, 201); Biologie NYA (301). *N. B. : Pour connaître les passerelles entre un DEC technique et ce programme, contacter la Faculté des sciences et de génie.*

McGill : DEC en Sciences de la nature ou l'équivalent et Mathématiques NYA, NYB, NYC (00UN, 00UP, 00UQ ou 01Y1, 01Y2, 01Y4); Physique NYA, NYB, NYC (00UR, 00US, 00UT ou 01Y7, 01YF, 01YG); Chimie NYA, NYB (00UL, 00UM ou 01Y6, 01YH); Biologie NYA (00UK ou 01Y5).

Montréal : DEC en Sciences de la nature et avoir atteint les objectifs 00XU (Biologie) et 00XV (Chimie) **OU** DEC ou l'équivalent et un cours de mathématiques, deux cours de chimie dont un cours de chimie organique et deux cours de biologie **OU** avoir réussi 24 crédits de cours universitaires autres que des crédits obtenus dans le cadre de cours préparatoires aux études universitaires.

Sherbrooke : DEC ou l'équivalent et Mathématiques NYA, NYB (00UN, 00UP); Physique NYA, NYB, NYC (00UR, 00US, 00UT); Chimie NYA, NYB (00UL, 00UM); Biologie NYA (00UK). *N. B. : Pour les programmes de Biologie, Biologie moléculaire et cellulaire et Écologie, les standards 00UN ou 022X, 00UP ou 022Y seront acceptés.* **OU** DEC en techniques biologique ou l'équivalent et Mathématiques NYA, NYB (00UN, 00UP ou 022X, 022Y); Chimie NYA, NYB (00UL, 00UM); Biologie NYA et un cours de physique **OU** pour la concentration en **Bioinformatique :** DEC ou l'équivalent et Mathématiques NYC **OU** l'admission peut se faire à partir d'un DEC technique. Consultez les conditions d'admission du programme qui vous intéresse à partir de la page Web suivante : www.usherbrooke.ca/fac/sciences/1er-cycle.

UQAC : DEC en Sciences de la nature **OU** DEC dans la famille des techniques biologiques ou l'équivalent et deux cours de chimie **OU** DEC ou l'équivalent et Biologie NYA; Chimie NYA et NYB; Physique NYA.

UQAM : DEC en Sciences de la nature **OU** DEC ou l'équivalent et Mathématiques 103, 203; Physique 101, 201, 301-78; Chimie 101, 201; Biologie 301 **OU** DEC dans la famille des techniques biologiques ou physiques ou l'équivalent et un cours en mathématiques, chimie et biologie.

UQAR : DEC en Sciences de la nature **OU** DEC ou l'équivalent et Mathématiques 103, 105, 203; Physique 101, 201, 301; Chimie 101, 201; Biologie 301 **OU** Mathématiques 103, 203; Physique 101, 201, 301; Chimie 101, 201; Biologie 301 **OU** DEC technique et un cours de mathématiques, un cours de chimie et un cours de biologie **OU** DEC technique et un cours de chimie et deux cours de biologie.

UQTR : DEC en Sciences de la nature **OU** DEC ou l'équivalent et Mathématiques 103, 203 (00UN, 00UP); Physique 101, 201, 301 (00UR, 00US, 00UT); Chimie 101, 201 (00UL, 00UM); Biologie 301 (00UK) **OU** DEC technique ou l'équivalent et un cours de chimie; deux cours de biologie.

15200	Biologie / Biologie en apprentissage par problèmes / Biologie moléculaire et cellulaire / Écologie / Sciences biologiques / Sciences biologiques et écologiques / Biology / Cell and Molecular Biology / Ecology

(SUITE)

Endroits de formation (voir p. 422)

	Contingentement	Coop	Cote R*
Bishop's	☐	☐	—
Concordia	☐	☐	20.000
Laval	☐	☐	—
McGill	☐	☐	28.000
Montréal	■	☐	25.026
Sherbrooke	■	■	—
UQAC	☐	☐	—
UQAM	☐	☐	—
UQAR	☐	☐	—
UQTR	☐	☐	—

** Le nombre inscrit indique la **Cote R** qui a été utilisée pour l'**admission de l'année 2009 ou 2010** par l'université concernée.*

Professions reliées

C.N.P.
2121 Bactériologiste
2121 Bactériologiste de produits alimentaires
2121 Bactériologiste des sols
2121 Biologiste
2121 Biologiste de l'environnement
2121 Biologiste de la vie aquatique
2121 Biologiste en parasitologie
2121 Biologiste moléculaire
2121 Botaniste
2121 Écologiste
2121 Entomologiste
2121 Entomologiste agricole
2111 Exobiologiste
2121 Généticien
2121 Herpétologiste
2121 Ichtyologiste
2224 Interprète de l'environnement
2224 Interprète de l'environnement naturel et biologique
2123 Malherbologiste
2121 Microbiologiste
2121 Mycologue
2113 Océanographe
2121 Ornithologue
2121 Phytobiologiste
2121 Phytopathologiste
2121 Virologiste
2121 Zoologiste

Endroits de travail

– Centres d'interprétation de la nature
– Centres de recherche
– Établissements d'enseignement universitaire
– Firmes d'experts-conseils
– Gouvernements fédéral et provincial
– Industrie pharmaceutique
– Jardins botaniques
– Laboratoires

Salaire

Le salaire hebdomadaire moyen est de 707 $ (janvier 2009).

Remarques

– Des études de 2e cycle sont nécessaires pour exercer les professions suivantes : bactériologiste, bactériologiste des sols, biologiste de la vie aquatique, biologiste en parasitologie, biologiste moléculaire, entomologiste, exobiologiste, généticien, herpétologiste, ichtyologiste, malherbologiste, océanographe, ornithologue, phytopathologiste, virologiste.
– L'Université Bishop's offre quatre concentrations : Environmental Biology and Diversity; Form and Function; Health Science; Molecular Biology. Elle offre également un certificat en Discoveries of Science.
– L'Université Laval offre un certificat en Biotechnologie.
– L'Université de Sherbrooke offre le baccalauréat en Biologie, le baccalauréat en Biologie moléculaire et cellulaire et le baccalauréat en Écologie. Ce dernier offre deux concentrations: Bioinformatique et Biologie moléculaire.
– L'Université du Québec à Chicoutimi (UQAC) offre quatre options : Biologie médicale; Écologie; Monde animal; Monde végétal. Elle offre également un certificat et une mineure en Sciences de l'environnement.
– L'Université du Québec à Montréal (UQAM) offre un programme unique en Apprentissage par problèmes avec les concentrations suivantes : Biologie moléculaire et biotechnologie; Écologie; Santé environnementale; Toxicologie.
– L'Université du Québec à Rimouski (UQAR) offre un cheminement en Biologie générale et cinq concentration : Biogéochimie environnementale; Écologie; Faune et habitats; Physiologie et biochimie environnementales; Sciences marines.

STATISTIQUES D'EMPLOI	2005	2007	2009
Nb de personnes diplômées	593	631	586
% en emploi	31,9 %	36,2 %	33,9 %
% à temps plein	83,5 %	87,8 %	84,0 %
% lié à la formation	70,8 %	62,0 %	54,5 %

BAC 6 TRIMESTRES   CUISEP 451-000

Compétences à acquérir

- Étudier les aspects physiques et les processus biologiques.
- Observer et analyser le comportement des cellules et des organismes.
- Concevoir des techniques d'analyse.
- Comprendre et expliquer la structure et le fonctionnement des cellules.

Éléments du programme

- Bio-ingénierie cellulaire
- Biochimie
- Biologie cellulaire
- Biophysique
- Chimie analytique
- Électrométrie
- Mathématiques appliquées
- Optique
- Physique statistique

Admission (voir p. 21 G)

UQAR : DEC ou l'équivalent et Mathématiques 103, 105, 203 (00UN, 00UR, 00UP); Physique 101, 201, 301-78 (00UR, 00US, 00UT); Chimie 101, 201 (00UL, 00UM); Biologie 301 (00UK).

UQTR : DEC en Sciences de la nature ou l'équivalent **OU** DEC technique en Techniques de laboratoire, spécialisations *Biotechnologie* (210.AA) ou *Chimie analytique* (210.AB) : les Mathématiques 103 (00UN) sont fortement suggérées **OU** DEC ou l'équivalent et Mathématiques 103, 203 (00UN, 00UP); Physique 101, 201, 301 (00UR, 00US, 00UT); Chimie 101, 201 (00UL, 00UP); Biologie 301 (00UK).

Endroits de formation (voir p. 422)

	Contingentement	Coop	Cote R
UQAR	☐	☐	—
UQTR	☐	☐	—

Profession reliée

C.N.P.
2111   Biophysicien

Endroits de travail

- Bio-industrie
- Centres de recherche
- Centres hospitaliers
- Établissements d'enseignement universitaire
- Gouvernements fédéral et provincial
- Industrie pharmaceutique
- Laboratoires

Salaire

Donnée non disponible.

Remarque

Des études de 2e ou 3e cycle peuvent être exigées pour travailler dans certains milieux, particulièrement dans le domaine de la recherche scientifique.

SCIENCES PURES

STATISTIQUES D'EMPLOI			
	2005	2007	2009
Nb de personnes diplômées	6	5	—
% en emploi	25 %	20 %	—
% à temps plein	100 %	100 %	—
% lié à la formation	100 %	0 %	—

15211 Immunologie / Microbiologie / Immunology / Microbiology and Immunology

BAC 6 TRIMESTRES   **CUISEP 313-400**

Compétences à acquérir

– Faire des recherches sur les micro-organismes (virus, bactéries, etc.), étudier leurs formes, leurs structures, leurs moyens de reproduction, etc.
– Mettre au point des vaccins ou des médicaments.
– Procéder à divers examens de substances ou d'êtres vivants exposés à des contaminations.
– Chercher les causes d'épidémies ou d'empoisonnements alimentaires et les moyens de les contrer.
– Travailler à la prévention et au traitement des maladies.

Éléments du programme

– Écologie microbienne
– Génétique
– Microbiologie et bioéthique
– Microbiologie générale
– Physiologie microbienne
– Virologie

Admission (voir p. 21 G)

Laval : DEC en Sciences de la nature **OU** tout autre DEC et Mathématiques NYA, NYB (103-77, 203-77); Physique NYA, NYB (101, 201); Chimie NYA, NYB (101, 201); Biologie NYA (301). *N.B. : Pour connaître les passerelles entre un DEC technique et ce programme, contacter la Faculté des sciences et de génie.*

McGill : DEC en Sciences de la nature ou l'équivalent et Mathématiques NYA, NYB, NYC (00UN, 00UP, 00UQ ou 01Y1, 01Y2, 01Y4); Physique NYA, NYB, NYC (00UR, 00US, 00UT ou 01Y7, 01YF, 01YG); Chimie NYA, NYB (00UL, 00UM ou 01Y6, 01YH); Biologie NYA (00UK ou 01Y5).

Montréal : DEC en Sciences de la nature et avoir atteint les objectifs 00XV (Chimie) et 00XU (Biologie) **OU** DEC ou l'équivalent **OU** avoir réussi 24 crédits de cours universitaires autres que des crédits obtenus dans le cadre de cours préparatoires aux études universitaires **ET** un cours de mathématiques; deux cours de chimie dont un de chimie organique; deux cours de biologie.

Sherbrooke : DEC ou l'équivalent et Mathématiques NYA, NYB (00UN, 00UP), Physique NYA, NYB, NYC (00UR, 00US, 00UT), Chimie NYA, NYB (00UL, 00UM), Biologie NYA (00UK). Pour les programmes de biologie, biotechnologie, écologie et microbiologie, les standards 00UN ou 022X, 00UP ou 022Y seront acceptés **OU** DEC en techniques biologique ou l'équivalent et Mathématiques NYA, NYB (00UN, 00UP ou 022X ou 022Y), Chimie NYA, NYB (00UL, 00UM) ou leur équivalent **OU** DEC techniques en Techniques de chimie-biologie ou en Techniques de laboratoire, spécialisation en *Biotechnologie* **OU** DEC techniques en Techniques de laboratoire médical ou en Techniques d'analyses biomédicales et Mathématiques 103 (NYA, 00UN ou 022X) (arrimage DEC-BAC).

Endroits de formation (voir p. 422)

	Contingentement	Coop	Cote R*
Laval	☐	☐	—
McGill	■	■	29.000
Montréal	■	☐	—
Sherbrooke	■	■	33.000

** Le nombre inscrit indique la **Cote R** qui a été utilisée pour l'admission de l'année 2009 ou 2010 par l'université concernée.*

Professions reliées

C.N.P.
2121	Bactériologiste
2121	Bactériologiste de produits alimentaires
2121	Bactériologiste des sols
2121	Biologiste en parasitologie
2121	Immunologue
2121	Microbiologiste
2121	Microbiologiste industriel
3111	Microbiologiste médical
2121	Physiologiste
2121	Phytopathologiste
2121	Toxicologiste
2121	Virologiste

Endroits de travail

– Centres de recherche
– Centres hospitaliers
– Établissements d'enseignement universitaire
– Firmes spécialisées dans la décontamination
– Gouvernements fédéral et provincial
– Industrie pharmaceutique
– Municipalités

Salaire

Le salaire hebdomadaire moyen est de 772 $ (janvier 2009).

Remarques

– Des études de 2e cycle sont nécessaires pour exercer les professions suivantes : bactériologiste, bactériologiste des sols, biologiste en parasitologie, généticien, microbiologiste médical, phytopathologiste, virologiste.
– L'Université de Montréal offre le programme Sciences biologiques, concentration Microbiologie et immunologie.

STATISTIQUES D'EMPLOI			
	2005	2007	2009
Nb de personnes diplômées	174	169	189
% en emploi	20,4 %	27,0 %	29,7 %
% à temps plein	91,3 %	90,0 %	80,5 %
% lié à la formation	52,4 %	70,4 %	51,5 %

BAC 6 TRIMESTRES

Compétences à acquérir

– Développer des compétences en sciences pharmaceutiques, en sciences pharmacologiques, en sciences biomédicales afin de développer des médicaments.
– Acquérir des connaissances de base et une compréhension générale des processus de découverte, de développement préclinique et clinique et de fabrication du médicament.
– Connaître, de manière générale, les approches scientifiques propres à chacune des phases cliniques du développement du médicament.
– Avoir une vue d'ensemble des activités associées au médicament et de son environnement juridique, politique, économique et social.

Éléments du programme

– Biochimie
– Biologie cellulaire
– Biostatistiques
– Chimie appliquée à l'analyse et au contrôle de la qualité des médicaments
– Physiologie
– Pharmacologie

Admission (voir p. 21 G)

DEC en Sciences de la nature et avoir atteint les objectifs suivants : Chimie 00XV et Biologie 00XU.
OU
DEC ou l'équivalent et avoir réussi Mathématiques 103, 203; Physique 101, 201, 301; Chimie 101, 201, 202; Biologie 301, 401 ou deux cours de Biologie humaine.
ET
Se présenter à une entrevue à la demande de la Faculté.

Endroit de formation (voir p. 422)

	Contingentement	Coop	Cote R*
Montréal	■	☐	29.969

** Le nombre inscrit indique la **Cote R** qui a été utilisée pour l'admission de l'année 2009 ou 2010 par l'université concernée.*

Profession reliée

C.N.P.
2121 Biologiste médical

Endroits de travail

– Centres de recherche hospitalo-universitaire
– Entreprises de recherche préclinique et clinique
– Industrie pharmaceutique
– Laboratoires de recherche
– Organismes gouvernementaux

Salaire

Le salaire hebdomadaire moyen est de 1 583 $ (janvier 2009).

Remarque

Ce programme ne mène pas à la profession de pharmacien.

SCIENCES PURES

STATISTIQUES D'EMPLOI	2005	2007	2009
Nb de personnes diplômées	—	334	317
% en emploi	—	80,2 %	75,7 %
% à temps plein	—	94,3 %	99,3 %
% lié à la formation	—	98,8 %	98,0 %

MATHÉMATIQUES, STATISTIQUES, ACTUARIAT

PROGRAMMES D'ÉTUDES   PAGES

Actuariat / Actuarial Mathematics   255

Mathématiques / Mathématiques appliquées / Mathematics / Pure and Applied Mathematics . .   256

Statistiques / Probability and Statistics / Statistics   258

SCIENCES PURES

BAC 6 TRIMESTRES

CUISEP 151-000

Compétences à acquérir

- Déterminer le taux des primes d'assurance, les contributions et les prestations aux régimes publics.
- Déterminer les passifs d'une compagnie d'assurances et évaluer leur concordance avec les actifs.
- Déterminer la valeur des régimes de retraite et le montant des cotisations nécessaires à leur application.
- Analyser des statistiques et préparer des dossiers sur les taux de mortalité, de maladie, d'accident, d'invalidité, de mise à la retraite, de feux, de vol et de responsabilité civile.
- Utiliser les tables de probabilités servant à calculer le taux des primes et le niveau de financement requis pour les régimes d'avantages sociaux.
- Conseiller les employeurs en ce qui concerne les avantages sociaux offerts à leurs employés.

Éléments du programme

- Actuariat et législation
- Algèbre linéaire
- Économie
- Mathématiques actuarielles
- Mathématiques financières
- Méthodes numériques
- Probabilités
- Théorie du risque

Admission (voir p. 21 G)

Concordia : BA : DEC ou l'équivalent et Mathématiques 103 (201-NYA), 203 (201-NYB), 105 (201-NYC).
BSc : DEC ou l'équivalent et Mathématiques 103, 203, 105 (201-NYA, 201-NYB, 201-NYC); Physique 101, 201, 301 (203-NYA, 203-NYB, 203-NYC); Chimie 101, 201 (202-NYA, 202-NYB); Biologie 301 (101-NYA).
Laval : DEC en sciences de la nature ou en Sciences informatiques et mathématiques **OU** DEC ou l'équivalent et Mathématiques NYA, NYB, NYC (103-77, 105-77, 203-77); Physique NYA (101) et un cours parmi les suivants : Mathématiques 303, 307 ou 337; Physique NYB, NYC (201, 301). *N. B. : Pour connaître les passerelles entre un DEC technique et ce programme, contacter la Faculté des sciences et de génie.*
Montréal : DEC en sciences de la nature ou en Sciences informatiques et mathématiques **OU** DEC ou l'équivalent et Mathématiques 103, 105 et 203.
UQAM : DEC ou l'équivalent et Mathématiques 103, 105, 203.

Endroits de formation (voir p. 422)

	Contingentement	Coop	Cote R*
Concordia	■	■	27.000 et 30.000
Laval	☐	☐	—
Montréal	☐	■	—
UQAM	☐	☐	—

** Le nombre inscrit indique la **Cote R** qui a été utilisée pour l'admission de l'année 2009 ou 2010 par l'université concernée.*

Professions reliées

C.N.P.
2161 Actuaire
0012 Administrateur
2161 Mathématicien en finance
2161 Statisticien

Endroits de travail

- Bureaux d'actuaires
- Compagnies d'assurances
- Établissements d'enseignement universitaire
- Gouvernements fédéral et provincial
- Institutions financières

Salaire

Le salaire hebdomadaire moyen est de 1 021 $ (janvier 2009).

Remarques

- Certaines universités offrent le programme Actuariat dans le cadre du programme Mathématiques.
- La certification « Fellow » de l'Institut canadien des actuaires est généralement exigée par les employeurs, de même que la réussite des examens de Fellowship de la Society of Actuaries ou de la Casualty Actuarial Society.
- L'Université de Montréal offre le programme Mathématiques, orientation Actuariat.
- L'Université du Québec à Montréal (UQAM) offre un baccalauréat spécialisé en Actuariat, d'une durée de trois ans.

SCIENCES PURES

STATISTIQUES D'EMPLOI	2005	2007	2009
Nb de personnes diplômées	62	63	136
% en emploi	90,9 %	100 %	91,0 %
% à temps plein	100 %	90,9 %	100 %
% lié à la formation	97,5 %	96,7 %	91,4 %

15230 Mathématiques / Mathématiques appliquées / Mathematics / Pure and Applied Mathematics

BAC 6 TRIMESTRES   CUISEP 155-000

Compétences à acquérir

– Ordonner et analyser des modèles mathématiques provenant des sciences humaines ou expérimentales.
– Étudier les nombres, la logique, la géométrie et le calcul.
– Créer des modèles mathématiques.
– Appliquer les principes et les techniques mathématiques en vue de résoudre des problèmes.
– Faire des calculs et des analyses numériques.

Éléments du programme

– Algèbre linéaire
– Analyse complexe
– Équations différentielles
– Géométrie différentielle et mécanique analytique
– Méthodes de manipulation symbolique
– Probabilités
– Statistiques

Admission (voir p. 21 G)

Bishop's : DEC ou l'équivalent et Mathématiques NYA, NYB; Physique NYA, NYB.
Concordia : BA : DEC ou l'équivalent et Mathématiques 103 (201-NYA), 203 (201-NYB), 105 (201-NYC).
BSc : DEC ou l'équivalent et avoir réussi les cours Mathématiques 103, 203, 105 (201-NYA, 201-NYB, 201-NYC); Physique 101, 201, 301 (203-NYA, 203-NYB, 203-NYC); Chimie 101, 201 (202-NYA, 202-NYB); Biologie 301 (101-NYA).
Laval : DEC en Sciences de la nature ou en Sciences informatiques et mathématiques **OU** DEC et Mathématiques NYA, NYB, NYC (103-77, 105-77, 203-77). La réussite des cours Mathématiques 303 et Physique NYA (101) est cependant recommandée. *N.B. : Pour connaître les passerelles entre un DEC technique et ce programme, contacter la Faculté des sciences et de génie.*
McGill : DEC en Sciences de la nature ou l'équivalent et Mathématiques NYA, NYB, NYC (00UN, 00UP, 00UQ ou 01Y1, 01Y2, 01Y4); Physique NYA, NYB, NYC (00UR, 00US, 00UT ou 01Y7, 01YF, 01YG); Chimie NYA, NYB (00UL, 00UM ou 01Y6, 01YH); Biologie NYA (00UK ou 01Y5).
Montréal : DEC en Sciences de la nature, en Sciences informatiques et mathématiques **OU** DEC ou l'équivalent ou avoir réussi 24 crédits de cours universitaires autres que des crédits obtenus dans le cadre de cours préparatoires aux études universitaires et Mathématiques 103, 105, 203 ou leur équivalent.

Sherbrooke : DEC en Sciences de la nature, cheminement baccalauréat international **OU** DEC en Sciences informatiques et mathématiques (200.C0) **OU** DEC ou l'équivalent et Mathématiques NYA, NYB, NYC (103, 105, 203 (00UN, 00UP, 00UQ ou 022X, 022Y, 022Z ou 01Y1, 01Y2, 01Y4).
UQAC : DEC ou l'équivalent et Mathématiques NYA, NYB, NYC.
UQAM : DEC ou l'équivalent et Mathématiques NYA, NYB, NYC.
UQTR : DEC ou l'équivalent et Mathématiques 103, 105, 203 (00UN, 01Y1, 022X ou 00UQ, 01Y4, 022Z ou 00UP, 01Y2, 022Y).

Endroits de formation (voir p. 422)

	Contingentement	Coop	Cote R*
Bishop's	☐	☐	—
Concordia	☐	■	22.000
Laval	☐	☐	—
McGill	☐	☐	26.500
Montréal	☐	■	—
Sherbrooke	☐	■	—
UQAC	☐	☐	—
UQAM	☐	☐	—
UQTR	☐	☐	—

** Le nombre inscrit indique la **Cote R** qui a été utilisée pour l'admission de l'année 2009 ou 2010 par l'université concernée.*

Professions reliées

C.N.P.
2161   Démographe
2161   Mathématicien de mathématiques appliquées
2161   Mathématicien de recherche

Endroits de travail

– Centres de recherche
– Établissements d'enseignement
– Gouvernements fédéral et provincial

SCIENCES PURES

(SUITE)

Salaire

Le salaire hebdomadaire moyen est de 902 $ (janvier 2009).

Remarques

– Différentes options sont offertes selon les établissements : Actuariat; Mathématiques appliquées; Météorologie; Recherche opérationnelle; Statistiques; etc.
– L'Université de Montréal offre six orientations : Actuariat COOP; Mathématiques appliquées; Mathématiques pures; Sciences mathématiques; Statistiques; Statistiques COOP. Elle offre également un cheminement intensif.
– L'Université du Québec à Chicoutimi (UQAC) offre un baccalauréat avec majeure en Mathématiques avec options en Génie, en Informatique et en Mathématiques, ainsi qu'un certificat et une mineure en Mathématiques.
– L'Université du Québec à Montréal (UQAM) offre trois concentrations : Informatique; Mathématiques et autres cheminements; Statistique. Elle offre également un certificat en Méthodes quantitatives.
– L'Université du Québec à Trois-Rivières (UQTR) offre le double baccalauréat Mathématiques et Enseignement secondaire : profil Mathématiques, d'une durée de cinq ans ainsi que le double baccalauréat en Mathématiques et Informatique d'une durée de quatre ans.

STATISTIQUES D'EMPLOI			
	2005	2007	2009
Nb de personnes diplômées	200	223	171
% en emploi	60,8 %	66,4 %	56,1 %
% à temps plein	96,1 %	89,9 %	95,0 %
% lié à la formation	86,3 %	77,5 %	86,0 %

BAC 6 TRIMESTRES | CUISEP 155-000

Compétences à acquérir

– Faire le choix de la méthode statistique appropriée à l'étude d'un phénomène particulier.
– Recueillir, analyser et interpréter des données numériques.
– Évaluer les conséquences des résultats des analyses et de l'interprétation des données.

Éléments du programme

– Algèbre linéaire
– Analyse
– Analyse de données
– Échantillonnage
– Probabilités
– Processus aléatoires
– Statistique mathématique

Admission (voir p. 21 G)

Concordia : BA : DEC ou l'équivalent et Mathématiques 103, 203 105 (201-NYA, 201-NYB, 201-NYC).
BSc : DEC ou l'équivalent et mathématiques 103, 203, 105 (201-NYA, 201-NYB, 201-NYC); Physique 101, 201 (203-NYA, 203-NYB), 301 (203-NYC); Chimie 101, 201 (202-NYA, 202-NYB); Biologie 301 (101-NYA).
Laval : DEC en Sciences de la nature, en Sciences informatiques et mathématiques **OU** DEC et Mathématiques NYA, NYB, NYC (103-77, 105-77, 203-77).
N.B. : Pour connaître les passerelles entre un DEC technique et ce programme, contacter la Faculté des sciences et de génie.
McGill : DEC en Sciences de la nature ou l'équivalent et Mathématiques NYA, NYB, NYC (00UN, 00UP, 00UQ ou 01Y1, 01Y2, 01Y4); Physique NYA, NYB, NYC (00UR, 00US, 00UT ou 01Y7, 01YF, 01YG); Chimie NYA, NYB (00UL, 00UM ou 01Y6, 01YH); Biologie NYA (00UK ou 01Y5).
Montréal : DEC en Sciences de la nature **OU** DEC ou l'équivalent et Mathématiques 103, 105, 203 **OU** avoir réussi 24 crédits de cours universitaires autres que des crédits obtenus dans le cadre de cours préparatoires aux études universitaires.
UQAM : DEC ou l'équivalent et Mathématiques 103, 105, 203.

Endroits de formation (voir p. 422)

	Contingentement	Coop	Cote R*
Concordia	☐	■	22.000
Laval	☐	☐	—
McGill	☐	☐	—
Montréal	☐	☐	—
UQAM	☐	☐	—

** Le nombre inscrit indique la **Cote R** qui a été utilisée pour l'admission de l'année 2009 ou 2010 par l'université concernée.*

Professions reliées

C.N.P.
2161   Mathématicien de mathématiques appliquées
2161   Statisticien
2161   Statisticien de la statistique appliquée
2161   Statisticien-mathématicien

Endroits de travail

– Compagnies d'assurances
– Établissements d'enseignement universitaire
– Firmes de sondages
– Gouvernements fédéral et provincial
– Institutions financières
– Sociétés de fiducie

Salaire

Le salaire hebdomadaire moyen est de 824 $ (janvier 2009).

Remarques

– Des études de 2e ou 3e cycle sont exigées pour travailler dans le domaine de la recherche scientifique.
– L'Université de Montréal offre le programme Mathématique, orientation statistique.
– L'Université Laval offre un certificat en Statistique.
– Certaines universités telles que l'Université du Québec à Montréal (UQAM) offrent le programme Statistiques dans le cadre du programme Mathématiques.

SCIENCES PURES

STATISTIQUES D'EMPLOI			
	2005	**2007**	**2009**
Nb de personnes diplômées	15	32	29
% en emploi	30,0 %	52,6 %	60,0 %
% à temps plein	100 %	100 %	100 %
% lié à la formation	66,7 %	50,0 %	66,7 %

SCIENCES PHYSIQUES

PROGRAMMES D'ÉTUDES   PAGES

Chimie / Chimie analytique / Chimie biopharmaceutique / Chimie de l'environnement /
   Chimie de l'environnement et des bioressources / Chimie des matériaux /
   Chimie pharmaceutique / Science des produits naturels / Chemistry 260

Environnement marin / Géographie physique / Gestion du milieu naturel /
   Earth System Sciences / Environmental Geography / Geography 262

Géologie / Sciences de la terre et de l'atmosphère /
   Earth and Planetary Sciences / Earth, Atmosphere and Ocean Sciences /
   Earth Sciences / Planetary Sciences 263

Météorologie / Atmospheric Science / Atmospheric Science and Physics / Meteorology 264

Physique / Physics 265

Chimie / Chimie analytique / Chimie biopharmaceutique / Chimie de l'environnement / Chimie de l'environnement et des bioressources / Chimie des matériaux / Chimie pharmaceutique / Sciences des produits naturels / Chemistry

BAC 6 TRIMESTRES — CUISEP 413/414-000

Compétences à acquérir

– Veiller à la qualité des aliments, des médicaments, des drogues, des matériaux et d'autres produits offerts sur le marché.
– Travailler à l'élimination des sources de pollution.
– Concevoir de nouveaux procédés industriels et de nouvelles techniques pour préparer, séparer, identifier et purifier des composés chimiques.

Éléments du programme

– Chimie analytique instrumentale
– Chimie organique, minérale, analytique
– Électrochimie
– Éthique scientifique
– Mathématiques appliquées
– Normes environnementales
– Stage
– Traitement des données chimiques

Admission (voir p. 21 G)

Bishop's : DEC ou l'équivalent et Mathématiques 103, 105 (201-NYA, 201-NYB, 201-NYC); Physique 101, 201, 301 (203-NYA, 203-NYB, 203-NYC); Chimie 101, 201 (202-NYA, 202-NYB); Biologie 301 (101-NYA).

Concordia : DEC ou l'équivalent et Mathématiques 103, 203; Physique 101, 201, 301; Chimie 101, 201; Biologie 301.

Laval : DEC en Sciences de la nature **OU** DEC ou l'équivalent et Mathématiques NYA, NYB (103-77, 203-77); Physique NYA, NYB, NYC (101, 201, 301); Chimie NYA, NYB (101, 201); Biologie NYA (301). *N.B. : Pour connaître les passerelles entre un DEC technique et ce programme, contacter la Faculté des sciences et de génie.*

McGill : DEC en Sciences de la nature ou l'équivalent et Mathématiques NYA, NYB, NYC (00UN, 00UP, 00UQ ou 01Y1, 01Y2, 01Y4); Physique NYA, NYB, NYC (00UR, 00US, 00UT ou 01Y7, 01YF, 01YG); Chimie NYA, NYB (00UL, 00UM ou 01Y6, 01YH); Biologie NYA (00UK ou 01Y5).

Montréal : DEC en Sciences de la nature et avoir atteint l'objectif 00XV en Chimie **OU** DEC technique en Techniques de laboratoire, spécialisation *Chimie analytique* **OU** DEC ou l'équivalent et Mathématiques 103, 105, 203; Physique 101, 201, 301; Chimie 101, 201, 202 **OU** avoir réussi 24 crédits de niveau universitaire autre que des crédits obtenus dans le cadre de cours préparatoires aux études universitaires.

Sherbrooke : DEC en Sciences de la nature, cheminement baccalauréat international **OU** DEC ou l'équivalent et Mathématiques NYA, NYB (00UN, 00UP), Physique NYA, NYB, NYC (00UR, 00US, 00UT), Chimie NYA, NYB (00UL, 00UM), Biologie NYA (00UK). Pour les programmes de biologie, biotechnologie, écologie et microbiologie, les standards 00UN ou 022X, 00UP ou 022Y seront acceptés **OU** DEC en formation professionnelle et Mathématiques NYA, NYB (00UN, 00UP), Chimie NYA, NYB (00UL, 00UM) et deux cours de physique parmi 00UR, 00US ou 00UT.

UQAC : DEC en sciences de la nature ou l'équivalent **OU** DEC ou l'équivalent et Mathématiques NYA, NYB; Physique NYA, NYB, NYC; Chimie NYA, NYB; Biologie NYA.

UQAM : DEC ou l'équivalent et Mathématiques 103, 203; Physique 101, 201, 301; Chimie 101, 201; Biologie 301 **OU** DEC technique ou l'équivalent et Mathématiques 103, 203; deux cours de physique; Chimie 101, 201.

UQAR : DEC ou l'équivalent et Mathématiques 103, 203; Physique 101, 201, 301; Chimie 101, 201; Biologie 301 **OU** DEC et Mathématiques 103, 203, 105; Physique 101, 201, 301; Chimie 101, 201; Biologie 301 **OU** DEC dans la famille des techniques biologiques ou des techniques physiques ou l'équivalent et avoir réussi certains cours en mathématiques, en physique, en chimie et en biologie.

UQTR : DEC ou l'équivalent et Mathématiques 103, 203 (00UN, 00UP); Physique 101, 201 (00UL, 00US), 301-78 (00UT); Chimie 101, 201 (00UL, 00UM); Biologie 301 (00UK) **OU** DEC en Sciences de la nature ou l'équivalent **OU** DEC technique en Chimie analytique (210.01) ou en Techniques de laboratoire, spécialisations en *Biotechnologie* ou *Chimie analytique* (210.AA ou 210.AB) **OU** DEC technique dans un programme autre que mentionné et Mathématiques 103, 203 (00UN, 00UP); Physique 101, 201, 301-78 (00UR, 00US, 00UT); Chimie 101, 201 (00UL, 00UM).

Endroits de formation (voir p. 422)

	Contingentement	Coop	Cote R*
Bishop's	☐	☐	—
Concordia	☐	■	20.000
Laval	☐	☐	—
McGill	☐	☐	26.500
Montréal	☐	☐	—
Sherbrooke	■	■	—
UQAC	☐	☐	—
UQAM	☐	☐	—
UQAR	☐	☐	—
UQTR	☐	☐	—

** Le nombre inscrit indique la **Cote R** qui a été utilisée pour l'admission de l'année 2009 ou 2010 par l'université concernée.*

SCIENCES PURES

15245

Chimie / Chimie analytique / Chimie biopharmaceutique / Chimie de l'environnement / Chimie de l'environnement et des bioressources / Chimie des matériaux / Chimie pharmaceutique / Sciences des produits naturels / Chemistry

(SUITE)

Professions reliées

C.N.P.

2112	Chimiste
2112	Chimiste spécialiste du contrôle de la qualité
2211	Contrôleur de produits pharmaceutiques
2112	Scientifique en produits alimentaires

Endroits de travail

– Établissements d'enseignement universitaire
– Gouvernements fédéral et provincial
– Industrie de produits chimiques
– Industrie des pâtes et papiers
– Industrie des produits alimentaires
– Industrie du pétrole
– Industrie du plastique
– Industrie pharmaceutique
– Laboratoires
– Municipalités (aqueduc)
– Usines d'épuration des eaux usées

Salaire

Le salaire hebdomadaire moyen est de 839 $ (janvier 2009).

Remarques

– Pour exercer la profession et porter le titre de chimiste, il faut être membre de l'Ordre des chimistes du Québec.
– L'Université de Montréal offre le programme de Chimie avec cinq orientations : Chimie assistée par ordinateur; Chimie bioanalytique et environnementale; Chimie des matériaux et biomatériaux; Chimie pharmaceutique et bio-organique; Orientation générale.
– L'Université de Sherbrooke offre les baccalauréats en Chimie. Deux cheminements sont offerts : Chimie de l'environnement (avec ou sans concentration) et Chimie pharmaceutique (trois cheminements possibles : Chimie médicinale, Général, Synthèse organique). Ces programmes sont offerts au régime régulier à temps complet ou partiel et au régime coopératif à temps complet.
– L'Université du Québec à Chicoutimi (UQAC) offre le baccalauréat en Science des produits naturels, un programme unique au Canada et reconnu par l'Ordre des chimistes du Québec.
– L'Université du Québec à Montréal (UQAM) offre le baccalauréat en Chimie et le certificat en Analyse chimique.
– L'Université du Québec à Rimouski (UQAR) offre le baccalauréat en Chimie de l'environnement et des bioressources au campus de Rimouski seulement.

SCIENCES PURES

STATISTIQUES D'EMPLOI			
	2005	2007	2009
Nb de personnes diplômées	172	150	151
% en emploi	34,5 %	34,3 %	34,4 %
% à temps plein	90,2 %	100 %	97,0 %
% lié à la formation	83,8 %	74,3 %	75,0 %

15247/ 15436 Environnement marin / Géographie physique / Gestion du milieu naturel / Earth System Sciences / Environmental Geography / Geography

BAC 6 TRIMESTRES   **CUISEP 434-000**

Compétences à acquérir

- Observer, mesurer et analyser les caractéristiques des régions.
- Faire des représentations cartographiques des caractéristiques physiques recueillies.
- Faire l'évaluation de l'espace physique lié aux terres et forêts, aux richesses naturelles et à l'industrie de la construction.
- Faire des recherches et des travaux de cartographie et d'évaluation de l'espace en fonction des climats, des micro-climats, de la pollution, etc.
- Faire des recherches sur la faune et la flore au niveau des grandes unités écologiques et évaluer les relations entre le modèle et la végétation, les sols, etc.

Éléments du programme

- Biogéographie
- Climatologie
- Géomorphologie
- Hydrogéologie
- Paléontologie
- Physique et atmosphère
- Principes de cartographie intégrée
- Stages
- Télédétection

Admission (voir p. 21 G)

Bishop's, UQAR : DEC ou l'équivalent.

Concordia : DEC ou l'équivalent et Mathématiques 103, 203 (201-NYA, 201-NYB); Physique 101, 201, 301 (203-NYA), 201, 203-NYB, 203-NYC); Chimie 101, 201 (202-NYA, 202-NYB); Biologie 301 (101-NYA).

McGill : DEC en Sciences de la nature ou l'équivalent et Mathématiques NYA, NYB, NYC (00UN, 00UP, 00UQ ou 01Y1, 01Y2, 01Y4); Physique NYA, NYB, NYC (00UR, 00US, 00UT ou 01Y7, 01YF, 01YG); Chimie NYA, NYB (00UL, 00UM ou 01Y6, 01YH); Biologie NYA (00UK ou 01Y5).

Endroits de formation (voir p. 422)

	Contingentement	Coop	Cote R*
Bishop's	☐	☐	—
Concordia	☐	☐	—
McGill	☐	☐	26.500
UQAR	☐	☐	—

** Le nombre inscrit indique la **Cote R** qui a été utilisée pour l'admission de l'année 2009 ou 2010 par l'université concernée.*

Professions reliées

C.N.P.
4169   Cartographe
4169   Géographe (géographie physique)

Endroit de travail

Gouvernements fédéral et provincial

Salaire

Donnée non disponible.

Remarques

- L'Université du Québec à Montréal (UQAM) offre un certificat et une mineure en Géographie physique.
- L'Université du Québec à Rimouski (UQAR) offre la maîtrise et le doctorat en Océanographie

Statistiques d'emploi

Données non disponibles.

Géologie / Sciences de la terre et de l'atmosphère / Earth and Planetary Sciences / Earth, atmosphere and Ocean Sciences / Earth Sciences / Planetary Sciences

BAC 6 TRIMESTRES

CUISEP 433-000

Compétences à acquérir

– Faire l'évaluation d'un terrain géologique donné pour en établir l'âge, la structure et la genèse.
– Faire le lien entre les observations concernant la composition et la structure des roches et les processus qui ont formé les gîtes minéraux.
– Élaborer une carte géologique pour une région donnée.
– Prospecter et assurer la conservation des gisements métallifères et pétrolifères ainsi que des ressources hydriques.
– Étudier et tenter de prévoir les phénomènes naturels.
– Effectuer des études environnementales.
– Évaluer et corriger les effets de l'intervention de l'homme sur l'environnement.

Éléments du programme

– Activités de terrain
– Calculs
– Environnement
– Géochimie générale
– Gîtes minéraux
– Paléontologie
– Pétrographie sédimentaire
– Probabilités et statistiques

Admission (voir p. 21 G)

Laval : DEC en Sciences de la nature **OU** DEC ou l'équivalent et Mathématiques NYA, NYB, NYC (103-77, 105-77, 203-77); Physique NYA, NYB (101, 201); Chimie NYA, NYB (101, 201). *N.B. : Pour connaître les passerelles entre un DEC technique et ce programme, contacter la Faculté des sciences et de génie.*

McGill : DEC en Sciences de la nature ou l'équivalent et Mathématiques NYA, NYB, NYC (00UN, 00UP, 00UQ ou 01Y1, 01Y2, 01Y4); Physique NYA, NYB, NYC (00UR, 00US, 00UT ou 01Y7, 01YF, 01YG); Chimie NYA, NYB (00UL, 00UM ou 01Y6, 01YH); Biologie NYA (00UK ou 01Y5).

UQAC : DEC en Sciences de la nature **OU** DEC ou l'équivalent et Mathématiques NYA, NYB, NYC; Physique NYA, NYB, NYC; Chimie NYA, NYB; Biologie NYA **OU** DEC dans la famille des techniques physiques ou l'équivalent et Mathématique NYA, NYB, NYC; Physique NYA, NYB, NYC; un cours de chimie; un cours de géologie ou Physique NYC.

UQAM : DEC ou l'équivalent et connaissances suffisantes en mathématique, en physique, en chimie et en biologie.

Endroits de formation (voir p. 422)

	Contingentement	Coop	Cote R
Laval	☐	☐	
McGill	☐	☐	—
UQAC	☐	☐	—
UQAM	☐	☐	—

Professions reliées

C.N.P.
2113	Écogéologue
2113	Géochimiste
2113	Géologue
2113	Géologue pétrolier
2113	Géophysicien
2113	Géophysicien-prospecteur
2144	Hydrogéologue
2113	Hydrographe
2113	Hydrologue
2113	Minéralogiste
2113	Paléontologue
2113	Séismologue

Endroits de travail

– À son compte
– Gouvernements fédéral et provincial
– Industrie minière
– Industrie pétrolière
– Municipalités

Salaire

Le salaire hebdomadaire moyen est de 984 $ (janvier 2009).

Remarques

– Des études de 2e cycle sont nécessaires pour exercer les professions suivantes : géophysicien, géophysicien-prospecteur et sismologue.
– Pour porter le titre de géologue, il faut être membre de l'Ordre des géologues du Québec.
– L'Université du Québec à Chicoutimi (UQAC) offre une concentration en Géologie économique, en Géologie environnementale, ainsi qu'en Géomatique.
– L'Université du Québec à Montréal (UQAM) offre une concentration en Géologie et une concentration en Météorologie dans le cadre du baccalauréat en Sciences de la Terre et de l'atmosphère. Elle offre également une majeure en Géologie qui, combinée à une mineure ou un certificat dans un domaine d'études approprié, mène à des emplois semblables à ceux auxquels peuvent aspirer les diplômés du baccalauréat. Elle offre également un certificat en Géologie appliquée.
– L'Université du Québec en Abitibi-Témiscamingue (UQAT) offre la première année du programme de l'Université du Québec à Chicoutimi (UQAC).

STATISTIQUES D'EMPLOI

	2005	2007	2009
Nb de personnes diplômées	52	42	38
% en emploi	40,6 %	40,0 %	45,0 %
% à temps plein	84,6 %	90,0 %	100 %
% lié à la formation	54,5 %	100 %	88,9 %

Météorologie / Atmospheric Science / Atmospheric Science and Physics / Meteorology

BAC 6 TRIMESTRES

CUISEP 441-300

Compétences à acquérir

– Observer, enregistrer et interpréter les données recueillies sur les conditions atmosphériques.
– Tenter d'établir les prévisions du temps.
– Étudier les données provenant des stations météorologiques (pression, température, humidité, vitesse des vents, précipitations, etc.).

Éléments du programme

– Climat et système
– Dynamique de l'atmosphère et des océans
– Introduction à la physique atmosphérique

Admission (voir p. 21 G)

DEC en Sciences de la nature ou DEC ou l'équivalent et Mathématiques, 103, 105, 203; Physique 101, 201, 301; Chimie 101, 201; Biologie 301.

OU

McGill : DEC en Sciences de la nature ou l'équivalent et Mathématiques NYA, NYB, NYC (00UN, 00UP, 00UQ ou 01Y1, 01Y2, 01Y4); Physique NYA, NYB, NYC (00UR, 00US, 00UT ou 01Y7, 01YF, 01YG); Chimie NYA, NYB (00UL, 00UM ou 01Y6, 01YH); Biologie NYA (00UK ou 01Y5).

Endroits de formation (voir p. 422)

	Contingentement	Coop	Cote R*
McGill	☐	☐	26.500
UQAM	☐	☐	—

* Le nombre inscrit indique la **Cote R** qui a été utilisée pour l'**admission de l'année 2009 ou 2010** par l'université concernée.

Professions reliées

C.N.P.
2114   Climatologiste
2114   Météorologiste

Endroits de travail

– Compagnies aériennes
– Forces armées canadiennes
– Gouvernements fédéral et provincial
– Télédiffuseurs

Salaire

Le salaire hebdomadaire moyen est de 796 $ (janvier 2009).

Remarques

– Voir aussi la fiche du programme Physique (page 265).
– Un stage de neuf mois au ministère de l'Environnement est exigé pour devenir météorologue professionnel.
– Après le baccalauréat, un stage de formation d'environ six mois au ministère de l'Environnement est exigé pour devenir météorologiste au sein du Service de l'environnement atmosphérique. Ce stage n'est pas requis ailleurs.
– L'Université du Québec à Montréal (UQAM) est la seule université francophone à offrir la concentration Météorologie dans le cadre du baccalauréat en Sciences de la Terre et de l'atmosphère.

STATISTIQUES D'EMPLOI			
	2005	2007	2009
Nb de personnes diplômées	8	9	8
% en emploi	33,3 %	44,4 %	66,7 %
% à temps plein	100 %	100 %	100 %
% lié à la formation	100 %	75,0 %	75,0 %

BAC 6 TRIMESTRES

CUISEP 451-000

Compétences à acquérir

- Comprendre et formuler des lois scientifiques universelles qui régissent les phénomènes physiques.
- Étudier divers phénomènes et lois de la nature comme la force, l'énergie et la structure de la matière et leurs interventions à l'échelle micro et macroscopique.
- Analyser et vérifier des théories existantes.
- Travailler aux applications industrielles des théories de la physique en collaboration avec d'autres professionnels.
- Faire des expériences en laboratoire.
- Appliquer les connaissances des lois de la physique au contrôle et à l'analyse de nouveaux produits.

Éléments du programme

- Astrophysique
- Mécanique quantique
- Physique atomique et moléculaire
- Physique expérimentale
- Physique mathématique
- Physique nucléaire
- Sciences de l'espace
- Thermodynamique

Admission (voir p. 21 G)

DEC ou l'équivalent et Mathématiques NYA, NYB; Physique NYA, NYB, NYC; Chimie NYA, NYB; Biologie NYA.
OU
Laval : DEC en Sciences de la nature ou en Sciences informatiques et mathématiques **OU** DEC ou l'équivalent et Mathématiques NYA, NYB, NYC (103-77, 105-77, 203-77); Physique NYA, NYB, NYC (101, 201, 301); Chimie NYA (101); Biologie NYA (301). *N. B. : Pour connaître les passerelles entre un DEC technique et ce programme, contacter la Faculté des sciences et de génie.*
McGill : DEC en Sciences de la nature ou l'équivalent et Mathématiques NYA, NYB, NYC (00UN, 00UP, 00UQ ou 01Y1, 01Y2, 01Y4); Physique NYA, NYB, NYC (00UR, 00US, 00UT ou 01Y7, 01YF, 01YG); Chimie NYA, NYB (00UL, 00UM ou 01Y6, 01YH); Biologie NYA (00UK ou 01Y5).
Montréal : DEC en Sciences de la nature **OU** DEC ou l'équivalent et Mathématiques 103, 105 et 203, deux cours de physique, un cours de chimie et un cours de biologie **OU** avoir réussi 24 crédits de cours universitaires autres que des crédits obtenus dans le cadre de cours préparatoires aux études universitaires.
Sherbrooke : DEC en Sciences informatiques et mathématiques **OU** DEC ou l'équivalent et Mathématiques NYA, NYB, NYC (00UN, 00UP, 00UQ); Physique NYA, NYB, NYC (00UR, 00US, 00UT); Chimie NYA, NYB (00UL, 00UM); Biologie NYA (00UK) **OU** DEC en formation professionnelle ou l'équivalent et Mathématiques NYA, NYB, NYC (00UN, 00UP, 00UQ), Physique NYA, NYB, NYC (00UR, 00US, 00UT).
UQTR : DEC en Sciences de la nature ou l'équivalent **OU** DEC ou l'équivalent et Mathématiques 103, 105, 203 (00UN, 00UQ, 00UP); Physique 101, 203, 301-78 (00UR, 00US, 00UT); Chimie 101, 201 (00UR, 00US, 00UT); Biologie 301(00UK) **OU** DEC techniques en Technologie physique ou l'équivalent **OU** DEC technique et

Mathématiques 103, 203 (00UN, 00UP); Physique 101, 201, 301 (00UR, 00US, 00UT); Chimie 101 (00UL).

Endroits de formation (voir p. 422)

	Contingentement	Coop	Cote R*
Bishop's	☐	☐	—
Concordia	☐	■	28.000
Laval	☐	☐	—
McGill	☐	☐	26.500
Montréal	☐	☐	—
Sherbrooke	☐	■	—
UQTR	☐	☐	—

** Le nombre inscrit indique la **Cote R** qui a été utilisée pour l'admission de l'année 2009 ou 2010 par l'université concernée.*

Professions reliées

C.N.P.
2111	Astronome
2111	Astrophysicien
2111	Physicien
2111	Physicien médical
2111	Physicien nucléaire
4141	Professeur de physique
2111	Spécialiste en photonique

Endroits de travail

- Entreprises du domaine de l'optique et de la photonique
- Établissements d'enseignement
- Firmes d'ingénieurs
- Gouvernements fédéral et provincial
- Industrie de l'aéronautique
- Laboratoires

Salaire

Le salaire hebdomadaire moyen est de 917 $ (janvier 2009).

Remarques

- Pour enseigner au secondaire, il faut être titulaire d'un permis ou d'un brevet d'enseignement permanent émis par le ministère de l'Éducation, du Loisir et du Sport.
- Pour exercer la profession et porter le titre d'ingénieur, il faut être membre de l'Ordre des ingénieurs du Québec.
- Des études de 2e cycle sont nécessaires pour exercer les professions suivantes : ingénieur en aérospatiale, ingénieur en sciences nucléaires, océanographe, physicien nucléaire.
- Des études de 3e cycle sont nécessaires pour exercer la profession suivante : astronome.
- L'Université de Sherbrooke offre des cheminements pouvant inclure l'un des modules suivants : Calcul scientifique; Nanotechnologie et nanosciences; Physique médicale.

S T A T I S T I Q U E S   D ' E M P L O I

	2005	2007	2009
Nb de personnes diplômées	90	114	100
% en emploi	17,5 %	17,1 %	16,9 %
% à temps plein	81,8 %	78,6 %	83,3 %
% lié à la formation	33,3 %	81,8 %	60,0 %

SCIENCES PURES

DOMAINE D'ÉTUDES

ÉTUDES PLURISECTORIELLES

Discipline

Études plurisectorielles 267

PROGRAMMES D'ÉTUDES	PAGES
Arts	268
Bio-informatique	269
Business and Science	270
Communication marketing	271
Environnements naturels et aménagés / Études de l'environnement / Environment / Environmental Science / Environmental Studies	272
Études des femmes / Études féministes / Western Society and Culture / Women Studies	273
Études internationales / Études internationales et langues modernes / Relations internationales et droit international / International Studies	274
Histoire et études classiques	275
Lettres et sciences humaines	276
Linguistique et psychologie	277
Littérature comparée et philosophie / Littérature de langue française et linguistique / Littérature et philosophie	278
Mathématiques et économie	279
Mathématiques et informatique / Mathematics and Computer Science	280
Philosophie et études classiques	281
Philosophie et science politique / Science politique et philosophie	282
Physique et informatique / Physics and Computer Science	283
Psychoéducation et psychologie	284
Psychologie et sociologie	285
Sciences	286

Arts

BAC 6 TRIMESTRES

Compétences à acquérir

– Développer ses connaissances dans plusieurs disciplines et les utiliser de façon méthodique.
– Intervenir efficacement dans un milieu professionnel.
– Interagir avec divers spécialistes.

Éléments du programme

– Écriture de communication
– Histoire des communications
– Langues
– Méthodologie de la recherche sociale
– Psychologie du travail et des organisations
– Sciences, techniques et civilisations
– Sociétés
– Théories de l'organisation

Admission (voir p. 21 G)

DEC ou l'équivalent.
OU
Avoir réussi, au moment de la demande d'admission, des cours universitaires témoignant d'une préparation jugée satisfaisante par le comité d'admission.
ET
Maîtriser le français.

Endroit de formation (voir p. 422)

	Contingentement	Coop	Cote R
TÉLUQ	☐	☐	—

Professions reliées

Données non disponibles.

Endroits de travail

Données non disponibles.

Salaire

Donnée non disponible.

Remarques

– La structure du programme donne une latitude à la personne qui désire obtenir une formation de type multidisciplinaire ou plus spécialisée.
– Ce programme est offert à distance, à temps plein et à temps partiel.
– Un certificat est également offert.

STATISTIQUES D'EMPLOI	2005	2007	2009
Nb de personnes diplômées	—	—	15
% en emploi	—	—	44,4 %
% à temps plein	—	—	25,0 %
% lié à la formation	—	—	100 %

BAC 6 TRIMESTRES

Compétence à acquérir

Maîtriser et intégrer des connaissances de base en sciences biologiques, en informatique, en mathématiques et en statistiques.

N.B. : Plusieurs concentrations sont offertes selon l'université.

Éléments du programme

– Éthique
– Génétique
– Probabilités et statistiques
– Programmation
– Protéines
– Stage
– Systèmes informatiques

Admission (voir p. 21 G)

Laval : DEC en Sciences de la nature **OU** tout autre DEC et avoir réussi les cours de Mathématiques NYA, NYB, NYC (103-77, 203-77, 105-77); Physique NYA, NYB, NYC (101, 201, 301); Chimie NYA (101); Biologie NYA (301).

N.B. : Pour connaître les passerelles entre un DEC technique et ce programme, contacter la Faculté des sciences et de génie.

Montréal : DEC en Sciences de la nature et avoir atteint les objectifs suivants : Chimie 00XV et Biologie 00XU **OU** DEC ou l'équivalent et Mathématiques 103, 203; Physique 101, 201, 301; Chimie 101, 201, 202; Biologie 301, 401 ou deux cours de biologie humaine **OU** avoir réussi 24 crédits de niveau universitaire autres que des crédits obtenus dans le cadre de cours préparatoires aux études universitaires.

Endroits de formation (voir p. 422)

	Contingentement	Coop	Cote R*
Laval	☐	☐	—
Montréal	☐	☐	25.069

** Le nombre inscrit indique la **Cote R** qui a été utilisée pour l'admission de l'année 2009 ou 2010 par l'université concernée.*

Profession reliée

C.N.P.
2112   Bio-informaticien

Endroits de travail

– Centres de recherche
– Établissements d'enseignement
– Industrie de la biotechnologie

Salaire

Le salaire hebdomadaire moyen est de 922 $ (janvier 2009).

STATISTIQUES D'EMPLOI	2005	2007	2009
Nb de personnes diplômées	771	1 004	1 173
% en emploi	69,2 %	65,0 %	65,4 %
% à temps plein	86,1 %	90,7 %	87,5 %
% lié à la formation	76,6 %	72,0 %	72,5 %

ÉTUDES PLURISECTORIELLES

BAC 6 TRIMESTRES

Compétences à acquérir

– Acquérir un minimum de spécialisation dans un domaine de la gestion et d'une discipline scientifique.
– Concevoir des nouveaux procédés industriels et de nouvelles techniques.
– Produire des rapports de travaux, d'expertises ou d'analyses.
– Travailler aux applications industrielles des théories et connaissances technologiques en collaboration avec d'autres professionnels.
– Participer à l'élaboration des objectifs, des politiques et de la stratégie globale de l'entreprise ainsi qu'à la gestion des ressources.
– Assurer la relation entre une organisation et les sources de financement.
– Management des organisations.

Éléments du programme

– Biochimie
– Biologie
– Biologie environnementale
– Chimie
– Comptabilité
– Économie
– Finance
– Gestion de l'information et des systèmes
– Gestion internationale
– Informatique
– Marketing
– Mathématiques appliquées
– Mathématiques pures
– Physiologie
– Physique
– Psychologie
– Ressources humaines
– Science de l'exercice et études du sport

Admission (voir p. 21 G)

DEC en Sciences de la nature.
OU
DEC ou équivalent. *N. B. : L'étudiant qui n'a pas complété un DEC en Sciences de la nature (ou équivalent) peut être admis. Toutefois, des préalables seront ajoutés à son programme d'études.*

Endroit de formation (voir p. 422)

	Contingentement	Coop	Cote R
Bishop's	☐	☐	—

Professions reliées

C.N.P.
— Administrateur d'entreprises de biotechnologie
— Consultant
— Journaliste spécialisé
6221 Représentant pharmaceutique

Endroits de travail

– Entreprises de biopharmaceutique et de biotechnologie
– Organismes municipaux, provinciaux et fédéraux
– Organisations scientifiques nationales et internationales
– Médias spécialisés

Salaire

Le salaire hebdomadaire moyen est de 922 $ (janvier 2009).

Statistiques d'emploi

Données non disponibles.

BAC 6 TRIMESTRES

Compétences à acquérir

– Acquérir et approfondir des connaissances relatives aux différents aspects de la communication marketing.
– Développer des habiletés et s'initier à la recherche dans le domaine de la communication marketing.
– Acquérir des connaissances relatives à l'environnement organisationnel des entreprises et du contexte dans lequel elles évoluent.
– Développer une réflexion éthique et critique face aux pratiques de la communication marketing.
– Élaborer des stratégies de communication marketing originales selon une approche intégrée et critique.
– Concevoir, réaliser et gérer les communications internes et externes d'une entreprise en tenant compte des caractéristiques de son environnement organisationnel.

Éléments du programme

– Commerce électronique
– Communication financière
– Communication orale et écrite
– Éthique
– Gestion de la marque
– Marketing
– Plan de communication
– Publicité
– Stage
– Technologies de communication

Admission (voir p. 21 G)

DEC ou l'équivalent et cours d'appoint en mathématiques si nécessaire.

Endroit de formation (voir p. 422)

	Contingentement	Coop	Cote R*
UQAM	■	☐	28.000

** Le nombre inscrit indique la **Cote R** qui a été utilisée pour l'admission de l'année 2009 ou 2010 par l'université concernée.*

Professions reliées

C.N.P.
5124   Agent de communication marketing
4163   Consultant en marketing
0611   Directeur de la publicité
0611   Directeur des communications ventes et marketing
0611   Directeur du marketing
0015   Directeur général des ventes et de la publicité
4163   Expert-conseil en commercialisation

Endroits de travail

– À son compte
– Agences de publicité
– Entreprises publiques
– Firmes de communications
– Grandes entreprises
– Médias
– Organismes sans but lucratif
– Petites et moyennes entreprises
– Syndicats

Salaire

Le salaire hebdomadaire moyen est de 922 $ (janvier 2009).

Remarques

– Ce programme donne également accès à des études de deuxième cycle en gestion ou en communication.
– L'Université de Sherbrooke offre un baccalauréat-maîtrise en Communication-Marketing.

Statistiques d'emploi

Données non disponibles.

ÉTUDES PLURISECTORIELLES

18076 — Environnements naturels et aménagés / Études de l'environnement / Environment / Environmental Science / Environmental Studies

BAC 6 TRIMESTRES　　　　　　　　　　　　**CUISEP 620/630-000**

Compétences à acquérir

- Acquérir une compréhension de base des systèmes de l'environnement et de l'interaction entre ces derniers et la société.
- Analyser les impacts de l'activité humaine sur l'environnement.
- Collaborer à la conception et à la mise en œuvre de solutions pertinentes pour prévenir ou réduire les impacts néfastes des activités humaines sur l'environnement.
- Communiquer en tenant compte des personnes, des communautés et des instances concernées.
- Travailler en équipe afin d'atteindre les objectifs fixés.

Éléments du programme

- Biodiversité et écologie
- Biostatistique
- Communication
- Dynamique de la surface de la terre
- Écologie générale
- Écosystèmes
- Environnement et société
- Environnements naturels
- Éthique et sciences biologiques
- Évaluation environnementale
- Principes d'aménagement durable
- Système d'information géographique

Admission (voir p. 21 G)

Bishop's : DEC ou l'équivalent.

Concordia : DEC en Sciences de la nature ou l'équivalent **OU** DEC technique parmi les suivants : Techniques de bioécologie, Technique d'inventaire de recherche en biologie ou Technique d'écologie appliquée et Mathématiques NYA (00UN) **OU** DEC ou l'équivalent et Mathématiques NYA (00UN); Physique NYA (00UR); Chimie NYA, NYB (00UL, 00UM); Biologie NYA (00UK).

Laval : DEC en sciences de la nature **OU** DEC en Techniques d'écologie appliquée, Techniques d'inventaire de recherche en biologie ou Techniques de bioécologie et Mathématiques NYA (00UN) **OU** DEC ou l'équivalent et Mathématiques NYA (00UN); Physique NYA (00UR); Chimie NYA, NYB (00UL, 00UM); Biologie NYA (00UK).

McGill : DEC en Sciences de la nature ou l'équivalent **OU** DEC ou l'équivalent et Mathématiques NYA, NYB (00UN, 00UP) et un minimum de quatre de cours parmi les suivants : Physique NYA, NYB, NYC (00UR, 00US, 00UT); Chimie NYA, NYB (00UL, 00UM); Biologie NYA; Biologie générale II (00UK, 00XU). *N. B. : Des cours de statistique et de biologie sont conseillés aux candidats qui souhaitent être admis en psychologie. Le cours de mathématiques NYC (00UQ) est conseillé aux candidats qui souhaitent être admis en informatique ou en mathématiques.*

Sherbrooke : DEC en Sciences de la nature **OU** DEC ou l'équivalent et Mathématiques 360-300 (022P).

Endroit de formation (voir p. 422)

	Contingentement	Coop	Cote R*
Bishop's	☐	☐	—
Concordia	☐	☐	—
Laval	☐	☐	—
McGill	☐	☐	24.000 à 27.400
Sherbrooke	☐	☐	23.000

** Le nombre inscrit indique la **Cote R** qui a été utilisée pour l'**admission de l'année 2009 ou 2010** par l'université concernée.*

Profession reliée

C.N.P.
2121　Écologiste

Endroits de travail

- Centre de recherche
- Entreprises forestières
- Firmes d'experts-conseils en environnement
- Gouvernements fédéral et provincial
- Organismes gouvernementaux

Salaire

Le salaire hebdomadaire moyen est de 682 $ (janvier 2009).

Remarques

- L'Université Concordia offre trois spécialisations : Ecology, Geoscience, Hydrosphere.
- À l'Université Laval, le baccalauréat intégré en Environnements naturels et aménagés est axé sur la conservation et la gestion durable des écosystèmes. Ce baccalauréat offre cinq concentrations : Aspects socio-économiques de la conservation de l'environnement; Conservation des écosystèmes aquatiques; Conservation des écosystèmes forestiers; Conservation des écosystèmes nordiques; Dimension internationale de la conservation de l'environnement.
- L'Université McGill offre trois cheminements : Ecological Determinant of Healt in Society; Economics and the Earth's Environment; Environment and Development.
- L'Université du Québec à Chicoutimi (UQAC) offre un certificat et une mineure en Sciences de l'environnement.

STATISTIQUES D'EMPLOI

	2005	2007	2009
Nb de personnes diplômées	40	68	61
% en emploi	52,0 %	34,2 %	45,2 %
% à temps plein	76,9 %	84,6 %	92,9 %
% lié à la formation	60,0 %	72,7 %	38,5 %

Études des femmes / Études féministes / Western Society and Culture / Women Studies

BAC 2 À 4 TRIMESTRES　　　　　　　　　　　　　　　**CUISEP 635-000**

Compétence à acquérir

Ce programme est conçu pour les étudiants qui désirent allier les études de la femme à des études en sociologie, en psychologie, en histoire, en science politique, en littérature ou en religion de même que pour ceux qui désirent se spécialiser dans les études de la femme. Il comporte la collecte et l'évaluation des nombreux documents qu'on redécouvre sur la femme et sur sa situation depuis les temps anciens.

Élément du programme

Données non disponibles.

Admission (voir p. 21 G)

DEC ou l'équivalent.

Endroits de formation (voir p. 422)

	Contingentement	Coop	Cote R
Concordia	☐	☐	—
McGill	☐	☐	—
UQAM	☐	☐	—

Profession reliée

C.N.P.
4169　　Sociologue

Endroit de travail

Gouvernements fédéral et provincial

Salaire

Le salaire hebdomadaire moyen est de 922 $ (janvier 2009).

Remarques

– L'Université Bishop's offre également une mineure.
– L'Université du Québec à Montréal (UQAM) offre un certificat et une concentration de 1er cycle en Études féministes.

ÉTUDES PLURISECTORIELLES

STATISTIQUES D'EMPLOI	2005	2007	2009
Nb de personnes diplômées	771	1 004	1 173
% en emploi	69,2 %	65,0 %	65,4 %
% à temps plein	86,1 %	90,7 %	87,5 %
% lié à la formation	76,6 %	72,0 %	72,5 %

15437 Études internationales / Études internationales et langues modernes / Relations internationales et droit international / International Studies

BAC 6 TRIMESTRES

Compétences à acquérir

- Comprendre et analyser des phénomènes internationaux (régimes politiques, politiques étrangères, etc.).
- Décoder les structures de fonctionnement des autres sociétés.
- Maîtriser les concepts utilisés en droit, en histoire, en politique et en économique.

Éléments du programme

- Commerce international
- Développement économique
- Droit constitutionnel
- Droit international
- Finance internationale
- Mondialisation
- Relations économiques
- Stage
- Systèmes politique et juridique

Admission (voir p. 21 G)

DEC ou l'équivalent.
OU
Laval : DEC et faire la preuve d'avoir atteint, en anglais, des compétences de niveau intermédiaire II **OU**
Choix de première langue :
Anglais langue seconde : faire la preuve d'avoir atteint en anglais, des compétences de niveau avancé I;
Espagnol : faire la preuve d'avoir atteint, en espagnol, des compétences de niveau intermédiaire II **OU**
Choix de deuxième langue :
Allemand : Aucune connaissance préalable requise;
Anglais langue seconde : faire la preuve d'avoir atteint en anglais, des compétences de niveau avancé I.
Espagnol : faire la preuve d'avoir atteint, en espagnol, des compétences de niveau intermédiaire I **ET** test d'équivalence
ET lettre indiquant le choix de la première et de la deuxième langue.
Montréal : DEC ou l'équivalent **OU** avoir réussi 24 crédits de cours universitaires autres que des crédits obtenus dans le cadre de cours préparatoires aux études universitaires.

Endroits de formation (voir p. 422)

	Contingentement	Coop	Cote R*
Bishop's	☐	☐	23.000
Laval	☐	☐	—
McGill	☐	☐	—
Montréal	☑	☐	27.687
UQAM	☑	☐	28.700

* Le nombre inscrit indique la Cote R qui a été utilisée pour l'admission de l'année 2009 ou 2010 par l'université concernée.

Professions reliées

C.N.P.
4164	Agent de développement international
4168	Attaché politique
4164	Conseiller en affaires internationales
4168	Diplomate
4169	Lobbyiste
4168	Spécialiste en relations internationales

Endroits de travail

- Gouvernements fédéral et provincial
- Grandes entreprises
- Organisations internationales (ONU, etc.)

Salaire

Le salaire hebdomadaire moyen est de 786 $ (janvier 2009).

Remarques

- Ce programme donne accès aux études supérieures en Science politique.
- L'Université Bishop's offre deux concentrations : Culture mondiale et Gouvernance mondiale. Elle offre également une mineure en International Studies.
- L'Université de Montréal offre cinq orientations : Économie-Administration; Développement international; Droit; Histoire; Science politique.
- L'Université du Québec à Montréal (UQAM) offre quatre axes : Économie, développement et mondialisation; Formation pratique et activité de synthèse; Politiques étrangères et sécurité internationale; Systèmes politiques et juridiques comparés.

ÉTUDES PLURISECTORIELLES

STATISTIQUES D'EMPLOI	2005	2007	2009
Nb de personnes diplômées	606	764	852
% en emploi	48,9 %	43,5 %	42,7 %
% à temps plein	85,9 %	88,5 %	88,5 %
% lié à la formation	36,6 %	36,7 %	31,0 %

BAC 6 TRIMESTRES   CUISEP 251/561-000

Compétences à acquérir

– S'approprier des outils méthodologiques et acquérir une pensée critique.
– Comprendre les racines de notre civilisation.

Éléments du programme

– Grèce antique
– Histoire de la littérature latine
– Histoire du Moyen Âge
– Initiation à l'archéologie gréco-romaine
– Langue grecque et latine
– Méthodes de recherche en antiquité
– Stage en archéologie

Admission (voir p. 21 G)

DEC ou l'équivalent et test de français.

Endroit de formation (voir p. 422)

	Contingentement	Coop	Cote R
Montréal	☐	☐	—

Profession reliée

C.N.P.
—   Agent de recherche

Endroits de travail

– Firmes d'archéologues
– Gouvernements
– Grandes entreprises
– Médias
– Musées
– Universités

Salaire

Le salaire hebdomadaire moyen est de 922 $ (janvier 2009). Consulter aussi les fiches des programmes Histoire (page 226) et Études classiques (page 58).

Statistiques d'emploi

Consulter les fiches des programmes Histoire (page 226) et Études classiques (page 58).

ÉTUDES PLURISECTORIELLES

BAC 6 TRIMESTRES

Compétences à acquérir

– S'intégrer à des situations en constante évolution.
– Être familier avec chacune des grandes époques de l'histoire sous l'angle d'une discipline particulière, mais en intégrant les éléments et les méthodes des autres approches disciplinaires.

Cinq orientations sont offertes :

Études françaises; Histoire; Histoire de l'art; Littérature comparée; Philosophie.

Éléments du programme

– Avènement du monde contemporain
– Études de textes
– Europe à la Renaissance
– Invention de l'homme moderne
– Littérature et théories de la culture
– Monde Antique
– Moyen Âge
– Philosophie politique contemporaine
– Programme de lectures critiques
– Programme individuel de lecture
– Théories et méthodes critiques

Admission (voir p. 21 G)

DEC ou l'équivalent.

OU

Avoir réussi 24 crédits de cours universitaires autres que des crédits obtenus dans le cadre de cours préparatoires aux études universitaires.

ET

Excellence du dossier scolaire.

Endroit de formation (voir p. 422)

	Contingentement	Coop	Cote R*
Montréal	■	☐	20.000

* Le nombre inscrit indique la **Cote R** qui a été utilisée pour l'**admission de l'année 2009 ou 2010** par l'université concernée.

Professions reliées

Données non disponibles.

Endroits de travail

Données non disponibles.

Salaire

Le salaire hebdomadaire moyen est de 922 $ (janvier 2009).

Remarque

Ce programme forme des diplômés très polyvalents capables de répondre aux exigences du marché du travail qui demande des individus aptes à s'intégrer à des situations en constante évolution. Le diplômé pourra poursuivre des études de maîtrise dans la discipline choisie lors de la troisième année.

Statistiques d'emploi

Données non disponibles.

BAC 6 TRIMESTRES   CUISEP 253/576-000

Compétence à acquérir

Étudier et comprendre le fonctionnement du cerveau et la structuration du langage.

Éléments du programme

– Lexicologie, sémantique et morphologie
– Neuropsychologie humaine
– Phonologie du français
– Processus cognitifs
– Processus d'apprentissage
– Psychologie, physiologie
– Psychopathologie

Admission (voir p. 21 G)

DEC ou l'équivalent et avoir réussi, avant l'entrée dans le programme : Mathématiques 337 ou (360-300 et 201-300) ou (103 et 307); un cours de biologie; Psychologie 102.
OU
DEC en Histoire et civilisation et avoir atteint les objectifs suivants : Biologie 022V, Méthodes quantitatives 022P et Statistiques avancées 022W.
OU
DEC en Sciences de la nature.
OU
DEC en Sciences humaines et avoir atteint les objectifs suivants : Biologie 022V et Statistiques avancées 022W.

Endroit de formation (voir p. 422)

	Contingentement	Coop	Cote R
Montréal	☐	☐	—

Profession reliée

C.N.P.
3141   Orthophoniste

Endroits de travail

– Centres hospitaliers
– Universités

Salaire

Le salaire hebdomadaire moyen est de 922 $ (janvier 2009). Consulter aussi les fiches des programmes Linguistique (page 65) et Psychologie (page 229).

Remarque

Ce baccalauréat donne accès à la maîtrise en Orthophonie aux universités Laval et McGill.

Statistiques d'emploi

Consulter les fiches des programmes (page 65) et Psychologie (page 229).

18000 — Littérature comparée et philosophie / Littérature de langue française et philosophie / Littérature et philosophie

BAC 6 TRIMESTRES   CUISEP 251-000

Compétences à acquérir

- Comprendre les liens entre la philosophie et la littérature, de façon à développer une intelligence synthétique de la tradition philosophique et de l'histoire des littératures.
- Développer les capacités de lecture et de rédaction en lien avec les différents types de discours de la philosophie et de la littérature.
- Acquérir des méthodes d'analyse et de critique des discours littéraires et philosophiques.
- Acquérir une solide formation dans les humanités et s'initier aux principaux axes historiques de la constitution des discours littéraires et philosophiques, de l'Antiquité à aujourd'hui.

Éléments du programme

- Descartes et le rationalisme
- Littérature française
- Littérature québécoise
- Méthodes critiques
- Mythologie gréco-romaine
- Philosophie politique contemporaine
- Philosophie sociale et politique

Admission (voir p. 21 G)

DEC ou l'équivalent.

Endroits de formation (voir p. 422)

	Contingentement	Coop	Cote R
Laval	☐	☐	—
Montréal	☐	☐	—

Professions reliées

C.N.P.
5123 Critique littéraire
4121 Professeur de littérature
4121 Professeur de philosophie
5121 Rédacteur

Endroits de travail

- Établissements d'enseignement collégiaux
- Maisons d'édition
- Médias
- Organismes culturels

Salaire

Le salaire hebdomadaire moyen est de 922 $ (janvier 2009).

Remarque

Ce programme est bidisciplinaire.

Statistiques d'emploi

Données non disponibles.

ÉTUDES PLURISECTORIELLES

BAC 6 TRIMESTRES

Compétences à acquérir

– Ce programme est bidisciplinaire.
– Consulter les fiches des programmes Mathématiques (page 256) et Économie (page 221).

Éléments du programme

Consulter les fiches des programmes Mathématiques (page 256) et Économie (page 221).

Admission (voir p. 21 G)

Bishop's : DEC ou l'équivalent et Mathématiques NYA, NYB; Physique NYA, NYB.

Montréal : DEC en Sciences de la nature **OU** DEC ou l'équivalent **OU** avoir réussi 24 crédits de cours universitaires autres que des crédits obtenus dans le cadre de cours préparatoires aux études universitaires et Mathématiques 103, 105, 203.

Endroits de formation (voir p. 422)

	Contingentement	Coop	Cote R
Bishop's	☐	☐	—
Montréal	☐	☐	—

Professions reliées

Consulter les fiches des programmes Mathématiques (page 256) et Économie (page 221).

Endroits de travail

Consulter les fiches des programmes Mathématiques (page 256) et Économie (page 221).

Salaire

Le salaire hebdomadaire moyen est de 922 $ (janvier 2009).

Statistiques d'emploi

Consulter les fiches des programmes Mathématiques (page 256) et Économie (page 221).

Compétences à acquérir

– Utiliser des méthodes et des techniques de la mathématique et de l'informatique pour apporter une solution à des problèmes relevant de divers domaines d'application de la mathématique tels que l'ingénierie, la physique, la chimie, la biologie et les sciences sociales.
– Analyser, évaluer, créer des algorithmes, des logiciels, des modèles ou des systèmes informatiques à vocation industrielle ou scientifique en s'appuyant sur l'outil mathématique.

Éléments du programme

– Algèbre linéaire
– Algorithme et programmation
– Circuits logiques
– Génie logiciel
– Intelligence artificielle
– Langages de programmation
– Structure interne des ordinateurs

Admission (voir p. 21 G)

Laval : DEC en Sciences de la nature ou en Sciences informatiques et mathématiques **OU** DEC et Mathématiques NYA, NYB, NYC (103-77, 105-77, 203-77); Physique NYA, NYB, NYC (101, 201, 301); Chimie NYA ou 101; Biologie NYA (301). *N. B. : Pour connaître les passerelles entre un DEC technique et ce programme, contacter la Faculté des sciences et de génie.*

McGill : DEC en Sciences de la nature ou l'équivalent et Mathématiques NYA, NYB, NYC (00UN, 00UP, 00UQ ou 01Y1, 01Y2, 01Y4); Physique NYA, NYB, NYC (00UR, 00US, 00UT ou 01Y7, 01YF, 01YG); Chimie NYA, NYB (00UL, 00UM ou 01Y6, 01YH); Biologie NYA (00UK ou 01Y5).

Montréal : DEC en Sciences de la nature ou en Sciences informatiques et mathématiques **OU** DEC ou l'équivalent et Mathématiques 103, 105, 203 **OU** avoir réussi 24 crédits de cours universitaires autres que des crédits dans le cadre de cours préparatoires aux études universitaires.

UQAM : DEC en Sciences de la nature **OU** DEC ou l'équivalent et avoir atteint les objectifs 00UN, 01Y4 ou 022Z en Mathématiques.

UQTR : DEC ou l'équivalent ou Mathématiques 00UN, 01Y1 ou 022X; 00UP, 01Y2 ou 022Y; 00UQ, 01Y4 ou 022Z.

Endroits de formation (voir p. 422)

	Contingentement	Coop	Cote R
Laval	☐	☐	—
McGill	☐	☐	—
Montréal	■	☐	—
UQAM	☐	☐	—
UQTR	☐	☐	—

Professions reliées

C.N.P.
2171 Analyste en informatique
2161 Spécialiste de la recherche opérationnelle

Endroits de travail

Données non disponibles.

Salaire

Le salaire hebdomadaire moyen est de 922 $ (janvier 2009).

Remarques

– À l'Université du Québec à Montréal (UQAM), il s'agit d'une concentration du baccalauréat en Mathématiques.
– L'Université du Québec à Trois-Rivières (UQTR) offre un double baccalauréat en Mathématique-informatique d'une durée de quatre ans.

Statistiques d'emploi

Données non disponibles.

BAC 6 TRIMESTRES

Compétences à acquérir

– Analyser clairement les problèmes.
– Raisonner de manière articulée.
– Réfléchir de façon critique.

Éléments du programme

– Éthique et politique
– Histoire de la littérature latine
– Langues anciennes
– Méthodes de recherche en Antiquité
– Philosophie grecque
– Philosophie moderne

Admission (voir p. 21 G)

DEC ou l'équivalent et test de français.

Endroit de formation (voir p. 422)

	Contingentement	Coop	Cote R
Montréal	☐	☐	—

Profession reliée

C.N.P.
4169   Philosophe

Endroits de travail

– Firmes d'archéologues
– Gouvernements
– Grandes entreprises
– Musées

Salaire

Le salaire hebdomadaire moyen est de 922 $ (janvier 2009). Consulter aussi les fiches des programmes Philosophie (page 232) et Études classiques (page 58).

Statistiques d'emploi

Consulter les fiches des programmes Philosophie (page 232) et Études classiques (page 58).

ÉTUDES PLURISECTORIELLES

Philosophie et science politique / Science politique et philosophie

BAC 6 TRIMESTRES

Compétences à acquérir

– Ce programme est bidisciplinaire.
– Consulter les fiches des programmes Science politique (page 225) et Philosophie (page 232).

Éléments du programme

Consulter les fiches des programmes Science politique (page 225) et Philosophie (page 232).

Admission (voir p. 21 G)

Laval : DEC ou l'équivalent.
Montréal : DEC ou l'équivalent **OU** avoir réussi 24 crédits de cours universitaires autres que des crédits obtenus dans le cadre de cours préparatoires aux études universitaires.

Endroits de formation (voir p. 422)

	Contingentement	Coop	Cote R*
Laval	☐	☐	—
Montréal	■	☐	22.000

** Le nombre inscrit indique la **Cote R** qui a été utilisée pour l'admission de l'année 2009 ou 2010 par l'université concernée.*

Professions reliées

Consulter les fiches des programmes Science politique (page 225) et Philosophie (page 232).

Endroits de travail

Consulter les fiches des programmes Science politique (page 225) et Philosophie (page 232).

Salaire

Le salaire hebdomadaire moyen est de 922 $ (janvier 2009).

Statistiques d'emploi

Consulter les fiches des programmes Science politique (page 225) et Philosophie (page 232).

BAC 6 TRIMESTRES

Compétences à acquérir

– Ce programme est bidisciplinaire.
– Consulter les fiches des programmes Physique (page 265) et Informatique (page 118).

Éléments du programme

Consulter les fiches des programmes Physique (page 265) et Informatique (page 118).

Admission (voir p. 21 G)

McGill : DEC en Sciences de la nature ou l'équivalent et Mathématiques NYA, NYB, NYC (00UN, 00UP, 00UQ ou 01Y1, 01Y2, 01Y4); Physique NYA, NYB, NYC (00UR, 00US, 00UT ou 01Y7, 01YF, 01YG); Chimie NYA, NYB (00UL, 00UM ou 01Y6, 01YH); Biologie NYA (00UK ou 01Y5).

Montréal : DEC en Sciences de la nature **OU** DEC ou l'équivalent **OU** avoir réussi 24 crédits de cours universitaires autres que des crédits obtenus dans le cadre de cours préparatoires aux études universitaires **ET** Mathématiques 103, 105; 203; deux cours de physique; un cours de chimie; un cours de biologie.

UQTR : DEC ou l'équivalent ET Mathématiques 103, 105, 203 (00UN, 00UP, 00UQ); Physique 101, 201, 301-78 (00UR, 00US, 00UT); Chimie 101, 201 (00UL, 00UM); Biologie 301 (00UK) **OU** DEC en Sciences de la nature **OU** DEC technique en Technologie physique **OU** DEC technique et Mathématiques 103, 203 (00UN, 00UP); Chimie 101 (00UK); Physique 101, 201, 301-78 (00UR, 00US, 00UT).

Endroits de formation (voir p. 422)

	Contingentement	Coop	Cote R*
McGill	☐	☐	—
Montréal	■	☐	25.616
UQTR	☐	☐	—

** Le nombre inscrit indique la **Cote R** qui a été utilisée pour l'admission de l'année 2009 ou 2010 par l'université concernée.*

Professions reliées

Consulter les fiches des programmes Physique (page 265) et Informatique (page 118).

Endroits de travail

Consulter les fiches des programmes Physique (page 265) et Informatique (page 118).

Salaire

Le salaire hebdomadaire moyen est de 922 $ (janvier 2009).

Statistiques d'emploi

Consulter les fiches des programmes Physique (page 265) et Informatique (page 118).

ÉTUDES PLURISECTORIELLES

BAC 6 TRIMESTRES

Compétences à acquérir

– Ce programme est bidisciplinaire.
– Consulter les fiches des programmes Psychoéducation (page 231) et Psychologie (page 229).

Éléments du programme

Consulter les fiches des programmes Psychoéducation (page 231) et Psychologie (page 229).

Admission (voir p. 21 G)

DEC en Sciences de la nature ou en Sciences humaines et avoir atteint les objectifs O22V (Biologie) et O22W (Statistiques avancées) **OU** DEC en Histoire et civilisation et avoir atteint les objectifs O22V (Biologie), O22P (Méthodes quantitatives), O22W (Statistiques avancées).
OU
DEC ou l'équivalent et Mathématiques 337 ou (360-300 et 201-300) ou (103 et 307); un cours de biologie; Psychologie 102.
OU
Avoir réussi 24 crédits de cours universitaires autres que des crédits obtenus dans le cadre de cours préparatoires aux études universitaires.

Endroit de formation (voir p. 422)

	Contingentement	Coop	Cote R*
Montréal	■	☐	29.610

** Le nombre inscrit indique la **Cote R** qui a été utilisée pour l'admission de l'année 2009 ou 2010 par l'université concernée.*

Professions reliées

Consulter les fiches des programmes Psychoéducation (page 231) et Psychologie (page 229).

Endroits de travail

Consulter les fiches des programmes Psychoéducation (page 231) et Psychologie (page 229).

Salaire

Le salaire hebdomadaire moyen est de 922 $ (janvier 2009).

Statistiques d'emploi

Consulter les fiches des programmes Psychoéducation (page 231) et Psychologie (page 229).

ÉTUDES PLURISECTORIELLES

BAC 6 TRIMESTRES

Compétences à acquérir

– Ce programme est bidisciplinaire.
– Ce baccalauréat prépare particulièrement aux études supérieures dans les programmes spécialisés de sociologie, de psychologie (recherche), de microsociologie et de psychologie sociale.
– Consulter les fiches des programmes Psychologie (page 229) et Sociologie (page 220).

Éléments du programme

Consulter les fiches des programmes Psychologie (page 229) et Sociologie (page 220).

Admission (voir p. 21 G)

DEC ou l'équivalent.
OU
Avoir réussi 24 crédits de cours universitaires autres que des crédits obtenus dans le cadre de cours préparatoires aux études universitaires.
ET
Qualité du dossier scolaire.

Endroit de formation (voir p. 422)

	Contingentement	Coop	Cote R
Montréal	■	☐	—

Professions reliées

Consulter les fiches des programmes Psychologie (page 229) et Sociologie (page 220).

Endroits de travail

Consulter les fiches des programmes Psychologie (page 229) et Sociologie (page 220).

Salaire

Le salaire hebdomadaire moyen est de 922 $ (janvier 2009).

Statistiques d'emploi

Consulter les fiches des programmes Psychologie (page 229) et Sociologie (page 220).

ÉTUDES PLURISECTORIELLES

BAC 6 TRIMESTRES

Compétences à acquérir

– Développer des capacités d'analyse et de synthèse.
– Développer des connaissances dans diverses disciplines scientifiques (biologie, informatique, physique, etc.) et les utiliser de façon méthodique.
– Comprendre et résoudre des problèmes.

Éléments du programme

– Activités multidisciplinaires
– Méthode de recherche scientifique
– Projet
– Rédaction scientifique et technique
– Sciences, techniques et civilisations
– Stage
– Statistiques

Admission (voir p. 21 G)

DEC ou l'équivalent.
OU
Avoir, au moment de la demande d'admission, réussi des cours universitaires témoignant d'une préparation jugée suffisante par le comité d'admission.
ET
Connaissance des mathématiques du collégial **OU** suivre un cours d'appoint **OU** réussite du test de mathématiques.
ET
Maîtriser le français.

Endroit de formation (voir p. 422)

	Contingentement	Coop	Cote R
TÉLUQ	☐	☐	—

Professions reliées

C.N.P.
5121 Rédacteur scientifique
— Représentant

Endroits de travail

– Centres de recherche (publics ou privés)
– Entreprises de haute technologie

Salaire

Le salaire hebdomadaire moyen est de 922 $ (janvier 2009).

Remarques

– Ce programme est offert à distance, à temps plein et à temps partiel.
– Un certificat en Science et technologie est également offert.
– L'Université du Québec à Montréal (UQAM) offre le baccalauréat ès sciences et le baccalauréat ès sciences appliquées par cumul de mineures ou de certificats.

Statistiques d'emploi

Données non disponibles.

DOSSIER

Programmes DEC-BAC

QU'EST-CE QU'UN DEC-BAC?

La formule DEC-BAC résulte d'une entente entre une université et un cégep selon laquelle l'université reconnaît des acquis du programme du collégial pour l'équivalent d'une année d'études universitaires et dans certains cas d'une année d'études collégiales. Cela permet d'obtenir, généralement en quatre ou cinq années d'études, une double diplomation. En effet, ce type de programme permet d'obtenir un diplôme d'études collégiales techniques et un baccalauréat.

En ce qui a trait à la durée du DEC-BAC, celle-ci varie entre quatre ans (incluant une session d'été) pour un DEC-BAC intégré et généralement entre cinq ans ou six ans pour un DEC-BAC harmonisé. Dans les deux cas, l'élève entre à l'université en deuxième année du programme de baccalauréat.

L'étudiant choisit la formule DEC-BAC dès la troisième année lorsque son dossier scolaire le lui permet. Il peut également choisir de se retirer de ce type de programme au terme de la troisième année du collégial. Pour quelques programmes, l'obtention du DEC se fera lorsque l'étudiant aura complété ses stages de niveau collégial.

NOTE IMPORTANTE : IL EST FORTEMENT CONSEILLÉ DE VÉRIFIER AUPRÈS DU SERVICE RÉGIONAL D'ADMISSION OU AUPRÈS DES RESPONSABLES D'ADMISSION DES CÉGEPS LES CONDITIONS RÉGISSANT CE TYPE DE FORMATION. LES DONNÉES PRÉSENTÉES SONT APPELÉES À CHANGER RAPIDEMENT, CAR CE TYPE DE PROGRAMME EST EN CONSTANTE ÉVOLUTION.

QUELS SONT LES AVANTAGES DE CE TYPE DE PROGRAMME?

Cette formule permet à l'étudiant :
– de cumuler un DEC et un BAC;
– d'accéder automatiquement aux études de niveau universitaire;
– d'éviter la duplication des cours par une formation intégrée ou harmonisée et sur mesure;
– de réduire la durée des études d'une année;
– d'épargner jusqu'à 2 500 $ en frais de scolarité et de matériel et, dans certains cas, jusqu'à deux années de loyer;
– d'intégrer le marché du travail plus tôt.

210.02 Techniques de génie chimique / Génie chimique

DEC-BAC INTÉGRÉ 6 ANS

CUISEP 413/414-000

Compétences à acquérir

Au collégial : Techniques de génie chimique
– Mettre au point des méthodes de fabrication.
– Déceler et corriger les problèmes mineurs dans le fonctionnement des appareils de mesure et de contrôle.
– Calibrer et maîtriser le déroulement de procédés et rédiger des rapports.
– Faire divers tests et analyses chimiques en vue d'assurer les normes de qualité, d'améliorer les procédés industriels et d'optimiser les rendements dans la transformation des produits.

À l'université : Génie chimique
Données non disponibles.

Éléments du programme

Propres au DEC
– Analyse organique
– Calcul différentiel et intégral
– Compléments de mathématique
– Contrôle et instrumentation des procédés
– Essais et mesures physicochimiques
– Opérations fondamentales

Propres au DEC-BAC
– Cinétique chimique
– Épuration des eaux
– Ingénierie de la qualité
– Mécanique des fluides
– Procédés électrochimiques
– Transfert de chaleur

Admission

Mathématiques 068-526; Physique 534; Chimie 534 **OU** Mathématique, séquence Sciences naturelles (065506 ou 565506) ou séquence Technico-sciences (064506 ou 564506) de la 5e secondaire; Physique et Chimie de la 5e secondaire (053504 ou 553504).
Laval : Avoir obtenu le DEC selon les termes de l'entente DEC-BAC.

Endroits de formation (voir p. 337 et 414)

Cégep de Lévis-Lauzon **ET** Université Laval.

Professions reliées

C.N.P.	AU COLLÉGIAL
2211	Technologue en génie chimique
2211	Technologue en génie pétrochimique
2211	Technologue en procédés de fabrication alimentaire
	À L'UNIVERSITÉ
2134	Ingénieur chimiste
2134	Ingénieur chimiste de la production
2134	Ingénieur chimiste en recherche
2134	Ingénieur chimiste spécialiste des études et projets
2131	Ingénieur civil en écologie générale
2131	Ingénieur de l'environnement
2145	Ingénieur du pétrole
2148	Ingénieur du textile
2115	Ingénieur en transformation des matériaux composites

Endroits de travail

– Centres de recherche
– Compagnies d'appareillage industriel
– Compagnies minières
– Entreprises de recyclage
– Firmes de consultants
– Gouvernements fédéral et provincial
– Industrie alimentaire
– Industrie métallurgique
– Industrie pharmaceutique
– Papetières
– Raffineries
– Usines de produits chimiques

Salaire

Le salaire hebdomadaire moyen est de 1 036 $ (janvier 2009).

Remarque

Pour exercer la profession et porter le titre d'ingénieur, il faut être membre de l'Ordre des ingénieurs du Québec.

STATISTIQUES D'EMPLOI	2005	2007	2009
Nb de personnes diplômées	129	146	138
% en emploi	75,0 %	80,0 %	70,7 %
% à temps plein	96,7 %	97,5 %	100 %
% lié à la formation	75,9 %	82,1 %	77,4 %

326   TECHNIQUES PHYSIQUES

Comment lire une fiche de programme DEC-BAC

A **Numéro d'identification** du programme qui correspond, **en général**, à celui accordé par l'établissement d'enseignement collégial. Pour l'admission, l'élève doit utiliser le code établi par le Service régional d'admission concerné (SRAM, SRACQ ou SRAS).

B **Titre du programme DEC-BAC** au **collégial** et **titre du programme de BAC** à l'**université.**

C Identification de la **filière de formation** (sanction) – **DEC-BAC** (**DEC** : diplôme d'études collégiales, **BAC** : baccalauréat) et **durée** du programme d'études (cette durée exclut le travail personnel de l'étudiant).

D **Code CUISEP.** Ce code est tiré de la Classification uniforme en information scolaire et professionnelle. Il sera fort utile dans la recherche d'information complémentaire à partir de documents ou pour accéder à certains fichiers du système informatisé REPÈRES.

E Identification des **compétences à acquérir** dans le cadre du programme. Cette rubrique décrit les habiletés et les aptitudes que le programme développera chez l'étudiant.

F **Titre du programme technique** qui permet l'entrée dans le programme **DEC-BAC.**

G **Titre du programme universitaire** associé.

H Liste **non exhaustive** des **principaux cours** offerts dans le programme. Les éléments désignés par les termes « **Propres au DEC** » renvoient à l'**enseignement collégial** alors que les termes « **Propres au DEC-BAC** » renvoient à l'**enseignement universitaire.**

I Liste des **préalables collégiaux** exigés par les **établissements universitaires** pour entreprendre le programme d'études.

J Liste des **établissements collégiaux et universitaires** offrant conjointement le programme de formation. Pour connaître les coordonnées des établissements, consulter l'**Index alphabétique des établissements d'enseignement collégial** à la page 345 ainsi que l'**Index alphabétique des établissements universitaires**, à la page 422.

K Liste non exhaustive de **professions reliées**, c'est-à-dire de professions qui peuvent être exercées après avoir complété le programme avec succès. Pour en savoir plus, consulter les fiches des programmes dans les *Guides Choisir* correspondants.

L Liste sommaire des types **d'employeurs éventuels** des personnes qui ont complété le programme avec succès.

M **Indication du salaire.** Le salaire est, dans la majorité des cas, présenté sur une **base hebdomadaire.** Il correspond à la moyenne des sommes reçues en guise de rémunération pour un emploi occupé à temps plein pendant une semaine. Les données fournies sont tirées de « *La Relance à l'université* » publiée par le ministère de l'Éducation.

N **Remarques.** On trouve sous cette rubrique des renseignements complémentaires relatifs au programme, à l'exercice de la profession – appartenance à un ordre professionnel, par exemple – ou aux établissements d'enseignement. Les critères d'admission à l'entrée de la profession sont également fournis.

O **Statistiques d'emploi.** Les années indiquées dans les tableaux (2005-2007-2009) correspondent aux années de la relance faite auprès des personnes diplômées (ex. : **2009** : Promotion des élèves de l'**année scolaire 2007-2008**).

Le tableau indique donc pour ces années de relance :
• le **nombre de personnes diplômées;**
De ce nombre :
• *% en emploi* = le **pourcentage des personnes diplômées qui ont obtenu un emploi;**
• *% à temps plein* = le **pourcentage de celles qui ont obtenu un emploi et qui travaillent à temps plein;**
• *% lié à la formation* = le **pourcentage des personnes qui travaillent à temps plein et qui jugent que leur travail correspond à leur formation.**

Certaines statistiques d'emploi sont manquantes en raison de la non-disponibilité des données correspondantes.

Les statistiques proviennent des données recueillies par les responsables du MELS de *La Relance à l'université.*
http://www.mels.gouv.qc.ca/Relance/Relance.htm

P Nom de la **famille** de techniques.

**D
E
C
–
B
A
C**

Index des programmes DEC-BAC

Les programmes DEC-BAC sont énumérés selon l'ordre d'apparition dans le Guide.

Arts

570.A0	Graphisme / Design graphique	292
574.B0	Techniques d'animation 3D et de synthèse d'images / Création 3D (majeure) OU Design de jeu (mineure).	293
582.A1	Techniques d'intégration multimédia / Conception de jeux vidéo (BAC avec majeure) OU Création 3D OU Création en multimédia interactif (majeure)	294
582.A1	Techniques d'intégration multimédia / Design graphique	295
589.BC	Techniques de communication dans les médias – Journalisme / Communication, rédaction et multimédia	296
551.AB	Techniques professionnelles de musique et chanson (Musique populaire) / Musique, mention interprétation (Jazz et musique populaire).	297

Techniques biologiques

152.A0	Gestion et exploitation d'entreprise agricole / Agroéconomie	298
152.A0	Gestion et exploitation d'entreprise agricole / Agronomie	299
180.A0 ou B0	Soins infirmiers / Sciences infirmières	300
145.C0/02	Techniques d'inventaire et de recherche en biologie OU Techniques de bioécologie / Biologie	302
145.C0	Techniques de bioécologie / Gestion intégrée des zones côtières	303
145.A0	Techniques de santé animale / Agronomie	304
153.B0	Technologie de la production horticole et de l'environnement / Agroéconomie	305
153.B0	Technologie de la production horticole et de l'environnement / Agronomie	306
154.A0	Technologie des procédés et de la qualité des aliments OU Technologie de la transformation des aliments / Sciences et technologie des aliments	307
153.A0	Technologie des productions animales / Agroéconomie	308
153.A0	Technologie des productions animales / Agronomie	309
147.A0/190.B0	Technologie forestière / Aménagement et environnement forestiers (Génie forestier) OU Sciences forestières.	310

Techniques de l'administration

410.C0/D0/B0	Conseil en assurances et en services financiers ET/OU Gestion de commerces ET/OU Techniques de comptabilité et de gestion / Administration des affaires (toutes concentrations)	311
410.C0/D0/B0/ 23/24	Conseil en assurances et en services financiers OU Gestion de commerces OU Techniques de comptabilité et de gestion / Administration des affaires OU Sciences comptables	313

430.B0/A0   Gestion d'un établissement de restauration OU Techniques de gestion
             hôtelière / Gestion du tourisme et de l'hôtellerie. 314

410.D0   Gestion de commerces / Administration : Marketing 315

410.24   Gestion de commerces OU Techniques de comptabilité et de gestion /
             Administration : Marketing 316

410.B0   Techniques de comptabilité et de gestion / Sciences comptables 317

420.A0   Techniques de l'informatique / Conception de jeux vidéo (BAC avec majeure) . . 318

420.AA/BB/CC Techniques de l'informatique / Informatique OU Informatique et
             génie logiciel OU Informatique et recherche opérationnelle 319

420.A0/01   Techniques de l'informatique / Informatique de gestion 321

410.A0   Techniques de la logistique du transport / Administration des affaires –
             Logistique 322

Techniques humaines

393.A0   Techniques de la documentation / Gestion de l'information 323

Techniques physiques

271.01   Géologie appliquée (Technologie minérale) / Géologie 324

280.B0   Techniques de construction aéronautique / Génie aérospatial 325

210.02   Techniques de génie chimique / Génie chimique. 326

241.A0   Techniques de génie mécanique – *Conception* OU *Fabrication* /
             Génie mécanique. 327

210.AA   Techniques de laboratoire – *Biotechnologie* / Agronomie 328

210.AA   Techniques de laboratoire – *Biotechnologie* / Biochimie OU
             Biochimie et biotechnologie OU Biologie moléculaire et cellulaire 329

210.AA   Techniques de laboratoire – *Biotechnologie* / Biologie OU
             Biologie moléculaire OU Microbiologie 331

210.AA   Techniques de laboratoire – *Biotechnologie* / Biologie OU
             Génie biotechnologique OU Sciences biologiques OU
             Sciences biologiques et écologiques 332

210.AA   Techniques de laboratoire – *Biotechnologie* / Biologie médicale. 334

210.AA   Techniques de laboratoire – *Biotechnologie* / Sciences et
             technologie des aliments. 335

210.AA/AB   Techniques de laboratoire – *Biotechnologie* OU *Chimie analytique* / Chimie . . 336

243.B0   Technologie de l'électronique – *Ordinateurs* / Génie informatique 337

243.BA   Technologie de l'électronique – *Télécommunications* /
             Génie électrique – Télécommunications 338

243.C0   Technologie de l'électronique industrielle – *Électrodynamique* /
             Génie électrique 339

221.B0   Technologie du génie civil / Génie civil 340

244.A0   Technologie physique / Génie physique. 341

570.A0 Graphisme / Design graphique

DEC+BAC 5 ANS

CUISEP 217-500

Compétences à acquérir

Au collégial : Graphisme

– Identifier les besoins du client.
– Faire la recherche documentaire préalable à l'élaboration d'un projet.
– Choisir et organiser les composantes visuelles selon les objectifs visés.
– Faire des croquis préliminaires et des esquisses.
– Réaliser des maquettes et des prêts-à-photographier.
– Superviser les étapes de la réalisation du produit final

À l'université : Design graphique

– Créer des images, des illustrations, des maquettes en vue de traduire des idées ou des messages (affiches, enseignes, logos).
– Concevoir des images de kiosques, de la publicité ou des films animés.
– Développer un langage visuel, logique, raffiné, esthétique et original.

Éléments du programme

Propres au DEC

– Concept et prototype d'une production multimédia interactive
– Mise en pages informatisée
– Production des illustrations virtuelles
– Réalisation d'un projet d'édition
– Réalisation d'un projet en trois dimensions
– Traduction d'une idée en esquisse

Propres au DEC-BAC

– Analyse critique du design
– Couleur
– Créativité et images
– Design de produits
– Design graphique
– Dessin d'observation
– Idéation publicitaire
– Illustration
– Langage graphique
– Multimédia
– Processus de design

Admission

Excellence du dossier scolaire **ET** test d'admission.

Endroits de formation (voir p. 337 et 414)

Cégep de Rivière-du-Loup, Cégep de Sainte-Foy, Cégep de Sherbrooke, Cégep Marie-Victorin **ET** Université Laval.

Professions reliées

C.N.P.	AU COLLÉGIAL
2162	Concepteur d'applications multimédias
5241	Concepteur graphiste
5241	Conseiller en communication visuelle
5241	Designer de jeux
	À L'UNIVERSITÉ
0213	Chargé de projet multimédia
5241	Concepteur d'animation 2D et 3D
5243	Concepteur-designer d'expositions
5241	Concepteur-idéateur de jeux électroniques
5241	Concepteur-idéateur de produits multimédias
5241	Designer visuel en multimédia
5241	Dessinateur de publicité
5131	Directeur artistique
5241	Graphiste
5241	Illustrateur
5241	Infographiste
5241	Web designer

Endroits de travail

– À son compte
– Agences de graphisme
– Agences de publicité
– Éditeurs de journaux et magazines
– Firmes de communication
– Gouvernements fédéral et provincial
– Imprimeries
– Industrie du multimédia
– Maisons d'édition

Salaire

Le salaire hebdomadaire moyen est de 631 $ (janvier 2009).

STATISTIQUES D'EMPLOI			
	2005	2007	2009
Nb de personnes diplômées	208	181	195
% en emploi	75,2 %	79,4%	73,9 %
% à temps plein	80,7 %	89,0%	85,9 %
% lié à la formation	65,9 %	83,1%	85,9 %

Techniques d'animation 3D et de synthèse d'images / Création 3D (majeure) OU Design de jeu (mineure)

DEC-BAC 5 ANS

CUISEP 217-500

Compétences à acquérir

Au collégial : Technique d'animation 3D et synthèse d'images

Concevoir, modéliser et animer des objets, des lieux et des personnages en 3D en vue de leur intégration dans une production 3D.

À l'université : Création 3D (majeure) OU Design de jeu (mineure)

La formation universitaire s'attarde plus spécifiquement au développement de la créativité, aux habiletés en dessin, à l'acquisition d'une culture artistique étendue et à une compréhension de la communication de groupe et de masse.

Éléments du programme

Propres au DEC
– Analyse d'une production
– Animation des personnages
– Assemblage des médias
– Conception et dessin d'un personnage et de son environnement
– Création des effets visuels numériques
– Génération des images de synthèse
– Modélisation des accessoires, des décors, des personnages
– Représentation des mouvements en 3D

Propres au DEC-BAC
– Modélisation et animation 3D
– Outils de développement d'application en multimédia

Admission

Aucun préalable d'admission au collégial.

Endroits de formation (voir p. 337 et 414)

Cégep de Matane **ET** Université du Québec en Abitibi-Témiscamingue (UQAT).

Professions reliées

C.N.P.	AU COLLÉGIAL
5241	Concepteur d'animation 2D et 3D
5241	Concepteur-idéateur de jeux électroniques
5241	Concepteur-idéateur de produits multimédias
5241	Designer visuel en multimédia
5241	Illustrateur
5232	Infographe en animation 3D
	À L'UNIVERSITÉ
5241	Assembleur-intégrateur en multimédia
0213	Chargé de projet multimédia
2173	Concepteur de logiciels
5241	Dessinateur d'animation 2D et 3D
2174	Développeur de jeux d'ordinateur
2174	Développeur de logiciels d'animation

Endroits de travail

– Industrie du jeu vidéo
– Industrie du multimédia
– Studios d'animation par ordinateur
– Studios de télévision
– Industrie du multimédia
– Entreprises de postproduction

Salaire

Le salaire hebdomadaire moyen est de 966 $ (janvier 2009).

STATISTIQUES D'EMPLOI			
	2005	**2007**	**2009**
Nb de personnes diplômées	1 160	740	701
% en emploi	76,3 %	82,8 %	85,3 %
% à temps plein	96,1 %	96,2 %	98,7 %
% lié à la formation	80,4 %	84,5 %	94,4 %

582.A1 Techniques d'intégration multimédia / Conception de jeux vidéo (BAC avec majeure) OU Création 3D (majeure) OU Création en multimédia interactif (majeure)

DEC/BAC INTÉGRÉ 5 ANS   CUISEP 510-000

Compétences à acquérir

Au collégial : Techniques d'intégration multimédia
Assembler et intégrer les éléments de contenus (texte, images, animation, vidéo, son) d'applications multimédias en ligne ou sur support et procéder au codage de l'interactivité.

À l'université : Conception de jeux vidéo (BAC avec majeure) et Création 3D (majeure)
La formation universitaire s'attarde plus spécifiquement au développement de la créativité, aux habiletés en dessin, à l'acquisition d'une culture artistique étendue et à une compréhension de la communication de groupe et de masse.

À l'université : Création en multimédia interactif (majeure)
Exploiter les possibilités des nouvelles technologies des multimédias dans trois domaines d'application du multimédia interactif : la conception, la réalisation et la production.

Éléments du programme

Propres au DEC
– Conception d'un projet
– Design et interactivité de la page-écran
– Langages de programmation
– Montage d'une présentation informatisée
– Programmation des produits multimédias
– Réalisation des produits multimédias en ligne et sur support
– Recherche, organisation et transmission de l'information
– Traitement des images fixes et en mouvement
– Traitement des textes pour la mise en pages-écran

Propres au DEC-BAC
– Cinéma, télévision, arts visuels et multimédia
– Design sonore
– Design de jeux
– Graphisme et infographie
– Internet
– Méthodologie de la recherche en communication
– Modèles théoriques de la communication de groupe et de masse
– Modélisation et animation 3D
– Outils de développement d'application en multimédia

Admission

Aucun préalable.

Endroits de formation (voir p. 337 et 414)

– Cégep de l'Outaouais, Cégep de Matane **ET** Université du Québec en Abitibi-Témiscamingue (UQAT) pour Conception de jeux vidéo et Création 3D.
– Collège Édouard-Montpetit **ET** Université du Québec en Abitibi-Témiscamingue (UQAT) pour Création en multimédia interactif.

Professions reliées

C.N.P.	AU COLLÉGIAL
2162	Concepteur d'applications multimédias
5241	Designer de jeux
	À L'UNIVERSITÉ
0213	Chargé de projet multimédia
5241	Concepteur d'animation 2D et 3D
5241	Concepteur-idéateur de produits multimédias
5241	Concepteur-idéateur de produits multimédias
5241	Designer d'interface multimédia
2162	Intégrateur en multimédia et Web

Endroits de travail

– À son compte
– Industrie du multimédia

Salaire

Le salaire hebdomadaire moyen est de 966 $ (janvier 2009).

STATISTIQUES D'EMPLOI			
	2005	2007	2009
Nb de personnes diplômées	208	181	701
% en emploi	75,2 %	79,4 %	85,3 %
% à temps plein	80,7 %	89,0 %	98,7 %
% lié à la formation	65,9 %	83,1 %	94,4 %

DEC-BAC INTÉGRÉ 5 ANS — CUISEP 510-000

Compétences à acquérir

Au collégial : Techniques d'intégration multimédia
Assembler et intégrer les éléments de contenus (texte, images, animation, vidéo, son) d'applications multimédias en ligne ou sur support et procéder au codage de l'interactivité.

À l'université : Design graphique
– Créer des images, des illustrations, des maquettes en vue de traduire des idées ou des messages (affiches, enseignes, logos).
– Concevoir des images de kiosques, de la publicité ou des films animés.
– Développer un langage visuel, logique, raffiné, esthétique et original.

Éléments du programme

Propres au DEC
– Conception d'un projet
– Design et interactivité de la page-écran
– Langages de programmation
– Montage d'une présentation informatisée
– Programmation des produits multimédias
– Réalisation des produits multimédias en ligne et sur support
– Recherche, organisation et transmission de l'information
– Traitement des images fixes et en mouvement
– Traitement des textes pour la mise en pages-écran

Propres au DEC-BAC
– Analyse critique du design
– Couleur
– Créativité et images
– Design de produits
– Design graphique
– Dessin d'observation
– Idéation publicitaire
– Illustration
– Langage graphique
– Multimédia
– Processus de design

Admission

Excellence du dossier scolaire **ET** test d'admission.

Endroits de formation (voir p. 337 et 414)

Cégep de Sainte-Foy **ET** Université Laval.

Professions reliées

C.N.P. **AU COLLÉGIAL**
2162 Concepteur d'applications multimédias
5241 Concepteur graphiste
5241 Conseiller en communication visuelle
5241 Designer de jeux
À L'UNIVERSITÉ
5241 Concepteur d'animation 2D et 3D
5243 Concepteur-designer d'expositions
5241 Concepteur-idéateur de jeux électroniques
5241 Concepteur-idéateur de produits multimédias
5241 Designer d'interface multimédia
5241 Designer visuel en multimédia
5241 Dessinateur de publicité
5131 Directeur artistique
5241 Graphiste
5241 Illustrateur
2162 Intégrateur en multimédia et Web
5241 Web designer

Endroits de travail

– À son compte
– Agences de publicité
– Firmes de communication
– Gouvernements fédéral et provincial
– Industrie du multimédia
– Journaux et magazines
– Maisons d'édition
– Médias électroniques
– Organismes éducationnels (*e-learning*)

Salaire

Le salaire hebdomadaire moyen est de 631 $ (janvier 2009).

STATISTIQUES D'EMPLOI			
	2005	2007	2009
Nb de personnes diplômées	208	181	195
% en emploi	75,2 %	79,4 %	73,9 %
% à temps plein	80,7 %	89,0 %	85,9 %
% lié à la formation	65,9 %	83,1 %	85,9 %

589.BC Techniques de communication dans les médias – *Journalisme* / Communication, rédaction et multimédia

DEC/BAC 5 ANS   CUISEP 511-000

Compétences à acquérir

Au collégial : Techniques de communication dans les médias – *Journalisme*

– Effectuer des reportages d'information pour la radio, la télévision et des publications.
– Produire des nouvelles pour la radio, la télévision et les publications.
– Rédiger, réviser et adapter des textes journalistiques.
– Exploiter un environnement informatique.
– Participer aux décisions relatives au traitement et à la présentation des informations journalistiques.

À l'université : Communication, rédaction et multimédia

– Concevoir et gérer des projets dans les domaines de la langue et des communications.
– Maîtriser les divers types de rédaction professionnelle.
– Se familiariser avec le contexte de communication dans ses dimensions sociale, institutionnelle, politique et éthique.
– Exploiter les ressources informatiques dans une perspective de traitement, de mise en forme et de diffusion de l'information.
– Développer une attitude critique par l'étude des principaux modèles théoriques et par l'analyse de discours spécialisés.

Éléments du programme

Au collégial :
– Communication avec le public
– Analyse de l'actualité
– Composition et mise en pages pour l'impression d'une publication journalistique
– Entrevues
– Production des nouvelles et des reportages à la télévision
– Recherche d'informations journalistiques
– Reportages

À l'université :
– Communication informatique et multimédia
– Documentation et multimédia
– Enjeux sociaux du multimédia
– Internet et multimédia
– Plans de communication
– Rédaction
– Rédaction technique et promotionnelle
– Révision de textes

Admission

Aucun préalable.

Endroits de formation (voir p. 337 et 414)

Cégep de Jonquière **ET** Université de Sherbrooke.

Professions reliées

C.N.P.	AU COLLÉGIAL
5124	Agent d'information
5231	Animateur (radio, télévision)
5123	Journaliste
	À L'UNIVERSITÉ
5124	Agent de communication
5124	Attaché de presse
5123	Éditorialiste
5124	Conseiller en communication
—	Coordonnateur d'événements
5123	Recherchiste (radio, télévision)
5121	Rédacteur
5124	Relationniste

Endroits de travail

– Agences de communication
– Entreprises culturelles
– Entreprises de production multimédia
– Entreprises de télécommunication
– Gouvernements provincial et fédéral
– Journaux
– Magazine
– Organismes sans but lucratif
– Services de communication de grandes ou moyennes entreprises
– Stations de radio et de télévision

Salaire

Le salaire hebdomadaire moyen est de 628 $ (janvier 2007).

STATISTIQUES D'EMPLOI	2005	2007	2009
Nb de personnes diplômées	386	399	—
% en emploi	44,8 %	49,8 %	—
% à temps plein	77,5 %	80,3 %	—
% lié à la formation	53,8 %	61,3 %	—

ARTS

Techniques professionnelles de musique et chanson (Musique populaire) / Musique, mention interprétation (Jazz et musique populaire)

DEC-BAC 4 ANS   CUISEP 221-000

Compétences à acquérir

Au collégial : Techniques professionnelles de musique et chanson; musique populaire
– Exercer des activités musicales professionnelles de type populaire, commercial et jazz.
– Jouer d'au moins deux instruments de musique.
– Réaliser des arrangements musicaux pour petits et grands ensembles.
– Interpréter des pièces de façon originale.

À l'université: Musique, mention interprétation (Jazz et musique populaire)
– Interpréter, créer et arranger des œuvres musicales.
– Diriger des ensembles musicaux.
– Enseigner la musique ou le chant.
– Accompagner des musiciens ou des chanteurs.

Éléments du programme

Propres au DEC
– Appréciation des diverses caractéristiques d'œuvres musicales
– Communications professionnelles
– Interprétation des pièces musicales
– Maîtrise des particularités du langage de la musique populaire
– Nouvelles technologies musicales
– Repiquage d'une pièce de musique populaire
– Traduction d'un matériel musical
– Utilisation des éléments des langages de la musique

Propres au DEC-BAC
– Analyse et écriture
– Grands ensembles
– Formation auditive
– Harmonie
– Histoire de la musique
– Instrument principal
– Musicothérapie
– Rythmique

Admission

Avoir réussi les cours ou avoir atteint les objectifs de l'une des deux séries suivantes : Musique 101, 201, 301 et 401 (objectif : 01DH); Musique 111, 211, 311 et 411 (objectif : 01DK); Musique 121, 221, 321 et 421 (ou 131, 231, 331, 431) (objectif : 01DG);
OU
Musique 105, 205, 305 et 405 (objectif : 01DH); Musique 106, 206, 306 et 406 (objectif : 01DJ); Musique 111, 211, 311 et 411 (objectif : 01DK); Musique 121, 221, 321 et 421 (ou 131, 231, 331, 431) (objectif : 01DG).
ET
Examen d'admission obligatoire : audition instrumentale et tests de classement en formation auditive et en connaissance du clavier.

Endroits de formation (voir p. 337 et 414)

Campus Notre-Dame-de-Foy **ET** Université Laval.

Professions reliées

C.N.P.	AU COLLÉGIAL
5132	Auteur-compositeur-interprète
5133	Chanteur populaire
5133	Choriste
5132	Compositeur
5133	Musicien populaire
5132	Orchestrateur
	À L'UNIVERSITÉ
5132	Arrangeur de musique
5133	Chanteur de concert
5132	Chef d'orchestre
5123	Critique d'art
5132	Directeur musical
5133	Instrumentiste
5133	Musicien
5133	Musicologue
3144	Musicothérapeute
5133	Professeur de chant
5133	Professeur de musique
—	Réalisateur de son en multimédia

Endroits de travail

– Agences de divertissement
– Agences de production (cinéma, publicité, multimédia)
– À son compte
– Clubs
– Conservatoires de musique
– Établissements d'enseignement
– Orchestres
– Studios d'enregistrement
– Télédiffuseurs

Salaire

Le salaire hebdomadaire moyen est de 656 $ (janvier 2009).

Remarques

– Différentes options sont offertes selon les établissements : Composition; Éducation musicale; Histoire de la musique; Interprétation; Jazz; etc.
– Pour enseigner au primaire et au secondaire, il faut détenir un permis ou un brevet d'enseignement permanent émis par le ministère de l'Éducation, du Loisir et du Sport.
– Pour obtenir l'accréditation de musicothérapeute (MTA) auprès de l'Association de musicothérapeute du Canada, le candidat doit faire la preuve qu'il possède une expérience de travail d'au moins 1 00 heures sous supervision d'un musicothérapeute accrédité.

STATISTIQUES D'EMPLOI	2005	2009	2009
Nb de personnes diplômées	297	309	345
% en emploi	54,4 %	52,6 %	54,2 %
% à temps plein	44,9 %	47,5 %	53,0 %
% lié à la formation	59,1 %	56,3 %	53,2 %

152.A0 Gestion et exploitation d'entreprise agricole / Agroéconomie

DEC/BAC 6 ANS
CUISEP 311-100

Compétences à acquérir

Au collégial : Gestion et exploitation d'entreprise agricole
– Former des travailleurs qualifiés dans les différentes opérations de mise en culture, d'entretien et de calibrage de machinerie.
– Gérer et prendre en charge les équipes de travail, l'opérationnalisation des différentes règles d'élevage et de production des herbages.
– Développer des habiletés d'entrepreneur capable de gérer et de prendre les décisions relatives au développement de l'entreprise.
Deux voies de spécialisation sont offertes :
Productions animales; Productions végétales.

À l'université : Agroéconomie
– Contribuer au développement de l'économie agroalimentaire et du milieu rural.
– Trouver des solutions aux problèmes vécus dans ces domaines d'activités.
– Conseiller des exploitants agricoles dans le domaine de la gestion et du financement.
– Analyser des politiques et des marchés agroalimentaires.
– Assurer la gestion d'entreprises agroalimentaires.
– Participer au développement international.

Éléments du programme

Propres au DEC
– Application d'une méthode comptable
– Choix et entretien de tracteur
– Entretien de l'outillage et de la machinerie
– Informatique et ferme
– Intégration au milieu de travail
– Notions d'anatomie et de physiologie animales
– Pratiques agricoles, environnement, santé et sécurité
– Soins d'hygiène et de santé animale

Propres au DEC-BAC
– Financement agricole
– Gestion agricole
– Macroéconomique
– Méthodes statistiques
– Politiques agricoles
– Sciences des plantes et du sol

Admission

Aucun préalable.
Laval : Avoir réussi les cours suivants : Mathématiques NYA et NYB; Chimie NYA et avoir une cote R égale ou supérieure à 25.

Endroits de formation (voir p. 337 et 414)

Cégep de Lévis-Lauzon, Cégep de Matane, Cégep de Sherbrooke, Cégep de Victoriaville, Cégep régional de Lanaudière (Joliette), Cégep Saint-Jean-sur-Richelieu, Collège d'Alma, Collège Lionel-Groulx, Institut de technologie agroalimentaire (ITA) – Campus de La Pocatière et de Saint-Hyacinthe **ET** Université Laval.

Professions reliées

C.N.P.	AU COLLÉGIAL
8251	Céréaliculteur
1232	Conseiller en financement agricole
8251	Exploitant agricole
8251	Exploitant de ferme laitière
8251	Gérant d'entreprise agricole
8251	Producteur d'animaux à fourrure
8251	Producteur d'ovins
8251	Producteur de bovins
8251	Producteur de lapins
8251	Producteur de pommes de terre
8251	Producteur de porcins
8253	Responsable de la production agricole
2221	Technologue agricole
	À L'UNIVERSITÉ
4162	Agroéconomiste
4163	Analyste des marchés
6411	Courtier en denrées alimentaires
0412	Directeur des ventes à l'exportation
4162	Économiste en développement international

Endroits de travail

– Coopératives agroalimentaires
– Entreprises agricoles
– Fermes familiales et spécialisées
– Gouvernements fédéral et provincial
– Régie de l'assurance agricole du Québec
– Syndicats des gestion agricole

Salaire

Donnée non disponible.

Remarques

– Pour exercer la profession et porter le titre d'agronome, il faut être membre de l'Ordre des agronomes du Québec.
– L'Université Laval offre un certificat en Distribution et marchandisage alimentaire.

Statistiques d'emploi

Données non disponibles.

Compétences à acquérir

Au collégial : Gestion et exploitation d'entreprise agricole
- Former des travailleurs qualifiés dans les différentes opérations de mise en culture, d'entretien et de calibrage de machinerie.
- Gérer et prendre en charge les équipes de travail, l'opérationnalisation des différentes règles d'élevage et de production des herbages.
- Développer des habiletés d'entrepreneur capable de gérer et de prendre les décisions relatives au développement de l'entreprise.

Deux voies de spécialisation sont offertes :
Productions animales; Productions végétales.

À l'université : Agronomie
- Assurer une saine gestion et utilisation des ressources vouées à la production agricole et alimentaire.
- Résoudre des problèmes agricoles par l'application des sciences biologiques.
- Améliorer la productivité des sols, des plantes et des animaux.
- Assurer la vulgarisation des sciences agronomiques.
- Veiller à la production et à la conservation des ressources biologiques ou biophysiques agricoles.

Éléments du programme

Propres au DEC
- Application d'une méthode comptable
- Choix et entretien de tracteur
- Entretien de l'outillage et de la machinerie
- Informatique et ferme
- Intégration au milieu de travail
- Notions d'anatomie et de physiologie animales
- Pratiques agricoles, environnement, santé et sécurité
- Soins d'hygiène et de santé animale

Propres au DEC-BAC
- Anatomie et physiologie animales
- Comptabilité des entreprises
- Fertilisation des sols
- Genèse et classification des sols
- Génétique
- Nutrition animale
- Physiologie végétale
- Sciences du sol

Admission

Aucun préalable.
Laval : Avoir réussi les cours suivants : Mathématiques NYA; Physique NYA; Chimie NYA et NYB et avoir une cote R égale ou supérieure à 25.

Endroits de formation (voir p. 337 et 414)

Cégep de Lévis-Lauzon, Cégep de Matane, Cégep de Sherbrooke, Cégep de Victoriaville, Cégep régional de Lanaudière (Joliette), Cégep Saint-Jean-sur-Richelieu, Collège d'Alma, Collège Lionel-Groulx, Institut de technologie agroalimentaire (ITA) – Campus de La Pocatière et de Saint-Hyacinthe **ET** Université Laval.

Professions reliées

C.N.P.	AU COLLÉGIAL
8251	Céréaliculteur
2221	Contrôleur des produits laitiers
8251	Exploitant agricole
8251	Exploitant de ferme laitière
8251	Gérant d'entreprise agricole
8251	Producteur d'animaux à fourrure
8251	Producteur d'ovins
8251	Producteur de bovins
8251	Producteur de lapins
8251	Producteur de pommes de terre
8251	Producteur de porcins
8253	Responsable de la production agricole
2221	Technologue agricole
	À L'UNIVERSITÉ
2123	Agronome
2123	Agronome des services de vulgarisation
2123	Agronome en agriculture biologique
2123	Agronome en production animale
2123	Agronome en production végétale
2115	Agronome pédologue
2123	Agronome-dépisteur
2121	Bactériologiste
2121	Entomologiste
2123	Malherbologiste
2121	Phytobiologiste
2121	Zoologiste

Endroits de travail

- Bureaux d'experts-conseils en gestion agricole
- Coopératives agroalimentaires
- Entreprises agricoles
- Entreprises d'alimentation animale
- Fermes familiales et spécialisées
- Gouvernements fédéral et provincial
- Organismes internationaux
- Syndicats de gestion agricole

Salaire

Le salaire hebdomadaire moyen est de 783 $ (janvier 2009).

Remarques

- Pour exercer la profession et porter le titre d'agronome, il faut être membre de l'Ordre des agronomes du Québec.
- Des études de 2e cycle sont nécessaires pour exercer les professions suivantes : agronome pédologue, bactériologiste des sols, entomologiste, malherbologiste, phytopathologiste.

STATISTIQUES D'EMPLOI	2005	2007	2009
Nb de personnes diplômées	181	131	133
% en emploi	69,3 %	53,3 %	70,5 %
% à temps plein	95,5 %	97,9 %	97,0 %
% lié à la formation	88,1 %	91,5 %	9,23 %

180.A0 OU B0 — Soins infirmiers / Sciences infirmières

DEC+BAC 5 ANS

CUISEP 353-330

Compétences à acquérir

Au collégial : Soins infirmiers

– Évaluer l'état de santé d'une personne.
– Déterminer et assurer la réalisation du plan de soins et de traitements infirmiers.
– Prodiguer les soins et les traitements infirmiers et médicaux dans le but de maintenir la santé, de la rétablir et de prévenir la maladie.
– Fournir les soins palliatifs *(Loi sur les infirmières et les infirmiers, article 36)*.

À l'université : Sciences infirmières (Formation intégrée)

– Identifier les besoins en santé des personnes.
– Participer aux méthodes de diagnostic.
– Prodiguer et contrôler les soins infirmiers.
– Prodiguer des soins selon une ordonnance médicale.
– Favoriser la promotion de la santé, la prévention de la maladie, le recouvrement et la réadaptation.
– Encourager la prise en charge de la santé sur les plans individuel, familial et communautaire.
– Aider les personnes à utiliser les ressources de l'environnement en matière de promotion de la santé.

Éléments du programme

Propres au DEC

– Le corps humain I, II et III
– Psychogénèse I et II : le développement humain
– Sociologie de la famille
– Sociologie de la santé
– Soins infirmiers 1 à 8

Propres au DEC-BAC

– Fondements en sciences biomédicales
– Gestion des environnements de soins
– Méthodes d'évaluation de la santé
– Méthodologie et pratique des soins infirmiers
– Principes de base en développement, famille, apprentissage et collaboration

Admission

Sciences physiques 056-436 ou un des cours optionnels de Science et technologie de la 4e secondaire **OU** Science et environnement (058402 ou 558402) ou Science et technologie de l'environnement (058404 ou 558404) de la 4e secondaire **ET** Chimie de la 5e secondaire (051504 ou 551504). Condition en vigueur à compter de l'automne 2011.
Laval, UQAC, UQAT, UQO, UQTR : Être titulaire du DEC en Soins infirmiers.

Sherbrooke : DEC en Soins infirmiers ou l'équivalent et être inscrit au tableau de l'Ordre des infirmières et infirmiers du Québec. *N. B. : Les candidat(e)s en attente de permis peuvent être autorisés à s'inscrire à des activités pédagogiques ne comportant pas d'exercice infirmier.*

Endroits de formation (voir p. 337 et 414)

– Cégep André-Laurendeau, Cégep de Saint-Laurent, Cégep du Vieux Montréal, Collège de Bois-de-Boulogne, Collège de Maisonneuve, Collège François-Xavier-Garneau **ET** Université de Montréal.
– Cégep Beauce-Appalaches, Cégep de Granby – Haute-Yamaska, Cégep de Saint-Hyacinthe, Cégep de Sherbrooke, Cégep de Sorel-Tracy, Cégep Saint-Jean-sur-Richelieu, Collège de Valleyfield, Collège Édouard-Montpetit **ET** Université de Sherbrooke*.
– Cégep de Chicoutimi, Cégep de Jonquière, Cégep de Saint-Félicien, Cégep de Sept-Îles, Centre d'études collégiales en Charlevoix, Collège d'Alma **ET** Université du Québec à Chicoutimi (UQAC) pour le DEC-BAC harmonisé en Sciences infirmières.
– Cégep de Baie-Comeau, Cégep de la Gaspésie et des Îles, Cégep de La Pocatière, Cégep de Lévis-Lauzon, Cégep de Matane, Cégep de Rimouski, Cégep de Rivière-du-Loup **ET** Université du Québec à Rimouski (UQAR).
– Cégep de Drummondville, Cégep de Trois-Rivières, Cégep de Victoriaville, Cégep régional de Lanaudière (Joliette), Collège Shawinigan **ET** Université du Québec à Trois-Rivières (UQTR).
– Cégep de l'Abitibi-Témiscamingue – Rouyn-Noranda et Campus de Val-d'Or, Centre collégial de Mont-Laurier **ET** Université du Québec en Abitibi-Témiscamingue (UQAT).
– Cégep de l'Outaouais, Cégep de Saint-Jérôme, Collège Montmorency **ET** Université du Québec en Outaouais (UQO).
– Cégep Beauce-Appalaches, Cégep de Lévis-Lauzon, Cégep de Saint-Félicien, Cégep de Sainte-Foy, Cégep de Thetford, Cégep Limoilou – Campus de Québec, Cégep régional de Lanaudière (Joliette), Collège François-Xavier-Garneau **ET** Université Laval.
– Heritage College, John Abbott College, Vanier College **ET** Université McGill.

* La priorité es accordée aux étudiants des collèges affiliés au consortium de l'Université de Sherbrooke.

Professions reliées

C.N.P.	AU COLLÉGIAL / À L'UNIVERSITÉ
3152	Infirmier
3151	Infirmier chef
3152	Infirmier de clinique
3152	Infirmier en chirurgie
3152	Infirmier en santé au travail
3152	Infirmier privé
3152	Infirmier psychiatrique
3152	Infirmier scolaire

Endroits de travail

– Agences privées de soins à domicile
– Centres d'accueil
– Centres d'hébergement et de soins de longue durée (CHSLD)
– Centres locaux de services communautaires (CLSC)
– Cliniques médicales
– Compagnies d'assurances
– Compagnies pharmaceutiques
– Écoles
– Forces armées canadiennes
– Hôpitaux
– Infosanté
– Organismes internationaux (ONU, UNESCO, Croix-Rouge, etc.)
– Pharmacies
– Services ambulanciers
– Usines

Salaire

Le salaire hebdomadaire moyen est de 1 051 $ (janvier 2009).

Remarque

Pour exercer la profession et porter le titre d'infirmière ou d'infirmier, il faut être membre de l'Ordre des infirmières et infirmiers du Québec.

STATISTIQUES D'EMPLOI	2005	2007	2009
Nb de personnes diplômées	628	894	1 336
% en emploi	88,5 %	91,2 %	92,3 %
% à temps plein	88,3 %	85,6 %	84,7 %
% lié à la formation	93,8 %	97,5 %	96,3 %

145.C0/ 02 Techniques d'inventaire et de recherche en biologie **OU** Techniques de bioécologie / Biologie

DEC-BAC 5 ANS   CUISEP 313-000

Compétences à acquérir

Au collégial : Techniques d'inventaire et de recherche en biologie OU Techniques de bioécologie
– Assister divers professionnels de l'environnement, de la recherche en biologie animale ou végétale, de la microbiologie, de la biologie cellulaire et moléculaire, de l'agriculture et des sciences de la santé.
– Faire des inventaires écologiques et des échantillonnages.
– Faire des essais et des expériences de base en biologie de l'environnement.
– Procéder à des identifications d'organismes.
– Faire des analyses de données et de laboratoire.
– Rédiger des rapports.

À l'université : Biologie
– Étudier des phénomènes de la vie végétale ou animale (structures, fonctions, réactions et comportements) et procéder à l'analyse des données recueillies.
– Travailler à la protection de l'environnement ainsi qu'à l'utilisation et à la conservation des ressources naturelles.
– Travailler à l'aménagement des lieux et de la faune.
– Étudier les relations entre les êtres vivants et leur milieu.

Éléments du programme

Propres au DEC
– Anatomie et physiologie animales
– Anatomie, morphologie et physiologie végétales
– Chimie générale et organique
– Microbiologie appliquée
– Zoologie générale

Propres au DEC-BAC
– Biotechnologie
– Écologie générale et végétale
– Génétique
– Méthodes quantitatives
– Mycologie
– Physiologie animale et végétale
– Structure et fonctions des végétaux
– Toxicologie environnementale

Admission

Mathématiques 436 ou un cours optionnel de la séquence Technico-sciences et Chimie 534 **OU** Mathématique, séquence Sciences naturelles (065506 ou 565506) ou séquence Technico-sciences (064506 ou 564506) de la 5e secondaire et Chimie de la 5e secondaire (051504 ou 551504).
Laval : Mathématiques 068-438 ou NYA **ET** une cote R minimale de 25.

Endroits de formation (voir p. 337 et 414)
– Cégep de La Pocatière **ET** Université du Québec à Rimouski (UQAR).
– Cégep de La Pocatière, Cégep de Saint-Laurent, Cégep de Sainte-Foy, Cégep de Sherbrooke **ET** Université Laval.

Professions reliées

C.N.P.	AU COLLÉGIAL
2224	Interprète de la nature
2221	Technicien de laboratoire en biologie
2211	Technologue en chimie biologie
2211	Technologue en procédés de fabrication alimentaire
	À L'UNIVERSITÉ
2121	Biologiste
2121	Botaniste
2211	Contrôleur de produits pharmaceutiques
2121	Écologiste
2121	Zoologiste

Endroits de travail
– Centres d'interprétation de la nature
– Centres de recherche
– Compagnies de produits cosmétiques
– Établissements d'enseignement universitaire
– Firmes d'experts-conseils
– Gouvernements fédéral et provincial
– Industrie de la transformation alimentaire
– Industrie pharmaceutique
– Jardins botaniques
– Laboratoires
– Usines de traitement des eaux

Salaire
Le salaire hebdomadaire moyen est de 707 $ (janvier 2009).

STATISTIQUES D'EMPLOI

	2005	2007	2009
Nb de personnes diplômées	593	631	586
% en emploi	31,9 %	36,2 %	33,9 %
% à temps plein	83,5 %	87,8 %	84,0 %
% lié à la formation	70,8 %	62,0 %	54,5 %

Techniques de bioécologie / Gestion intégrée des zones côtières
DEC-BAC 5 ANS

Compétences à acquérir

Au collégial : Techniques de bioécologie
– Assister divers professionnels de l'environnement, de la recherche en biologie animale ou végétale, de la microbiologie, de la biologie cellulaire et moléculaire, de l'agriculture et des sciences de la santé.
– Faire des inventaires écologiques et des échantillonnages.
– Faire des essais et des expériences de base en biologie de l'environnement.
– Procéder à des identifications d'organismes.
– Faire des analyses de données et de laboratoire.
– Rédiger des rapports.

À l'université : Gestion intégrée des zones côtières
– Gérer différents projets ou problématiques du milieu côtier.
– Comprendre les problématiques de gestion et d'aménagement des zones côtières.
– Gérer de façon durable les ressources des zones côtières en réponse aux besoins sociaux et économiques des communautés côtières.

Éléments du programme

Propres au DEC
– Anatomie et physiologie animales
– Anatomie, morphologie et physiologie végétales
– Chimie générale et organique
– Microbiologie appliquée
– Zoologie générale

Propres au DEC-BAC
– Collecte de données
– Écosystèmes côtiers
– Éthique environnementale
– Intervention en zone côtière
– Principes d'administration publique

Admission

Mathématiques 436 ou un cours optionnel de la séquennce Technico-sciences et Chimie 534 **OU** Mathématique, séquence Sciences naturelles (065506 ou 565506) ou séquence Technico-sciences (064506 ou 564506) de la 5e secondaire et Chimie de la 5e secondaire (051504 ou 551504).

Endroits de formation (voir p. 337 et 414)

Cégep de Saint-Laurent, Cégep de Sainte-Foy, Cégep de Sherbrooke **ET** Université de Moncton – Campus de Shippagan.

Professions reliées

C.N.P. **AU COLLÉGIAL**
2221   Technicien de la faune et de la flore
2221   Technicien de laboratoire en biologie
2221   Technicien en biologie
2221   Technicien en écologie appliquée
2221   Technicien en environnement
         À L'UNIVERSITÉ
2121   Biologiste
2121   Biologiste de l'environnement
2121   Écologiste

Endroits de travail

– Agences économiques
– Associations de pêcheurs et d'agriculteurs
– Établissements d'enseignement universitaire
– Firmes d'experts-conseils
– Gouvernements fédéral et provincial
– Municipalités

Salaire

Donnée non disponible.

Statistiques d'emploi

Données non disponibles.

D
E
C
–
B
A
C

Compétences à acquérir

Au collégial : Techniques de santé animale

– Seconder des vétérinaires ou des chercheurs en effectuant diverses tâches principalement dans les secteurs cliniques et de la recherche.

– Effectuer des épreuves sur des animaux, leur prodiguer des soins et mettre en place des systèmes propices à la réalisation des aspects techniques des services de santé animale.

– Participer à la gestion d'entreprises connexes au monde animal (animalerie, élevage).

– Superviser les activités d'un service d'élevage d'animaux, de pension, etc.

À l'université : Agronomie

– Assurer une saine gestion et utilisation des ressources vouées à la production agricole et alimentaire.

– Résoudre des problèmes agricoles par l'application des sciences biologiques.

– Améliorer la productivité des sols, des plantes et des animaux.

– Assurer la vulgarisation des sciences agronomiques.

– Veiller à la production et à la conservation des ressources biologiques ou biophysiques agricoles.

Éléments du programme

Propres au DEC

– Assistance en radiologie, en chirurgie, en anesthésie et en prophylaxie dentaire

– Épreuves de biochimie clinique, d'hématologie, de parasitologie, de microbiologie, d'histologie et de nécropsie

– Gestion de la santé des animaux en recherche

– Pratiques de reconnaissance et de modification du comportement animal

– Service à la clientèle

– Soins nutritionnels

– Stage en milieu de recherche et clinique

– Techniques de laboratoire de chimie et de biochimie

Propres au DEC-BAC

– Anatomie et physiologie animales

– Comptabilité des entreprises

– Fertilisation des sols

– Genèse et classification des sols

– Génétique

– Nutrition animale

– Physiologie végétale

– Sciences du sol

Admission

Mathématique 514 ou cours de mathématiques de la 4e secondaire de niveau de difficulté comparable (426 ou 436) et Sciences physiques 436 ou un cours optionnels de Science et technologie de la 4e secondaire **OU** Mathématique, séquence Culture, société et technique de la 4e secondaire (063404 ou 565406).

Laval : Avoir réussi les cours suivants : Mathématiques NYA; Physique NYA.

Endroits de formation (voir p. 337 et 414)

Cégep de St-Hyacinthe, Collège Lionel-Groulx **ET** Université Laval.

Professions reliées

C.N.P.	AU COLLÉGIAL
8251	Agriculteur
3213	Aide-vétérinaire
2221	Contrôleur des produits laitiers
3213	Technicien de laboratoire vétérinaire
3213	Technicien en santé animale
	À L'UNIVERSITÉ
2123	Agronome
2123	Agronome des services de vulgarisation
2123	Agronome en agriculture biologique
2123	Agronome en production animale
2123	Agronome en production végétale
2115	Agronome pédologue
2123	Agronome-dépisteur
2121	Bactériologiste
2121	Entomologiste
2123	Malherbologiste
2121	Phytobiologiste
2121	Zoologiste

Endroits de travail

– Bureaux d'experts-conseils en gestion agricole

– Centres de recherche

– Coopératives agricoles

– Entreprises agricoles

– Gouvernements fédéral et provincial

– Hôpitaux et cliniques vétérinaires

– Jardins zoologiques

– Organismes internationaux

– Universités (enseignement, recherche)

Salaire

Le salaire hebdomadaire moyen est de 783 $ (janvier 2009).

Remarques

– Pour exercer la profession et porter le titre d'agronome, il faut être membre de l'Ordre des agronomes du Québec.

– Des études de 2e cycle sont nécessaires pour exercer les professions suivantes : agronome pédologue, bactériologiste des sols, entomologiste, malherbologiste, phytopathologiste.

STATISTIQUES D'EMPLOI	2005	2007	2009
Nb de personnes diplômées	181	131	133
% en emploi	69,3 %	53,3 %	70,5 %
% à temps plein	95,5 %	97,9 %	97,0 %
% lié à la formation	88,1 %	91,5 %	92,3 %

153.B0 Technologie de la production horticole et de l'environnement / Agroéconomie

DEC/BAC 5 ANS CUISEP 311-100

Compétences à acquérir

Au collégial : Technologie de la production horticole et de l'environnement
- Pratiquer la culture biologique ou conventionnelle en champ ou en serre.
- Travailler à la préparation et à la conservation des sols.
- Gérer une entreprise agricole et son personnel.
- Assurer le développement de l'entreprise.
- Commercialiser les produits.
- Élaborer des programmes d'implantation, d'entretien et de récole des cultures.
- Connaître et appliquer les principes relatifs à la protection de l'environnement.

Quatre voies de spécialisation sont offertes :
Cultures de plantes ornementale; Cultures horticoles, légumières, fruitières et ornementales en serre et en champ; Cultures légumières, fruitières et industrielles; Environnement.

À l'université : Agroéconomie
- Contribuer au développement de l'économie agroalimentaire et du milieu rural.
- Trouver des solutions aux problèmes vécus dans ces domaines d'activités.
- Conseiller des exploitants agricoles dans le domaine de la gestion et du financement.
- Analyser des politiques et des marchés agroalimentaires.
- Assurer la gestion d'entreprises agroalimentaires.
- Participer au développement international.

Éléments du programme

Propres au DEC
- Analyse des problèmes relatifs à la protection de l'environnement
- Identification des végétaux
- Machinerie en préparation et en conservation des sols
- Programme d'amendement et de fertilisation des sols
- Représentation commerciale
- Utilisation d'un système micro-informatique

Propres au DEC-BAC
- Financement agricole
- Gestion agricole
- Macroéconomique
- Méthodes statistiques
- Politiques agricoles
- Sciences des plantes et du sol

Admission

Mathématiques 068-514 ou Mathématique, séquence Culture, société et technique de la 4ᵉ secondaire (063404 ou 565406).

Laval : Avoir réussi les cours suivants : Mathématiques NYA et NYB.

Endroits de formation (voir p. 337 et 414)

- Cégep régional de Lanaudière (Joliette), Institut de technologie agroalimentaire (ITA) – Campus de Saint-Hyacinthe **ET** Université Laval pour la voie de spécialisation *Culture de plantes ornementales*.
- Collège Lionel-Groulx, Institut de technologie agroalimentaire (ITA) – Campus de La Pocatière **ET** Université Laval pour les voies de spécialisations *Cultures horticoles, légumières, fruitières et ornementales en serre et en champ*; *Environnement*.
- Institut de technologie agroalimentaire (ITA) **ET** Université Laval pour la voie de spécialisation *Cultures légumières, fruitières et industrielles*.

Professions reliées

C.N.P.	AU COLLÉGIAL
8251	Exploitant agricole
8251	Gérant d'entreprise agricole
2222	Inspecteur des produits végétaux
8251	Producteur de fruits et de légumes biologiques
2221	Technologiste-conseil en gestion agricole
2221	Technologue en horticulture légumière et fruitière
2225	Technologue en horticulture ornementale
2121	Technologue en productions végétales
	À L'UNIVERSITÉ
6411	Courtier en denrées alimentaires
0412	Directeur des ventes à l'exportation
4162	Économiste en développement international

Endroits de travail

- Bureaux d'experts-conseils en gestion agricole
- Coopératives agricoles
- Entreprises agricoles
- Fermes familiales et spécialisées
- Gouvernements fédéral et provincial
- Organismes internationaux
- Régie de l'assurance agricole du Québec
- Services de financement agricole

Salaire

Donnée non disponible.

Remarques

- Pour exercer la profession et porter le titre d'agronome, il faut être membre de l'Ordre des agronomes du Québec.
- L'Université Laval offre le certificat Distribution et marchandisage alimentaires.

Statistiques d'emploi

Données non disponibles.

153.B0 Technologie de la production horticole et de l'environnement / Agronomie

DEC/BAC 5 ANS   CUISEP 311-100

Compétences à acquérir

Au collégial : Technologie de la production horticole et de l'environnement

– Pratiquer la culture biologique ou conventionnelle en champ ou en serre.
– Travailler à la préparation et à la conservation des sols.
– Gérer une entreprise agricole et son personnel.
– Assurer le développement de l'entreprise.
– Commercialiser les produits.
– Élaborer des programmes d'implantation, d'entretien et de récole des cultures.
– Connaître et appliquer les principes relatifs à la protection de l'environnement.

Quatre voies de spécialisation sont offertes :
Cultures de plantes ornementale; Cultures horticoles, légumières, fruitières et ornementales en serre et en champ; Cultures légumières, fruitières et industrielles; Environnement.

À l'université : Agronomie

– Assurer une saine gestion et utilisation des ressources vouées à la production agricole et alimentaire.
– Résoudre des problèmes agricoles par l'application des sciences biologiques.
– Améliorer la productivité des sols, des plantes et des animaux.
– Assurer la vulgarisation des sciences agronomiques.
– Veiller à la production et à la conservation des ressources biologiques ou biophysiques agricoles.

Éléments du programme

Propres au DEC

– Analyse des problèmes relatifs à la protection de l'environnement
– Identification des végétaux
– Machinerie en préparation et en conservation des sols
– Programme d'amendement et de fertilisation des sols
– Représentation commerciale
– Utilisation d'un système micro-informatique

Propres au DEC-BAC

– Anatomie et physiologie animales
– Comptabilité des entreprises
– Fertilisation des sols
– Genèse et classification des sols
– Génétique
– Nutrition animale
– Physiologie végétale
– Sciences du sol

Admission

Mathématiques 068-514 ou Mathématique, séquence Culture, société et technique de la 4e secondaire (063404 ou 565406).
Laval : Avoir réussi les cours suivants : Mathématiques NYA; Physique NYA; Chimie NYA et NYB.

Endroits de formation (voir p. 337 et 414)

– Cégep régional de Lanaudière (Joliette), Institut de technologie agroalimentaire (ITA) – Campus de Saint-Hyacinthe **ET** Université Laval pour la voie de spécialisation *Culture de plantes ornementales.*
– Collège Lionel-Groulx, Institut de technologie agroalimentaire (ITA) – Campus de La Pocatière **ET** Université Laval pour les voies de spécialisation *Cultures horticoles, légumières, fruitières et ornementales en serre et en champ; Environnement.*
– Institut de technologie agroalimentaire (ITA) **ET** Université Laval pour la voie de spécialisation *Cultures légumières, fruitières et industrielles.*

Professions reliées

C.N.P.	AU COLLÉGIAL
2222	Inspecteur des produits végétaux
2221	Technologiste-conseil en gestion agricole
2221	Technologue en environnement agricole
2225	Technologue en horticulture ornementale
2121	Technologue en productions végétales
	À L'UNIVERSITÉ
2123	Agronome
2123	Agronome en agriculture biologique
2123	Agronome en production animale
2123	Agronome en production végétale
2115	Agronome pédologue
2123	Agronome-dépisteur
2123	Malherbologiste
2121	Phytobiologiste

Endroits de travail

– Bureaux d'experts-conseils en gestion agricole
– Coopératives agricoles
– Entreprises agricoles
– Entreprises de services à la production horticole
– Fermes spécialisées
– Gouvernements fédéral et provincial
– Organismes internationaux
– Régie de l'assurance récolte

Salaire

Le salaire hebdomadaire moyen est de 783 $ (janvier 2009).

Remarques

– Pour exercer la profession et porter le titre d'agronome, il faut être membre de l'Ordre des agronomes du Québec.
– Des études de 2e cycle sont nécessaires pour exercer la profession d'agronome pédologue.

STATISTIQUES D'EMPLOI	2005	2007	2009
Nb de personnes diplômées	181	131	133
% en emploi	69,3 %	53,3 %	70,5 %
% à temps plein	95,5 %	97,9 %	97,0 %
% lié à la formation	88,1 %	91,5 %	92,3 %

Technologie des procédés et de la qualité des aliments OU Technologie de la transformation des aliments / Sciences et technologie des aliments

DEC-BAC 6 ANS

CUISEP 312-500

Compétences à acquérir

Au collégial : Technologie de la transformation des aliments OU Technologie des procédés et de la qualité des aliments
– Acquérir les connaissances liées aux techniques et aux procédés utilisés dans la fabrication des aliments.
– Assurer la qualité des produits par un contrôle rigoureux à chacune des étapes de la fabrication.
– Exécuter les différentes tâches reliées à la transformation des aliments (conception, fabrication, formulation et mise au point des produits alimentaires).

À l'université : Sciences et technologie des aliments
– Concevoir et mettre au point de nouveaux produits alimentaires.
– Créer des nouvelles techniques de fabrication et de transformation.
– Assurer une production efficace et respectueuse de l'environnement.
– Implanter et gérer des programmes de qualité.
– Préparer la mise en marché.

Éléments du programme

Propres au DEC
– Assurance du fonctionnement d'une unité de fabrication automatisée
– Contribution à la mise en place et au maintien d'un système d'assurance qualité
– Contrôle de la fabrication des produits carnés, laitiers, végétaux et de boulangerie
– Contrôle des micro-organismes dans le milieu alimentaire
– Interprétation des changements physicochimiques des constituants alimentaires
– Traitement de conservation de fruits et de légumes
– Transformation du lait, de la viande et des végétaux en produits et coproduits

Propres au DEC-BAC
– Chimie des aliments
– Méthodes d'analyse des aliments
– Microbiologie alimentaire industrielle
– Procédés industriels alimentaires

Admission

Mathématiques 068-436 ou 426 et 526 ou Mathématique, séquence Sciences naturelles ou séquence Technico-sciences de 4e secondaire **ET** Sciences physiques 056-436 ou un des cours optionnels de Science et technologie de la 4e secondaire **OU** Science et environnement (058402 ou 558402) ou Science et technologie de l'environnement (058404 ou 558404) de la 4e secondaire **ET** Mathématique, séquence Technico-sciences (064406 ou 564406) ou séquence Sciences naturelles (065406 ou 565406) de la 4e secondaire.

Laval : Avoir réussi les cours de Mathématiques NYA et NYB.

Endroits de formation (voir p. 337 et 414)

Cégep régional de Lanaudière (Joliette), Institut de technologie agroalimentaire (ITA) – Campus de La Pocatière et de Saint-Hyacinthe **ET** Université Laval.

Professions reliées

C.N.P. **AU COLLÉGIAL**
2222 Inspecteur des produits alimentaires
2211 Technologue des produits alimentaires
2211 Technologue en contrôle de la qualité des produits alimentaires
2211 Technologue en création de nouveaux produits alimentaires
2211 Technologue en procédés de fabrication alimentaire
2211 Technologue en transformation de produits alimentaires

À L'UNIVERSITÉ
2123 Agronome
2123 Agronome des services de vulgarisation
2112 Chimiste en sciences des aliments
2112 Chimiste spécialiste du contrôle de la qualité
1473 Coordonnateur de la production
0911 Directeur de la production alimentaire
0412 Directeur des ventes à l'exportation
4163 Expert-conseil en commercialisation
2121 Microbiologiste industriel
2112 Scientifique en produits alimentaires

Endroits de travail

– Brasseries et distilleries
– Établissements d'enseignement
– Gouvernements fédéral et provincial
– Industrie des produits alimentaires
– Laboratoires de recherche
– Services d'inspection et laboratoires alimentaires

Salaire

Le salaire hebdomadaire moyen est de 832 $ (janvier 2009).

Remarque

Les professionnels en sciences alimentaires peuvent devenir membre de l'Ordre des agronomes du Québec, de l'Ordre des chimistes du Québec et de l'Ordre des ingénieurs du Québec.

STATISTIQUES D'EMPLOI			
	2005	2007	2009
Nb de personnes diplômées	40	22	33
% en emploi	64,3 %	75,0 %	83,4 %
% à temps plein	100 %	91,7 %	100 %
% lié à la formation	94,4 %	100 %	80,0 %

153.A0 Technologie des productions animales / Agroéconomie

DEC/BAC 6 ANS

CUISEP 311-100

Compétences à acquérir

Au collégial : Technologie des productions animales

– Maîtriser les techniques de régie, de soins de santé et d'hygiène à la ferme.
– Évaluer les conditions de développement des cultures.
– Gérer une équipe de travail.
– Développer une approche client pour les services conseils.

À l'université : Agroéconomie

– Contribuer au développement de l'économie agroalimentaire et du milieu rural.
– Trouver des solutions aux problèmes vécus dans ces domaines d'activités.
– Conseiller des exploitants agricoles dans le domaine de la gestion et du financement.
– Analyser des politiques et des marchés agroalimentaires.
– Assurer la gestion d'entreprises agroalimentaires.
– Participer au développement international.

Éléments du programme

Propres au DEC

– Application d'un programme de récolte et de conservation d'une culture destinée à l'alimentation animale
– Élaboration d'un programme d'alimentation en production animale
– Élaboration d'un programme d'amélioration génétique d'un troupeau
– Élaboration d'un programme de culture
– Politiques des organismes agricoles et des mécanismes de commercialisation
– Qualités des aliments utilisés en production animale
– Représentation commerciale
– Situation technico-économique et financière d'une entreprise agricole

Propres au DEC-BAC

– Financement agricole
– Gestion agricole
– Macroéconomique
– Méthodes statistiques
– Politiques agricoles
– Sciences des plantes et du sol

Admission

Mathématiques 068-514 ou Mathématique, séquence Culture, société et technique de la 4e secondaire (063404 ou 565406).
Laval : Avoir réussi les cours suivants : Mathématiques NYA et NYB.

Endroits de formation (voir p. 337 et 414)

Institut de technologie agroalimentaire (ITA) – Campus de La Pocatière et de Saint-Hyacinthe **ET** Université Laval.

Professions reliées

C.N.P.	AU COLLÉGIAL
1232	Conseiller en financement agricole
2221	Conseiller technicien en élevage
8251	Gérant d'entreprise agricole
2221	Technologiste-conseil en gestion agricole
2221	Technologue agricole
2221	Technologue en production animale
	À L'UNIVERSITÉ
4162	Agroéconomiste
4163	Analyste des marchés
6411	Courtier en denrées alimentaires
0412	Directeur des ventes à l'exportation
4162	Économiste en développement international
8251	Exploitant agricole

Endroits de travail

– Bureaux d'experts-conseils en gestion agricole
– Coopératives agricoles
– Entreprises agricoles
– Fermes familiales et spécialisées
– Gouvernements fédéral et provincial
– Régie de l'assurance agricole du Québec
– Services de financement agricole

Salaire

Donnée non disponible.

Remarques

– Pour exercer la profession et porter le titre d'agronome, il faut être membre de l'Ordre des agronomes du Québec.
– L'Université Laval offre un certificat en Distribution et marchandisage alimentaires.

Statistiques d'emploi

Données non disponibles.

153.A0 Technologie des productions animales / Agronomie

DEC/BAC 5 ANS

CUISEP 311-700/800

Compétences à acquérir

Au collégial : Technologie des productions animales
– Maîtriser les techniques de régie, de soins de santé et d'hygiène à la ferme.
– Évaluer les conditions de développement des cultures.
– Gérer une équipe de travail.
– Développer une approche client pour les services conseils.

À l'université : Agronomie
– Assurer une saine gestion et utilisation des ressources vouées à la production agricole et alimentaire.
– Résoudre des problèmes agricoles par l'application des sciences biologiques.
– Améliorer la productivité des sols, des plantes et des animaux.
– Assurer la vulgarisation des sciences agronomiques.
– Veiller à la production et à la conservation des ressources biologiques ou biophysiques agricoles.

Éléments du programme

Propres au DEC
– Application d'un programme de récolte et de conservation d'une culture destinée à l'alimentation animale
– Élaboration d'un programme d'alimentation en production animale
– Élaboration d'un programme d'amélioration génétique d'un troupeau
– Élaboration d'un programme de culture
– Politiques des organismes agricoles et des mécanismes de commercialisation
– Qualités des aliments utilisés en production animale
– Représentation commerciale
– Situation technico-économique et financière d'une entreprise agricole

Propres au DEC-BAC
– Anatomie et physiologie animales
– Comptabilité des entreprises
– Fertilisation des sols
– Genèse et classification des sols
– Génétique
– Nutrition animale
– Physiologie végétale
– Sciences du sol

Admission

Mathématiques 068-514 ou Mathématique, séquence Culture, société et technique de la 4e secondaire (063404 ou 565406).
Laval : Avoir réussi les cours suivants : Mathématiques NYA; Physique NYA; Chimie NYA et NYB.

Endroits de formation (voir p. 337 et 414)

Institut de technologie agroalimentaire (ITA) – Campus de La Pocatière et de Saint-Hyacinthe **ET** Université Laval.

Professions reliées

C.N.P.	AU COLLÉGIAL
2221	Conseiller technicien en élevage
8251	Exploitant agricole
8251	Gérant d'entreprise agricole
6221	Représentant technique
2221	Technologiste-conseil en gestion agricole
2221	Technologue agricole
2221	Technologue en production animale
	À L'UNIVERSITÉ
2123	Agronome
2123	Agronome des services de vulgarisation
2123	Agronome en agriculture biologique
2123	Agronome en production animale
2123	Agronome en production végétale
2115	Agronome pédologue
2123	Agronome-dépisteur

Endroits de travail

– Bureaux d'experts-conseils en gestion agricole
– Coopératives agricoles
– Entreprises agricoles
– Entreprises d'alimentation animale
– Fermes spécialisées
– Gouvernements fédéral et provincial
– Organismes gouvernementaux
– Organismes internationaux

Salaire

Le salaire hebdomadaire moyen est de 783 $ (janvier 2009).

Remarques

– Pour exercer la profession et porter le titre d'agronome, il faut être membre de l'Ordre des agronomes du Québec.
– Des études de 2e cycle sont nécessaires pour exercer les professions suivantes : agronome pédologue, bactériologiste des sols, entomologiste, malherbologiste, phytopathologiste.

S T A T I S T I Q U E S D ' E M P L O I			
	2005	**2007**	**2009**
Nb de personnes diplômées	181	131	133
% en emploi	69,3 %	53,3 %	70,5 %
% à temps plein	95,5 %	97,9 %	97,0 %
% lié à la formation	88,1 %	91,5 %	92,3 %

190.B0 Technologie forestière / Aménagement et environnement forestiers (Génie forestier) **OU** Sciences forestières

DEC-BAC 5 ANS   CUISEP 315-100

Compétences à acquérir

Au collégial : Technologie forestière
– Participer à la mise en valeur des ressources fores-tières en procédant à la planification et à la gestion des travaux de production et de récolte de la matière ligneuse dans un contexte de développement durable.
– Déterminer les caractéristiques biophysiques d'un territoire donné et participer à la planification et à la supervision des travaux d'infrastructures en forêt, des opérations de traitement sylvicole et de récolte des bois.
– Organiser et assurer le suivi des programmes de protection de l'environnement en milieu forestier.
– Voir à l'application des programmes de santé et sécurité au travail.

À l'université : Aménagement et environnement forestiers (Génie forestier) OU Sciences forestières
– Gérer l'environnement forestier selon les principes du développement durable.
– Participer à la conception, la planification, l'exécution et l'évaluation de projets d'aménagement intégré des ressources forestières.
– Utiliser les technologies de pointe dans le domaine.

Éléments du programme

Propres au DEC
– Cartographie d'un territoire forestier
– Données informatisées à caractère forestier
– Élaboration des plans et des rapports d'aménagement
– Exécution de travaux relatifs aux infrastructures et à la récolte de la matière ligneuse
– Stages
– Travaux de prévention, direction et répression des insectes et des maladies des arbres
– Travaux précommerciaux et remise en production d'un territoire
– Travaux sylvicoles précédant la récolte
– Variables dendrométriques d'un peuplement forestier

Propres au DEC-BAC
– Foresterie internationale
– Gestion intégrée des forêts
– Plan d'intervention en forêt
– Protection des ressources
– Récolte et transport des bois
– Science et technologie du bois
– Sylviculture fondamentale

Admission

Aucun préalable.

Endroits de formation (voir p. 337 et 414)

– Cégep de Baie-Comeau, Cégep de la Gaspésie et des Îles, Cégep de Rimouski, Cégep de Sainte-Foy **ET** Université de Moncton – Campus d'Edmundston.
– Cégep de l'Abitibi-Témiscamingue, Cégep de Sainte-Foy **ET** Université Laval pour Aménagement et envi-ronnement forestiers.

Professions reliées

C.N.P.	AU COLLÉGIAL
2223	Contremaître forestier
2223	Estimateur en inventaire forestier
8422	Spécialiste de la conservation de la forêt
2223	Technicien en sylviculture
2223	Technologue en exploitation forestière
2223	Technologue en sciences forestières
	À L'UNIVERSITÉ
2122	Sylviculteur

Endroits de travail

– Bureaux d'ingénieurs forestiers
– Entreprises forestières
– Hydro-Québec
– Industries des pâtes et papiers
– Ministères des ressources naturelles et de la faune

Salaire

Donnée non disponible.

Remarque

Le programme est offert avec la formule d'enseigne-ment coopératif.

STATISTIQUES D'EMPLOI	2005	2007	2009
Nb de personnes diplômées	—		70
% en emploi	—	—	61,0 %
% à temps plein	—	—	97,2 %
% lié à la formation	—	—	85,7 %

410.C0 /410.D0 /410.B0 — Conseil en assurances et en services financiers ET/OU Gestion de commerces ET/OU Techniques de comptabilité et de gestion / Administration des affaires (toutes concentrations)

DEC+BAC 5 ANS   **CUISEP 111/112-000**

Compétences à acquérir

Au collégial : Conseil en assurances et en services financiers

– Appliquer les connaissances relatives à la prévention et à la gestion du risque dans les secteurs de l'assurance: distribution de produits, paiement des réclamations et sélection des risques.
– Recruter et renseigner la clientèle sur les divers types de polices.
– Faire des calculs de prime.
– Remplir la proposition d'assurance et les diverses formalités.
– Déterminer les tarifs et règlements régissant le travail lié à l'assurance.

Au collégial : Gestion de commerces

– Gérer le personnel de vente.
– Veiller à atteindre des objectifs de vente.
– Promouvoir et mettre en marché des produits ou des services.
– Acquérir des stocks.
– Assurer le service à la clientèle.
– Vendre des produits ou des services par voie de représentation.

Au collégial : Techniques de comptabilité et de gestion

– Acquérir les connaissances nécessaires pour procéder à l'enregistrement de transactions financières et utiliser différents logiciels de gestion et de comptabilité.
– Interpréter les états financiers.
– Contribuer à des études de rentabilité de projets d'investissement et mettre en pratique ses connaissances en fiscalité.

À l'université : Administration des affaires (toutes concentrations)

– Participer à l'établissement, à la direction et à la gestion d'organismes publics ou privés.
– Déterminer ou refaire les structures de ces organismes.
– Coordonner leur mode de production ou de distribution et leurs politiques économiques et financières.
– Élaborer les objectifs et les buts de l'entreprise en tenant compte des facteurs financiers, environnementaux, humains, matériels et conjoncturels.
– Contrôler et évaluer les rendements de l'entreprise et déterminer les actions correctives qui s'imposent.

Concentrations offertes :

Affaires électroniques et systèmes d'information; Comptabilité; Développement international et action humanitaire; Entrepreneuriat et gestion des PME; Finance; Généraliste; Gestion des ressources humaines; Gestion des risques et assurance; Gestion du tourisme; Gestion internationale; Gestion urbaine et immobilière; Marketing; Opérations et logistique; Management; Mineure sur mesure; Services financiers; Systèmes d'information organisationnels.

Éléments du programme

Propres au DEC

– Analyse et traitement des données du cycle comptable
– Contribution à la planification, au contrôle budgétaire et à la gestion du fonds de roulement
– Contribution au contrôle et à la vérification des opérations de l'entreprise
– Exécution des activités liées au démarrage d'une entreprise
– Gestion des stocks et acquisition de biens et de services
– Implantation d'un système comptable informatisé et soutien aux opérations courantes
– Participation à l'établissement du coût de revient d'un bien, d'un service ou d'une activité
– Supervision du personnel de son service
– Utilisation, à des fins de gestion, des méthodes statistiques
– Utilisation des sources de droit s'appliquant aux contextes administratif et commercial
– Utilisation et adaptation des méthodes et des outils de gestion

Propres au DEC-BAC

Calcul différentiel et intégral

Admission

Mathématique, séquence Sciences naturelles (065406 ou 565406) ou séquence Technico-sciences (064406 ou 564406) de la 4e secondaire.

Bishop's : Avoir réussi les cours de Mathématiques 201-103 et 201-203 ou l'équivalent et avoir une cote R supérieure ou égale à 28.

Laval : Avoir réussi les cours de Mathématiques 201-103-RE et 201-105-RE ou l'équivalent et avoir une cote R supérieure ou égale à 28. *N. B. : Une cote R inférieure à 28 mais supérieure ou égale à 26, permet d'obtenir un bloc de cinq équivalences.*

410.C0 /410.D0 /410.B0 Conseil en assurances et en services financiers ET/OU Gestion de commerces ET/OU Techniques de comptabilité et de gestion / Administration des affaires (toutes concentrations)

(SUITE)

Endroits de formation (voir p. 337 et 414)

- Cégep de Sherbrooke ET Université Bishop's.
- Cégep de Rimouski ET Université du Québec à Rimouski (UQAR)
- Cégep de Sorel-Tracy, Collège Shawinigan ET Université du Québec à Trois-Rivières (UQTR).
- Cégep André-Laurendeau, Cégep Beauce-Appalaches, Cégep de Baie-Comeau*, Cégep de Drummondville, Cégep de la Gaspésie et des Îles, Cégep de La Pocatière, Cégep de Lévis-Lauzon, Cégep de Rivière-du-Loup, Cégep de Sainte-Foy, Cégep de Sept-Îles, Cégep de Sherbrooke, Cégep de Thetford, Cégep de Victoriaville, Cégep du Vieux Montréal, Cégep Limoilou – Campus de Charlesbourg et de Québec, Cégep régional de Lanaudière (Joliette, L'Assomption et Terrebonne), Cégep Saint-Jean-sur-Richelieu, Centre d'études collégiales Baie-des-Chaleurs, Centre d'études collégiales des Îles, Centre d'études collégiales en Charlevoix, Champlain Regional College – Cégep Champlain St-Lawrence, Collège Ahuntsic, Collège François-Xavier-Garneau, Collège Gérald-Godin, Collège LaSalle, Collège Lionel-Groulx, Collège Montmorency ET Université Laval.

* Pour Techniques de comptabilité et de gestion.

Professions reliées

C.N.P.	AU COLLÉGIAL
6231	Agent d'assurances
1212	Agent de vente de services financiers
1232	Agent-conseil de crédit
6231	Courtier d'assurances
1233	Examinateur des réclamations d'assurances
1233	Expert en sinistres (assurances)
6231	Représentant de services d'assurances
	À L'UNIVERSITÉ
1222	Adjoint administratif
0012	Administrateur agréé
1221	Agent d'administration
1228	Agent d'assurance-emploi
1223	Agent de dotation
1223	Agent des ressources humaines
1121	Analyste des emplois
1122	Analyste des méthodes et procédures
1122	Analyste en procédés administratifs
1112	Analyste financier
1113	Cambiste
1111	Comptable de succursale de banque
1122	Conseiller en management
1122	Conseiller en organisation du travail
1121	Conseiller en relations industrielles
4153	Conseiller en retraite et pré-retraite
1114	Conseiller en services financiers
1113	Conseiller en valeurs mobilières
1122	Consultant en gestion
1113	Courtier en valeur mobilières
0114	Directeur administratif
0621	Directeur d'agence de voyages
0513	Directeur d'établissement de loisirs
0511	Directeur d'établissement touristique
0513	Directeur d'hippodrome
0122	Directeur d'institution financière
0911	Directeur d'usine de production de textiles
0713	Directeur de l'exploitation des transports routiers
0911	Directeur de production des matières premières
0911	Directeur de production industrielle
0113	Directeur des achats de marchandises
0112	Directeur des ressources humaines
0312	Directeur des services aux étudiants
1232	Directeur des services financiers
0611	Directeur des ventes
0611	Directeur du marketing
0014	Directeur général de centre hospitalier
1235	Évaluateur agréé
1235	Évaluateur commercial
4163	Expert-conseil en commercialisation
0632	Exploitant de terrain de camping
1111	Fiscaliste
0016	Gérant d'imprimerie
1114	Planificateur financier
0312	Registraire de collège ou d'université
1113	Représentant en fonds de placements
0412	Surintendant de parc
1111	Vérificateur des impôts

Endroits de travail

- À son compte
- Centres hospitaliers
- Compagnies d'assurances
- Firmes comptables
- Firmes de consultants
- Firmes de courtage
- Gouvernements fédéral et provincial
- Institutions financières
- Moyennes et grandes entreprises
- Secteurs industriels divers

Salaire

Le salaire hebdomadaire moyen est de 819 $ (janvier 2007).

STATISTIQUES D'EMPLOI			
	2005	2007	2009
Nb de personnes diplômées	2 007	2 206	—
% en emploi	80,4 %	83,6 %	—
% à temps plein	96,1 %	97,0 %	—
% lié à la formation	83,7 %	85,0 %	—

410.CO /410.D0 /410.B0 /410.23 /410.24

Conseil en assurances et en services financiers OU Gestion de commerces OU Techniques de comptabilité et de gestion / Administration des affaires OU Sciences comptables

DEC+BAC 5 ANS CUISEP 111/112-000

Compétences à acquérir

Au collégial : Conseil en assurances et services financiers OU Gestion de commerces OU Techniques de comptabilité et de gestion
– Acquérir les connaissances nécessaires pour procéder à l'enregistrement de transactions financières et utiliser différents logiciels de gestion.
– Interpréter les états financiers.
– Contribuer à des études de rentabilité de projets d'investissement et mettre en pratique ses connaissances en fiscalité.

À l'université : Administration des affaires OU Sciences comptables
– Appliquer les connaissances acquises dans les domaines de la comptabilité, de la fiscalité et de la vérification.
– Participer à l'élaboration des objectifs, des politiques et de la stratégie globale de l'entreprise ainsi qu'à la gestion de ses ressources.
– Déterminer ou négocier les modes de financement.
– Procéder au contrôle des opérations comptables.
– Élaborer des budgets.
– Planifier, diriger et contrôler de façon stratégique les affaires financières.
– Conseiller l'administration sur les nouvelles mesures fiscales.
– Établir des états financiers.

Éléments du programme

Propres au DEC
– Comptabilité I et II
– Comptabilité financière spécialisée
– Finance
– Projet de fin d'études en finance I et II
– Représentation commerciale
– Statistique

Propres au DEC-BAC
Calcul différentiel et intégral

Admission

Mathématique, séquence Sciences naturelles (065406 ou 565406) ou séquence Technico-sciences (064406 ou 564406) de la 4e secondaire.
ET
Excellence du dossier scolaire (administration).
ET/OU
Réussir le cours de Mathématiques 103 (NYA) pour l'admission universitaire.

Endroits de formation (voir p. 337 et 414)

– Cégep de Chicoutimi, Cégep de Jonquière, Collège d'Alma **ET** Université du Québec à Chicoutimi (UQAC) pour le BAC en Sciences comptables.
– Cégep de La Pocatière, Cégep de Lévis-Lauzon, Cégep de Matane, Cégep de Rimouski, Cégep de Sainte-Foy, Centre d'études collégiales Baie-des-Chaleurs, Centre d'études collégiales des Îles **ET** Université du Québec à Rimouski (UQAR).
– Cégep de l'Abitibi-Témiscamingue (Rouyn-Noranda, Campus d'Amos et de Val-d'or) **ET** Université du Québec en Abitibi-Témiscamingue (UQAT).
– Cégep de l'Outaouais **ET** Université du Québec en Outaouais (UQO) pour le BAC en Administration des affaires.

Professions reliées

C.N.P.	AU COLLÉGIAL
6411	Agent commercial
1231	Teneur de livres
	À L'UNIVERSITÉ
6233	Acheteur
1222	Adjoint administratif
1212	Comptable adjoint
1111	Comptable agréé (CA)
1111	Comptable en management accrédité (CMA)
1111	Comptable général licencié (CGA)
1122	Conseiller en management
1111	Fiscaliste
1111	Vérificateur des impôts

Endroits de travail

– À son compte
– Compagnies d'assurances
– Entreprises commerciales diverses
– Firmes comptables
– Gouvernements fédéral et provincial
– Institutions financières
– Municipalités
– Secteurs industriels divers

Salaire

Le salaire hebdomadaire moyen est de 824 $ (janvier 2009).

Remarques

– Pour exercer la profession et porter le titre de comptable agréé, il faut être membre de l'Ordre des comptables agréés du Québec.
– Pour porter le titre de comptable en management accrédité, il faut être membre de l'Ordre des comptables en management accrédités du Québec.
– Pour porter le titre de comptable général licencié, il faut être membre de l'Ordre des comptables généraux licenciés du Québec.
– L'étudiant qui quitte le programme après trois ans d'études au collégial est titulaire d'un DEC en Gestion de commerces ou en Techniques administratives, spécialisation *Finance* ou en Techniques de comptabilité et de gestion.

STATISTIQUES D'EMPLOI

Nb de personnes diplômées	2005	2007	2009
	910	911	977
% en emploi	89,2 %	89,3 %	90,5 %
% à temps plein	99,5 %	97,3 %	99,0 %
% lié à la formation	93,2 %	93,2 %	94,8 %

430.B0 /430.A0 Gestion d'un établissement de restauration OU Techniques de gestion hôtelière / Gestion du tourisme et de l'hôtellerie

DEC/BAC INTÉGRÉ 5 ANS   CUISEP 123-000

Compétences à acquérir

Au collégial : Gestion d'un établissement de restauration OU Techniques de gestion hôtelière

– Promouvoir les produits et les services d'un hôtel.
– Assurer des contrôles de qualité pour l'accueil et les installations.
– Gérer et contrôler les besoins de main-d'œuvre et de matières premières.
– Coordonner les activités hôtelières.
– Contrôler les ventes et les dépenses.

À l'université : Gestion du tourisme et de l'hôtellerie

– Gérer le phénomène touristique et les entreprises qui y sont liées.
– Contribuer au développement et à la planification touristique (produits et services, clientèles, projets, événements).
– Diriger une unité hôtelière ou de restauration.
– Promouvoir les attraits touristiques d'une région.
– Acquérir les habiletés liées à la gestion dans le but d'offrir des produits de qualité, des services efficaces et du personnel productif.
– Faire preuve d'autonomie, de leadership, d'habileté de communication et d'esprit méthodique.

Éléments du programme

Propres au DEC

– Commercialisation des produits et des services d'un hôtel
– Communication en langue seconde à des fins professionnelles
– Coordination des activités hôtelières
– Gestion et organisation hôtelières
– Notions de comptabilité en hôtellerie
– Promotion et organisation d'un congrès

Propres au DEC-BAC

– Comptabilité de gestion
– Gestion de l'hébergement
– Gestion de la restauration
– Gestion des organisations
– Planification et contrôle des projets
– Prévision et prospective du tourisme
– Publicité
– Relations du travail

Admission

Mathématiques 068-426 ou un cours optionnel de Mathématique, séquence Technico-sciences (064406 ou 564406) **OU** Mathématique, séquence Culture, société et technique de la 4e secondaire (063404 ou 565406).

Endroits de formation (voir p. 337 et 414)

Institut de tourisme et d'hôtellerie du Québec – ITHQ **ET** Université du Québec à Montréal (UQAM).

Professions reliées

C.N.P.	AU COLLÉGIAL
0632	Aubergiste
6453	Capitaine de banquet
1226	Coordonnateur des congrès et des banquets
0632	Directeur d'hôtel
2263	Inspecteur d'établissements hôteliers et touristiques
6212	Technicien en gestion de services alimentaires
	À L'UNIVERSITÉ
4163	Agent de développement touristique
4163	Coordonnateur des services de tourisme
0621	Directeur d'agence de voyages
0511	Directeur d'établissement touristique
0631	Directeur de la restauration
0632	Directeur général d'un établissement hôtelier
0631	Directeur gérant de restaurant
0015	Gestionnaire d'entreprise touristique
1226	Organisateur de congrès et d'événements spéciaux

Endroits de travail

– Agences de voyages
– Associations touristiques
– Auberges
– Centres de congrès
– Centres de villégiature
– Chambres de commerce
– Gouvernements fédéral et provincial
– Hôtels
– Industrie touristique
– Municipalités
– Restaurants
– Services de traiteurs

Salaire

Donnée non disponible.

Statistiques d'emploi

Données non disponibles.

DEC+BAC INTÉGRÉ 4 ANS   CUISEP 111-700

Compétences à acquérir

Au collégial : Gestion de commerces
– Gérer le personnel de vente.
– Veiller à atteindre des objectifs de vente.
– Promouvoir et mettre en marché des produits ou des services.
– Acquérir des stocks.
– Assurer le service à la clientèle.
– Vendre des produits ou des services par voie de représentation.

À l'université : Administration : Marketing
– Assurer la relation entre une entreprise et ses marchés.
– Déterminer les marchés à viser à court ou à long terme, avec quel produit, à quel prix, avec quel système de distribution, dans quelles conditions de vente et avec quelles actions de communication (publicité, promotion des ventes, relations publiques).
– Effectuer des études de marché.
– Élaborer des stratégies de marketing.
– Étudier les contraintes économiques générales et l'impact sur le marché.
– Superviser et coordonner le travail d'une équipe de vente.
– Superviser la conception et la réalisation des activités publicitaires.

Éléments du programme

Propres au DEC
– Application d'un processus de gestion dans un contexte de commercialisation
– Assurance de la disponibilité de la marchandise dans un établissement commercial
– Établissement d'un plan de marketing et mise en place de mesures pour en assurer le suivi
– Formation du personnel de vente
– Mise en place et supervision du service à la clientèle
– Préparation et gestion d'un budget d'exploitation

Propres au DEC-BAC
– Administration des ventes
– Commerce au détail
– Comportement du consommateur
– Comptabilité générale
– Études de marché
– Gestion des opérations et de la technologie
– Marketing

Admission

Mathématique, séquence Sciences naturelles (065406 ou 565406) ou séquence Technico-sciences (064406 ou 564406) de la 4e secondaire.

Endroits de formation (voir p. 337 et 414)

– Cégep de Rimouski **ET** Université du Québec à Rimouski (UQAR).
– Cégep de Trois-Rivières, Collège Édouard-Montpetit **ET** Université du Québec à Trois-Rivières (UQTR).

Professions reliées

C.N.P.	AU COLLÉGIAL
6411	Agent commercial
0621	Gérant de commerce de détail
4163	Technicien en marketing
	À L'UNIVERSITÉ
6233	Acheteur
1122	Chef du service de promotion des ventes
4163	Coordonnateur des services de tourisme
0611	Directeur de la publicité
0113	Directeur des achats de marchandises
0611	Directeur des ventes
0611	Directeur du marketing
0015	Directeur général des ventes et de la publicité
6221	Expert-conseil en communication

Endroits de travail

– À son compte
– Agences de communication
– Agences de publicité
– Agences de voyages
– Compagnies d'assurances
– Compagnies de transport
– Gouvernements fédéral et provincial
– Grandes entreprises
– Institutions financières

Salaire

Le salaire hebdomadaire moyen est de 863 $ (janvier 2009).

STATISTIQUES D'EMPLOI			
	2005	2007	2009
Nb de personnes diplômées	359	374	380
% en emploi	83,1 %	84,6 %	84,7 %
% à temps plein	95,5 %	94,7 %	97,6 %
% lié à la formation	68,0 %	69,6 %	71,6 %

410.24 Gestion de commerces **OU** Techniques de comptabilité et de gestion / Administration : Marketing

DEC+BAC 5 ANS À 5 1/2 ANS

CUISEP 111-700

Compétences à acquérir

Au collégial : Gestion de commerces OU Techniques de comptabilité et de gestion

Contribuer à des études de rentabilité de projets d'investissement et mettre en pratique ses connaissances en fiscalité.

À l'université : Administration : Marketing

– Assurer la relation entre une entreprise et ses marchés.
– Déterminer les marchés à viser à court ou à long terme, avec quel produit, à quel prix, avec quel système de distribution, dans quelles conditions de vente et avec quelles actions de communication (publicité, promotion des ventes, relations publiques).
– Effectuer des études de marché.
– Élaborer des stratégies de marketing.
– Étudier les contraintes économiques générales et l'impact sur le marché.
– Superviser et coordonner le travail d'une équipe de vente.
– Superviser la conception et la réalisation des activités publicitaires.

Éléments du programme

Propres au DEC

– Comptabilité
– Supervision et gestion des ressources humaines

Propres au DEC-BAC

– Administration des ventes
– Commerce au détail
– Comportement du consommateur
– Comptabilité générale
– Études de marché
– Gestion des opérations et de la technologie
– Marketing

Admission

Mathématique, séquence Sciences naturelles (065406 ou 565406) ou séquence Technico-sciences (064406 ou 564406) de la 4e secondaire.

Endroits de formation (voir p. 337 et 414)

Cégep de Rimouski **ET** Université du Québec à Rimouski (UQAR).

Professions reliées

C.N.P.	AU COLLÉGIAL
6411	Agent commercial
0621	Gérant de commerce de détail
4163	Technicien en marketing
	À L'UNIVERSITÉ
6233	Acheteur
1122	Chef du service de promotion des ventes
1212	Comptable adjoint
4163	Coordonnateur des services de tourisme
0611	Directeur de la publicité
0113	Directeur des achats de marchandises
0611	Directeur des ventes
0611	Directeur du marketing
0015	Directeur général des ventes et de la publicité
6221	Expert-conseil en communication

Endroits de travail

– À son compte
– Agences de communication
– Agences de publicité
– Agences de voyages
– Compagnies d'assurances
– Compagnies de transport
– Gouvernements fédéral et provincial
– Grandes entreprises
– Institutions financières

Salaire

Le salaire hebdomadaire moyen est de 863 $ (janvier 2009).

STATISTIQUES D'EMPLOI	2005	2007	2009
Nb de personnes diplômées	359	374	380
% en emploi	83,1 %	84,6 %	84,7 %
% à temps plein	95,5 %	94,7 %	97,6 %
% lié à la formation	68,0 %	69,6 %	71,6 %

DEC-BAC 4 ANS   CUISEP 111/112-000

Compétences à acquérir

Au collégial : Techniques de comptabilité et de gestion
– Acquérir les connaissances nécessaires pour procéder à l'enregistrement de transactions financières et utiliser différents logiciels de gestion et de comptabilité.
– Interpréter les états financiers.
– Contribuer à des études de rentabilité de projets d'investissement et mettre en pratique ses connaissances en fiscalité.

À l'université : Sciences comptables
– Appliquer les connaissances acquises dans les domaines de la comptabilité, de la fiscalité et de la vérification.
– Participer à l'élaboration des objectifs, des politiques et de la stratégie globale de l'entreprise ainsi qu'à la gestion de ses ressources.
– Déterminer ou négocier les modes de financement.
– Procéder au contrôle des opérations comptables.
– Élaborer des budgets.
– Planifier, diriger et contrôler de façon stratégique les affaires financières.
– Conseiller l'administration sur les nouvelles mesures fiscales.
– Établir des états financiers.

Éléments du programme

Propres au DEC
– Comptabilité I et II
– Comptabilité financière spécialisée
– Finance
– Représentation commerciale
– Statistique

Propres au DEC-BAC
– Calcul différentiel et intégral
– Comptabilité analytique de gestion
– Économie globale
– Éléments de contrôle interne et de vérification
– Fiscalité I
– Gestion des approvisionnements et des stocks
– Gestion des opérations
– Relations économiques internationales

Admission

Mathématique, séquence Sciences naturelles (065406 ou 565406) ou séquence Technico-sciences (064406 ou 564406) de la 4e secondaire **ET** excellence du dossier scolaire dans certains cégeps.

Endroits de formation (voir p. 337 et 414)

– Cégep de Rimouski, Centre d'études collégiales Baie-des-Chaleurs, Centre d'études collégiales des Îles **ET** Université du Québec à Rimouski (UQAR).
– Cégep de Trois-Rivières, Collège Édouard-Montpetit **ET** Université du Québec à Trois-Rivières (UQTR).
– Cégep André-Laurendeau, Cégep de l'Outaouais **ET** Université du Québec en Outaouais (UQO).

Professions reliées

C.N.P.	AU COLLÉGIAL
???	Commis à la comptabilité
1212	Comptable adjoint
1231	Teneur de livres
	À L'UNIVERSITÉ
1222	Adjoint administratif
1111	Comptable agréé (CA)
1111	Comptable en management accrédité (CMA)
1111	Comptable général licencié (CGA)
1122	Conseiller en management
1111	Fiscaliste

Endroits de travail

– Compagnies d'assurances
– Entreprises commerciales diverses
– Firmes comptables
– Gouvernements fédéral et provincial
– Institutions financières
– Municipalités
– Secteurs industriels divers

Salaire

Le salaire hebdomadaire moyen est de 824 $ (janvier 2009).

Remarques

– Pour exercer la profession et porter le titre de comptable agréé, il faut être membre de l'Ordre des comptables agréés du Québec.
– Pour porter le titre de comptable en management accrédité, il faut être membre de l'Ordre des comptables en management accrédités du Québec.
– Pour porter le titre de comptable général licencié, il faut être membre de l'Ordre des comptables généraux licenciés du Québec.
– L'étudiant qui quitte le programme après trois ans d'études au collégial est titulaire d'un DEC en Techniques de comptabilité et de gestion et d'un certificat en Comptabilité générale.

STATISTIQUES D'EMPLOI			
	2005	2007	2009
Nb de personnes diplômées	910	911	977
% en emploi	89,2 %	89,3 %	90,5 %
% à temps plein	99,5 %	97,3 %	99,0 %
% lié à la formation	93,0 %	93,2 %	94,8 %

420.A0 Techniques de l'informatique / Conception de jeux vidéo (BAC avec majeure)

DEC/BAC 5 ANS   **CUISEP 455-353**

Compétences à acquérir

Au collégial : Techniques de l'informatique
- Repérer, recueillir et analyser l'information sur les besoins des clients.
- Programmer des applications à l'aide de systèmes de gestion de bases de données.
- Rédiger des programmes à l'aide de divers langages de programmation et utiliser à bon escient les diverses structures de données.
- Rédiger des textes et communiquer avec les diverses personnes intervenant dans l'installation des systèmes informatiques.
- Intervenir aux divers stades d'implantation de systèmes automatisés de production et assurer l'interface avec les systèmes informatisés de gestion.

Deux voies de spécialisation sont offertes :
Gestion de réseau informatique; Informatique de gestion

À l'université : Conception de jeux vidéo
- Concevoir et développer des logiciels pour les jeux vidéo.
- Concevoir et développer des systèmes informatiques.
- Réaliser des programmes complexes.
- Assurer la mise en œuvre et l'implantation de logiciels dans le contexte des jeux vidéo.

Éléments du programme

Propres au DEC
- Base de données
- Développement d'applications
- Développement et mise en œuvre
- Programmation
- Systèmes d'exploitation

Propres au DEC-BAC
- Algèbre linéaire et calcul différentiel et intégral
- Algorithmes et structures de données
- Développement un prototype de jeux vidéo
- Gestion de projet
- Infographie
- Intelligence artificielle
- Programmation orienté objet

Admission

Mathématique, séquence Sciences naturelles (065506 ou 565506) ou séquence Technico-sciences (064506 ou 564506) de la 5e secondaire **ET** excellence du dossier scolaire dans certains cégeps.
UQAC : DEC ou l'équivalent **ET** Mathématiques NYA, NYB ou NYC **OU** réussir les cours équivalents à l'université.

Endroits de formation (voir p. 337 et 414)

Cégep de Chicoutimi, Cégep de Jonquière, Cégep de Sept-Îles, Collège d'Alma **ET** Université du Québec à Chicoutimi (UQAC).

Professions reliées

C.N.P.	AU COLLÉGIAL
2174	Programmeur
2163	Programmeur d'applications
2147	Programmeur-analyste
	À L'UNIVERSITÉ
2171	Analyste en informatique
2162	Gestionnaire de projet multimédia

Endroits de travail

- Industrie du jeu électronique
- Industrie du multimédia

Salaire

Le salaire hebdomadaire moyen est de 966 $ (janvier 2009).

STATISTIQUES D'EMPLOI	2005	2007	2009
Nb de personnes diplômées	1 160	740	701
% en emploi	76,3 %	82,8 %	85,3 %
% à temps plein	96,1 %	96,2 %	98,7 %
% lié à la formation	80,4 %	84,5 %	94,4 %

Techniques de l'informatique / Informatique OU Informatique et génie logiciel OU Informatique et recherche opérationnelle

DEC+BAC 5 ANS

CUISEP 455-353

Compétences à acquérir

Au collégial : Techniques de l'informatique
- Repérer, recueillir et analyser l'information sur les besoins des clients.
- Programmer des applications à l'aide de systèmes de gestion de bases de données.
- Rédiger des programmes à l'aide de divers langages de programmation et utiliser à bon escient les diverses structures de données.
- Rédiger des textes et communiquer avec les diverses personnes intervenant dans l'installation des systèmes informatiques.
- Intervenir aux divers stades d'implantation de systèmes automatisés de production et assurer l'interface avec les systèmes informatisés de gestion.

Trois voies de spécialisations sont offertes :
Gestion de réseaux informatiques; Informatique de gestion; Informatique industrielle.

À l'université : Informatique OU Informatique et génie logiciel OU Informatique et recherche opérationnelle
- Concevoir et développer des systèmes informatiques.
- Concevoir des bases de données.
- Réaliser des programmes complexes.
- Assurer la mise en œuvre et l'implantation de systèmes.
- Assurer la maintenance de systèmes dans les organisations.
- Étudier un problème informatique précis en déterminant les besoins des usagers.

Éléments du programme

Propres au DEC
- Base de données
- Développement d'applications
- Développement et mise en œuvre
- Programmation
- Systèmes d'exploitation

Propres au DEC-BAC
- Bases de données
- Calcul différentiel et intégral
- Développement d'applications
- Infographie
- Mathématiques pour informaticien
- Programmation orientée objet
- Réseaux
- Structure des données et algorithmes
- Systèmes d'exploitation

Admission

Mathématique, séquence Sciences naturelles (065506 ou 565506) ou séquence Technico-sciences (064506 ou 564506) ou de la 5e secondaire **ET** excellence du dossier scolaire dans certains cégeps.
OU
Mathématiques NYA, NYB et NYC ou 103-77, 203-77 et 105-77 **OU** 103-RE, 203-RE et 105-RE **OU** les cours équivalents à l'université.
ET
UQAC : Mathématiques NYA, NYB et NYC **OU** réussir les cours équivalents à l'université.

Endroits de formation (voir p. 337 et 414)

- Collège LaSalle **ET** Université Bishop's.
- Collège de Maisonneuve **ET** Université de Montréal.
- Cégep de Lévis-Lauzon **ET** Université de Sherbrooke.
- Cégep de Chicoutimi, Cégep de Jonquière, Cégep de Sept-Îles, Collège d'Alma **ET** Université du Québec à Chicoutimi (UQAC).
- Collège de Maisonneuve, Collège de Rosemont **ET** Université du Québec à Montréal (UQAM).
- Cégep de La Pocatière, Cégep de Rimouski **ET** Université du Québec à Rimouski (UQAR).
- Cégep de Drummondville, Cégep de Trois-Rivières, Collège Shawinigan **ET** Université du Québec à Trois-Rivières (UQTR).
- Cégep Beauce-Appalaches, Cégep de Drummondville, Cégep de Granby – Haute-Yamaska, Cégep de l'Abitibi-Témiscamingue, Cégep de la Gaspésie et des Îles, Cégep de La Pocatière, Cégep de Lévis-Lauzon, Cégep de Matane, Cégep de Rimouski, Cégep de Rivière-du-Loup, Cégep de Saint-Félicien, Cégep de Sainte-Foy, Cégep de Sept-Îles, Cégep de Sherbrooke, Cégep de Thetford, Cégep de Trois-Rivières, Cégep de Victoriaville, Cégep du Vieux Montréal, Cégep Limoilou – Campus de Québec, Cégep régional de Lanaudière (Joliette), Cégep Saint-Jean-sur-Richelieu, Collège Ahuntsic, Collège de Maisonneuve, Collège de Rosemont, Collège François-Xavier-Garneau, Collège Gérald-Godin, Collège LaSalle, Collège Lionel-Groulx, Collège Montmorency, Collège Shawinigan **ET** Université Laval.

420.AA /AB /AC — Techniques de l'informatique / Informatique **OU** Informatique et génie logiciel **OU** Informatique et recherche opérationnelle

(SUITE)

Professions reliées

C.N.P.	AU COLLÉGIAL
2174	Programmeur
2163	Programmeur d'applications
2147	Programmeur-analyste
2283	Technicien en essai de systèmes
2147	Technologue en informatique
	À L'UNIVERSITÉ
2172	Administrateur de bases de données
2147	Administrateur de systèmes informatiques
2171	Analyste en informatique
2171	Analyste en informatique de gestion
2162	Ergonome des interfaces
2162	Gestionnaire de projet multimédia
5121	Idéateur
2175	Webmestre

Endroits de travail

– À son compte
– Commerces de détail et de services informatiques
– Compagnies d'assurances
– Entreprises manufacturières
– Établissements d'enseignement
– Firmes de consultants en informatique
– Gouvernements fédéral et provincial
– Industrie de multimédia
– Institutions financières
– Municipalités
– Petites et moyennes entreprises

Salaire

Le salaire hebdomadaire moyen est de 966$ (janvier 2009).

Remarques

– L'étudiant qui le désire peut intégrer en tout temps une cohorte régulière du DEC en Techniques de l'informatique (420.A0).
– Le Cégep de Chicoutimi offre deux possibilités; le DEC-BAC intégré en Informatique de gestion et le DEC-BAC intégré en Informatique.
– Le Cégep de La Pocatière, le Cégep de Rivière-du-Loup, le Cégep de Sainte-Foy et Cégep Limoilou (Campus de Québec) offrent le programme avec la formule d'enseignement coopératif en Alternance Travail-études (ATE).
– Au Cégep de Trois-Rivières, l'étudiant obtient trois diplômes en cinq ans : un DEC en Techniques de l'informatique, spécialisation *Informatique de gestion*; un certificat en Informatique (sur demande après la 4e année); un baccalauréat en Informatique.
– Au Collège Lionel-Groulx, le DEC-BAC ne vise que la voie de spécialisation *Informatique de gestion* (420.AA).
– À l'Université de Sherbrooke, le DEC-BAC harmonisé en Informatique ou en Informatique de gestion, d'une durée de 5 ans et demi, est offert en régime coopératif.
– Le numéro d'identification du programme (code) varie selon les établissements d'enseignement : Cégep Beauce-Appalaches, Cégep de La Pocatière, Cégep de Matane, Cégep de Thetford, Cégep Saint-Jean-sur-Richelieu – code 420.A0; Cégep de Chicoutimi, Cégep de Jonquière et Collège d'Alma – code 420.B0; Cégep de Sainte-Foy et Collège François-Xavier-Garneau – code 420.A5; Cégep de Victoriaville – code 420.AA; Cégep Limoilou (Campus de Québec) – codes 420.A1 et 420.A2.

N. B. : Des statistiques provenant du collégial sont disponibles sous le code 420.A0 dans la Relance du MÉLS.

STATISTIQUES D'EMPLOI		2007	2009
Nb de personnes diplômées	76,3 %	740	701
% en emploi	96,1 %	82,8 %	85,3 %
% à temps plein	80,4 %	96,2 %	98,7 %
% lié à la formation		84,5 %	94,4 %

DEC+BAC INTÉGRÉ 5 ANS

CUISEP 455-353

Compétences à acquérir

Au collégial : Techniques de l'informatique

– Repérer, recueillir et analyser l'information sur les besoins des clients.
– Programmer des applications à l'aide de systèmes de gestion de bases de données.
– Rédiger des programmes à l'aide de divers langages de programmation et utiliser à bon escient les diverses structures de données.
– Rédiger des textes et communiquer avec les diverses personnes intervenant dans l'installation des systèmes informatiques.
– Intervenir aux divers stades d'implantation de systèmes automatisés de production et assurer l'interface avec les systèmes informatisés de gestion.

Trois voies de spécialisations sont offertes :
Gestion de réseaux informatiques; Informatique de gestion; Informatique industrielle.

À l'université : Informatique de gestion

– Élaborer et mettre en œuvre des solutions informatiques afin de répondre aux besoins de traitement de l'information des entreprises.
– Analyser et administrer des réseaux informatiques.
– Assurer l'implantation et la mise en œuvre de systèmes.
– Appliquer les techniques de l'informatique et les sciences administratives à la résolution de problèmes de gestion (facturation, contrôle des stocks, fichiers divers, archives, numération, etc.)
– Analyser les besoins d'information aux différents niveaux administratifs et construire des systèmes informatiques répondant à des besoins précis.

Éléments du programme

Propres au DEC

– Base de données
– Développement d'applications
– Développement et mise en œuvre
– Programmation

Propres au DEC-BAC

– Développement de site Web
– Gestion de projets
– Marketing, comptabilité, finance
– Modélisation et bases de données
– Programmation
– Réseaux, programmation client-serveur
– Systèmes d'information

Admission

Mathématique, séquence Sciences naturelles (065506 ou 565506) ou séquence Technico-sciences (064506 ou 564506) de la 5e secondaire **ET** excellence du dossier scolaire dans certains cégeps.
UQAC : Mathématiques NYA **OU** réussir les cours équivalents à l'université.

Endroits de formation (voir p. 337 et 414)

– Cégep de Chicoutimi, Cégep de Sept-Îles, Collège d'Alma **ET** Université du Québec à Chicoutimi (UQAC).
– Cégep de Sorel-Tracy **ET** Université de Québec à Trois-Rivières (UQTR).

Professions reliées

C.N.P.	AU COLLÉGIAL
2174	Programmeur
2147	Programmeur-analyste
2147	Technologue en informatique
	À L'UNIVERSITÉ
2172	Administrateur de bases de données
2171	Analyste en informatique
2171	Analyste en informatique de gestion
0213	Gestionnaire de réseaux informatiques

Endroits de travail

– À son compte
– Centres hospitaliers
– Commissions scolaires
– Compagnies d'assurances
– Entreprises de services informatiques
– Entreprises de services publics
– Établissements d'enseignement universitaires
– Firmes d'ingénieurs
– Firmes de service-conseil en gestion d'entreprise
– Gouvernements fédéral et provincial
– Institutions financières
– Municipalités
– Sociétés d'investissements
– Sociétés de fiducie

Salaire

Le salaire hebdomadaire moyen est de 966 $ (janvier 2009).

STATISTIQUES D'EMPLOI			
	2005	2007	2009
Nb de personnes diplômées	1 160	740	701
% en emploi	76,3 %	82,8 %	85,3 %
% à temps plein	96,1 %	96,2 %	98,7 %
% lié à la formation	80,4 %	84,5 %	94,4 %

410.A0 Techniques de la logistique du transport / Administration des affaires – Logistique

DEC-BAC 4 ANS CUISEP 111/112-000

Compétences à acquérir

Au collégial : Techniques de la logistique du transport

– Déterminer, négocier, préparer et organiser les déplacements (nationaux et internationaux) de marchandises et de personnes et rechercher le meilleur rapport qualité-prix.
– Effectuer des tâches de supervision, de gestion d'inventaire, d'entreposage et de vente de services de transport.
– Réaliser les diverses étapes du processus de logistique.

À l'université : Administration des affaires – Logistique

– Participer à l'établissement, à la direction et à la gestion d'organismes publics ou privés.
– Déterminer ou refaire les structures de ces organismes.
– Coordonner leur mode de production ou de distribution et leurs politiques économiques et financières.
– Élaborer les objectifs et les buts de l'entreprise en tenant compte des facteurs humains, financiers, environnementaux, matériels et conjoncturels.
– Contrôler et évaluer les rendements de l'entreprise et déterminer les actions correctives qui s'imposent.

Éléments du programme

Propres au DEC
– Choix des moyens de transport
– Droit du transport
– Économie mondiale
– Marketing
– Paiements internationaux
– Réception et expédition des marchandises
– Services logistiques
– Stratégie de gestion des stocks et des approvisionnements
– Supervision du personnel
– Transport de personnes
– Transport national et international des marchandises

Propres au DEC-BAC
– Comptabilité de gestion
– Gestion des opérations et de la technologie
– Gestion des ressources humaines
– Gestion financière
– Principes et décisions de marketing
– Statistiques en gestion

Admission

Mathématiques de la séquence Sciences naturelles (065506 ou 565506) ou de la séquence Technico-sciences (064506 ou 564506) de 4e secondaire **OU** Mathématique, séquence Technico-sciences (064406 ou 564406) ou séquence Sciences naturelles (065406 ou 565406) de la 4e secondaire.
OU

Cégep de Jonquière : Mathématiques 068-536.
Collège d'Alma : Mathématiques 068-526.
ET
Excellence du dossier scolaire (administration).
ET/OU
Réussir le cours de Mathématiques 103 et 105 pour l'admission universitaire.

Endroits de formation (voir p. 337 et 414)

– Cégep de Trois-Rivières **ET** Université du Québec à Trois-Rivières (UQTR).
– Collège François-Xavier-Garneau, Collège LaSalle **ET** Université Laval.

Professions reliées

C.N.P.	AU COLLÉGIAL
6411	Agent commercial
1236	Conseiller en transport de marchandises
1476	Coordonnateur du transport de voyageurs par autobus
1236	Courtier en douane
7222	Inspecteur de la circulation par autobus
1215	Technicien en logistique du transport
	À L'UNIVERSITÉ
4163	Agent de développement industriel
0713	Armateur
1122	Consultant en logistique
0713	Directeur de l'exploitation des transports routiers

Endroits de travail

– Centres de distribution
– Compagnies de transport ferroviaire, maritime, aérien et routier
– Compagnies de transport urbain et interurbain
– Entreprises d'exportation-importation
– Entreprises manufacturières
– Entrepôts
– Maisons de courtage en douane
– Sociétés de transit

Salaire

Le salaire hebdomadaire moyen est de 721 $ (janvier 2007).

Remarques

– Le bilinguisme, la mobilité géographique ainsi que la connaissance de l'informatique sont nécessaires pour exercer la profession.
– La maîtrise d'une troisième langue peut être un atout.

STATISTIQUES D'EMPLOI	2005	2007	2009
Nb de personnes diplômées	—	12	—
% en emploi	—	88,9 %	—
% à temps plein	—	87,5 %	—
% lié à la formation	—	71,4 %	—

DEC-BAC 5 ANS   CUISEP 111/112-000

Compétences à acquérir

Au collégial : Techniques de la documentation

– Exécuter les tâches usuelles dans les bibliothèques, les dépôts d'archives, les librairies et les centres de documentation.
– Effectuer la classification, les recherches et les descriptions bibliographiques.
– Fournir de l'information à la clientèle.
– Travailler à l'implantation de systèmes de gestion documentaire.
– Participer à la création d'instruments facilitant la consultation des documents.
– Collaborer à la conservation et à la diffusion des documents.

À l'université : Gestion de l'information

– Traiter, analyser et présenter l'information de façon efficace, dans les milieux de travail privés et publics, dans les domaines de la science de l'information, des systèmes d'information organisationnels, de l'organisation du travail et des communications.
– Posséder les habiletés d'analyse nécessaires à la gestion efficace des masses d'information offertes aux gestionnaires.
– Gérer de manière efficace les ressources informationnelles.

Éléments du programme

Propres au DEC

– Classification décimale Dewey et la Library of Congress
– Organisation matérielle d'un centre ou d'un service de documentation
– Rédaction de notices catalographiques
– Systèmes de classification documentaire
– Systèmes de gestion de documents administratifs et d'archives
– Triage de la documentation
– Techniques relatives à la protection, au rangement et à la conservation de documents

Propres au DEC-BAC

– Communication commerciale
– Comptabilité financière
– Documents numériques
– Éthique, politique sur l'informatique
– Gestion d'un réseau local
– Mathématiques des affaires
– Programmation
– Science de l'information

Admission

Aucun préalable.

Endroits de formation (voir p. 337 et 414)

Cégep de l'Outaouais, Cégep de Trois-Rivières, Collège de Maisonneuve, Collège Lionel-Groulx **ET** Université de Moncton – Campus de Shippagan.

Professions reliées

C.N.P.	AU COLLÉGIAL
5211	Technicien en archivistique
5211	Technicien en documentation
5113	Technicien en gestion de documents
	À L'UNIVERSITÉ
2171	Analyste des système d'information
—	Conseiller en affaires électroniques
5111	Documentaliste de bibliothèque
—	Gestionnaire de contenu Web
5123	Recherchiste (radio, télévision)
—	Spécialiste de l'information électronique
—	Spécialiste de l'information stratégique

Endroits de travail

– Bibliothèques
– Centres d'archivage
– Centres de documentation
– Centres de gestion de documents administratifs
– Établissements d'enseignement
– Firmes de consultants
– Gouvernements fédéral et provincial
– Librairies
– Municipalités

Salaire

Donnée non disponible.

Statistiques d'emploi

Données non disponibles.

271.01 Géologie appliquée (Technologie minérale) / Géologie

DEC+BAC 5 ANS   CUISEP 433-200

Compétences à acquérir

Au collégial : Géologie appliquée (Technologie minérale)
– Explorer et prospecter des sites.
– Faire des levés géophysiques et géochimiques.
– Surveiller les forages.
– Étudier les gisements (échantillonnage, analyse, inventaire).
– Rechercher et exploiter les eaux souterraines.
– Utiliser et manipuler divers appareils et instruments servant à l'exploration et à l'analyse.
– Réaliser des mises en plan ou des dessins topographiques.
– Participer à des études environnementales.

À l'université : Géologie
– Faire l'évaluation d'un terrain géologique donné pour en établir l'âge, la structure et la genèse.
– Faire le lien entre les observations concernant la composition et la structure des roches et les processus qui ont formé les gîtes minéraux.
– Participer à la fabrication d'une carte géologique pour une région donnée.
– Prospecter et assurer la conservation des gisements métallifères et pétrolifères ainsi que des ressources hydriques.
– Étudier et tenter de prévoir les phénomènes naturels.
– Effectuer des études environnementales.
– Évaluer et corriger les effets de l'intervention de l'homme sur l'environnement.

Éléments du programme

Propres au DEC
– Chimie générale
– Compléments de mathématique
– Évaluation des gisements
– Géologie structurale
– Géophysique de l'environnement
– Gîtes minéraux
– Hydrogéologie
– Mécanique
– Stage en géologie

Propres au DEC-BAC
– Calculs
– Géochimie générale
– Gîtes minéraux
– Paléontologie
– Pétrographie sédimentaire
– Probabilités et statistiques

Admission

Mathématique 436 ou Mathématique 426 et 526 et Sciences physique 436 ou un cours optionnel de Science et technologie de la 4e secondaire **OU** Science et environnement (058402 ou 558402) ou Science et technologie de l'environnement (058404 ou 558404) ou de la 4e secondaire et Mathématique, séquence Sciences naturelles (065406 ou 565406) ou séquence Technico-sciences (064406 ou 564406) de la 4e secondaire.

Laval : Avoir obtenu le DEC selon les termes de l'entente DEC-BAC.

Endroits de formation (voir p. 337 et 414)

Cégep de Thetford **ET** Université Laval.

Professions reliées

C.N.P.	AU COLLÉGIAL
2212	Technologue en géologie
2212	Technologue en géologie de l'environnement
2212	Technologue en géophysique
2212	Technologue en hydrogéologie
2212	Technologue en prospection minière
	À L'UNIVERSITÉ
2113	Écogéologue
2113	Géochimiste
2113	Géologue
2113	Géologue pétrolier
2144	Hydrogéologue
2113	Hydrographe
2113	Hydrologue
2113	Minéralogiste
2113	Paléontologue

Endroits de travail

– Bureaux d'études géotechniques
– Compagnies minières
– Compagnies pétrolières
– Firmes d'ingénieurs-conseils
– Gouvernements fédéral et provincial

Salaire

Le salaire hebdomadaire moyen est de 984 $ (janvier 2009).

STATISTIQUES D'EMPLOI	2005	2007	2009
Nb de personnes diplômées	52	42	38
% en emploi	40,6 %	40,0 %	45,0 %
% à temps plein	84,6 %	90,0 %	100 %
% lié à la formation	54,5 %	100 %	88,9 %

Compétence à acquérir

Au collégial : Techniques de construction aéronautique

– Faire de la conception, de la fabrication et du dessin assistés par ordinateur (CAO, FAO, DAO).
– Planifier et assurer le contrôle de la qualité par l'inspection assistée par ordinateur.
– Planifier les étapes et méthodes de production (pièces usinées et métal en feuille).
– Participer à la production des pièces de cellules, de moteurs ou d'accessoires d'aéronefs.
– Participer à l'expérimentation de nouveaux prototypes sur des bancs d'essai.

À l'université : Génie aérospatial

– Participer aux phases de conception, de développement, d'essai et de production d'aéronefs et de véhicules spatiaux ainsi que des pièces associées.
– Développer des produits et des systèmes aéronautiques complexes.
– Concevoir des systèmes d'ingénierie en utilisant les techniques et les outils les plus récents.
– Gérer des projets d'ingénierie.
– Concevoir, réaliser et analyser des essais expérimentaux.

Éléments du programme

Propre au DEC

– Calcul appliqué à l'aéronautique
– Contrôle et gestion de la qualité – Résistance des matériaux
– Définition et conception de composantes d'aéronefs et d'outillage
– Éléments d'aérodynamique
– Planification et fabrication de pièces usinées, de métal en feuille et de matériaux composites
– Usinage conventionnel – Programmation à commande numérique
– Thermodynamique appliquée aux propulseurs d'aéronefs
– Trigonométrie, algèbre vectorielle, statistique

Propre au DEC-BAC

– Calcul scientifique pour ingénieur
– Probabilités et statistiques
– Structure aéronautique

Admission

Mathématique 068-526 et physique 534 ou Mathématique, séquence Technico-sciences (064506 ou 564506) ou séquence Sciences naturelles (065506 ou 565506) de la 5e secondaire **ET** Physique de la 5e secondaire (053504 ou 553504).

Polytechnique de Montréal : DEC en Techniques de construction aéronautique.

Endroits de formation (voir p. 337 et 406)

École nationale d'aérotechnique **ET** École Polytechnique de Montréal.

Professions reliées

C.N.P.	AU COLLÉGIAL
2232	Technologue en génie aérospatial
2232	Technologue en aéronautique
	À L'UNIVERSITÉ
2133	Ingénieur électricien (électronique)
2146	Ingénieur en aéronautique
2132	Ingénieur en mécanique
2146	Ingénieur en aérospatiale

Endroits de travail

– Ateliers d'usinage et d'assemblage
– Compagnies aériennes
– Entreprises de sous-traitance
– Établissements d'enseignement universitaire
– Forces armées canadiennes
– Gouvernement fédéral
– Industrie aérospatiale
– Industrie des aéronefs et des pièces d'aéronefs
– Entreprises de sous-traitance dans le domaine de l'aéronautique
– Usines de production reliées à l'aéronautique

Salaire

Nouveau programme. Donnée non disponible.

Remarque

Le tiers supérieur des diplômés de Techniques de construction aéronautique cheminement DEC-BAC en génie aérospatial sera admis automatiquement au baccalauréat en génie aérospatial.

Statistiques d'emploi

Nouveau programme. Donnée non disponible.

210.02 Techniques de génie chimique / Génie chimique

DEC-BAC INTÉGRÉ 6 ANS

CUISEP 413/414-000

Compétences à acquérir

Au collégial : Techniques de génie chimique
– Mettre au point des méthodes de fabrication.
– Déceler et corriger les problèmes mineurs dans le fonctionnement des appareils de mesure et de contrôle.
– Calibrer et maîtriser le déroulement de procédés et rédiger des rapports.
– Faire divers tests et analyses chimiques en vue d'assurer les normes de qualité, d'améliorer les procédés industriels et d'optimiser les rendements dans la transformation des produits.

À l'université : Génie chimique
Données non disponibles.

Éléments du programme

Propres au DEC
– Analyse organique
– Calcul différentiel et intégral
– Compléments de mathématique
– Contrôle et instrumentation des procédés
– Essais et mesures physicochimiques
– Opérations fondamentales

Propres au DEC-BAC
– Cinétique chimique
– Épuration des eaux
– Ingénierie de la qualité
– Mécanique des fluides
– Procédés électrochimiques
– Transfert de chaleur

Admission

Mathématiques 068-526; Physique 534; Chimie 534 **OU** Mathématique, séquence Sciences naturelles (065506 ou 565506) ou séquence Technico-sciences (064506 ou 564506) de la 5e secondaire; Physique et Chimie de la 5e secondaire (053504 ou 553504).
Laval : Avoir obtenu le DEC selon les termes de l'entente DEC-BAC.

Endroits de formation (voir p. 337 et 414)

Cégep de Lévis-Lauzon **ET** Université Laval.

Professions reliées

C.N.P.	AU COLLÉGIAL
2211	Technologue en génie chimique
2211	Technologue en génie pétrochimique
2211	Technologue en procédés de fabrication alimentaire

À L'UNIVERSITÉ

2134	Ingénieur chimiste
2134	Ingénieur chimiste de la production
2134	Ingénieur chimiste en recherche
2134	Ingénieur chimiste spécialiste des études et projets
2131	Ingénieur civil en écologie générale
2131	Ingénieur de l'environnement
2145	Ingénieur du pétrole
2148	Ingénieur du textile
2115	Ingénieur en transformation des matériaux composites

Endroits de travail

– Centres de recherche
– Compagnies d'appareillage industriel
– Compagnies minières
– Entreprises de recyclage
– Firmes de consultants
– Gouvernements fédéral et provincial
– Industrie alimentaire
– Industrie métallurgique
– Industrie pharmaceutique
– Papetières
– Raffineries
– Usines de produits chimiques

Salaire

Le salaire hebdomadaire moyen est de 1 036 $ (janvier 2009).

Remarque

Pour exercer la profession et porter le titre d'ingénieur, il faut être membre de l'Ordre des ingénieurs du Québec.

STATISTIQUES D'EMPLOI	2005	2007	2009
Nb de personnes diplômées	129	146	138
% en emploi	75,0 %	80,0 %	70,7 %
% à temps plein	96,7 %	97,5 %	100 %
% lié à la formation	75,9 %	82,1 %	77,4 %

241.A0 Techniques de génie mécanique – *Conception* ou *Fabrication* / Génie mécanique

DEC-BAC 6 ANS   CUISEP 455-400

Compétences à acquérir

Au collégial : Techniques de génie mécanique, spécialisation *Conception* ou *Fabrication*

– Produire et analyser les dessins de pièces mécaniques pour déterminer les modes de fabrication.
– Fabriquer des prototypes et faire la réparation d'appareils et d'instruments mécaniques.
– Planifier et préparer la séquence des opérations de fabrication et de la standardisation des méthodes de travail et évaluer le temps de fabrication.
– Programmer et implanter des automates programmables, des robots et des machines dédiées.
– Vérifier la qualité des produits manufacturés.
– Coordonner le personnel, le matériel et l'équipement.

À l'université : Génie mécanique

– Concevoir ou améliorer des systèmes mécaniques (moteur, transmission, turbines) utilisés dans la fabrication de machines et d'appareils de toutes sortes en production industrielle ou dans le domaine du bâtiment.
– Superviser la réalisation des plans.
– Choisir les matériaux et la méthode de fabrication.
– Diriger les travaux de fabrication et les essais de prototypes.
– Évaluer les installations et les procédés mécaniques de fabrication et s'assurer du respect des normes de sécurité.
– Recommander des méthodes d'entretien.

Éléments du programme

Propres au DEC

– Calcul différentiel et intégral
– Dessin de constructions mécaniques
– Électromécanique
– Méthodes d'usinage en série
– Outillage de production
– Sciences graphiques
– Stage industriel
– Techniques de machines-outils

Propres au DEC-BAC

– Contrôle des systèmes mécaniques
– Dessin de machines
– Mathématiques de l'ingénieur
– Probabilités et statistiques

Admission

Mathématique, séquence Sciences naturelles (065406 ou 565406) ou séquence Technico-sciences (064406 ou 564406) de la 4e secondaire et Physique de la 5e secondaire (053504 ou 553504).

Laval : Mathématiques NYA (ou DZA-04 et DZB-03), NYB, NYC; Physique NYB.
UQAC : DEC en Sciences de la nature **OU** DEC ou l'équivalent et Mathématiques NYA, NYB, NYC; Physique NYA, NYB, NYC; Chimie NYA, NYB **OU** DEC dans la famille des techniques physiques. *N.B. : Les étudiants admis sur cette base seront soumis à un cheminement particulier. Se référer au site Web de l'université.*

Endroits de formation (voir p. 337 et 414)

– Cégep de Jonquière **ET** Université du Québec à Chicoutimi (UQAC).
– Cégep de Lévis-Lauzon, Cégep Limoilou – Campus de Québec **ET** Université Laval.

Professions reliées

C.N.P.   **AU COLLÉGIAL**
2232   Technicien en génie mécanique
2232   Technologue en génie mécanique
2241   Technologue en robotique
         À L'UNIVERSITÉ
2141   Ingénieur du contrôle de la qualité industrielle
2146   Ingénieur en aérospatiale
2148   Ingénieur en construction navale
2132   Ingénieur mécanicien

Endroits de travail

– Centres de recherche industrielle
– Firmes d'ingénieurs-conseils
– Gouvernements fédéral et provincial
– Industrie aérospatiale
– Industrie des pâtes et papiers
– Industrie manufacturière
– Industrie minière

Salaire

Le salaire hebdomadaire moyen est de 993 $ (janvier 2009).

Remarque

Pour exercer la profession et porter le titre d'ingénieur, il faut être membre de l'Ordre des ingénieurs du Québec.

STATISTIQUES D'EMPLOI	2005	2007	2009
Nb de personnes diplômées	731	750	781
% en emploi	78,3 %	83,0 %	81,7 %
% à temps plein	99,2 %	98,3 %	98,8 %
% lié à la formation	83,7 %	85,5 %	89,6 %

Compétence à acquérir

Au collégial : Techniques de laboratoire, spécialisation *Biotechnologie*

– Appliquer les connaissances acquises en chimie-biologie à l'industrie alimentaire et pharmaceutique, à l'environnement, à la recherche médicale et scientifique ou aux secteurs biotechnologique et bio-industriel.
– Assister les professionnels dans l'analyse et le contrôle de la qualité des matières premières et des produits alimentaires et pharmaceutiques.
– Faire des expériences, mettre au point de nouvelles techniques et de nouveaux instruments.
– Faire des prélèvements.
– Cultiver et isoler divers types de micro-organismes.
– Identifier, classifier et assurer la conservation des échantillons biologiques.
– Dispenser des soins aux animaux de laboratoire et les manipuler lors des expériences.

À l'université : Agronomie

– Assurer une saine gestion et utilisation des ressources vouées à la production agricole et alimentaire.
– Assurer la vulgarisation des sciences agronomiques.
– Résoudre des problèmes agricoles par l'application des sciences biologiques.
– Améliorer la productivité des sols, des plantes et des animaux.
– Veiller à la production et à la conservation des ressources biologiques ou biophysiques agricoles.

Éléments du programme

Propres au DEC

– Biochimie
– Biologie animale et végétale
– Chimie des solutions
– Compléments de mathématique
– Microbiologie
– Optique et structure de la matière

Propres au DEC-BAC

– Anatomie et physiologie animales
– Comptabilité des entreprises
– Fertilisation des sols
– Genèse et classification des sols
– Génétique
– Nutrition animale
– Physiologie végétale
– Sciences du sol

Admission

Mathématique, séquence Sciences naturelles (065506 ou 565506) ou séquence Technico-sciences (064506 ou 564506) de la 5e secondaire et Chimie de la 5e secondaire (051504 ou 551504).
Laval : Être titulaire du DEC en Techniques de laboratoire, voie de spécialisation *Biotechnologie*.

Endroits de formation (voir p. 337 et 406)

Cégep de Lévis-Lauzon **ET** Université Laval.

Professions reliées

C.N.P.	AU COLLÉGIAL
2221	Technicien en biologie
2221	Technicien en chimie biologie
2221	Technicien en environnement
2211	Technologiste en procédés de fabrication alimentaire
2221	Technologue en bactériologie
2211	Technologue en biochimie
2211	Technologue en chimie biologie
	À L'UNIVERSITÉ
2123	Agronome
2123	Agronome des services de vulgarisation
2123	Agronome en agriculture biologique
2123	Agronome en production animale
2123	Agronome en production végétale
2115	Agronome pédologue
2123	Agronome-dépisteur
2121	Bactériologiste des sols
2121	Entomologiste
2123	Malherbologiste
2121	Phytobiologiste
2121	Zoologiste

Endroits de travail

- Bureaux d'experts-conseils en gestion agricole
- Centres de recherche
- Coopératives agricoles
- Entreprises agricoles
- Gouvernements fédéral et provincial
- Laboratoires
- Organismes internationaux

Salaire

Le salaire hebdomadaire moyen est de 783 $ (janvier 2009).

Remarques

- Pour exercer la profession et porter le titre d'agronome, il faut être membre de l'Ordre des agronomes du Québec.
- Des études de 2e cycle sont nécessaires pour exercer les professions suivantes : agronome pédologue, bactériologiste des sols, entomologiste, malherbologiste, phytopathologiste.

STATISTIQUES D'EMPLOI			
	2005	2007	2009
Nb de personnes diplômées	18	131	133
% en emploi	69,3 %	53,3 %	70,5 %
% à temps plein	95,5 %	97,9 %	97,0 %
% lié à la formation	88,1 %	91,5 %	92,3 %

Techniques de laboratoire – *Biotechnologie* / Biochimie **OU** Biochimie et biotechnologie **OU** Biologie moléculaire et cellulaire

DEC-BAC HARMONISÉ 5 ANS   CUISEP 411-000

Compétences à acquérir

Au collégial : Techniques de laboratoire, spécialisation *Biotechnologie*

– Appliquer les connaissances acquises en chimie-biologie à l'industrie alimentaire et pharmaceutique, à l'environnement, à la recherche médicale et scientifique ou aux secteurs biotechnologiques et bio-industriels.
– Assister les professionnels dans l'analyse et le contrôle de la qualité des matières premières et des produits alimentaires et pharmaceutiques.
– Faire des expériences, mettre au point de nouvelles techniques et de nouveaux instruments.
– Faire des prélèvements.
– Cultiver et isoler divers types de micro-organismes.
– Identifier, classifier et assurer la conservation des échantillons biologiques.
– Dispenser des soins aux animaux de laboratoire et les manipuler lors des expériences.

À l'université : Biochimie OU Biochimie et biotechnologie OU Biotechnologie

– Mettre au point des pesticides, des hormones végétales et animales, des insecticides, des antibiotiques et divers produits pharmaceutiques.
– Étudier les réactions biochimiques et la nature des constituants chimiques des êtres vivants et des substances qu'ils produisent.
– Faire des recherches sur les mécanismes biologiques comme le sommeil, la division cellulaire et l'hérédité.
– Produire des rapports de travaux, d'expertises ou d'analyses.
– Déterminer la composition et la qualité de biens produits, de matériaux, de procédés et d'appareils en vue d'assurer le contrôle de la qualité ou d'établir un diagnostic.

Éléments du programme

Propres au DEC

– Biochimie
– Biologie animale et végétale
– Chimie des solutions
– Compléments de mathématique
– Microbiologie
– Optique et structure de la matière

Propres au DEC-BAC

– Biochimie
– Biologie cellulaire
– Chimie organique
– Enzymologie
– Éthique scientifique
– Immunologie
– Microbiologie
– Normes environnementales

Admission

Mathématique, séquence Sciences naturelles (065506 ou 565506) ou séquence Technico-sciences (064506 ou 564506) de la 5e secondaire et Chimie de la 5e secondaire (051504 ou 551504).
Laval : Avoir réussi les Mathématiques NYA et NYB.

Endroits de formation (voir p. 337 et 414)

– Collège Ahuntsic **ET** Université de Montréal pour le BAC en Biochimie.
– Cégep de Lévis-Lauzon, Cégep de Saint-Hyacinthe, Cégep de Sherbrooke **ET** Université de Sherbrooke pour le BAC en Biologie moléculaire et cellulaire.
– Cégep de Lévis-Lauzon, Collège Ahuntsic **ET** Université de Sherbrooke Pour le double BAC en Biotechnologie, concentration Bio-informatique et concentration Biologie.
– Cégep de Lévis-Lauzon, Cégep de Saint-Hyacinthe, Collège Shawinigan **ET** Université du Québec à Trois-Rivières (UQTR) pour le BAC en Biochimie et biotechnologie.
– Cégep de Lévis-Lauzon **ET** Université Laval pour le BAC en Biochimie.

Professions reliées

C.N.P.	AU COLLÉGIAL
2221	Technicien en environnement
2211	Technologiste en procédés de fabrication alimentaire
2211	Technologue en biochimie
2211	Technologue en chimie biologie
	À L'UNIVERSITÉ
2112	Biochimiste
2211	Contrôleur de produits pharmaceutiques
2121	Généticien
2121	Immunologue
2112	Scientifique en produits alimentaires

210.AA Techniques de laboratoire – *Biotechnologie* / Biochimie **OU** Biochimie et biotechnologie **OU** Biologie moléculaire et cellulaire

(SUITE)

Endroits de travail

– Centres de recherche
– Compagnies de produits cosmétiques
– Entreprises de fabrication de produits chimiques
– Gouvernements fédéral et provincial
– Industrie de la transformation des produits alimentaires
– Industrie pharmaceutique
– Laboratoires médicaux

Salaire

Le salaire hebdomadaire moyen est de 705 $ (janvier 2009).

Remarques

– Pour exercer la profession et porter le titre de bio-chimiste, il faut être membre de l'Ordre des chimistes du Québec.
– À l'Université du Québec à Rimouski (UQAR), le programme comprend une majeure en Biologie et une mineure en Chimie.
– À l'Université Laval, les étudiants sont admis avec l'ancien DEC : Techniques de chimie-biologie (201.03).

STATISTIQUES D'EMPLOI			
	2005	2007	2009
Nb de personnes diplômées	303	294	267
% en emploi	24,6 %	38,7 %	30,5 %
% à temps plein	90,2 %	88,9 %	98,1 %
% lié à la formation	60,9 %	60,9 %	66,0 %

TECHNIQUES PHYSIQUES

210.AA Techniques de laboratoire – *Biotechnologie* / Biologie **OU** Biologie moléculaire **OU** Microbiologie

DEC-BAC HARMONISÉ 5 ANS   CUISEP 313-400

Compétences à acquérir

Au collégial : Techniques de laboratoire, spécialisation *Biotechnologie*

– Appliquer les connaissances acquises en chimie-biologie à l'industrie alimentaire et pharmaceutique, à l'environnement, à la recherche médicale et scientifique ou aux secteurs biotechnologique et bio-industriel.
– Assister les professionnels dans l'analyse et le contrôle de la qualité des matières premières et des produits alimentaires et pharmaceutiques.
– Faire des expériences, mettre au point de nouvelles techniques et de nouveaux instruments.
– Faire des prélèvements.
– Cultiver et isoler divers types de micro-organismes.
– Identifier, classifier et assurer la conservation des échantillons biologiques.
– Dispenser des soins aux animaux de laboratoire et les manipuler lors des expériences.

À l'université : Biologie OU Biologie moléculaire OU Microbiologie

– Faire des recherches sur les micro-organismes (virus, bactéries, etc.), étudier leurs formes, leurs structures, leurs moyens de reproduction, etc.
– Mettre au point des vaccins ou des médicaments.
– Procéder à divers examens de substances ou d'êtres vivants exposés à des contaminations.
– Chercher les causes d'épidémies ou d'empoisonnements alimentaires et les moyens de les contrer.
– Travailler à la prévention et au traitement des maladies.

Éléments du programme

Propres au DEC

– Biochimie
– Biologie animale et végétale
– Chimie des solutions
– Compléments de mathématique
– Microbiologie
– Optique et structure de la matière

Propres au DEC-BAC

– Écologie microbienne
– Génétique
– Microbiologie et bioéthique
– Microbiologie générale
– Physiologie microbienne
– Virologie

Admission

Mathématique, séquence Sciences naturelles (065506 ou 565506) ou séquence Technico-sciences (064506 ou 564506) de la 5e secondaire et Chimie de la 5e secondaire (051504 ou 551504).

Laval : Avoir obtenu le DEC selon les termes de l'entente DEC-BAC.

Endroits de formation (voir p. 337 et 414)

– Cégep de l'Outaouais, Cégep de Lévis-Lauzon, Cégep de Sherbrooke **ET** Université de Sherbrooke. *N. B. : Pour le Cégep de Lévis-Lauzon : entente en développement pour le double BAC en Biotechnologie, concentration Bio-informatique et Biotechnologie, concentration Biologie moléculaire).*
– Cégep de Lévis-Lauzon, Collège Ahuntsic, Collège Shawinigan **ET** Université Laval.

Professions reliées

C.N.P.	AU COLLÉGIAL
2221	Technicien en bactériologie
2221	Technicien en biologie
2211	Technologue en biochimie
2211	Technologue en chimie biologie
2211	Technologue en procédés de fabrication alimentaire
	À L'UNIVERSITÉ
2211	Contrôleur de produits pharmaceutiques
2121	Microbiologiste
2121	Microbiologiste industriel

Endroits de travail

– Centres de recherche
– Compagnies de produits cosmétiques
– Établissements d'enseignement universitaire
– Gouvernements fédéral et provincial
– Industrie de la transformation des produits alimentaires
– Industrie pharmaceutique

Salaire

Le salaire hebdomadaire moyen est de 772 $ (janvier 2009).

Remarques

– L'Université de Sherbrooke offre le baccalauréat en Biologie moléculaire et cellulaire – Biologie moléculaire et le baccalauréat en Microbiologie.
– À l'Université Laval, les étudiants sont également admis à partir de l'ancien DEC : Techniques de chimie-biologie (210.03).

STATISTIQUES D'EMPLOI

Nb de personnes diplômées	2005	2007	2009
	174	169	189
% en emploi	20,4 %	27,0 %	29,7 %
% à temps plein	91,3 %	90,0 %	80,5 %
% lié à la formation	52,4 %	70,4 %	51,5 %

210.AA Techniques de laboratoire – *Biotechnologie* / Biologie **OU** Génie biotechnologique **OU** Sciences biologiques **OU** Sciences biologiques et écologiques

DEC/BAC 5 ANS CUISEP 313-000

Compétences à acquérir

Au collégial : Techniques de laboratoire, spéciali-sation *Biotechnologie* OU Techniques de chimie-biologie (ancien programme)

– Appliquer les connaissances acquises en chimie-biolo-gie à l'industrie alimentaire et pharmaceutique, à l'en-vironnement, à la recherche médicale et scientifique ou aux secteurs biotechnologique et bio-industriel.
– Assister les professionnels dans l'analyse et le contrô-le de la qualité des matières premières et des produits alimentaires et pharmaceutiques.
– Faire des expériences, mettre au point de nouvelles techniques et de nouveaux instruments.
– Faire des prélèvements.
– Cultiver et isoler divers types de micro-organismes.
– Identifier, classifier et assurer la conservation des échantillons biologiques.
– Dispenser des soins aux animaux de laboratoire et les manipuler lors des expériences.

À l'université : Biologie OU Génie biotechnolo-gique OU Sciences biologiques OU Sciences bio-logiques et écologiques

– Étudier des phénomènes de la vie végétale ou ani-male (structures, fonctions, réactions et comporte-ments) et procéder à l'analyse des données recueillies.
– Travailler à la protection de l'environnement ainsi qu'à l'utilisation et à la conservation des ressources naturelles.
– Travailler à l'aménagement des lieux et de la faune.
– Étudier les relations entre les êtres vivants et leur milieu.

Éléments du programme

Propres au DEC
– Activités liées au génie génétique
– Analyses d'immunologie appliquée, de toxicologie et d'écotoxicologie, de biochimie appliquée et de micro-biologie appliquée
– Culture des cellules animales et végétales
– Données d'anatomie et de physiologie
– Micro-organismes
– Techniques d'immunologie
– Techniques de biologie moléculaire
– Utilisation des animaux de laboratoire
– Utilisation des cellules dans les bioprocédés

Propres au DEC-BAC
– Biotechnologie
– Écologie générale et végétale

– Génétique
– Méthodes quantitatives
– Mycologie
– Phycologie
– Physiologie animale et végétale
– Structure et fonctions des végétaux
– Toxicologie environnementale

Admission

Mathématique, séquence Sciences naturelles (065506 ou 565506) ou séquence Technico-sciences (064506 ou 564506) de la 5e secondaire et Chimie de la 5e secon-daire (051504 ou 551504).

Laval : Avoir obtenu le DEC selon les termes de l'enten-te DEC-BAC **ET** cote R minimale de 25.

Endroits de formation (voir p. 337 et 414)

– Cégep de Saint-Hyacinthe, Collège Ahuntsic **ET** Université de Montréal pour le BAC en Sciences biolo-giques.
– Collège Shawinigan **ET** Université de Sherbrooke pour le BAC en Biologie et le BAC en Génie biotechnolo-gique.
– Cégep de Lévis-Lauzon **ET** Université de Sherbrooke pour le BAC en Biologie.
– Cégep de Lévis-Lauzon, Cégep de Saint-Hyacinthe, Collège Ahuntsic, Collège Shawinigan **ET** Université Laval pour le BAC en Biologie.

Professions reliées

C.N.P.	AU COLLÉGIAL
2224	Interprète de la nature
2221	Technicien en biologie
2221	Technologue en bactériologie
2211	Technologue en biochimie
2211	Technologue en chimie biologie
2211	Technologue en procédés de fabrication alimentaire
	À L'UNIVERSITÉ
2121	Biologiste
2121	Botaniste
2121	Écologiste
2121	Ichtyologiste
2121	Zoologiste

210.AA

Techniques de laboratoire – *Biotechnologie* / Biologie **OU** Génie biotechnologique **OU** Sciences biologiques **OU** Sciences biologiques et écologiques

(SUITE)

Endroits de travail

– Centres d'interprétation de la nature
– Centres de recherche
– Compagnies de produits cosmétiques
– Établissements d'enseignement universitaire
– Firmes d'experts-conseils
– Gouvernements fédéral et provincial
– Industrie de transformation alimentaire
– Industrie pharmaceutique
– Jardins botaniques
– Laboratoires
– Usines de traitement des eaux

Salaire

Le salaire hebdomadaire moyen est de 707 $ (janvier 2009).

Remarque

À l'Université Laval, les étudiants sont aussi admis à partir de l'ancien DEC : Techniques de chimie-biologie (210.03).

STATISTIQUES D'EMPLOI			
	2005	2007	2009
Nb de personnes diplômées	593	631	586
% en emploi	31,9 %	36,2 %	33,9 %
% à temps plein	83,5 %	87,8 %	84,0 %
% lié à la formation	70,8 %	62,0 %	54,5 %

Compétences à acquérir

Au collégial : Techniques de laboratoire, spécialisation *Biotechnologie*
- Appliquer les connaissances acquises en chimie-biologie à l'industrie alimentaire et pharmaceutique, à l'environnement, à la recherche médicale et scientifique ou aux secteurs biotechnologiques et bio-industriels.
- Assister les professionnels dans l'analyse et le contrôle de la qualité des matières premières et des produits alimentaires et pharmaceutiques.
- Faire des expériences, mettre au point de nouvelles techniques et de nouveaux instruments.
- Faire des prélèvements.
- Cultiver et isoler divers types de micro-organismes.
- Identifier, classifier et assurer la conservation des échantillons biologiques.
- Dispenser des soins aux animaux de laboratoire et les manipuler lors des expériences.

À l'université : Biologie médicale
- Acquérir une connaissance approfondie du corps humain et du fonctionnement de ses systèmes.
- Comprendre les systèmes normaux et pathologiques humains.
- Développer les aptitudes requises sur le plan de l'expérimentation et des techniques de laboratoire pour travailler dans des laboratoires médicaux et pharmaceutiques.

Éléments du programme

Propres au DEC
- Biochimie
- Biologie animale et végétale
- Chimie des solutions
- Compléments de mathématique
- Microbiologie
- Optique et structure de la matière

Propres au DEC-BAC
- Anatomie descriptive
- Biochimie
- Biologie cellulaire
- Hématologie
- Histologie
- Microbiologie
- Pharmacologie
- Physiologie humaine
- Stage en biologie médicale

Admission

Mathématique, séquence Sciences naturelles (065506 ou 565506) ou séquence Technico-sciences (064506 ou 564506) de la 5e secondaire et Chimie de la 5e secondaire (051504 ou 551504).

Endroits de formation (voir p. 337 et 414)

Cégep de Lévis-Lauzon, Collège Ahuntsic **ET** Université du Québec à Trois-Rivières (UQTR).

Professions reliées

C.N.P.	AU COLLÉGIAL
2221	Technicien en biologie
2221	Technologue en bactériologie
2211	Technologue en biochimie
2211	Technologue en chimie biologie
	À L'UNIVERSITÉ
2112	Biochimie clinique
2121	Biologiste médical
2121	Biologiste moléculaire
2121	Physiologiste

Endroits de travail
- Établissements d'enseignement collégial
- Industrie agroalimentaire
- Industrie pharmaceutique
- Laboratoires de recherche universitaire

Salaire

Le salaire hebdomadaire moyen est de 675 $ (janvier 2009).

STATISTIQUES D'EMPLOI	2005	2007	2009
Nb de personnes diplômées	120	51	49
% en emploi	38,9 %	32,3 %	39,5 %
% à temps plein	89,3 %	100 %	100 %
% lié à la formation	60,0 %	50,0 %	66,7 %

Techniques de laboratoire – *Biotechnologie* / Sciences et technologie des aliments

DEC-BAC 6 ANS   CUISEP 312-500

Compétences à acquérir

Au collégial : Techniques de laboratoire, spécialisation *Biotechnologie*

– Appliquer les connaissances acquises en chimie-biologie à l'industrie alimentaire et pharmaceutique, à l'environnement, à la recherche médicale et scientifique ou aux secteurs biotechnologiques et bio-industriels.
– Assister les professionnels dans l'analyse et le contrôle de la qualité des matières premières et des produits alimentaires et pharmaceutiques.
– Faire des expériences, mettre au point de nouvelles techniques et de nouveaux instruments.
– Faire des prélèvements.
– Cultiver et isoler divers types de micro-organismes.
– Identifier, classifier et assurer la conservation des échantillons biologiques.
– Dispenser des soins aux animaux de laboratoire et les manipuler lors des expériences.

À l'université : Sciences et technologie des aliments

– Concevoir et mettre au point de nouveaux produits alimentaires.
– Créer des nouvelles techniques de fabrication et de transformation.
– Assurer une production efficace et respectueuse de l'environnement.
– Veiller à la qualité des produits.
– Préparer la mise en marché.

Éléments du programme

Propres au DEC

– Biochimie
– Biologie animale et végétale
– Chimie des solutions
– Compléments de mathématique
– Microbiologie
– Optique et structure de la matière

Propres au DEC-BAC

– Chimie des aliments
– Métabolisme
– Méthodes d'analyse des aliments
– Microbiologie alimentaire industrielle
– Principes de conservation
– Procédés industriels alimentaires

Admission

Mathématique, séquence Sciences naturelles (065506 ou 565506) ou séquence Technico-sciences (064506 ou 564506) de la 5e secondaire et Chimie de la 5e secondaire (051504 ou 551504).

Laval : Avoir obtenu le DEC selon les termes de l'entente DEC-BAC **ET** Mathématiques NYA, NYB.

Endroits de formation (voir p. 337 et 414)

Cégep de Lévis-Lauzon **ET** Université Laval.

Professions reliées

C.N.P.	AU COLLÉGIAL
2211	Technologiste en procédés de fabrication alimentaire
2221	Technologue en bactériologie
2211	Technologue en biochimie
2211	Technologue en chimie biologie
	À L'UNIVERSITÉ
2123	Agronome
2123	Agronome des services de vulgarisation
2112	Chimiste en sciences des aliments
2112	Chimiste spécialiste du contrôle de la qualité
1473	Coordonnateur de la production
0911	Directeur de la production alimentaire
0412	Directeur des ventes à l'exportation
4163	Expert-conseil en commercialisation
2134	Ingénieur chimiste de la production
2121	Microbiologiste industriel
2112	Scientifique en produits alimentaires

Endroits de travail

– Centres de recherche
– Gouvernements fédéral et provincial
– Industrie des produits alimentaires

Salaire

Le salaire hebdomadaire moyen est de 832 $ (janvier 2009).

Remarques

– Les professionnels en sciences alimentaires peuvent devenir membre de l'Ordre des agronomes du Québec, de l'Ordre des chimistes du Québec et de l'Ordre des ingénieurs du Québec.
– À l'Université Laval, les étudiants sont également admis à partir de l'ancien DEC : Techniques de chimie-biologie (210.03).

STATISTIQUES D'EMPLOI	2005	2007	2009
Nb de personnes diplômées	40	22	33
% en emploi	64,3 %	75,0 %	83,3 %
% à temps plein	100 %	91,7 %	100 %
% lié à la formation	94,4 %	100 %	80,0 %

210.AA OU AB — Techniques de laboratoire – *Biotechnologie* **OU** *Chimie analytique / Chimie*

DEC-BAC 5 ANS   CUISEP 413-200

Compétences à acquérir

Au collégial : Techniques de laboratoire, spécialisation *Biotechnologie* ou *Chimie analytique*
– Comprendre et appliquer diverses méthodes d'analyse chimique.
– Faire des essais, mettre au point, préparer et purifier des nouveaux produits.
– Mettre au point et appliquer des méthodes originales d'analyse et de synthèse.
– Rédiger des rapports d'analyse.
– Utiliser et entretenir l'équipement et l'appareillage de laboratoire.
– Appliquer les normes de sécurité dans la gestion et l'utilisation des produits chimiques.
– Déceler et corriger des problèmes mineurs dans le fonctionnement des instruments.

À l'université : Chimie
– Chimie analytique instrumentale
– Chimie organique, minérale, analytique
– Électrochimie
– Éthique scientifique
– Mathématiques appliquées
– Normes environnementales
– Stage
– Traitement des données chimiques

Éléments du programme

Propres au DEC
– Additifs alimentaires et huiles essentielles
– Analyse organique
– Calcul différentiel et intégral
– Chimie analytique
– Compléments de mathématique
– Électricité et magnétisme
– Essais et mesures physicochimiques

Propres au DEC-BAC
– Chimie analytique (laboratoire)
– Chimie aromatique

Admission

Mathématique, séquence Sciences naturelles (065506 ou 565506) ou séquence Technico-sciences (064506 ou 564506) de la 5e secondaire et Chimie de la 5e secondaire (051504 ou 551504) **ET** avoir réussi les Mathématiques NYB-203 ou 201-NYB-05 pour l'admission universitaire.
Laval : Avoir réussi les Mathématiques NYA et NYB pour la voie de spécialisation *Biotechnologie*; avoir obtenu le DEC selon les termes de l'entente DEC-BAC pour la voie de spécialisation *Chimie analytique*.

Endroits de formation (voir p. 337 et 414)

Cégep de Lévis-Lauzon, Cégep de Saint-Hyacinthe, Collège Shawinigan **ET** Université du Québec à Trois-Rivières (UQTR).

Professions reliées

C.N.P.	AU COLLÉGIAL
2212	Essayeur de métaux précieux
2221	Technicien en environnement
2211	Technologue en biochimie
2211	Technologue en chimie
2211	Technologue en chimie biologie
	À L'UNIVERSITÉ
2112	Chimiste
2112	Chimiste spécialiste du contrôle de la qualité
2211	Contrôleur de produits pharmaceutiques
2112	Scientifique en produits alimentaires

Endroits de travail

– Bureaux d'experts-conseils en environnement
– Centres de recherche
– Entreprises de produits cosmétiques
– Exploitations minières
– Gouvernements fédéral et provincial
– Industrie pétrolière
– Industrie pharmaceutique
– Laboratoires industriels et commerciaux
– Usines
– Usines de traitement des déchets industriels

Salaire

Le salaire hebdomadaire moyen est de 839 $ (janvier 2009).

Remarque

Il faut être membre de l'Ordre des chimistes pour exercer la profession.

STATISTIQUES D'EMPLOI	2005	2007	2009
Nb de personnes diplômées	172	150	151
% en emploi	34,5 %	34,3 %	34,4 %
% à temps plein	90,2 %	100 %	97,0 %
% lié à la formation	83,8 %	74,3 %	75,0 %

243.B0 Technologie de l'électronique – *Ordinateurs* / Génie informatique

DEC-BAC 6 ANS

CUISEP 455-353

Compétences à acquérir

Au collégial : Technologie de l'électronique, spécialisation *Ordinateurs*

– Installer, dépanner, réparer et entretenir des systèmes et des équipements électroniques de natures diverses.
– Dessiner des schémas, construire des prototypes de systèmes destinés à la manipulation des signaux électroniques et en faire la mise au point.
– Installer, ajuster, réparer et entretenir des appareils et des systèmes audiovisuels.

À l'université : Génie informatique

– Concevoir, mettre au point et modifier des appareils et des installations informatiques.
– Élaborer des plans et estimer les coûts de fabrication d'appareils.
– Superviser le montage de prototype et de circuits électroniques.
– Surveiller la fabrication, la vérification et l'essai de nouveaux dispositifs.
– Intégrer les différents aspects informatiques (logiciels et appareils) de façon à assurer les diverses activités de l'entreprise telles que la conception, la gestion, la fabrication et la production.

Éléments du programme

Propres au DEC

– Circuits
– Électronique numérique
– Modèles mathématiques
– Réalisation d'un système de commande
– Systèmes d'alimentation
– Systèmes de télécommunication
– Technologie de l'électricité

Propres au DEC-BAC

– Architecture des systèmes numériques
– Calcul matriciel en génie
– Circuits logiques
– Électronique
– Mathématiques de l'ingénieur
– Systèmes logiques– microprocesseurs

Admission

Mathématique 436 ou Mathématique 426 et 526 (formation jugée équivalente ou supérieure à celle développée par Mathématique 436) ou un cours de Mathématique, séquence Sciences naturelles (065506 ou 565506) ou séquence Technico-sciences (064506 ou 564506) de 4e secondaire **ET** Sciences physiques 436 ou un des cours optionnels de Science et technologie de la 4e secondaire **OU** Applications technologiques et scientifiques (057406 ou 557406) ou Sciences et technologie (055404 ou 555404) de la 4e secondaire **ET** Mathématique, séquence Sciences naturelles (065406 ou 565406) ou séquence Technico-sciences (064406 ou 564406) de la 4e secondaire **ET** DEC et avoir réussi, dans le cadre de la formation, les cours de mathématiques NYA et NYB ainsi qu'un cours en santé et sécurité au travail.

Endroits de formation (voir p. 337 et 414)

Cégep de Chicoutimi, Cégep de Jonquière **ET** Université du Québec à Chicoutimi (UQAC).

Professions reliées

C.N.P.	À L'UNIVERSITÉ
2147	Architecte de systèmes informatiques
2147	Ingénieur en informatique

Endroits de travail

– Entreprises spécialisées dans les services informatiques
– Fabricants d'ordinateurs et de périphériques
– Firmes d'ingénieurs
– Gouvernements fédéral et provincial
– Grossistes d'ordinateurs et de matériel connexe

Salaire

Le salaire hebdomadaire moyen est de 949 $ (janvier 2009).

Remarque

Pour exercer la profession et porter le titre d'ingénieur, il faut être membre de l'Ordre des ingénieurs du Québec.

STATISTIQUES D'EMPLOI	2005	2007	2009
Nb de personnes diplômées	519	461	236
% en emploi	76,2 %	81,3 %	88,0 %
% à temps plein	96,9 %	99,1 %	100 %
% lié à la formation	79,8 %	87,7 %	92,3 %

243.BA Technologie de l'électronique – *Télécommunications* / Génie électrique – Télécommunications

DEC-BAC 6 ANS   **CUISEP 455-350**

Compétences à acquérir

Au collégial : Technologie de l'électronique, spécialisation *Télécommunications*

– Installer et mettre en service, entretenir, effectuer la maintenance, la réparation et la modification ou la mise à niveau de systèmes de télécommunication.
– Assurer un soutien et des services techniques en matière de conception, de mise au point, d'essai, de production et d'exploitation de matériel et de systèmes électriques et électroniques.
– Gérer des projets et du personnel.

À l'université : Génie électrique, concentration Télécommunications

– Concevoir et dessiner des plans d'équipements électriques.
– Superviser la construction, l'installation et le fonctionnement des équipements électriques.
– Évaluer le coût de la construction d'ouvrages et prévoir les coûts de la main-d'œuvre.
– Surveiller et coordonner le travail des divers techniciens.

Éléments du programme

Propres au DEC

– Contrôle de la qualité de l'assemblage et de l'intégration d'un système de télécommunication
– Dessin de schémas électroniques
– Diagnostic d'un problème d'électronique analogique lié à des circuits de télécommunication
– Diagnostic d'un problème lié à un réseau
– Maintenance d'un système de télécommunication ou d'un système installé en réseau informatisé
– Modification d'un système de télécommunication
– Remplacement de composants électroniques
– Surveillance de réseaux de télécommunication
– Vérification du fonctionnement d'un système de télécommunication optique, par fil et sans fil

Propres au DEC-BAC

– Analyse et traitement numérique et signaux
– Électromagnétisme
– Mécanique des fluides
– Systèmes digitaux
– Transfert de chaleur

Admission

Mathématiques 436 ou 426 et 526 ou un cours de la séquence Sciences naturelles (065506 ou 565506) ou séquence Technico-sciences (064506 ou 564506) de 4e secondaire et Sciences physiques 436 ou un cours optionnel de Science et technologie de la 4e secondaire

OU Applications technologiques et scientifiques (057406 ou 557406) ou Sciences et technologie (055404 ou 555404) de la 4e secondaire et Mathématique, séquence Sciences naturelles (065406 ou 565406) ou séquence Technico-sciences (064406 ou 564406) de la 4e secondaire.

Polytechnique : Mathématiques NYA (cours de mise à niveau à l'université); Physique NYA, NYB; Chimie NYA.

Endroits de formation (voir p. 337 et 414)

Collège Édouard-Montpetit **ET** École Polytechnique de Montréal.

Professions reliées

C.N.P.	AU COLLÉGIAL
2241	Contrôleur de systèmes électroniques
2147	Spécialiste en télécommunications (informatique)
2242	Technicien d'entretien en télédiffusion
2241	Technicien en télécommunications
7247	Technologue en câblodistribution
2241	Technologue en génie électronique
	À L'UNIVERSITÉ
2133	Ingénieur électronicien
2133	Ingénieur en électrotechnique
2147	Ingénieur en télécommunication
2131	Officier de génie militaire

Endroits de travail

– Câblodistributeurs
– Compagnies aériennes
– Compagnies de télécommunications
– Fabricants de matériel de télécommunication
– Firmes d'ingénieurs-conseils
– Hôpitaux

Salaire

Le salaire hebdomadaire moyen est de 977 $ (janvier 2009).

Remarques

– Pour exercer la profession et porter le titre d'ingénieur, il faut être membre de l'Ordre des ingénieurs du Québec.
– L'École Polytechnique de Montréal accorde 19 crédits en équivalence de cours.

STATISTIQUES D'EMPLOI	2005	2007	2009
Nb de personnes diplômées	586	652	604
% en emploi	70,9 %	76,8 %	79,7 %
% à temps plein	96,3 %	98,2 %	99,0 %
% lié à la formation	72,3 %	78,8 %	84,9 %

243.C0 Technologie de l'électronique industrielle – *Électrodynamique* / Génie électrique

DEC-BAC INTÉGRÉ 6 ANS   CUISEP 455-350

Compétences à acquérir

Au collégial : Technologie de l'électronique industrielle, spécialisation *Électrodynamique*

– Assister l'ingénieur dans la conception, la mise en plan et la réalisation technique des appareils et des systèmes de production de transmission et de distribution de l'énergie électrique.
– Assembler et régler les éléments d'appareils de production (alternateurs et turbines), de transmission ou de distribution (transformateurs, régulateurs de tension) et de contrôle (automates programmables).
– Localiser et modifier l'appareillage défectueux des équipements.

À l'université : Génie électrique

– Concevoir et dessiner des plans d'équipements électriques.
– Superviser la construction, l'installation et le fonctionnement des équipements électriques.
– Évaluer le coût de la construction d'ouvrages et prévoir les coûts de la main-d'œuvre.
– Surveiller et coordonner le travail des divers techniciens.

Éléments du programme

Propres au DEC

– Automatismes
– Électronique industrielle
– Électrotechnique
– Installation électrique
– Organisation d'un réseau
– Systèmes d'électrodynamique

Propres au DEC-BAC

– Analyse et traitement numérique et signaux
– Électromagnétisme
– Systèmes digitaux

Admission

Mathématique, séquence Sciences naturelles (065506 ou 565506) ou séquence Technico-sciences (064506 ou 564506) de 4ᵉ secondaire ou Science et technologie de l'environnement (058404 ou 558404) ou Science et environnement (058402 ou 558402) de la 4ᵉ secondaire.
UQAC : DEC en Sciences de la nature **OU** DEC ou l'équivalent et Mathématiques NYA, NYB et NYC; Physique NYA, NYB et NYC; Chimie NYA et NYC **OU** DEC dans la famille des techniques physiques.
N. B. : Les étudiants admis sur cette base seront soumis à un cheminement particulier. Se référer au site Web de l'université.

Endroits de formation (voir p. 337 et 414)

Cégep de Chicoutimi, Cégep de Jonquière **ET** Université du Québec à Chicoutimi (UQAC).

Professions reliées

C.N.P.	AU COLLÉGIAL
2253	Dessinateur de matériel électronique
7242	Technicien électricien de construction (industrielle)
7241	Technologue d'essais électriques
7247	Technologue en câblodistribution
2241	Technologue en électrodynamique
2241	Technologue en génie électronique
	À L'UNIVERSITÉ
2133	Ingénieur électricien (énergie)
2133	Ingénieur électronicien
2146	Ingénieur en aérospatiale
2133	Ingénieur en électrotechnique
2132	Ingénieur en sciences nucléaires
2132	Ingénieur spécialiste des installations d'énergie
0643	Officier de logistique
—	Officier des communications et de l'électronique
2146	Officier en génie aérospatial

Endroits de travail

– Câblodistributeurs
– Centres de recherche
– Firmes d'équipements biomédicaux
– Firmes d'ingénieurs-conseils
– Hydro-Québec
– Industrie de l'aéronautique
– Industrie de la construction
– Industrie de la téléphonie

Salaire

Le salaire hebdomadaire moyen est de 977 $ (janvier 2009).

Remarque

Pour exercer la profession et porter le titre d'ingénieur, il faut être membre de l'Ordre des ingénieurs du Québec.

STATISTIQUES D'EMPLOI	2005	2007	2009
Nb de personnes diplômées	586	652	604
% en emploi	70,9 %	76,8 %	79,7 %
% à temps plein	96,3 %	98,2 %	99,0 %
% lié à la formation	72,3 %	78,8 %	84,9 %

221.B0 Technologie du génie civil / Génie civil

DEC-BAC 6 ANS   CUISEP 453-000

Compétences à acquérir

Au collégial : Technologie du génie civil

– Participer à la conception de projets de construction dans divers champs d'activités (génie municipal, routier, géotechnique et de l'environnement).
– Utiliser des instruments d'arpentage, faire des relevés de terrains, effectuer des calculs topométriques et la mise en plan.
– Exécuter des essais sur les sols et matériaux de construction.
– Participer à la conception technique de projets de construction ou de réfection.
– Inspecter des ouvrages de génie civil.
– Voir à l'organisation de travaux de chantier.
– Adapter des méthodes de fabrication de matériaux de construction.

À l'université : Génie civil

– Concevoir, rénover et entretenir les routes, les structures pour les ponts, les aéroports, les voies de circulation ou les édifices.
– Concevoir des aménagements pour les cours d'eau ou les réseaux d'eau potable et construire des infrastructures qui ont une incidence sur la qualité de vie des gens.
– Proposer l'utilisation de nouveaux matériaux.
– Planifier, diriger et superviser la réalisation des travaux.
– Gérer des projets.
– Faire des recherches et des études dans le but d'améliorer les méthodes de travail et de favoriser l'emploi de procédés et de matériaux nouveaux.

Éléments du programme

Propres au DEC

– Adaptation des méthodes de fabrication de matériaux de construction
– Analyse des projets en génie civil
– Analyse des réactions structurales des ouvrages
– Estimation des coûts de construction ou de réfection
– Implantation de travaux de construction
– Résolution des problèmes mathématiques liés aux bâtiments et aux travaux publics
– Révision des plans et des devis de bâtiments et de travaux publics

Propres au DEC-BAC

– Charpentes métalliques
– Fondations
– Hydrologie
– Mécanique des sols
– Structures
– Topométrie appliquée au génie

Admission

Mathématique, séquence Sciences naturelles (065506 ou 565506) ou séquence Technico-sciences (064506 ou 564506) de la 5e secondaire et Science et technologie de l'environnement (058404 ou 558404) ou Science et environnement (058402 ou 558402) de la 4e secondaire.

Laval : Avoir réussi les cours suivants : Mathématiques NYA, NYB et NYC; Chimie NYA.

Endroits de formation (voir p. 337 et 414)

Cégep Beauce-Appalaches, Cégep Limoilou – Campus de Charlesbourg **ET** Université Laval.

Professions reliées

C.N.P.	AU COLLÉGIAL
2264	Inspecteur en bâtiments
2264	Inspecteur en construction (travaux publics)
2231	Technologue en génie civil
	À L'UNIVERSITÉ
2131	Ingénieur civil
2131	Ingénieur civil des ressources hydriques
2131	Ingénieur civil en écologie générale
2131	Ingénieur de l'environnement

Endroits de travail

– Entrepreneurs en construction
– Entrepreneurs en travaux publics
– Établissements d'enseignement
– Firmes d'ingénieurs
– Firmes d'urbanistes
– Forces armées canadiennes
– Gouvernements fédéral et provincial
– Municipalités

Salaire

Le salaire hebdomadaire moyen est de 1 011 $ (janvier 2009).

Remarques

– Pour exercer la profession et porter le titre d'ingénieur, il faut être membre de l'Ordre des ingénieurs du Québec.
– Des études de 2e cycle sont nécessaires pour exercer la profession suivante : ingénieur civil en écologie générale.

STATISTIQUES D'EMPLOI	2005	2007	2009
Nb de personnes diplômées	178	268	403
% en emploi	85,0 %	81,1 %	88,3 %
% à temps plein	100 %	97,9 %	100 %
% lié à la formation	90,2 %	96,4 %	93,1 %

Compétences à acquérir

Au collégial : Technologie physique

– Identifier et analyser les phénomènes physiques intervenant dans un procédé industriel ou dans une installation expérimentale.
– Procéder au traitement du signal électrique et à l'acquisition de l'information concernant un phénomène physique.
– Assister l'ingénieur ou le chercheur dans la conception et la mise au point de produits ou de procédés dans le domaine du génie physique et de la haute technologie mettant en cause l'instrumentation physique et les systèmes ordinés.
– Choisir, utiliser, optimiser, entretenir et modifier les instruments et les procédés de haute technologie.
– Participer à la gestion d'un projet, d'un atelier ou d'un laboratoire.

À l'université : Génie physique

– Concevoir, expérimenter et mettre au point des outils de haute technologie pour la fabrication d'instruments de précision et l'analyse des objets (aérospatial, optique, nucléaire, biomédical).
– Diriger des équipes de spécialistes en vue de réaliser des projets.
– Travailler à l'élaboration et à la recherche de nouvelles techniques de production et de nouveaux produits (métallurgie, mines, informatique, météorologie, etc.).

Éléments du programme

Propres au DEC

– Acquisition et traitement de données d'appareils de physique appliquée
– Analyse des systèmes thermiques
– Assemblage, développement et conception d'un composant et d'un appareil de physique appliquée
– Caractérisation des composants et des appareils par des montages d'optique géométrique
– Caractérisation des ondes, des composants et des appareils par des montages d'optique ondulatoire, guidée et acoustique
– Évaluation d'une méthode de mesure
– Résolution des problèmes de mathématique en physique appliquée

Propres au DEC-BAC

– Circuits logiques
– Électromagnétisme
– Optique instrumentale
– Physique atomique et nucléaire
– Résistance des matériaux
– Thermodynamique

Admission

Mathématiques 068-526; Physique 054-584 ou 054-534 **OU** Mathématique, séquence Sciences naturelles (065506 ou 565506) ou séquence Technico-sciences (064506 ou 564506) de la 5e secondaire et Science et environnement (058402 ou 558402) ou Science et technologie de l'environnement (058404 ou 558404) de la 4e secondaire.

Laval : Avoir obtenu le DEC selon les termes de l'entente DEC-BAC.

Endroits de formation (voir p. 337 et 414)

Cégep André-Laurendeau, Cégep de La Pocatière **ET** Université Laval.

Professions reliées

C.N.P.	AU COLLÉGIAL
2241	Technologue de laboratoire de physique
2232	Technologue en génie nucléaire
2241	Technologue en optique
2241	Technologue en photonique
	À L'UNIVERSITÉ
2148	Ingénieur biomédical
2148	Ingénieur en construction navale
2132	Ingénieur en sciences nucléaires
2148	Ingénieur physicien
2131	Officier de génie militaire

Endroits de travail

– Centres d'optique et de photonique
– Centres de recherche
– Établissements d'enseignement universitaire
– Fabricants d'ordinateurs et de périphériques
– Firmes d'ingénieurs-conseils
– Gouvernements fédéral et provincial
– Industrie biomédicale
– Industrie de l'aérospatiale
– Industrie du nucléaire
– Industrie métallurgique
– Industrie minière
– Laboratoires de recherche industrielle

Salaire

Le salaire hebdomadaire moyen est de 881 $ (janvier 2007).

Remarques

– Pour exercer la profession et porter le titre d'ingénieur, il faut être membre de l'Ordre des ingénieurs du Québec.
– Des études de 2e cycle sont nécessaires pour exercer les professions suivantes : ingénieur biomédical et ingénieur en sciences nucléaires.

STATISTIQUES D'EMPLOI	2005	2007	2009
Nb de personnes diplômées	73	80	56
% en emploi	35,8 %	42,3 %	24,4 %
% à temps plein	89,5 %	95,5 %	100 %
% lié à la formation	64,7 %	76,2 %	72,7 %

DEC – BAC

Septembre *éditeur*
vous guide dans vos choix!

Description	Code	Prix	+ TX	Qté	TOTAL	
Guide Choisir Secondaire/collégial 2011	33311	11,95 $	12,55 $			
5 et plus	55511	9,50 $	9,98 $			
25 et plus	44411	6,65 $	6,98 $			
Guide Choisir Université 2011	33U11	11,95 $	12,55 $			
5 et plus	55U11	9,50 $	9,98 $			
25 et plus	44U11	6,65 $	6,98 $			
Palmarès des carrières 2010	PAL10	13,95 $	14,65 $			
5 et plus	PAL50	9,95 $	10,45 $			
Guide Cursus – L'expérience de s'orienter à partir de soi	CUN00	24,95 $	26,20 $			
5 et plus	CUN01	16,95 $	17,80 $			
20 et plus	CUN02	13,95 $	14,65 $			
Dictionnaire Septembre des métiers et professions	DIC01	39,95 $	41,95 $			
10 et plus	DIC02	32,95 $	34,60 $			
30 et plus	DIC03	28,95 $	30,40 $			

Prix en vigueur à partir du 1er avril 2010. Les frais de port sont à la charge du client.
Les frais de port pour une facture de :
- **75 $ et moins** (avant taxes) sont de 6,21 $ (taxes comprises) ou 5,50$ (avant taxes);
- **75,01 $ à 250 $** (avant taxes) sont de 12,99 $ (taxes comprises) ou 11,50 $ (avant taxes);
- **250,01 $ et plus** (avant taxes) sont de 16,08 $ (taxes comprises) ou 14,25 $ (avant taxes).
Les retours de matériel sont aux frais du client et un numéro d'autorisation doit être préalablement demandé.
Frais pouvant être modifiés sans avis.

SOUS-TOTAL

→ INSCRIRE LES FRAIS DE PORT
(TPS et TVQ incluses)

TOTAL

Consultez **www.septembre.com** pour plus d'information 1 800 361-7755

COORDONNÉES M C T

PRÉNOM   NOM

ORGANISME OU ÉTABLISSEMENT

ADRESSE   CODE POSTAL

VILLE   PROVINCE

TÉLÉPHONE   TÉLÉCOPIEUR

COURRIEL

MODES DE PAIEMENT

○ Chèque ou mandat-poste à l'ordre de *Septembre éditeur inc.*
○ Sur réception de la facture
○ Je désire régler par carte de crédit
  ○ VISA ○ MASTER CARD

N° de la carte *(J'autorise que le montant soit facturé à mon compte.)*

Date d'expiration :

SIGNATURE

DATE

SEPTEMBRE ÉDITEUR 2825, CHEMIN DES QUATRE-BOURGEOIS, C. P. 9425, SUCC. SAINTE-FOY, QUÉBEC (QUÉBEC) G1V 4B8
TÉL. : 418 658-7272 • TÉLÉC. : 418 652-0986 • SANS FRAIS : 1 800 361-7755 • www.septembre.com

J'AI TROUVÉ

L'ÉTABLISSEMENT D'ENSEIGNEMENT

QUI ME CONVIENT!

monemploi.com

MA FORMATION · MA CARRIÈRE

VIENS BÂTIR TON AVENIR À L'UNIVERSITÉ LAVAL

- Ton choix de programme parmi les 384 offerts
- Ton séjour ou stage à l'étranger financé
- Tes études personnalisées avec les profils coopératif, entrepreneurial et international
- Ton entente DEC-BAC entre l'Université et ton collège
- Ta place parmi l'une de nos 200 associations étudiantes
- Tes expériences de travail grâce à l'un des meilleurs services de placement universitaire au Canada
- Ton horaire adapté à ton mode de vie
- Des bourses et salaires d'études à plus de 10 000 étudiants chaque année
- Un monde de recherche et création à ta portée avec nos 222 regroupements et chaires de recherche
- Un campus vert et un milieu de vie exceptionnel

PORTES OUVERTES
Samedi 13 novembre 2010
Samedi 5 février 2011

NOUS JOINDRE
418 656-2764
1 877 927-7788
ulaval.ca/futursetudian

VISITES À LA CARTE
Octobre à mai

UNIVERSITÉ
LAVAL

Index alphabétique des établissements d'enseignement collégial et leurs programmes DEC-BAC

Campus Notre-Dame-de-Foy
5000, rue Clément-Lockquell
Saint-Augustin-de-Desmaures (Québec) G3A 1B3
Tél. : 418 872-8041
Sans frais : 1 800 463-8041
Téléc. : 418 872-3448
info@cndf.qc.ca
www.cndf.qc.ca

Techniques professionnelles de musique et
   chanson (Musique populaire) /
   Musique, mention interprétation
   (Jazz et musique populaire) 551.AB

Cégep André-Laurendeau
1111, rue Lapierre
LaSalle (Québec) H8N 2J4
Tél. : 514 364-3320
Téléc. : 514 364-7130
courrier@claurendeau.qc.ca
www.claurendeau.qc.ca

Conseil en assurances et en services financiers
   ET/OU Gestion de commerces ET/OU
   Techniques de comptabilité et de gestion /
   Administration des affaires
   (toutes concentrations) 410.C0/D0/B0
Soins infirmiers / Sciences infirmières 180.A0/B0
Techniques de comptabilité et de gestion /
   Sciences comptables. 410.B0
Technologie physique / Génie physique 244.A0

Cégep Beauce-Appalaches
1055, 116e Rue
Saint-Georges (Québec) G5Y 3G1
Tél. : 418 228-8896, poste 248
Téléc. : 418 228-0562
Sans frais : 1 800 893-5111, poste 248
info@cegepba.qc.ca
www.cegepba.qc.ca

Conseil en assurances et en services financiers
   ET/OU Gestion de commerces ET/OU
   Techniques de comptabilité et de gestion /
   Administration des affaires
   (toutes concentrations) 410.C0/D0/B0
Soins infirmiers / Sciences infirmières 180.A0/B0
Techniques de l'informatique / Informatique OU
   Informatique et génie logiciel OU Informatique
   et recherche opérationnelle 420.AA/AB/AC
Technologie du génie civil / Génie civil 221.B0

Cégep de Baie-Comeau
537, boul. Blanche
Baie-Comeau (Québec) G5C 3B2
Tél. : 418 589-5707
Sans frais : 1 800 463-2030
Téléc. : 418 589-9842
infoscolaire@cegep-baie-comeau.qc.ca
www.cegep-baie-comeau.qc.ca

Techniques de comptabilité et de gestion /
   Administration des affaires
   (toutes concentrations) 410.C0/D0/B0
Soins infirmiers / Sciences infirmières 180.A0/B0
Technologie forestière / Aménagement et
   environnement forestiers (Génie forestier)
   OU Sciences forestières* 190.B0

Cégep de Chicoutimi
534, rue Jacques-Cartier Est
Chicoutimi (Québec) G7H 1Z6
Tél. : 418 549-9520
Téléc. : 418 549-1315
www.cegep-chicoutimi.qc.ca

Conseil en assurances et en services financiers
   OU Gestion de commerces OU
   Techniques de comptabilité et de gestion /
   Administration des affaires OU
   Sciences comptables 410.C0/D0/B0/23/24
Soins infirmiers / Sciences infirmières 180.A0/B0
Techniques de l'informatique /
   Conception de jeux vidéo (BAC avec majeure). . 420.A0
Techniques de l'informatique / Informatique OU
   Informatique et génie logiciel OU
   Informatique et recherche
   opérationnelle 420.AA/AB/AC
Techniques de l'informatique / Informatique
   de gestion 420.A0
Technologie de l'électronique –
   Ordinateurs / Génie informatique 243.B0
Technologie de l'électronique industrielle –
   Électrodynamique / Génie électrique 243.C0

Cégep de Drummondville
960, rue Saint-Georges
Drummondville (Québec) J2C 6A2
Tél. : 819 478-4671, poste 4246
Téléc. : 819 474-6859
infoprog@cdrummond.qc.ca
www.cdrummond.qc.ca

Conseil en assurances et en services financiers ET/OU
   Gestion de commerces ET/OU Techniques de
   comptabilité et de gestion / Administration
   des affaires (toutes concentrations) 410.C0/D0/B0
Soins infirmiers / Sciences infirmières 180.A0/B0
Techniques de l'informatique / Informatique
   et génie logiciel OU Informatique et
   recherche opérationnelle 420.AA/AB/AC

* DEC-BAC avec l'Université de Moncton.

Cégep de Granby – Haute-Yamaska
235, rue Saint-Jacques, C. P. 7000
Granby (Québec) J2G 3N1
Tél. : 450 372-6614, poste 130
Téléc. : 450 372-6565
www.cegepgranby.qc.ca

Soins infirmiers / Sciences infirmières 180.A0/B0
Techniques de l'informatique / Informatique OU
  Informatique et génie logiciel OU Informatique
  et recherche opérationnelle. 420.AA/AB/AC

Cégep de Jonquière
2505, rue Saint-Hubert
Jonquière (Québec) G7X 7W2
Tél. : 418 547-2191, poste 218 ou 254
Téléc. : 418 547-9763
nathalie.houde@cjonquiere.qc.ca
www.cjonquiere.qc.ca

Conseil en assurances et en services financiers OU
  Gestion de commerces OU
  Techniques de comptabilité et de gestion /
  Administration des affaires OU
  Sciences comptables 410.C0/D0/B0/23/24
Soins infirmiers / Sciences infirmières 180.A0/B0
Techniques de communication dans les
  médias – *Journalisme* / Communication,
  rédaction et multimédia 589.BC
Techniques de génie mécanique –
  Conception ou *Fabrication* /
  Génie mécanique 241.A0
Techniques de l'informatique /
  Conception de jeux vidéo (BAC avec majeure). . 420.A0
Techniques de l'informatique / Informatique
  et génie logiciel OU Informatique et
  recherche opérationnelle. 420.AA/AB/AC
Technologie de l'électronique –
  Ordinateurs / Génie informatique 243.B0
Technologie de l'électronique industrielle –
  Électrodynamique / Génie électrique 243.C0

Cégep de l'Abitibi-Témiscamingue
425, boul. du Collège
Rouyn-Noranda (Québec) J9X 5E5
Tél. : 819 762-0931
Sans frais : 1 866 234-3728
Téléc. : 819 762-3815
www.cegepat.qc.ca

Conseil en assurances et en services financiers
  OU Gestion de commerces OU Techniques de
  comptabilité et de gestion / Administration des
  affaires OU Sciences comptables . 410.C0/D0/B0/23/24
Soins infirmiers / Sciences infirmières 180.A0/B0
Techniques de l'informatique / Informatique OU
  Informatique et génie logiciel OU Informatique
  et recherche opérationnelle. 420.AA/AB/AC
Technologie forestière / Aménagement
  et environnement forestiers (Génie forestier)
  OU Sciences forestières. 190.B0

Cégep de l'Abitibi-Témiscamingue
Campus d'Amos
341, rue Principale Nord
Amos (Québec) J9T 2L8
Tél. : 819 732-5218
Téléc. : 819 732-3819
www.cegepat.qc.ca/ceg_cam.asp#am

Conseil en assurances et en services financiers OU
  Gestion de commerces OU Techniques de
  comptabilité et de gestion / Administration
  des affaires OU Sciences
  comptables 410.C0/D0/B0/23/24

Cégep de l'Abitibi-Témiscamingue
Campus de Val-d'Or
675, 1re Avenue
Val-d'Or (Québec) J9P 1Y3
Tél. : 819 874-3837
Téléc. : 819 825-4340
www.cegepat.qc.ca/ceg_cam.asp#vd

Conseil en assurances et en services financiers OU
  Gestion de commerces OU Techniques de
  comptabilité et de gestion /
  Administration des affaires OU
  Sciences comptables 410.C0/D0/B0/23/24
Soins infirmiers / Sciences infirmières 180.A0/B0

Cégep de l'Outaouais
Siège social
Campus Gabrielle-Roy
333, boul. Cité-des-Jeunes
Gatineau (Québec) J8Y 6M4
Tél. : 819 770-4012
Téléc. : 819 770-8167
infocegep@cegepoutaouais.qc.ca
www.cegepoutaouais.qc.ca

Conseil en assurances et en services financiers OU
  Gestion de commerces OU Techniques de
  comptabilité et de gestion /
  Administration des affaires OU
  Sciences comptables 410.C0/D0/B0/23/24
Soins infirmiers / Sciences infirmières 180.A0/B0
Techniques d'intégration multimédia / Conception
  de jeux vidéo (BAC avec majeure) OU
  Création 3D (majeure) 582.A1
Techniques de comptabilité et de gestion /
  Sciences comptables. 410.B0
Techniques de la documentation /
  Gestion de l'information* 393.A0
Techniques de laboratoire – *Biotechnologie* /
  Biologie OU Biologie moléculaire OU
  Microbiologie. 210.AA

* DEC-BAC avec l'Université de Moncton.

Cégep de la Gaspésie et des Îles

96, rue Jacques-Cartier
Gaspé (Québec) G4X 2S8
Tél. : 418 368-2201, poste 1626
Sans frais : 1 888 368-2201, poste 1626
Téléc. : 418 368-7069
servicesauxclienteles@cgaspesie.qc.ca
www.cgaspesie.qc.ca

Conseil en assurances et en services financiers ET/OU
Gestion de commerces ET/OU Techniques de
comptabilité et de gestion / Administration
des affaires (toutes concentrations) 410.C0/D0/B0
Soins infirmiers / Sciences infirmières 180.A0/B0
Techniques de l'informatique / Informatique OU
Informatique et génie logiciel OU Informatique et
recherche opérationnelle........... 420.AA/AB/AC
Technologie forestière / Aménagement et
environnement forestiers (Génie forestier) OU
Sciences forestières...................... 190.B0

Cégep de La Pocatière

140, 4e Avenue
La Pocatière (Québec) G0R 1Z0
Tél. : 418 856-1525, poste 2202
Téléc. : 418 856-3238
information@cegeplapocatiere.qc.ca
www.cegeplapocatiere.qc.ca

Conseil en assurances et en services financiers ET/OU
Gestion de commerces ET/OU Techniques
de comptabilité et de gestion / Administration
des affaires (toutes concentrations) 410.C0/D0/B0
Conseil en assurances et en services financiers OU
Gestion de commerces OU Techniques de
comptabilité et de gestion /
Administration des affaires OU
Sciences comptables 410.C0/D0/B0/23/24
Soins infirmiers / Sciences infirmières 180.A0/B0
Techniques d'inventaire et de recherche en biologie OU
Techniques de bioécologie / Biologie 145.C0/02
Techniques de l'informatique / Informatique OU
Informatique et génie logiciel OU Informatique
et recherche opérationnelle......... 420.AA/AB/AC
Technologie physique / Génie physique 244.A0

Cégep de Lévis-Lauzon

205, Mgr-Ignace-Bourget
Lévis (Québec) G6V 6Z9
Tél. : 418 833-5110, poste 3113
Téléc. : 418 833-8502
www.clevislauzon.qc.ca

Conseil en assurances et en services financiers ET/OU
Gestion de commerces ET/OU Techniques de
comptabilité et de gestion / Administration
des affaires (toutes concentrations) 410.C0/D0/B0
Conseil en assurances et en services financiers OU
Gestion de commerces OU Techniques de
comptabilité et de gestion / Administration
des affaires OU Sciences comptables . 410.D0/B0/23/24

Gestion et exploitation d'entreprise agricole /
Agroéconomie 152.A0
Gestion et exploitation d'entreprise agricole /
Agronomie........................... 152.A0
Soins infirmiers / Sciences infirmières 180.A0/B0
Techniques de génie chimique / Génie chimique.. 210.02
Techniques de génie mécanique –
Conception ou Fabrication / Génie mécanique . 241.A0
Techniques de l'informatique / Informatique OU
Informatique et génie logiciel OU Informatique
et recherche opérationnelle.......... 420.AA/AB/AC
Techniques de laboratoire – Biotechnologie /
Agronomie......................... 210.AA
Techniques de laboratoire – Biotechnologie /
Biochimie OU Biochimie et biotechnologie OU
Biologie moléculaire et cellulaire 210.AA
Techniques de laboratoire – Biotechnologie /
Biologie moléculaire OU Microbiologie....... 210.AA
Techniques de laboratoire – Biotechnologie /
Biologie médicale................... 210.AA
Techniques de laboratoire – Biotechnologie /
Biologie OU Génie biotechnologique OU
Sciences biologiques OU Sciences biologiques
et écologiques 210.AA
Techniques de laboratoire – Biotechnologie /
Sciences et technologie des aliments 210.AA
Techniques de laboratoire – Biotechnologie OU
Chimie analytique / Chimie............. 210.AA/AB

Cégep de Matane

616, av. Saint-Rédempteur
Matane (Québec) G4W 1L1
Tél. : 418 562-1240, poste 2186
Téléc. : 418 566-2115
communication@cegep-matane.qc.ca
www.cegep-matane.qc.ca

Conseil en assurances et en services financiers OU
Gestion de commerces OU Techniques de
comptabilité et de gestion /
Administration des affaires OU
Sciences comptables 410.C0/D0/B0/23/24
Gestion et exploitation d'entreprise agricole /
Agroéconomie 152.A0
Gestion et exploitation d'entreprise agricole /
Agronomie........................... 152.A0
Soins infirmiers / Sciences infirmières 180.A0/B0
Techniques d'animation 3D et de synthèse
d'images/création 3D (majeure) OU
Design de jeu (mineure) 574.B0
Techniques d'intégration multimédia /
Conception de jeux vidéo (BAC avec majeure)
OU Création 3D (majeure) 582.A1
Techniques de l'informatique / Informatique OU
Informatique et génie logiciel OU Informatique
et recherche opérationnelle.......... 420.AA/AB/AC

Cégep de Rimouski

60, rue de l'Évêché Ouest
Rimouski (Québec) G5L 4H6
Tél. : 418 723-1880, poste 2158
Téléc. : 418 724-4961
infoscol@cegep-rimouski.qc.ca
www.cegep-rimouski.qc.ca

Conseil en assurances et en services financiers ET/OU
    Gestion de commerces ET/OU Techniques de
    comptabilité et de gestion / Administration
    des affaires (toutes concentrations) 410.C0/D0/B0
Conseil en assurances et en services financiers OU
    Gestion de commerces OU
    Techniques de comptabilité et de gestion /
    Administration des affaires OU
    Sciences comptables 410.C0/D0/B0/23/24
Gestion de commerces / Administration :
    Marketing 410.D0
Gestion de commerces OU Techniques de comptabilité
    et de gestion / Administration : Marketing..... 410.24
Soins infirmiers / Sciences infirmières 180.A0/B0
Techniques de comptabilité et de gestion /
    Sciences comptables.................... 410.B0
Techniques de l'informatique / Informatique OU
    Informatique et génie logiciel OU Informatique et
    recherche opérationnelle........... 420.AA/AB/AC
Technologie forestière / Aménagement et
    environnement forestiers (Génie forestier) OU
    Sciences forestières*..................... 190.B0

Cégep de Rivière-du-Loup

80, rue Frontenac
Rivière-du-Loup (Québec) G5R 1R1
Tél. : 418 862-6903, poste 2293
Téléc. : 418 862-4959
infoscol@cegep-rdl.qc.ca
www.cegep-rdl.qc.ca

Conseil en assurances et en services financiers ET/OU
    Gestion de commerces ET/OU Techniques de
    comptabilité et de gestion / Administration
    des affaires (toutes concentrations) 410.C0/D0/B0
Graphisme / Design graphique............... 570.A0
Soins infirmiers / Sciences infirmières 180.A0/B0
Techniques de l'informatique / Informatique OU
    Informatique et génie logiciel OU Informatique
    et recherche opérationnelle.......... 420.AA/AB/AC

Cégep de Saint-Félicien

1105, boul. Hamel, C. P. 7300
Saint-Félicien (Québec) G8K 2R8
Tél. : 418 679-5412, poste 296
Téléc. : 418 679-9661
info@cstfelicien.qc.ca
www.cstfelicien.qc.ca

Soins infirmiers / Sciences infirmières 180.A0/B0
Techniques de l'informatique / Informatique OU
    Informatique et génie logiciel OU Informatique
    et recherche opérationnelle.......... 420.AA/AB/AC

Cégep de Saint-Hyacinthe

3000, av. Boullé
Saint-Hyacinthe (Québec) J2S 1H9
Tél. : 450 773-6800
Téléc. : 450 773-9971
info@cegepsth.qc.ca
www.cegepsth.qc.ca

Soins infirmiers / Sciences infirmières 180.A0/B0
Techniques de laboratoire – *Biotechnologie* /
    Biochimie OU Biochimie et biotechnologie OU
    Biologie moléculaire et cellulaire 210.AA
Techniques de laboratoire – *Biotechnologie* / Biologie
    OU Génie biotechnologique OU Sciences biologiques
    OU Sciences biologiques et écologiques 210.AA
Techniques de laboratoire – *Biotechnologie* OU
    Chimie analytique / Chimie............. 210.AA/AB
Techniques de santé animale / Agronomie...... 145.A0

Cégep de Saint-Jérôme

455, rue Fournier
Saint-Jérôme (Québec) J7Z 4V2
Tél. : 450 436-1580, poste 1111
Sans frais : 1 877 450-2785
Téléc. : 450 565-6626
communications-et-promotion@cstj.qc.ca
www.cstj.qc.ca

Soins infirmiers / Sciences infirmières 180.A0/B0

Cégep de Saint-Laurent

625, av. Sainte-Croix
Saint-Laurent (Québec) H4L 3X7
Tél. : 514 747-6521, poste 7277
Téléc. : 514 748-1249
www.cegep-st-laurent.qc.ca

Soins infirmiers / Sciences infirmières 180.A0/B0
Techniques d'inventaire et de recherche en biologie
    OU Techniques de bioécologie / Biologie ... 145.C0/02
Techniques de bioécologie /
    Gestion intégrée des zones côtières 145.C0

Cégep de Sainte-Foy

2410, chemin Sainte-Foy
Québec (Québec) G1V 1T3
Tél. : 418 659-6600, poste 3653
Téléc. : 418 659-6615
admissions@cegep-ste-foy.qc.ca
www.cegep-ste-foy.qc.ca

Conseil en assurances et en services financiers ET/OU
    Gestion de commerces ET/OU Techniques de
    comptabilité et de gestion / Administration
    des affaires (toutes concentrations) 410.C0/D0/B0
Conseil en assurances et en services financiers OU
    Gestion de commerces OU Techniques de comptabilité
    et de gestion / Administration des affaires OU
    Sciences comptables 410.C0/D0/B0/23/24
Graphisme / Design graphique............... 570.A0
Soins infirmiers / Sciences infirmières 180.A0/B0

* DEC-BAC avec l'Université de Moncton.

Techniques d'intégration multimédia /
Design graphique. 582.A1
Techniques d'inventaire et de recherche
en biologie OU Techniques de bioécologie /
Biologie 145.C0/02
Techniques de bioécologie / Gestion intégrée
des zones côtières 145.C0
Techniques de l'informatique / Informatique OU
Informatique et génie logiciel OU Informatique et
recherche opérationnelle. 420.AA/AB/AC
Technologie forestière / Aménagement et
environnement forestiers (Génie forestier) OU
Sciences forestières*. 190.B0

Cégep de Sept-Îles
175, rue de La Vérendrye
Sept-Îles (Québec) G4R 5B7
Tél. : 418 962-9848
Téléc. : 418 962-2458
info@cegep-sept-iles.qc.ca
www.cegep-sept-iles.qc.ca

Conseil en assurances et en services financiers ET/OU
Gestion de commerces ET/OU Techniques de
comptabilité et de gestion / Administration des
affaires (toutes concentrations) 410.C0/D0/B0
Soins infirmiers / Sciences infirmières 180.A0/B0
Techniques de l'informatique /
Conception de jeux vidéo (BAC avec majeure). . 420.A0
Techniques de l'informatique / Informatique
de gestion 420.A0
Techniques de l'informatique / Informatique OU
Informatique et génie logiciel OU Informatique
et recherche opérationnelle. 420.AA/AB/AC

Cégep de Sherbrooke
475, rue du Cégep
Sherbrooke (Québec) J1E 4K1
Tél. : 819 564-6350
Téléc. : 819 564-6398
communications@cegepsherbrooke.qc.ca
www.cegepsherbrooke.qc.ca

Conseil en assurances et en services financiers ET/OU
Gestion de commerces ET/OU Techniques de
comptabilité et de gestion / Administration
des affaires (toutes concentrations) 410.C0/D0/B0
Gestion et exploitation d'entreprise agricole /
Agroéconomie 152.A0
Gestion et exploitation d'entreprise agricole /
Agronomie. 152.A0
Graphisme / Design graphique. 570.A0
Soins infirmiers / Sciences infirmières 180.A0/B0
Techniques d'inventaire et de recherche
en biologie OU Techniques de bioécologie /
Biologie 145.C0/02
Techniques de bioécologie / Gestion intégrée
des zones côtières 145.C0
Techniques de l'informatique / Informatique OU
Informatique et génie logiciel OU Informatique
et recherche opérationnelle. 420.AA/AB/AC

Techniques de laboratoire – *Biotechnologie* /
Biochimie OU Biochimie et biotechnologie OU
Biologie moléculaire et cellulaire 210.AA
Techniques de laboratoire – *Biotechnologie* /
Biologie / Biologie moléculaire OU
Microbiologie. 210.AA

Cégep de Sorel-Tracy
3000, boul. de Tracy
Sorel-Tracy (Québec) J3R 5B9
Tél. : 450 742-6651, poste 2605
Téléc. : 450 742-1878
info@cegepst.qc.ca
www.cegepst.qc.ca

Techniques de comptabilité et de gestion /
Administration des affaires
(toutes concentrations). 410.B0
Soins infirmiers / Sciences infirmières 180.A0/B0
Techniques de l'informatique /
Informatique de gestion 420.A0

Cégep de Thetford
671, boul. Frontenac Ouest
Thetford Mines (Québec) G6G 1N1
Tél. : 418 338-8591, poste 227
Téléc. : 418 338-6691
ghuppe@cegepth.qc.ca
www.cegepth.qc.ca

Conseil en assurances et en services financiers ET/OU
Gestion de commerces ET/OU Techniques de
comptabilité et de gestion / Administration des
affaires (toutes concentrations) 410.C0/D0/B0
Géologie appliquée (Technologie minérale) /
Géologie 271.01
Soins infirmiers / Sciences infirmières 180.A0/B0
Techniques de l'informatique / Informatique OU
Informatique et génie logiciel OU Informatique
et recherche opérationnelle. 420.AA/AB/AC

Cégep de Trois-Rivières
3500, rue De Courval, C. P. 97
Trois-Rivières (Québec) G9A 5E6
Tél. : 819 376-1721, poste 2131
Téléc. : 819 693-8023
infoprog@cegeptr.qc.ca
www.cegeptr.qc.ca

Gestion de commerces / Administration :
Marketing 410.D0
Soins infirmiers / Sciences infirmières 180.A0/B0
Techniques de comptabilité et de gestion /
Sciences comptables. 410.B0
Techniques de l'informatique / Informatique OU
Informatique et génie logiciel OU Informatique
et recherche opérationnelle. 420.AA/AB/AC
Techniques de la documentation /
Gestion de l'information*. 393.A0
Techniques de la logistique du transport /
Administration des affaires – Logistique 410.A0

* DEC-BAC avec l'Université de Moncton.

Cégep de Victoriaville
475, rue Notre-Dame Est
Victoriaville (Québec) G6P 4B3
Tél. : 819 758-6401, poste 2478
Sans frais : 1 888 284-9476
Téléc. : 819 758-6026
information@cgpvicto.qc.ca
www.cgpvicto.qc.ca

Conseil en assurances et en services financiers ET/OU
   Gestion de commerces ET/OU Techniques
   de comptabilité et de gestion /
   Administration des affaires
   (toutes concentrations) 410.C0/D0/B0
Gestion et exploitation d'entreprise agricole /
   Agroéconomie 152.A0
Gestion et exploitation d'entreprise agricole /
   Agronomie. 152.A0
Soins infirmiers / Sciences infirmières 180.A0/B0
Techniques de l'informatique / Informatique OU
   Informatique et génie logiciel OU Informatique
   et recherche opérationnelle. 420.AA/AB/AC

Cégep du Vieux Montréal
255, rue Ontario Est
Montréal (Québec) H2X 1X6
Tél. : 514 982-3437
Téléc. : 514 982-3432
www.cvm.qc.ca

Conseil en assurances et en services financiers ET/OU
   Gestion de commerces ET/OU Techniques
   de comptabilité et de gestion / Administration
   des affaires (toutes concentrations) 410.C0/D0/B0
Soins infirmiers / Sciences infirmières 180.A0/B0
Techniques de l'informatique / Informatique OU
   Informatique et génie logiciel OU Informatique
   et recherche opérationnelle. 420.AA/AB/AC

Cégep Limoilou
Campus de Charlesbourg
7600, 3e Avenue Est
Québec (Québec) G1H 7L4
Tél. : 418 647-6612 Infoprogrammes
Téléc. : 418 624-3696
infolimoilou@climoilou.qc.ca
www.climoilou.qc.ca

Conseil en assurances et en services financiers ET/OU
   Gestion de commerces ET/OU Techniques de
   comptabilité et de gestion / Administration
   des affaires (toutes concentrations) 410.C0/D0/B0
Technologie du génie civil / Génie civil 221.B0

Cégep Limoilou
Campus de Québec
1300, 8e Avenue
Québec (Québec) G1J 5L5
Tél. : 418 647-6612 Infoprogrammes
Téléc. : 418 647-6798
infolimoilou@climoilou.qc.ca
www.climoilou.qc.ca

Conseil en assurances et en services financiers ET/OU
   Gestion de commerces ET/OU Techniques de
   comptabilité et de gestion / Administration
   des affaires (toutes concentrations) 410.C0/D0/B0
Soins infirmiers / Sciences infirmières 180.A0/B0
Techniques de génie mécanique – *Conception*
   ou *Fabrication* / Génie mécanique. 241.A0
Techniques de l'informatique / Informatique OU
   Informatique et génie logiciel OU Informatique
   et recherche opérationnelle. 420.AA/AB/AC

Cégep Marie-Victorin
7000, rue Marie-Victorin
Montréal (Québec) H1G 2J6
Tél. : 514 325-0150
Téléc. : 514 328-3830
www.collegemv.qc.ca

Graphisme / Design graphique. 570.A0

Cégep régional de Lanaudière (Joliette)
20, rue Saint-Charles Sud
Joliette (Québec) J6E 4T1
Tél. : 450 759-1661
Téléc. : 450 759-4468
joliette@collanaud.qc.ca
www.cegep-lanaudiere.qc.ca/college-joliette

Conseil en assurances et en services financiers ET/OU
   Gestion de commerces ET/OU Techniques de
   comptabilité et de gestion / Administration
   des affaires (toutes concentrations) 410.C0/D0/B0
Gestion et exploitation d'entreprise agricole /
   Agroéconomie 152.A0
Gestion et exploitation d'entreprise agricole /
   Agronomie. 152.A0
Soins infirmiers / Sciences infirmières 180.A0/B0
Techniques de l'informatique / Informatique OU
   Informatique et génie logiciel OU Informatique
   et recherche opérationnelle. 420.AA/AB/AC
Technologie de la production horticole et
   de l'environnement / Agroéconomie 153.B0
Technologie de la production horticole et
   de l'environnement / Agronomie. 153.B0
Technologie des procédés et de la qualité des
   aliments OU Technologie de la transformation
   des aliments / Sciences et technologie
   des aliments. 154.A0

Cégep régional de Lanaudière (L'Assomption)

180, rue Dorval
L'Assomption (Québec) J5W 6C1
Tél. : 450 470-0922
Téléc. : 450 589-8926
lassomption@collanaud.qc.ca
www.cegep-lanaudiere.qc.ca/college-l-assomption

Conseil en assurances et en services financiers ET/OU
   Gestion de commerces ET/OU Techniques
   de comptabilité et de gestion / Administration
   des affaires (toutes concentrations) 410.C0/D0/B0

Cégep régional de Lanaudière (Terrebonne)

2505, boul. des Entreprises
Terrebonne (Québec) J6X 5S5
Tél. : 450 470-0933
Téléc. : 450 477-6933
terrebonne@collanaud.qc.ca
www.cegep-lanaudiere.qc.ca/college-terrrebonne

Conseil en assurances et en services financiers ET/OU
   Gestion de commerces ET/OU Techniques
   de comptabilité et de gestion / Administration
   des affaires (toutes concentrations) 410.C0/D0/B0

Cégep Saint-Jean-sur-Richelieu

30, boul. du Séminaire Nord
Saint-Jean-sur-Richelieu (Québec) J3B 5J4
Tél. : 450 347-5301
Téléc. : 450 358-9350
communications@cstjean.qc.ca
www.cstjean.qc.ca

Conseil en assurances et en services financiers ET/OU
   Gestion de commerces ET/OU Techniques de
   comptabilité et de gestion / Administration
   des affaires (toutes concentrations) 410.C0/D0/B0
Gestion et exploitation d'entreprise agricole /
   Agroéconomie 152.A0
Gestion et exploitation d'entreprise agricole /
   Agronomie. 152.A0
Soins infirmiers / Sciences infirmières 180.A0/B0
Techniques de l'informatique / Informatique OU
   Informatique et génie logiciel OU Informatique
   et recherche opérationnelle. 420.AA/AB/AC

Centre collégial de Mont-Laurier

700, rue Parent
Mont-Laurier (Québec) J9L 2K1
Tél. : 819 623-1525
Sans frais : 1 877 450-2785
Téléc. : 819 623-4749
cstj.qc.ca/mt-laurier

Soins infirmiers / Sciences infirmières 180.A0/B0

Centre d'études collégiales Baie-des-Chaleurs

776, boul. Perron, C. P. 1000
Carleton-sur-Mer (Québec) G0C 1J0
Tél. : 418 368-2201, poste 1626
Sans frais : 1 888 368-2201, poste 1626
Téléc. : 418 364-7938
servicesauxclienteles@cgaspesie.qc.ca
www.cgaspesie.qc.ca/carleton

Conseil en assurances et en services financiers ET/OU
   Gestion de commerces ET/OU Techniques
   de comptabilité et de gestion / Administration
   des affaires (toutes concentrations) 410.C0/D0/B0
Conseil en assurances et en services
   financiers OU Gestion de commerces OU
   Techniques de comptabilité et de gestion /
   Administration des affaires OU
   Sciences comptables 410.C0/D0/B0/23/24
Techniques de comptabilité et de gestion /
   Sciences comptables. 410.B0

Centre d'études collégiales des Îles

15, ch. de la Piscine
L'Étang-du-Nord, Îles-de-la-Madeleine (Québec)
G4T 3X4
Tél. : 418 368-2201, poste 1626
Sans frais : 1 888 368-2201, poste 1626
Téléc. : 418 986-6788
servicesauxclienteles@cgaspesie.qc.ca
www.cgaspesie.qc.ca/iles

Conseil en assurances et en services financiers ET/OU
   Gestion de commerces ET/OU Techniques
   de comptabilité et de gestion /
   Administration des
   affaires (toutes concentrations) 410.C0/D0/B0
Conseil en assurances et en services financiers OU
   Gestion de commerces OU Techniques de
   comptabilité et de gestion /
   Administration des affaires OU
   Sciences comptables 410.C0/D0/B0/23/24
Techniques de comptabilité et de gestion /
   Sciences comptables. 410.B0

Centre d'études collégiales en Charlevoix

855, rue Richelieu
La Malbaie (Québec) G5A 2X7
Tél. : 418 665-6606
Téléc. : 418 665-7106
cecc@ceccharlevoix.qc.ca
www.ceccharlevoix.qc.ca

Conseil en assurances et en services financiers ET/OU
   Gestion de commerces ET/OU Techniques
   de comptabilité et de gestion / Administration
   des affaires (toutes concentrations) 410.C0/D0/B0
Soins infirmiers / Sciences infirmières 180.A0/B0

Champlain Regional College
Cégep Champlain St-Lawrence
790, av. Nérée-Tremblay
Québec (Québec) G1V 4K2
Tél. : 418 656-6921
Téléc. : 418 656-6925
www.slc.qc.ca

Conseil en assurances et en services financiers ET/OU
  Gestion de commerces ET/OU Techniques de
  comptabilité et de gestion / Administration
  des affaires (toutes concentrations) 410.C0/D0/B0

Collège Ahuntsic
9155, rue Saint-Hubert
Montréal (Québec) H2M 1Y8
Tél. : 514 389-5921, poste 2223
Sans frais : 1 866 389-5921
Téléc. : 514 389-4554
information@collegeahuntsic.qc.ca
www.collegeahuntsic.qc.ca

Conseil en assurances et en services financiers ET/OU
  Gestion de commerces ET/OU Techniques de
  comptabilité et de gestion / Administration
  des affaires (toutes concentrations) 410.C0/D0/B0
Techniques de l'informatique / Informatique OU
  Informatique et génie logiciel OU Informatique
  et recherche opérationnelle 420.AA/AB/AC
Techniques de laboratoire – *Biotechnologie* /
  Biochimie OU Biochimie et biotechnologie OU
  Biologie moléculaire et cellulaire 210.AA
Techniques de laboratoire – *Biotechnologie* /
  Biologie médicale. 210.AA
Techniques de laboratoire – *Biotechnologie* /
  Biologie OU Biologie moléculaire OU
  Microbiologie. 210.AA
Techniques de laboratoire – *Biotechnologie* / Biologie
  OU Génie biotechnologique OU Sciences biologiques
  OU Sciences biologiques et écologiques 210.AA

Collège d'Alma
675, boul. Auger Ouest
Alma (Québec) G8B 2B7
Tél. : 418 668-2387
Téléc. : 418 668-3806
college@calma.qc.ca
www.calma.qc.ca

Conseil en assurances et en services financiers OU
  Gestion de commerces OU Techniques de
  comptabilité et de gestion /
  Administration des affaires OU
  Sciences comptables 410.C0/D0/B0/23/24
Gestion et exploitation d'entreprise agricole /
  Agroéconomie 152.A0
Gestion et exploitation d'entreprise agricole /
  Agronomie. 152.A0
Soins infirmiers / Sciences infirmières 180.A0/B0
Techniques de l'informatique /
  Conception de jeux vidéo (BAC avec majeure). . 420.A0
Techniques de l'informatique / Informatique OU
  Informatique et génie logiciel OU Informatique
  et recherche opérationnelle 420.AA/AB/AC

Techniques de l'informatique / Informatique
  de gestion 420.A0

Collège de Bois-de-Boulogne
10555, av. de Bois-de-Boulogne
Montréal (Québec) H4N 1L4
Tél. : 514 332-3000
Téléc. : 514 332-8781
admission@bdeb.qc.ca
www.bdeb.qc.ca

Soins infirmiers / Sciences infirmières 180.A0/B0

Collège de Maisonneuve
3800, rue Sherbrooke Est
Montréal (Québec) H1X 2A2
Tél. : 514 254-7131
Téléc. : 514 251-3681
communic@cmaisonneuve.qc.ca
www.cmaisonneuve.qc.ca

Soins infirmiers / Sciences infirmières 180.A0/B0
Techniques de l'informatique / Informatique OU
  Informatique et génie logiciel OU Informatique
  et recherche opérationnelle. 420.AA/AB/AC
Techniques de la documentation /
  Gestion de l'information* 393.A0

Collège de Rosemont
6400, 16e Avenue
Montréal (Québec) H1X 2S9
Tél. : 514 376-1620
Téléc. : 514 376-1440
registrariat@crosemont.qc.ca
www.crosemont.qc.ca

Techniques de l'informatique / Informatique OU
  Informatique et génie logiciel OU Informatique
  et recherche opérationnelle. 420.AA/AB/AC

Collège de Valleyfield
169, rue Champlain
Salaberry-de-Valleyfield (Québec) J6T 1X6
Tél. : 450 373-9441, poste 253
Téléc. : 450 373-7719
courrier@colval.qc.ca
www.colval.qc.ca

Soins infirmiers / Sciences infirmières 180.A0/B0

Collège Édouard-Montpetit
Campus de Longueuil
945, ch. de Chambly
Longueuil (Québec) J4H 3M6
Tél. : 450 679-2631, poste 2407
Téléc. : 450 679-4863
communications@college-em.qc.ca
www.college-em.qc.ca

* DEC-BAC avec l'Université de Moncton.

Gestion de commerces / Administration :
Marketing 410.D0
Soins infirmiers / Sciences infirmières 180.A0/B0
Techniques d'intégration multimédia /
Création en multimédia interactif 582.A1
Techniques de comptabilité et de gestion /
Sciences comptables. 410.D0
Technologie de l'électronique – *Télécommunications* /
Génie électrique –
Télécommunications. 243.BA

Collège François-Xavier-Garneau
1660, boul. de l'Entente
Québec (Québec) G1S 4S3
Tél. : 418 688-8310
Téléc. : 418 688-1539
communications@cegep-fxg.qc.ca
www.cegep-fxg.qc.ca

Conseil en assurances et en services financiers ET/OU
Gestion de commerces ET/OU Techniques
de comptabilité et de gestion / Administration
des affaires (toutes concentrations) 410.C0/D0/B0
Soins infirmiers / Sciences infirmières 180.A0/B0
Techniques de l'informatique / Informatique OU
Informatique et génie logiciel OU Informatique
et recherche opérationnelle. 420.AA/AB/AC
Techniques de la logistique du transport / Administration
des affaires – Logistique. 410.A0

Collège Gérald-Godin
15615, boul. Gouin Ouest
Sainte-Geneviève (Québec) H9H 5K8
Tél. : 514 626-2666
Téléc. : 514 626-8508
www.college-gerald-godin.qc.ca

Conseil en assurances et en services financiers ET/OU
Gestion de commerces ET/OU Techniques de
comptabilité et de gestion / Administration
des affaires (toutes concentrations) 410.C0/D0/B0
Techniques de l'informatique / Informatique OU
Informatique et génie logiciel OU Informatique
et recherche opérationnelle. 420.AA/AB/AC

Collège LaSalle
2000, rue Sainte-Catherine Ouest
Montréal (Québec) H3H 2T2
Tél. : 514 939-2006
Sans frais : 1 800 363-3541
Téléc. : 514 939-2015
www.collegelasalle.com

Conseil en assurances et en services financiers ET/OU
Gestion de commerces ET/OU Techniques
de comptabilité et de gestion / Administration
des affaires (toutes concentrations) 410.C0/D0/B0
Techniques de l'informatique / Informatique OU
Informatique et génie logiciel OU Informatique
et recherche opérationnelle. 420.AA/AB/AC
Techniques de la logistique du transport / Administration
des affaires – Logistique. 410.A0

Collège Lionel-Groulx
100, rue Duquet
Sainte-Thérèse (Québec) J7E 3G6
Tél. : 450 430-3120
Téléc. : 450 971-7883
www.clg.qc.ca/

Conseil en assurances et en services financiers ET/OU
Gestion de commerces ET/OU Techniques
de comptabilité et de gestion / Administration
des affaires (toutes concentrations) 410.C0/D0/B0
Gestion et exploitation d'entreprise agricole /
Agroéconomie 152.A0
Gestion et exploitation d'entreprise agricole /
Agronomie. 152.A0
Techniques de l'informatique / Informatique OU
Informatique et génie logiciel OU Informatique
et recherche opérationnelle. 420.AA/AB/AC
Techniques de la documentation /
Gestion de l'information* 393.A0
Techniques de santé animale / Agronomie 145.A0
Technologie de la production horticole et de
l'environnement / Agroéconomie 153.B0
Technologie de la production horticole et de
l'environnement / Agronomie 153.B0

Collège Montmorency
475, boul. de l'Avenir
Laval (Québec) H7N 5H9
Tél. : 450 975-6100, poste 6309
Téléc. : 450 975-6306
info.programmes@cmontmorency.qc.ca
www.cmontmorency.qc.ca

Conseil en assurances et en services financiers ET/OU
Gestion de commerces ET/OU Techniques
de comptabilité et de gestion / Administration
des affaires (toutes concentrations) 410.C0/D0/B0
Soins infirmiers / Sciences infirmières 180.A0/B0
Techniques de l'informatique / Informatique OU
Informatique et génie logiciel OU Informatique
et recherche opérationnelle. 420.AA/AB/AC

Collège Shawinigan
2263, avenue du Collège, C. P. 610
Shawinigan (Québec) G9N 6V8
Tél. : 819 539-6401
Téléc. : 819 539-8819
information@collegeshawinigan.qc.ca
www.collegeshawinigan.qc.ca

Conseil en assurances et en services financiers ET/OU
Gestion de commerces ET/OU Techniques
de comptabilité et de gestion / Administration
des affaires (toutes concentrations) 410.C0/D0/B0
Soins infirmiers / Sciences infirmières 180.A0/B0
Techniques de l'informatique / Informatique OU
Informatique et génie logiciel OU Informatique
et recherche opérationnelle. 420.AA/AB/AC
Techniques de laboratoire – *Biotechnologie* /
Biochimie OU Biochimie et biotechnologie OU
Biologie moléculaire et cellulaire 210.AA

* DEC-BAC avec l'Université de Moncton.

Techniques de laboratoire – *Biotechnologie* /
Biologie OU Biologie moléculaire OU
Microbiologie. 210.AA
Techniques de laboratoire – *Biotechnologie* /
Biologie OU Génie biotechnologique OU
Sciences biologiques OU Sciences biologiques
et écologiques 210.AA
Techniques de laboratoire – *Biotechnologie* OU
Chimie analytique / Chimie 210.AA/AB

École nationale d'aérotechnique
Collège Édouard-Montpetit
5555, place de la Savane
Saint-Hubert (Québec) J3Y 8Y9
Tél. : 450 678-3561, poste 4215
Sans frais : 1 800 897-4687
Téléc. : 450 678-2169
ena.api@college-em.qc.ca
www.college-em.qc.ca/ena

Techniques de construction aéronautique /
Génie aérospatial 280.B0

Heritage College
325, boul. Cité-des-Jeunes
Gatineau (Québec) J8Y 6T3
Tél. : 819 778-2270
Téléc. : 819 778-7364
sservices@cegep-heritage.qc.ca
www.cegep-heritage.qc.ca

Soins infirmiers / Sciences infirmières 180.A0/B0

Institut de technologie agroalimentaire (ITA)
Campus de La Pocatière
401, rue Poiré
La Pocatière (Québec) G0R 1Z0
Tél. : 418 856-1110, poste 1208
Téléc. : 418 856-1719
scitalp@mapaq.gouv.qc.ca
www.ita.qc.ca

Gestion et exploitation d'entreprise agricole /
Agroéconomie OU 152.A0
Gestion et exploitation d'entreprise agricole /
Agronomie. 152.A0
Technologie de la production horticole et de
l'environnement / Agroéconomie 153.B0
Technologie de la production horticole et de
l'environnement / Agronomie 153.B0
Technologie des procédés et de la qualité des aliments /
Technologie de la transformation des aliments OU
Sciences et technologie des aliments 154.A0
Technologie des productions animales /
Agroéconomie. 153.A0
Technologie des productions animales /
Agronomie. 153.A0

Institut de technologie agroalimentaire (ITA)
Campus de Saint-Hyacinthe
3230, rue Sicotte, C. P. 70
Saint-Hyacinthe (Québec) J2S 7B3
Tél. : 450 778-6504, poste 6235
Téléc. : 450 778-6536
ita.st.hyacinthe@mapaq.gouv.qc.ca
www.ita.qc.ca

Gestion et exploitation d'entreprise agricole /
Agroéconomie 152.A0
Gestion et exploitation d'entreprise agricole /
Agronomie. 152.A0
Technologie de la production horticole et
de l'environnement / Agroéconomie 153.B0
Technologie de la production horticole et
de l'environnement / Agronomie 153.B0
Technologie des procédés et de la qualité des aliments /
Technologie de la transformation des aliments OU
Sciences et technologie des aliments 154.A0
Technologie des productions animales /
Agroéconomie 153.A0
Technologie des productions animales /
Agronomie. 153.A0

Institut de tourisme et d'hôtellerie du Québec – ITHQ
3535, rue Saint-Denis
Montréal (Québec) H2X 3P1
Tél. : 514 282-5113
Sans frais : 1 800 361-5111, poste 5113
Téléc. : 514 282-5126
registrariat@ithq.qc.ca
www.ithq.qc.ca

Gestion d'un établissement de restauration OU
Techniques de gestion hôtelière / Gestion
du tourisme et de l'hôtellerie 430.B0/A0

John Abbott College
21275, chemin Lakeshore
Sainte-Anne-de-Bellevue (Québec) H9X 3L9
Tél. : 514 457-6610
Téléc. : 514 457-4730
www.johnabbott.qc.ca

Soins infirmiers / Sciences infirmières 180.A0/B0

Vanier College
821, av. Sainte-Croix
Saint-Laurent (Québec) H4L 3X9
Tél. : 514 744-7500, poste 7543
Téléc. : 514 744-7952
registrars@vaniercollege.qc.ca
www.vaniercollege.qc.ca

Soins infirmiers / Sciences infirmières 180.A0/B0

PASSERELLES entre les programmes techniques et les programmes universitaires

La formation technique offerte au collégial prépare les élèves à travailler dès la fin de leurs études collégiales. Cependant, un certain nombre d'entre eux préfèrent continuer leurs études à l'université en s'inscrivant à un programme de baccalauréat de la même famille d'études. Au cours des dernières années, les universités ont mis au point une structure d'accueil plus souple des passerelles afin d'accueillir ces élèves.

L'université convient de reconnaître un certain nombre de cours en fonction de la technique faite au collégial et du programme universitaire correspondant.

L'École Polytechnique de Montréal, l'Université Bishop's, l'Université de Montréal, l'Université de Sherbrooke, l'Université du Québec à Chicoutimi (UQAC), l'Université du Québec à Montréal (UQAM), l'Université du Québec à Rimouski (UQAR), l'Université du Québec à Trois-Rivières (UQTR), l'Université en Outaouais (UQO) et l'Université Laval ont mis au point des « passerelles » qui permettent d'établir une équivalence entre un programme de formation technique au collégial et les cours de première année de certains programmes de baccalauréat. *Note : Plusieurs collèges nomment ces passerelles « DEC + BAC » ou « Passerelles DEC-BAC » ou « DEC Passerelle ».*

Grâce à ces passerelles, les élèves bénéficient de crédits pouvant même aller jusqu'à l'équivalent d'une année scolaire. Les diplômés des programmes techniques visés par cette mesure voient donc leurs études universitaires allégées, voire abrégées.

Voici donc, pour les universités où **les données étaient disponibles**, une liste des cours crédités selon le DEC technique accepté.

Pour les autres universités

Pour tous les programmes où les conditions d'admission indiquent un DEC technique, les candidats peuvent se voir reconnaître des cours de leur programme (en exemption, substitution ou intégration) et ce, en présentant une demande de reconnaissance des acquis.

UNIVERSITÉ	Pages
École de technologie supérieure (ÉTS)	356
École Polytechnique de Montréal	358
Université Bishop's	361
Université de Montréal	362
Université de Sherbrooke	364
Université du Québec à Chicoutimi (UQAC)	365
Université du Québec à Montréal (UQAM)	371
Université du Québec à Rimouski (UQAR)	378
Université du Québec à Trois-Rivières (UQTR)	383
Université du Québec en Outaouais (UQO)	387
Université Laval	388

École de technologie supérieure (ÉTS)

PASSERELLES* ENTRE LES PROGRAMMES TECHNIQUES (DEC) ET LES PROGRAMMES DE BACCALAURÉAT EN GÉNIE DE L'ÉCOLE DE TECHNOLOGIE SUPÉRIEURE (ÉTS)

Dans tous les cas, la formation a une durée de 7 trimestres.
L'étudiant se verra prescrire un cheminement personnalisé en mathématiques
et en sciences à la suite d'un test diagnostique.

DEC ADMISSIBLES POUR LE PROGRAMME GÉNIE DE LA CONSTRUCTION (BAC)

260.A0	Assainissement de l'eau
260.B0	Environnement, hygiène et sécurité au travail
271.A0 ou AB	Exploitation (Technologie minérale)
271.A0 ou AA	Géologie appliquée (Technologie minérale)
271.A0 ou AC	Minéralurgie (Technologie minérale)
222.A0	Techniques d'aménagement et d'urbanisme
241.C0	Techniques de transformation des matériaux composites
248.A0	Technologie d'architecture navale
221.A0	Technologie de l'architecture
221.D0	Technologie de l'estimation et de l'évaluation en bâtiment
230.A0	Technologie de la géomatique
221.C0	Technologie de la mécanique du bâtiment
153.D0	Technologie du génie agromécanique
221.B0	Technologie du génie civil

DEC ADMISSIBLES POUR LE PROGRAMME GÉNIE DE LA PRODUCTION AUTOMATISÉE (BAC)

280.D0	Technique d'avionique
144.B0	Techniques d'orthèses et de prothèses orthopédiques
280.B0	Techniques de construction aéronautique
241.A0	Techniques de génie mécanique
248.C0	Techniques de génie mécanique de marine
420.A0	Techniques de l'informatique
280.C0	Techniques de maintenance d'aéronefs
210.B0	Techniques de procédés chimiques
235.A0	Techniques de production manufacturière
241.C0	Techniques de transformation des matériaux composites
241.B0 ou 12	Techniques de transformation des matières plastiques (Plasturgie)
233.B0	Techniques du meuble et d'ébénisterie
248.A0	Technologie d'architecture navale
243.16	Technologie de conception en électronique
243.B0	Technologie de l'électronique
243.C0	Technologie de l'électronique industrielle
154.A0	Technologie de la transformation des aliments
190.A0	Technologie de la transformation des produits forestiers
241.D0	Technologie de maintenance industrielle
243.A0	Technologie des systèmes ordinés
153.D0	Technologie du génie agromécanique
235.B0 ou 01	Technologie du génie industriel
244.A0	Technologie physique

* *L'ÉTS n'utilise pas le terme « passerelle » puisque l'accès aux programmes de baccalauréat est direct.*

DEC ADMISSIBLES POUR LE PROGRAMME GÉNIE DES TECHNOLOGIES DE L'INFORMATION (BAC)

582.A1	Techniques d'intégration multimédia
420.A0	Techniques de l'informatique
243.A0	Technologie de systèmes ordinés

DEC ADMISSIBLES POUR LE PROGRAMME GÉNIE ÉLECTRIQUE (BAC)

280.D0	Techniques d'avionique
420.A0	Techniques de l'informatique
243.16	Technologie de conception en électronique
243.B0	Technologie de l'électronique
243.C0	Technologie de l'électronique industrielle
243.A0	Technologie des systèmes ordinés
244.A0	Technologie physique

DEC ADMISSIBLES POUR LE PROGRAMME GÉNIE LOGICIEL (BAC)

582.A1	Techniques d'intégration multimédia
420.A0	Techniques de l'informatique
243.A0	Technologie des systèmes ordinés

DEC ADMISSIBLES POUR LE PROGRAMME GÉNIE MÉCANIQUE (BAC)

280.B0	Techniques de construction aéronautique
570.C0	Techniques de design industriel
241.A0	Techniques de génie mécanique
248.C0	Techniques de génie mécanique de marine
280.C0	Techniques de maintenance d'aéronefs
210.B0	Techniques de procédés chimiques
235.A0	Techniques de production manufacturière
241.C0	Techniques de tranformation des matériaux composites
241.B0 ou 12	Techniques de transformation des matières plastiques (Plasturgie)
233.B0	Techniques du meuble et d'ébénisterie
248.A0	Technologie d'architecture navale
221.C0	Technologie de la mécanique du bâtiment
251.B0	Technologie de la production textile
241.D0	Technologie de maintenance industrielle
153.D0	Technologie du génie agromécanique
235.B0 ou 01	Technologie du génie industriel
270.A0	Technologie du génie métallurgique
244.A0	Technologie physique

DEC ADMISSIBLES POUR LE PROGRAMME GÉNIE DES OPÉRATIONS ET DE LA LOGISTIQUE

410.C0	Conseil en assurances et services financiers
410.D0	Gestion de commerces
410.B0	Techniques de comptabilité et de gestion
420.AC	Techniques de l'informatique, spécialisation *Gestion de réseaux informatiques*
420.AA	Techniques de l'informatique, spécialisation *Informatique de gestion*
420.AB	Techniques de l'informatique, spécialisation *Informatique industrielle*
410.A0	Techniques de la logistique du transport
235.A0	Techniques de production manufacturière
241.C0	Techniques de transformation des matériaux composites
235.B0 ou 01	Technologie du génie industriel

École Polytechnique de Montréal

PASSERELLES ENTRE LES PROGRAMMES TECHNIQUES (DEC) ET LES PROGRAMMES DE BACCALAURÉAT EN GÉNIE DE L'ÉCOLE POLYTECHNIQUE DE MONTRÉAL

❶ Techniques d'intégration multimédia (582.A1)

❷ Préalables : **1, 2, 3, 4, 5, 7** (voir p. 358)

▼

❸ Génie logiciel (bac)

LÉGENDE

❶ *Programme collégial technique accepté (il peut y en avoir plus d'un).*

❷ *Liste des cours collégiaux exigés pour entrer dans les programmes de baccalauréat correspondant. Ceux marqués d'une astérisque (*) sont offerts à l'École Polytechnique sous la forme de cours de mise à niveau.*

1. *Calcul différentiel (mathématiques 103)*
2. *Algèbre vectorielle et calcul matriciel (mathématiques 105)**
3. *Calcul intégral (mathématiques 203)**
4. *Physique 101**
5. *Physique 201**
6. *Physique 301 (uniquement pour le programme de Génie physique)*
7. *Chimie 101**

❸ *Programmes de baccalauréat associés au programme technique concerné.*

Cours universitaires crédités

Les programmes n'étant pas définitifs à ce jour, les exemptions de cours ne sont pas toutes définies et sont mises à jour lorsque cela est nécessaire. Par conséquent, les données sont provisoires et en constante évolution. Nous invitons les étudiants à consulter notre site à l'adresse suivante : http://polymtl.ca/etudes/admission.php

Index des programmes techniques acceptés

Programmes	Nos	Pages
Exploitation (Technologie minérale)	271.A0 ou AB	359
Géologie appliquée (Technologie minérale)	271.A0 ou AA	359
Minéralurgie (Technologie minérale)	271.A0 ou AC	359
Techniques d'avionique	280.04	359
Techniques d'intégration multimédia	582.A1	359
Techniques de construction aéronautique	280.B0	359
Techniques de génie chimique	210.02	359
Techniques de génie mécanique	241.A0	359
Techniques de l'informatique	420.A0	359
Techniques de laboratoire – *Chimie analytique*	241.AB	359
Techniques de maintenance d'aéronefs	280.C0	359
Techniques de procédés chimiques	210.B0	360
Techniques de production manufacturière	235.A0	360
Techniques de transformation des matières plastiques (Plasturgie) / Techniques de la plasturgie	241.B0 ou 12	360
Technologie d'architecture navale	248.A0	359
Technologie de conception électronique	243.16	360
Technologie de l'architecture	221.A0	360
Technologie de l'électronique	243.B0	360
Technologie de l'électronique industrielle	243.06	360
Technologie de maintenance industrielle	241.D0	360
Technologie de systèmes ordinés	243.A0	360
Technologie du génie civil	221.B0	360
Technologie du génie industriel	235.B0	360
Technologie du génie métallurgique et spécialisations	270.A0, AA, AB, AC	360
Technologie physique	244.A0	360

Exploitation (Technologie minérale) (271.A0 ou AB)

Géologie appliquée (Technologie minérale) (271.A0 ou AA)

Minéralurgie (Technologie minérale) (271.A0 ou AC)

Préalables : 1, 2, 3, 4, 5, 7 (voir p. 358)

Techniques d'avionique (280.04)

Préalables : 1, 2, 3, 4, 5, 7 (voir p. 358)

Techniques de construction aéronautique (280.B0)

Préalables : 1, 2, 3, 4, 7 (voir p. 358)

Techniques de génie chimique (210.02)

Préalables : 1, 2, 3, 5, 7 (voir p. 358)

Techniques de génie mécanique (241.A0)

Technologie d'architecture navale (248.A0)

Préalables : 1, 2, 3, 4, 5, 7 (voir p. 358)

Techniques de l'informatique (420.A0)

Préalables : 1, 2, 3, 5, 6, 7 (voir p. 358)

Techniques de maintenance d'aéronefs (280.C0)

Préalables : 1, 2, 3, 4, 5, 6*, 7 (voir p. 358)

▼

Génie aérospatial (bac)

Génie biomédical (bac)

Génie chimique (bac)

Génie civil (bac)

Génie des mines (bac)

Génie électrique (bac)

Génie géologique (bac)

Génie industriel (bac)

Génie informatique (bac)

Génie logiciel (bac)

Génie mécanique (bac)

Génie physique (bac)*

Techniques d'intégration multimédia (582.A1)

Préalables : 1, 2, 3, 4, 5, 7 (voir p. 358)

▼

Génie logiciel (bac)

Techniques de laboratoire – Chimie analytique (241.AB)

Préalables : 1, 2, 3, 4, 5, 7 (voir p. 358)

▼

Génie chimique (bac)

Techniques de procédés chimiques (210.B0)

Technologie de l'électronique industrielle (243.06)

Préalables : 1, 2, 3, 4, 5, 7 (voir p. 358)

Techniques de production manufacturière (235.A0) et Technologie du génie industriel (235.B0)

Préalables : 1, 2, 3, 4, 5, 7 (voir p. 358)

Techniques de transformation des matières plastiques (Plasturgie) / Techniques de la plasturgie (241.B0 ou 12)

Préalables : 1, 2, 3, 5, 6 (voir p. 358)

Techn. de conception électronique (243.16)

Préalables : 1, 2, 3, 4, 5, 7 (voir p. 358)

Technologie de l'architecture (221.A0)

Technologie du génie civil (221.B0)

Préalables : 1, 2, 3, 4, 5, 7 (voir p. 358)

Technologie de l'électronique (243.B0)

Technologie de maintenance industrielle (241.D0)

Technologie de système ordinés (243.A0)

Technologie physique (244.A0)

Préalables : 1, 2, 3, 4, 5, 7 (voir p. 358)

Technologie du génie métallurgique (270.A0) et spécialisations :
– *Procédés de transformation* (270.AA)
– *Fabrication mécanosoudée* (270.AB)
– *Contrôle des matériaux* (270.AC)

Préalables : 1, 2, 3, 4, 5, 6*, 7 (voir p. 358)

▼

Génie biomédical (bac)

Génie chimique (bac)

Génie civil (bac)

Génie des mines (bac)

Génie électrique (bac)

Génie géologique (bac)

Génie industriel (bac)

Génie informatique (bac)

Génie logiciel (bac)

Génie mécanique (bac)

Génie physique (bac)*

Université de Bishop's

PASSERELLES ENTRE LES PROGRAMMES TECHNIQUES (DEC) ET LES PROGRAMMES DE BACCALAURÉAT DE L'UNIVERSITÉ BISHOP'S

Exemple à titre indicatif seulement

❶ Gestion de commerces (410.D0)

❷ Administration (bac)

❸ Préalables

Mathématiques 103 et 203 ou l'équivalent.

❹ Cours crédités

Cote R égale ou supérieure à 26 (12 crédits) :

BMK112	Consumer Behavior & Introductory Marketing
BUS	Elective in Business (cours complémentaire en administration)
ELE	Free Elective (cours complémentaire général – 6 crédits)

Cote R égale ou supérieure à 28 (24 crédits) :

BMG112	Management Theory & Practice
BMK112	Consumer Behavior & Introductory Marketing
BMK211	Marketing Management
BUS	Elective in Business (cours complémentaire en administration)
ELE	Free Elective (cours complémentaire général – 12 crédits)

LÉGENDE

❶ *Programme collégial technique accepté.*

❷ *Programme de baccalauréat associé au programme technique concerné.*

❸ *Cours collégiaux exigés pour entrer dans les programmes de baccalauréat correspondant.*

❹ *Liste des cours universitaires reconnus à titre d'équivalence. Le candidat qui répond aux exigences est dispensé des cours énumérés.*

Gestion de commerces (410.D0)

Administration (bac)

Préalables

Mathématiques 103 et 203 ou l'équivalent.

Cours crédités

Cote R égale ou supérieure à 26 (12 crédits) :

BMK112	Consumer Behavior & Introductory Marketing
BUS	Elective in Business (cours complémentaire en administration)
ELE	Free Elective (cours complémentaire général – 6 crédits)

Cote R égale ou supérieure à 28 (24 crédits) :

BMG112	Management Theory & Practice
BMK112	Consumer Behavior & Introductory Marketing
BMK211	Marketing Management
BUS	Elective in Business (cours complémentaire en administration)
ELE	Free Elective (cours complémentaire général – 12 crédits)

Techniques de comptabilité et de gestion (410.B0)

Administration (bac)

Préalables

Mathématiques 103 et 203 ou l'équivalent.

Cours crédités

Cote R égale ou supérieure à 26 (15 crédits) :

BAC121	Purposes of Accounting
BMK112	Consumer Behavior & Introductory Marketing
BUS	Elective in Business (cours complémentaire en administration)
ELE	Free Elective (cours complémentaire général – 6 crédits)

Cote R égale ou supérieure à 28 (24 crédits) :

BAC121	Purposes of Accounting
BAC211	Introductory Managerial Accounting
BMK112	Consumer Behavior & Introductory Marketing
BUS	Elective in Business (cours complémentaire en administration)
ELE	Free Elective (cours complémentaire général – 12 crédits)

Université de Montréal

PASSERELLES ENTRE LES PROGRAMMES TECHNIQUES (DEC) ET LES PROGRAMMES DE BACCALAURÉAT DE L'UNIVERSITÉ DE MONTRÉAL

www.fas.umontreal.ca/passerelles

Exemple à titre indicatif seulement

① **Techniques de l'informatique (420.A0) (maximum de 15 crédits)**

② **Baccalauréat spécialisé en informatique (bac)**

③ **Cours crédités**

IFT1015	Programmation 1
IFT1025	Programmation 2
IFT1215	Introduction aux systèmes informatiques
IFT3150	Projet informatique

et 3 crédits de cours au choix.

④ **Remarque**

Avoir une cote de rendement au collégial (cote R) de 25,0 ou plus et satisfaire aux conditions d'admission du programme. Le candidat doit déposer une demande officielle de reconnaissance des acquis au secrétariat du Département d'informatique et de recherche opérationnelle.

LÉGENDE

① *Programme collégial technique accepté. Le titre en italique renvoie à une spécialisation du programme concerné. Le nombre inscrit dans la parenthèse indique le nombre total de crédis accordés.*

② *Programme de baccalauréat (il peut y en avoir plus d'un) associé au programme technique concerné.*

③ *Liste des cours universitaires reconnus à titre d'équivalence. Le candidat qui répond aux exigences est dispensé des cours énumérés.*

④ *Renseignements complémentaires.*

Index des programmes techniques acceptés

Programmes	Nos	Pages
Techniques d'écologie appliquée	145.01	363
Techniques d'inhalothérapie	141.A0	363
Techniques d'inventaires et de recherche en biologie	145.02	363
Techniques de diététique	120.A0	363
Techniques de l'informatique	420.A0	363
Techniques de laboratoire – spécialisation en *Biotechnologie*	210.AA	363
Techniques de recherche sociale	384.A0	363
Techniques de santé animale	145.A0	363
Techniques de travail social	388.A0	363
Technologie d'analyses biomédicales	140.B0	363
Technologie de la production horticole et de l'environnement	153.B0	363

Techniques d'écologie appliquée (145.01) (maximum de 21 crédits)

Techniques d'inhalothérapie (141.A0) (maximum de 15 crédits)

Techniques d'inventaires et de recherche en biologie (145.02) (de maximum 21 crédits)

Techniques de diététique (120.A0) (maximum de 12 crédits)

Techniques de laboratoire – Biotechnologie (210.AA) (maximum de 28 crédits)

Techniques de santé animale (145.A0) (maximum de 15 crédits)

Technologie d'analyses biomédicales (140.B0) (maximum de 19 crédits)

Technologie de la production horticole et de l'environnement 153.B0) (maximum de 12 crédits)

Baccalauréat spécialisé en sciences biologiques (bac)

Remarque

Avoir une cote de rendement au collégial (cote R) de 26,0 ou plus et satisfaire aux conditions d'admission du programme. Le candidat doit déposer une demande officielle de reconnaissance des acquis au secrétariat du Département de sciences biologiques.

Techniques de l'informatique (420.A0) (maximum de 15 crédits)

Baccalauréat spécialisé en informatique (bac)

Cours crédités

IFT1015	Programmation 1
IFT1025	Programmation 2
IFT1215	Introduction aux systèmes informatiques
IFT3150	Projet informatique

et 3 crédits de cours au choix.

Remarque

Avoir une cote de rendement au collégial (cote R) de 25,0 ou plus et satisfaire aux conditions d'admission du programme. Le candidat doit déposer une demande officielle de reconnaissance des acquis au secrétariat du Département d'informatique et de recherche opérationnelle.

Techniques de laboratoire – Biotechnologie (210.AA) (maximum de 26 crédits)

Baccalauréat spécialisé en biochimie et en médecine moléculaire – orientation biochimie (bac)

Remarque

Avoir une cote de rendement au collégial (cote R) de 26,0 ou plus et satisfaire aux conditions d'admission du programme. Le candidat doit déposer une demande officielle de reconnaissance des acquis au secrétariat du Département de biochimie.

Techniques de recherche sociale (384.A0) (maximum de 15 crédits)

Baccalauréat spécialisé en sociologie (bac)

Remarque

Avoir une cote de rendement au collégial (cote R) de 26,0 ou plus et satisfaire aux conditions d'admission du programme. Le candidat doit déposer une demande officielle de reconnaissance des acquis au secrétariat du Département de sociologie.

Techniques de travail social (388.A0) (maximum de 30 crédits)

Baccalauréat spécialisé en service social (bac)

Remarque

Avoir une cote de rendement au collégial (cote R) de 26,0 ou plus et satisfaire aux conditions d'admission du programme. Le candidat doit déposer une demande officielle de reconnaissance des acquis au secrétariat de l'École de service social.

Université de Sherbrooke

PASSERELLES ENTRE LES PROGRAMMES TECHNIQUES (DEC) ET LES PROGRAMMES DE BACCALAURÉAT DE L'UNIVERSITÉ DE SHERBROOKE

Exemple à titre indicatif seulement

❶ Techniques de l'informatique – *Informatique de gestion* (420.AA)

❷ Informatique (bac)

❸ Préalables

Mathématiques NYA, NYB, NYC.

❹ Cours crédités   Total : jusqu'à 15 crédits

IFT159	Analyse et programmation
IFT187	Éléments de bases de données
IFT215	Interface et multimédia

Exemption de deux autres cours en 3e session, si aucun abandon ni aucun échec.

❺ Établissement

Nom d'un établissement d'enseignement collégial.

❻ Remarque

La maîtrise du langage SQL est indispensable.

Techniques d'analyses biomédicales (140.B0)

Biologie (bac)

Microbiologie (bac)

Préalable

Mathématiques NYA.

Techniques de bioécologie (145.C0)

Biologie (bac)

Écologie (bac)

Préalable

Mathématiques NYA; Chimie NYA.

Techniques de l'informatique – *Informatique de gestion* (420.AA)

Informatique (bac)

Préalable

Mathématiques NYA, NYB, NYC.

Cours crédités   Total : jusqu'à 15 crédits

IFT159	Analyse et programmation
IFT187	Éléments de bases de données
IFT215	Interface et multimédia

Exemption de deux autres cours en 3e session, si aucun abandon ni aucun échec.

Remarque

La maîtrise du langage SQL est indispensable.

Techniques de laboratoire – *Biotechnologie* (210.AA)

Biologie (bac)

Biologie moléculaire et cellulaire (bac)

Microbiologie (bac)

Préalable

Mathématiques NYA.

Technologie de la géomatique (230.A0)

Géomatique appliquée à l'environnement (bac)

Crédits

Jusqu'à 13 crédits.

Établissement

Cégep de l'Outaouais; Cégep Limoilou; Collège Ahuntsic.

Remarque

L'étudiant doit faire une demande pour obtenir les équivalences.

Université du Québec à Chicoutimi (UQAC)

PASSERELLES ENTRE LES PROGRAMMES TECHNIQUES (DEC) ET LES PROGRAMMES DE BACCALAURÉAT DE L'UNIVERSITÉ DU QUÉBEC À CHICOUTIMI (UQAC)

Exemple à titre indicatif seulement

❶ Gestion de commerces (410.D0)

❷ Informatique de gestion (bac)

❸ Préalables

– À la condition que la note moyenne obtenue dans les cours de niveau collégial requis pour la reconnaissance d'un cours universitaire soit supérieure ou égale à la moyenne du groupe.
– Si l'étudiant obtenu une cote de rendement au collégial de 26 ou plus il pourra se voir reconnaître jusqu'à 10 cours de son programme.

❹ Cours crédités

2CTB104	Comptabilité : concepts fondamentaux
2EC0102	Environnement économique de l'entreprise
2MAN105	Principes de management
2MAR100	Marketing
8IFG100	Logiciels et technologies de l'information de gestion

❺ Remarque

Le nombre de cours crédités peut varier selon le dossier de l'étudiant.

LÉGENDE

❶ Programme collégial technique accepté. S'il y a lieu, le titre en italique renvoie à une spécialisation du programme concerné.

❷ Programme de baccalauréat (il peut y en avoir plus d'un) associé au programme technique concerné.

❸ Cours collégiaux réussis exigés pour être admis dans le programme universitaire concerné.
Les codes des programmes sont utilisés pour indiquer les **préalables** (programmes de la famille des techniques physiques).

❹ Liste des cours universitaires reconnus à titre d'équivalence. Le candidat qui répond aux exigences est dispensé des cours énumérés.

❺ Renseignements complémentaires.

Index des programmes techniques acceptés (champs d'études divers)

Programmes	Nᵒˢ	Pages
Gestion de commerces	410.D0	366
Soins infirmiers	180.01	366
Techniques d'écologie appliquée	145.01	366
Techniques d'éducation spécialisée	351.A0	366
Techniques d'inventaire et de recherche en biologie	145.02	367
Techniques de communication dans les médias (Arts et technologies des médias)	589.B0	367
Techniques de comptabilité et de gestion	410.B0	367
Techniques de l'informatique	420.A0 ou A1	367
Techniques de pilotage d'aéronefs	280.A0	368
Techniques de production et de postproduction télévisuelles (Arts et technologies des médias)	589.A0	368
Techniques de travail social	388.A0	368
Techniques du milieu naturel et spécialisations	147.01 ou A0	368
Technologie forestière	190.B0	369

Index des programmes techniques acceptés (famille des Techniques Physiques)

Programmes	Nᵒˢ	Pages
Exploitation (Technologie minérale)	271.02	369
Géologie appliquée (Technologie minérale)	271.01	369
Minéralurgie (Technologie minérale)	271.03	369
Techniques d'aménagement et d'urbanisme	222.A0	369
Techniques de génie chimique	210.02	370
Techniques de laboratoire – Spécialisation *Biotechnologie*	210.AA	370
Techniques de laboratoire – Spécialisation *Chimie analytique*	210.AB	370
Technologie de l'architecture	221.A0	369
Technologie de la géomatique	230.A0	370

Administration (bac)

Administration – Gestion de l'aéronautique (bac)

Préalables

– À la condition que la note moyenne obtenue dans les cours de niveau collégial requis pour la reconnaissance d'un cours universitaire soit supérieure ou égale à la moyenne du groupe.
– Si l'étudiant a obtenu une cote de rendement au collégial de 26 ou plus, il pourra se voir reconnaître jusqu'à 10 cours de son programme.

Cours crédités

2ECO102	Environnement économique de l'entreprise
2MAR100	Marketing
2MKA100	Gestion de l'équipe de vente
2MKA103	Gestion de la distribution et représentation commerciale
8IFG100	Logiciels et technologies de l'information de gestion

Remarque

Le nombre de cours crédités peut varier selon le dossier de l'étudiant.

Informatique de gestion (bac)

Préalables

– À la condition que la note moyenne obtenue dans les cours de niveau collégial requis pour la reconnaissance d'un cours universitaire soit supérieure ou égale à la moyenne du groupe.
– Si l'étudiant obtenu une cote de rendement au collégial de 26 ou plus il pourra se voir reconnaître jusqu'à 10 cours de son programme.

Cours crédités

2CTB104	Comptabilité : concepts fondamentaux
2ECO102	Environnement économique de l'entreprise
2MAN105	Principes de management
2MAR100	Marketing
8IFG100	Logiciels et technologies de l'information de gestion

Remarque

Le nombre de cours crédités peut varier selon le dossier de l'étudiant.

Sciences infirmières (bac)

Cours crédités

4SOI137	Pratique infirmière et santé des adultes et des aînés
4SOI156	Pratique infirmière et santé des jeunes
4SOI217	Pratique infirmière et périnatalité
4SOI220	Pratique infirmière et santé mentale

Biologie (bac)

Cours crédités

1ANI104	Anatomie et morphologie végétales	
Préalable	**101-110-88**	
1BED105	Limnologie (1 crédit)	
Préalable	**145-161-88**	
1BOT103	Botanique systématique	
Préalable	**145-121-88**	
1ECL106	Principes de gestion intégrée des ress. biologiques	
Préalables	**145-201-88, 145-361-88**	
1ECL108	Écologie générale	
Préalable	**101-939-88**	
1ENT101	Initiation à la pratique de l'entomologie (1 crédit)	
Préalable	**145-151-88**	
1IMU101	Immunologie (1 crédit)	
Préalable	**101-942-78**	
1PBI104	Notions d'écophysiologie (1 crédit)	
Préalable	**101-118-88**	
1ZOO102	Zoologie des invertébrés	
Préalables	**101-112-88, 145-131-88**	
1ZOO105	Poissons du Québec (1 crédit)	
Préalable	**145-171-88**	
1ZOO106	Introduction comportement animal (1 crédit)	
Préalable	**101-113-88**	
1ZOO107	Oiseaux du Québec (1 crédit)	
Préalable	**145-181-88**	
1ZOO109	Grands mammifères du Québec (1 crédit)	
Préalable	**145-191-88**	
1ZOO110	Ichtyologie et herpétologie (1 crédit)	
Préalable	**145-141-88**	

Enseignement en adaptation scolaire et sociale (bac)

Cours crédités

3EAS603	Toxicomanies
3EEI130	L'hétérogénéité dans la classe

Techniques d'inventaire et recherche en biologie (145.02)

Biologie (bac)

Cours crédités

1ANI104 Anatomie et morphologie végétales
Préalable **101-110-88**

1BCM107 Biochimie structurale
Préalables **202-113-88, 145-331-88**

1BOT103 Botanique systématique
Préalable **145-121-88**

1ECL108 Écologie générale
Préalables **101-939-88, 145-321-88**

1ENT101 Initiation à la pratique de l'entomologie (1 crédit)
Préalable **145-542-88**

1MCB100 Microbiologie générale
Préalables **101-942-78, 145-642-88 et 145-331-88**

1PDL103 Géomorphologie et pédologie du paysage forestier
Préalable **205-962-88**

1ZOO102 Zoologie des invertébrés
Préalables **101-938-88, 145-321-88, 145-662-88**

Remarques

– Les étudiants auxquels il manque un cours ou davantage ou qui n'ont pas la moyenne nécessaire peuvent se prévaloir des tests de validation de connaissances pour chacun des cours concernés. Chaque test réussi leur donne droit à l'exemption indiquée ci-dessus.
– Les étudiants qui n'ont reçu que le cours 139 dans le domaine de la chimie devront s'inscrire au cours 1CHM141 pour satisfaire aux conditions d'admisssion.
– Il est également possible d'obtenir des reconnaissances d'acquis pour quelques cours à 1 crédit dans ce programme selon le dossier de l'étudiant.

Techniques de communication dans les médias (589.B0) (Arts et technologies des médias)

Linguistique et langue française (bac)

Cours crédités

7CMM22 Pratiques de communication publique
7LIN138 Phonétique et langue orale

Techniques de comptabilité et de gestion (410.B0)

Administration (bac)

Administration – Gestion de l'aéronautique (bac)

Informatique de gestion (bac)

Sciences comptables (bac)

Préalables

– À la condition que la note moyenne obtenue dans les cours de niveau collégial requis pour la reconnaissance d'un cours universitaire soit supérieure ou égale à la moyenne du groupe.
– Si l'étudiant a obtenu une cote de rendement au collégial de 26 ou plus, il pourra se voir reconnaître jusqu'à 10 cours de son programme. (Pour les baccalauréats en Administration, en Administration – Gestion de l'aéronautique et Information de gestion seulement).

Cours crédités

2CTB104* Comptabilité : concepts fondamentaux
2EC0102 Environnement économique de l'entreprise
2MAN105 Principes de management
2MAR100 Marketing
8IFG100 Logiciels et technologies de l'information de gestion

Remarques

– À la condition que la note moyenne obtenue dans les cours de niveau collégial requis pour la reconnaissance d'un cours universitaire soit supérieure ou égale à la moyenne du groupe.
– Les cours reconnus peuvent différer selon le dossier de l'étudiant.
– La reconnaissance d'acquis est acceptée sur la base des cours collégiaux réussis et reconnus comme équivalents selon les grilles préparées par le module après l'analyse des programmes collégiaux pertinents.

Pour le baccalauréat en Sciences comptables, la reconnaissance pour le cours 2CTB104 ne sera accordée que si la note obtenue dans chacun des cours cibles est supérieure à la moyenne du groupe.

Techniques de l'informatique (420.A0 ou 420.A1)

Conception de jeux vidéo (bac avec majeure)

Préalables

La reconnaissance des acquis n'est pas automatique. Elle varie selon le dossier de l'étudiant.

Cours crédités

8GIF108 Conception et programmation de sites Web
8PR0107 Éléments de programmation
8SIF104 Sécurité informatique et réseaux
8SIF107 Programmation en assembleur
8STT105 Probabilité et statistique I
8TRD114 Gestion de fichiers
8TRD119 Base de données et analyse fonctionnelle
Selon le dossier de l'étudiant : 1 cours d'anglais (3 crédits)

Techniques de l'informatique (420.A0 ou 420.A1) *(suite)*

Informatique (bac)

Informatique de gestion (bac)

Préalable

La reconnaissance des acquis n'est pas automatique. Elle varie selon le dossier de l'étudiant.

Cours crédités

8GIF108	Conception et programmation de sites Web
8MQG210	Risque, décision et incertitude*
8PRO107	Éléments de programmation
8SIF104	Sécurité informatique et réseaux
8SIF107	Programmation en assembleur
8STT105	Probabilité et statistique I**
8TRD114	Gestion des fichiers
8TRD119	Base de données et analyse fonctionnelle

Selon le dossier de l'étudiant : 1 cours d'anglais (3 crédits)

* Pour Information de gestion seulement.

** Pour Informatique seulement.

Techniques de pilotage d'aéronefs (280.A0)

Administration (bac)

Préalable

À la condition d'avoir une cote de rendement au collégial de 26 ou plus à la fin de ses études collégiales.

Cours crédités

2MAN105	Principes de management
2MAN400	Aspect humain des organisations
2MAR100	Marketing
2 cours d'enrichissement	

Tech. de production et de postproduction télévisuelles (589.A0) *(Arts et techno. des médias)*

Linguistique (bac)

Cours crédités

7CMM200	Théorie de la communication
7LIN138	Phonétique et langue orale

Techniques de travail social (388.A0)

Travail social (bac)

Cours crédités

4SHU116	Comportement humain et contexte social
Préalables 350-ZAA-JQ, 350-ZBA-JQ	
4SVS121	Intervention en contexte difficile en travail social
Préalables 388-LAA-JQ, 388-KGA-JQ, 388-LEA-JQ	
4SVS123	Introduction au travail social
4SVS124	Initiation à l'intervention sociale et connaissance de soi
Préalable	**À la condition d'avoir conservé, pour le cours de niveau collégial correspondants, une moyenne personnelle supérieure à celle du groupe-cours.**
4SVS125	Intervention auprès des groupes en travail social
Préalables 388-JEA-JQ, 388-KDA-JQ	
4SVS142	Intervention interculturelle en travail social
Préalable	**Formation préparatoire spécifique pour le stage au Burkina Faso et stage d'intervention au Burkina Faso**

Techniques du milieu naturel (147.01 ou 147.A0)

Voies de spécialisation :

Aménagement et interprétation du patrimoine, Aménagement forestier, Aquiculture, Environnement, Exploitation forestière, Faune, Laboratoires de biologie, Patrimoine et Santé animale.

Biologie (bac)

Préalable

À la condition d'avoir conservé, pour le cours de niveau collégial correspondants, une moyenne personnelle supérieure à celle du groupe-cours.

Cours crédités

1BIO156	Écotoxicologie*
Préalables 147-529, 625, 635 et 645	
1BOT103	Botanique systématique**
Préalables 147-130 et 439	
1ECL108	Écologie générale***
Préalables 147-110 et 139	
1ECL110	Écologie appliquée**
Préalables 147-330, 470 et 605 et (518 ou 644 ou 655)	
1GBI112	Études biologiques sur le terrain
Préalables 147-623, 633 et 660	
1ZOO102	Zoologie des invertébrés**
Préalables 147-180, 219, 506 ou 539	
1ZOO110	Ichtyologie et herpétologie
Préalables 147-417 et 418	
1ZOO112	Vertébrés II**
Préalables 147-260, 340, 503 et 513	

* Cours seulement

** Cours et travaux pratiques

*** Travaux pratiques seulement

Technologie forestière (190.B0)

Géographie et aménagement durable (bac)

Cours crédités

1ECL108	Écologie générale
4GEO230	Photographies aériennes et télédétection
4GEO333	SIG et analyse spatiale
4GEO350	Terrain en géographie et aménagement durable
4PLU303	Méthodes quantitatives et traitement de données en sciences humaines
5GEO128	Cartographie et techniques géographiques

PASSERELLES ENTRE LES PROGRAMMES TECHNIQUES (DEC) DE LA FAMILLE DES TECHNIQUES PHYSIQUES ET LES PROGRAMMES DE BACCALAURÉAT (BAC)

Exploitation (Technologie minérale) (271.02)

Géologie (bac)

Génie géologique (bac)

Cours crédités

6DDG100	Sciences graphiques
6GLG110	Notre planète
6SCT103	Camp de planimétrie (1 crédit)
6SCT106	Géomorphologie et aménagement géotechniques
6SCT410	Géochimie environnementale

Remarque

À la condition que la note moyenne obtenue dans les cours de niveau collégial requis pour la reconnaissance d'un cours universitaire soit supérieure ou égale à la moyenne du groupe.

Géologie appliquée (Technologie minérale) (271.01)

Géologie (bac)

Génie géologique (bac)

Cours crédités

6DDG100	Sciences graphiques
6GLG110	Notre planète
6SCT103	Camp de planimétrie (1 crédit)
6SCT106	Géomorphologie et aménagement géotechniques
6SCT410	Géochimie environnementale

Remarque

À la condition que la note moyenne obtenue dans les cours de niveau collégial requis pour la reconnaissance d'un cours universitaire soit supérieure ou égale à la moyenne du groupe.

Minéralurgie (Technologie minérale) (271.03)

Géologie (bac)

Cours crédités

6DDG100	Sciences graphiques
6GLG110	Notre planète
6SCT103	Camp de planimétrie (1 crédit)
6SCT106	Géomorphologie et aménagement géotechniques
6SCT410	Géochimie environnementale

Remarque

À la condition que la note moyenne obtenue dans les cours de niveau collégial requis pour la reconnaissance d'un cours universitaire soit supérieure ou égale à la moyenne du groupe.

Techniques d'aménagement et d'urbanisme (222.A0)

Technologie de l'architecture (221.A0)

Géographie et aménagement durable (bac)

Cours crédités

4GEO230	Photographies aériennes et télédétection
4GEO323	Aménagement et urbanisme durables
4GEO333	SIG et analyse spatiale
4GEO350	Terrain en géographie et aménagement durable
4PLU303	Méthodes quantitatives et traitement de données en sciences humaines
5GEO128	Cartographie et techniques géographiques

Technique de génie chimique (210.02)

Techniques de laboratoire – *Chimie analytique* (210.AB)

Génie électrique (bac)

Génie mécanique (bac)

Cours crédité

6GNC100   Chimie pour l'ingénieur

Remarque

Exemption du cours si la note moyenne obtenue dans les cours de niveau collégial équivalents est supérieure à la moyenne du groupe-cours.

Techniques de laboratoire – *Biotechnologie* (210.AA)

Biologie (bac)

Cours crédités

1BCL100   Culture cellulaire et tissulaire (1 crédit)
Préalable 101-BT6

1BCL112   Biologie cellulaire
Préalables 1011-BT5, 4101-BT2

1BCM107   Biochimie structurale
Préalables 210-A01, 210-A02

1BIO156   Écotoxicologie
Préalables 210-A04, 145-BT1

1CAN101   Chimie analytique
Préalables 202-BT2, 202-BT3

1GNT103   Génétique médicale (1 crédit)
Préalable 210-A06

1IMU101   Immunologie (1 crédit)
Préalable 140-BT2

1MCB100   Microbiologie générale
Préalables 101-BT3, 140-BT1

1MCB104   Microbiologie environnementale et industrielle (1 cr.)
Préalable 210-A03

1PBI104   Notions d'écophysiologie (1 crédit)
Préalable 101-BT4

1PBI106   Pharmacogénétique (1 crédit)
Préalable 210-A06

1SAP120   Histoire des sciences et démarche scientifique
Préalables 210-BT1, 340-GAE

Cours hors champ disciplinaire :
ICAN111   Chimie instrumentale
Préalables 202-BT6, 202-BT7

Remarque

À la condition d'avoir conservé, pour les cours de niveau collégial correspondants, une moyenne personnelle supérieure à celle du groupe-cours et avoir une cote de rendement au collégial minimale de 26 pour l'ensemble du dossier collégial.

Technologie de la géomatique (230.A0)

Géographie et aménagement durable (bac)

Cours crédités

1ECL108   Écologie générale
4GEO230   Photographies aériennes et télédétection
4GEO333   SIG et analyse spatiale
4GEO350   Terrain en géographie et aménagement durable
4PLU303   Méthodes quantitatives et traitement de données en sciences humaines
5GEO128   Cartographie et techniques géographiques

Université du Québec à Montréal (UQAM)

PASSERELLES ENTRE LES PROGRAMMES TECHNIQUES (DEC) ET LES PROGRAMMES DE BACCALAURÉAT DE L'UNIVERSITÉ DU QUÉBEC À MONTRÉAL (UQAM)

Exemple à titre indicatif seulement

❶ Interprétation théâtrale (561.C0)

Théâtre – Production (561.A0)

❷ Art dramatique (bac)

❸ Crédits

Jusqu'à 15 crédits, selon les cours suivis au collégial et la concentration au baccalauréat.

❹ Remarque

Conditionnel à l'obtention du DEC.

LÉGENDE

❶ *Programme collégial technique accepté (il peut y en avoir plus d'un).*

❷ *Programme de baccalauréat (il peut y en avoir plus d'un) associé au programme technique concerné.*

❸ *Nombre de crédits reconnus à titre d'équivalence dans le programme concerné. Le candidat qui répond aux exigences est dispensé des cours énumérés.*

❹ *Renseignements complémentaires.*

Index des programmes techniques acceptés

Programmes	Nᵒˢ	Pages
École supérieure de mode de Montréal		
Commercialisation de la mode	571.C0	373
Design de mode	571.A0	373
Gestion de la production du vêtement	571.B0	373
Techniques administratives	410	373
Techniques liées à la production industrielle (Techniques de design industriel, Techniques de production manufacturière, Technologie du génie industriel, Technologie et gestion des textiles, etc.)		373
Techniques en design de mode (Dessin de mode, Design de mode, Mode féminine, Mode masculine)		373
École des sciences de la gestion		
Certaines options en Techniques administratives		374
Gestion d'un établissement de restauration	430.B0	374
Gestion de commerces ou l'équivalent	410.D0	373
Techniques d'aménagement du territoire	222.01	374
Techniques dans un domaine pertinent		374
Techniques de comptabilité et de gestion	410.B0	373
Techniques de gestion hôtelière	430.A0	374
Techniques de tourisme	414.A0	374
Techniques du tourisme d'aventure	414.B0	374
Technologie de l'architecture	221.A0	374
Technologie de l'estimation et de l'évaluation en bâtiment	221.D0	374
Technologie de la mécanique du bâtiment	221.C0	374
Technologie du génie civil	221.B0	374

Faculté de communication

Graphisme 570.A0 374
Photographie 570.F0 374
Techniques administratives 410 374
Techniques d'éducation spécialisée et certaines autres formation techniques
  pouvant être reconnues 351.A0 374
Techniques d'intervention en loisir 391.A0 374
Techniques en art et technologie des médias 589.A0 374

Faculté des arts

Danse-Interprétation (ballet) 561.B0 374
Graphisme .... 570.A0 .... 374, 375
Interprétation théâtrale 561.C0 375
Photographie .... 570.F0 .... 374, 375
Techniques dans les champs connexes à l'histoire de l'art 375
Techniques de design d'intérieur 570.E0 375
Techniques de design de présentation 570.D0 375
Techniques de design industriel 570.C0 375
Techniques de métiers d'art 573.A0 375
Techniques professionnelles de musique et chanson (musique populaire) 551.A0 375
Technologie de l'architecture 221.A0 375
Théâtre – Production 561.A0 375

Faculté des sciences

Soins infirmiers 180.A0 375
Techniques administratives 410 375
Techniques d'aménagement cynégétique et halieutique 145.B0 375
Techniques d'inventaire et de recherche en biologie 145.02 375
Techniques de chimie analytique .... 210.01 .... 375, 376
Techniques de chimie-biologie .... 145.03 .... 375, 376
Techniques de génie mécanique 241.A0 376
Techniques de l'informatique 420.A0 376
Techniques de laboratoire – *Biotechnologie* 210.AA 376
Techniques de laboratoire médical .... 140.01 .... 375, 376
Techniques de santé animale 145.A0 375
Technologie alimentaire 375, 376
Technologie de l'électronique 243.B0 376
Technologie minérale – *Géologie* 271.A0 376
Technologie physique 244.A0 376

Faculté des sciences de l'éducation

Techniques d'éducation à l'enfance .... 322.A0 .... 376, 377
Techniques d'éducation en service de garde 322.03 377
Techniques d'éducation spécialisée .... 351.A0 .... 376, 377
Techniques d'intervention en délinquance 310.B0 377
Techniques de travail social .... 388.A0 .... 376, 377
Tous les secteurs impliqués dans la formation professionnelle au secondaire ou
  la formation technique au collégial 377
Toutes les techniques dans un domaine connexe à
  une discipline d'enseignement au secondaire 377

Faculté des sciences humaines

Techniques d'aménagement du territoire 222.01 377
Technologie de la géomatique – *Cartographie* ou *Géodésie* 230.A0 377
Techniques de l'informatique 420.A0 377
Techniques de travail social 388.A0 377
Techniques dans un domaine des sciences sociales 377

ÉCOLE SUPÉRIEURE DE MODE DE MONTRÉAL

Commercialisation de la mode (571.C0)

Design de mode (571.A0)

Gestion de la production du vêtement (571.B0)

Techniques administratives (410)

Techniques liées à la production industrielle (Techniques de design industriel, Techniques de production manufacturière, Technologie du génie industriel, Technologie et gestion des textiles, etc.)

Design et gestion de la mode – concentration *Gestion industrielle de la mode* (bac)

Crédits

Jusqu'à 15 crédits.

Remarque

Avoir obtenu une note égale ou supérieure à la moyenne du groupe.

Commercialisation de la mode (571.C0)

Design de mode (571.A0)

Techniques administratives (410)

Techniques liées à la production industrielle (Techniques de design industriel, Techniques de production manufacturière, Technologie du génie industriel, Technologie et gestion des textiles, etc.)

Design et gestion de la mode – concentration *Commercialisation de la mode* (bac)

Crédits

Jusqu'à 15 crédits.

Remarque

Avoir obtenu une note égale ou supérieure à la moyenne du groupe.

Techniques en design de mode (Design de mode, Dessin de mode, Mode féminine, Mode masculine)

Design et gestion de la mode – concentration *Design et stylisme de mode* (bac)

Crédits

Jusqu'à 9 crédits accordés automatiquement.

ÉCOLE DES SCIENCES DE LA GESTION

Remarques

Pour tous les programmes de baccalauréat de l'École des sciences de la gestion :
- Le maximum de reconnaissance d'acquis n'est accordé qu'aux candidats ayant une cote R de 25 et plus.
- Les candidats ayant une cote R se situant entre 22 et 24.999 peuvent se voir accorder un certain nombre de reconnaissance d'acquis.
- Les candidats ayant une cote R inférieure à 22 n'ont droit à aucune reconnaissance d'acquis.
- Dans certains cas, on exige qu'une note minimale au-dessus de la moyenne ait été obtenue dans les cours pour lesquels est demandée la reconnaissance.
- Les reconnaissances d'acquis sont uniquement accordées aux candidats ayant obtenu leur diplôme à l'intérieur des dix dernières années.

Gestion de commerces ou l'équivalent (410.D0)

Techniques de comptabilité et de gestion (410.B0)

Administration (bac) (Toutes concentrations)

Crédits

Jusqu'à 15 crédits.

Gestion des ressources humaines (bac)

Crédits

Jusqu'à 12 crédits.

Sciences comptables (bac)

Crédits

Jusqu'à 15 crédits.

Gestion d'un établissement de restauration (430.B0)

Techniques de gestion hôtelière (430.A0)

Techniques de tourisme (414.A0)

Techniques de tourisme d'aventure (414.B0)

Certaines options en Techniques administratives

Gestion du tourisme et de l'hôtellerie (bac)

Crédits

Jusqu'à 15 crédits, selon la technique complétée.

Techniques d'aménagement du territoire (222.01)

Technologie de l'architecture (221.A0)

Technologie de la mécanique du bâtiment (221.C0)

Technologie du génie civil (221.B0)

Technologie de l'estimation et de l'évaluation en bâtiment (221.D0)

Urbanisme (bac)

Crédits

Jusqu'à 15 crédits, selon la technique complétée.

Techniques dans un domaine pertinent

Économique (bac) (Toutes concentrations)

Crédits

Jusqu'à 15 crédits.

FACULTÉ DE COMMUNICATION

Graphisme (570.A0)

Photographie (570.F0)

Techniques en art et technologie des médias (589.A0)

Communication (cinéma, télévision, médias interactifs, stratégie de production culturelle et médiatique) (bac)

Crédits

De 3 à 15 crédits.

Techniques administratives (410)

Communication – Marketing (bac)

Communication – Relations publiques (bac)

Crédits

De 3 à 15 crédits.

Techniques d'éducation spécialisée (351.A0) et certaines autres formations techniques pouvant être reconnues

Communication – Relations humaines (bac)

Crédits

De 3 à 15 crédits.

Remarque

Les crédits sont accordés selon la norme 2 pour 1 : deux cours de niveau collégial de 45 heures chacun équivalent à un cours universitaire de 3 crédits.

Techniques d'intervention en loisir (391.A0)

Animation et recherche culturelles (bac)

Crédits

De 3 à 15 crédits.

FACULTÉ DES ARTS

Danse – Interprétation (ballet) (561.B0)

Danse (bac)

Crédits

Jusqu'à 15 crédits, selon les cours suivis au collégial et le profil choisi au baccalauréat.

Graphisme (570.A0)

Photographie (570.F0)

Design graphique (bac)

Crédits

Jusqu'à 9 crédits.

Remarque

Exemption pour le cours DES1215 (DEC en Photographie). Les reconnaissances d'acquis pour d'autres cours sont accordées sur présentation d'un dossier visuel ou suivant la réussite d'un examen.

Graphisme (570.A0)

Photographie (574.A0)

Techniques de métiers d'art (573.A0)

Arts visuels et médiatiques (bac)

Crédits
Jusqu'à 15 crédits, selon les cours suivis au collégial et le profil choisi au baccalauréat.

Remarque
Les reconnaissances d'acquis sont accordées seulement sur présentation d'un relevé de notes et d'un dossier visuel.

Interprétation théâtrale (561.C0)

Théâtre – Production (561.A0)

Art dramatique (bac)

Crédits
Jusqu'à 15 crédits, selon les cours suivis au collégial et la concentration au baccalauréat.

Remarque
Conditionnel à l'obtention du DEC.

Techniques de design d'intérieur (570.E0)

Techniques de design de présentation (570.D0)

Techniques de design industriel (570.C0)

Technologie de l'architecture (221.A0)

Design de l'environnement (bac)

Crédits
Jusqu'à 15 crédits.

Remarque
Les reconnaissances d'acquis sont accordées seulement sur présentation d'un relevé de notes et d'un dossier visuel ou suivant la réussite d'un examen.

Techniques dans des champs connexes à l'histoire de l'art

Histoire de l'art (bac)

Crédits
Jusqu'à 15 crédits, selon les cours suivis au collégial.

Techniques professionnelles de musique et chanson (Musique populaire) (551.A0)

Musique (bac)

Crédits
Jusqu'à 9 crédits.

FACULTÉ DES SCIENCES

Soins infirmiers (180.A0), Techniques de chimie analytiques (210.01), Techniques de chimie-biologie (145.03), Technologie physique (244.A0), etc.

Enseignement au secondaire* – concentration *Science et technologie*

Crédits
Jusqu'à 15 crédits (ex. : 1 cours pour les détenteurs d'une technique en chimie analytique, mais 4 cours possibles pour les diplômés des techniques en chimie-biologie).

* Ce programme relève de la Faculté des sciences de l'éducation.

Techniques administratives (410)

Actuariat (bac)

Crédits
À déterminer

Mathématiques (bac)

Crédits
Jusqu'à 6 crédits.

Techniques d'aménagement cynégétique et halieutique (145.B0)

Techniques d'inventaire et de recherche en biologie (145.02)

Techniques de chimie-biologie (145.03)

Technologie de laboratoire médical (140.01)

Techniques de santé animale (145.A0)

Technologie alimentaire

Biologie en apprentissage par problème (bac)

Crédits
Jusqu'à 30 crédits.

Techniques de chimie analytique (210.01)

Chimie (bac)

Crédits

Jusqu'à 30 crédits.

Techniques de chimie-biologie (145.03)
Techniques de laboratoire médical (140.01)
Technologie alimentaire

Biochimie (bac)

Crédits

Jusqu'à 30 crédits.

Techniques de génie mécanique (241.A0), Technologie de l'électronique (243.B0), Technologie physique (244.A0), etc.

Enseignement au secondaire* – concentration *Mathématiques*

Crédits

Le nombre de crédits reconnus varie selon le dossier présenté.

Techniques de l'informatique (420.A0)

Informatique et génie logiciel (bac)

Crédits

Jusqu'à 15 crédits.

Mathématiques (bac)

Crédits

Jusqu'à 9 crédits.

Techniques de laboratoire – *Biotechnologie* (210.AA)

Chimie (bac)

Crédits

Jusqu'à 12 crédits.

Sciences de la terre et de l'atmosphère – concentration *Météorologie* (bac)

Crédits

Jusqu'à 6 crédits.

Technologie minérale – *Géologie* (271.A0)

Sciences de la Terre et de l'atmosphère – concentration *Géologie et majeure en Géologie* (bac)

Crédits

Jusqu'à 30 crédits.

Sciences de la Terre et de l'atmosphère – concentration *Météorologie* (bac)

Crédits

Jusqu'à 30 crédits.

FACULTÉ DES SCIENCES DE L'ÉDUCATION

Techniques d'éducation à l'enfance (322.A0)
Techniques d'éducation en service de garde (322.03)
Techniques d'éducation spécialisée (351.A0)
Techniques de travail social (388.A0)

Éducation préscolaire et enseignement primaire – formation initiale (bac)

Crédits

Jusqu'à 9 crédits.

Remarque

Les étudiants admis doivent obligatoirement suivre la cohorte d'étudiants admis en même temps qu'eux, de sorte que la durée des études ne sera pas raccourcie pour ceux qui obtiennent des reconnaissances d'acquis.

Techniques d'éducation à l'enfance (322.A0)

Techniques d'éducation spécialisée (351.A0)

Techniques d'éducation en service de garde (322.03)

Techniques d'intervention en délinquance (310.B0)

Techniques de travail social (388.A0)

Enseignement en adaptation scolaire et sociale (bac)
– Profil Intervention au préscolaire-primaire
–Profil Intervention au secondaire

Crédits
Jusqu'à 6 crédits.

Remarque
Dans tous les cas, un excellent dossier scolaire est exigé (le candidat doit détenir une moyenne supérieure à la moyenne du groupe, et n'avoir aucune mention d'échec).

Tous les secteurs impliqués dans la formation professionnelle au secondaire ou la formation technique au collégial

Enseignement en formation professionnelle (bac)

Crédits
De 15 à 30 crédits.

Remarque
Le DEC technique ou le DEP professionnel est une condition d'admission à ce programme. Le nombre de reconnaissances d'acquis accordé peut varier beaucoup et aller jusqu'à 30 crédits. La direction du programme rencontre individuellement tous les nouveaux inscrits pour l'analyse des reconnaissances d'acquis scolaires ou professionnels.

Toutes les techniques dans un domaine connexe à une discipline d'enseignement au secondaire

Enseignement au secondaire (bac) – concentration Science et technologie, Mathématiques ou Sciences humaines

Crédits
Jusqu'à 15 crédits, selon les cours suivis au collégial et les disciplines d'enseignement choisies au baccalauréat.

FACULTÉ DES SCIENCES HUMAINES

Techniques d'aménagement du territoire (222.01)

Technologie de la géomatique – Cartographie ou Géodésie (230.A0)

Géographie (bac)

Crédits
Jusqu'à 15 crédits.

Techniques d'intervention en délinquance (310.B0)

Techniques dans un domaine des sciences sociales

Techniques en éducation spécialisée (351.40)

Travail social (bac)

Crédits
Jusqu'à 3 crédits

Remarque
Les résultats obtenus pour le ou les cours accordés en exemption doivent être de 75 % ou plus. Si l'obtention du DEC remonte à plus de 10 ans, une expérience de travail d'au moins 2 ans dans le champ de l'intervention sociale est exigée.

Techniques de l'informatique (420.A0)

Science du langage (mineure en Informatique) (bac)

Crédits
Le nombre d'acquis susceptibles d'être reconnus varie grandement selon le dossier présenté.

Techniques de travail social (388.A0)

Travail social (bac)

Crédits
Jusqu'à 6 crédits.

Remarque
Les résultats obtenus pour le ou les cours accordés en exemption doivent être de 75 % ou plus. Si l'obtention du DEC remonte à plus de 10 ans, une expérience de travail d'au moins 2 ans dans le champ de l'intervention sociale est exigée.

Université du Québec à Rimouski (UQAR)

PASSERELLES ENTRE LES PROGRAMMES TECHNIQUES (DEC) ET LES PROGRAMMES DE BACCALAURÉAT DE L'UNIVERSITÉ DU QUÉBEC À RIMOUSKI (UQAR)

Exemple à titre indicatif seulement

1 Techniques d'éducation à l'enfance (322.A0)

2 Enseignement en adaptation scolaire et sociale, profil préscolaire et primaire (bac)

3 Cours crédités

ASS13102	Développement de l'enfant de zéro à douze ans
ASS46002	Partenariat entre l'école, les parents et les autres réseaux
SCE20202	Prévention, adaptation et réussite scolaire

4 Remarques

– Pour le cours et ASS46002, les équivalences seront accordées uniquement si l'étudiant a suivi et réussi le stage long de son programme de niveau collégial dans une classe en milieu scolaire.
– Les cours seront reconnus dans le cas où l'étudiant aura une Cote R supérieure ou égale à 26.

LÉGENDE

1 *Programme collégial technique accepté.*

2 *Programme de baccalauréat (il peut y en avoir plus d'un) associé au programme technique concerné.*

3 *Liste des cours universitaires reconnus à titre d'équivalence. Le candidat qui répond aux exigences est dispensé des cours énumérés.*

4 *Renseignements complémentaires.*

Index des programmes techniques acceptés

Programmes	Nos	Pages
Gestion de commerces	410.D0	379
Navigation	248.B0	379
Techniques biologiques ou physiques		379
Techniques biologiques ou physiques (autres)		379
Techniques d'aménagement cynégétique et halieutique	145.B0	379
Techniques d'aménagement et d'urbanisme	222.A0	379
Techniques d'écologie appliquée ou autres techniques physiques	145.01	379
Techniques d'éducation à l'enfance	322.A0	379
Techniques d'éducation spécialisée	351.A0	380
Techniques d'intervention en délinquance	310.B0	380
Techniques d'inventaire et de recherche en biologie	145.02	380
Techniques de comptabilité et de gestion	410.B0	381
Techniques de l'informatique	420.A0	381
Techniques de tourisme	414.A0	381
Techniques de travail social	388.A0	381
Techniques du milieu naturel	147.A0	382
Techniques humaines		382
Techniques physiques		382
Technologie de la géomatique – *Cartographie*	230.AA ou A1	382
Technologie forestière	190.B0	382

Gestion de commerces (410.D0)

Administration (bac)

Sciences comptables

Cours crédités

Exemption d'un maximum de huit cours universitaire (24 crédits), dans la mesure où la cote R est égale ou supérieure à 26 et où les cours collégiaux reconnus ont été réussis avec une note égale ou supérieure à la moyenne du groupe. Les autres étudiants peuvent se voir reconnaître jusqu'à un maximum de quatre cours (12 crédits), selon leur dossier scolaire.

Navigation (248.B0)

Transport maritime (bac avec majeure et mineure en administration)

Cours crédités

Exemption des cours de la majeure en Transport maritime suite à l'obtention des brevets concernés de Transport Canada et la réussite du cours Séminaire d'intégration (portfolio).

Techniques biologiques ou physiques

Enseignement au secondaire (bac)

Cours crédités

Exemption de quelques cours de géographie ou de biologie selon le dossier scolaire pour les étudiants ayant choisi des profils « Univers social » et « Science et technologie ».

Techniques biologiques ou physiques (autres)

Biologie (bac)

Cours crédités

Exemption d'un maximum de cinq cours (15 crédits) selon la qualité du dossier scolaire.

Techniques d'aménagement cynégétique et halieutique (145.B0)

Biologie (bac)

Géographie (bac)

Cours crédités

Exemption d'un maximum de cinq cours (15 crédits) selon la qualité du dossier scolaire.

Techniques d'aménagement et d'urbanisme (222.A0)

Géographie (bac)

Cours crédités

Exemption d'un maximum de cinq cours (15 crédits) selon la qualité du dossier scolaire.

Techniques d'écologie appliquée (145.01) ou autres techniques physiques

Biologie (bac)

Cours crédités

Exemption d'un maximum de dix cours selon la qualité du dossier scolaire pour les diplômés du Cégep de La Pocatière et du Cégep de Sherbooke.

Géographie (bac)

Cours crédités

Exemption d'un maximum de cinq cours (15 crédits) selon la qualité du dossier scolaire.

Techniques d'éducation à l'enfance (322.A0)

Éducation préscolaire et éducation primaire (bac)

Cours crédités

PPE11002	Éducation et développement de l'enfant de 0 à 6 ans
PPE11102	Éducation et développement de l'enfant de 6 à 12 ans

Enseignement en adaptation scolaire et sociale, profil préscolaire et primaire (bac)

Cours crédités

ASS13102	Développement de l'enfant de zéro à douze ans
ASS46002	Partenariat entre l'école, les parents et les autres réseaux
SCE20202	Prévention, adaptation et réussite scolaire

Remarques

– Pour le cours et ASS46002, les équivalences seront accordées uniquement si l'étudiant a suivi et réussi le stage long de son programme de niveau collégial dans une classe en milieu scolaire.
– Les cours seront reconnus dans le cas où l'étudiant aura une Cote R supérieure ou égale à 26.

Enseignement en adaptation scolaire et sociale, profil secondaire – éducation aux adultes (bac)

Cours crédités

ASS46002	Partenariat entre l'école, les parents et les autres réseaux
SCE20202	Prévention, adaptation et réussite scolaire
SCE30202	Adolescence et vie adulte

Techniques d'éducation spécialisée (351.A0)

Communication (relations humaines) (bac)

Cours crédités

Exemption jusqu'à quatre cours (12 crédits) selon le dossier scolaire du candidat.

Éducation préscolaire et éducation primaire (bac)

Cours crédités

PPE11002	Éducation et développement de l'enfant de 0 à 6 ans
OU	
PPE11102	Éducation et développement de l'enfant de 6 à 12 ans
SCE20002	Connaissance et intégration des élèves handicapés et en difficulté
SCE20202	Prévention, adaptation et réussite scolaire

Enseignement en adaptation scolaire et sociale, profil préscolaire et primaire (bac)

Cours crédités

ASS13102	Développement de l'enfant de zéro à douze ans
ASS19007	Stage I : Familiarisation, observation et intégration théorie-pratique
ASS46002	Partenariat entre l'école, les parents et les autres réseaux
SCE20002	Connaissance et intégration des élèves handicapés et en difficulté
SCE20202	Prévention, adaptation et réussite scolaire

Remarques

- Pour les cours ASS19007 et ASS46002, les équivalences seront accordées uniquement si l'étudiant a suivi et réussi le stage long de son programme de niveau collégial dans une classe en milieu scolaire.
- Les cours seront reconnus dans le cas où l'étudiant aura une cote R supérieure ou égale à 26.

Enseignement en adaptation scolaire et sociale, profil secondaire – éducation aux adultes (bac)

Cours crédités

ASS19002	Stage I : Familiarisation, observation et intégration théorie-pratique
ASS46002	Partenariat entre l'école, les parents et les autres réseaux
SCE20002	Connaissance et intégration des élèves handicapés et en difficulté
SCE20202	Prévention, adaptation et réussite scolaire
SCE30202	Adolescence et vie adulte

Techniques d'intervention en délinquance (310.B0)

Éducation préscolaire et éducation primaire (bac)

Cours crédités

PPE11002	Éducation et développement de l'enfant de 0 à 6 ans

Enseignement en adaptation scolaire et sociale, profil préscolaire et primaire (bac)

Cours crédités

ASS13102	Développement de l'enfant de zéro à douze ans
ASS19007	Stage I : Familiarisation, observation et intégration théorie-pratique
ASS46002	Partenariat entre l'école, les parents et les autres réseaux
SCE20202	Prévention, adaptation et réussite scolaire
SCE20302	Interventions auprès des élèves en troubles du comportement au primaire

Remarques

- Pour les cours ASS19007 et ASS46002, les équivalences seront accordées uniquement si l'étudiant a suivi et réussi le stage long de son programme de niveau collégial dans une classe en milieu scolaire.
- Les cours seront reconnus dans le cas où l'étudiant aura une cote R supérieure ou égale à 26.

Enseignement en adaptation scolaire et sociale, profil secondaire – éducation aux adultes (bac)

Cours crédités

ASS19002	Stage I : Familiarisation, observation et intégration théorie-pratique
ASS23503	Difficultés comportementales extériorisées
ASS33503	Difficultés comportementales intériorisés
ASS46002	Partenariat entre l'école, les parents et les autres réseaux
SCE20202	Prévention, adaptation et réussite scolaire
SCE30202	Adolescence et vie adulte

Techniques d'inventaire et de recherche en biologie (145.02)

Biologie (bac)

Cours crédités

Exemption d'un maximum de dix cours selon la qualité du dossier scolaire pour les diplômés de Cégep de Saint-Laurent et du Cégep de Sainte-Foy.

Techniques de comptabilité et de gestion (410.B0)

Administration (bac)

Sciences comptables (bac)

Cours crédités

Jusqu'à un maximum de sept cours universitaire (21 crédits), dans la mesure où la cote R est égale ou supérieure à 26 et où les cours collégiaux reconnus ont été réussis avec une note égale ou supérieure à la moyenne du groupe. Les autres étudiants peuvent se voir reconnaître jusqu'à un maximum de quatre cours (12 crédits), selon leur dossier scolaire.

Techniques de l'informatique (420.A0)

Informatique (bac)

Préalables

Mathématique 103, 105 et 203 ou 00UN, 00UQ et 00UP et avoir maintenu une cote R supérieure ou égale à 26 pour l'ensemble du DEC.

Cours crédités

Tous les diplômés :

INF11107	Programmation I
INF15107	Bases de données

Exemption supplémentaire selon la qualité du dossier :

INF11207	Programmation II
INF14107	Introduction aux systèmes d'exploitation
INF16107	Réseautique

Exemption supplémentaire des cours suivants :

INF23107	Génie logiciel I
INF39107	Projet de développement en informatique

Techniques de tourisme (414.A0)

Géographie (bac)

Cours crédités

Exemption d'un maximum de cinq cours (15 crédits) selon la qualité du dossier scolaire.

Techniques de travail social (388.A0)

Communication (relations humaines) (bac)

Cours crédités

Exemption jusqu'à quatre (12 crédits), selon le dossier scolaire.

Éducation préscolaire et éducation primaire (bac)

Cours crédités

PPE-11002	Éducation et développement de l'enfant de 0 à 6 ans

Enseignement en adaptation adaptation scolaire et sociale, profil préscolaire et primaire (bac)

Cours crédités

ASS13102	Développement de l'enfant de zéro à douze ans
ASS29102	Étude de cas et résolution de problèmes
ASS46002	Partenariat entre l'école, les parents et les autres réseaux
SCE20202	Prévention, adaptation et réussite scolaire

Remarques

– Pour le cours ASS46002, les équivalences seront accordées uniquement si l'étudiant a suivi et réussi le stage long de son programme de niveau collégial dans une classe en milieu scolaire.

– Les cours seront reconnus dans le cas où l'étudiant aura une cote R supérieure ou égale à 26.

Enseignement en adaptation scolaire et sociale, profil secondaire – éducation aux adultes (bac)

Cours crédités

ASS29102	Étude de cas et résolution de problèmes
ASS46002	Partenariat entre l'école, les parents et les autres réseaux
SCE20202	Prévention, adaptation et réussite scolaire
SCE30202	Adolescence et vie adulte

Remarques

– Pour le cours ASS46002, les équivalences seront accordées uniquement si l'étudiant a suivi et réussi le stage long de son programme de niveau collégial dans une classe en milieu scolaire.

– Les cours seront reconnus dans le cas où l'étudiant aura une cote R supérieure ou égale à 26.

Travail social (bac)

Remarque

Les candidats ayant une moyenne cumulative égale ou supérieure à la moyenne cumulative du groupe pour les cours collégiaux en travail social, français et philosophie peuvent cheminer sur 2 ans.

Techniques du milieu naturel (147.A0)

Biologie (bac)

Géographie (bac)

Cours crédités

Exemption d'un maximum de cinq cours (15 crédits) selon la qualité du dossier scolaire.

Techniques humaines

Développement social et analyse des problèmes sociaux (bac)

Cours crédités

Exemption de quelques cours selon le dossier scolaire.

Techniques physiques

Génie des systèmes électromécaniques (bac)

Génie électrique (bac)

Génie mécanique (bac)

Cours crédités

Exemption jusqu'à cinq cours (15 crédits) selon la qualité du dossier scolaire.

Technologie de la géomatique – *Cartographie* (230.AA ou A1)

Géographie (bac)

Cours crédités

Exemption d'un maximum de cinq cours (15 crédits) selon la qualité du dossier scolaire.

Technologie forestière (190.B0)

Géographie (bac)

Cours crédités

Exemption d'un maximum de cinq cours (15 crédits) selon la qualité du dossier scolaire.

Université du Québec à Trois-Rivières (UQTR)

PASSERELLES ENTRE LES PROGRAMMES TECHNIQUES (DEC) ET LES PROGRAMMES DE BACCALAURÉAT DE L'UNIVERSITÉ DU QUÉBEC À TROIS-RIVIÈRES (UQTR)

Exemple à titre indicatif seulement

1 Techniques de comptabilité et de gestion (410.B0)

2 Sciences comptables (bac)

3 Préalables

Cote de rendement au collégial (CRC) égale ou supérieure à 24 ou notes supérieures à la moyenne du groupe.

4 Cours crédités

ADM1010	Management des organisations
ADM1069	Gestion des opérations
CBT1066	Introduction à la comptabilité financière
CTB1055	Le comptable et ses outils informatiques
DRA1001	Droit des affaires (complémentaire)
ECA1011	Analyse économique de l'entreprise et des marchés
GPE1012	Développement des habiletés de direction
IFG1006	Le comptable, les systèmes d'information et leur contrôle
MKA1001	Introduction au marketing
PAF1010	Analyse quantitative de problèmes de gestion

5 Établissements

Cégep André-Laurendeau; Cégep Beauce-Appalaches; Cégep de Baie-Comeau; Cégep de Drummondville; Cégep de Granby – Haute-Yamaska; Cégep de Saint-Hyacinthe; Cégep de Saint-Jérôme; Cégep de Sainte-Foy; Cégep de Sorel-Tracy; Cégep de Thetford; Cégep de Trois-Rivières; Cégep de Victoriaville; Cégep régional de Lanaudière (Joliette); Cégep régional de Lanaudière (L'Assomption); Cégep régional de Lanaudière (Terrebonne); Collège de Bois-de-Boulogne; Collège de Valleyfield; Collège Édouard-Montpetit; Collège François-Xavier-Garneau; Collège Gérald-Godin; Collège Lionel-Groulx; Collège Montmorency.

LÉGENDE

1 *Programme collégial technique (DEC) accepté.*

2 *Programme de baccalauréat (BAC) associés au programme technique concerné (il peux y en avoir plus d'un).*

3 *Cours collégiaux réussis exigés pour être admis dans le programme universitaire concerné.*

4 *Liste des cours universitaires reconnus à titre d'équivalence. Le candidat qui répond aux exigences est dispensé des cours énumérés.*

5 *Établissements d'enseignement collégial.*

Index des programmes techniques acceptés

Programmes	Nos	Pages
Environnement, hygiène et sécurité au travail	260.B0	**384**
Techniques d'aménagement cynégétique et halieutique	145.04 ou 145.B0	**384**
Techniques d'écologie appliquée	145.01	**384**
Techniques d'éducation spécialisée	351.A0	**384**
Techniques d'intervention en délinquance	310.B0	**384**
Techniques d'intervention en loisir	391.A0	**384**
Techniques d'inventaire et de recherche en biologie	145.02	**384**
Techniques de bioécologie	145.C0	**385**
Techniques de comptabilité et de gestion	410.B0	**385**
Techniques de laboratoire – *Biotechnologie*	210.AA	**385**

Programmes	Nᵒˢ	Pages
Techniques de laboratoire – *Chimie analytique*	210.AB	385
Techniques de santé animale	145.A0	385
Techniques du milieu naturel – *Aménagement de la faune*	147.AB ou 0B	386
Techniques du milieu naturel – *Aménagement de la ressource forestière*	147.AA ou 0A	386
Techniques du milieu naturel – *Aménagement et interprétation du patrimoine naturel*	147.AC ou 0C	386
Techniques du milieu naturel – *Protection de l'environnement*	147.AB ou 0D	386
Technologie d'analyses biomédicales	140.B0	386
Technologie forestière	190.B0	386

Environnement, hygiène et sécurité au travail (260.B0)

Sciences biologiques et écologiques (bac)

Cours crédités

Reconnaissance d'acquis pouvant aller jusqu'à 18 crédits en fonction de l'entente avec l'institution.

Établissements

Cégep de Jonquière; Cégep de Saint-Laurent; Cégep de Sorel-Tracy.

Techniques d'aménagement cynégétique et halieutique (145.04 ou B0)

Sciences biologiques et écologiques (bac)

Cours crédités

Reconnaissance d'acquis allant jusqu'à 15 crédits en fonction de l'entente avec l'institution.

Établissement

Cégep de Baie-Comeau.

Techniques d'écologie appliquée (145.01)

Sciences biologiques et écologiques (bac)

Cours crédités

Reconnaissance d'acquis en fonction de l'entente avec l'institution.

Établissements

Cégep de La Pocatière; Cégep de Sherbrooke.

Techniques d'éducation spécialisée (351.A0)

Psychoéducation (bac)

Cours crédités

Reconnaissance d'acquis en fonction de l'entente avec l'institution. Pour officialiser les reconnaissances d'acquis auxquelles les détenteurs du DEC en éducation spécialisée ont droit, ceux-ci doivent contacter la secrétaire des programmes.

Établissements

Cégep Beauce-Appalaches*; Cégep de Baie-Comeau; Cégep de Granby – Haute-Yamaska; Cégep de Jonquière*; Cégep de La Pocatière; Cégep de Rimouski; Cégep de Saint-Jérôme; Cégep de Sainte-Foy; Cégep de Sherbrooke*; Cégep de Sorel-Tracy*; Cégep de Thetford; Cégep du Vieux Montréal*; Cégep Marie-Victorin*; Cégep régional de Lanaudière (Joliette)*; Champlain Regional College – Campus de Lennoxville; Collège de Valleyfield; Collège Ellis; Collège Laflèche; Collège Mérici; Vanier College.

* Entente en révision.

Techniques d'intervention en délinquance (310.B0)

Psychoéducation (bac)

Cours crédités

Reconnaissance d'acquis en fonction de l'entente avec l'institution. Pour officialiser les reconnaissances d'acquis auxquelles les détenteurs du DEC en éducation spécialisée ont droit, ceux-ci doivent contacter la secrétaire des programmes.

Établissements

Collège de Maisonneuve*; Collège François-Xavier-Garneau.

* Entente en révision.

Techniques d'intervention en loisir (391.A0)

Loisir, culture et tourisme (bac)

Cours crédités

Un certain nombre de cours peut être reconnu si les résultats obtenus au collégial sont équivalents ou supérieurs à la moyenne du groupe. Les étudiants doivent contacter le secrétariat du programme à lct@uqtr.ca pour l'étude de leurs dossiers.

Techniques d'inventaire et de recherche en biologie (145.02)

Sciences biologiques et écologiques (bac)

Cours crédités

Reconnaissance d'acquis en fonction de l'entente avec l'institution.

Établissements

Cégep de Saint-Laurent; Cégep de Sainte-Foy.

Techniques de bioécologie (145.C0)

Sciences biologiques et écologiques (bac)

Cours crédités

Reconnaissance d'acquis allant jusqu'à 30 crédits en fonction de l'entente avec l'institution.

Établissements

Cégep de La Pocatière; Cégep de Saint-Laurent; Cégep de Sainte-Foy; Cégep de Sherbrooke; Vanier College.

Techniques de comptabilité et de gestion (410.B0)

Sciences comptables (bac)

Préalables

Cote de rendement au collégial (CRC) égale ou supérieure à 24 ou notes supérieures à la moyenne du groupe.

Cours crédités

ADM1010	Management des organisations
ADM1069	Gestion des opérations
CBT1066	Introduction à la comptabilité financière
CTB1055	Le comptable et ses outils informatiques
DRA1001	Droit des affaires (complémentaire)
ECA1011	Analyse économique de l'entreprise et des marchés
GPE1012	Développement des habiletés de direction
IFG1006	Le comptable, les systèmes d'information et leur contrôle
MKA1001	Introduction au marketing
PAF1010	Analyse quantitative de problèmes de gestion

Établissements

Cégep André-Laurendeau; Cégep Beauce-Appalaches; Cégep de Baie-Comeau; Cégep de Drummondville; Cégep de Granby – Haute-Yamaska; Cégep de Saint-Hyacinthe; Cégep de Saint-Jérôme; Cégep de Sainte-Foy; Cégep de Sorel-Tracy; Cégep de Thetford; Cégep de Trois-Rivières; Cégep de Victoriaville; Cégep régional de Lanaudière (Joliette); Cégep régional de Lanaudière (L'Assomption); Cégep régional de Lanaudière (Terrebonne); Collège de Bois-de-Boulogne; Collège de Valleyfield; Collège Édouard-Montpetit; Collège François-Xavier-Garneau; Collège Gérald-Godin; Collège Lionel-Groulx; Collège Montmorency.

Techniques de laboratoire – *Biotechnologie* (210.AA)

Biologie médicale (bac)

Cours crédités

Reconnaissance d'acquis allant jusqu'à 30 crédits en fonction de l'entente avec l'institution.

Établissements

Cégep de Chicoutimi; Cégep de l'Outaouais; Cégep de Lévis-Lauzon; Cégep de Rimouski; Cégep de Saint-Hyacinthe; Cégep de Saint-Jérôme; Cégep de Sainte-Foy; Cégep de Sherbrooke; Cégep Saint-Jean-sur-Richelieu; Collège Ahuntsic; Collège de Rosemont.

Sciences biologiques et écologiques (bac)

Cours crédités

Reconnaissance d'acquis allant jusqu'à 21 crédits en fonction de l'entente avec l'institution.

Établissements

Cégep de l'Outaouais; Cégep de Lévis-Lauzon; Cégep de Saint-Hyacinthe; Cégep de Sherbrooke; Collège Ahuntsic; Collège Shawinigan.

Techniques de laboratoire – *Biotechnologie* (210.AA), *Chimie analytique* (210.AB)

Biochimie et biotechnologie (bac)

Chimie (bac)

Cours crédités

Reconnaissance d'acquis allant jusqu'à 30 crédits en fonction de l'entente avec l'institution.

Établissements

Cégep de Drummondville; Cégep de Lévis-Lauzon; Cégep de Saint-Jérôme; Cégep de Sainte-Foy; Cégep de Sorel-Tracy; Cégep Saint-Jean-sur-Richelieu; Collège Ahuntsic; Collège André-Grasset; Collège de Bois-de-Boulogne; Collège Édouard-Montpetit; Collège François-Xavier-Garneau.

Techniques de santé animale (145.A0)

Biologie médicale (bac)

Cours crédités

Possibilité de reconnaissance d'acquis.

Établissements

Cégep de La Pocatière; Cégep de Saint-Félicien; Cégep de Saint-Hyacinthe; Cégep de Sherbrooke; Collège Laflèche; Collège Lionel-Groulx; Vanier College.

Sciences biologiques et écologiques (bac)

Cours crédités

Reconnaissance d'acquis allant jusqu'à 12 crédits en fonction de l'entente avec l'institution.

Établissements

Cégep de La Pocatière; Cégep de Saint-Félicien; Cégep de Saint-Hyacinthe; Cégep de Sherbrooke; Collège Lionel-Groulx; Vanier College.

Techniques du milieu naturel – *Aménagement de la faune* (147.AB ou 0B)

Sciences biologiques et écologiques (bac)

Cours crédités

Reconnaissance d'acquis allant jusqu'à 15 crédits en fonction de l'entente avec l'institution.

Établissement

Cégep de Saint-Félicien.

Techniques du milieu naturel – *Aménagement de la ressource forestière* (147.AA ou 0A)

Sciences biologiques et écologiques (bac)

Cours crédités

Reconnaissance d'acquis allant jusqu'à 9 crédits en fonction de l'entente avec l'institution.

Établissement

Cégep de Saint-Félicien.

Techniques du milieu naturel – *Aménagement et interprétation du patrimoine naturel* (147.AC ou OC)

Sciences biologiques et écologiques (bac)

Cours crédités

Reconnaissance d'acquis allant jusqu'à 12 crédits en fonction de l'entente avec l'institution.

Établissement

Cégep de Saint-Félicien.

Techniques du milieu naturel – *Protection de l'environnement* (147.AB ou 0B)

Sciences biologiques et écologiques (bac)

Cours crédités

Reconnaissance d'acquis allant jusqu'à 18 crédits en fonction de l'entente avec l'institution.

Établissement

Cégep de Saint-Félicien.

Technologie d'analyses biomédicales (140.B0)

Biologie médicale (bac)

Cours crédités

Reconnaissance d'acquis allant jusqu'à 27 crédits en fonction de l'entente avec l'institution.

Établissements

Biomedical Laboratory Technology – Westmount;
Cégep de Chicoutimi; Cégep de Rimouski;
Cégep de Saint-Hyacinthe; Cégep de Saint-Jérôme;
Cégep de Sainte-Foy; Cégep de Sherbrooke;
Cégep Saint-Jean-sur-Richelieu; Collège de Rosemont;
Collège Shawinigan; Dawson College.

Sciences biologiques et écologiques (bac)

Cours crédités

Reconnaissance d'acquis allant jusqu'à 21 crédits en fonction de l'entente avec l'institution.

Établissements

Cégep de Chicoutimi; Cégep de Rimouski;
Cégep de Saint-Hyacinthe; Cégep de Saint-Jérôme;
Cégep de Sainte-Foy; Cégep de Sherbrooke;
Cégep Saint-Jean-sur-Richelieu; Collège Shawinigan.

Technologie forestière (190.B0)

Sciences biologiques et écologiques (bac)

Cours crédités

Reconnaissance d'acquis allant jusqu'à 9 crédits en fonction de l'entente avec l'institution.

Établissements

Cégep de Baie-Comeau; Cégep de l'Abitibi-Témiscamingue;
Cégep de Rimouski; Cégep de Sainte-Foy.

Les titulaires d'un diplôme d'études collégiales en formation professionnelle peuvent bénéficier de reconnaissances d'acquis, notamment sous forme d'exemptions, selon l'évaluation du dossier et sur recommandation du responsable du programme pour les baccalauréats suivants :
Administration des affaires, Biophysique, Chimie, Génie chimique, Génie électrique, Génie industriel, Génie mécanique.

Université du Québec en Outaouais (UQO)

PASSERELLES ENTRE LES PROGRAMMES TECHNIQUES (DEC) ET LES PROGRAMMES DE BACCALAURÉAT DE L'UNIVERSITÉ DU QUÉBEC EN OUTAOUAIS (UQO)

Exemple à titre indicatif seulement

1 Techniques de l'informatique (420.A0)

2 Informatique (bac)

3 Cours crédités

Jusqu'à 7 cours (21 crédits).

LÉGENDE

1 *Programme collégial technique accepté.*

2 *Programme de baccalauréat (il peut y en avoir plus d'un) associé au programme technique concerné.*

3 *Liste des cours universitaires reconnus à titre d'équivalence. Le candidat qui répond aux exigences est dispensé des cours énumérés.*

Techniques administratives (410.12)

Administration (bac)

Sciences comptables (bac)

Cours crédités

Jusqu'à 10 cours (30 crédits).

Techniques de génie électrique

Techniques de l'informatique (420.A0)

Technologie de l'électronique (243.B0)

Génie informatique (bac)

Cours crédités

Jusqu'à 4 cours (12 crédits).

Techniques de l'informatique (420.A0)

Informatique (bac)

Cours crédités

Jusqu'à 7 cours (21 crédits).

Techniques d'éducation spécialisée (351.A0)

Psychoéducation (bac)

Cours crédités

Jusqu'à 10 cours (30 crédits).

Techniques de travail social (388.A0)

Travail social (bac)

Cours crédités

Jusqu'à 6 cours (18 crédits).

Université Laval

Exemple à titre indicatif seulement

❶ Technologie forestière (190.B0)

❷ Aménagement et environnement forestiers – Génie forestier (bac)

❸ Préalables

Mathématiques NYA, NYB, NYC; Physique NYA; Chimie NYA **ET** avoir réussi 24 crédits dans le programme **ET** obtenir une moyenne cumulative égale ou supérieure à 2.00/4.33.

❹ Cours crédités　　　　　　Total des crédits : 17 à 22

FOR-1000	Fondement de la foresterie
FOR-1001	Dendrométrie
FOR-1004	Opérations forestières
FOR-1100	Tournée régionale (forêt boréale)
FOR-1110	Aménagement des forêts privées
FOR-2000	Systématique et dendrologie
FOR-2001	Formation pratique en dendrométrie
FOR-2003	Pathologie forestière
FOR-2008	Écologie forestière II
FOR-2153	Construction de chemins forestiers

❺ Remarques

– Le nombre de cours crédités varient d'un cégep à l'autre.
– Équivalence conditionnelle à la réussite d'un examen.
– CÉGEPS AYANT UNE ENTENTE PASSERELLE : Cégep de Baie-Comeau; Cégep de Chicoutimi; Cégep de Rimouski.

LÉGENDE

❶ Programme collégial technique accepté. Le titre en italique renvoie à une spécialisation du programme concerné.

❷ Programme de baccalauréat (il peut y en avoir plus d'un) associé au programme technique concerné.

❸ Cours collégiaux réussis exigés pour être admis dans le programme universitaire concerné.
Les cours préalables requis peuvent être suivis dans un collège au choix de l'étudiant ou en suivant des cours compensateurs à l'Université Laval.

❹ Liste des cours universitaires reconnus à titre d'équivalence. Le candidat qui répond aux exigences est dispensé des cours énumérés.

❺ Renseignements complémentaires.

Index des programmes techniques acceptés

Programmes	Nos	Pages
Faculté d'aménagement, d'architecture et des arts visuels		
Graphisme	570.A0	390
Techniques d'intégration multimédia	582.A1	390
Faculté de droit		
Techniques juridiques	310.C0	390
Faculté de foresterie et géomatique		
Techniques d'aménagement et d'urbanisme	222.A0	390
Technologie de la géomatique	230.A0	391
Technologie forestière	190.B0	391
Faculté de médecine		
Techniques de réadaptation physique	144.A0	392
Faculté des sciences de l'administration		
Conseil en assurances et en services financiers	410.C0	392
Gestion de commerces	410.D0	392
Techniques de comptabilité et de gestion	410.B0	392
Faculté des sciences de l'agriculture et de l'alimentation		
Commercialisation de la mode	571.C0	392
Commercialisation de la mode (Campus Notre-Dame-de-Foy)	571.C0	393
Diététiques OU Techniques de diététique	120.01 ou 120.A0	393
Gestion de commerces	410.D0	393
Gestion et exploitation d'entreprise agricole	152.03 ou A0	393
Paysage et commercialisation en horticulture ornementale	153.C0	393
Techniques de chimie analytique OU Techniques de laboratoire		
– Chimie analytique	210.01 ou 210.AB	394

Programmes	Nos	Pages
Techniques de comptabilité et des gestion	410.B0	394
Techniques de génie chimique	210.02	394
Techniques de laboratoire – *Biotechnologie*	210.AA	394
Techniques du milieu naturel – *Aménagement de la ressource forestière* – *Aménagement et interprétation du patrimoine naturel* – *Aménagement de la faune*	147.AA/AB/AC	394
Techniques du milieu naturel – *Protection de l'environnement*	147.AD	395
Techniques équines	155.A0	395
Technologie de la protection horticole et de l'environnement	153.B0	395
Technologie des procédés et de la qualité des aliments	154.A0	395
Technologie des productions animales	153.A0	396
Technologie du génie agromécanique	153.D0	396

Faculté des sciences de l'éducation

Techniques d'éducation à l'enfance	322.A0	396
Techniques d'éducation spécialisée	351.A0	397

Faculté des sciences et de génie

Analyse d'entretien OU Technologie de maintenance industrielle	241.05 ou 241.D0	397
Assainissement de l'eau	260.01	397
Assainissement de l'eau	260.A0	397
Assainissement et sécurité industriels OU Environnement, hygiène et sécurité au travail	260.03 ou 260.B0	398
Entretien d'aéronefs	280.03	398
Exploitation – Technologie minérale	271.02	398
Géologie – Technologie minérale	271.01	398
Minéralurgie – Technologie minérale	271.03	399
Techniques d'aménagement cynégétique et halieutique	145.04	399
Techniques d'aménagement du territoire OU Techniques d'aménagement et d'urbanisme	222.01/A0 ou 222.A0	399
Techniques d'architecture OU Technologie de l'architecture	221.01 ou 221.A0	400
Techniques d'avionique	280.D0	400
Techniques d'écologie appliquée	145.01	400
Techniques d'inventaire et de recherche en biologie OU Techniques de bioécologie	145.02 ou 145.C0	400
Techniques de chimie analytique OU Techniques de laboratoire – *Chimie analytique*	210.01 ou 210.AB	400
Techniques de chimie-biologie OU Techniques de laboratoire – *Biotechnologie*	210.03 ou 210.AA	401
Techniques de comptabilité et de gestion	410.B0	401
Techniques de construction aéronautique	280.01 ou B0	401
Techniques de génie chimique	210.02	402
Techniques de génie mécanique – *Conception / Fabrication*	241.06 ou A0	402
Techniques de l'informatique	420.01 ou A0	402
Techniques de la métallurgie – *Contrôle de la qualité* – *Procédés métallurgiques* – *Soudage* OU Technologie du génie métallurgique – *Contrôle des matériaux* – *Fabrication mécanosoudée* – *Procédés de transformation*	270.02/04/03 ou 270.AC/AB/AA	403
Techniques de laboratoire – *Biotechnologie*	210.AA	403
Techniques de laboratoire – *Chimie analytique*	210.AB	403
Techniques de procédés chimiques	210.04	403
Techniques de recherche, enquête et sondage OU Techniques de recherche sociale	384.01 ou 384.A0	403
Techniques de santé animale	145.03 ou A0	403
Techniques de transformation des matériaux composites	241.11 ou C0	404
Techniques de transformation des matières plastiques	241.12	404
Techniques du milieu naturel – *Aménagement de la faune*	147.0B	404
Techniques du milieu naturel – *Aménagement de la ressource forestière*	147.0A	404
Techniques du milieu naturel – *Aménagement et interprétation du patrimoine naturel*	147.0C	405
Techniques du milieu naturel – *Aquiculture*	147.01	405
Techniques du milieu naturel – *Laboratoire de biologie*	147.01	405
Techniques du milieu naturel – *Protection de l'environnement*	147.0D	405
Techniques du milieu naturel – *Protection de l'environnement* (Cégep de Saint-Félicien)	147.01 ou A0	405
Techniques du milieu naturel – *Santé animale* (Cégep de Saint-Félicien)	147.01 ou A0	405
Techniques papetières	232.01	406
Technologie d'analyses biomédicales	140.B0	406

Programmes	Nᵒˢ	Pages
Technologie de l'électronique – *Audiovisuel*	243.11	406
Technologie de l'électronique – *Ordinateurs / Télécommunications*	243.11	407
Technologie de l'électronique industrielle	243.C0	407
Technologie de l'électronique industrielle – *Conception électronique*	243.06 ou 16	407
Technologie de l'électronique industrielle – *Électrodynamique*	243.06	407
Technologie de l'électronique industrielle – *Instrumentation et automatisation*	243.06	408
Technologie de la mécanique du bâtiment	221.03 ou C0	408
Technologie de laboratoire médical OU Techniques de laboratoire – *Biotechnologie*	140.01 ou 210.AA	408
Technologie de systèmes ordinés	243.15	409
Technologie des pâtes et papiers	232.A0	409
Technologie du génie civil	221.02 ou B0	409
Technologie du génie industriel	235.01	409
Technologie physique	244.14	410
Faculté des sciences infirmières		
Soins infirmiers	180.01 ou A0	410
Faculté des sciences sociales		
Gestion de commerce	410.D0	410
Technique de comptabilité et de gestion	410.B0	410
Techniques de travail social	388.A0	410

FACULTÉ D'AMÉNAGEMENT, D'ARCHITECTURE ET DES ARTS VISUELS

Graphisme (570.A0)

Design graphique (bac)

Cours crédités — Total des crédits : 24

DES-1000	Design graphique fondamental
DES-1002	Langage photographique
DES-1005	Dessin : concept et expression
DES-1006	Schématisation graphique
DES-1007	Bases typographiques
DES-1010	Dessin : figure humaine
DES-2000	Illustration élémentaire

Techniques d'intégration multimédia (582.A1)

Design graphique (bac)

Cours crédités — Total des crédits : 21

ARV-2116	Vidéo : exploration
DES-1200	Utilisabilité en multimédia
DES-2200	Principes d'interactivité
DES-2500	Stage
DES-3200	Design d'interfaces WEB
DES-3500	Projet I
DES-3501	Projet II

FACULTÉ DE DROIT

Techniques juridiques (310.C0)

Droit (bac)

Cours crédités — Total des crédits : 12

DRT-1000	Méthode et fondements du droit
DRT-1008	Recherche et rédaction juridiques
DRT-2209	Emploi d'été axé sur la carrière
Un cours hors discipline	

Remarque

Programme contingenté.

FACULTÉ DE FORESTERIE ET GÉOMATIQUE

Techniques d'aménagement et d'urbanisme (222.A0)

Génie géomatique (bac)

Préalables

Mathématiques NYA; Physique NYA.

Cours crédités — Total des crédits : 8

GMT-1001	Topométrie I
GMT-1002	Dessin, plans et SIG pour ingénieurs
GMT-1004	Travaux pratiques en topométrie
GMT-1005	Fondements des systèmes d'information géographique

Sciences géomatiques (bac)

Préalables

Mathématiques NYA; Physique NYA.

Cours crédités — Total des crédits : 14

GMT-1001	Topométrie I
GMT-1002	Dessin, plans et SIG pour ingénieurs
GMT-1003	Cartographie numérique : concepts et applications
GMT-1004	Travaux pratiques en topométrie
GMT-1005	Fondements des systèmes d'information géographique
GMT-1100	Urbanisme fondamental

Technologie de la géomatique (230.A0)

Génie géomatique (bac)

Préalables

Mathématiques NYA, NYB, NYC (103-77, 105-77, 203-77); Physique NYA, NYB, NYC (101, 201, 301).

Cours crédités — Total des crédits : 13

GMT-1000	Introduction à la géomatique et à ses applications
GMT-1001	Topométrie I
GMT-1002	Dessin, plans et SIG pour ingénieurs
GMT-1003	Cartographie numérique : concepts et applications
GMT-1004	Travaux pratiques en topométrie
GMT-1005	Fondements des systèmes d'information géographique
GMT-2005	Travaux pratiques en cartographie et photogrammétrie

Géographie (bac)

Cours crédités — Total des crédits : 18

GGR-1001	L'information géographique : nature et organisation
GGR-1007	Analyse de cartes
GGR-1009	L'information géographique : analyse et représentation
GGR-2600	Système d'information géographique
GGR-4100	Analyse de photos aériennes
GGR-4600	Cartographie assistée par ordinateur

Remarque

Entente passerelle avec le Cégep Limoilou.

Sciences géomatiques (bac)

Préalables

Mathématiques NYA, NYB, NYC (103-77, 105-77, 203-77); Physique NYA, NYB, NYC (101, 201, 301).

Cours crédités — Total des crédits : 13

GMT-1000	Introduction à la géomatique et à ses applications
GMT-1001	Topométrie I
GMT-1002	Dessin, plans et SIG pour ingénieurs
GMT-1003	Cartographie numérique : concepts et applications
GMT-1004	Travaux pratiques en topométrie
GMT-1005	Fondements des systèmes d'information géographique
GMT-2005	Travaux pratiques en cartographie et photogrammétrie

Technologie forestière (190.B0)

Aménagement et environnement forestiers – Génie forestier (bac)

Préalables

Mathématiques NYA, NYB, NYC; Physique NYA; Chimie NYA **ET** avoir réussi 24 crédits dans le programme **ET** obtenir une moyenne cumulative égale ou supérieure à 2.00/4.33.

Cours crédités — Total des crédits : 17 à 22

FOR-1000	Fondement de la foresterie
FOR-1001	Dendrométrie
FOR-1004	Opérations forestières
FOR-1100	Tournée régionale (forêt boréale)
FOR-1110	Aménagement des forêts privées
FOR-2000	Systématique et dendrologie
FOR-2001	Formation pratique en dendrométrie
FOR-2003	Pathologie forestière
FOR-2008	Écologie forestière II
FOR-2153	Construction de chemins forestiers

Remarques

– Le nombre de cours crédités varient d'un cégep à l'autre.
– Équivalence conditionnelle à la réussite d'un examen.
– CÉGEPS AYANT UNE ENTENTE PASSERELLE : Cégep de Baie-Comeau; Cégep de Chicoutimi; Cégep de Rimouski.

Opérations forestières – Génie forestier (bac)

Préalables

Mathématiques NYA, NYB, NYC; Physique NYA; Chimie NYA.

Cours crédités — Total des crédits : 17 à 24

FOR-1000	Fondement de la foresterie
FOR-1001	Dendrométrie
FOR-1004	Opérations forestières
FOR-1100	Tournée régionale (forêt boréale)
FOR-1110	Aménagement des forêts privées
FOR-1200	Ressources et fonctions de la forêt
FOR-2000	Systématique et dendrologie
FOR-2001	Formation pratique en dendrométrie
FOR-2003	Pathologie forestière
FOR-2008	Écologie forestière II
FOR-2153	Construction de chemins forestiers

Remarque

CÉGEPS AYANT UNE ENTENTE PASSERELLE : Cégep de Baie-Comeau; Cégep de Chicoutimi; Cégep de l'Abitibi-Témiscamingue; Cégep de Rimouski; Cégep de Sainte-Foy.

FACULTÉ DE MÉDECINE

Techniques de réadaptation physique (144.A0)

Sciences de la santé (physiothérapie) (bac)

Préalable

Déposer une note autobiographique standardisée (NAS).
Consulter le site : www.admissionsante.ulaval.ca/physiotherapie

Cours crédités   Total des crédits : 12

ANM-1005	Aspects pratiques en anatomie fonctionnelle 1
ANM-1007	Aspects pratiques en anatomie fonctionnelle 2
CSO-3901	Habiletés de communication personnelle
FIS-2001	Collaboration interprofessionnelle centrée sur la personne 2
PHT-1003	Stage d'introduction
PHT-1100	Expérience pratique en réadaptation physique

Remarque

Une cote R égale ou supérieure à 27 est nécessaire pour avoir droit à l'ensemble des cours crédités de l'entente.

FACULTÉ DES SCIENCES DE L'ADMINISTRATION

Conseil en assurances et en services financiers (410.C0)

Administration des affaires (bac)

Préalables

Mathématiques 201-103-RE et 201-105-RE ou leurs équivalents **ET** avoir une cote R supérieure ou égale à 26.

Cours crédités   Total des crédits : 12

GSE-1001	Économie nationale et internationale
MNG-1000	L'entreprise et sa gestion
MRK-1000	Marketing
SIO-1000	Systèmes et technologies de l'information

Gestion de commerces (410.D0)

Administration des affaires (bac)

Préalables

Mathématiques 103-RE (doit obligatoirement être réussi avant) et 105-RE (un délai d'une session pourra être accordé pour compléter ce cours) **ET** être admis et inscrit dans le cadre d'une entente passerelle **ET** cote R égale ou supérieure à 26.

Cours crédités   Total des crédits : 12

GSE-1001	Économie nationale et internationale
MNG-1000	L'entreprise et sa gestion
MRK-1000	Marketing
SIO-1000	Systèmes et technologies de l'information

Remarque

CÉGEPS AYANT UNE ENTENTE PASSERELLE : Cégep André-Laurendeau; Cégep de Granby – Haute-Yamaska; Cégep de Jonquière; Cégep de l'Outaouais; Cégep de Rimouski; Cégep de Saint-Hyacinthe; Cégep de Trois-Rivières; Champlain Regional College, Campus Saint-Lambert; Collège André-Grasset; Collège Bart (1975); Collège de Maisonneuve; Collège de Rosemont; Collège de Valleyfield; Collège Édouard-Montpetit; Collège Ellis; Collège LaSalle; Collège O'Sullivan de Montréal inc.; Dawson College.

Techniques de comptabilité et de gestion (410.B0)

Administration des affaires (bac)

Préalables

Mathématiques 201-103-RE et 201-105-RE ou leurs équivalents **ET** avoir une cote R supérieure ou égale à 26.

Cours crédités   Total des crédits : 15

CTB-1000	Comptabilité générale
GSE-1001	Économie nationale et internationale
MNG-1000	L'entreprise et sa gestion
MRK-1000	Marketing
SIO-1000	Systèmes et technologies de l'information

FACULTÉ DES SCIENCES DE L'AGRICULTURE ET DE L'ALIMENTATION

Pour la Faculté des sciences de l'agriculture et de l'alimentation, la direction du programme se réserve le droit d'accorder l'équivalence proposée en fonction des résultats scolaires obtenus par les candidats. Elle se réserve aussi le droit de reconnaître d'autres cours en sus ou autres que ceux mentionnés. Cette remarque est valable pour toutes les passerelles de cette faculté.

Commercialisation de la mode (571.C0)

Sciences de la consommation (bac)

Préalable

Méthodes quantitatives en sciences humaines 360-300.

Cours crédités   Total des crédits : 15

DRT-1718	Aspects juridiques des affaires
EHE-1899	Équivalence de crédits
MNG-1900	Gestion des ressources humaines
MRK-1000	Marketing
MRK-2107	Force et technique de vente

Remarque

Une cote R égale ou supérieure à 25 est nécessaire pour avoir droit à l'ensemble des cours crédités de l'entente.

Commercialisation de la mode (571.C0) (Campus Notre-Dame-de-Foy)

Sciences de la consommation (bac)

Préalable

Méthodes quantitatives en sciences humaines 360-300.

Cours crédités — Total des crédits : 18

DRT-1718	Aspects juridiques des affaires
EHE-1899	Équivalence de crédits
MNG-1900	Gestion des ressources humaines
MRK-1000	Marketing
MRK-2102	Comportement du consommateur
MRK-2107	Force et technique de vente

Remarque

Une cote R égale ou supérieure à 25 est nécessaire pour avoir droit à l'ensemble des cours crédités de l'entente.

Diététiques (120.01) OU Techniques de diététique (120.A0)

Nutrition (bac)

Préalables

Mathématiques NYA ; Chimie NYB ou 201 et deux cours parmi les suivants : NYA ou DYD, 105 et DYD.

Cours crédités — Total des crédits : 3

NUT-1002	Préparation des aliments
NUT-2001	Expérimentation culinaire

Remarque

CÉGEPS AYANT UNE ENTENTE PASSERELLE : Cégep de Chicoutimi; Cégep de Rimouski; Cégep de Saint-Hyacinthe; Cégep de Trois-Rivières; Cégep Limoilou; Collège de Maisonneuve; Collège Montmorency.

Sciences et technologie des aliments (bac)

Préalables

Mathématiques NYA, NYB; Physique NYA, NYB, NYC; Chimie NYB.

Cours crédités — Total des crédits : 6

BIO-1003	Microbiologie générale et laboratoire
STA-1000	Introduction à la science des aliments

Gestion de commerces (410.D0)

Agroéconomie (bac)

Préalables

Mathématiques NYA, NYB; Chimie NYA; Biologie NYA.

Cours crédités — Total des crédits : 15

DRT-1718	Aspects juridiques des affaires
ECN-1010	Principes de macroéconomie
MNG-1000	L'entreprise et sa gestion
MNG-1900	Gestion des ressources humaines

Remarque

Un cours supplémentaire pourrait être accordé après analyse du dossier par la direction du programme.

Sciences de la consommation (bac)

Cours crédités — Total des crédits : 24

CNS-1003	Environnement commercial
DRT-1718	Aspects juridiques des affaires
ECN-1010	Principes de macroéconomie
MNG-1000	L'entreprise et sa gestion
MNG-1900	Gestion des ressources humaines
MRK-1000	Marketing
MRK-2107	Force et technique de vente

Remarque

Un cours supplémentaire pourrait être accordé après analyse du dossier par la direction du programme.

Gestion et exploitation d'entreprise agricole (152.03 ou A0)

Génie agroenvironnemental – Génie rural (bac)

Préalables

Mathématiques NYA, NYB, NYC; Physique NYA, NYB; Chimie NYA, NYB.

Cours crédités — Total des crédits : 12

AGC-1900	Systèmes agricoles et alimentaires
BIO-1904	Organisation et physiologie des plantes
SAN-1002	Principes fondamentaux en sciences animales
SLS-1000	Science du sol

Paysage et commercialisation en horticulture ornementale (153.C0)

Agroéconomie (bac)

Préalables

Mathématiques NYA, NYB.

Cours crédités

BIO-1904	Organisation et physiologie des plantes
PLG-3200	Plantes et cultures d'ornement
SLS-1000	Science du sol

Agronomie (bac)

Préalables

Mathématiques NYA; Physique NYA; Chimie NYA.

Cours crédités — Total des crédits : 23

AGN-1000	Visites agronomiques
BIO-1908	Science des plantes
BIO-2900	Introduction à l'entomologie
BIO-2902	Laboratoire d'entomologie appliquée
PLG-2100	Aménagement du paysage
PLG-2101	Arboriculture : principes et pratiques d'entretien
PLG-2102	Gestion et entretien des gazons
PLG-2302	Multiplication des végétaux
PLG-3200	Plantes et cultures d'ornement

Remarque

Les cours crédités varient d'un cégep à l'autre.

Paysage et commercialisation en horticulture ornementale (153.C0)   *(suite)*

Génie agroenvironnemental – Génie rural (bac)

Préalables
Mathématiques NYA, NYB, NYC; Physique NYA, NYB.

Cours crédités   Total des crédits : 15

AGC-1900	Systèmes agricoles et alimentaires
BIO-1004	Évolution des vertébrés
GAE-1001	Problématique environnementale en agroalimentaire
GMC-1000	Dessin pour ingénieurs
SLS-1000	Science du sol

Techniques de chimie analytique (210.01) OU Techniques de laboratoire – *Chimie analytique* (210.AB)

Sciences et technologie des aliments (bac)

Préalables
Mathématiques NYA, NYB; Biologie 301 (NYA) et 401.

Cours crédités   Total des crédits : 6

CHM-1003	Chimie organique I
CHM-1904	Laboratoire de chimie analytique

Techniques de comptabilité et de gestion (410.B0)

Agroéconomie (bac)

Préalables
Mathématiques NYA, NYB; Chimie NYA; Biologie NYA.

Cours crédités   Total des crédits : 12

AGC-1000	Commercialisation alimentaire I
AGC-1003	Comptabilité des entreprises agroalimentaires
ECN-1010	Principes de macroéconomie
MNG-1000	L'entreprise et sa gestion

Remarque
Un cote R égale ou supérieure à 25 est nécessaire pour avoir droit à l'ensemble des cours crédités de l'entente.

Techniques de génie chimique (210.02)

Sciences et technologie des aliments (bac)

Préalables
Mathématiques NYA, NYB; Biologie NYA ou 401.

Cours crédité   Total des crédits : 3

STT-1950	Statistique pour scientifiques

Techniques de laboratoire – *Biotechnologie* (210.AA)

Agronomie (bac)

Préalable
Avoir réussi le cours Physique NYA (ce cours peut être suivi en début de programme).

Cours crédités   Total des crédits : 28

BCM-1903	Biochimie et métabolisme
BIO-1003	Microbiologie générale et laboratoire
BIO-1902	Génétique I
BIO-1908	Science des plantes
BIO-1909	Biologie cellulaire et structurale
SLS-1003	Microbiologie des sols
STA-1900	Sciences des aliments I
STT-1950	Statistique pour scientifiques

Remarque
– Un maximum de deux cours supplémentaires seront crédités après entente avec la direction de programme.
– Une cote R égale ou supérieure à 25 est nécessaire pour avoir droit à l'ensemble des cours crédités de l'entente.

Génie agroenvironnemental – Génie rural (bac)

Préalables
Mathématiques NYA, NYB, NYC; Physique NYA, NYB.

Cours crédités   Total des crédits : 18

AGC-1003	Comptabilité des entreprises agroalimentaires
AGC-1900	Systèmes agricoles et alimentaires
BIO-1904	Organisation et physiologie des plantes
GAE-1001	Problématique environnementale en agroalimentaire
MNG-1000	L'entreprise et sa gestion
SLS-1000	Science du sol

Sciences et technologie des aliments (bac)

Préalables
Mathématiques NYA, NYB; Physique NYA, NYB, NYC.

Cours crédités   Total des crédits : 12

AGC-1001	Microéconomie appliquée
AGN-1000	Visites agronomiques
BIO-1004	Évolution des vertébrés
MNG-1000	L'entreprise et sa gestion

Techniques du milieu naturel – *Aménagement de la ressource forestière* (147.AA) – *Aménagement et interprétation du patrimoine naturel* (147.AB) – *Aménagement de la faune* (147.AC)

Agronomie (bac)

Préalables
Mathématiques NYA; Physique NYA; Chimie NYA, NYB.

Cours crédités

Total des crédits : 12

AGN-2100	Sujets spéciaux I
BIO-2300	Taxonomie des plantes du Québec
GGR-2400	Aménagement du territoire
SLS-1000	Science du sol

Remarque

– Une cote R égale ou supérieure à 25 est nécessaire pour avoir droit à l'ensemble des cours crédités de la passerelle.
– Cette passerelle s'applique aux quatre concentrations du baccalauréat en agronomie.

Techniques du milieu naturel – *Protection de l'environnement* (147.AD)

Agronomie (bac)

Préalables

Mathématiques NYA; Physique NYA.

Cours crédités

Total des crédits : 15

AGN-2100	Sujets spéciaux I
BIO-1003	Microbiologie générale et laboratoire
BIO-1003	Microbiologie générale et laboratoire
SIO-1000	Systèmes et technologies de l'information
SLS-4000	Sciences environnementales du sol

Remarque

– Une cote R égale ou supérieure à 25 est nécessaire pour avoir droit à l'ensemble des cours crédités de la passerelle.
– Cette passerelle s'applique aux quatre concentrations du baccalauréat en agronomie.

Techniques équines (155.A0)

Agronomie (bac)

Préalables

Mathématiques NYA; Physique NYA; Chimie NYA; Biologie NYA.

Cours crédités

Total des crédits : 21

AGC-1003	Comptabilité des entreprises agroalimentaires
AGN-2500	Stage en production agricole
SAN-1001	Anatomie et physiologie animales
SAN-2200	Principes d'hygiène et pathologie animale
SAN-2201	Comportement et bien-être animal
SAN-3302	Production équine

Remarque

– Une cote R égale ou supérieure à 25 est nécessaire pour avoir droit à l'ensemble des cours crédités de l'entente.
– Cette entente s'applique à la concentration productions animales, agronomie générale ou productions végétales du baccalauréat en agronomie.

Technologie de la production horticole et de l'environnement (153.B0)

Génie agroenvironnemental – Génie rural (bac)

Préalables

Mathématiques NYA, NYB, NYC; Physique NYA, NYB.

Cours crédités

Total des crédits : 18

AGC-1003	Comptabilité des entreprises agroalimentaires
AGC-1900	Systèmes agricoles et alimentaires
BIO-1904	Organisation et physiologie des plantes
GAE-1001	Problématique environnementale en agroalimentaire
MNG-1000	L'entreprise et sa gestion
SLS-1000	Science du sol

Remarque

La direction de programme se réserve le droit d'accorder l'équivalence proposée en fonction des résultats scolaires obtenus par le candidat.

Sciences et technologie des aliments (bac)

Préalables

Mathématiques NYA, NYB; Physique NYA, NYB, NYC.

Cours crédités

Total des crédits : 12

AGC-1001	Microéconomie appliquée
AGN-1000	Visites agronomiques
BIO-1904	Organisation et physiologie des plantes
MNG-1000	L'entreprise et sa gestion

Remarque

La direction de programme se réserve le droit d'accorder l'équivalence proposée en fonction des résultats scolaires obtenus par la candidate ou le candidat.

Technologie des procédés et de la qualité des aliments (154.A0)

Agroéconomie (bac)

Préalable

Mathématiques NYB.

Cours crédité

Total des crédits : 3

STA-1900	Sciences des aliments I

Agronomie (bac)

Préalables

Mathématiques NYA; Physique NYA.

Cours crédités

Total des crédits : 6

BIO-1003	Microbiologie générale et laboratoire
STA-1900	Sciences des aliments I

Remarque

Le bac Agronomie est en révision.

Génie alimentaire (bac)

Préalables

Mathématiques NYA, NYB, NYC; Physique NYA, NYB.

Cours crédités

Total des crédits : 14

BCM-1001	Biochimie structurale
BIO-1906	Microbiologie générale
STA-1001	Chimie des aliments I
STA-1002	Microbiologie alimentaire
STA-2008	Salubrité des usines alimentaires

Technologie des procédés et de la qualité des aliments (154.A0) *(suite)*

Sciences et technologie des aliments (bac)

Préalables

Mathématiques NYA, NYB.

Cours crédités　　　　　Total des crédits : 35

BCM-1001	Biochimie structurale
BCM-1902	Laboratoire de biochimie générale I
BIO-1003	Microbiologie générale et laboratoire
STA-1000	Introduction à la science des aliments
STA-1001	Chimie des aliments I
STA-2000	Laboratoire de microbiologie alimentaire industrielle
STA-2008	Salubrité des usines alimentaires
STA-2500	Stage en entreprises alimentaires I

Sciences et technologie des aliments (bac)

Cours crédités *(suite)*　　　　Total des crédits : 35

STA-3001	Méthodes d'analyse des aliments I
STA-3002	Méthodes d'analyse des aliments II
STA-3004	Transformation des aliments I
STA-3005	Transformation des aliments II

Remarque

Une cote R égale ou supérieure à 25 est nécessaire pour avoir droit à l'ensemble des cours crédités de l'entente.

Technologie des productions animales (153.A0)

Génie agroenvironnemental – Génie rural (bac)

Préalables

Mathématiques NYA, NYB, NYC; Physique NYA, NYB.

Cours crédités　　　　　Total des crédits : 12

AGC-1003	Comptabilité des entreprises agroalimentaires
BIO-1904	Organisation et physiologie des plantes
SAN-1002	Principes fondamentaux en sciences animales
SLS-1000	Science du sol

Technologie du génie agromécanique (153.D0)

Agroéconomie (bac)

Préalables

Mathématiques NYA, NYB; Chimie NYA; Biologie NYA.

Cours crédité　　　　　Total des crédits : 3

GAE-1900	Introduction au génie rural

Agronomie (bac)

Préalables

Mathématiques NYA; Physique NYA.

Cours crédité　　　　　Total des crédits : 3

GAE-1900	Introduction au génie rural

Génie agroenvironnemental – Génie rural (bac)

Préalables

Mathématiques NYA, NYB, NYC; Physique NYA, NYB.

Cours crédités　　　　　Total des crédits : 15

BIO-1904	Organisation et physiologie des plantes
GAE-1000	Concepts de génie agroenvironnemental
GAE-1001	Problématique environnementale en agroalimentaire
GMC-1000	Dessin pour ingénieurs
SAN-1002	Principes fondamentaux en sciences animales

Génie alimentaire (bac)

Préalables

Mathématiques NYA, NYB; Physique NYA, NYB; Chimie NYA, NYB.

Cours crédité　　　　　Total des crédits : 3

GMC-1000	Dessin pour ingénieurs

FACULTÉ DES SCIENCES DE L'ÉDUCATION

Techniques d'éducation à l'enfance (322.A0)

Éducation préscolaire et enseignement au primaire (bac)

Préalable

Qualité du dossier scolaire.

Cours crédités　　　　　Total des crédits : 5

ENP-2007	Élèves en difficulté de comportement : intervention
ENP-2008	Intervention au préscolaire

Remarque

Obtenir 75 % ou plus au test de français Laval-Montréal (TFLM) sinon, se soumettre à des mesures d'appoint.

Éducation préscolaire et enseignement au primaire (bac)

Cours crédités
Total des crédits : 16

ART-1900	Rôle de l'enseignement des arts
ARV-2900	Éducation et arts plastiques
ENP-1000	Développement humain et apprentissage
ENP-1500	Stage en socialisation professionnelle
ENP-2007	Élèves en difficulté de comportement : intervention
ENP-2008	Intervention au préscolaire

Remarques
– Avoir obtenu une cote R égale ou supérieure à 26, et avoir réalisé un stage d'une durée minimale de 10 jours à temps plein.
– Une attestation du cégep devra être fournie à la direction du programme BÉPEP, précisant la nature et la durée du stage.

Remarque
Entente passerelle avec le Cégep de Sainte-Foy.

Techniques d'éducation spécialisée (351.A0)

Éducation préscolaire et enseignement au primaire (bac)

Préalable
Qualité du dossier scolaire.

Cours crédité
Total des crédits : 2

ENP-2007	Élèves en difficulté de comportement : intervention

Remarque
Obtenir 75 % ou plus au test de français Laval-Montréal (TFLM) sinon, se soumettre à des mesures d'appoint.

FACULTÉ DES SCIENCES ET DE GÉNIE

Analyse d'entretien (241.05) OU Technologie de maintenance industrielle (241.D0)

Génie des mines et de la minéralurgie (bac)

Préalables
Mathématiques NYB, NYC.

Cours crédités
Total des crédits : 12

GMC-1000	Dessin pour ingénieurs
GML-1001	Matériaux de l'ingénieur
GMN-2002	Manutention des matériaux
STT-1000	Probabilités et statistiques

Génie mécanique (bac)

Préalables
Mathématiques NYB, NYC.

Cours crédités
Total des crédits : 15

GMC-1000	Dessin pour ingénieurs
GMC-3006	Introduction à la mesure et à mécatronique
GMC-4100	Commandes hydrauliques et pneumatiques
GMC-4201	Ingénierie de la qualité
GML-1001	Matériaux de l'ingénieur

Autres bac

Remarque
Exemption des préalables suivants : Mathématiques NYA (103-77); Physique NYA, NYB.

Assainissement de l'eau (260.01)

Génie chimique (bac)

Préalables
Mathématiques NYB, NYC.

Cours crédités
Total des crédits : 6

GCH-2101	Assainissement industriel
STT-1000	Probabilités et statistiques

Autres bac

Remarque
Exemption des préalables suivants : Mathématiques NYA; Physique NYA, NYB; Chimie NYA, NYB, 202.

Assainissement de l'eau (260.A0)

Génie civil (bac)

Préalables
Mathématiques NYB, NYC.

Cours crédités
Total des crédits : 15

GCI-1003	Eaux vives
GCI-1005	Introduction au génie de l'environnement
GCI-2009	Hydrologie
GCI-2200	Traitement des eaux usées
GCI-3200	Projet d'hydrologie environnementale

Autres bac

Remarque
Exemption des préalables suivants : Mathématiques NYA; Physique NYA, NYB; Chimie NYA.

Assainissement et sécurité industriels (260.03) OU Environnement, hygiène et sécurité au travail (260.B0)

Chimie (bac)

Préalables
Mathématiques NYA, NYB.

Cours crédités — Total des crédits : 6

CHM-1001   Introduction à la chimie analytique
CHM-1002   Dangers, risques et gestion des matières dangereuses

Génie chimique (bac)

Préalables
Mathématiques NYA, NYB.

Cours crédités — Total des crédits : 6

GCH-2101   Assainissement industriel
STT-1000   Probabilités et statistiques

Autres bac

Remarque
Exemption du préalable Physique NYA.

Entretien d'aéronefs (280.03)

Génie mécanique (bac)

Préalable
Mathématiques NYC.

Cours crédités — Total des crédits : 12

GMC-1003   Introduction à la mécanique des fluides
GMC-4100   Commandes hydrauliques et pneumatiques
GMC-4151   Propulsion aéronautique et spatiale
GML-1001   Matériaux de l'ingénieur

Autres bac

Remarque
Exemption des préalables suivants : Mathématiques NYA, NYB ou 103-77, 203-77; Physique NYA, NYB ou 101, 201.

Exploitation – Technologie minérale (271.02)

Biologie (bac)

Préalables
Mathématiques NYA; Chimie NYA, NYB; Biologie NYA.

Cours crédité — Total des crédits : 3

GLG-1000   Planète Terre

Génie des mines et de la minéralurgie (bac)

Préalables
Mathématiques NYA, NYB, NYC.

Cours crédités — Total des crédits : 12

GLG-1900   Introduction aux sciences de la Terre
GMC-1900   Dessin technique pour ingénieur
GMN-1000   Technologies minières
GMT-1001   Topométrie I
GMT-1002   Dessin, plans et SIG pour ingénieiurs

Génie géologique (bac)

Préalables
Mathématiques NYA, NYB, NYC; Chimie NYA.

Cours crédités — Total des crédits : 14

GLG-1000   Planète Terre
GLG-1001   Géologie appliquée I
GLG-1002   Matériaux de l'écorce terrestre
GLG-1004   Géophysique du globe
GMC-1000   Dessin pour ingénieurs

Géologie (bac)

Préalables
Mathématiques NYA, NYB; Chimie NYA.

Cours crédités — Total des crédits : 11

GLG-1000   Planète Terre
GLG-1001   Géologie appliquée I
GLG-1002   Matériaux de l'écorce terrestre
GLG-1004   Géophysique du globe

Autres bac

Remarque
Exemption du préalable Physique NYA.

Géologie – Technologie minérale (271.01)

Biologie (bac)

Préalables
Mathématiques NYA; Chimie NYA, NYB; Biologie NYA.

Cours crédité — Total des crédits : 3

GLG-1000   Planète Terre

Génie des mines et de la minéralurgie (bac)

Préalables
Mathématiques NYA, NYB, NYC.

Cours crédités — Total des crédits : 12

GLG-1900   Introduction aux sciences de la Terre
GMC-1000   Dessin pour ingénieurs
GMN-1000   Technologies minières
GMT-1001   Topométrie I

Génie géologique (bac)

Préalables

Mathématiques NYA, NYB, NYC; Chimie NYA.

Cours crédités — Total des crédits : 14

GLG-1000	Planète Terre
GLG-1001	Géologie appliquée I
GLG-1002	Matériaux de l'écorce terrestre
GLG-1004	Géophysique du globe
GMC-1000	Dessin pour ingénieurs

Géologie (bac)

Préalables

Mathématiques NYA, NYB; Chimie NYA; Biologie NYA.

Cours crédités — Total des crédits : 11

GLG-1000	Planète Terre
GLG-1001	Géologie appliquée I
GLG-1002	Matériaux de l'écorce terrestre
GLG-1004	Géophysique du globe

Autres bac

Remarque

Exemption du préalable Physique NYA ou 101.

Minéralurgie – Technologie minérale (271.03)

Biologie (bac)

Préalables

Mathématiques NYA; Chimie NYB; Biologie NYA.

Cours crédité — Total des crédits : 3

GLG-1000	Planète Terre

Génie des matériaux et de la métallurgie (bac)

Préalables

Mathématiques NYA, NYB, NYC; Physique NYB.

Cours crédités — Total des crédits : 8

GMC-1000	Dessin pour ingénieurs
GML-2000	Procédés minéralurgiques
GML-2001	Procédés métallurgiques

Génie des mines et de la minéralurgie (bac)

Préalables

Mathématiques NYA, NYB, NYC.

Cours crédités — Total des crédits : 17

GLG-1900	Introduction aux sciences de la Terre
GMC-1000	Dessin pour ingénieurs
GML-2000	Procédés minéralurgiques
GML-2001	Procédés métallurgiques
GMN-1000	Technologies minières
GMT-1001	Topométrie I

Géologie (bac)

Préalables

Mathématiques NYA, NYB; Biologie NYA.

Cours crédités — Total des crédits : 11

GLG-1000	Planète Terre
GLG-1001	Géologie appliquée I
GLG-1002	Matériaux de l'écorce terrestre
GLG-1004	Géophysique du globe

Autres bac

Remarque

Exemption des préalables suivants : Physique NYA; Chimie NYA.

Techniques d'aménagement cynégétique et halieutique (145.04)

Biologie (bac)

Préalables

Mathématiques NYA; Chimie NYA, NYB.

Cours crédité — Total des crédits : 3

BIO-1002	Structure et fonction des végétaux (après vérification des connaissances du cours de Botanique 101-937-78 par le professeur)

Remarques

– Reconnaissance d'acquis de 3 crédits possible après examen des notes de cours de l'étudiant pour : Ichtyologie appliquée.
– Reconnaissance d'acquis de 3 crédits possible après examen des notes de cours de l'étudiant pour : Mammologie appliquée; Ornithologie appliquée; Exploitation faunique.
– Entente passerelle avec le Cégep de Baie-Comeau.

Autres bac

Remarque

Exemption du préalable Biologie NYA ou 301.

Techniques d'aménagement du territoire (222.01 ou A0) OU Techniques d'aménagement et d'urbanisme (222.A0)

Génie civil (bac)

Préalables

Mathématiques NYA, NYB; Physique NYA, NYB, NYC; Chimie NYA.

Cours crédités — Total des crédits : 9

GCI-1005	Introduction au génie de l'environnement
GMC-1900	Dessin technique pour ingénieur
GMT-1001	Topométrie I
GMT-1002	Dessin, plans et SIG pour ingénieiurs

Autres bac

Remarque

Exemption du préalable Mathématiques NYC (105-77).

Techniques d'architecture (221.01) OU Technologie de l'architecture (221.A0)

Génie civil (bac)

Préalables
Mathématiques NYB; Physique NYA, NYB; Chimie NYA.

Cours crédités   Total des crédits : 6

GMC-1900	Dessin technique pour ingénieur
GMT-1001	Topométrie I
GMT-1002	Dessin, plans et SIG pour ingénieurs

Autres bac

Remarque
Exemption des préalables suivants : Mathématiques NYA, NYC ou 103-77, 105-77; Physique 101.

Techniques d'avionique (280.D0)

Génie électrique (bac)

Préalables
Mathématiques NYB, NYC; Physique NYA, NYC.

Cours crédités   Total des crédits : 7

GEL-1000	Circuits
GIF-1000	Circuits logiques

Génie logiciel (bac)

Préalables
Mathématiques NYB, NYC; Physique NYA, NYC.

Cours crédités   Total des crédits : 7

GEL-1000	Circuits
GIF-1000	Circuits logiques

Génie mécanique (bac)

Préalables
Mathématiques NYB, NYC; Physique NYA ou 101.

Cours crédités   Total des crédits : 7

GEL-1000	Circuits
GIF-1000	Circuits logiques

Autres bac

Remarque
Exemption des préalables suivants : Mathématiques NYA; Physique NYB.

Techniques d'écologie appliquée (145.01)

Biologie (bac)

Préalable
Mathématiques NYA.

Cours crédités   Total des crédits : 15

BIO-1001	Zoologie des invertébrés
BIO-1002	Structure et fonction des végétaux
BIO-1003	Microbiologie générale et laboratoire
BIO-2000	Écologie générale
BIO-2301	Herbier

Remarques
– Les candidats qui n'ont réussi aucun cours de physique au collégial devront suivre une session passerelle en physique d'une durée d'une journée offerte gratuitement par la Faculté des sciences et de génie. Cette session passerelle n'est pas obligatoire pour celles et ceux qui ont réussi au moins un cours de physique.
– D'autres cours pourraient être crédités à la suite d'un examen de dispense.

Techniques d'inventaire et de recherche en biologie (145.02) OU Techniques de bioécologie (145.C0)

Biologie (bac)

Préalable
Mathématiques NYA.

Cours crédités   Total des crédits : 18

BIO-1001	Zoologie des invertébrés
BIO-1002	Structure et fonction des végétaux
BIO-1003	Microbiologie générale et laboratoire
BIO-1005	Diversité et écologie des végétaux
BIO-2000	Écologie générale
BIO-2301	Herbier

Remarques
– Les candidats qui n'ont réussi aucun cours de physique au collégial devront suivre une session passerelle en physique d'une durée d'une journée offerte gratuitement par la Faculté des sciences et de génie. Cette session passerelle n'est pas obligatoire pour celles et ceux qui ont réussi au moins un cours de physique.
– D'autres cours pourraient être crédités à la suite d'un examen de dispense.

Autres bac

Remarque
Exemption des préalables suivants : Chimie; Biologie.

Techniques de chimie analytique (210.01) OU Techniques de laboratoire – *Chimie analytique* (210.AB)

Chimie (bac)

Préalables
Mathématiques NYA; Physique NYB, NYC; Chimie NYA, NYB.

Cours crédités   Total des crédits : 15

CHM-1001	Introduction à la chimie analytique
CHM-1002	Dangers, risques et gestion des matières dangereuses

CHM-2003   Travaux pratiques de chimie analytique
            instrumentale
CHM-2004   Travaux pratiques de chimie physique
CHM-3100   Travaux pratiques d'analyse organique

Génie chimique (bac)

Préalables

Mathématiques NYB, NYC.

Cours crédités   Total des crédits : 11

CHM-1901   Chimie de l'ingénieur
CHM-1902   Chimie physique pour l'ingénieur
GCH-1000   Stoechiométrie
STT-1000   Probabilités et statistiques

Autres bac

Remarque

Exemption des préalables suivants : Mathématiques NYA;
Physique NYB, NYC; Chimie NYA, NYB.

Techniques de chimie-biologie (210.03) OU Techniques de laboratoire – *Biotechnologie* (210.AA)

Biochimie (bac)

Préalable

Mathématiques NYB.

Cours crédités   Total des crédits : 20

BCM-1001   Biochimie structurale
BCM-1002   Techniques de biochimie
BCM-1003   Métabolisme et régulation
BCM-1004   Laboratoire de biochimie
CHM-1904   Laboratoire de chimie analytique
MCB-1000   Microbiolgie générale
MCB-1002   Techniques microbiologiques

Biologie (bac)

Cours crédités   Total des crédits : 15

BCM-1001   Biochimie structurale
BCM-1003   Métabolisme et régulation
BCM-1902   Laboratoire de biochimie générale I
BIO-1002   Structure et fonction des végétaux
BIO-1003   Microbiologie générale et laboratoire

Chimie (bac)

Préalable

Mathématiques NYB.

Cours crédités   Total des crédits : 12

BCM-1003   Métabolisme et régulation
CHM-1003   Chimie organique I
CHM-2003   Travaux pratiques de chimie analytique
            instrumentale
CHM-2004   Travaux pratiques de chimie physique

Génie chimique (bac)

Préalables

Mathématiques NYB, NYC.

Cours crédités   Total des crédits : 11

BCM-1900   Introduction au génie biochimique
CHM-1901   Chimie de l'ingénieur
CHM-1902   Chimie physique pour l'ingénieur
STT-1000   Probabilités et statistiques

Microbiologie (bac)

Cours crédités   Total des crédits : 23

BCM-1001   Biochimie structurale
BCM-1002   Techniques de biochimie
BCM-1003   Métabolisme et régulation
BCM-1004   Laboratoire de biochimie
CHM-1904   Laboratoire de chimie analytique
MCB-1000   Microbiolgie générale
MCB-1002   Techniques microbiologiques
MCB-3006   Laboratoire d'immunologie

Autres bac

Remarque

Exemption des préalables suivants : Mathématiques NYA;
Physique NYB, NYC; Chimie NYA, NYB; Biologie NYA.

Techniques de comptabilité et de gestion (410.B0)

Actuariat (bac)

Préalables

Mathématiques NYA, NYB, NYC; Physique NYA.

Cours crédités   Total des crédits : 9

CTB-1900   Comptabilité financière pour actuaires
MNG-1000   L'entreprise et sa gestion
MRK-1000   Marketing

Techniques de construction aéronautique (280.01 ou B0)

Génie mécanique (bac)

Préalables

Mathématiques NYC; Physique NYA.

Cours crédités   Total des crédits : 12

GMC-1000   Dessin pour ingénieurs
GMC-1001   Statique des corps rigides
GMC-4200   Fabrication assistée par ordinateur
GML-1001   Matériaux de l'ingénieur

Autres bac

Remarque

Exemption des préalables suivants : Mathématiques NYA,
NYB ou 103-77, 203-77 (DEC 280.01); Physique NYB ou 201
(DEC 280.01 et B0).

Techniques de génie chimique (210.02)

Biochimie (bac)

Préalables

Mathématiques NYB; Biologie NYA.

Cours crédité — Total des crédits : 3

STT-1950   Statistique pour scientifiques

Chimie (bac)

Préalable

Mathématiques NYB.

Cours crédité — Total des crédits : 3

CHM-2004   Travaux pratiques de chimie physique

Génie chimique (bac)

Préalables

Mathématiques NYB, NYC.

Cours crédités — Total des crédits : 9

CHM-1901   Chimie de l'ingénieur
GCH-1000   Stoechiométrie
STT-1000   Probabilités et statistiques

Génie des mines et de la minéralurgie (bac)

Préalables

Mathématiques NYB, NYC.

Cours crédités — Total des crédits : 6

GCH-2101   Assainissement industriel
GML-2000   Procédés minéralurgiques

Autres bac

Remarque

Exemption des préalables suivants : Mathématiques NYA (103-77); Physique NYB, NYC (201, 301); Chimie NYA, NYB (101, 201).

Techniques de génie mécanique – *Conception / Fabrication* (241.06 ou A0)

Génie des mines et de la minéralurgie (bac)

Préalables

Mathématiques NYA (ou l'équivalent), NYB, NYC; Physique NYB.

Cours crédités — Total des crédits : 9

GMC-1000   Dessin pour ingénieurs
GML-1001   Matériaux de l'ingénieur
GMN-2002   Manutention des matériaux

Génie mécanique (bac)

Préalables

Mathématiques NYA (ou l'équivalent), NYB, NYC; Physique NYB.

Cours crédités — Total des crédits : 9

GMC-1000   Dessin pour ingénieurs
GMC-1001   Statique des corps rigides
GMC-1001   Statique des corps rigides

Génie physique (bac)

Préalables

Mathématiques NYA (ou l'équivalent), NYB, NYC; Physique NYB.

Cours crédités — Total des crédits : 6

GMC-1000   Dessin pour ingénieurs
GML-1001   Matériaux de l'ingénieur

Autres bac

Remarque

Exemption du préalable Physique NYA.

Techniques de l'informatique (420.01 ou A0)

Informatique (bac)

Préalables

Mathématiques NYA, NYB, NYC.

Cours crédités — Total des crédits : 14

IFT-1001   Algorithmique et programmation
IFT-1002   Structure interne des ordinateurs
IFT-1003   Analyse et conception de systèmes d'information
IFT-2100   Gestion de fichiers

Remarque

Cette entente ne s'applique que si le diplôme collégial a été obtenu depuis au plus cinq ans à compter de la date de la première inscription au programme.

Génie électrique (bac)

Préalables

Mathématiques NYA, NYB, NYC; Physique NYA, NYB, NYC.

Cours crédités — Total des crédits : 6

GIF-1001   Ordinateurs : structure et applications
IFT-1003   Analyse et conception de systèmes d'information

Génie informatique (bac)

Préalables

Mathématiques NYA, NYB, NYC; Physique NYA, NYB, NYC.

Cours crédités — Total des crédits : 6

GIF-1001   Ordinateurs : structure et applications
IFT-1003   Analyse et conception de systèmes d'information

Génie logiciel (bac)

Préalables

Mathématiques NYA, NYB, NYC; Physique NYA, NYB, NYC.

Cours crédités — Total des crédits : 11

IFT-1001   Algorithmique et programmation
IFT-1002   Structure interne des ordinateurs
IFT-1003   Analyse et conception de systèmes d'information

Techniques de la métallurgie – *Contrôle de la qualité* (270.02) – *Procédés métallurgiques* (270.04) – *Soudage* (270.03) OU Technologie du génie métallurgique – *Contrôle des matériaux* (270.AC) – *Fabrication mécanosoudée* (270.AB) – *Procédés de transformation* (270.AA)

Génie des matériaux et de la métallurgie (bac)

Préalables

Mathématiques NYB, NYC.

Cours crédités — Total des crédits : 12 ou 15

GMC-1000   Dessin pour ingénieurs (pour 270.02 seulement)
GML-1001   Matériaux de l'ingénieur
GML-2005   Électrochimie, corrosion et protection
GML-3000   Soudage des matériaux
GML-4003   Fonderie

Génie mécanique (bac)

Préalables

Mathématiques NYB, NYC.

Cours crédités — Total des crédits : 9

GMC-1000   Dessin pour ingénieurs
GML-1001   Matériaux de l'ingénieur
GML-3000   Soudage des matériaux

Autres bac

Remarque

Exemption des préalables suivants : Mathématiques NYA; Physique NYA, NYB; Chimie NYA.

Techniques de laboratoire – *Biotechnologie* (210.AA)

Bio-informatique (bac)

Préalables

Mathématiques NYA, NYB, NYC.

Cours crédités — Total des crédits : 6

BCM-1001   Biochimie structurale
BCM-1003   Métabolisme et régulation

Techniques de laboratoire – *Chimie analytique* (210.AB)

Microbiologie (bac)

Cours crédités — Total des crédits : 9

BCM-1001   Biochimie structurale
BCM-1004   Laboratoire de biochimie
CHM-1904   Laboratoire de chimie analytique

Techniques de procédés chimiques (210.04)

Génie chimique (bac)

Préalables

Mathématiques NYA, NYB, NYC; Biologie NYA.

Cours crédité — Total des crédits : 3

GCH-2002   Conception des appareils et instrumentation

Autres bac

Remarque

Exemption des préalables suivants : Physique NYA, NYB; Chimie NYA, NYB.

Techniques de recherche, enquête et sondage (384.01) OU Techniques de recherche sociale (384.A0)

Statistiques (bac)

Préalables

Mathématiques NYA, NYB, NYC.

Cours crédité — Total des crédits : 3

STT-1000   Probabilités et statistiques

Techniques de santé animale (145.03 ou A0)

Biologie (bac)

Préalable

Mathématiques NYA.

Cours crédités — Total des crédits : 12

BIO-1003   Microbiologie générale et laboratoire
BIO-1150   Les animaux d'expérience

Remarques

– 6 crédits de cours à option à déterminer par le directeur du programme lors de l'arrivée de l'étudiant.
– Les candidats qui n'ont réussi aucun cours de physique au collégial devront suivre une session passerelle en physique d'une durée d'une journée offerte gratuitement par la Faculté des sciences et de génie. Cette session passerelle n'est pas obligatoire pour celles et ceux qui ont réussi au moins un cours de physique.

Techniques de santé animale (145.03 ou A0) *(suite)*

Microbiologie (bac)

Préalables

Mathématiques NYA; Physique NYA, NYB.

Cours crédités — Total des crédits : 9

BIO-1150	Les animaux d'expérience
BIO-2909	Éléments de physiologie humaine
SAN-1002	Principes fondamentaux en sciences animales

Autres bac

Remarque

Exemption des préalables suivants : Chimie NYA; Biologie NYA.

Techniques de transformation des matériaux composites (241.11 ou C0)

Génie des matériaux et de la métallurgie (bac)

Préalables

Mathématiques NYB, NYC; Physique NYB (201); Chimie NYA (101).

Cours crédités — Total des crédits : 12

GCI-1900	Résistance des matériaux
GMC-1000	Dessin pour ingénieurs
GML-1001	Matériaux de l'ingénieur
GML-3250	Matériaux composites

Concentration en plasturgie

Cours crédité — Total des crédits : 3

GPG-2002	Projet de conception et de fabrication

Autres bac

Remarque

Exemption des préalables suivants : Mathématiques NYA; Physique NYA.

Techniques de transformation des matières plastiques (241.12)

Génie mécanique (bac)

Préalables

Mathématiques NYB, NYC; Physique NYB.

Cours crédités — Total des crédits : 9

GMC-1000	Dessin pour ingénieurs
GMC-1001	Statique des corps rigides
GML-1001	Matériaux de l'ingénieur

Concentration en plasturgie

Cours crédités — Total des crédits : 6

GPG-1004	Laboratoire de transformation des matières plastiques
GPG-2000	Conception de pièces et outillage

Autres bac

Remarque

Exemption des préalables suivants : Mathématiques 103; Physique 101; Chimie 101.

Techniques du milieu naturel – *Aménagement de la faune* (147.0B)

Biologie (bac)

Préalables

Mathématiques NYA; Chimie NYA, NYB.

Cours crédités — Total des crédits : 15

BIO-1001	Zoologie des invertébrés
BIO-1002	Structure et fonction des végétaux
BIO-1004	Évolution des vertébrés
BIO-1005	Diversité et écologie des végétaux
BIO-2000	Écologie générale

Remarques

– La moyenne générale des cours de concentration devra être égale ou supérieure à la moyenne du groupe pour bénéficier de cette passerelle.
– Les étudiants devront suivre une session passerelle en physique d'une durée d'une journée, offerte gratuitement par la Faculté.

Techniques du milieu naturel – *Aménagement de la ressource forestière* (147.0A)

Biologie (bac)

Préalables

Mathématiques NYA; Chimie NYA, NYB.

Cours crédités — Total des crédits : 15

BIO-1001	Zoologie des invertébrés
BIO-1002	Structure et fonction des végétaux
BIO-1004	Évolution des vertébrés
BIO-1005	Diversité et écologie des végétaux
BIO-2000	Écologie générale

Remarques

– La moyenne générale des cours de concentration devra être égale ou supérieure à la moyenne du groupe pour bénéficier de cette passerelle.
– Les étudiants devront suivre une session passerelle en physique d'une durée d'une journée, offerte gratuitement par la Faculté.

Techniques du milieu naturel – *Aménagement et interprétation du patrimoine naturel* (147.0C)

Biologie (bac)

Préalables

Mathématiques NYA; Chimie NYA, NYB.

Cours crédités   Total des crédits : 15

BIO-1001	Zoologie des invertébrés
BIO-1002	Structure et fonction des végétaux
BIO-1004	Évolution des vertébrés
BIO-1005	Diversité et écologie des végétaux
BIO-2000	Écologie générale

Remarques

– La moyenne générale des cours de concentration devra être égale ou supérieure à la moyenne du groupe pour bénéficier de cette passerelle.
– Les étudiants devront suivre une session passerelle en physique d'une durée d'une journée, offerte gratuitement par la Faculté.

Techniques du milieu naturel – *Aquiculture* (147.01)

Biologie (bac)

Préalables

Mathématiques NYA; Chimie NYA, NYB.

Cours crédités   Total des crédits : 12

BIO-1001	Zoologie des invertébrés
BIO-1003	Microbiologie générale et laboratoire
BIO-1150	Les animaux d'expérience
BIO-2000	Écologie générale

Remarques

– La moyenne générale des cours de concentration devra être égale ou supérieure à la moyenne du groupe pour bénéficier de cette passerelle.
– Les étudiants devront suivre une session passerelle en physique d'une durée d'une journée, offerte gratuitement par la Faculté.

Techniques du milieu naturel – *Laboratoire de biologie* (147.01)

Biologie (bac)

Préalables

Mathématiques NYA; Chimie NYA, NYB.

Cours crédités   Total des crédits : 12

BIO-1001	Zoologie des invertébrés
BIO-1003	Microbiologie générale et laboratoire
BIO-1150	Les animaux d'expérience
BIO-2000	Écologie générale

Remarques

– La moyenne générale des cours de concentration devra être égale ou supérieure à la moyenne du groupe pour bénéficier de cette passerelle.
– Les étudiants devront suivre une session passerelle en physique d'une durée d'une journée, offerte gratuitement par la Faculté.

Techniques du milieu naturel – *Protection de l'environnement* (147.0D)

Biologie (bac)

Préalables

Mathématiques NYA; Chimie NYA, NYB.

Cours crédités   Total des crédits : 15

BIO-1001	Zoologie des invertébrés
BIO-1002	Structure et fonction des végétaux
BIO-1004	Évolution des vertébrés
BIO-1005	Diversité et écologie des végétaux
BIO-2000	Écologie générale

Remarques

– La moyenne générale des cours de concentration devra être égale ou supérieure à la moyenne du groupe pour bénéficier de cette passerelle.
– Les étudiants devront suivre une session passerelle en physique d'une durée d'une journée, offerte gratuitement par la Faculté.

Techniques du milieu naturel – *Protection de l'environnement* (147.01 ou A0) (Cégep de Saint-Félicien)

Biologie (bac)

Préalables

Mathématiques NYA; Chimie NYA, NYB.

Cours crédités   Total des crédits : 6

BIO-1003	Microbiologie générale et laboratoire (pour ceux et celles qui ont réussi les 2 cours suivants : Bactéries et protistes I (147-506-85) et Bactéries et protistes II (147-539-85))
BIO-1150	Les animaux d'expérience

Techniques du milieu naturel – *Santé animale* (147.01 ou A0) (Cégep de Saint-Félicien)

Biochimie (bac)

Préalables

Mathématiques NYA, NYB; Physique NYA, NYB; Chimie NYA, NYB.

Cours crédité

BIO-1150	Les animaux d'expérience

Remarque

Il n'y a plus d'admission dans ce programme. Il a été remplacé par Techniques de santé animale (145.A0).

Techniques du milieu naturel – *Santé animale* (147.01 ou A0) (Cégep de Saint-Félicien) *(suite)*

Biologie (bac)

Préalables

Mathématiques NYA; Chimie NYA, NYB.

Cours crédités — Total des crédits : 12

BIO-1003 Microbiologie générale et laboratoire
BIO-1150 Les animaux d'expérience

Remarques

– 6 crédits de cours à option à déterminer par le directeur du programme lors de l'arrivée de l'étudiant.
– Les candidats qui n'ont réussi **aucun** cours de physique au collégial devront suivre une session passerelle en physique d'une durée d'une journée offerte gratuitement par la Faculté des sciences et de génie. Cette session passerelle n'est pas obligatoire pour celles et ceux qui ont réussir au moins un cours de physique.

Microbiologie (bac)

Préalables

Mathématiques NYA; Physique NYA, NYB; Chimie NYA, NYB.

Cours crédité — Total des crédits : 3

BIO-1150 Les animaux d'expérience

Autres bac

Remarque

Exemption du préalable Biologie.

Techniques papetières (232.01)

Génie chimique (bac)

Préalables

Mathématiques NYB, NYC.

Cours crédités — Total des crédits : 6

GCH-2101 Assainissement industriel
GCH-2202 Technologie des pâtes et papiers

Remarque

Exemption des préalables suivants : Mathématiques NYA; Physique NYA, NYB; Chimie NYA, NYB.

Technologie d'analyses biomédicales (140.B0)

Biochimie (bac)

Préalables

Mathématiques NYA, NYB; Physique NYA, NYB; Chimie NYA, NYB.

Cours crédités — Total des crédits : 12

BCM-1001 Biochimie structurale
BCM-1003 Métabolisme et régulation

MCB-1000 Microbiolgie générale
MCB-1002 Techniques microbiologiques

Remarque

CÉGEPS AYANT UNE ENTENTE PASSERELLE : Cégep de Chicoutimi; Cégep de Rimouski; Cégep de Saint-Hyacinthe; Cégep de Saint-Jérôme; Cégep de Sainte-Foy; Cégep de Sherbrooke; Cégep Saint-Jean-sur-Richelieu; Collège de Rosemont; Collège Shawinigan; Dawson College; Séminaire de Sherbrooke.

Microbiologie (bac)

Préalables

Mathématiques NYA (337); Physique NYA, NYB; Chimie NYA, NYB.

Cours crédités — Total des crédits : 15

BCM-1001 Biochimie structurale
BCM-1003 Métabolisme et régulation
MCB-1000 Microbiolgie générale
MCB-1002 Techniques microbiologiques
MCB-2100 Microbiologie – maladies infectieuses

Remarque

CÉGEPS AYANT UNE ENTENTE PASSERELLE : Académie des arts et design; Cégep de Chicoutimi; Cégep de Rimouski; Cégep de Saint-Hyacinthe; Cégep de Saint-Jérôme; Cégep de Sainte-Foy; Cégep de Sherbrooke; Cégep Saint-Jean-sur-Richelieu; Collège de Rosemont; Collège Shawinigan; Dawson College; Séminaire de Sherbrooke.

Autres bac

Remarque

Exemption du préalable Biologie NYA.

Technologie de l'électronique – *Audiovisuel* (243.11)

Génie électrique (bac)

Préalables

Mathématiques NYB, NYC; Physique NYA, NYC.

Cours crédités — Total des crédits : 6

GEL-1002 Systèmes et mesures
GIF-1001 Ordinateurs : structure et applications

Génie informatique (bac)

Préalables

Mathématiques NYB, NYC; Physique NYA, NYC.

Cours crédités — Total des crédits : 6

GEL-1002 Systèmes et mesures
GIF-1001 Ordinateurs : structure et applications

Génie logiciel (bac)

Préalables

Mathématiques NYB, NYC; Physique NYA, NYC.

Cours crédité   Total des crédits : 4

IFT-1002   Structure interne des ordinateurs

Autres bac

Remarque

Exemption des préalables suivants : Mathématiques NYA (103-77); Physique NYB (201).

Technologie de l'électronique – Ordinateurs / Télécommunications (243.11)

Génie électrique (bac)

Préalables

Mathématiques NYB, NYC; Physique NYA, NYC.

Cours crédités   Total des crédits : 6

GEL-1002   Systèmes et mesures
GIF-1001   Ordinateurs : structure et applications

Génie informatique (bac)

Préalables

Mathématiques NYB, NYC; Physique NYA, NYC.

Cours crédités   Total des crédits : 6

GEL-1002   Systèmes et mesures
GIF-1001   Ordinateurs : structure et applications

Génie logiciel (bac)

Préalables

Mathématiques NYB, NYC; Physique NYC.

Cours crédité   Total des crédits : 4

IFT-1002   Structure interne des ordinateurs

Autres bac

Remarque

Exemption des préalables suivants : Mathématiques NYA; Physique NYA, NYB.

Technologie de l'électronique industrielle (243.C0)

Génie électrique (bac)

Génie informatique (bac)

Préalables

Mathématiques NYA, NYB, NYC; Physique NYA, NYC.

Cours crédités   Total des crédits : 6

GEL-1002   Systèmes et mesures
GIF-1001   Ordinateurs : structure et applications

Technologie de l'électronique industrielle – Conception électronique (243.06 ou 16)

Génie électrique (bac)

Préalables

Mathématiques NYB; Physique NYC.

Cours crédité   Total des crédits : 3

GEL-1002   Systèmes et mesures

Génie informatique (bac)

Préalables

Mathématiques NYB; Physique NYC.

Cours crédité   Total des crédits : 3

GEL-1002   Systèmes et mesures

Autres bac

Remarque

Exemption des préalables suivants : Mathématiques NYA; Physique NYA, NYB.

Technologie de l'électronique industrielle – Électrodynamique (243.06)

Génie électrique (bac)

Préalables

Mathématiques NYB, NYC; Physique NYA, NYC.

Cours crédités   Total des crédits : 6

GEL-1002   Systèmes et mesures
GIF-1001   Ordinateurs : structure et applications

Génie informatique (bac)

Préalables

Mathématiques NYB, NYC; Physique NYA, NYC.

Cours crédités   Total des crédits : 6

GEL-1002   Systèmes et mesures
GIF-1001   Ordinateurs : structure et applications

Génie logiciel (bac)

Préalables

Mathématiques NYB, NYC; Physique NYC.

Cours crédité   Total des crédits : 4

IFT-1002   Structure interne des ordinateurs

Autres bac

Remarque

Exemption des préalables suivants : Mathématiques NYA; Physique NYA, NYB.

Technologie de l'électronique industrielle – *Instrumentation et automatisation* (243.06)

Génie électrique (bac)

Préalables

Mathématiques NYB, NYC; Physique NYA, NYC.

Cours crédités   Total des crédits : 6

GEL-1002   Systèmes et mesures
GIF-1001   Ordinateurs : structure et applications

Génie informatique (bac)

Préalables

Mathématiques NYB, NYC; Physique NYA, NYC.

Cours crédités   Total des crédits : 6

GEL-1002   Systèmes et mesures
GIF-1001   Ordinateurs : structure et applications

Génie logiciel (bac)

Préalables

Mathématiques NYB, NYC; Physique NYC.

Cours crédité   Total des crédits : 4

IFT-1002   Structure interne des ordinateurs

Autres bac

Remarque

Exemption des préalables suivants : Mathématiques NYA; Physique NYB.

Technologie de la mécanique du bâtiment (221.03 ou C0)

Génie mécanique (bac)

Préalables

Mathématiques NYB; Physique NYB.

Cours crédités   Total des crédits : 9

GMC-1000   Dessin pour ingénieurs
GMC-1001   Statique des corps rigides
GMC-1002   introduction à la thermodynamique

Génie physique (bac)

Préalables

Mathématiques NYA, NYB, NYC; Physique NYB.

Cours crédités   Total des crédits : 6

GMC-1000   Dessin pour ingénieurs
GMC-1002   introduction à la thermodynamique

Autres bac

Remarque

Exemption des préalables suivants : Mathématiques NYA; Physique NYA.

Technologie de laboratoire médical (140.01) OU Techniques de laboratoire – *Biotechnologie* (210.AA)

Biochimie (bac)

Préalables

Mathématiques NYA, NYB; Physique NYA, NYB.

Cours crédités   Total des crédits : 15

BCM-1001   Biochimie structurale
BCM-1003   Métabolisme et régulation
CHM-1002   Dangers, risques et gestion des matières dangereuses
MCB-1000   Microbiolgie générale
MCB-1002   Techniques microbiologiques

Remarque

Exemption des préalables suivants : Chimie NYA et 202; Biologie NYA.

Biologie (bac)

Préalables

Mathématiques NYA.

Cours crédités   Total des crédits : 12

BCM-1001   Biochimie structurale
BCM-1003   Métabolisme et régulation
BCM-1902   Laboratoire de biochimie générale I
BIO-1003   Microbiologie générale et laboratoire

Remarques

– Exemption des préalables suivants : Chimie NYA et 202; Biologie NYA.
– Les candidats qui n'ont réussi aucun cours de physique au collégial devront suivre une session passerelle en physique d'une durée d'une journée offerte gratuitement par la Faculté des sciences et de génie. Cette session passerelle n'est pas obligatoire pour celles et ceux qui ont réussir au moins un cours de physique.

Microbiologie (bac)

Préalables

Mathématiques NYA; Physique NYA, NYB.

Cours crédités   Total des crédits : 15

BCM-1001   Biochimie structurale
BCM-1003   Métabolisme et régulation
MCB-1000   Microbiolgie générale
MCB-1002   Techniques microbiologiques
MCB-2100   Microbiologie – maladies infectieuses

Autres bac

Remarque

Exemption des préalables suivants : Chimie NYA et 202; Biologie NYA.

Technologie de systèmes ordinés (243.15)

Génie électrique (bac)

Préalables

Mathématiques NYB, NYC; Physique NYA, NYC.

Cours crédités   Total des crédits : 6

GEL-1002   Systèmes et mesures
GIF-1001   Ordinateurs : structure et applications

Génie informatique (bac)

Préalables

Mathématiques NYB, NYC; Physique NYA, NYC.

Cours crédités   Total des crédits : 6

GEL-1002   Systèmes et mesures
GIF-1001   Ordinateurs : structure et applications

Remarque

Exemption du préalable Mathématiques NYA.

Génie logiciel (bac)

Préalables

Mathématiques NYB, NYC; Physique NYA.

Cours crédité   Total des crédits : 4

IFT-1002   Structure interne des ordinateurs

Génie physique (bac)

Préalables

Mathématiques NYB, NYC; Physique NYA, NYC.

Cours crédités   Total des crédits : 6

GEL-1000   Circuits
GEL-1002   Systèmes et mesures

Informatique (bac)

Préalables

Mathématiques NYB ou 203-RE et NYC ou 105-RE.

Cours crédité   Total des crédits : 4

IFT-1002   Structure interne des ordinateurs

Remarque

Cette entente ne s'applique que si le diplôme collégial a été
obtenu depuis au moins cinq ans à compter de la date de
la première inscription au programme.

Technologie des pâtes et papiers (232.A0)

Génie chimique (bac)

Préalables

Mathématiques NYA, NYB, NYC.

Cours crédité   Total des crédits : 3

GCH-2202   Technologie des pâtes et papiers

Autres bac

Remarque

Exemption des préalables suivants : Physique NYA; Chimie NYA.

Technologie du génie civil (221.02 ou B0)

Génie civil (bac)

Préalables

Mathématiques NYA, NYB, NYC; Physique NYA; Chimie NYA.

Cours crédités   Total des crédits : 9

GCI-1000   Matériaux de construction
GCI-1002   Mécanique des sols I
GCI-1005   Introduction au génie de l'environnement

Génie des mines et de la minéralurgie (bac)

Préalables

Mathématiques NYA, NYB, NYC; Physique NYA; Chimie NYA.

Cours crédités   Total des crédits : 6

GCI-1002   Mécanique des sols I
GCI-1005   Introduction au génie de l'environnement

Autres bac

Remarque

Exemption du préalable Physique NYA.

Technologie du génie industriel (235.01)

Génie des mines et de la minéralurgie (bac)

Préalables

Mathématiques NYA, NYB, NYC; Physique NYA, NYB, NYC.

Cours crédités   Total des crédits : 12

GCH-2101   Assainissement industriel
GMC-1000   Dessin pour ingénieurs
GMN-18918   Analyse et optimisation
GMN-2002   Manutention des matériaux

Génie mécanique (bac)

Préalables

Mathématiques NYA, NYB, NYC; Physique NYA, NYB, NYC.

Cours crédités   Total des crédits : 6

GMC-1000   Dessin pour ingénieurs
GMC-4201   Ingénierie de la qualité

Autres bac

Remarque

Exemption du préalable Mathématiques NYA.

Technologie physique (244.14)

Génie électrique (bac)

Préalables
Mathématiques NYB, NYC.

Cours crédités — Total des crédits : 7

GEL-1002 Systèmes et mesures
GPH-1001 Optique instrumentale
GPH-2001 Travaux pratiques d'optique-photonique I

Génie mécanique (bac)

Préalables
Mathématiques NYB, NYC.

Cours crédité — Total des crédits : 3

GEL-1002 Systèmes et mesures

Génie physique (bac)

Préalables
Mathématiques NYB, NYC.

Cours crédités — Total des crédits : 7

GEL-1002 Systèmes et mesures
GPH-1001 Optique instrumentale
GPH-2001 Travaux pratiques d'optique-photonique I

Autres bac

Remarque
Exemption des préalables suivants : Mathématiques NYA (103-77), sauf DEC 244.A0; Physique NYA, NYB, NYC.

FACULTÉ DES SCIENCES INFIRMIÈRES

Soins infirmiers (180.01 ou A0)

Sciences infirmières (bac)

Préalable
Avoir son permis de pratique et en fournir la preuve.

Cours crédités — Total des crédits : 27

PSY-1901 Fondements psychologiques des soins infirmiers
SIN-1002 Méthodologie et pratique des soins infirmiers I
SIN-1003 Relation d'aide et soins infirmiers
SIN-1004 Méthodologie et pratique des soins infirmiers 2
SIN-1201 Stage en sciences infirmières
SIN-2004 Méthodologie et pratique des soins infirmiers 3
SIN-2005 Soins infirmiers en périnatalité, enfance et adolescence
SIN-2009 Méthodologie et pratique des soins infirmiers 4
SOC-1901 Fondements socioculturels des soins infirmiers

Remarque
Le profil international est offert.

FACULTÉ DES SCIENCES SOCIALES

Gestion de commerces (410.D0)

Techniques de comptabilité et de gestion (410.B0)

Relations industrielles (bac)

Préalables
Mathématiques NYA, NYB, NYC ou Méthode quantitative 201-300 ou Statistique 952-024.

Crédits
15 crédits

Remarques
– Une cote R égale ou supérieure à 25 permet d'être exempté du préalable Statistique 952-024.
– CÉGEPS AYANT UNE ENTENTE PASSERELLE : Cégep Limoilou; Collège François-Xavier-Garneau.

Techniques de travail social (388.A0)

Service social (bac)

Préalable
Méthodes quantitatives en sciences humaines 360-300.
Un délai d'une session peut être accordée pour compléter ce cours. Toutefois, considérant le cheminement très particulier des étudiants bénéficiant de cette passerelle, il est nettement préférable que le cours soit complété avant la première inscription.

Cours crédités — Total des crédits : 24

SVS-1001 Politiques et programmes sociaux
SVS-1003 Situations d'intervention
SVS-2000 Processus d'intervention : service social personnel I
SVS-2001 Processus d'intervention : service social des groupes I
SVS-2002 Processus d'intervention : organisation communautaire
SVS-2500 Stage I

Remarques
– Le baccalauréat en service social est un programme contingenté à 145 candidats. La qualité du dossier scolaire est le seul critère de sélection. La détention d'un DEC en techniques de travail social ne comporte aucun privilège pour l'admission au programme.
– Veuillez prendre note que les 24 crédits en équivalence sont automatiquement accordés pour toute personne ayant complété le DEC au cours des cinq dernières années.
Dans les autres cas, chaque dossier est analysé plus spécifiquement pour déterminer si les équivalences peuvent être accordées.

DOSSIER

La cote de rendement au collégial

Ce qu'est la cote « R »

La cote de rendement au collégial, aussi appelée « cote R », est une méthode d'analyse du dossier scolaire utilisée par la plupart des universités québécoises en vue de gérer l'admission dans certains programmes (la plupart du temps pour les programmes contingentés). Chaque cours possède sa cote R et l'ensemble des cours suivis donne une cote R « générale ». Il importe donc de prendre les études collégiales au sérieux dès le début de la première session.

Pendant plusieurs années, les universités ont eu recours à la cote Z pour comparer les notes des diplômés des collèges. Cette unité de mesure empruntée à la statistique permettait de classer les élèves par rapport à l'ensemble des élèves. On a cependant constaté que les élèves inscrits dans des groupes forts avaient du mal à obtenir une bonne cote Z et que les classements effectués étaient équitables à la condition que les classes comparées soient de même calibre. C'est pour corriger cet effet indésirable que la cote de rendement au collégial, la cote R, a été implantée. La méthode consiste à pondérer la cote Z au moyen d'un indicateur de correction qui, en tenant compte de la force du groupe au collégial, permet de situer équitablement les résultats de l'élève, quels que soient les caractéristiques du collège fréquenté, le programme suivi ou le mode de regroupement des élèves. On a vu, par ailleurs, que l'effet réel des résultats du secondaire sur le calcul de la cote de rendement individuel est très minimal. Aucun élève ne « traîne » donc ses notes du secondaire jusqu'aux portes de l'université.

En ajoutant un indicateur de la force du groupe (IFG) à la cote Z, la cote de rendement au collégial se révèle, en définitive, un instrument de classement juste et équitable. Elle permet d'assurer que le dossier scolaire des diplômés du collégial qui font une demande d'admission à l'université sera évalué le plus équitablement possible, indépendamment du collège d'origine. Elle donne ainsi aux meilleurs élèves de tous les collèges des chances égales d'accès aux programmes universitaires les plus contingentés.

Au départ, la cote de rendement au collégial n'était utilisée que dans le cas d'une admission dans un programme contingenté, mais on lui a récemment trouvé plusieurs autres applications. Elle est maintenant utilisée pour des fins de sélection lors de l'admission dans des programmes de sciences, pour l'octroi de bourses d'études ou encore pour attribuer des équivalences de cours.

L'excellence du dossier scolaire est parfois le seul élément considéré lors du choix des candidats et constitue, de ce fait, la seule et unique étape du processus d'admission dans certains programmes. Le nombre de places disponibles détermine le nombre de personnes à qui une offre d'admission sera faite. Il s'agit habituellement des élèves dont la cote de rendement est la plus élevée. Les variables telles la personnalité du candidat, ses qualités et ses aptitudes ainsi que sa motivation à être admis dans ce programme ne seront pas pris en compte dans l'étude du dossier, d'où l'importance de saisir l'enjeu du rendement scolaire.

La réussite ou l'échec de chaque cours est important. Un échec ou un abandon non motivé ne peut être effacé du dossier scolaire et. Par conséquent, cela a un impact sur la cote R « globale ou moyenne » servant à l'admission dans les universités. Pour les programmes contingentés, c'est la CRC moyenne du **dernier** programme conduisant à l'obtention du DEC qui sera utilisée ou la CRC globale de tous les programmes, si celle-ci est plus élevée.

Pour d'autres programmes, l'analyse du dossier scolaire sera suivie d'un processus de sélection pouvant comprendre une ou plusieurs étapes. Les candidats pourront être invités à passer un test, à remplir un questionnaire, à passer une entrevue ou une audition, à écrire une lettre d'intention ou une lettre autobiographique, à présenter un portfolio de travaux personnels, à rédiger un essai ou encore à participer à une appréciation par simulation (APS). Les objectifs poursuivis par le processus de sélection déterminent les critères qui seront utilisés pour évaluer les canditats.

Pour plus d'information concernant la cote de rendement au collégial, vous pouvez consulter le site Web de la CREPUQ (www.crepuq.ca) à la rubrique Publication – Admission et dossier étudiant – Admission aux programmes d'études.

Le calcul de la cote de rendement au collégial

L'analyse du dossier au moyen de la cote de rendement au collégial (CRC) exige, pour chaque cours **échoué ou réussi**, le calcul d'une cote Z qui permet d'exprimer la position relative d'un élève dans son groupe et le calcul d'un facteur de correction (IFG), qui permet d'estimer la force relative du groupe par rapport à celle des autres groupes. Ces calculs sont effectués par le **ministère de l'Éducation, du Loisir et du Sport** pour chacune des notes inscrites au bulletin, à l'exception des notes des cours d'appoint ou d'éducation physique suivi avant l'automne 2007.

La formule de calcul de la cote de rendement au collégial (CRC) est la suivante : $CRC = (Z + IFG + 5) \times 5*$

Ce qu'il faut retenir, c'est que l'utilisation de cette formule vise à :

– déterminer à quelle fréquence les résultats d'un élève sont au-dessus ou en dessous de la moyenne du groupe en calculant la « moyenne de ses écarts à la moyenne », soit la cote Z;
– tenir compte du degré de difficulté qu'implique le fait d'être au-dessus de la moyenne en calculant l'IFG, l'indicateur de la force du groupe. Plus l'ensemble du groupe est fort, plus il sera difficile d'obtenir des notes au-dessus de la moyenne.

Le chiffre 5 est une valeur constante et invariable.
Note : Pour calculer une CRC, on doit disposer d'un minimum de six étudiants ayant des notes supérieures ou égale à 50.

Où peut-on obtenir sa cote de rendement au collégial?

Dans les collèges, la CRC est accessible sur Omnivox et mise à jour quatre fois l'an : en octobre, pour inclure les cours de la session d'été; en janvier, pour inclure les résultats provisoires de la session d'automne; en février, pour inclure la session d'automne en vue de l'admission à l'université à l'automne suivant; en juin, pour inclure les cours de la session d'hiver en vue de l'admission définitive à l'université.

Une cote qui situe l'élève par rapport à la moyenne du groupe

La plupart des cotes de rendement pour l'ensemble d'un dossier collégial se situent entre 15 et 35. Voici un cadre de référence illustrant cet ordre de grandeur :

– entre 32 et 35 (85 % à 90 %) :   notes très supérieures à la moyenne
– entre 29,5 et 31,9 (80 % à 85 %) : notes supérieures à la moyenne
– entre 26 et 29,4 (75 % à 80 %) :   notes au-dessus de la moyenne
– entre 20 et 25,9 (65 % à 75 %) :   notes dans la moyenne

Les risques associés à une mauvaise compréhension de la cote R

À cause de l'enjeu que représente la cote de rendement au collégial pour leur avenir, nombre d'élèves tentent de mettre au point des stratégies qui leur assureront de bien se positionner par rapport aux autres candidats. Certaines de ces stratégies consistent à tenter de trouver un « laissez-passer » pour l'université, un arrangement de conditions qui leur assurera une cote de rendement à toute épreuve.

Ces solutions comportent des risques pour le cheminement scolaire et l'avenir professionnel des élèves qui les utilisent. Cette tentative d'annuler l'effet de la cote R peut prendre diverses formes à différents moments du cheminement de l'étudiant. Nous allons donc explorer les risques associés à une mauvaise compréhension de ce qu'est la cote de rendement et de ses effets sur le cheminement scolaire à l'étape de l'élaboration d'un projet professionnel, puis à l'étape de la réalisation d'un tel projet.

La cote R et l'élaboration de son projet professionnel

Même si la cote de rendement n'est utilisée qu'à l'étape de la demande d'admission à l'université, plusieurs élèves en tiennent compte dans leurs choix de cours dès le secondaire, alors qu'ils en sont encore à définir leur projet professionnel. Ils agissent comme si l'obtention d'une cote de rendement élevée devenait un objectif professionnel en soi. Cette confusion entre objectif et contrainte peut interférer dans leur choix de carrière et avoir des conséquences aussi importantes que s'ils ne se souciaient aucunement de leur rendement scolaire.

La cote R et le passage du secondaire au collégial

Voici trois exemples de stratégies à risque parfois adoptées par des élèves de 5e secondaire qui ont pour projet de s'inscrire éventuellement à un programme contingenté à l'université.

1. Choisir un programme en fonction d'une meilleure cote de rendement

Une des règles du grand jeu de la cote R consiste à accorder une légère majoration de leur cote aux élèves qui ont réussi certains programmes où la compétition est forte. À la lueur de cette information, certains élèves du secondaire, qui avaient déjà choisi le programme dans lequel ils comptaient s'inscrire, modifient leur choix dans le but de se prévaloir de cette bonification.

Aucun programme ne garantit l'obtention d'une cote de rendement élevée. Peu importe le « bonus » qui pourra être accordé pour un programme, c'est l'« écart à la moyenne » qui aura le plus d'impact sur la cote de rendement finale. Si une majoration de la cote R est accordée pour un programme, c'est parce que ce programme regroupe habituellement des élèves obtenant de très fortes notes.

Avant de s'inscrire dans un programme où la compétition est très forte, l'élève devrait se demander comment il vivra le fait d'être comparé au quotidien à des élèves très forts et d'avoir à bûcher pour tenir le cap. Laquelle des situations suivantes est la plus susceptible de le stimuler à donner le meilleur de lui-même : être le dernier d'un groupe très fort ou être le premier d'un groupe moins fort?

Le meilleur gage de succès pour un élève est de trouver un programme qui correspond exactement à ce qui l'attire, le fascine et le stimule **dans l'immédiat**. À quoi servira le « bonus » si, au départ, ses résultats scolaires souffrent du manque d'intérêt et de motivation?

2. Choisir un établissement en fonction d'une meilleure cote de rendement

Une deuxième stratégie à risque consiste à choisir un établissement d'enseignement collégial qui garantira une cote de rendement élevée. Les personnes qui adoptent une telle ligne de conduite se comportent comme si l'abréviation CRC signifiait « cote de rendement d'un collège ». Aussi complexe que soit la formule pour le calcul de la cote de rendement, si nombreux qu'en soient les paramètres, le nom du collège n'est pas une variable dans la formule! Bien que le calcul de la cote de rendement au collégial (CRC) inclue un indicateur de force du groupe (IFG), rien de semblable à un « indicateur de force du collège » n'apparaît dans cette formule.

Si vous avez bien compris les principes de calcul de la cote R, vous savez que le facteur le plus important est d'abord la position que vous obtenez à chacun des cours par rapport au groupe auquel vous appartenez, et ce, peu importe le collège.

Le choix d'un collège mérite du temps et de la réflexion. Là aussi, toutefois, il ne faut pas se méprendre. Le « meilleur » collège n'est-il pas celui qui offre un environnement dans lequel l'élève évoluera comme un poisson dans l'eau, où il sera stimulé à donner le meilleur de lui-même? Bien que les services d'encadrement des études offerts dans un collège soient importants à prendre en compte, ce n'est certainement pas le seul élément à considérer. Il est primordial pour l'élève de prendre le temps d'évaluer le milieu de vie dans lequel il évoluera. Le milieu de vie, cela veut dire les personnes et les éléments qui le composent : les amis, les autres étudiants, les enseignants, le quartier dans lequel le collège est situé, le décor intérieur et extérieur, les loisirs et, surtout, l'atmosphère qui se dégage de tout cela et les valeurs qui transpirent de cet heureux mélange.

Le sentiment d'appartenance à un groupe, à un milieu, à un contexte favorise les chances de réussite scolaire de plusieurs façons :

– en stimulant l'intérêt et la motivation, condition essentielle pour s'engager à fond dans les études;
– en offrant des conditions propices à la persévérance scolaire et à la continuité dans l'effort afin d'éviter les résultats scolaires en « dents de scie »;
– en fournissant une forme « d'assurance-déprime » grâce à un réseau de soutien comprenant notamment les amis et le personnel des services de consultation auxquels l'élève peut recourir en cas de coups durs ou de passages à vide.

3. Choisir un style de vie en fonction d'une meilleure cote de rendement

Parce qu'être admis dans le programme de leur choix est un enjeu très important, parce qu'ils sont habitués à donner le meilleur d'eux-mêmes, parce qu'ils sont sérieux dans leur démarche, certains élèves sont prêts à d'énormes sacrifices pour obtenir la meilleure cote de rendement possible. Dans la foulée des sacrifices, ils oublient qu'un équilibre dans leur vie ne peut qu'être bénéfique à leur succès scolaire.

Chaque personne est la seule à connaître ce qu'il lui faut pour se sentir bien avec elle-même : sommeil, nourriture, exercice physique, amitié, amour, travail, sécurité, douce folie, créativité, loisirs, famille, etc. La liste n'a pas de fin. Chacun a sa propre liste, courte ou longue, composée d'incontournables qui feront en sorte que la vie prend son sens.

Il est fortement recommandé aux élèves d'évaluer les constantes dans leur vie, les éléments qui, jusqu'à maintenant, les ont aidés à recouvrer leur équilibre dans des moments où ils se sentaient un peu perdus, les activités ou les personnes auxquelles ils ont eu recours pour maintenir un sentiment de bien-être ou pour faire face aux coups durs. Identifier ces « valeurs sûres » est très certainement aussi fondamental que le fait de rechercher la meilleure cote R, surtout si cela risque de les éloigner de ce qui les fait vibrer.

Les éléments à ne pas confondre avec la cote R

Parce que le calcul de la cote de rendement est complexe, parce que beaucoup de personnes ont toutes sortes d'opinions contraires, il y a beaucoup de confusion autour de la signification réelle de ce qu'est la cote de rendement au collégial.

Il ne faut jamais oublier que la cote R peut refléter beaucoup de choses, sauf ce que chacun vaut comme personne. Une cote R élevée donne des indications sur l'énergie et le temps que la personne consacre à ses études, sur l'importance qu'elle leur accorde ou encore sur la facilité avec laquelle elle réussit dans un contexte scolaire.

De la même façon, une cote R faible ne signifie pas qu'un étudiant est « nul ». Deux personnes peuvent obtenir la même cote dans des contextes variés et des conditions différentes. Même s'il y a autant de significations qu'il y a de personnes, aucune n'est en lien avec la valeur individuelle. La cote R peut refléter, entre autres, le fait qu'au cours des derniers mois ou des dernières années la réussite ne figurait pas en tête des priorités de l'élève ou qu'à cette étape-ci de sa vie, la participation à des activités extrascolaires, le bénévolat, les amis, les responsabilités familiales, les loisirs ont pris plus d'importance à ses yeux ou accaparé plus de son temps et de son énergie que ses résultats scolaires.

Il est également possible que cet élève appartienne à une catégorie de « bûcheurs » dont les efforts, l'énergie et le temps consacrés à étudier, à se faire expliquer encore et encore la matière ne transparaissent pas dans leurs résultats scolaires. De toute façon, un bûcheur n'est jamais perdant, car il a peut-être développé sa persévérance, sa ténacité, son sens de la discipline et de l'effort, sa capacité à essuyer un échec sans se décourager et à se retrousser les manches pour recommencer. Ces qualités personnelles et ces attitudes sont des atouts précieux pour réussir dans plusieurs métiers et professions dont l'accès n'est pas restreint par un contingentement. Ce qui rend la situation beaucoup moins tragique qu'il n'y paraît à première vue.

Finalement, il est possible qu'en dépit de tous les efforts consacrés à la réussite, d'autres facteurs viennent contrecarrer un projet d'admission dans un programme. Il faut savoir, en effet, que la cote R peut diminuer les probabilités qu'un candidat puisse être admis dans un programme contingenté quand l'établissement universitaire visé n'utilise pas cette méthode d'évaluation du dossier scolaire.

La cote R et la réalisation du projet professionnel

Au moment d'élaborer son projet professionnel, l'élève ne peut qu'anticiper l'effet de la cote R sur la réalisation de ses aspirations. Au moment de passer à l'étape de la réalisation, par contre, l'application de la cote R apparaît comme une réalité dont il doit tenir compte. Que ce soit lors d'un refus dans un programme contingenté ou lors d'une demande de changement de programme, diverses stratégies peuvent être mises de l'avant afin de minimiser les effets d'un refus et de maximiser ses chances de se réaliser dans un autre programme de formation.

Réagir à un refus à la suite d'une demande d'admission dans un programme contingenté

Il est souhaitable que chaque élève détermine un ou des choix de rechange, même lorsque ses résultats lui permettent de croire qu'il a de bonnes chances d'être admis dans son premier choix.

Lors d'un refus, l'étudiant a la possibilité de présenter une nouvelle demande d'admission dans le programme choisi et de s'inscrire dans un autre programme pour éventuellement accéder au programme désiré. Dans ce dernier cas, il serait prudent de s'assurer que le programme sélectionné comme voie d'accès au programme convoité l'intéresse vraiment et qu'il sera heureux de s'y retrouver s'il devait essuyer un autre refus. Suivre un programme « en attendant » est rarement gage de succès et de motivation. Il a également la possibilité d'aller en appel de la décision. Pour ce faire, l'étudiant devra consulter son conseiller ou sa conseillère en orientation ou en information scolaire et professionnelle avant de s'adresser à l'agent ou l'agente d'admission de l'université.

Accéder à un programme contingenté par un changement de programme

À l'université, tout comme au cégep, certains candidats tentent de déjouer le système en utilisant la procédure de changement de programme pour accéder enfin à un programme contingenté dans lequel ils avaient précédemment été refusés.

Cette façon de procéder est tout à fait normale et de nombreux étudiants accèdent chaque année au programme convoité après avoir fait une ou plusieurs années d'études universitaires dans un autre programme. Il faut cependant savoir que cette procédure comporte des règles et qu'il importe de les connaître avant de choisir un « programme transitoire » devant mener à une deuxième demande dans un programme contingenté.

Au moment d'étudier les demandes de changement de programme, les universités peuvent utiliser une « cote de rendement universitaire ». Dans certains cas, cette cote inclut un « indicateur de force par discipline » et dans d'autres cas, on effectue une correction de la cote universitaire en fonction du programme d'où provient le candidat.

Ces ajustements corrigent la cote de rendement universitaire à la hausse ou à la baisse. Dans la plupart des cas, le fait de provenir d'un programme contingenté ou d'un programme de sciences augmente la cote de rendement ainsi que la probabilité d'une admission par un changement de programme.

Il se peut aussi que la cote de rendement au collégial continue d'influencer l'analyse du dossier. Par exemple, il est possible que seul le dossier collégial soit pris en considération lorsque le dossier universitaire comporte moins de 15 crédits. Ce poids du dossier collégial diminue ensuite graduellement jusqu'à disparaître complètement au-delà de 50 crédits obtenus à l'université.

Chaque établissement universitaire a ses propres politiques et procédures à ce sujet. Lorsqu'un étudiant projette d'effectuer un changement de programme à l'université, il sera de première importance de consulter les publications de l'établissement concerné afin d'en connaître davantage au sujet de la cote de rendement universitaire. On trouve habituellement des renseignements à ce sujet dans les guides d'admission et les annuaires généraux publiés annuellement par les universités.

Les commentaires concernant la cote de rendement au collégial s'appliquent également à la cote de rendement universitaire. Une bonne stratégie s'appuie d'abord sur une connaissance approfondie de soi et de ses véritables aspirations.

La condition d'admission incontournable

La première condition pour accéder à des études universitaires, dans un programme contingenté ou non, consiste à réussir un programme d'études collégiales. Il en est de même pour ceux qui utilisent la stratégie d'un changement de programme. Il faut d'abord et avant tout bien réussir là où l'on se trouve pour pouvoir espérer aller plus loin.

Vouloir obtenir une cote de rendement à toute épreuve risque de placer un candidat dans une situation de décrochage potentiel. Non seulement risque-t-il de manquer son pari d'augmenter sa cote de rendement, mais il met en péril, du moins temporairement, l'obtention de son diplôme d'études collégiales dans les délais fixés.

Les stratégies qui visent à avoir plus de prise sur la cote de rendement donnent l'**illusion** de pouvoir contrôler ce qui ne l'est pas alors que le calcul de la cote de rendement est constitué d'impondérables.

Étudier ailleurs dans le monde

Avez-vous déjà envisagé d'effectuer une partie de vos études en France, en Allemagne, au Mexique ou même au Japon?

Les universités québécoises, résolument ouvertes sur le monde, offrent à leurs étudiants des trois cycles universitaires (baccalauréat, maîtrise et doctorat) la possibilité de réaliser une partie de leur programme d'études dans un établissement situé hors du Québec.

Les programmes d'études universitaires à l'étranger

Les initiatives visant l'internationalisation des études, telles que les programmes d'échanges d'étudiants, font maintenant partie intégrante de la culture des universités québécoises. Les échanges peuvent s'inscrire dans le cadre de programmes multilatéraux qui lient des établissements universitaires du Québec et de l'étranger. Ces programmes sont administrés par des règles communes prévues par des organismes spécifiques.

Voici deux exemples de programmes multilatéraux·adoptés par les universités québécoises :

1. Les programmes d'échanges d'étudiants de la CREPUQ (Conférence des recteurs et des principaux des universités du Québec) permettent à des étudiants, principalement de 1er et de 2e cycle, d'étudier pendant un ou deux trimestres dans l'un des 500 établissements universitaires partenaires localisés dans plus de 20 pays.
2. Des bourses sont attribuées par l'Agence universitaire de la Francophonie (AUF) pour favoriser la mobilité internationale des étudiants. Ces mobilités doivent relier deux universités ou établissements membres de l'AUF de pays différents dont au moins l'un du Sud ou de l'Est. L'offre de mobilité visant les étudiants s'articule autour de trois principales catégories : les Bourses de formation initiale, les Bourses de stage professionnel qui s'adressent aux étudiants de deuxième et troisième cycles et les Bourses de formation à la recherche qui sont réservées aux étudiants de troisième cycle.

Il existe également des programmes d'échanges issus d'ententes bilatérales convenues entre un établissement universitaire québécois et un établissement universitaire étranger, et même, dans certains cas, entre des départements ou des facultés. Ces programmes élaborés sur mesure répondent à des objectifs propres à chacun des partenaires et sont négociés à la pièce.

Les modalités de fonctionnement

Les étudiants qui participent à un programme d'échanges restent liés en tout temps à leur établissement d'attache. Cela signifie que les étudiants :

– demeurent inscrits à temps plein à leur établissement d'attache durant leur séjour d'études à l'étranger (pour une durée allant de un à deux trimestres);
– acquittent leurs frais de scolarité à leur établissement d'attache;
– bénéficient des crédits obtenus à l'établissement d'accueil pour l'obtention de leur diplôme à l'établissement d'attache. Les crédits ainsi transférés à l'université d'attache apparaîtront avec la mention EQV (équivalent) sur le relevé de notes;
– recevront le diplôme émis par leur établissement d'attache.

Par ailleurs, il arrive que certaines ententes bilatérales prévoient la remise de deux diplômes (diplôme émis par l'université d'attache et diplôme émis par l'université d'accueil), comme c'est le cas pour les programmes de cotutelle de thèse ou de diplômes avec deux mentions.

Les avantages d'un séjour d'études à l'étranger

Étudier à l'étranger offre aux participants l'occasion exceptionnelle d'acquérir des connaissances sur la réalité culturelle, économique, politique et sociale du pays d'accueil et peut ouvrir la voie vers un emploi dans une entreprise œuvrant sur la scène internationale. Le fait d'être en contact avec d'autres valeurs et d'autres méthodes pédagogiques et scientifiques encourage le développement du sens critique, suscite des remises en question et favorise une plus grande ouverture d'esprit. De plus, les personnes qui vivent une telle expérience créent un réseau de relations qui leur sera profitable tant dans leur vie professionnelle que personnelle.

En plus de l'acquisition d'une deuxième ou d'une troisième langue, un séjour d'études à l'étranger favorise chez les participants la connaissance de soi, la débrouillardise, la capacité d'adaptation, la gestion du stress ainsi que le développement de leurs champs d'intérêt et de leur potentiel. Tous ces acquis auront un impact significatif sur le parcours universitaire, personnel et professionnel de l'étudiant, lui permettant d'améliorer son profil et de se distinguer auprès d'éventuels employeurs.

Les conditions de participation

Voici les conditions de participation aux programmes d'échanges d'étudiants de la CREPUQ.

- Être inscrit à temps plein dans un programme de baccalauréat, de maîtrise ou de doctorat.
- Avoir complété l'équivalent d'au moins une année d'études à temps plein dans le programme auquel vous êtes inscrit et demeurer inscrit à temps plein à ce même programme pendant votre séjour d'études dans l'établissement d'accueil.
- Posséder un excellent dossier scolaire.
- Obtenir auprès de votre université (établissement d'attache) l'approbation du programme des cours à réaliser dans l'établissement d'accueil.
- Maîtriser la langue d'enseignement de l'établissement d'accueil au moment du dépôt du dossier (et non au moment du départ). Certains tests linguistiques peuvent être exigés. Le test d'anglais fréquemment utilisé par les universités anglophones est le TOEFL (Test of English as a Foreign Language).
- Disposer de ressources financières suffisantes pour assumer les frais de transport, d'alimentation, d'hébergement, d'assurance-maladie et les autres frais exigés par l'établissement d'accueil.
- Satisfaire aux exigences particulières imposées par l'établissement d'attache et par l'établissement d'accueil.

Pour connaître les conditions de participation relatives à d'autres programmes, veuillez consulter la personne responsable des services aux étudiants de l'établissement universitaire que vous fréquentez.

Les destinations

La liste des établissements participant aux programmes d'échanges d'étudiants de la CREPUQ peut être consultée à l'adresse suivante : http://echanges-etudiants.crepuq.qc.ca/ (à titre indicatif, voir La carte des pays participants à la page 419).

Pour les autres programmes, veuillez consulter la personne responsable de la mobilité internationale de l'établissement que vous fréquentez.

PARTIR UN TRIMESTRE OU UNE ANNÉE?

Il est suggéré de privilégier une formule d'échanges étalée sur une année plutôt que de partir pour un trimestre seulement. Compte tenu du temps requis pour s'intégrer à une nouvelle culture et à un système d'enseignement différent, un séjour d'études d'une année permet de tirer le maximum d'avantages de cette expérience unique. Il faut aussi considérer le calendrier universitaire qui diffère souvent du nôtre et le fait que plusieurs universités – en Europe, par exemple – offrent uniquement des cours sur une base annuelle.

Les modalités d'inscription

L'admissibilité et les modalités d'inscription à un programme d'échanges d'étudiants devront être vérifiées auprès de la personne responsable de la mobilité internationale de chacun des établissements. À titre indicatif, voici les modalités propres aux programmes de la CREPUQ :

– Le formulaire de demande de participation doit être complété et soumis en ligne. Il faut d'abord obtenir un code d'accès auprès du responsable des ententes CREPUQ de l'établissement d'attache.
– Le dossier de candidature complet, incluant une copie du formulaire électronique dûment rempli et signé, doit être remis au responsable de l'établissement d'attache au plus tard à la mi-février ou à la date fixée par l'établissement.
– Pièces à joindre au formulaire de demande de participation pour compléter le dossier de candidature :

   1. Une copie de la fiche individuelle d'état civil ou de tout autre document officiel attestant de l'identité du candidat.
   2. Une copie du relevé de notes attestant les cours universitaires complétés et la liste des cours auxquels le candidat est présentement inscrit à l'établissement d'attache.
   3. Une lettre, rédigée dans la langue de l'établissement d'accueil, présentant les objectifs de formation poursuivis en participant au programme d'échanges.
   4. La liste des cours (sigle et titre) que le candidat projette d'effectuer.
   5. Une approbation de la liste des cours projetés émise par le doyen, le directeur des études ou l'instance appropriée de l'établissement d'attache.
   6. Une lettre personnalisée de recommandation émise par le doyen, le directeur des études ou l'instance appropriée de l'établissement d'attache.
   7. Une lettre émise par le doyen, le directeur des études ou l'instance appropriée attestant la maîtrise de la langue d'enseignement de l'établissement d'accueil, excepté si le programme d'études projeté porte sur l'étude de cette langue.

La carte des pays participants

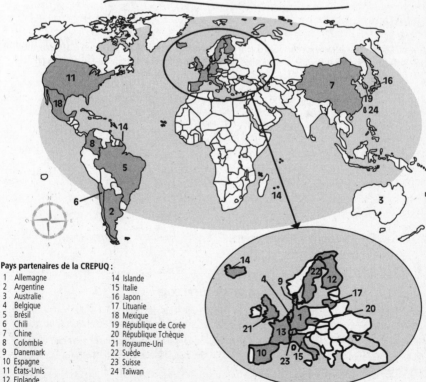

Pays partenaires de la CREPUQ :

1 Allemagne	14 Islande
2 Argentine	15 Italie
3 Australie	16 Japon
4 Belgique	17 Lituanie
5 Brésil	18 Mexique
6 Chili	19 République de Corée
7 Chine	20 République Tchèque
8 Colombie	21 Royaume-Uni
9 Danemark	22 Suède
10 Espagne	23 Suisse
11 États-Unis	24 Taïwan
12 Finlande	
13 France (incluant l'Île de la Réunion, la Guadeloupe, la Guyane et la Martinique)	

Les coûts et l'aide financière

Les coûts

Les coûts liés à la participation à un programme d'échanges varient en fonction de la durée du séjour et de la destination choisie puisque le coût de la vie dans la ville d'accueil constitue un facteur déterminant. Selon les données fournies par la CREPUQ, il faut prévoir un minimum de 12 000 $ CA pour une année d'études à l'étranger.

L'aide financière

Tous les étudiants qui poursuivent des études à l'étranger dans le cadre d'un programme d'échanges conservent leur droit au programme de prêts et bourses du gouvernement du Québec et aux programmes de bourses des organismes subventionnaires (FQRNT, CRSH, CRSNG, etc.) durant toute la durée de leur séjour, à la condition de conserver le statut d'étudiant à temps complet.

Plusieurs autres sources de financement sont à explorer telles que les bourses d'excellence et de mobilité internationale offertes par les établissements universitaires et par les donateurs privés (Bourses J.-Armand Bombardier, bourses de la fondation Rotary International, etc.). Voici quelques exemples de programmes d'aide financière mis en avant par le gouvernement du Québec :

- Programme de bourses pour de courts séjours d'études universitaires à l'extérieur du Québec (PBCSE). Ce programme permet un maximum de deux séjours variant de deux à quatre mois chacun, pour une durée totale maximale de huit mois. Le montant maximal varie de 750 $ à 1 000 $ par mois selon le pays de destination.
- Programme Poursuite d'études collégiales et universitaires en France (PÉCUF). Ce programme offre un soutien financier et logistique aux étudiants qui veulent étudier en France.

Sites à consulter

Les sites www.bourses.gc.ca et www.boursetudes.com constituent d'excellents outils pour vous aider à identifier les opportunités de bourses et de subventions auxquelles sont admissibles les étudiants de niveau postsecondaire.

RESPONSABLES QUÉBÉCOIS

La liste des noms et les coordonnées des responsables québécois des programmes d'échanges de la CREPUQ peut être consultée à l'adresse électronique suivante : **http://echanges-etudiants.crepuq.qc.ca/**

Pour les autres programmes d'échanges d'étudiants, veuillez vous adresser directement au responsable de la mobilité internationale de votre établissement. Voir l'index alphabétique des établissements d'enseignement universitaire aux pages 422 et 423.

ÉTUDIER AILLEURS DANS LE MONDE

Les adresses utiles

AUF – Agence universitaire de la francophonie . . . . www.auf.org/membres/

Échanges Canada . . . . www.exchanges.gc.ca

Conseil des ministres de l'Éducation (Canada). . . . . www.cmec.ca/olp/

BCEI – Bureau canadien de l'éducation internationale . . . . www.cbie.ca

CFQCU – Conseil franco-québécois de coopération universitaire . . . . www.cfqcu.org/

CNOUS – Centre national des œuvres universitaires et scolaires. . . . . www.cnous.fr

CREPUQ – Conférence des recteurs et des principaux des universités du Québec . . . . . www.crepuq.qc.ca
http://echanges-etudiants.crepuq.qc.ca/

ÉGIDE – Opérateur de mobilité international - (CIES). . . . . www.egide.asso.fr/

Montréal international . . . . www.bei.umontreal.ca/maisoninternationale/index.htm

OFQJ – Office franco-québécois pour la jeunesse . . . . www.ofqj.gouv.qc.ca

OQAJ – Office Québec-Amérique pour la jeunesse . . . . www.oqaj.gouv.qc.ca

OQWBJ – Office Québec-Wallonie-Bruxelles pour la jeunesse. www.oqwbj.org

PLO – Programmes des langues officielles (Accent/Odyssée) . . . . www.cmec.ca/olp

L'index alphabétique des établissements d'enseignement universitaire et leurs coordonnées apparaissent aux pages 422 et 423.

Index alphabétique des établissements d'enseignement universitaire

École de technologie supérieure (ÉTS)
1100, rue Notre-Dame Ouest
Montréal (Québec) H3C 1K3
Bureau du registraire : 514 396-8888
Sans frais : 1 888 394-7888
Téléc. : 514 396-8831
admission@etsmtl.ca
www.etsmtl.ca

École nationale d'administration publique (ÉNAP)
555, boul. Charest Est
Québec (Québec) G1K 9E5
Bureau du registraire : 418 641-3000, poste 6563
Sans frais : 1 800 808-3627
Téléc. : 418 641-3060
brelquebec@enap.ca
www.admission.enap.ca ou
www.enap.ca

École Polytechnique de Montréal
C. P. 6079, succ. Centre-Ville
Montréal (Québec) H3C 3A7
Recrutement étudiant : 514 340-4711, 4928
Renseignements généraux : 514 340-4711
Téléc. : 514 340-3213
monavenir@polymtl.ca
www.monavenir.polymtl.ca

HEC Montréal
3000, ch. de la Côte-Sainte-Catherine
Montréal (Québec) H3T 2A7
Bureau du registraire : 514 340-6151
Téléc. : 514 340-6411
registraire.info@hec.ca
www.hec.ca

Télé-Université (TÉLUQ)
Université du Québec à Montréal
455, rue du Parvis
Québec (Québec) G1K 9H6
Tél. : 418 657-3695
Sans frais : 1 888 843-4333
Téléc. : 418 657-2094
info@teluq.uqam.ca
www.teluq.uqam.ca

Université Bishop's
2600, rue Collège
Sherbrooke (Québec) J1M 1Z7
Bureau de recrutement : 819 822-9600, 2681
Sans frais : 1 877 822-8200, poste 2681
Téléc. : 819 822-9661
recruitment@ubishops.ca
www.ubishops.ca ou www.gobishops.ca

Université Concordia
1455, boul. de Maisonneuve Ouest
Montréal (Québec) H3G 1M8
Renseignements généraux : 514 848-2424
Bureau des admissions : 514 848-2668
Téléc. : 514 848-2621
www.concordia.ca

Université de Montréal
Service de l'admission et du recrutement
Bureau des futurs étudiants
2332, boul. Édouard-Montpetit
Pavillon J.A. De Sève, 3e étage
C. P. 6128, succ. Centre-ville
Montréal (Québec) H3T 1P1
Bureau des admissions : 514 343-7076
Téléc. : 514 343-5788
admissions@regis.umontreal.ca
www.umontreal.ca

Université de Sherbrooke
2500, boul. de l'Université
Sherbrooke (Québec) J1K 2R1
Information sur les programmes : 819 821-7688
Sans frais : 1 800 267-UdeS (8337)
Service de l'admission : 819 821-7686
www.USherbrooke.ca/information

Université du Québec à Chicoutimi (UQAC)
555, boul. de l'Université
Chicoutimi (Québec) G7H 2B1
Bureau du registraire et admissions : 418 545-5005
Information sur les programmes : 418 545-5030
Sans frais : 1 800 463-9880
Téléc. : 418 545-5012
www.uqac.ca

Université du Québec à Montréal (UQAM)
Registrariat
C. P. 6190, succ. Centre-ville
Montréal (Québec) H3C 4N6
Tél. : 514 987-3132
Téléc. : 514 987-8932
admission@uqam.ca
www.uqam.ca

Université du Québec à Rimouski (UQAR)
300, allée des Ursulines
Rimouski (Québec) G5L 3A1
Numéro général : 418 723-1986
Bureau des admissions : 418 724-1433
Information sur les programmes : 1 800 511-3382
Téléc. : 418 724-1525
admission@uqar.ca
www.uqar.ca

Université du Québec à Trois-Rivières (UQTR)
3351, boul. des Forges, C. P. 500
Trois-Rivières (Québec) G9A 5H7
Bur. du registraire et des admissions : 819 376-5045
Sans frais : 1 800 365-0922
Téléc. : 819 376-5210
registraire@uqtr.qc.ca
www.uqtr.ca

Université du Québec en Abitibi-Témiscamingue (UQAT)
445, boul. de l'Université
Rouyn-Noranda (Québec) J9X 5E4
Bureau du registraire : 819 762-0971, poste 2210
Sans frais : 1 877 870-8728
Téléc. : 819 797-4727
registraire@uqat.ca
www.uqat.ca

Université du Québec en Outaouais (UQO)
101, rue Saint-Jean-Bosco, C. P. 1250, succ. Hull
Gatineau (Québec) J8X 3X7
Numéro général : 819 595-3900
Tél. : 819 773-1850
Sans frais : 1 800 567-1283
Téléc. : 819 773-1835
questions@uqo.ca
www.uqo.ca/futurs-etudiants

Université Laval
Bureau du recrutement
Vice-rectorat aux études et aux activités internationales
Pavillon Alphonse-Desjardins, bur. 3577
2325, rue de l'Université
Québec (Québec) G1V 0A6
Renseignements sur les programmes : 418 656-2764
Canada et États-Unis : 1 877 785-2825
Téléc. : 418 656-5216
info@ulaval.ca
www.ulaval.ca

Université McGill
Point de service
3415, rueMcTavish
Montréal (Québec) H3A 1Y1
Tél. : 514 398-7878
admissions@mcgill.ca
www.mcgill.ca

Universités hors Québec

Université d'Ottawa
550, rue Cumberland, local 221
Ottawa (Ontario) K1N 6N5
Tél. : 613 562-5700
Sans frais : 1 877 uOttawa (862-8292)
Téléc. : 613 562-5233
liaison@uOttawa.ca
www.admission.uottawa.ca

Université de Moncton
Campus d'Edmundston
165, boul. Hébert
Edmundston (Nouveau-Brunswick) E3V 2S8
Tél. : 506 737-5051
Sans frais : 1 888 736-UMCE (8623)
Téléc. : 506 737-5373
admissions@umce.ca
www.umoncton.ca

Université de Moncton
Campus de Shippagan
218, boul. J.-D.-Gauthier
Shippagan (Nouveau-Brunswick) E8S 1P6
Tél. : 506 336-3400
Sans frais : 1 800 363-8336, poste 3
Téléc. : 506 336-3434
info@umcs.ca
www.umcs.ca

Une éducation en français à ton image, une expérience étudiante bilingue, des programmes spécialisés reconnus et des occasions de travail pratique qui te serviront de tremplin vers tes projets d'avenir.

Ça part d'**ici.**

uOttawa

L'Université canadienne
Canada's university

www.admission.uOttawa.ca
613-562-5700 ou
1-877-uOttawa (868-8292)

Bourses d'études

Viens chercher ta part des **31 millions** de dollars attribués en bourses d'études!

Moyenne scolaire	Bourse d'admission renouvelable
95 à 100 %	nombre illimité, 4 000 $ par année*
90 à 94,9 %	nombre illimité, 3 000 $ par année*
85 à 89,9 %	nombre illimité, 2 000 $ par année*
80 à 84,9 %	nombre illimité, 1 000 $ par année*

Bourse du recteur*
6 bourses de 30 000 $
(7 500 $ par année)

2e, 3e et 4e places
Les finalistes recevront une bourse de 1 500 $ (non renouvelable).

Date limite : 1er mars 2011

Bourse du chancelier*
6 bourses de 26 000 $
(6 500 $ par année)

2e, 3e et 4e places
Les finalistes recevront une bourse de 1 500 $ (non renouvelable).

Date limite : 1er mars 2011

Bourse d'accès aux études en français
Nombre illimité de bourses de 4 000 $
(1 000 $ par année)

Aucune demande n'est requise pour cette bourse; elle est accordée automatiquement.

Bourse de recherche de premier cycle de la Faculté des sciences
16 bourses de 10 000 $
(Comprend deux stages rémunérés avec un groupe de recherche)

Date limite : le 1er mars 2011

Bourse Jean-Chrétien
Jusqu'à 5 bourses de 5 000 $

Date limite : le 31 mars 2011

Plusieurs autres bourses d'admission sont disponibles.

www.uOttawa.ca/pretsetbourses

Le Service de l'aide financière et des bourses se réserve le droit de modifier les renseignements et les exigences du programme de bourses sans préavis.

*Des critères de renouvellement s'appliquent. Tous les détails : www.uOttawa.ca/pretsetbourses

Étudier à l'Université d'Ottawa, c'est...

- avoir le choix de plus de 360 programmes dans 111 disciplines.

- suivre tes cours en français ou en anglais ou les deux à la fois : c'est toi qui décides.

- vivre au quotidien en plein cœur d'Ottawa et tirer avantage des multiples occasions de réseautage afin d'avoir une carrière des plus dynamiques.

- acquérir de l'expérience et gagner entre 1 800 $ et 3 400 $ par mois pendant tes stages de travail grâce au régime optionnel d'enseignement coopératif offert dans plus de 60 disciplines.

- partir à la découverte du monde en participant à un échange international et profiter d'une bourse de mobilité étudiante pouvant atteindre 4 500 $.

Admission

À partir du cégep

Tu dois avoir terminé un minimum de 12 cours dans un programme de cégep (excluant les cours d'éducation physique), ainsi que les préalables au programme. Une moyenne générale minimale de 70 p. 100 est exigée, mais ne garantit pas l'admission. Nous ne prenons pas en considération la cote de rendement (cote R). Tu es admissible à une place en résidence, aux bourses d'études et au régime d'enseignement coopératif. Tes six meilleurs résultats, incluant obligatoirement un cours de français (ou d'*English*), mais excluant les cours d'éducation physique et les cours de mise à niveau, servent à déterminer la valeur de ta bourse d'admission automatique.

Équivalences accordées après plus d'un an de cégep

Si tu réussis 12 cours dans un programme de cégep, tu peux obtenir des équivalences spécifiques, jusqu'à concurrence de 15 crédits universitaires. Si tu réussis plus de 12 cours, tu peux également obtenir des équivalences, jusqu'à concurrence d'une année d'études. Les équivalences accordées dépendent des cours suivis, de la moyenne obtenue et du programme choisi.

Après la 5e secondaire

Tu dois détenir ton diplôme d'études secondaires du Québec avec cinq cours de 5e secondaire, compris les préalables au programme. Une moyenne minimale de 84 p. 100 est exigée, mais ne garantit pas l'admission. Tu es admissible à une place en résidence, aux bourses d'études et au régime coopératif. Ta moyenne d'admission sert à déterminer la valeur de ta bourse d'admission automatique.

Les disciplines offertes à l'Université d'Ottawa

Faculté des arts

Administration des arts
Allemand
Anglais langue seconde
Arts (général)
Arts visuels (B.A., B.A.V.)
Celtic Studies
C Communication
C Communication et lettres françaises
Communication et philosophie
C Communication et science politique
C Communication et sociologie
Didactique des langues secondes
C *English*
Espagnol
Éthique appliquée
Éthique et société
Études anciennes
Études asiatiques
Études autochtones
Études canadiennes (bilingue)
Études cinématographiques
C Études de l'environnement (bilingue)
C Études de l'environnement et géographie
Études des francophonies *NOUVEAU*
Études juives canadiennes
Études latino-américaines
Études médiévales et de la Renaissance
Français langue seconde
C *French Studies*
C Géographie
C Géographie et sociologie
Géomatique et analyse spatiale
C Histoire
C Histoire et science politique
Histoire et théorie de l'art
Italien
Journalisme
Langue et culture arabes
Latin and English Studies
Lettres classiques
Lettres classiques et philosophie
C Lettres françaises
Lettres françaises et éducation
Lettres françaises et éducation (Baccalauréat intégré en ligne) *NOUVEAU*
Linguistique
Musique (B.A., B.Mus.)
Pédagogie du piano
Philosophie
Philosophie et science politique
Psychologie et linguistique
Rédaction professionnelle et édition
Relations publiques et communications *NOUVEAU*
Russe
Sciences des religions
Techniques de rédaction
Théâtre
C Traduction

Faculté de droit

Common law
Common law et science politique
Droit canadien
C Droit civil
C Droit civil et développement international et mondialisation
Programme national (droit civil et *common law*)

Faculté d'éducation

Formation à l'enseignement
Lettres françaises et éducation
Lettres françaises et éducation (Baccalauréat intégré en ligne) *NOUVEAU*
Sciences et éducation

Faculté de génie

C Biotechnologie (génie chimique et biochimie)
C Génie chimique
C Génie civil
C Génie électrique
C Génie informatique
C Génie logiciel
C Génie mécanique
C Génie mécanique biomédical
C Informatique
C Informatique et mathématiques

École de gestion Telfer

Administration des affaires
C Affaires électroniques
C Comptabilité
Entrepreneuriat
C Finance
C Gestion des ressources humaines
C Gestion internationale
C Management
C Marketing
C Sciences commerciales
C Systèmes d'information de gestion

Faculté de médecine

Médecine (MD)

Faculté des sciences

C Biochimie
C Biologie
C Biotechnologie (génie chimique et biochimie)
C Chimie
Géographie physique
C Géologie
C Géologie-physique
C Mathématiques
C Mathématiques et informatique
C Mathématiques et science économique
C Physique
C Physique-mathématiques
Sciences biomédicales
C Sciences biopharmaceutiques
Sciences de la vie
C Sciences environnementales

Sciences et éducation
Sciences (général)
C Statistique
Technologie médicale en ophtalmologie

Faculté des sciences de la santé

Sciences de la nutrition
Sciences de la santé
Sciences de l'activité physique
Sciences du loisir
Sciences infirmières

Faculté des sciences sociales

C Administration publique
C Administration publique et science politique
C Anthropologie
C Anthropologie et sociologie
Common Law et science politique
C Communication et science politique
C Communication et sociologie
Criminologie
Criminologie et études des femmes
C Développement international et mondialisation
C Droit civil et développement international et mondialisation
C Économie et politiques publiques
C Économie internationale et développement
C Études des conflits et droits humains
Études des femmes
Études des femmes et science politique
Études des femmes et sociologie
Études en mondialisation
Études états-uniennes
Études internationales et langues modernes
C Géographie et sociologie
Gérontologie
C Histoire et science politique
C Mathématiques et science économique
Philosophie et science politique
Psychologie (B.A.)
Psychologie (B.Sc.)
Psychologie et linguistique
C Science économique
C Science économique et science politique
C Science politique
Sciences sociales (général)
Sciences sociales de la santé
Service social
C Sociologie

C = **Programme coopératif**